Vis-à-vis

Beginning French

EIGHTH EDITION

Evelyne Amon

Judith A. Muyskens
Provost Emerita, Nebraska Wesleyan University

Alice C. Omaggio Hadley
Professor Emerita, University of Illinois, Urbana-Champaign

Mc
Graw
Hill

VIS-À-VIS: BEGINNING FRENCH

Published by McGraw Hill LLC, 1325 Avenue of the Americas, New York, NY 10019.

Some ancillaries, including electronic and print components, may not be available to customers outside the United States.

This book is printed on acid-free paper.

1 2 3 4 5 6 7 8 9 LWI 28 27 26 25 24 23

ISBN 978-1-266-07416-5
MHID 1-266-07416-3

Cover Image: ©*marc_land/Getty Images*

The Internet addresses listed in the text were accurate at the time of publication. The inclusion of a website does not indicate an endorsement by the authors or McGraw Hill LLC, and McGraw Hill LLC does not guarantee the accuracy of the information presented at these sites.

mheducation.com/highered

Contents

L'Arc de Triomphe, à Paris, en France

CHAPITRE 3

La vie en couleurs 55

CHAPITRE 4

À la maison 84

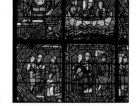

APPENDIXES

LEXIQUES

INDEX

CARTES

Table of contents credits: Bienvenue: Photov.com/age fotostock; Chapter 1: Jean Christophe Marsy/Getty Images; Chapter 2: PhotoAlto/Odilon Dimier/Brand X Pictures/ Getty Images; Chapter 3: MIGUEL MEDINA/AFP/Getty Images; Chapter 4: Mike Kemp/ Blend Images LLC; Chapter 5: Westend61 GmbH/Alamy Stock Photo; Chapter 6: Godong/ Universal Images Group/Getty Images; Chapter 7: Maurice ROUGEMONT/Gamma-Rapho/ Getty Images; Chapter 8: Ekaterina Pokrovsky/Shutterstock; Chapter 9: Doug Pearson/ Jon Arnold Images Ltd/Alamy Stock Photo; Chapter 10: Alain Jocard/Getty Images; Chapter 11: Jacques Pierre/hemis.fr/Getty Images; Chapter 12: Manuel Cohen/Newscom; Chapter 13: Blickwinkel/Royer/Alamy Stock Photo; Chapter 14: Christophe Boisvieux/Getty Images; Chapter 15: Lionel Montico/Hemis.fr/Getty Images; Chapter 16: David R. Frazier Photolibrary, Inc./Alamy Stock Photo.

Preface

Jacob Lund/Shutterstock

Vis-à-vis engages students with its unique integration of contemporary culture and communicative building blocks, providing tools to build a solid foundation in introductory French. The hallmarks of *Vis-à-vis* include:

- an easy-to-navigate chapter structure with four lessons in which vocabulary, grammar, and culture work together as integrated units;
- an abundance of practice activities that range from form-focused to communicative;
- a balanced approach to the four skills;
- diverse coverage of the Francophone world.

These features of *Vis-a-vis* support the core goals of the Introductory French course—communicative and cultural competence—and lay the groundwork for student success.

Building communicative competence with *Vis-à-vis*

One of the major challenges of the introductory language course is to give each student ample exposure to the language and sufficient opportunity to practice speaking, both in and out of the classroom. To parallel print versions of the text and Workbook/Laboratory Manual, we offer the same content on the Connect platform, where students have full access to the e-book online, Workbook/Laboratory Manual activities, Adaptive Learning Assignments, and all accompanying audio and video resources. In *Vis-à-vis,* the following resources work together to promote communicative competence:

- **Interactive vocabulary presentations** include audio recordings at the point of introduction, allowing students to listen, record, and practice new vocabulary outside of class.
- **Interactive activities for vocabulary and grammar,** many of which are auto-graded, give students the opportunity to complete their assignments and come to class better prepared to participate in paired and group activities.
- *Prononcez bien!* **activities** include recording functionality and provide students with opportunities for discrete-word and contextualized practice that help students develop confidence in their speaking abilities.
- **Recordings of lively mini-dialogues** featuring recurring characters give students a spirited introduction to the new grammatical structure in context.
- *Micro-trottoir* **videos** build listening skills and demonstrate everyday language in action through recorded interviews featuring a diverse group of French speakers.
- **Seventeen *Grammaire interactive* tutorials**, each with a brief practice quiz, focus on structures with which students typically struggle, such as *passé composé* vs. *imparfait.*
- **Adaptive Learning Assignment modules for vocabulary and grammar** enable students to pinpoint their weaknesses and provide an individualized study program based on their results. Audio prompts help students strengthen both their listening and writing skills.

With these powerful tools, students have many opportunities to build their communicative skills, and instructors save valuable class time for interactive practice.

Cultural competence

The program's meaningful and extensive exploration of the rich culture of France and the Francophone world is fully supported throughout the program.

- Each four-chapter segment of *Vis-à-vis* focuses on a different area of the globe, exposing students to the vast diversity of life and culture in the Francophone world. Chapters 1–4 explore the Americas, 5–8 feature Africa, 9–12 highlight Europe, and 13–16 look at islands in the Caribbean, the Mediterranean, and the Pacific and Indian Oceans.

- A new feature, ***Espaces francophones,*** has been added between *Leçon 1* and *Leçon 2* of every chapter and offers current cultural information on a particular French-speaking country or region in the geographical area of focus. After introducing France and the Francophone world in Chapter 1, these pages cover Louisiana, Haiti, and Quebec (Chapters 2–4); Senegal, Algeria, Côte d'Ivoire, and Tunisia (Chapters 5–8); Switzerland, Belgium, France, and the French regions (Chapters 9–12); and the islands of Corsica, French Polynesia, Martinique, and Madagascar (Chapters 13–16).

- A new related feature in the Workbook/Laboratory Manual gives students the opportunity to deepen their understanding of the culture of each Francophone region of focus from the text. Students will read and listen to texts in a variety of formats, including emails, phone conversations, online articles, brochures, and interviews. Each text is followed by a comprehension check and, beginning in Chapter 9, an open-ended activity that asks you to connect personally with the topic using the chapter vocabulary and structures.

- The stunning ***Bienvenue*** video segments give students a window into the sights and sounds of French-speaking cities and regions in the United States, Canada, Tunisia, Switzerland, Belgium, and France (Paris, French Polynesia, Martinique).

- The ***Reportage*** pages between *Leçon 2* and *Leçon 3* continue their wide-ranging coverage of Francophone culture with topics that relate to each chapter's theme, including, among others, fabrics and clothing in the Francophone world, family life in Morocco, vacation policies and practices in France, and Francophone cities in Cameroon and the Democratic Republic of the Congo.

- ***Un petit plus*** boxes reinforce the themes of each chapter with subjects ranging from Haitian art, Montreal's Habitat 67 complex, and the practice of religious fasting, to electric cars, the use of henna in North Africa, and the French national soccer team.

MBI/Shutterstock

About the Authors

Evelyne Amon is a native French author. She studied at the Université de Paris-Sorbonne. She holds a DEA in modern literature, a DDL (Diplôme de didactique des langues) in French as a second language, and a CAPES in modern literature. She has taught French language and literature at the secondary and college levels, and for many years has led a training seminar in Switzerland for professors on advances in methodology and pedagogy. She has conducted several training sessions in teaching French as a second language for teachers at the French Institute Alliance Française (FIAF) in New York. As an author, she has written many reference volumes, textbooks, and academic studies for French publishers such as Larousse, Hatier, Magnard, and Bordas. She is the author of the McGraw-Hill French reader *C'est la vie!* and has written for successive editions of *Vis-à-vis*. She lives in Paris and regularly spends time in New York.

Judith A. Muyskens, Ph.D., Ohio State University, is provost emerita of Nebraska Wesleyan University since 2017 and recently retired again as vice president for academic affairs and dean at Hiram College. As a lifelong Francophile, she continues to visit French-speaking countries and study French language and culture. For 19 years, she taught courses in methodology and French language and culture while supervising teaching assistants at the University of Cincinnati. She has contributed to various professional publications and coauthored several other French textbooks. She expects to continue building on her knowledge about the French-speaking world and improving her French language skills for many years to come. Her first trip to France many years ago changed her perspective on the world forever. She hopes that this first-year French textbook will entice students to continue their study of French and explore as many French-speaking areas of the world as possible.

Alice C. Omaggio Hadley, Ph.D., Ohio State University, is professor emerita of French at the University of Illinois at Urbana-Champaign. Before she retired in 2005, she was director of basic language instruction in French for 25 years, supervising teaching assistants and teaching courses in methodology. She is the author of a language teaching methods text, *Teaching Language in Context*. She has also written articles for various journals and contributed to other professional publications, has been a coauthor of several other French textbooks, and has given numerous workshops for teachers across the country.

Acknowledgments

The authors wish to acknowledge the team at McGraw-Hill for their continuing support and enthusiasm: Jodi Banowetz, Susan Blatty, Beth Blech, Carrie Burger, Danielle Clement, Katie Crouch, Laura Fuller, Dawn Groundwater, Jason Kooiker, Susan Pierre-Louis, Moisés Rimeris, Katie Stevens, Sylvie Waskiewicz, and Sandy Wille.

We would also like to thank our copyeditor, Katherine Gilbert, and our proofreader, Isabel Ojea.

The authors and the publisher would like to express their gratitude to the following instructors across the country whose valuable suggestions contributed to the preparation of this new edition. The appearance of their names in these lists does not necessarily constitute their endorsement of the text or its methodology.

Reviewers

Baruch College, CUNY
Ali Nematollahy

Baylor University
Holly Collins, PhD

Boise State University
Jason Herbeck

Borough of Manhattan Community College, CUNY
Peter Consenstein
Valérie Thiers-Thiam

Broward College
Domenica S. Diraviam
Trent Hoy
Celia M. Roberts
Shirley E. Santry

Cabrillo College
Bette G. Hirsch, PhD
Robyn Marshall

Canisius College
Eileen Angelini

Central Michigan University
Amy J. Ransom
Daniela Teodorescu

City College of New York, CUNY
Maxime Blanchard

Clemson University
Amy Sawyer

College of Charleston
Shawn Morrison, PhD

County College of Morris
Nadir Kaddour
Lakshmi Kattepur
Genie Sisti

Dakota College at Bottineau
Linda Grover

Drury University
Catherine Blunk, PhD

Dutchess Community College
Ornella Lepri Mazzuca, PhD

Eastern Illinois University
Kathryn M. Bulver, PhD

Eastman School of Music, University of Rochester
Valérie Couderc

Furman University
Wiliam Allen

Gordon College
Damon DiMauro

Grand Valley State University
Dan Golembeski

Hostos Community College
Phillip Wander

Houston Community College
Maurice Abboud
David Long, PhD

Howard Community College
Heidi Goldenman
Agnès Archambault Honigmann

Illinois Wesleyan University
Lisa Brittingham

Kalamazoo Valley Community College
Jonnie Wilhite

Keene State College
Brian Donovan
Julia Dutton

Kennedy-King College, City Colleges of Chicago
Sonia Elgado-Tall, PhD

Kennesaw State University
Luc D. Guglielmi, PhD

Lee University
James D. Watkins

Lewis & Clark College
Claudia Nadine

Liberty University
Sharon B. Hähnlen, PhD

Lone Star College—CyFair
Georges Detiveaux

Louisiana College
Cecile Barnhart

Loyola University Chicago
Lisa Erceg

Luther College
Laurie Zaring

Manchester University
Janina Traxler

Mercy College
Alan G. Hartman
Jeanne Marie O'Regan

Mercyhurst University
Douglas Boudreau

Metropolitan State University of Denver
Jean-François Duclos
Ann Williams

Missouri Western State University
Susie Hennessy, PhD

Montana State University
Ada Giusti

Morgan State University
Helen Harrison

Morris College
Catherine Kapi

Mt. San Jacinto College
Jennifer S. Doucet

New Mexico State University
Claude Fouillade

New Paltz, SUNY
Mercedes Rooney

Norco College, Riverside Community College District
Dominique Hitchcock, PhD

North Carolina Central University
Debra Boyd, PhD

North Georgia College & State University
Elizabeth Combier, PhD

North Lake College
Cathy Briggs

Northern Essex Community College
Denise Minnard Campoli

Oakton Community College
Marguerite Solari, PhD

Ohio University
Signe Denbow

Oklahoma State University
Frédérique Knottnerus

Onondaga Community College
Mary Ellen Faughnan-Kenien, PhD
Elizabeth O'Hara

Pace University
Rosemarie Cristina

Pasadena City College
Michèle Pedrini, PhD
Charlene Potter

Portland State University
Annabelle Dolidon
Jennifer R. Perlmutter
Stéphanie Roulon

Rutgers University
Myriam Alami

Saint Martin's University
Kathleen McKain

Samford University
M.D. Ledgerwood, PhD

San Diego State University
Edith Benkov

San José State University
Jean-Luc Desalvo

Shasta College
Eileen Smith

Southeastern Louisiana University
Aileen Mootoo-Robertson

Southwestern University
Glenda Warren Carl

St. Catherine University
Jerome Tarmann

St. Cloud State University
Marís Gloria Melgarejo, PhD

St. Norbert College
Tom Conner

Stephen F. Austin State University
Joyce Carlton Johnston

Stetson University
Richard Ferland

Stony Brook University, SUNY
Madeline Turan

SUNY Fredonia
Kate Douglass
Edward Kolodziej

SUNY Oswego
Lenuta Giukin

SUNY Polytechnic Institute
Donald Thomas

Tarrant County College
Mary Williams, PhD

Texas A&M University
Cheryl Schaile

Union County College
Pamela Mansfield

University of Alabama
Isabelle Drewelow

University of Arkansas
Kathleen Comfort, PhD

University of California, Berkeley
Leslie Martin, PhD

University of California, Riverside
Kelle Truby

University of Cincinnati
Irene Ivantcheva-Merjanska, PhD
Aline Skrzeszewski

University of Denver
Terri Woellners

University of Hawaii at Manoa
Joan Marie Debrah

University of Houston
Christina Voulali

University of Louisville
Bonnie Fonseca-Greber

University of Maryland
Catherine Savell

University of Massachusetts, Lowell
Carole Salmon

University of Missouri— Saint Louis
Anne-Sophie Blank
Sandra Trapani

University of Nebraska at Omaha
Patrice J. Roulx, PhD

University of New Mexico
Marina Peters-Newell

University of North Carolina, Wilmington
Caroline Hudson
Scott D. Juall, PhD
Michelle Scatton-Tessier

What's new in the eighth edition?

Based on feedback from *Vis-à-vis* users, the updates in the 8th edition were largely focused on updating cultural content with increased attention to diversity, equity, and inclusion.

- In response to reviewer feedback, scope and sequence changes have been made to the vocabulary presentations in Chapters 3–5 and updates have been made to the vocabulary displays in Chapters 3, 5, 10, and 13. Specific changes include:
  - The vocabulary displays in Chapter 3 were revised to include basic media and communications vocabulary, spotlight the presentation of colors, and streamline the introduction of items of clothing.
  - Expressions related to the home and home furnishings have been consolidated in one chapter, Chapter 4, with the presentation of the prepositions of location incorporated into the "house" vocabulary display.
  - In Chapter 5, the family tree has been expanded to reflect a broader definition of family and the section on weather has added material to introduce terms for outdoor clothing.
  - In Chapter 10, expressions related to communication and media have been separated into two distinct sections to facilitate conversations related to social media and other changing technologies.
  - In Chapter 13, the vocabulary display has been revised to represent a more diverse and inclusive view of family relationships.
- Cultural references and art have been updated throughout the text to expand coverage of the Francophone world, represent greater diversity, and reflect the latest technology.
  - A new feature, *Espaces francophones*, has been added between *Leçon 1* and *Leçon 2* in every chapter, with related activities added to the Workbook/Laboratory Manual. After introducing France and the Francophone world in Chapter 1, the remaining chapters offer cultural information on a particular French-speaking country or region. In Chapters 2–4, the focus is on the Americas, with coverage of Louisiana, Haiti, and Quebec; Chapters 5–8 feature Africa, looking at Senegal, Algeria, Côte d'Ivoire, and Tunisia; Chapters 9–12 highlight Europe, with pages on Switzerland, Belgium, France, and French regions; and, finally, Chapters 13–16 visit the islands of Corsica, French Polynesia, Martinique, and Madagascar. Each page features a prominent cultural or historical figure, with new portraits on Haitian general Toussaint Louverture, Senegalese filmmaker Mati Diop, Genevan philosopher Jean-Jacques Rousseau, and Belgian novelist Amélie Nothomb, among others.
  - The *Reportage* readings between *Leçon 2* and *Leçon 3* have been updated in eight chapters. New topics include multiculturalism (Chapter 1), Francophone clothing & textiles (Chapter 3), teleworking (Chapter 10), Francophone cities in Africa (Chapter 11), and the French healthcare system (Chapter 13).

- The *Leçon 4* section has also been revised and now includes the *Micro-trottoir* feature. New *Lecture* reading selections can be found in Chapters 4 (shared housing), 5 (the Dumas family), 10 (*bandes dessinées*), 12 (cinema pioneers), and 13 (Louise Labé poem). The reading in Chapter 9 on environmentally friendly forms of transportation has been significantly revised.
- Over half of the chapter-opener images are new; these openers continue to emphasize French regional coverage and reflect the reformed regional divisions of 2016.
- Thirteen *Un petit plus* boxes have been updated. New topics include *le bac* (Chapter 2), Haitian art (Chapter 3), Habitat 67 (Chapter 4), *le thé à la menthe* (Chapter 6), religious fasting (Chapter 7), city festivals and holiday celebrations (Chapter 11), *la féminisation des noms des métiers* (Chapter 14), the French national soccer team (Chapter 15), and the *gilets jaunes* protests (Chapter 16).
- All content went through an extensive editorial review in the 8th edition which ensures a high-quality and streamlined edition.

🌍 ESPACES FRANCOPHONES

Bienvenue au Sénégal!

Pays: Sénégal (République du Sénégal)

Habitants: Sénégalais

Capitale: Dakar

Langue officielle: français

Unité monétaire: franc CFA

Fête nationale: 4 avril

Un coup d'œil sur Dakar

Au Sénégal dont[1] elle est la capitale, Dakar est l'une des pointes[2] les plus avancées de l'Afrique de l'Ouest dans l'océan Atlantique. Les Dakarois vous accueillent[3] toujours avec amitié, «teranga». Visitez avec eux le Marché Sandaga, et après, regardez partir les bateaux qui relient[4] Dakar à la Casamance ou à la Gambie voisines.

La ville de Dakar sur sa péninsule

Dans l'arrondissement[5] du Plateau, vous voyez aussi l'Assemblée nationale et le Palais présidentiel.

Là-bas,[6] on voit dans l'océan l'Île de Gorée, ce joyau[7] de l'architecture coloniale avec ses petites rues et l'ombre fraîche[8] des bougainvillées. Mais, cet endroit tranquille cache[9] un passé terrible: le point de départ de la traite négrière.[10] La Maison des Esclaves évoque encore la tragédie de femmes, enfants, hommes, transportés dans des conditions inhumaines vers les Antilles et les Amériques.

[1]*of which* [2]*headlands* [3]*welcome* [4]*link* [5]*district* [6]*There* [7]*jewel* [8]*ombre... cool shade* [9]*hides* [10]*traite... slave trade*

PORTRAIT Mati Diop: une voix, un regard, un style

Elle est un symbole déjà[1] célèbre d'une nouvelle génération de cinéastes[2] qui portent un regard neuf[3] sur le monde. Son nom est Mati Diop.

Cette jeune femme franco-sénégalaise, née[4] à Paris, est une actrice et réalisatrice[5] issue de deux cultures. Sa famille appartient à une lignée d'artistes: son père Wasis Diop est musicien, son oncle Djibril Diop Mambéty, un fameux réalisateur sénégalais.

Jeune, libre, engagée, Mati, dans ses films, montre avec poésie la fausseté[6] des préjugés sociaux, racistes et sexistes. Dans *Mille Soleils* (2013) et *Atlantique* (Grand prix du Festival de Cannes 2019), elle révèle des vérités[7] invisibles sur le Sénégal. Par exemple, l'expérience tragique des jeunes Sénégalais tentés[8] par l'exil vers une Europe idéalisée. Sa caméra démystifie les apparences pour nous familiariser avec la société sénégalaise contemporaine.

La sénégalaise Mati Diop au festival de Cannes

Avec une technique qui mélange[9] la fiction au documentaire, le réalisme au fantastique, elle réinvente le langage cinématographique.

[1]*already* [2]*filmmakers* [3]*new* [4]*born* [5]*director* [6]*hypocrisy* [7]*truths* [8]*tempted* [9]*qui... that blends*

![Mc Graw Hill connect®]

Instructors
The Power of Connections

A complete course platform

Connect enables you to build deeper connections with your students through cohesive digital content and tools, creating engaging learning experiences. We are committed to providing you with the right resources and tools to support all your students along their personal learning journeys.

65%
Less Time Grading

Laptop: Getty Images; Woman/dog: George Doyle/Getty Images

Every learner is unique

In Connect, instructors can assign an adaptive reading experience with SmartBook® 2.0. Rooted in advanced learning science principles, SmartBook 2.0 delivers each student a personalized experience, focusing students on their learning gaps, ensuring that the time they spend studying is time well-spent.
mheducation.com/highered/connect/smartbook

Affordable solutions, added value

Make technology work for you with LMS integration for single sign-on access, mobile access to the digital textbook, and reports to quickly show you how each of your students is doing. And with our Inclusive Access program, you can provide all these tools at the lowest available market price to your students. Ask your McGraw Hill representative for more information.

Solutions for your challenges

A product isn't a solution. Real solutions are affordable, reliable, and come with training and ongoing support when you need it and how you want it. Visit **supportateverystep.com** for videos and resources both you and your students can use throughout the term.

Students
Get Learning that Fits You

Effective tools for efficient studying

Connect is designed to help you be more productive with simple, flexible, intuitive tools that maximize your study time and meet your individual learning needs. Get learning that works for you with Connect.

Study anytime, anywhere

Download the free ReadAnywhere® app and access your online eBook, SmartBook® 2.0, or Adaptive Learning Assignments when it's convenient, even if you're offline. And since the app automatically syncs with your Connect account, all of your work is available every time you open it. Find out more at **mheducation.com/readanywhere**

"I really liked this app—it made it easy to study when you don't have your text-book in front of you."

- Jordan Cunningham, Eastern Washington University

iPhone: Getty Images

Everything you need in one place

Your Connect course has everything you need—whether reading your digital eBook or completing assignments for class—Connect makes it easy to get your work done.

Learning for everyone

McGraw Hill works directly with Accessibility Services Departments and faculty to meet the learning needs of all students. Please contact your Accessibility Services Office and ask them to email accessibility@mheducation.com, or visit **mheducation.com/about/accessibility** for more information.

Une nouvelle° aventure

new

Jean Christophe Marsy/Getty Images

Une nouvelle journée commence en Guyane, une région française en Amérique du Sud

Dans ce chapitre...

OBJECTIFS COMMUNICATIFS

➤ greeting people

➤ spelling

➤ giving numerical information

➤ expressing the date

➤ identifying people, places, and things

➤ learning to pronounce the alphabet and selected vowel sounds in French

CULTURE

➤ Un petit plus: *Greetings in the Francophone World*; *Les drapeaux*

➤ Espaces francophones: *Le monde francophone*

➤ Reportage: *La France multiculturelle*

➤ Lecture: *J'ai une carte d'étudiant!*

Les bonnes manières°

Les... *Good manners*

In the French-speaking world, different greetings reflect differing degrees of familiarity between people. Formality is the general rule; informal expressions are reserved for family, friends of long standing, and close associates and peers (for example, fellow students). All formal greetings are followed by a title: **Bonjour, madame.**

—Bonjour, mademoiselle.
—Bonjour, madame.

—Bonsoir, monsieur.
—Bonsoir, madame.

—Je m'appelle Lucas Martin. Et vous, comment vous appelez-vous?
—Je m'appelle Juliette Dupont.

—Comment allez-vous?
—Très bien, merci. Et vous?
—Pas mal, merci.

—Salut, ça va?
—Oui, ça va bien. (Ça va mal.) Et toi, comment vas-tu?
—Comme ci comme ça. (Ça peut aller.) (Moyen.)

—Comment? Je ne comprends pas. Répétez, s'il vous plaît.
—C'est Lise Bernard.
—Ah oui, je comprends.

—Oh, pardon! Excusez-moi, mademoiselle.

—Merci (beaucoup).
—De rien.

—Au revoir!
—À bientôt!

Allez-y!

A. Répondez, s'il vous plaît. Respond in French.

1. Je m'appelle Arthur Lenôtre. Et vous, comment vous appelez-vous?
2. Bonsoir!
3. Comment allez-vous?
4. Merci.
5. Ça va?
6. Au revoir!
7. Bonjour.

B. Soutenu ou familier? (*Formal or informal?*) Decide if each situation shown is formal or informal, then provide an appropriate expression for it.

1.
2.
3.
4.
5.
6.

C. Le bon choix. (*The right choice.*) Indicate if the following expressions are used in a formal or informal context. What cues tell you whether it is formal or informal?

1. Comment vous appelez-vous?
2. Et toi?
3. Répète, s'il te plaît.
4. Comment vas-tu?
5. Comment t'appelles-tu?
6. Bonjour, monsieur.
7. Et vous?
8. Salut!
9. Répétez, s'il vous plaît.
10. Comment allez-vous?

D. Conversation. Aisha is introducing her classmate Abdul to Olivia, an American student studying at the Sorbonne. Complete their conversation, using different expressions from **Les bonnes manières**.

AISHA: _____[1], Abdul.

ABDUL: Salut, Aisha! _____[2]?

AISHA: Ça va bien. _____[3]?

ABDUL: _____[4], merci.

AISHA: Voici Olivia. Elle est de (*She is from*) Chicago.

ABDUL: _____[5], Olivia. _____[6] Abdul. _____[7]?

OLIVIA: _____[8], merci.

ABDUL: Oh, non... Je suis en retard (*I'm late*). Excusez-moi. Au revoir!

OLIVIA: _____[9]!

AISHA: _____[10]!

Un petit plus°...

Un... *A little something extra*

Greetings in the Francophone World

In France, people have traditionally greeted friends and family with two, three, or even four kisses, depending on the region where they live. The **bise** is a kiss on the cheek. The term **bisou** has an affectionate connotation and is used to describe kisses given to children, friends, and family. For someone you are meeting for the first time, saying «**bonjour**» and shaking hands is the most appropriate greeting.

In Belgium, a single kiss has always been sufficient for everyday interactions, but three kisses are usually called for to celebrate joyful occasions.

In Quebec, the custom differs. Canadians are warm and charming, but they often maintain a physical distance when greeting newcomers. Close friends and family members, however, share a **bisou.**

In Muslim countries, people typically do not touch but rather exchange friendly greetings such as **As-salaam'alaykum** (*Peace*) or **Que la paix de Dieu soit avec vous** (*God's peace be with you*).

Bonjour ou au revoir? Bise amicale (*friendly kiss*) ou bisou d'amoureux (*lovers*)? En France, en Belgique, au Canada, au Maroc ou au Sénégal? C'est difficile à dire (*to say*). Qu'en pensez-vous? (*What do you think?*)

Nullplus/iStock/Getty Images

L'alphabet français

a	a	**h**	hache	**o**	o	**v**	vé
b	bé	**i**	i	**p**	pé	**w**	double vé
c	cé	**j**	ji	**q**	ku	**x**	iks
d	dé	**k**	ka	**r**	erre	**y**	i grec
e	e	**l**	elle	**s**	esse	**z**	zède
f	effe	**m**	emme	**t**	té		
g	gé	**n**	enne	**u**	u		

L'ALPHABET PHONÉTIQUE

[a]	**à, la**	[b]	**b**onjour
[ɑ]	**pâté**	[k]	**c**omme, **qu**atre, **k**ilo
[ə]	**je, fenêtre**	[ʃ]	**ch**aise
[e]	**ré**p**é**t**ez, aller**	[d]	**d**imanche
[ɛ]	**très, mademoiselle, fenêtre**	[f]	**f**enêtre
[i]	**il, stylo**	[g]	**g**arçon
[o]	**stylo, bientôt, bureau**	[ɲ]	espa**gn**ol
[ɔ]	**porte**	[ʒ]	**j**e, biolo**g**ie
[u]	**vous**	[l]	**l**a
[y]	**tu**	[m]	**m**ademoiselle
[ø]	**deux**	[n]	**n**euf
[œ]	**sœur, neuf**	[ŋ]	parki**ng**
[ã]	**comment, écran**	[p]	**p**ardon
[ɛ̃]	**bien, cinq**	[R]	**r**épétez
[ɔ̃]	**bonjour**	[s]	**s**ix, **c**inq, français, classe
[œ̃]	**un**	[t]	**t**able
[j]	**bien, moyen, juillet**	[v]	**v**endredi, **w**agon
[ɥ]	**huit**	[z]	chai**s**e, dou**z**e
[w]*	**oui, week-end**		

Les accents

Accents or diacritical marks sometimes change the pronunciation of a letter and sometimes distinguish between two words otherwise spelled the same. A French word written without its diacritical marks is misspelled.

é	e	**accent aigu**
à	a	**accent grave**
ô	o	**accent circonflexe**
ï	i	**tréma**
ç	c	**cédille**

---

*The spelling **-oi-** as in "bons**oi**r" is pronounced [wɑ].

Allez-y!

A. **À vous!** Spell your name in French. Then spell the name of a city, and see if your classmates can figure out which one it is.

B. **Inscription.** Several students are signing up to live in the campus international house. Spell their names and cities for the resident assistant.

1. DUPONT Isabelle   Paris
2. EL AYYADI Allal   Rabat
3. GOUTAL Ariane   Papeete
4. GUEYE Jérôme   Dakar
5. HUBERT Sarah   Lille
6. PASTEUR Loïc   Montréal

Un petit plus...

Les drapeaux

The French flag has great symbolic value for the nation. It appeared during the French Revolution in 1789 to replace the blue and white flag of the monarchy, the **fleur de lys.** The **drapeau tricolore,** as the flag is sometimes called, combines white with blue and red (the colors of Paris). The three colors are often associated with the principles upon which the French republic was founded: **liberté, égalité, fraternité.** The French flag is increasingly displayed alongside the flag of the European Union, blue with a circle of twelve gold stars. The number twelve is a traditional symbol of perfection, completeness, and unity. The circle formation represents solidarity and harmony. What does your national flag symbolize?

Guy Christian/Hemis fr./Alamy Stock Photo

Le drapeau tricolore et le drapeau de l'Union européenne

Les mots apparentés°

Les... *Cognates*

French and English have many cognates, or **mots apparentés:** words spelled similarly with similar meanings. Here are a few patterns to help you recognize cognates.

FRANÇAIS	ANGLAIS	
-ant	*-ing*	amus**ant** → *amus**ing***
ét-	*st-*	**ét**at → ***st**ate*
-eux, -euse	*-ous*	séri**eux** → *seri**ous***
-ie, -é	*-y*	cit**é** → *cit**y***
-ique	*-ic, -ical*	prat**ique** → *pract**ical***
-iste	*-ist, -istic*	matérial**iste** → *material**istic***
-ment	*-ly*	rapide**ment** → *rapid**ly***
-re	*-er*	ord**re** → *ord**er***

Be aware that there are also many apparent cognates, called **faux amis** (*false friends*). Here are a few examples along with the correct terms (**mots justes**).

FAUX AMIS		MOTS JUSTES	
collège	*middle school*	université	*college, university*
librairie	*bookstore*	bibliothèque	*library*
rester	*to stay, remain*	se reposer	*to rest*

Allez-y!

A. Répétez, s'il vous plaît! Pronounce these French cognates as your instructor does.

1. attitude
2. police
3. balle
4. bracelet
5. passion
6. conclusion
7. injustice
8. hôpital
9. champagne
10. parfum
11. magazine
12. présentation

B. Les mots apparentés. Figure out the English equivalents for the first five words. Then try to figure out the French equivalents for the last five.

MODÈLES: étranger → *stranger*
generally → *généralement*

1. logique
2. centre
3. étude
4. liberté
5. courageuse
6. *imperialistic*
7. *strange*
8. *tender*
9. *logically*
10. *historic*

Bienvenue au monde francophone!

Welcome to **la francophonie**, the French-speaking world. **La francophonie** represents around 300 million people in the world who speak French as their native or second language. French is the official language in 29 countries and is spoken in over 60 more. A legacy of centuries of colonization, almost 60% of those who speak French every day live on the African continent.

Across Africa, there are 31 countries where French is spoken or used officially. French influence can be found in North Africa as well as Central and West Africa. In the Americas, French is one of two official languages in both Canada (with English) and Haiti (with Haitian Creole). In Europe, French is spoken in France, of course, but also in Luxembourg, southern Belgium, and western Switzerland. Additionally, France's historic presence in the Middle East and Southeast Asia has left traces of French usage in business and education across both regions, especially in Lebanon, Laos, and Vietnam.

To learn more about **la francophonie**, review the website of the **Organisation internationale de la Francophonie** (OIF), an organization which seeks to unite the French-speaking world through education, economic cooperation, sports competition, cultural events, shared cultural information, and the celebration of the French language.

French Colonization Around the World

OIF
ORGANISATION INTERNATIONALE
DE LA FRANCOPHONIE

Fabrizio annovi/Alamy Stock Photo

The French-speaking world was built over many centuries beginning in the 16th century when French explorers first ventured across the Atlantic Ocean and France created an empire beyond Europe. Key events in this first period of colonization include Jacques Cartier's exploration of the Gulf of St. Lawrence in the 1530s, Samuel de Champlain's founding of Quebec in 1608, the establishment of New France as a royal province in 1663, and Robert La Salle's travels down the length of the Mississippi in 1682 and his claim of the entire region for France, calling it **la Louisiane** in honor of King Louis XIV.

By the late 1600s, the French colonial empire consisted of six fortified settlements in India, including Pondicherry; Saint-Louis and the island of Gorée in Senegal, in West Africa; a permanent settlement at Cayenne on the northern coast of South America; and colonies across North America, including on the Caribbean islands of Guadeloupe, Martinique, and Saint-Domingue (now Haiti). A key element of this colonization effort was the legalization of the slave trade in 1642. In fact, for the next 200 years or so, France would play a major role in the enslavement of Africans throughout the Western Hemisphere.

In 1791, inspired by the French Revolution of 1789, enslaved people in Saint-Domingue revolted. This revolt, the only successful rebellion by enslaved Black people in history, began the Haitian Revolution, leading to the abolition of slavery throughout the French colonial empire in 1794 and the new, independent Republic of Haiti in 1804. Combined with the cession of New France to Great Britain and Spain after the Seven Years' War (1756–1763), the loss of France's most profitable colony in the Caribbean had profound implications. First and foremost, it meant that Louisiana became far less valuable to France, and so, in 1803, Napoleon sold the entire territory to the United States.

France began to rebuild a new empire in the middle of the 19th century, focusing on Africa, Southeast Asia, and the South Pacific. In 1830, the French army invaded Algeria and brought the region under French control. In 1858, France set in motion the colonization of Vietnam by capturing the port of Da Nang and, five years later, establishing a protectorate over Cambodia. In the 1880s, France expanded its African presence by invading Tunisia and starting to colonize West Africa, Central Africa, and Madagascar. In 1893, France seized Laos, forming French Indochina, a colonial administration in Southeast Asia that included Cambodia and Vietnam. At one point in the 19th century, France ruled 8% of the world's countries.

After World War II, the French colonial empire began to collapse as decolonization movements challenged French authority and wars of independence broke out in Algeria and Indochina. By the early 1960s, most former colonies had gained independence.

France still governs several territories outside of the European mainland. These include, among others, the overseas departments/regions (**départements et régions d'outre-mer**, or **DROM**) of Guadeloupe and Martinique in the Caribbean, French Guiana in South America, and Réunion in the Indian Ocean as well as the semi-autonomous overseas collectivities of French Polynesia and New Caledonia in the Pacific Ocean.

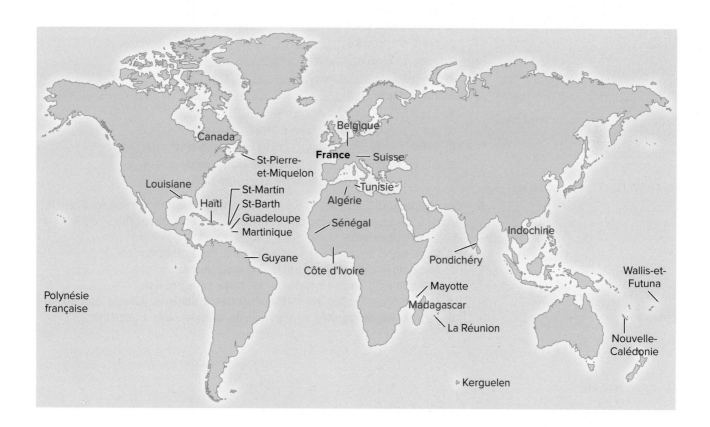

Les nombres de 0 à 60°

Les... *Numbers from 0 to 60*

0 zéro	6 six	11 onze	16 seize
1 un	7 sept	12 douze	17 dix-sept
2 deux	8 huit	13 treize	18 dix-huit
3 trois	9 neuf	14 quatorze	19 dix-neuf
4 quatre	10 dix	15 quinze	20 vingt
5 cinq			

21 vingt et un	26 vingt-six	40 quarante
22 vingt-deux	27 vingt-sept	50 cinquante
23 vingt-trois	28 vingt-huit	60 soixante
24 vingt-quatre	29 vingt-neuf	
25 vingt-cinq	30 trente	

Allez-y!

A. **Les séries numériques.** Complete the following numerical series.
1. deux, trois, quatre, _____, six
2. neuf, dix, onze, _____, treize
3. quatorze, quinze, seize, _____
4. six, _____, huit, _____, dix
5. zéro, deux, _____, six, _____
6. _____, dix, quinze, vingt, _____
7. un, _____, cinq, sept, neuf
8. vingt, trente, _____, cinquante, soixante
9. trente et un, _____, trente-trois, trente-quatre
10. _____, quarante-deux, quarante-trois

B. **Les drapeaux.** Considering what you know about the European, French, and U.S. flags, provide the correct number in French for the characteristics below.
1. le nombre de couleurs sur le drapeau de la France
2. le nombre de couleurs sur le drapeau européen
3. le nombre d'étoiles (*stars*) sur le drapeau européen
4. le nombre d'étoiles sur le drapeau des États-Unis (*United States*)
5. le nombre de bandes (*stripes*) sur le drapeau des États-Unis

C. Problèmes de mathématiques. With a partner, take turns doing the following math problems.

VOCABULAIRE UTILE

+ plus, et	— moins	× fois	= font

Combien font 3 plus 10?   *How much is 3 + 10?*

MODÈLE: 6 + 2 →

>   É1*: Combien font six plus (et) deux?
>   É2: Six plus (et) deux font huit.

  1. 8 + 2
  2. 5 + 9
  3. 4 + 1
  4. 3 + 8
  5. 43 − 16
  6. 60 − 37
  7. 56 − 21
  8. 49 − 27
  9. 2 × 10
  10. 3 × 20
  11. 6 × 5
  12. 7 × 3

D. Les numéros de téléphone. In French, telephone numbers are said in groups of five two-digit numbers. Look at Marine's contact list and, alternating with a partner, read aloud some of her most frequently called numbers.

MODÈLE: É1: Rangira Mugabo?
          É2: 02 40 29 07 39

MES AMIS

nom	prénom	adresse	tél.
Abbas	Anisah	60, blvd de l'Égalité	02 41 48 05 52
Duclos	Valentine	98, avenue Patton	02 41 46 42 60
Garcia	Luis	83, rue des Renardières	02 41 57 13 44
Koehulein	Alice	7, rue de Verneuil	02 41 35 21 08
Mugabo	Rangira	12, rue du Temple	02 40 29 07 39

---

*É1 and É2 stand for **Étudiant(e) 1** and **Étudiant(e) 2** (*Student 1* and *Student 2*). These abbreviations are used in partner/pair activities throughout *Vis-à-vis*.

Quel jour sommes-nous?° Quel... *What day is it?*

La semaine° de Claire *week*

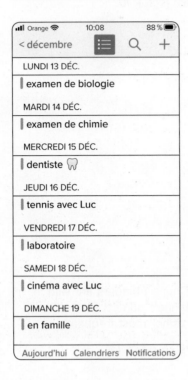

In French, the days of the week are not capitalized. On the calendar (**le calendrier**), the week begins with Monday.

—Quel jour sommes-nous (aujourd'hui)? / Quel jour on est (aujourd'hui)?   *What day is it (today)?*

—Nous sommes mardi. / On est mardi.   *It's Tuesday.*

Allez-y!

A. La semaine de Claire. Look over Claire's calendar. Then, alternating with a partner, tell what day of the week it is.

MODÈLE: Claire est au (*is at the*) laboratoire. →
> É1: Claire est au laboratoire. Quel jour on est? (Quel jour sommes-nous?)
> É2: On est vendredi. (Nous sommes vendredi.)

1. Claire va (*goes*) au cinéma avec (*with*) Luc.
2. Claire est chez (*at*) le dentiste.
3. Claire a (*has*) un cours (*class*) de biologie.
4. Claire est en famille.
5. Claire joue au (*is playing*) tennis avec Luc.
6. Claire a un examen de chimie.

B. Quel jour sommes-nous? Complete each statement with the correct day of the week.

1. Aujourd'hui, nous sommes _____.
2. Demain, on est _____.
3. Le week-end, c'est le _____ et le _____.
4. Je dors (*sleep*) beaucoup le _____.
5. Les jours du cours de français sont _____.
6. Mon (*my*) jour préféré, c'est le _____.

Quelle est la date d'aujourd'hui?

LES MOIS (*m.*)

décembre	mars	juin	septembre
janvier	avril	juillet	octobre
février	mai	août	novembre

In French, the day is usually followed by the month: **Nous sommes le 21 mars** (abbreviated as 21/03). The word **le** (*the*) usually precedes the day of the month.

Dates in French are expressed with cardinal numbers (**le 21 mars**), with the exception of the first of the month: **le 1ᵉʳ (premier) janvier.**

Allez-y!

A. Fêtes (*Holidays*) américaines. What months do you associate with the following holidays?

1.
2.
3.
4.
5.
6.
7.
8.
9.

🎧 **Prononcez bien!**

The vowels in *ci, les,* and *mai*

In French, vowels are shorter and pronounced with tenser muscles than they are in English. When you pronounce **ci** [i], **les** [e], and **mai** [ɛ], remember to keep the vowel brief and steady while gradually opening your mouth and relaxing your lips from a smiling position to a neutral shape. Notice the different spellings of each sound.

[i]: **jeudi, souris, stylo**

[e]: **les, et, janvier, répétez**

[ɛ]: **mai, c'est, merci, très, treize, fenêtre**

The vowel sound in **mai** is pronounced with less muscle tension and a mouth open wider than for the vowel sound in **les**.

B. Le voyageur bien informé. It can be useful to know the official holidays of the places you visit. Look at the following lists and compare them. Note that these are the dates for these holidays in 2022; most of them change from year to year.

QUÉBEC		ÉTATS-UNIS		FRANCE	
1er janv.	Nouvel An	1er janv.	Nouvel An	1er janv.	Nouvel An
15 avril	Vendredi saint	17 janv.	Journée de MLK	18 avril	Lundi de Pâques
18 avril	Lundi de Pâques	21 févr.	Jour des Présidents	1er mai	Fête du Travail
23 mai	Journée nationale des Patriotes	29 mai	Jour du Souvenir	8 mai	Fête de la Victoire
24 juin	Fête nationale du Québec	19 juin	Juneteenth	26 mai	Ascension
1er juil.	Fête du Canada	4 juil.	Jour de l'Indépendance	6 juin	Lundi de Pentecôte
5 sept.	Fête du Travail	5 sept.	Fête du Travail	14 juil.	Fête nationale (Prise de la Bastille)
10 oct.	Action de grâce	11 nov.	Journée des Anciens Combattants	15 août	Assomption
25 déc.	Noël	24 nov.	Action de grâce	1er nov.	Toussaint
		25 déc.	Noël	11 nov.	Armistice
				25 déc.	Noël

1. Quelles fêtes aux États-Unis ne sont pas célébrées en France? au Québec? Donnez (*Give*) la date de ces (*these*) fêtes.
2. Y a-t-il plus de (*more*) fêtes religieuses en France et au Québec qu'aux (*than in the*) États-Unis? Nommez-les (*Name them*).
3. Donnez les dates des fêtes nationales dans les trois pays.
4. Quel est votre jour de fête préféré? Pourquoi? (*Why?*)

Le 14 Juillet, la fête nationale, à Paris

Steve Allen/Brand X Pictures/Getty Images

C. La fête des saints. (*Saint feast days.*) In France, each day of the year is associated with a particular Catholic saint. Look over the list below, choose six names, and, with a partner, ask and answer questions about name days.

MODÈLE: É1:   Quel jour célèbre-t-on les Georges?
          É2:   Le vingt-trois avril. Et les Guillaume?

fêtes à souhaiter°

a

Adam	16 mai
Adèle	24 déc
Adrien	8 sept
Agathe	5 fév
Agnès	21 janv
Ahmed	21 août
Aimée	20 fév
Alexandre	22 avril
Alice	16 déc
Alix	9 janv
Amandine	9 juil
Amélie	19 sept
André	30 nov
Anne	26 juil
Antoine	13 juin
Apolline	9 fév
Arnaud	10 fév
Arthur	15 nov
Audrey	23 juin
Augustin	27 mai
Aurélie	15 oct
Aurélien	16 juin
Axel	21 mars

b

Béatrice	13 fév
Benjamin	31 mars
Benoît	11 juil
Brigitte	23 juil

c

Camille	14 juil
Capucine	5 oct
Caroline	17 juil
Catherine	25 nov
Céline	21 oct
Charles	2 mars
Charlotte	17 juil
Chloé	5 oct
Christophe	21 août
Claire	11 août
Clément	23 nov
Constance	23 sept
Coralie	18 mai

d

Daniel	11 déc
David	29 déc
Delphine	26 nov
Denis	9 oct
Denise	15 mai
Diego	23 mai

e

Édouard	5 janv
Élisabeth	17 nov
Élisée	14 juin
Élodie	22 oct
Émeline	27 oct
Emma	19 avril
Emmanuel	25 déc
Enzo	13 juil
Éric	18 mai
Erwan	19 mai
Étienne	26 déc
Éva	6 sept

f

Florent	4 juil
François	4 oct
Françoise	9 mars

g

Gabin	19 fév
Gabriel	29 sept
Gaétan	7 août
Gaspard	28 déc
Geneviève	3 janv
Georges	23 avril
Gisèle	7 mai
Guillaume	10 janv
Guy	12 juin

h

Habib	27 mars
Hélène	18 août
Henri	13 juil
Hugo	1 avril

i

Inès	10 sept
Irène	5 avril
Isaac	20 déc
Isabelle	22 fév

j

Jacqueline	8 fév
Jacques	25 juil
Jade	29 juin
Jean	24 juin
Jeanne	30 mai
Joseph	19 mars
Julie	8 avril
Julien	2 août
Juliette	30 juil
Justine	12 mars

k

Karine	7 nov
Kévin	3 juin
Kylian	8 juil

l

Laetitia	18 août
Laure	10 août
Léa	22 mars
Léon	10 nov
Liam	10 janv
Lina	27 janv
Loïc	25 août
Louis	25 août
Louise	15 mars
Lucas	18 oct
Lucie	13 déc

m

Madeleine	22 juil
Maëlle	24 mai
Manon	15 août
Marie	15 août
Marine	20 juil
Martin	11 nov
Matéo	21 sept
Mathilde	14 mars
Maxime	14 avril
Mélanie	31 déc
Mélissa	21 sept
Michel	29 sept
Mila	16 sept
Morgane	8 oct

n

Nathalie	27 juil
Nathan	24 août
Nelly	26 oct
Nicolas	6 déc
Noah	10 nov
Noël/Noëlle	25 déc

o

Océane	2 nov
Olivia	5 mars
Olivier	12 juil
Oscar	3 fév

p

Pascal	17 mai
Pauline	26 janv
Philippe	3 mai
Pierre	29 juin

q

Quentin	31 oct

r

Raphaël	29 sept
Rayan	8 mars
Rémi	15 janv
René/Renée	19 oct
Robert	30 avril
Romain	28 fév
Rose	23 août

s

Samuel	20 août
Sarah	9 oct
Sébastien	20 janv
Simon	28 oct
Solène	25 sept
Sophie	25 mai
Stéphane	26 déc
Suzanne	11 août
Sylvie	5 nov

t

Tanguy	19 nov
Théo	9 nov
Thérèse	15 oct
Thibaut	8 juil
Thomas	3 juil
Timéo	26 janv

v

Valentin	14 fév
Valentine	25 juil
Valérie	28 avril
Véronique	4 fév
Victor	21 juil
Vincent	22 janv
Virginie	7 janv
Viviane	2 déc

w

William	10 janv

x

Xavier	3 déc

y

Yann	24 juin
Yasmine	5 oct
Yolande	11 juin

z

Zoé	2 mai

°fêtes... *celebrating saint feast days*

La France multiculturelle

France today is a multicultural society, that is, a collection of populations that differ by regional, national, and/or religious origin. It is home not only to people from places with which France has been involved politically over the centuries but also to other people from around the world who have decided to make France their home.

Although multiculturalism is a contentious topic in France, and is not currently codified in French law, France has a long history of welcoming newcomers, especially in comparison to other European countries. Since the middle of the 19th century, France has experienced succeeding waves of immigration, with people arriving from across the globe. In the wake of European industrialization, immigrants came from neighboring countries, including Belgium, Italy, Portugal, and Spain. From 1915 to 1950, immigrants to France were primarily from Eastern Europe and Scandinavia. Finally, in the 1950s and 1960s, many people from France's former colonies in Africa, India, and Southeast Asia came to settle in the Hexagon* because of their familiarity with the French language and culture. In 2010, 27% of babies born in metropolitan France had at least one parent or grandparent who was foreign-born.

Immigration remains strong today. French demographers classify immigrants as people who live in France and were born outside the country. There are currently about 6.5 million immigrants living in France (10% of the total population of 65.5 million: 4.1 million are foreign nationals and 2.4 million have acquired French citizenship). In 2018, 13% of immigrants in France were born in Algeria; 11.9% in Morocco; 9.2% in Portugal; 4.4% in Tunisia; 4.3% in Italy; 3.8% in Turkey; and 3.7% in Spain.

Robert KLUBA/REA/Redux

Les Français sur l'esplanade du Louvre à Paris en mai 2017

---

*__L'Hexagone__ is a familiar term for metropolitan France, that is, the parts of the country that are geographically in Europe. The term, which first appeared in geography books in the 1850s, is a reference to the hexagonal shape of the French mainland.

What is French universalism?

Given the significant influence of immigration on France's population, it is perhaps unsurprising that its role in French society has been a topic of debate. This debate came to the forefront in the 1990s, when the Front National (FN) established itself as a force in politics. This right-wing political party—known since 2018 as the Rassemblement National—supports French nationalism and controls on immigration and is often accused of fostering xenophobia. In 2002, the French nation was shocked when the FN leader, Jean-Marie Le Pen, advanced to the final run-off election for the presidency against the incumbent, Jacques Chirac. It was soon clear that a large part of the French electorate feared that immigrants were taking their jobs and that they might undermine French values by not adapting to French society.

Concerns about cultural assimilation have long been an important aspect of French attitudes toward immigration. An inheritance of the Enlightenment, the universalist model is firmly entrenched in French politics, even in the face of a general Western trend toward multiculturalism. The universalist approach assumes that all citizens are individuals and should not be identified legally or politically by categories such as race, religion, or political beliefs. It is therefore illegal to collect data on ethnic, racial, or religious origins because such data might be used to show preference for (or discriminate against) members of a group.

While the universalist approach suggests that discrimination is best fought by reinforcing the notion that France is "color blind," some feel that this mindset denies the very real existence of racism and other forms of discrimination in modern France. Sibeth Ndiaye, a former spokesperson for the government, suggests that France should open once more the conversation about gathering data on race and ethnicity. Senior members of President Emmanuel Macron's government have said that this is not the time to study this matter. They say, however, that Macron wants to find concrete ways to fight discrimination. In fact, in February 2021, he announced that he would launch a "citizen's consultation" on discrimination. Time will tell if a new way of thinking about race is emerging. The debate about universalism will surely continue for years to come as countries all over the world reconsider their histories with regard to race.

Sibeth Ndiaye s'adresse au public en 2020

Dans la salle de classe° Dans... *In the classroom*

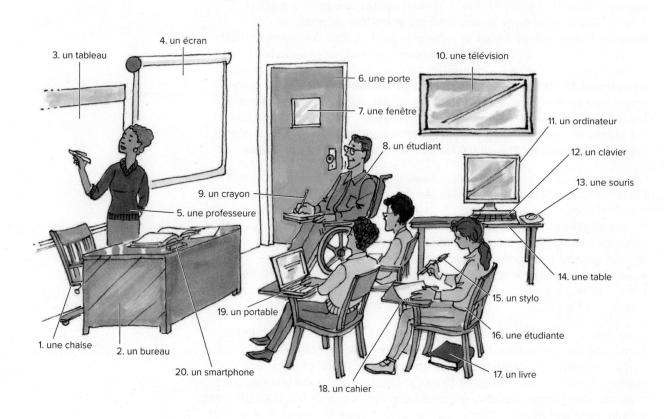

3. un tableau
4. un écran
10. une télévision
6. une porte
7. une fenêtre
11. un ordinateur
8. un étudiant
12. un clavier
13. une souris
9. un crayon
5. une professeure
14. une table
15. un stylo
19. un portable
16. une étudiante
1. une chaise
2. un bureau
17. un livre
20. un smartphone
18. un cahier

Allez-y!

A. **Qu'est-ce que c'est?** (*What is it?*) **Qui est-ce?** (*Who is it?*) Alternating with a classmate, identify the people and objects in the illustration above.

> **MODÈLE:** É1: Le numéro un, qu'est-ce que c'est?
> É2: C'est une (*It's a*) chaise.
> É1: Le numéro cinq, qui est-ce?
> É2: C'est une professeure.

B. **Combien?** (*How many?*) Taking turns with a classmate, ask and answer questions about the number of people and objects there are in the illustration. Use the expression **il y a.**

> **MODÈLE:** étudiants →
> É1: Il y a combien d'étudiants?
> É2: Il y a quatre étudiants.

Mots clés

Using *il y a*

The expression **il y a** (*there is, there are*) is used to state the existence of something or to specify the quantity.

Il y a un cours de français. *There is a French class.*

Il y a quatre étudiants dans la classe. *There are four students in the classroom.*

Les articles indéfinis et le genre des noms

Identifying People, Places, and Things

🎧 COMMENT COMMUNIQUER?

Léa contacte ses amis par messagerie instantanée.

LÉA: Salut Mamadou! Tu es **un** membre actif des réseaux sociaux[1]?

MAMADOU: Oui! **Un** membre dynamique et enthousiaste. J'ai **un** compte Twitter, **un** compte Instagram et je développe **une** chaîne YouTube. Et toi?

LÉA: J'ai uniquement **un** blog. Pour moi, c'est suffisant.

ALEXIS: Suffisant? Je ne comprends pas. Léa, nous sommes dans **une** société numérique[2]! Avec Snapchat, Instagram, WhatsApp, tu es en contact avec **des** millions d'amis.

LÉA: **Des** amis virtuels ou **des** amis réels?

MAMADOU: C'est **une** question intéressante... et difficile.

[1]réseaux... *social networks* [2]*digital*

Choisissez les bonnes réponses selon (*according to*) le dialogue.

Léa communique avec...	Mamadou communique avec...
1. un blog	**1.** un blog
2. une page Facebook	**2.** une page Facebook
3. un compte Twitter	**3.** un compte Twitter
4. une chaîne YouTube	**4.** une chaîne YouTube
5. des amis réels	**5.** des amis réels
6. des amis virtuels	**6.** des amis virtuels

Singular Forms of Indefinite Articles

Unlike English, where most nouns do not have a grammatical gender, in French, all nouns (**noms**) are either masculine (**masculin**) or feminine (**féminin**), as are the articles that precede them.

The following chart shows the forms of the singular indefinite article in French, corresponding to *a* (*an*) in English.

MASCULINE		FEMININE	
un ami	*a friend (m.)*	**une** amie	*a friend (f.)*
un accent	*an accent*	**une** action	*an action*

Un is used for masculine nouns and **une** for feminine nouns. **Un** and **une** can also mean *one,* depending on the context.

Voilà **un** café.	*There's a café.*
Il y a **une** étudiante.	*There is one student.*

The Gender of Nouns

Because the gender (**le genre**) of a noun is not always predictable, it is best to learn it along with the noun; for example, learn **un livre** rather than just **livre.** Here are a few general guidelines to help you determine gender.

1. Nouns that refer to males are usually masculine; nouns that refer to females are usually feminine.

un homme	*a man*	**une** femme	*a woman*

2. Sometimes the ending of a noun is a clue to its gender.

MASCULINE		FEMININE	
-**eau**	un bur**eau**	-**ence**	une différ**ence**
-**isme**	un pr**isme**	-**ion**	une réac**tion**
-**ment**	un monu**ment**	-**ie**	une librair**ie**
		-**té**	une universi**té**
		-**ure**	une lect**ure**

3. Nouns borrowed from other languages are usually masculine.

    un coca-cola, un couscous, un baklava

4. The names of languages are masculine. They are not capitalized.

    Elle parle un français impeccable! *She speaks perfect French!*

5. Some nouns that refer to people can be changed from masculine to feminine by adding **e** to the noun ending.

un ami	*a friend (m.)*	une ami**e**	*a friend (f.)*
un étudiant	*a student (m.)*	une étudiant**e**	*a student (f.)*
un Français	*a French man (m.)*	une Français**e**	*a French woman (f.)*

    Note: Final **t, n, d,** and **s** are silent in the masculine form. When followed by -**e** in the feminine form, they are pronounced.

6. Many nouns that end in **e** have only one singular form, used to refer to both males and females. Sometimes the gender is indicated by the article.

un touriste	*a tourist (male)*
une touriste	*a tourist (female)*

    Sometimes even the article is the same for both masculine and feminine.

un bébé	*a baby (male or female)*
une personne	*a person (male or female)*
une vedette	*a movie star (male or female)*

[Allez-y! A]

> **Note:** The information between brackets refers you to an exercise for that grammar point. In this case, **Allez-y!,** Activity A, located on the following page, will allow you to practice this point.

🎧 **Prononcez bien!**

The sounds in *un* and *une*

Note the pronunciation difference between **un** and **une: un** is made of only one sound (the nasal vowel [œ̃]), while **une** has two sounds (the vowel [y] as in **tu,** and the consonant [n]).

Let the air go through both your mouth and your nose when you pronounce **un;** *don't* pronounce the letter *n.*

[œ̃]: u̶n̶, lu̶n̶di, commu̶n̶

Let the air go through your mouth only when pronouncing the vowel sound [y] in **une,** and *do* pronounce the *n.*

[y]: **une, lune, brune**

Plural Forms of Indefinite Articles

SINGULAR	PLURAL
un touriste	
	des touristes
une touriste	

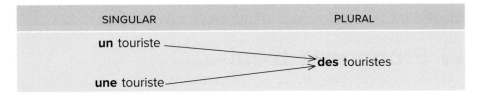

The plural form (**le pluriel**) of the indefinite articles is always **des.***
Usually, an **s** is added to the noun:

un ami → **des** ami**s**   *a friend; some friends, friends*
une question → **des** question**s**   *a question; some questions,*
                                          questions

[Allez-y! B-C]

Allez-y!

A. **Qu'est-ce que c'est?** (*What is it?*) Working with a partner, identify the
following items and people.

MODÈLE: →    É1: Qu'est-ce que c'est?
                         É2: C'est une table.

1.  2.   3.   4.

5.  6.   7.  8.

B. **Dans une salle de classe.** Give the plural.

MODÈLE: un stylo → Voilà (*Here are*) des stylos.

1. une table   4. un ordinateur
2. un écran   5. une porte
3. une chaise   6. un cahier

C. **C'est trop!** (*It's too much!*) Give the singular.

MODÈLE: Des jours? → Non, un jour!

1. Des livres?   4. Des ordinateurs?
2. Des problèmes (*m.*)? 5. Des tables?
3. Des chaises?   6. Des mois?

---

*In French, the final **s** of the article is usually silent, except when followed by a vowel or vowel
sound: **des étudiants; des hommes.** In these cases, the **s** is pronounced like the letter **z.** This
linking is called **liaison.**

Prononcez bien!

1. **The vowels in *ci*, *les*, and *mai*** (page 13)

   A. **Au café.** While waiting to meet your French friends at a Parisian café, you hear the following conversation between a man and a woman sitting at the next table. Listen to their conversation and check the vowel in the right column that corresponds to the bold one in the left column.

	[i]: **ci**	[e]: **les**	[ε]: **mai**
1. Bonjour, je m'app**e**lle Éloïse.	☐	☐	☐
2. Moi, c'est Ér**i**c. Comment ça va?	☐	☐	☐
3. Ça peut all**er.**	☐	☐	☐
(The server brings the bill.)			
4. Ça fait tr**ei**ze euros, s'il vous plaît.	☐	☐	☐
5. Voic**i**. À plus tard, Éloïse.	☐	☐	☐
6. À bientôt, **É**ric.	☐	☐	☐

   B. **L'alphabet français.** Your housemate is also an international student who has just started taking French. You help him learn the French alphabet sounds by writing in one column the letters that are pronounced with a sound like the one in **les** and in the other, those that contain a sound like the one in **mai**.

   Lettres: z, p, v, r, d, s, g, l, t, c, m, f, b, n

[e]: **les**	[ε]: **mai**

2. **The sounds in *un* and *une*** (page 20)

   À l'aéroport. You and your friend are flying to Italy for the weekend. As you wait to board your plane, your friend tries to guess the occupation of the other passengers. Listen to what he says and decide whether he's referring in each case to a man or a woman.

	m.	f.
1.	☐	☐
2.	☐	☐
3.	☐	☐
4.	☐	☐
5.	☐	☐
6.	☐	☐

AVANT DE LIRE°

Avant... *Before reading*

Recognizing cognates. French is a Romance language—that is, it is derived from Latin. English was also heavily influenced by Latin, with the result that the two languages share vocabulary items similar in form and meaning. As you already know (see **Leçon 1**), these words are called cognates (**mots apparentés**). Here are two additional patterns:

FRANÇAIS	ANGLAIS		
-eur	*-or, -er*	vend**eur**	*vendor, seller*
-é	*-ed*	rembours**é**	*reimbursed*

Over the centuries, the French and English languages have borrowed heavily from each other. Although French has absorbed many words from English, some people view these **anglicismes** as threats to the integrity of the language and culture. Words such as **champagne** and **cologne** were borrowed directly from French into English. Can you think of any others?

Historical factors explain some borrowings. In 1066, the French-speaking Normans conquered the British Isles. French was imposed as the official language, and many words entered the English lexicon. Technological innovations have also played a role in borrowings: New technology introduced in one culture may cause a "vocabulary gap" in another; these new words are then borrowed. Prestige is another factor: If a culture is perceived to be prestigious, its vocabulary may be borrowed by another language.

The student card on the following page is based on an actual card used at the **Université Paris-Sorbonne.*** Just like students everywhere, French students use their student card for identity purposes, access to university buildings, and student discounts.

Des avantages financiers means *financial benefits*. What do you think the expression **prix réduits** means?

Now read the text through. Then go back and underline all the words you recognize as cognates, and circle the words you don't understand.

---

*In 2018, the **Université Paris-Sorbonne** (Paris IV) merged with the **Université Pierre-et-Marie-Curie** (Paris VI) to form **Sorbonne Université**.

J'ai une carte d'étudiant!

Je m'appelle Léa Bouchard. Sur ma carte d'étudiante, il y a le nom de mon université, ma date de naissance, un code personnel et ma photo.

Un accès à la fac

Vous étudiez dans une université? La carte d'étudiant est un document administratif obligatoire: c'est un passeport pour les cours, le resto-U, la cafétéria, les activités sportives, la bibliothèque et... les salles d'examen.

Des avantages financiers

Elle offre des avantages financiers considérables: avec une carte d'étudiant, vous avez des réductions importantes dans les musées, les théâtres, les cinémas, les transports.

Dans certains magasins, il y a aussi des promotions spéciales, des coupons, des bonus, des offres irrésistibles pour les étudiants. Et des prix réduits dans des restaurants et des bars pour petits budgets.

COMPRÉHENSION

Quel mot? (*Which word?*) Now that you have read the text, find the word in the text that means:

1. passport
2. museum
3. transportation
4. in some stores
5. there are special promotions
6. price
7. reduced

Écriture°

The writing activities **Par écrit** and **Journal intime** can be found in the Workbook/Laboratory Manual to accompany *Vis-à-vis*.

▶ Micro-trottoir

In order to improve your understanding of French speakers, you need to practice in low stakes situations—situations in which you are not being tested or are not face to face with a native speaker. The **Micro-trottoir** (literally, *sidewalk microphone*) series of videos will give you a chance to see everyday language in action through recorded interviews featuring a diverse group of ordinary people. Take advantage of this series by watching each video several times.

In this short video, Étienne, who is from Aix-en-Provence, a small town in southern France, is interviewing other French speakers about how they greet each other and how they take their leave.

Au micro. Read the sentences (1–4) below. Then, watch the **Micro-trottoir** video using the sentences as a guide. As you listen, watch for visual cues as to meaning. Just get a general understanding of what is happening. After you have listened several times, complete the sentences below.

1. Students in France use the following terms to say hello: _____.
2. Before leaving, they say: _____.
3. When making a new acquaintance, French students say: _____.
4. To give a kiss (**bise** or **bisou**) to someone you know, you decide the style based on _____.

🎧 VOCABULAIRE

Les bonnes manières

À bientôt!	See you soon!
Au revoir!	Goodbye!
Bonjour.	Hello. Good day.
Bonsoir.	Good evening.
Ça peut aller.	All right. Pretty well.
Ça va?	How's it going?
Ça va bien.	Fine. (Things are going well.)
Ça va mal.	Things are going badly.
Comme ci comme ça.	So so.
Comment?	What?; How?
Comment allez-vous? / Comment vas-tu?	How are you?
Comment vous appelez-vous? / Comment t'appelles-tu?	What's your name?
De rien.	Not at all. Don't mention it. You're welcome.
Et vous? / Et toi?	And you?
Excusez-moi. / Excuse-moi.	Excuse me.
Je m'appelle...	My name is . . .
Je ne comprends pas.	I don't understand.
madame (Mme)	Mrs. (ma'am)
mademoiselle (Mlle)	Miss
Merci (beaucoup).	Thank you (very much).
monsieur (M.)	Mr. (sir)
Moyen.	(I'm doing) all right.
Pardon.	Pardon (me).
Pas mal.	Not bad(ly).
Répétez. / Répète.	Repeat.
Salut!	Hi!
s'il vous plaît / s'il te plaît	please
Très bien.	Very well. Very good.

Les nombres de 0 à 60

zéro, un, deux, trois, quatre, cinq, six, sept, huit, neuf, dix, onze, douze, treize, quatorze, quinze, seize, dix-sept, dix-huit, dix-neuf, vingt, vingt et un, vingt-deux, vingt-trois, vingt-quatre, vingt-cinq, vingt-six, vingt-sept, vingt-huit, vingt-neuf; trente, quarante, cinquante, soixante

Dans la salle de classe

un bureau	a desk
un cahier	a notebook
une chaise	a chair
un clavier	a keyboard
un crayon	a pencil
un écran	a screen
un étudiant	a (male) student

une étudiante	a (female) student
une fenêtre	a window
un livre	a book
un ordinateur	a computer
un portable	a laptop
une porte	a door
un professeur / une professeure	a professor, instructor
une salle de classe	a classroom
un smartphone	a smartphone
une souris	a mouse
un stylo	a pen
une table	a table
une tablette	a tablet computer
un tableau	a (chalk)board
une télévision	a television

Le calendrier

aujourd'hui	today
le jour	day
les jours de la semaine	days of the week
le mois	month
janvier, février, mars, avril, mai, juin, juillet, août, septembre, octobre, novembre, décembre	January, February, March, April, May, June, July, August, September, October, November, December
Nous sommes / On est...	It's . . .
lundi, mardi, mercredi, jeudi, vendredi, samedi, dimanche.	Monday, Tuesday, Wednesday, Thursday, Friday, Saturday, Sunday.
Quel jour sommes-nous / on est?	What day is it?
Quelle est la date?	What is the date?

Mots et expressions divers

Allez-y!	Off you go!
beaucoup	very much, a lot
bien	well
c'est un/une...	it's a (an) . . .
combien (de)	how many
et	and
une femme	a woman
un homme	a man
il y a	there is/are
mal	badly
non	no
oui	yes
quel/quelle	what; which
Qu'est-ce que c'est?	What is it?
Qui est-ce?	Who is it?

Chapitre 1 Une nouvelle aventure

Nous, les étudiants

Des étudiants à Paris

PhotoAlto/Odilon Dimier/Brand X Pictures/Getty Images

Dans ce chapitre...

OBJECTIFS COMMUNICATIFS

➤ identifying people, places, and things

➤ talking about academic subjects

➤ talking about nationalities

➤ expressing actions

➤ expressing disagreement

➤ learning to distinguish between and pronounce selected sounds in French

CULTURE

➤ Espaces francophones: *La Louisiane*

➤ Un petit plus: *Le baccalauréat*

➤ Reportage: *Quartier latin: le quartier général des étudiants*

➤ Lecture: *Apprendre le français au Québec*

Les lieux°

Les... (*m.*) *Places*

Voici la salle de classe.

Voici la cité universitaire
(la cité-U).

Voici le restaurant universitaire
(le resto-U).

Voici la bibliothèque.

AUTRES MOTS UTILES	
l'amphithéâtre (l'amphi) (*m.*)	lecture hall
le bureau	office
l'école (*f.*)	school
le gymnase	gymnasium
le laboratoire (labo)	lab
la librairie	bookstore
la salle de classe	classroom

Allez-y!

A. Une visite. Associate the following nouns with their location.

> **MODÈLES:** un examen de français → l'amphithéâtre
> un coca → le restaurant universitaire

1. un match de basket-ball
2. une tablette
3. un professeur / une professeure
4. un livre
5. une télévision
6. un cours de français
7. un sandwich
8. un tableau

B. C'est bizarre? C'est normal? Give your opinion!

> **MODÈLE:** Un match de football dans le restaurant universitaire... →
> Un match de football dans le restaurant universitaire, c'est
> bizarre!

1. Un cours de français dans l'amphithéâtre...
2. Une tablette dans la bibliothèque...
3. Un examen dans la cité universitaire...
4. Un café dans l'amphithéâtre...
5. Un dictionnaire dans la bibliothèque...
6. Un magazine dans la librairie...
7. Un smartphone dans la salle de classe...

Les matières°

Les... (f.) *Academic subjects*

À la faculté des lettres et sciences humaines, on étudie (*one studies*)...

la littérature
la linguistique
les langues (f.) **étrangères**
  (*foreign languages*)
  l'allemand (m.)
  l'anglais (m.)
  le chinois
  l'espagnol (m.)
  l'italien (m.)
  le japonais
l'histoire (f.)
la géographie
la philosophie
la psychologie
la sociologie

À la faculté des sciences, on étudie...

les mathématiques (les maths) (*f.*)
l'informatique (*computer science*)
les sciences (*f.*) **naturelles**
    la biologie
    la chimie (*chemistry*)
    la géologie
    la physique

AUTRES MOTS UTILES	
le commerce	business
le cours	class
le droit	law
l'économie (*f.*)	economics
l'ingénierie (*f.*)	engineering

Allez-y!

A. Les études et les professions. Imagine what subjects are necessary to prepare for the following professions.

    MODÈLE: un/une diplomate → On étudie les langues étrangères.

    1. un/une psychologue
    2. un/une chimiste
    3. une professeure de physique
    4. un professeur d'histoire
    5. un ingénieur / une ingénieure

B. Mes (*My*) cours à l'université. Look back over the lists of **matières,** then tell about yourself by completing the following sentences.

    1. J'étudie (*I study*)...
    2. J'aime étudier (*I like to study*)...
    3. Je n'aime pas (*don't like*) étudier...
    4. J'aimerais bien (*would like*) étudier...

C. Et vos camarades? Find out what three classmates are studying this term.

    MODÈLE: É1: Moi (*Me*), j'étudie le français, l'histoire et l'informatique. Et toi?
           É2: Moi aussi (*too*), j'étudie le français, et j'étudie la philosophie et la chimie.

Les pays et les nationalités°

Les... *Countries and nationalities*

la France

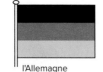
l'Allemagne

l'Espagne

les États-Unis

LES PAYS (*m.*)	LES NATIONALITÉS (*f.*)	
	PERSONNES	**ADJECTIFS**
l'Algérie	l'Algérien, l'Algérienne	algérien, algérienne
l'Allemagne	l'Allemand, l'Allemande	allemand, allemande
l'Angleterre	l'Anglais, l'Anglaise	anglais, anglaise
la Belgique	le/la Belge	belge
le Canada	le Canadien, la Canadienne	canadien, canadienne
la Chine	le Chinois, la Chinoise	chinois, chinoise
la Côte d'Ivoire	l'Ivoirien, l'Ivoirienne	ivoirien, ivoirienne
l'Espagne	l'Espagnol, l'Espagnole	espagnol, espagnole
les États-Unis	l'Américain, l'Américaine	américain, américaine
la France	le Français, la Française	français, française
Haïti	l'Haïtien, l'Haïtienne	haïtien, haïtienne
l'Italie	l'Italien, l'Italienne	italien, italienne
le Japon	le Japonais, la Japonaise	japonais, japonaise
le Liban	le Libanais, la Libanaise	libanais, libanaise
Madagascar	le/la Malgache	malgache
le Maroc	le Marocain, la Marocaine	marocain, marocaine
le Mexique	le Mexicain, la Mexicaine	mexicain, mexicaine
le Québec*	le Québécois, la Québécoise	québécois, québécoise
la Russie	le/la Russe	russe
le Sénégal	le Sénégalais, la Sénégalaise	sénégalais, sénégalaise
la Suisse	le/la Suisse	suisse
la Tunisie	le Tunisien, la Tunisienne	tunisien, tunisienne
le Vietnam	le Vietnamien, la Vietnamienne	vietnamien, vietnamienne

The adjective of nationality is identical to the noun except that it is not capitalized. Example: un Anglais; un étudiant anglais.

le Liban

le Mexique

la Chine

la Tunisie

---

*In 2006, the Canadian House of Commons recognized "that the Québécois (*people of Quebec*) form a nation within a united Canada."

🎧 Prononcez bien!

Masculine vs. feminine forms of nationalities

Adding **-e** to the masculine form of most nouns and adjectives of nationality makes them feminine. The final consonant is then pronounced.

alleman<u>de</u>, anglai<u>se</u>, chinoi<u>se</u>, libanai<u>se</u>

The addition of **-e** to masculine forms ending with the letter *n* denasalizes the vowel [ɛ̃]. It becomes [ɛ], and the *n* is pronounced.

améric<u>ain</u> [ɛ̃] → **améric<u>aine</u>** [ɛn]

maroc<u>ain</u> → **maroc<u>aine</u>**

mexic<u>ain</u> → **mexic<u>aine</u>**

Note that when [ɛ̃] is spelled **-ien** in the masculine form, an extra *n* is added in the feminine form.

algérien → **algérie<u>nn</u>e**

canadien → **canadie<u>nn</u>e**

tunisien → **tunisie<u>nn</u>e**

Allez-y!

A. Les villes (*Cities*) et les nationalités. What nationality are the following people? Ask a classmate to name the nationality.

la Tunisie

Karim / Tunis

Djamila / Tunis

MODÈLES: É1: Karim habite à (*lives in*) Tunis.
É2: Ah! Il est (*He is*) tunisien, n'est-ce pas?

É1: Djamila habite à Tunis.
É2: Ah! Elle est (*She is*) tunisienne, n'est-ce pas?

1. Gino / Rome

2. Kai / Kyoto

Mots clés

The preposition *à* + *ville*

À indicates location or movement. Used before the name of a city, it means you are in the city or going to the city.

J'habite **à** Genève. *I live in Geneva.*

Vous allez **à** Montréal. *You are going to Montreal.*

l'Italie

le Japon

3. Mme Roberge / Montréal

4. Éva / Beyrouth

le Canada

le Liban

5. Léopold / Dakar

6. Myrlande / Port-au-Prince

le Sénégal

Haïti

7. Salima / Casablanca

8. Zoé / Genève

le Maroc

la Suisse

B. Les nationalités et les langues. Working with a partner, give the nationality and probable language(s) of the people from Activity A.

MODÈLES: Karim → É1: Karim?
                        É2: Karim est tunisien. Il parle (*He speaks*)
                              arabe et français.

           Djamila → É2: Djamila?
                        É1: Djamila est tunisienne. Elle parle
                              (*She speaks*) arabe et français.

Langues: allemand, anglais, arabe, créole haïtien, français, italien, japonais

Les loisirs°

Les... (*m.*) *Leisure activities*

Julien   Fatima   Rémi   Anne-Laure   Marc   Thu   Sophie   Allal

LA MUSIQUE	LE SPORT	LE CINÉMA
le jazz	le basket-ball	les films (*m.*) d'amour
la musique classique	le football	les films d'aventure
la musique country	le football américain	les films d'horreur
le rap	le jogging	les films de
le rock	le ski	science-fiction
	le tennis	

Allez-y!

Préférences. What do these people like?

MODÈLE: Rémi → Rémi aime le rock.

1. Et Thu?
2. Et Sophie?
3. Et Julien?
4. Et Anne-Laure?
5. Et Allal?
6. Et Fatima?
7. Et Marc?
8. Et vous?

Bienvenue en Louisiane!

Un coup d'œil sur La Nouvelle-Orléans

When you hear the name Louisiana, what do you think of first? Many think of New Orleans and Mardi Gras. The French influence on the architecture, cuisine, and traditions of the city also comes to mind. This influence is seen today in the historic neighborhood known as the French Quarter, or **Vieux Carré.**

Outside of New Orleans, in southwestern Louisiana, there is another culture to observe and understand—that of Cajun country. There, you can speak Cajun French, or Louisiana French, with those who live in the many communities that carry French names, such as Larose and Belle River. If you have the time to explore, visit Henderson and take a guided trip of the Atchafalaya swamp in a boat. Watch out for alligators!

If you are hungry, you should try crawfish, gumbo, rice and gravy, or boudin, a spicy sausage. Food in Louisiana is excellent. As a visitor, you shouldn't miss it.

Le célèbre Café du Monde à La Nouvelle-Orléans

PORTRAIT Les Cadiens°   *Cajuns*

Who are the **Cadiens?** They are descendants of Acadians from the Canadian Maritime provinces and the present-day state of Maine who were exiled as a result of the French and Indian War. During the Great Expulsion (1755–1764), known as **Le Grand Dérangement** in French, most Acadians were deported to British colonies along the Atlantic coast. Others were sent back to France. Some eventually moved to Louisiana, which had been colonized by the French in the early 1700s.

Because of this history, Cajuns speak a unique French dialect and maintain a strong cultural identity, particularly in the areas of music and cuisine. This identity is informed by their Acadian past as well as new influences encountered in Louisiana, including Creoles (French-speaking white descendants of early colonizers), Native Americans, and other ethnic and linguistic groups that settled in Louisiana.

Feufollet: un groupe de jeunes musiciens cadiens

▶ Watch **Bienvenue en Louisiane** to learn more about Cajun country.

Les articles définis

Identifying People, Places, and Things

🎧 LE JOURNALISTE ET L'ÉTUDIANTE

Léa contacte Mamadou par messagerie instantanée.

	LÉA:	Mamadou, tu étudies **le** journalisme?
	MAMADOU:	Non. Je suis journaliste sportif pour **le** journal sénégalais *Le Soleil*. Et toi, Léa, qu'est-ce que tu étudies?
	LÉA:	J'étudie **la** littérature et **les** langues étrangères à **la** Sorbonne.
	MAMADOU:	C'est une belle fac, la Sorbonne… il y a **le** grand amphithéâtre Richelieu, **la** superbe bibliothèque… et **la** cafétéria!

Complétez les phrases selon (*according to*) le dialogue.

1. Mamadou est spécialisé dans _____ journalisme sportif.
2. Léa étudie _____ littérature et _____ langues étrangères à _____ fac de _____ Sorbonne.
3. Mamadou apprécie _____ grand amphi Richelieu, _____ bibliothèque et _____ cafétéria de _____ Sorbonne.

Singular Forms of Definite Articles

Here are the forms of the singular definite article (**le singulier de l'article défini**) in French, corresponding to *the* in English.

MASCULINE		FEMININE		MASCULINE OR FEMININE BEGINNING WITH A VOWEL OR MUTE **h***	
				l'ami	*the friend* (m.)
le livre	*the book*	**la** femme	*the woman*	**l'**amie	*the friend* (f.)
le cours	*the course*	**la** table	*the table*	**l'**homme	*the man* (m.)
				l'histoire	*the story* (f.)

---

*In French, **h** is either *mute* (**muet,** *nonaspirate*) or *aspirate* (**aspiré**). In **l'homme,** the **h** is called *mute,* which simply means that the word **homme** "elides" with a preceding article (**le** + **homme** = **l'homme**). Most **h**'s in French are of this type. However, some **h**'s are aspirate, which means there is no elision; **le héros** (*the hero*) is an example of this. However, in neither case is the **h** pronounced.

1. The definite article in French is used to indicate a specific noun.

Voici **le** resto-U.　　　　　　　*Here's the university dining hall.*

2. In French, the definite article is also used with nouns employed in a general sense.

J'aime **le** café.　　　　　　*I like coffee.*
C'est **la** vie!　　　　　　　*That's life!*

[Allez-y! A]

Plural Form of Definite Articles

	SINGULAR	PLURAL
Masculine	**le** touriste	**les** touristes
Feminine	**la** touriste	**les** touristes
Before a vowel	**l'**artiste	**les** artistes

1. The plural form (**le pluriel**) of the definite article is always **les.***

le livre, **les** livres　　　　　　　*the book, the books*
la femme, **les** femmes　　　　　*the woman, the women*
l'examen, **les** examens　　　　*the exam, the exams*

2. Note that in English, the article is omitted with nouns used in a general sense. In French, the definite articles **le, la, l',** and **les** are used.

J'aime **le** ski.　　　　　　　　*I like skiing.*
Les Français aiment **le** vin.　　*(Generally speaking) French people like wine.*

La femme aide le garçon avec les lettres de l'alphabet. Ils sont dans une salle de classe à Montmoreau, en Charente (France).

Burger/Phanie/Alamy Stock Photo

---

*As with the indefinite article **des,** there is a **liaison** with a vowel or a vowel sound:
les̬ étudiants, les̬ hommes.

Chapitre 2 Nous, les étudiants

Plural of Nouns

1. Most French nouns are made plural by adding an **s** to the singular, as seen in the preceding examples. Here are some other common patterns.

   - **-s, -x, -z** → no change

le cour**s** → les cour**s**	*the course, the courses*
un choi**x** → des choi**x**	*a choice, some choices*
le ne**z** → les ne**z**	*the nose, the noses*

   - **-eau, -ieu** → **-eaux, -ieux**

le tabl**eau** → les tabl**eaux**	*the board, the boards*
le bur**eau** → les bur**eaux**	*the desk, the desks*
le l**ieu** → les l**ieux**	*the place, the places*

   - **-al, -ail** → **-aux**

un hôpit**al** → des hôpit**aux**	*a hospital, hospitals*
le trav**ail** → les trav**aux**	*the work, tasks*

2. Note that the masculine form is used in French to refer to a group that includes at least one male.

   un étudian**t** et sept étudian**tes** → des étudian**ts**

   un Français et une Française → des Français

[Allez-y! B-C]

Allez-y!

A. Pensez-y! (*Think about it!*) Figure out the gender of the following words. Then add the definite article.

MODÈLE: femme → féminin; la femme

1. appartement	**4.** tableau	**7.** université	**10.** tourisme
2. division	**5.** coca-cola	**8.** aventure	**11.** science
3. italien	**6.** biologie	**9.** personne	**12.** homme

B. Suivons le guide! (*Let's follow the tour guide!*) Show your guests around campus, using the plural of these expressions.

MODÈLE: la salle de classe → Voilà les salles de classe.

1. la bibliothèque	**4.** l'étudiant
2. l'amphi(théâtre)	**5.** le laboratoire
3. le professeur	**6.** le bureau

C. À l'université. Create a sentence using each pair of words. Then create a different sentence by making the first noun plural and replacing the second noun with a different place.

MODÈLE: étudiante / salle de classe →
  Il y a une étudiante dans la salle de classe.
  Il y a des étudiantes dans la librairie.

1. tableau / salle de classe	**5.** ordinateur / salle informatique
2. réunion (*f.*) (*meeting*) / amphi	**6.** Américaine / restaurant
3. télévision / laboratoire	**7.** dictionnaire / bibliothèque
4. cahier / bureau	**8.** écran / salle de classe

Les verbes réguliers en -er

Expressing Actions

🎧 LES ÉTUDIANTS DE LA SORBONNE

Mamadou téléphone à Léa.

MAMADOU: **Tu aimes mieux** la littérature ou les langues étrangères?

LÉA: **J'adore** la littérature et les langues étrangères! Actuellement,* **j'étudie** le russe. Et dans ma classe, **nous commençons** le chinois au deuxième semestre.

MAMADOU: **Vous commencez** le chinois! Bravo! Les étudiants de la Sorbonne sont ambitieux...

LÉA: Et courageux! **Nous travaillons** beaucoup. Mais **nous aimons** aussi les distractions...

Ma fac: la Sorbonne à Paris

*Currently

Trouvez (*Find*) la forme correcte du verbe dans le dialogue.

1. Tu _____ la littérature ou les langues?
2. J' _____ la littérature.
3. J' _____ le russe.
4. Nous _____ le chinois.
5. Vous _____ le chinois!
6. Nous _____ beaucoup.
7. Nous _____ les distractions (loisirs).

Subject Pronouns and *parler*

The subject of a sentence indicates who or what performs the action of the sentence: **L'étudiant** visite l'université. A pronoun (**un pronom**) is a word used in place of a noun (**un nom**): **Il** visite l'université.

SUBJECT PRONOUNS AND **parler** (*to speak*)					
SINGULAR			**PLURAL**		
je	parle	*I speak*	**nous**	parlons	*we speak*
tu	parles	*you speak*	**vous**	parlez	*you speak*
il	parle	*he, it (m.) speaks*	**ils**	parlent	*they (m., m. + f.) speak*
elle	parle	*she, it (f.) speaks*	**elles**	parlent	*they (f.) speak*
on	parle	*one speaks*			

1. **Je.** Note that **je** is not capitalized unless it starts a sentence. When a verb begins with a vowel sound, **je** becomes **j'.**

   En hiver, **j'aime** faire du ski.   *In winter, I like to go skiing.*

2. **Tu** and **vous.** There are two ways to say *you* in French: **Tu** is used when speaking to a friend, fellow student, relative, child, or pet; **vous** is used when speaking to a person you don't know well or when addressing an older person, someone in authority, or anyone with whom you wish to maintain a certain formality. The plural of both **tu** and **vous** is **vous.** The context will indicate whether **vous** refers to one person or to more than one.

   Emma, **tu** parles espagnol?   *Emma, do you speak Spanish?*
   Madame, où habitez-**vous**?   *Ma'am, where do you live?*
   Vous parlez bien français,   *You speak French well, ma'am.*
     madame.
   Pardon, messieurs (mesdames,   *Excuse me, gentlemen (ladies), do*
     mesdemoiselles), est-ce que   *you speak English?*
   vous parlez anglais?

3. **Il** and **elle.** As you know, all nouns—people and objects—have gender in French. **Il** is the pronoun that refers to a masculine person or object, and **elle** refers to a feminine person or object.

   Paul travaille. **Il** travaille à la   *Paul works. He works at the library.*
     bibliothèque.
   L'ordinateur est cher, mais **il** est   *The computer is expensive, but it is*
     aussi utile.   *useful as well.*
   Agathe? **Elle** travaille au café.   *Agathe? She works at the café.*
   La bibliothèque? **Elle** est ouverte   *The library? It is open on Saturdays.*
     le samedi.

   The plural counterparts **ils** and **elles** are used in the same way as the singular forms. **Ils** corresponds to masculine plural nouns and to a group that includes at least one masculine noun; **elles** corresponds to feminine plural nouns.

   Luc et Diane? **Ils** sont toujours   *Luc and Diane? They are always*
     ensemble.   *together.*

4. **On.** In English, the words *people, we, one,* or *they* are often used to convey the idea of an indefinite subject. In French, the indefinite pronoun **on** is used, always with the third-person singular of the verb.

   Ici **on** parle français.   { *One speaks French here.*
                                    People (They, We)
                                      speak French here.

   On is also used frequently in informal French instead of **nous.**

   Nous parlons français. → **On** parle français.

[Allez-y! A]

Present Tense of -er Verbs

Most French verbs have infinitives ending in **-er: parler** (*to speak*), **aimer** (*to like; to love*). To form the present tense of these verbs, drop the final **-er** and add the endings shown in the chart.*

PRESENT TENSE OF **aimer** (*to like; to love*)			
j'	aim**e**	nous	aim**ons**
tu	aim**es**	vous	aim**ez**
il/elle/on	aim**e**	ils/elles	aim**ent**

1. Note that the present tense (**le présent**) in French has several equivalents in English.

Je **parle** français.
{
I speak French.
I am speaking French.
I do speak French.

2. Other verbs conjugated like **parler** and **aimer** include:

adorer	*to love; to adore*	**étudier**	*to study*
aimer mieux	*to prefer (to like better)*	**habiter**	*to live*
		manger‡	*to eat*
chercher	*to look for*	**penser**	*to think*
commencer†	*to begin*	**porter**	*to wear*
danser	*to dance*	**regarder**	*to watch; to look at*
demander	*to ask for*	**rêver**	*to dream*
détester	*to detest; to hate*	**skier**	*to ski*
		travailler	*to work*
donner	*to give*	**trouver**	*to find*
écouter	*to listen to*	**visiter**	*to visit (a place)*

Vous **cherchez** le resto-U?   *Are you looking for the cafeteria?*

Nous **étudions** l'informatique.   *We're studying computer science.*

3. Some verbs, such as **adorer, aimer (mieux),** and **détester,** can be followed by an infinitive.

J'**aime écouter** la radio.   *I like listening to the radio.*
Je **déteste regarder** la télévision.   *I hate watching television.*

[Allez-y! B-C-D-E]

---

*As you know, a final **s** is usually not pronounced in French. The final **z** of the second-person plural and the **-ent** of the third-person plural verb forms are also silent.
†The **nous** form of **commencer** is **commençons**. The **cédille** is added to retain the soft **s** sound.
‡The **nous** form of **manger** is **mangeons**. The **e** is kept to retain the soft **g** sound.

Allez-y!

A. Dialogue en classe. Complete the following dialogue with subject pronouns or forms of **parler**.

LE PROFESSEUR: Tout le monde (*Everybody*), _____¹ parlez français?

LA CLASSE: Oui, nous _____² français.

LE PROFESSEUR: Ici, en classe, on _____³ français?

JIM: Oui, ici _____⁴ parle français.

GILDAS: Marc et Marie, vous _____⁵ chinois?

MARC ET MARIE: Oui, _____⁶ parlons chinois.

CHARLOTTE: Jim, tu _____⁷ allemand?

JIM: Oui, _____⁸ parle allemand.

CÉCILE: Paul parle italien?

JAMEL: Oui, _____⁹ parle italien.

B. *Tu* ou *vous*? A student guide is asking questions of various people at the Sorbonne. Complete the questions, using the appropriate pronoun (**tu** or **vous**) and the correct form of the verb in parentheses.

1. Madame, _____ _____ (habiter) près de (*near*) l'université?
2. Romain, _____ _____ (chercher) la faculté des sciences?
3. Paul et Lucie, _____ _____ (visiter) le Quartier latin?
4. Monsieur, _____ _____ (trouver) ce que (*what*) _____ _____ (chercher)?
5. Richard, _____ _____ (demander) des renseignements (*information*) sur la cité universitaire?

Un petit plus...

Le baccalauréat

A cornerstone of the French education system, **le bac,** as it is commonly known, is a national diploma signifying the end of a student's secondary education. The most common form of the exam, the **baccalauréat général,** currently requires taking exams in four subjects plus a **grand oral.** The testing process is very rigorous. For several days every June, candidates throughout the country simultaneously take both written and oral exams. While all students have exams in French literature and philosophy, the other subjects (history, math, science, etc.) depend on which specialized course of study the student has chosen in high school. To pass, a student must obtain an average score of at least 10 out of 20, which allows him or her to register at a French university. In recent years, approximately 88% of those taking the exams, or 80% of high school seniors, succeed in meeting this benchmark.

Les étudiants parisiens découvrent les résultats du bac.

Eric Feferberg/AFP/Getty Images

C. Portraits. State the preferences of the following people.

> **MODÈLE:** Mon (*My*) cousin... → Mon cousin aime bien le football, mais (*but*) il aime mieux le basket. Il adore le rock et il déteste le travail!

Je...	aimer bien	le tennis
Mon (Ma) camarade...	aimer mieux	le jogging
Mes parents...	adorer	le cinéma
Les étudiants...	détester	la littérature
La professeure...		les maths
		la physique

D. Une interview. Interview your instructor.

> **MODÈLE:** aimer mieux danser ou (*or*) skier →
> Vous aimez mieux danser ou skier?

1. aimer mieux la télévision ou le cinéma
2. aimer ou détester regarder la télévision
3. aimer mieux le rock ou la musique classique
4. aimer mieux la musique ou le sport
5. aimer mieux les livres ou les jeux vidéo

E. Curiosité. Find out how your classmate spends his/her free time by asking whether . . .

> **MODÈLE:** il/elle écoute de temps en temps la radio →
> É1: Tu écoutes de temps en temps la radio?
> É2: Oui, j'écoute quelquefois la radio. Et toi?
> É1: Moi, je n'écoute pas la radio.

1. il/elle regarde souvent ou rarement la télévision le week-end
2. il/elle aime le cinéma, en général
3. il/elle mange quelquefois au restaurant
4. il/elle adore ou déteste le sport
5. il/elle skie bien
6. il/elle danse souvent le week-end

Now say which response you find original or strange.

> **MODÈLE:** Sonia déteste le cinéma. C'est bizarre!

Mots clés

To express how often you do something

The following adverbs usually follow the verb.

toujours	*always*
souvent	*often*
quelquefois	*sometimes*
rarement	*rarely*

D'habitude (*Usually*) and **en général** (*generally*) are adverbs that are most often placed at the beginning of a sentence. **De temps en temps** (*from time to time*) is commonly used either at the beginning of a sentence or directly after the verb.

> Je regarde **souvent** la télévision.

> Annie et moi, nous étudions **quelquefois** à la bibliothèque.

> **En général,** j'étudie le week-end.

Quartier latin: le quartier général des étudiants

À la terrasse du café de la Sorbonne, Éva, d'origine russe, discute avec ses trois amis: Bruno, un étudiant lyonnais passionné de théâtre, Maren, une jeune Allemande qui étudie le droit social à Paris, et Ahmed, un jeune Marocain en doctorat de marketing digital. Cette scène est typique du Quartier latin, zone cosmopolite, sorte de campus international au centre de Paris.

Un café du Quartier latin. Une population jeune, internationale, active et cultivée habite au Quartier latin. C'est le symbole de la vie étudiante.

Avec ses librairies et ses bibliothèques, le Quartier latin est l'univers de la culture. Les grands lycées (Louis-le-Grand, Henri IV) et la prestigieuse Sorbonne Université, fondée en 1257[1] par Robert de Sorbon, continuent à former[2] les élites intellectuelles. Dans la rue et dans les amphithéâtres, mais aussi au resto-U, on parle politique, énergie renouvelable, diversité, intelligence artificielle... On trouve des idées géniales et on invente le monde[3] de demain.[4]

Mais le Quartier latin, c'est aussi l'univers des plaisirs. Au boulevard Saint-Michel et dans les petites rues adjacentes, les bistros, les bars, les pizzerias et les cafés sont animés jour et nuit. Car[5] les étudiants considèrent que faire la fête[6] avec les copains c'est essentiel: oui, il y a les études, mais sacrifier l'amusement est tout simplement inimaginable! Typiquement aussi pour réviser en paix[7] ou contrôler le stress après un examen, ils se réfugient au jardin du Luxembourg: c'est un parc idéal pour travailler, méditer, écouter de la musique et se relaxer. À chaque instant, les étudiants sont heureux d'être jeunes, de respirer l'air de Paris et d'entrer dans la longue histoire du Quartier latin.

[1]mille deux cent cinquante-sept [2]*educate* [3]*world* [4]*tomorrow* [5]*Because* [6]faire... *having a good time* [7]*peace*

VOUS COMPRENEZ?

1. Précisez la nationalité des étudiants assis au café de la Sorbonne.
2. Qu'est-ce que la Sorbonne?
3. Quels sujets de conversation passionnent les étudiants?
4. Caractérisez l'ambiance du boulevard Saint-Michel et des petites rues adjacentes.
5. Que font les étudiants au jardin du Luxembourg?

Le verbe *être*

Identifying People and Things

 LES AMIS DE LÉA

Appel (Call) vidéo entre Mamadou et Léa.

MAMADOU:	Salut Léa! Tu parles de tes amis sur ton blog. **Ils sont** sympas[1]?
LÉA:	**Mes amis sont** intelligents, amusants et originaux. Juliette et moi, **nous sommes** particulièrement proches.[2]
MAMADOU:	Hector, qui **est-ce?**
LÉA:	Hector, **c'est** un danseur professionnel.
MAMADOU:	Et Hassan, **c'est** qui?
LÉA:	**C'est** un ami adorable!
MAMADOU:	Moi aussi, **je suis** adorable! Et toi aussi, **tu es** adorable!

[1]*nice* [2]*close*

Vrai ou faux?

1. Les amis de Léa sont amusants.
2. Léa et Juliette sont vraiment (*really*) proches.
3. Hector est l'ami de Mamadou.
4. Hassan est l'ami de Léa.
5. Hassan est danseur.

Forms of *être*

The verb **être** is irregular in form.

PRESENT TENSE OF **être** (*to be*)			
je	**suis**	nous	**sommes**
tu	**es**	vous	**êtes**
il/elle/on	**est**	ils/elles	**sont**

Uses of *être*

1. The uses of **être** closely parallel those of *to be*.

Fabrice **est** intelligent.	*Fabrice is intelligent.*
Est-ce que Clarisse **est** organisée?	*Is Clarisse organized?*
Ils **sont** à la bibliothèque.	*They are at the library.*

2. In identifying someone's nationality, religion, or profession, no article is used following **être**.

Je **suis anglais.**	*I am English.*
Je **suis catholique;** mon ami **est musulman.**	*I'm (a) Catholic; my friend is (a) Muslim.*
—Vous **êtes professeur?**	*Are you a teacher?*
—Non, je **suis étudiant.**	*No, I am a student.*

C'est versus *il/elle est*

1. The indefinite pronoun **ce (c')** is an invariable third-person pronoun. **Ce** has various English equivalents: *this, that, these, those, he, she, they,* and *it.*

2. The expression **c'est** (plural, **ce sont**) is used before modified nouns (always with an article) and proper names; it usually answers the questions **Qui est-ce?** and **Qu'est-ce que c'est?**

—Qui est-ce?	*Who is it?*
—C'est Maxime. C'est un étudiant haïtien.	*It's Maxime. He is a Haitian student.*
—Ce sont des Français?	*Are they French?*
—Non, ce sont des Italiens.	*No, they're Italian.*
—Qu'est-ce que c'est?	*What is that?*
—C'est un ordinateur.	*That's (It's) a computer.*
—Et ça, qu'est-ce que c'est?	*And that, what is it?*
—Oh ça, c'est une souris.	*Oh, that's a mouse.*

3. **C'est** can also be followed by an adjective, to refer to a general situation or to describe something that is understood in the context of the conversation.

Le français? C'est facile!	*French? It's easy!*
J'adore la France. C'est super!	*I love France. It's great!*

4. **Il/Elle est** (and **Ils/Elles sont**) are generally used to describe someone or something already mentioned in the conversation. They are usually followed by an adjective, a prepositional phrase, and occasionally by an unmodified noun (without an article).

—La librairie?	*The bookstore?*
—Elle est dans la rue Mouffetard.	*It's on Mouffetard Street.*
—Voici Karim. Il est étudiant en biologie.	*Here's Karim. He's a biology student.*
—Il est français?	*Is he French?*
—Oui, il est français, d'origine algérienne.	*Yes, he's French, of Algerian descent.*

The vowels in *et* and *est*

Be sure to pronounce a single and brief sound in both **et** and **est,** as opposed to the combination of sounds in the English letter *a*. Close your mouth and stretch your lips for [e] in **et** more than for [ɛ] in **est.** The sound [e] is usually found at the end of a syllable or word, whereas [ɛ] tends to appear before a pronounced consonant.*

[e]: t**é**l**é**, **a**ll**e**r, n**e**z, **e**t

[ɛ]: mat**iè**res, **ê**tre, **ai**me, s**ei**ze, m**e**rci

*some exceptions: m**ai**, **e**st, tr**è**s

Allez-y!

A. Un examen. Complete the following dialogue between Fabrice and Clarisse using the correct forms of the verb **être.**

FABRICE: Ces livres _____¹ difficiles!

CLARISSE: Pas pour toi, tu _____² un génie!

FABRICE: Oui, mais le professeur _____³ très exigeant (*demanding*).

CLARISSE: Et il dit (*says*) toujours: «Vous _____⁴ une étudiante intelligente, mademoiselle.»

FABRICE: Nous _____⁵ peut-être (*maybe*) intelligents, mais moi, je ne _____⁶ pas prêt pour l'examen!

Qui est-ce? Identify each person described, based on the dialogue.

1. C'est une personne très exigeante. C'est _____.
2. C'est une étudiante intelligente. C'est _____.
3. Il n'est pas prêt pour l'examen. C'est _____.

B. Deux étudiants africains à Paris. Tell about these young people by completing the descriptions with **c', il,** or **elle.**

Voici Fatima. _____¹ est ivoirienne. _____² est étudiante en philosophie. _____³ est une personne sociable et dynamique. Son petit ami (*boyfriend*) s'appelle Barthélémy. _____⁴ est sénégalais. _____⁵ est un jeune homme enthousiaste. _____⁶ est aussi un peu timide. _____⁷ est un étudiant sérieux.

C. La France et les Français. Taking turns with a classmate, ask and answer questions using **c'est** and **ce n'est pas** (*it's not*).

MODÈLE: le sport préféré des Français:
le jogging, le football →
É1: Le sport préféré des Français, c'est le jogging ou le football?
É2: Ce n'est pas le jogging, c'est le football!

1. un symbole de la France: la rose, la fleur de lys
2. un président français: Sartre, Macron
3. un cadeau (*present*) des Français aux Américains: la Maison-Blanche (*White House*), la Statue de la Liberté
4. une ville avec beaucoup de Français: Paris, Moscou
5. un génie français: Marie Curie, Albert Einstein
6. parler français: difficile, facile

D. Et vous, comment êtes-vous? Tell a little about yourself.

Je m'appelle _____.
Je suis _____. (étudiant/étudiante / professeur/professeure)
Je suis _____. (nationalité)
J'habite à _____. (ville)
Je suis l'ami / l'amie de _____.
J'aime _____.

Now describe one of your classmates using the same guidelines.

Il/Elle s'appelle...

La négation *ne... pas*

Expressing Disagreement

🎧 LE FESTIVAL DU FILM D'HORREUR

Juliette téléphone à Léa.

JULIETTE: Allô, Léa, Il y a un festival du film d'horreur au Champollion. Ce soir, c'est *Dracula*.

LÉA: **Je n'aime pas** les films d'horreur.

JULIETTE: **Tu n'aimes pas** les films d'horreur? **Ce n'est pas** possible!

LÉA: C'est possible! Parce que **je n'aime pas** la violence.

JULIETTE: Mais *Dracula*, **ce n'est pas** un film violent! Il y a de l'humour...

LÉA: **Je n'apprécie pas** cette sorte d'humour.

JULIETTE: Qu'est-ce que tu aimes alors?

LÉA: J'adore les films d'amour...

JULIETTE: **Tu n'es pas** originale!

Selon le slogan du film, les invités ne sont pas toujours les bienvenus. Êtes-vous d'accord avec cette idée? Pour vous, *Get Out*, c'est un film d'horreur ou un film comique?

Vrai ou faux?

1. Léa aime les films d'horreur.
2. *Dracula* est un film d'amour.
3. Léa apprécie l'humour du film *Dracula*.
4. Léa n'est pas originale.

1. To make a sentence negative in French, **ne** is placed before a conjugated verb and **pas** after it.

   Je **parle** chinois. → Je **ne parle pas** chinois.

   Elles **regardent** souvent la télévision. → Elles **ne regardent pas** souvent la télévision.

2. **Ne** becomes **n'** before a vowel or a mute **h.**

   Elle aime les films de vampire. → Elle **n'a**ime pas les films de vampire.

   Nous habitons ici. → Nous **n'h**abitons pas ici.

3. If a verb is followed by an infinitive, **ne** and **pas** surround the conjugated verb.

   Il aime étudier. → Il **n'aime pas** étudier.

4. In informal conversation, the **e** in **ne** is usually not pronounced; some people do not say the **ne** at all.

   Je **ne** pense **pas** (*I don't think so*).

   Je **nȩ** pense **pas.** → Jȩ (ⱨ ȩ) pense **pas.**

Allez-y!

A. Portrait de Victor. Here is some information about Victor.

Victor habite à la cité universitaire et, en général, il étudie à la bibliothèque. Après (*After*) les cours, il parle avec ses (*his*) amis au café. Le soir (*In the evening*), il écoute la radio: il aime beaucoup le jazz! Il adore le sport, il skie très bien et le week-end, il regarde les matchs de football à la télévision.

Lucie is quite different from Victor. Tell what Lucie doesn't like and doesn't do. Replace **il** with **elle** in the paragraph and make all the verbs negative. **Lucie...**

B. Interview à deux. Find out about a classmate by asking about the following activities, habits, and preferences. Answer your partner's questions, too.

MODÈLE: travailler →
    É1: Tu travailles?
    É2: Non, je ne travaille pas. (Oui, je travaille.) Et toi?

1. parler italien; russe; espagnol; anglais
2. habiter quelle ville; Paris; New York; Port-au-Prince; Montréal
3. étudier la psychologie; la littérature; l'informatique; la biologie; le commerce; les langues étrangères
4. aimer les examens; les films de science-fiction; les films d'amour; le rap; la musique country
5. aimer le sport; le football américain; le football; le basket-ball; le hockey
6. détester les maths; l'histoire; la politique; la science; la pyschologie
7. surfer le web; regarder la télévision; parler avec des amis; manger au restaurant; manger au resto-U; skier; danser

Résumez! Now summarize for the class five things you found out about your partner.

C. Et vous? Tell about yourself by completing the sentences.

1. J'aime _____, mais je n'aime pas _____.
2. J'adore _____, mais je déteste _____.
3. J'écoute _____, mais je n'écoute pas _____.
4. J'aime _____, mais j'aime mieux _____.
5. Je n'étudie pas _____. J'étudie _____.

🎧 Prononcez bien!

1. **Masculine vs. feminine forms of nationalities** (page 31)

   Beaucoup de nationalités! Your housemate is back from his second introductory French class. He's impressed by the number of nationalities represented in his class. He lists them for you, although he omits articles as he is still unsure about them. You help him by telling him the appropriate article **un** or **une.**

MODÈLE:	*You hear:*	mexicaine
	You say:	une Mexicaine

2. **The vowels in *le*, *la*, and *les*** (page 36)

   Une nouvelle colocataire! One of your housemates has moved out and Isabelle, a French student, is moving in. She asks you to help her unpack. Listen to what she says and complete the paragraph with the names of the objects she asks you to bring into her room. **Attention!** Don't forget the article (**le, la,** or **les**).

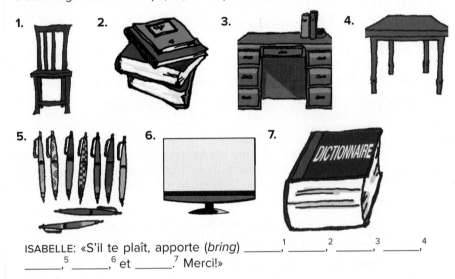

1. 2. 3. 4. 5. 6. 7.

   ISABELLE: «S'il te plaît, apporte (*bring*) _____,¹ _____,² _____,³ _____,⁴ _____,⁵ _____⁶ et _____.⁷ Merci!»

3. **The vowels in *et* and *est*** (page 46)

   Où étudier? You are a new student at the university. See what Isabelle has to say about good places to study. Read the following paragraph aloud. Your partner will indicate whether the bold letters correspond to [e] as in **et** or to [ɛ] as in **est.**

   En gén**é**ral,¹, ² j'**ai**me³ **é**tudi**er**⁴, ⁵ à la bibliothèque.⁶ Il y a beaucoup de caf**é**s⁷ dans le quarti**er**⁸ univ**er**sitaire,⁹, ¹⁰ m**ais**¹¹ p**er**sonn**e**llement,¹², ¹³ je d**é**t**e**ste¹⁴, ¹⁵ y (*there*) **é**tudi**er**¹⁶: il y a trop de bruit (*too much noise*).

	[e]	[ɛ]		[e]	[ɛ]		[e]	[ɛ]		[e]	[ɛ]
1.	☐	☐	**5.**	☐	☐	**9.**	☐	☐	**13.**	☐	☐
2.	☐	☐	**6.**	☐	☐	**10.**	☐	☐	**14.**	☐	☐
3.	☐	☐	**7.**	☐	☐	**11.**	☐	☐	**15.**	☐	☐
4.	☐	☐	**8.**	☐	☐	**12.**	☐	☐	**16.**	☐	☐

 **Lecture**

AVANT DE LIRE

Predicting from context. When reading a text in your native language, you constantly—though perhaps unconsciously—make use of contextual information. This information gives you an immediate, overall orientation; it also allows you to figure out the meaning of unfamiliar words. Here are some ways to use contextual information when reading French texts. You will practice these techniques in the reading that follows.

1. Orient yourself using graphic elements: logos, illustrations, headings, and large or heavy type.

    - First, scan the brochure page that follows and identify the type of institution being publicized and its location. Look at the photos. How would you describe the setting? Is it comfortable? old or modern? calm or crowded?
    - Next, quickly read through the top six lines, underlining the cognates (**mots apparentés**) that you find. What information do you gather about the type of institution and program this is? How well does that description match what the photos told you?

2. Use cognates to help you deduce the meaning of unfamiliar terms.

    - Read the following phrase from the brochure and try to figure out the meaning of the word **inscrits:**

        Cours réguliers ou intensifs pour les étudiants non francophones **inscrits** ou non dans un programme à l'université.

    Were you able to infer that **inscrits** means *registered*?

3. Watch for near cognates.

    - In the following phrases, your developing linguistic intuition should tell you that the words in boldface cannot be translated by the English form that most closely resembles them. Can you find an alternative to them that is close in meaning?

        La **plus** ancienne université francophone d'Amérique du Nord

        Une scolarité d'immersion axée sur la réussite des études

        Formation créditée ou non créditée

4. Also be aware of false cognates. Those are words that seem the same as English but have a different meaning.

    - What do you think are the false cognates in the following phrases?

        Le français langue étrangère

        La plus ancienne université francophone

        Une scolarité d'immersion axée sur la réussite des études

5. Now that you have had the chance to refine your ability to recognize cognates, near cognates, and false cognates, scan the lists beneath each subhead in the text and give a suitable English equivalent for them. Although you may not determine the precise meaning of those headings, you should be able to come close.

Apprendre le français au Québec

LE FRANÇAIS LANGUE ÉTRANGÈRE (FLE) À L'UNIVERSITÉ LAVAL, C'EST...

- **Une immersion en français au Québec !**
- **La plus ancienne université francophone d'Amérique du Nord**
- **80 ans d'expérience en enseignement du FLE**
- **Une scolarité d'immersion axée sur la réussite des études**

Cours réguliers ou intensifs pour les étudiants non francophones inscrits ou non dans un programme à l'Université Laval , étudiants en échange ou spécialistes de français dans une autre université

COURS INTENSIFS DE 5 SEMAINES

Printemps: mi-mai à mi-juin
Date limite demande d'admission: 1er avril.

Été: 1re semaine de juillet – 1re semaine d'août
Date limite demande d'admission: 1er juin.

Formation créditée ou non créditée

Coût concurrentiel

7 niveaux d'apprentissage

Une offre de cours étendue: Langue orale et écrite, phonétique, expression et compréhension orales, littérature, culture

©XDachez.com

COURS DE 15 SEMAINES

Formation à l'automne (septembre-décembre) et en hiver (janvier-avril).

5 niveaux d'apprentissage

Offre de cours diversifiée: scolarité d'immersion, cours de jour et de soir, cours spécialisés et formation sur mesure.

MICROPROGRAMMES

4 niveaux, de débutant à intermédiaire-avancé | 12 crédits (une session).

Admission: automne, hiver, été.

CERTIFICATS

intermédiaire, avancé ou universitaire | 30 crédits.

Admission: automne, hiver, été.

DES QUESTIONS ?

Tél. 418 656-2321
fle@elul.ulaval.ca
elul.ulaval.ca/fle

LES ATOUTS DE L'ÉCOLE DE LANGUES :

- Programme complet: cours en classe et activités complémentaires
- Développement des quatre habiletés et cours spécialisés
- Campus sécuritaire, vert et animé
- Centre sportif moderne et complet
- Hébergement en famille francophone ou en résidence

5

À l'Université Laval. Are the following statements true (**vrai**) or false (**faux**)? Underline the words in the brochure that support your answers, and correct any false statements to make them true.

1. V F   The **Université Laval** is the oldest French-speaking university in North America.
2. V F   **Université Laval** offers only five-week sessions.
3. V F   Students are able to take courses in written and spoken language.
4. V F   Students can enroll at different levels of language ability in all four programs.
5. V F   Students will have to live off campus because the **Université Laval** has no residence halls.

▤ Écriture

The writing activities **Par écrit** and **Journal intime** can be found in the Workbook/Laboratory Manual to accompany *Vis-à-vis*.

▶ Micro-trottoir

The **Micro-trottoir** series of videos will give you the opportunity to listen to French speakers as they discuss a specific topic. You do not need to understand everything they say, but you may want to watch each video several times in order to grasp the main points.

In this short video, Étienne is interviewing other French speakers about the academic subjects (**matières**) they prefer and those they dislike.

Au micro. Answer the following questions about yourself and then compare your answers to what the French students say in the video. As you listen, ignore any vocabulary words you don't know; they will not help you respond to the questions.

1. What subject do you like to study?
2. What subject do you really detest?
3. What things do you most like about your life as a student?
4. What do you do for entertainment (**distractions**) when you are not studying?

VOCABULAIRE

Verbes

adorer	to love; to adore
aimer	to like; to love
aimer mieux	to prefer (like better)
chercher	to look for
commencer	to begin
danser	to dance
demander	to ask for
détester	to detest
donner	to give
écouter	to listen to
être	to be
étudier	to study
habiter	to live
manger	to eat
parler	to speak
penser	to think
porter	to wear
regarder	to look at; to watch
rêver	to dream
skier	to ski
travailler	to work
trouver	to find
visiter	to visit (a place)

Substantifs

l'ami / l'amie	friend
l'amphithéâtre (m.)	lecture hall
la bibliothèque	library
le bureau	office; desk
le café	café; cup of coffee
le cinéma	movies; movie theater
la cité universitaire (la cité-U)	residence halls
le cours	course
le dictionnaire	dictionary
l'école (f.)	school
l'examen (m.)	test; exam
la faculté	division (academic)
le film	film
le gymnase	gymnasium
le journal (pl. les journaux)	newspaper
le/la journaliste	journalist
le laboratoire (labo)	lab
la librairie	bookstore
le lieu	place
la musique	music
le pays	country
le quartier	quarter, neighborhood

la radio	radio
le restaurant	restaurant
le restaurant universitaire (le resto-U)	university cafeteria; dining hall
le sport	sport; sports
le travail	work
l'université (f.)	university
la vie	life
la ville	city
la visite	visit

À REVOIR: **le cahier, l'étudiant / l'étudiante, le livre, le professeur / la professeure, la salle de classe**

Les nationalités (f.)*

algérien(ne)	Algerian
allemand(e)	German
américain(e)	American
anglais(e)	English
belge	Belgian
canadien(ne)	Canadian
chinois(e)	Chinese
espagnol(e)	Spanish
français(e)	French
haïtien(ne)	Haitian
italien(ne)	Italian
ivoirien(ne)	Ivorian
japonais(e)	Japanese
libanais(e)	Lebanese
malgache	Malagasy
marocain(e)	Moroccan
mexicain(e)	Mexican
russe	Russian
sénégalais(e)	Senegalese
suisse	Swiss
tunisien(ne)	Tunisian
vietnamien(ne)	Vietnamese

Les matières (f.)

l'allemand (m.)	German
l'anglais (m.)	English
la biologie	biology
la chimie	chemistry
le chinois	Chinese
le commerce	business
le droit	law
l'économie (f.)	economics
l'espagnol (m.)	Spanish
la géographie	geography
la géologie	geology
l'histoire (f.)	history

---

*Nationalities are capitalized when used as a noun (e.g., **une Algérienne, des Français,** etc.)

l'informatique (f.)	computer science	avec	with
l'ingénierie (f.)	engineering	d'accord	okay; agreed
l'italien (m.)	Italian	dans	in
le japonais	Japanese	de	of, from
les langues (f.) étrangères	foreign languages	de temps en temps	from time to time
la linguistique	linguistics	d'habitude	usually
la littérature	literature	en	in
les mathématiques (les maths) (f.)	mathematics	en général	generally
la philosophie	philosophy	ici	here
la physique	physics	maintenant	now
la psychologie	psychology	mais	but
les sciences (f.) naturelles	natural sciences	moi	me
la sociologie	sociology	ou	or
		pour	for; in order to
		quelquefois	sometimes
		rarement	rarely
		souvent	often
		toujours	always
		voici	here is/are
		voilà	there is/are

Mots et expressions divers

à	at; in
après	after
aussi	also

Design Elements: (Mamadou) Comstock Images/Getty Images; (Poema) Purestock/Alamy Stock Photo; (Alexis) Javier Larrea/Pixtal/age fotostock; (Charlotte) Fabrice Lerouge/Getty Images; (All Others): McGraw Hill

Danseuses du groupe de Carnaval Explosion V du Moule, en Guadeloupe

MIGUEL MEDINA/AFP/Getty Images

Dans ce chapitre...

OBJECTIFS COMMUNICATIFS

➤ describing people, places, and things

➤ talking about personalities, colors, and clothing

➤ expressing possession and sensations

➤ mentioning specific places or people

➤ getting information

➤ learning to distinguish between and pronounce selected sounds in French

CULTURE

➤ Espaces francophones: *Haïti*

➤ Un petit plus: *L'art d'Haïti*

➤ Reportage: *Les vêtements de la francophonie*

➤ Lecture: *Québec: la technique de l'oignon pour avoir chaud l'hiver*

Quatre personnalités différentes

Tomas est un jeune homme **enthousiaste, idéaliste** et **sincère.** Il est **sensible** (*sensitive*) mais **travailleur** (*hard-working*). Il utilise les réseaux sociaux (*social networks*) pour organiser des manifestations (*protests*).

Emma est une jeune femme **sociable, sympathique** (*nice, likeable*) et **dynamique.** Elle n'est pas **égoïste** (*selfish*). Elle adore parler avec ses amis—en face à face, par téléphone ou par texto.

Farah est une jeune femme **calme, réaliste** et **raisonnable.** Elle est rarement **triste** (*sad*). Ses études sont assez **difficiles.** Quand elle étudie à la bibliothèque, elle utilise un smartphone et des écouteurs sans fil (*wireless earphones*) pour écouter de la musique.

Olivier est un jeune homme **individualiste, excentrique** et **drôle** (*funny*). Il n'est pas **paresseux** (*lazy*). Quelquefois il partage* (*shares*) des photos artistiques sur les réseaux sociaux.

---

*conjugated like **manger**

Allez-y!

A. Qualités. Tell about these people by paraphrasing each statement.

> **MODÈLE:** Emma aime parler avec des amis. →
> C'est une jeune femme sociable.

1. Tomas parle avec sincérité.
2. Farah n'aime pas l'extravagance.
3. Olivier est amusant.
4. Emma aime l'action.
5. Tomas parle avec enthousiasme.
6. Olivier n'est pas conformiste.
7. Farah regarde la vie avec réalisme.
8. Olivier aime l'excentricité.
9. Farah n'est pas nerveuse.

B. Question de personnalité. What are these different people like? Describe them using at least three adjectives.

Autres adjectifs possibles: antipathique, conformiste, hypocrite, matérialiste, modeste, optimiste, pauvre (*poor*), pessimiste, riche, solitaire

> **MODÈLE:** votre meilleur ami / meilleure amie (*your best friend*) →
> Il/Elle est calme, sincère...

1. votre meilleur ami / meilleure amie
2. votre père (*father*)
3. votre mère (*mother*)
4. votre camarade de chambre (*roommate*)
5. votre professeur/professeure de français
6. le président américain
7. Lady Gaga
8. LeBron James
9. Dwayne "the Rock" Johnson
10. Kylie Jenner

Et vous? Now describe yourself. Begin your sentence with **Je suis...** , **mais je ne suis pas...**

C. Interview. Ask a classmate the following questions. Use **très, assez, peu,** or **un peu** when appropriate.

> **MODÈLE:** sociable ou solitaire →
> É1: Es-tu sociable ou solitaire?
> É2: Moi, je suis assez sociable. Et toi?

1. sincère ou hypocrite
2. excentrique ou conformiste
3. triste ou drôle
4. sympathique ou antipathique
5. calme ou dynamique
6. réaliste ou idéaliste
7. raisonnable ou inflexible
8. optimiste ou pessimiste

Now summarize by stating a few characteristics of your classmate, along with their opposites.

Mots clés

How to qualify descriptions

When you first learn a foreign language, you inevitably exaggerate a little because you do not yet have the tools to convey nuances. The following adverbs may be useful.

très	*very*
assez	*somewhat*
peu	*hardly*
un peu	*a little*

> Jeanne est **très** calme mais Jacques est **un peu** nerveux.
>
> Mon chien (*dog*) est **peu** intelligent mais il est **assez** drôle.

The vowels in *bleu* and *couleur*

For the [ø] in **bleu,** close your mouth as you do for [e] in **et,** but round and purse your lips. Keep your tongue in the front of your mouth.

[ø]: **nerv<u>eu</u>se, d<u>e</u>, d<u>eu</u>x, p<u>eu</u>**

For the [œ] in **couleur,** open your mouth a bit wider, as you do for [ɛ] in **est,** but round and purse your lips. Position your tongue in the middle of your mouth.

[œ]: **profess<u>eu</u>r, ordinat<u>eu</u>r, s<u>œu</u>r**

Notice that both vowels are usually spelled **eu,** but [ø] also occurs as **e** in **de, le, me,** and [œ] also occurs as **œ** and **œu.**

Les couleurs

jaune   orange   rouge   rose   violet   bleu   vert

marron   noir   gris   blanc

Allez-y!

De quelle couleur? Ask a classmate to state the colors of the following things.

> MODÈLE: le drapeau (*flag*) américain →
> É1: De quelle couleur est le drapeau américain?
> É2: Le drapeau américain est rouge, blanc et bleu.

1. le drapeau français
2. le ciel (*sky*)
3. un éléphant
4. un bison
5. le jade

6. le lait (*milk*)
7. un tigre
8. un zèbre
9. le soleil (*sun*)
10. la jungle

De quelle couleur sont les fleurs (*flowers*) de lavande?

oversnap/E+/Getty Images

Cinq looks différents

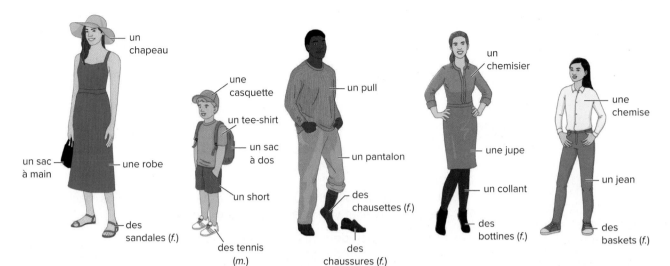

- un chapeau
- une casquette
- un tee-shirt
- un sac à dos
- un short
- des tennis (m.)
- un sac à main
- une robe
- des sandales (f.)
- un pull
- un pantalon
- des chaussettes (f.)
- des chaussures (f.)
- un chemisier
- une jupe
- un collant
- des bottines (f.)
- une chemise
- un jean
- des baskets (f.)

Lise est grande, belle et dynamique. Elle a (*has*) les yeux verts et les cheveux longs et roux (Elle est rousse [*redheaded*].)

Raphaël est petit et sportif. Il a les yeux bleus et les cheveux courts et blonds. Il est blond.

Léo Rigaud a les cheveux bruns et frisés (*curly*). Il est beau et charmant. Il est de taille moyenne (*medium height*).

Isabelle Dupuy est aussi de taille moyenne. Elle a les yeux marron et les cheveux châtains* (*light brown*).

Thu est assez petite et très intelligente. Elle a les cheveux noirs et raides (*straight*).

Allez-y!

A. Qu'est-ce qu'ils portent? Describe what these people are wearing.

MODÈLE: Lise porte **un chapeau, une robe verte** et **des sandales marron.**

1. Raphaël porte une casquette, _____.
2. M. Rigaud porte _____.
3. Mme Dupuy porte un chemisier rose, _____.
4. Thu porte _____.

B. Erreur! Correct any statements that are wrong.

MODÈLE: Léo a les cheveux châtains. → Non, il a les cheveux bruns.

1. Raphaël a les cheveux frisés.
2. Isabelle a les cheveux longs et roux.
3. Thu a les cheveux noirs.
4. Raphaël a les yeux noirs.
5. Lise a les cheveux blonds.
6. Léo est très grand.
7. Lise est de taille moyenne.
8. Thu est petite.
9. Léo et Lise sont petits.
10. Isabelle est blonde et Raphaël est roux.

*literally, *chestnut*

C. **Personnalités célèbres.** What color hair do the following people have?

MODÈLE: President Biden → President Biden? Il a les cheveux blancs.

1. Taylor Swift
2. Serena Williams
3. Timothée Chalamet
4. Ron Weasley, l'ami de Harry Potter
5. Billie Eilish
6. Lin-Manuel Miranda

D. **Vos camarades de classe.** Describe the hair, eyes, and height of someone in the classroom. Your classmates will guess who it is.

MODÈLE: Il/Elle a les cheveux longs et noirs, il/elle a les yeux marron et il/elle est de taille moyenne.

E. **Un vêtement pour chaque** (*each*) **occasion.** Describe in as much detail as possible what you wear when you go to these places.

1. à un match de football américain
2. à un concert de rock
3. à une soirée
4. à un restaurant
5. à l'université

Un défilé de mode (*fashion show*) à Port-au-Prince. Décrivez le mannequin (*model*) et la robe qu'elle porte.

Bienvenue en Haïti!

Un coup d'œil sur Port-au-Prince

Port-au-Prince is the capital and most populous city in Haiti, a country located on the western side of the island of Hispaniola, where Columbus first landed in 1492. The first European settlers of the Port-au-Prince area were French pirates, or **flibustiers**, who made use of its natural harbor. Since becoming the capital of the French colony of Saint-Domingue in 1770, Port-au-Prince has remained a

Un tap-tap à Port-au-Prince

political and economic hub. The city is home to many impressive public buildings, but is perhaps best known for its "gingerbread" houses, a unique decorative style of architecture that emerged in the 1880s in response to Victorian influences and in combination with local traditions and the tropical climate.* Another colorful element of life in the capital are tap-taps, the most common form of public transportation. These brightly painted private vehicles run regular routes through major neighborhoods for a small fare.

Pays: Haïti

Habitants: Haïtiens

Capitale: Port-au-Prince

Langues officielles: créole haïtien, français

Unité monétaire: gourde haïtienne

Fête nationale: 1er janvier

PORTRAIT **Toussaint Louverture (c. 1743–1803)**

In the 18th century, the French colony of Saint-Domingue was the most profitable in the Americas, due in large part to the labor of tens of thousands of enslaved Africans who worked on the sugar, coffee, and indigo plantations. In 1791, the island's enslaved people, led by Toussaint Louverture, rose up against the French.

When the new Revolutionary government in Paris abolished slavery in 1794, Louverture ended the fighting in Saint-Domingue. However, when he later promulgated a new constitution in which he declared himself governor general for life, he was seen as a threat and was captured and imprisoned by the French army; he died in captivity the

Toussaint Louverture, peint par Alexandre François Louis de Girardin vers 1805

following year. His lieutenant Jean-Jacques Dessalines continued the struggle and, on January 1, 1804, declared the colony's independence. Haiti's successful slave uprising remains a unique exception in the history of colonialism.

---

*Exteriors were designed with intricate cut-out patterns thought to represent traditional patterns traced on the floor used to call the spirits to a Haitian Vodou ceremony. These houses have high ceilings and deep porches to take advantage of shade and redirect hot air while heavy shutters and steep turret roofs provide protection from heavy rains and tropical storms.

Le verbe *avoir*

Expressing Possession and Sensations

🎧 DEUX CENTS AMIS!

Mamadou contacte Léa par messagerie instantanée.

MAMADOU: **Tu as** beaucoup d'amis, Léa!

LÉA: Oui, beaucoup. **J'ai de la chance!** Et toi?

MAMADOU: **J'ai** des amis journalistes. Mais **j'ai envie de** rencontrer d'autres personnes. Toi, par exemple! **Tu as l'air** intéressante. **Ton amie Juliette** aussi **a l'air** sympa.

LÉA: **Tu as** déjà deux cents amis sur ta page Facebook! **Tu n'as pas besoin de** nous!

MAMADOU: Oui, mais **j'ai** peu d'amies françaises.

LÉA: Ce soir, **nous avons rendez-vous** au cinéma, Juliette et moi. **Tu as envie de** nous rejoindre?

MAMADOU: Oh! **Je n'ai pas de chance*!** Ce soir, c'est impossible parce que **j'ai** du travail.

*I'm not lucky!

Vrai ou faux?

1. Léa a beaucoup d'amis.
2. Mamadou a des amis étudiants.
3. Mamadou a deux cents amis sur sa page Facebook.
4. Mamadou a beaucoup d'amies françaises.
5. Léa a rendez-vous avec Juliette.
6. Mamadou n'a pas de chance.

Forms of *avoir*

The verb **avoir** is irregular in form.

PRESENT TENSE OF **avoir** (*to have*)			
j'	**ai**	nous	**avons**
tu	**as**	vous	**avez**
il/elle/on	**a**	ils/elles	**ont**

—J'**ai** un studio agréable.   *I have a nice studio apartment.*

—**Avez**-vous une colocataire sympathique?   *Do you have a nice roommate?*

—Oui, elle **a** beaucoup de patience.   *Yes, she has lots of patience.*

To ask someone his/her age, use **Quel âge *avez*-vous?** or **Quel âge *as*-tu?**

[Allez-y! A-B]

Expressions with *avoir*

The verb **avoir** is used in many common idioms.

Elle **a chaud.** Il **a froid.**   Elles **ont faim.** Ils **ont soif.**   Loïc, tu **as tort.** Magalie, tu **as raison.**   Frédéric **a l'air** content. Il **a de la chance.**   L'immeuble **a l'air** moderne.   Théo **a sommeil.**

Ingrid **a besoin d'**une lampe.   **Avez-vous envie de** danser?   Il **a rendez-vous** avec la professeure.   Il **a peur du** chien.   La petite fille **a honte.**   Isabelle **a quatre ans.**

Note that with **avoir besoin de, avoir envie de,** and **avoir peur de,** the preposition **de** is used before an infinitive or a noun.

[Allez-y! C-D-E]

Géant. J'ai envie*

Allez-y!

A. Vive la musique! You and your friends are planning a musical evening. Say what each person has to contribute to the occasion.

MODÈLE: Isaac / une trompette → Isaac a une trompette.

1. Yasmine et Marc / un saxophone
2. vous / une guitare
3. tu / une clarinette
4. je / un violon
5. nous / un piano
6. Isabelle / une flûte

B. Quel âge ont-ils? Working with a partner, ask and answer questions about the age of the following people. Make educated guesses!

MODÈLE: É1: Quel âge a-t-il?
É2: Il a deux ou trois ans.

1.   2.   3.   4.

C. Dans quel contexte? For each situation, use an expression with **avoir.**

MODÈLE: Pour moi, un coca-cola, s'il vous plaît. → J'ai soif.

1. Je porte un pull et un chapeau.
2. Il est minuit (*midnight*).
3. J'ouvre (*open*) la fenêtre.
4. Je mange une quiche.
5. Paris est la capitale de la France.
6. Des amis français m'invitent (*invite me*) à Paris.

D. Désirs et devoirs (*duties*). What do you and the people you know *want* to do? What do you *have* to do? Use **avoir envie/besoin de** to tell about these people.

Verbes utiles: danser, écouter, étudier, parler, rêver, skier, travailler, voyager

MODÈLE: je →

J'ai envie de jouer au tennis, mais j'ai besoin d'étudier!

1. je
2. mon meilleur ami / ma meilleure amie
3. mes parents
4. le professeur de français
5. mon/ma camarade de chambre

---

*slogan for one of France's largest supermarket chains

E. **Conversation.** Ask a classmate the following questions.

1. Tu as peur de quoi (*what*)?
2. Tu as quoi dans ta chambre?
3. Tu as besoin de quoi pour préparer ton cours de français?
4. Tu as envie de quoi quand tu as faim? quand tu as soif?
5. Tu as envie de quoi maintenant?

Résumez! Now tell the other students the most surprising or unusual fact you learned about your classmate.

MODÈLE: Éric a trois ordinateurs dans sa chambre!

Les adjectifs qualificatifs

Describing People, Places, and Things

🎧 DES PROFESSEURS EXCELLENTS!

Léa téléphone à Juliette.

> LÉA: Salut Juliette! Tu es **contente** de ton cours de gym? C'est **difficile?**
>
> JULIETTE: Ce n'est pas **facile** quand on commence, mais je suis **persévérante** et la prof est **excellente!**
>
> LÉA: Elle est **patiente?** C'est **important.** La patience, c'est une qualité **essentielle.**
>
> JULIETTE: Elle est toujours **calme.** Elle observe nos mouvements et elle donne des explications très **précises.** Je suis vraiment **contente!** Et toi, ton cours de tennis?
>
> LÉA: On a un **nouveau** prof.
>
> JULIETTE: Il est comment?
>
> LÉA: Il est **grand, beau, charmant...**
>
> JULIETTE: Et **sportif!**

Lew Robertson/Flame/
Corbis/Getty Images

Répondez aux questions.

1. Qui est excellente, patiente et calme?
2. Qui est grand, beau et charmant?
3. Qui est persévérante?
4. La gym, c'est difficile ou c'est facile pour Juliette?
5. Qui donne des explications très précises:
   la professeure de gym ou le professeur de tennis?

🎧 Prononcez bien!

The pronunciation of final consonants

In French, consonant letters ending words are generally not pronounced.*

restauran~t~, il~s~ dansen~t~, cour~s~, asse~z~, beaucou~p~, alleman~d~

Final **-c, -r, -f,** and **-l,** however, are pronounced.

ave̲c, bonjou̲r, neu̲f, ma̲l

Exceptions to this rule include the **c** in blan~c~ as well as the **r** in the infinitive of **-er** verbs and in words ending in **-er** and **-ier.**

alle~r~, adore~r~, quartie~r~, cahie~r~

*unless they precede a word starting with a vowel (See **Prononcez bien!** on liaison, p. 238)

Position of Descriptive Adjectives

Descriptive adjectives (**les adjectifs qualificatifs**) give information about people, places, and things. In French, they usually follow the nouns they modify. They may also follow the verb **être**.

C'est une professeure **intéressante**.	She's an interesting teacher (*professor*).
Le professeur pose des questions **faciles**.	The teacher (*professor*) asks easy questions.
J'aime les personnes **sincères** et **individualistes**.	I like sincere and individualistic people.
Gabrielle est **sportive**.	Gabrielle is athletic.

A few common adjectives that generally precede the nouns they modify are presented in **Chapitre 4, Leçon 3**.

Agreement of Adjectives

In French, adjectives agree in gender (masculine or feminine) and number (singular or plural) with the nouns they modify. Most adjectives follow the pattern illustrated in the following table.

	MASCULINE	FEMININE
Singular	un étudiant intelligent	une étudiante intelligent**e**
Plural	des étudiants intelligent**s**	des étudiantes intelligent**es**

1. Most feminine adjectives are formed by adding an **e** to the masculine form. Exception: adjectives whose masculine form ends in an unaccented **e**.

   Hugo est **persévérant**. → Sylvie est **persévérante**.

   Paul est **triste**. → Claire est **triste**.

   Remember that final **d, s,** and **t,** usually silent in French, are pronounced when **e** is added.

2. **C'est** can be used to describe a general truth or to refer back to something that has already been mentioned. The adjective that follows **c'est** is always in the masculine singular form.

   Le français? C'est **facile**!

   L'amour (*love*), c'est **essentiel**.

3. Most plural adjectives of either gender are formed by adding an **s** to the singular form. Exception: adjectives whose singular form ends in **s** or **x**.

   Elle est **charmante**. → Elles sont **charmantes**.

   L'étudiant est **sénégalais**. → Les étudiants sont **sénégalais**.

   Marc est **courageux**. → Marc et Loïc sont **courageux**.

4. If a plural subject refers to one or more masculine items or people, the plural adjective is masculine.

   Sylvie et Inès sont **françaises**.

   Sylvie et Adam sont **français**.

🎧 Prononcez bien!

The nasal vowels in *blond, grand,* and *bain*

To pronounce these sounds, let the air coming from your lungs go through both your mouth and nose. Close your mouth and round your lips to say [ɔ̃] as in **blond;** pronounce [ɑ̃] with an open mouth and lips more relaxed in **grand;** for [ɛ̃] in **bain,** your mouth is more open than for [ɔ̃] in **blond,** but less than for [ɑ̃] in **grand,** and your lips are stretched in a smile.

[ɔ̃]: b**on**jour, c**om**bien

[ɑ̃]: c**om**ment, qu**ar****an**te, sept**em**bre

[ɛ̃]: b**ien**tôt, v**ingt**, améri**cain**, f**aim**

Descriptive Adjectives with Irregular Forms

PATTERN		SINGULAR		PLURAL	
MASC.	FEM.	MASC.	FEM.	MASC.	FEM.
-eux -eur } →	-euse	heureux (*happy*) travailleur	heureuse travailleuse	heureux travailleurs	heureuses travailleuses
-er →	-ère	cher (*expensive*)	chère	chers	chères
-if →	-ive	sportif	sportive	sportifs	sportives
-il →	-ille	gentil (*nice, pleasant*)	gentille	gentils	gentilles
-el →	-elle	intellectuel	intellectuelle	intellectuels	intellectuelles
-ien →	-ienne	parisien	parisienne	parisiens	parisiennes

Other adjectives that follow these patterns include **courageux/courageuse, paresseux/paresseuse, sérieux/sérieuse, fier/fière** (*proud*), **naïf/naïve** (*naive*), and **canadien/canadienne.** The feminine forms of **beau** (*handsome, beautiful*) and **nouveau** (*new*) are **belle** and **nouvelle.** The adjective **chic** (*stylish*) is invariable.

Adjectives of Color

1. Like other adjectives, the feminine of most adjectives of color is formed by adding an **e** to the masculine form.

   un chemisier **blanc/bleu/gris/noir/vert/violet**

   une chemise **blanche/bleue/grise/noire/verte/violette**

2. Adjectives whose masculine form ends in an unaccented **e** use the same form for both masculine and feminine.

   un pantalon **jaune** / une robe **jaune**

3. **Marron** and **orange** are invariable.

   une robe **marron/orange**   des robes **marron/orange**

Allez-y!

A. **Dans la salle de classe.** Arthur has a wonderful class. Describe it, choosing the appropriate expressions from the second column.

   1. Le professeur est...
   2. Les étudiants sont...
   3. La salle de classe est...
   4. Les chaises sont...

   a. bleue et blanche.
   b. confortables et nombreuses.
   c. intelligent et dynamique.
   d. sociables et amusants.

B. **Des âmes sœurs.** (*Soulmates.*) Patrice and Patricia are alike in every respect. Describe them, taking turns with a partner.

> **MODÈLE:** français →
>   É1: Patrice est français. Et Patricia?
>   É2: Patricia est française.

1. optimiste
2. intelligent
3. charmant
4. fier
5. sérieux
6. parisien
7. naïf
8. gentil
9. sportif
10. courageux
11. travailleur
12. intellectuel

C. **À mon avis.** (*In my opinion.*) Complete these sentences according to your own opinions.

1. L'homme idéal est _____. Il a une voiture _____ (couleur).
2. La femme idéale est _____. Elle a les yeux _____ (couleur).
3. Le/La camarade de classe idéal(e) est _____.
4. Le professeur idéal / La professeure idéale est _____.
5. Le chauffeur de taxi idéal est _____.

D. **Un mail.** Here is the email that Max dreads receiving from his girlfriend. Transform it into the more positive one that is actually on the way by changing the adjectives and some verbs.

Angers, le 7 janvier

Max,

Je te déteste. Tu es stupide et antipathique. Tous les jours (*Every day*) tu es nerveux, tu ne rêves pas parce que tu es peu idéaliste, et tu es même (*even*) souvent hypocrite. En plus (*Furthermore*) je trouve que tu es paresseux.

Je ne veux pas te revoir. (*I don't want to see you again.*)

Adieu.

Catherine

MODÈLE: Max, je t'adore…

Un petit plus...

L'art d'Haïti

Haiti is a country rich in artistic heritage. In 1944, Haitian painting experienced a rebirth when the Centre d'Art in Port-au-Prince opened. Several important collectors and galleries began to highlight the work of local artists, and interest in Haitian art grew throughout the world.

There are several schools of painting in Haiti. Some represent its history; others show fantasy landscapes or imaginary worlds. Many depict the ceremonies of Vodou, a religion popular in Haiti. The Cap-Haïtien style highlights daily life and historical subjects. The works of Philomé and Sénèque Obin, who came to prominence in the late 1940s, are examples of this style. The Saint Soleil School is another community of artists who worked high in the mountains above Port-au-Prince and developed a collective style featuring abstract human forms and dramatic colors juxtaposed against each other. The masterpieces of these Haitian artists reveal their exceptional and creative imaginations and allow us to better understand their heritage.

L'art en Haïti, c'est la passion des couleurs!

Les vêtements de la francophonie

Des poupées en robes madras à Martinique (France)

Une femme en boubou dans le Sine Saloum (Sénégal)

Des djellabas dans les rues de Marrakech (Maroc)

On les porte au travail ou en vacances; ils sont beaux,[1] colorés, originaux: voilà les vêtements de la francophonie! Fabriqués avec des tissus ethniques, ils sont authentiques.

Regardez le madras des Antilles: originaire des Indes, c'est un coton traditionnel à dessins[2] géométriques et multicolores. Quel spectacle ces robes et ces jupes exotiques qui dansent sous la brise des Caraïbes!

Touchez le wax et le batik, deux textiles amis de l'Afrique fabriqués à la main.[3] Le wax est un coton double face décoré de sujets figuratifs. Le batik est une technique d'impression artisanale sur le coton, la soie,[4] le lin. D'inspiration africaine, les dessins illustrent des scènes régionales. Parlons des boubous: voilà un joli nom pour les larges robes en wax que portent les femmes et les hommes en Afrique de l'Ouest. Vêtement ancien et familier, le boubou n'est pas une mode, c'est une tradition de la société africaine.

Et la djellaba? Cette robe longue et large, ornée de broderies,[5] a une capuche.[6] Modeste ou majestueuse mais toujours distinguée, en soie, coton ou laine,[7] elle est populaire en Afrique du Nord.

Enfin évoquons le paréo de Polynésie. Simple rectangle de tissu à fleurs[8] il est l'emblème des vahinés[9] peintes par Gauguin. Chic ou sportif, il se transforme adroitement en jupe, robe, pantalon ou maillot de bain.[10]

Les vêtements de la francophonie racontent des coutumes ancestrales. Créés avec des fibres et des colorants naturels, ils respectent l'environnement et donnent l'exemple d'une mode éthique, la mode du futur.

[1]beautiful [2]patterns [3]fabriqués... handmade [4]silk [5]embroidery [6]hood [7]wool [8]flowers [9]femmes tahitiennes [10]maillot... bathing suit

VOUS COMPRENEZ?

1. Qu'est-ce que le madras?
2. Quel vêtement est populaire en Afrique de l'Ouest? en Afrique du Nord?
3. Quels sont les usages du paréo?
4. Comment les vêtements de la francophonie respectent-ils l'environnement?

Les questions à réponse affirmative ou négative

Getting Information

 UNE ROBE NOIRE OU UNE ROBE GRISE?

Appel vidéo entre Juliette et Léa

> JULIETTE: Finalement, **est-ce que tu portes** une jupe pour la soirée d'Hector?
>
> LÉA: Non, je porte un jean avec un chemisier blanc. **Est-ce** assez chic?
>
> JULIETTE: Oui! Un chemisier blanc, c'est très chic! Mais le jean... **tu ne penses pas que** c'est un peu commun?
>
> LÉA: Commun? Certainement pas! C'est simple et élégant. Et toi, **tu portes** une robe?
>
> JULIETTE: Oui, mais j'hésite entre une robe noire et une robe grise. C'est un choix impossible! (Elle rit.*)

▼ AUDIO & VIDEO

MESSAGE   VIDEO ●

*Elle... *She laughs.*

Voici les réponses. Trouvez les questions dans le dialogue.

1. Non, je porte un jean avec un chemisier blanc.
2. Oui! Un chemisier blanc, c'est très chic!
3. Oui, mais j'hésite entre une robe noire et une robe grise.

In French, there are several ways to ask a question requiring a *yes* or *no* answer.

Questions Without Change in Word Order

1. You can raise the pitch of your voice at the end of a sentence.

—Vous ne parlez pas anglais?	*You don't speak English?*
—Si, un peu.*	*Yes, a little.*

*Note that **si,** not **oui,** is used to answer *yes* to a negative question.

2. When confirmation is expected, add the tag **n'est-ce pas** to the end of the sentence.

Il a faim, **n'est-ce pas?**	*He's hungry, isn't he?*
Nous ne mangeons pas au resto-U, **n'est-ce pas?**	*We're aren't eating at the dining hall, are we?*

3. Another way is to precede a statement with **Est-ce que** (**Est-ce qu'** before a vowel sound).

Est-ce que Nathan étudie l'espagnol?	*Is Nathan studying Spanish?*
Est-ce qu'elles ont envie de parler francais?	*Do they want to speak French?*

[Allez-y! A-B with **Mots clés**]

Questions with Change in Word Order

Questions can also be formed by inverting the subject and the verb. This question formation is more common in written French.

1. When a pronoun is the subject of the sentence, the pronoun and verb are inverted and hyphenated.

PRONOUN SUBJECT	
Statement:	Il est sincère.
Question:	**Est-il** sincère?

Es-tu étudiante en philosophie?	*Are you studying philosophy?*
Aiment-ils les discussions animées?	*Do they like lively discussions?*

The final **t** of third-person plural verb forms is pronounced when followed by **ils** or **elles: aiment-elles.** When third-person singular verbs end with a vowel, **-t-** is inserted between the verb and the pronoun.

Elle aim**e** les jupes. →	**Aime-t-elle** les jupes?
Il port**e** un pull. →	**Porte-t-il** un pull?

Je is seldom inverted. **Est-ce-que** is used instead: **Est-ce que je suis élégant?**

2. When a noun is the subject of the sentence, the noun subject is retained; the third-person pronoun corresponding to the subject follows the verb and is attached to it by a hyphen.

NOUN SUBJECT	
Statement:	Paul est sincère.
Question:	**Paul est-il** sincère?

Marc a-t-il sommeil?	*Is Marc sleepy?*
Delphine travaille-t-elle beaucoup?	*Does Delphine work a lot?*
Les amis arrivent-ils ce soir?	*Are our friends arriving tonight?*

[Allez-y! C-D]

Allez-y!

A. C'est difficile à croire! You find it hard to believe what Manon is telling you. Express your surprise by turning each statement into a question. (Your intonation should express your disbelief!)

MODÈLE: Roseline est de Paris. → Roseline est de Paris?

1. Joseph est aussi de Paris.
2. Roseline et Joseph sont haïtiens.
3. Louis est le camarade de Joseph.
4. C'est un garçon drôle.
5. Il n'habite pas à Paris.
6. Sandra est canadienne.

B. Des personnalités compatibles. With a partner, play the roles of two people whose personalities are perfectly matched. Use the expressions from **Mots clés** as in the model.

MODÈLE: calme →

    É1: Est-ce que tu es calme?

    É2: Oui, je suis calme. Et toi?   Non, je ne suis pas calme. Et toi?

              ↓   *or*   ↓

    É1: Moi aussi, je suis calme.   Moi non plus, je ne suis pas calme.

1. sympathique
2. sportif/sportive
3. curieux/curieuse
4. sérieux/sérieuse
5. patient(e)
6. travailleur/travailleuse

C. Étudiants à la Sorbonne. You are writing an article on student life in Paris. Verify the information you have jotted down by expressing your statements as questions.

MODÈLE: Stéphane étudie à la Sorbonne.→
         Est-ce que Stéphane étudie à la Sorbonne?

1. Il est canadien.
2. Vous admirez Stéphane.
3. Stéphane et Carole sont étudiants en philosophie.
4. Ils sont sympathiques.
5. Carole habite à la cité-U.

D. Portrait d'un professeur / une professeure. Ask your instructor about his or her personality, tastes, and clothing. Use inversion in your questions.

Verbes utiles: aimer, danser, écouter, être, parler, regarder, skier

MODÈLES: Êtes-vous pessimiste?
             Aimez-vous les chemises orange?

Now see if your classmates were listening. Ask a classmate three questions about your instructor.

MODÈLE: Est-ce que le professeur/la professeure est pessimiste?

Mots clés

The expressions *moi aussi, moi non plus*

If you agree with someone's comment, your answer will be either **moi aussi** (*me too*) or **moi non plus** (*me neither*).

—Je suis fatigué!
—Moi aussi!

—Mais je n'ai pas faim!
—Moi non plus!

Les prépositions *à* et *de*

Mentioning Specific Places or People

🎧 TENNIS, POKER OU RESTAURANT?

Léa contacte Hector par messagerie instantanée.

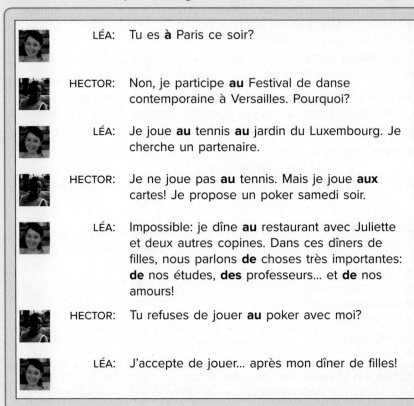

LÉA: Tu es **à** Paris ce soir?

HECTOR: Non, je participe **au** Festival de danse contemporaine à Versailles. Pourquoi?

LÉA: Je joue **au** tennis **au** jardin du Luxembourg. Je cherche un partenaire.

HECTOR: Je ne joue pas **au** tennis. Mais je joue **aux** cartes! Je propose un poker samedi soir.

LÉA: Impossible: je dîne **au** restaurant avec Juliette et deux autres copines. Dans ces dîners de filles, nous parlons **de** choses très importantes: **de** nos études, **des** professeurs... et **de** nos amours!

HECTOR: Tu refuses de jouer **au** poker avec moi?

LÉA: J'accepte de jouer... après mon dîner de filles!

Complétez les phrases.

Hector

1. Hector est _____ Versailles.
2. Il participe _____ Festival de danse.
3. Il ne joue pas _____ tennis.
4. Il joue _____ cartes.
5. Il joue _____ poker.

Léa

6. Léa est _____ Paris.
7. Elle joue _____ jardin du Luxembourg.
8. Elle dîne _____ restaurant avec des copines.
9. Elles parlent _____ choses importantes.

Prepositions (**les prépositions**) give information about the relationship between two words. Examples in English are *at, before, for, in, of, to, under, without*. In French, the prepositions **à** and **de** sometimes contract with articles.

The Preposition *à*

1. **À** indicates location or destination. It has several English equivalents.

Arnaud habite **à** Paris.	*Arnaud lives in Paris.*
Il étudie **à** la bibliothèque.	*He studies at (in) the library.*
Il arrive **à** Montréal demain.	*He's coming to Montreal tomorrow.*

2. With verbs such as **donner, montrer, parler,** and **téléphoner, à** introduces the indirect object (usually a person) even when *to* is not used in English.

Arnaud **donne** un livre **à** son copain.	*Arnaud gives his friend a book.*
Arnaud **montre** une photo **à** Delphine.	*Arnaud shows Delphine a photo.*
Il **parle à** un professeur.	*He's speaking to a professor.*
Il **téléphone à** un ami.	*He's calling a friend.*

   The preposition *to* is not always used in English, but **à** must be used in French with these verbs.

The Preposition *de*

1. **De** indicates where something or someone comes from.

Medhi est **de** Casablanca.	*Medhi is from Casablanca.*
Il arrive **de** la bibliothèque.	*He is coming from the library.*

2. **De** also indicates possession (expressed by *'s* or *of* in English) and the concept of belonging to, being a part of.

Voici la librairie **de** Mme Vernier.	*Here is Madame Vernier's bookstore.*
J'aime mieux la librairie **de** l'université.	*I prefer the university bookstore (the bookstore of the university).*

3. When used with **parler, de** means *about.*

Nous parlons **de** la littérature contemporaine.	*We're talking about contemporary literature.*

The Prepositions *à* and *de* with the Definite Articles *le* and *les*

à + le = au	Arnaud arrive **au** cinéma.
à + les = aux	Arnaud arrive **aux** courts de tennis.
à + la = à la	Arnaud arrive **à la** librairie.
à + l' = à l'	Arnaud arrive **à l'**université.
de + le = du	Arnaud arrive **du** cinéma.
de + les = des	Arnaud arrive **des** courts de tennis.
de + la = de la	Arnaud arrive **de la** librairie.
de + l' = de l'	Arnaud arrive **de l'**université.

The Verb *jouer* with the Prepositions *à* and *de*

When **jouer** is followed by the preposition **à**, it means to play a team sport or a game. When it is followed by **de,** it means to play a musical instrument.

Naïma
joue au tennis.

Philippe
joue du piano.

Allez-y!

A. Où est-ce qu'on va? (*Where do we go?*) Answer, taking turns with a partner.

Vocabulaire utile: l'Alliance (*Institute*) française, l'amphithéâtre, la bibliothèque, le café, le cinéma, la salle de concert, les courts de tennis, le Quartier latin, le restaurant universitaire, la salle de sport

MODÈLE: pour écouter une symphonie →
   É1: Où est-ce qu'on va pour écouter une symphonie?
   É2: On va à la salle de concert.

1. pour regarder un film
2. pour jouer au tennis
3. pour jouer au volley-ball
4. pour écouter le professeur/la professeure
5. pour apprendre (*learn*) le français
6. pour étudier
7. pour manger
8. pour visiter la Sorbonne
9. pour parler avec des amis

B. Camille, une personne très active. Adapt the following sentences, using the words in parentheses.

1. Camille téléphone *à Sophie.* (le professeur / les amies / Gabriel / le restaurant)
2. Elle parle *de la littérature africaine.* (le rap / la politique française / les livres de Maryse Condé / le cours de japonais)
3. Camille arrive *de la librairie.* (le resto-U / Port-au-Prince / la bibliothèque / les courts de tennis)
4. Elle aime jouer *au football.* (le piano / les cartes / le basket-ball / la guitare)

C. Les passe-temps. Complete the following sentences with **jouer à** or **de.** Match the players with the sports or instruments they play.

MODÈLE: Bryce Harper → Bryce Harper joue au base-ball.

1. Tom Brady		**a.** le violoncelle	
2. Serena Williams		**b.** le golf	
3. Shakira		**c.** le poker	
4. Lady Gaga		**d.** le football américain	
5. Steph Curry		**e.** le piano	
6. Phil Mickelson		**f.** le basket-ball	
7. Cristiano Ronaldo		**g.** la flûte	
8. Lizzo		**h.** la guitare	
9. Yo-Yo Ma		**i.** le foot	
10. Phil Hellmuth		**j.** le tennis	

D. Trouvez quelqu'un qui... Find someone in the classroom who does each of the following activities. On a separate piece of paper, note down his/her name next to the activity. See who can complete the list the fastest.

MODÈLE: Est-ce que tu joues au tennis?
Oui, je joue au tennis. (*ou* Non, je ne joue pas au tennis.)

aimer le laboratoire de
langues

aimer les films français

jouer au base-ball

jouer au bridge

jouer au poker

jouer au tennis

jouer au volley

jouer aux cartes

jouer de la clarinette

jouer de la guitare

manger à la cafétéria
aujourd'hui

?

Est-ce que vous pouvez imaginer les personnalités différentes de ces écoliers à Port-au-Prince?

Christian Ender/Getty Images

Prononcez bien!

1. **The vowels in *bleu* and *couleur*** (page 58)

   A. Nathalie et Olivier. Isabelle talks about two of your mutual friends. Listen to her and indicate whether she's referring to Nathalie or to Olivier.

   B. Trouvez l'intrus. You and Isabelle are playing Odd Man Out. Read each series of words aloud and your partner will say the word that doesn't belong.

   1. deux, peu, fleur, bleu, cheveux
   2. sœur, deux, couleur, œuf, peur
   3. yeux, jeudi, danseuse, peu, jeune

2. **The pronunciation of final consonants** (page 65)

   Stéphane. Isabelle is talking about Stéphane. You know you've met him but you can't remember much about him. First, read her description of Stéphane and indicate whether the final consonants in bold are pronounced or not. Then, read the paragraph aloud.

   Rappelle-toi (*Remember*)! Stéphane est étudian**t** en alleman**d**. Il est gran**d**, sporti**f** et intellectue**l**. Il travaille dans un restauran**t** du quartie**r** le vendredi soi**r**. Il porte souven**t** un pantalo**n** gris, un tee-shirt ver**t** et un sa**c** blan**c**. D'accor**d**? Tu vois (*see*) maintenan**t**?

3. **The nasal vowels in *blond, grand,* and *bain*** (page 66)

   A. Le jeu des voyelles nasales. Your French instructor has invented a game to help you practice the French nasal vowels. You will hear three sets of seven words, each containing one of the three sounds listed below. Write the words you hear from each set in the correct category.

   1. [ɔ̃] as in **blond**
   2. [ɑ̃] as in **grand**
   3. [ɛ̃] as in **bain**

   B. Les soldes. You and your housemates took advantage of the department store sales to update your wardrobes. With your partner, take turns reading the list of what you all bought, making sure to distinguish between the sounds [ɔ̃] as in **blond**, [ɑ̃] as **grand,** and [ɛ̃] as in **bain**.

   Nous av**on**s acheté ci**nq** blous**on**s bla**n**cs, qui**n**ze p**an**tal**on**s marr**on**, trois m**an**teaux or**an**ge, vi**n**gt paires de s**an**dales et deux gr**an**ds sacs à m**ain**!

Pack-Shot/Shutterstock

 Lecture

Gaining confidence in your reading skills. You have already practiced two strategies that facilitate comprehension of a written text: recognizing cognates (**Chapitre 1**) and predicting the content using the context (**Chapitre 2**). These strategies *do* work. The more you practice them, the more confidence you will gain, enabling you to read texts in French with greater ease and enjoyment. Here is some additional advice:

- *Read and reread.* Read the text once to get the general sense. Then read it a second time, using the techniques you already know to fill in the gaps.
- *Don't fret over every word.* Break the habit of reading for word-for-word translation. Concentrate on getting the meaning of larger "chunks" of text—phrases and entire sentences.
- *Use the dictionary as a last resort.* After using all of your reading strategies, try to decide whether the meaning of an unfamiliar word is truly crucial for your comprehension of the general meaning. If it is, consult a dictionary. The dictionary is an important tool, but it should be used in moderation.

Parlons du froid. The province of Quebec is very cold and the Québécois dress to protect themselves against the cold by layering their clothing. Many French terms for newer articles of clothing come from English. French speakers have incorporated these words into their own language. Do you know the meaning of the following words?

tee-shirt thermique	deux pulls	en cachemire
un legging	un pantalon de ski	mitaines

Des mots apparentés! The following sentences are excerpted from the reading selection. Guess the meaning of the cognates in italics.

1. *L'oignon*? Et pourquoi pas les *carottes*? Tout simplement parce que l'oignon, avec ses *multiples enveloppes*, *présente* une structure de *protection* idéale. Alors, on la *copie*.

2. Avec la *technique* de l'oignon, vous marchez à *l'extérieur* sans *souffrir*. Vous êtes *confortablement installé* dans vos vêtements.

3. Quand vous *entrez* dans un magasin (*store*) ou un *bus* surchauffé, vous enlevez tout *simplement* une couche ou deux pour être bien.

Québec: la technique de l'oignon pour avoir chaud l'hiver°

winter

Non! Je ne suis pas un oignon, je suis un être humain!

D'accord. Mais pour survivre à l'hiver québécois, il faut écouter les spécialistes du froid: dans les rues de Québec ou de Montréal, l'oignon est une source d'inspiration.

L'oignon? Et pourquoi pas les carottes? Tout simplement parce que l'oignon, avec ses multiples enveloppes, présente une structure de protection idéale. Alors, on la copie.

Lopolo/Shutterstock

Pour survivre à l'hiver québécois, il faut plus que du café chaud!

Accumuler, isoler, protéger...

Lily, étudiante à l'université Laval, nous explique: «Pour endurer le froid polaire, la solution, c'est d'accumuler sur le corps plusieurs couches[1] de vêtements. Par exemple, un tee-shirt thermique ultra-chaud en contact avec la peau.[2] Puis deux pulls légers en laine,[3] en cachemire ou en polyester. Et une doudoune imperméable en duvet[4] qui fonctionne comme un mur de protection contre les éléments. Pour isoler les jambes du froid, vous portez un legging, un collant ou un caleçon long[5] sous un pantalon de ski. Pour les mains, des gants[6] thermolactyl sous des moufles (les «mitaines»)». Et sur la tête? «Une capuche,[7] un bonnet... ou une chapka comme les Russes!»

Lee Brown/Alamy Stock Photo

Que portent les gens dans le Vieux-Québec au moments des fêtes?

«On est super bien!»

«Non, je n'ai pas froid!»

Avec la technique de l'oignon, vous marchez à l'extérieur sans souffrir. Vous êtes confortablement installé dans vos vêtements. Quand vous entrez dans un magasin[8] ou un bus surchauffé,[9] vous enlevez tout simplement une couche ou deux pour être bien.

[1]layers [2]skin [3]wool [4]doudoune... waterproof down jacket [5]caleçon... long underwear [6]gloves [7]hood [8]store [9]overheated

S'habiller en hiver. Answer the questions below based on the reading.

1. Que recommandent les spécialistes du froid au Québec?
2. Combien de couches de vêtements suggère Lily?
3. Comment protéger la tête? les mains?
4. Quelle est la solution pour être bien quand on entre dans un magasin ou un bus surchauffé?

▤ Écriture

The writing activities **Par écrit** and **Journal intime** can be found in the Workbook/Laboratory Manual to accompany *Vis-à-vis*.

▶ Micro-trottoir

As you learn to understand spoken French, listen for any words or phrases that the speaker stresses as a way of signaling that an important point is coming up. For example, in the introduction to this video about clothing and shopping, Étienne mentions the topic of the elegance of French style. He wonders whether the French really do have a special talent for dressing. Then he says to the listener, «**Ouvrez les oreilles**» (lit. *Open your ears*, or *Listen up*), which leads us into the topic—where the interviewees buy their clothes, what brands (**marques**) they like, and how much they generally spend on clothes.

Au micro. Answer the following questions for yourself in French or English. Then, as you listen, actively try to pick out the key words or phrases and compare your answers to what the French students say in the interviews.

1. Où achetez-vous vos vêtements?
2. Quel est votre budget vêtements?
3. Quels sont les réseaux sociaux qui influencent votre style?
4. Qu'est-ce que vous portez pour aller en cours?

Verbes

arriver	to arrive
avoir	to have
jouer	to play
jouer à	to play (*a sport or game*)
jouer de	to play (*a musical instrument*)
montrer	to show
partager	to share
téléphoner à	to telephone
utiliser	to use

À REVOIR: **étudier, porter, regarder, travailler**

Expressions avec *avoir*

avoir (20) ans	to be (20) years old
avoir besoin de	to need (to)
avoir chaud	to be warm
avoir de la chance	to be lucky
avoir envie de	to want (to), feel like (*doing s.th.*)
avoir faim	to be hungry
avoir froid	to be cold
avoir honte	to be ashamed
avoir l'air (+ *adj.*)	to seem, look, appear
avoir peur (de)	to be afraid (of, to)
avoir raison	to be right
avoir rendez-vous	to have a meeting (date)
avoir soif	to be thirsty
avoir sommeil	to be sleepy
avoir tort	to be wrong

Substantifs

le/la camarade de chambre	roommate
les cartes (*f.*)	cards
les cheveux (*m. pl.*)	hair
la fille	girl
le garçon	boy
la guitare	guitar
la jeune femme	young woman
le jeune homme	young man
la personne	person
le piano	piano
la soirée	party
le violon	violin
les yeux (*m.*)	eyes

À REVOIR: **l'ami / l'amie, la bibliothèque, le smartphone, l'université**

Adjectifs

antipathique	unpleasant
beau/belle	beautiful
brun(e)	brown-haired, dark-haired
châtain	chestnut brown
cher/chère	expensive
chic (*inv.*)	stylish
court(e)	short
drôle	funny; odd
égoïste	selfish
facile	easy
fatigué(e)	tired
fier/fière	proud
gentil(le)	nice, pleasant
grand(e)	tall, big
heureux/heureuse	happy; fortunate
hypocrite	hypocritical
nouveau/nouvelle	new
paresseux/ paresseuse	lazy
pauvre	poor
petit(e)	small; short
prêt(e)	ready
raide	straight
roux/rousse	redheaded
sensible	sensitive
sportif/sportive	athletic (*someone who likes physical exercise and sports*)
sympa(thique)	nice, likeable
travailleur/ travailleuse	hardworking
triste	sad

À REVOIR: **espagnol(e), français(e), italien(ne)**

Adjectifs apparentés

agréable, amusant(e), blond(e), calme, charmant(e), conformiste, content(e), courageux/courageuse, curieux/ curieuse, désagréable, différent(e), difficile, dynamique, élégant(e), enthousiaste, essentiel(le), excellent(e), excentrique, extraordinaire, idéal(e), idéaliste, impatient(e), important(e), individualiste, inflexible, intellectuel(le), intelligent(e), intéressant(e), long(ue), modeste, naïf/naïve, nerveux/nerveuse, optimiste, ordinaire, parisien(ne), patient(e), persévérant(e), pessimiste, précis(e), raisonnable, réaliste, riche, sérieux/ sérieuse, sincère, sociable, solitaire

Les couleurs

blanc/blanche	white
bleu(e)	blue
gris(e)	gray
jaune	yellow
marron (*inv.*)	brown
noir(e)	black
orange (*inv.*)	orange
rose	pink
rouge	red
vert(e)	green
violet(te)	violet

Les vêtements

les baskets (*f.*)	sneakers
les bottines (*f.*)	ankle boots
la casquette	baseball cap
le chapeau	hat
les chaussettes (*f.*)	socks
les chaussures (*f.*)	shoes
la chemise	shirt
le chemisier	blouse
le collant	tights
le jean	jeans
la jupe	skirt
le pantalon	pants
le pull	sweater
la robe	dress
le sac à dos	backpack
le sac à main	handbag
les sandales (*f.*)	sandals
le short	shorts
le tee-shirt	T-shirt
les tennis (*m.*)	tennis shoes, sneakers

Mots et expressions divers

assez	somewhat
de taille moyenne	of medium height
moi aussi	me too
moi non plus	me neither
n'est-ce pas?	isn't it so?
peu	not very; hardly
un peu	a little
Quel âge avez-vous (as-tu)?	How old are you?

CHAPITRE 4

À la maison°

À... At home

À la maison à Dinan, en Bretagne

Dans ce chapitre...

OBJECTIFS COMMUNICATIFS

➤ identifying rooms in a house

➤ locating people and objects

➤ expressing the absence of something

➤ getting information

➤ expressing actions

➤ describing people, places, and things

➤ learning to distinguish between and pronounce selected sounds in French

CULTURE

➤ Espaces francophones: *Le Québec*

➤ Un petit plus: *Habitat 67*

➤ Reportage: *Montréal: vivre en français*

➤ Lecture: *L'art de vivre ensemble*

Chez les Chabrier

MAISON À LOUER: 3 pièces (f.) + cuisine, salle de bains

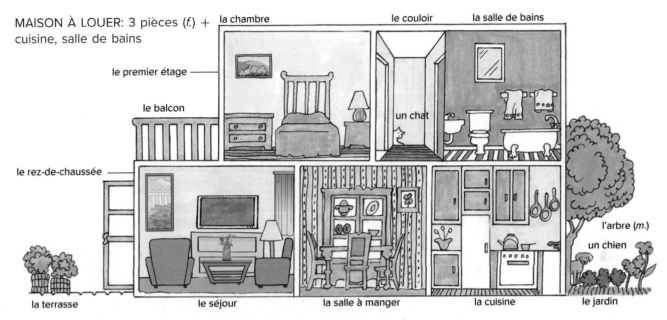

Le plan de la maison: Au rez-de-chaussée, il y a le séjour, la salle à manger et la cuisine. **Dans** le séjour, il y a deux fauteuils (*armchairs*) et une table **devant** la télé. La salle à manger est **entre** la cuisine et le séjour. Quatre chaises sont rangées **sous** la table. Au premier étage, il y a une chambre et la salle de bains. La salle de bains est **en face de** la chambre. **À côté de** la chambre, il y a un balcon. **À gauche de** la maison, il y a une terrasse. Il y a deux plantes par terre **sur** la terrasse, **près de** la porte. **À droite de** la maison, il y a un jardin. Attention au chien! Il se cache **derrière** l'arbre!

LES PRÉPOSITIONS DE LIEU

dans	*in*
entre	*between*
à côté de	*next to, beside*
en face de	*across from, opposite*
devant ≠ derrière	*in front of ≠ behind*
sur ≠ sous	*on ≠ under*
à gauche de ≠ à droite de	*to the left of ≠ to the right of*
près de ≠ loin de	*near ≠ far from*
par	*by; through*
par terre	*on the ground*

AUTRES MOTS UTILES

le bureau	study, office
l'escalier (*m.*)	stairway
le loyer	rent
le sous-sol	basement
le toit	roof
le voisin / la voisine	neighbor
la voiture	car

Mots clés

The preposition *chez*

Chez, which generally refers to someone's residence, means **à la maison de.** It can also refer to a place of business (doctor's office, butcher shop, etc.).

On travaille **chez** toi ou **chez** moi?
Are we working at your place or my place?

J'habite **chez** Éric.
I live at Éric's place.

Tu as rendez-vous **chez** le dentiste?
Do you have a dentist appointment?

The vowels in *sous* and *sur*

The difference between these two vowels lies in tongue position: in the back of your mouth for [u] in **sous,** and all the way to the front, pressing against your lower teeth, with tensely rounded and protruding lips, for [y] in **sur.**

[u]: **j<u>ou</u>e, c<u>ou</u>rt, bl<u>ou</u>son**

[y]: **j<u>u</u>pe, c<u>u</u>re, sal<u>u</u>t**

To help you produce the sound [y], pronounce the sound [i] in **dit,** and progressively round your lips, making sure your tongue does not shift to the back of your mouth: **du.**

dit → du

vie → vue

lit → lu

Allez-y!

A. Vrai ou faux? The following statements are about the Chabriers' house on the previous page. Correct any statements that are wrong.

1. La cuisine est à côté du séjour.
2. La cuisine est sous la salle de bains.
3. Le séjour est à côté de la salle à manger.
4. Le chien est devant l'arbre.
5. La cuisine est au premier étage.
6. Le balcon est au premier étage.
7. La chambre est près de la cuisine.

B. Désordre. Justin has a problem with clutter! Describe his room, using **les prépositions de lieu.**

MODÈLE: Il y a deux livres sous la chaise.

C. Les pièces de la maison. Name the room based on the description provided.

MODÈLE: C'est un lieu qui donne sur (*that overlooks*) la terrasse. →
C'est le balcon.

1. la pièce où il y a une table pour manger
2. la pièce où il y a une télévision
3. la pièce où on se lave (*washes oneself*)
4. la pièce où on prépare le dîner
5. un lieu de passage
6. la pièce où on porte un pyjama

D. Dans quelle pièce? Look again at the Chabriers' house on the previous page. State where the following activities take place. Begin your sentence with **On...**

1. regarder la télé: sur le balcon / dans le séjour
2. planter des fleurs: dans le jardin / dans la chambre
3. manger: dans le couloir / dans la salle à manger
4. préparer un café: dans la cuisine / sur le balcon

Deux chambres d'étudiants

La chambre de Céline est en désordre. Elle loue un appartement dans un immeuble moderne.

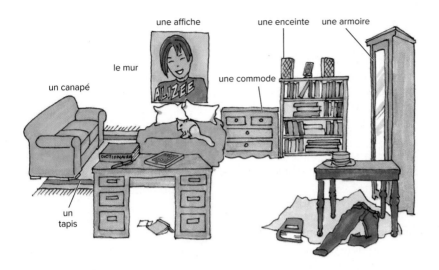

La chambre d'Anne est en ordre. Elle habite dans une maison.

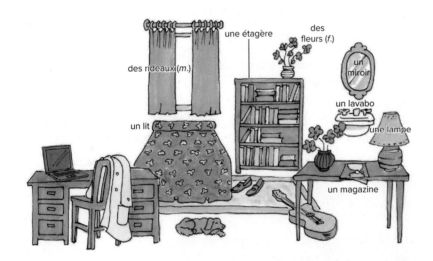

AUTRES MOTS UTILES	
la chambre de bonne	maid's room; garret
la clé	key
le meuble	piece of furniture
le réveil	alarm clock
le studio	studio (one-room apartment)

Allez-y!

A. Deux chambres. Taking turns with a partner, ask and answer questions about the two rooms. Start with **Qu'est-ce qu'il y a...** (*What is there . . .*).

MODÈLE: derrière l'étagère d'Anne? →
É1: Qu'est-ce qu'il y a derrière l'étagère d'Anne?
É2: Il y a un mur.

1. sur le bureau de Céline? d'Anne?
2. à côté du lit de Céline? d'Anne?
3. sous la table de Céline? d'Anne?
4. sur le lit de Céline?
5. sur l'étagère de Céline? d'Anne?
6. devant le lit d'Anne?

7. à côté de la tablette de Céline?
8. sur le mur de Céline? d'Anne?
9. par terre dans la chambre de Céline? d'Anne?
10. sur la table d'Anne?
11. à côté de l'étagère d'Anne?
12. sur le tapis de Céline? d'Anne?

B. L'intrus. Three items are similar and one is different in each of the following series. Find the items that are out of place.

1. lit / commode / armoire / fleur
2. smartphone / affiche / guitare / enceintes
3. lavabo / livre / magazine / étagère
4. miroir / affiche / rideaux / magazine

C. Préférences. What might you find in the room of a person with the following interests?

MODÈLE: les arts →
Sur le mur, il y a des affiches; il y a des livres d'art dans l'étagère et à côté du lit;...

1. étudier
2. écouter de la musique
3. parler à des amis

4. le sport
5. la mode
6. le cinéma

Décrivez (*Describe*) cette chambre dans la première éco-résidence de l'université Paul Sabatier à Toulouse (France).

Bienvenue au Canada!

L'hiver dans le Vieux-Québec

LE CANADA   Québec

Un coup d'œil sur Québec

Do you want to shop, visit museums, or explore ramparts dating back to the 1600s? Quebec City, the capital of the province of Quebec, offers many ways to be entertained. You can't miss the Château Frontenac and the **Citadelle** fortifications, which dominate Old Quebec, a UNESCO World Heritage site since 1985. If you like the cold, visit during **le Carnaval** to celebrate the many pleasures of winter, including ice canoe races, snow sculpture competitions, and the ice palace of Bonhomme, the official mascot of the festivities. Summer or winter, you will quickly notice that the people of Quebec are very proud of their Francophone heritage: about 80% of the people speak French and written French is everywhere.

Pays/Province:
Canada / le Québec

Habitants:
Canadiens/Québécois

Capitale:
Ottawa/Québec

Langues officielles:
anglais, français

Unité monétaire:
dollar canadien

Fête nationale:
1er juillet / 24 juin

PORTRAITS Jacques Cartier (1491–1557) and Samuel de Champlain (c. 1567–1635)

Born in the port city of Saint-Malo, Jacques Cartier went to sea in his youth but little is known about his life before his expeditions to North America in the 1530s. In 1541, on his third voyage, he set off with a royal commission to establish a permanent French settlement along the St. Lawrence River. However, after collecting a significant amount of what turned out to be fool's gold, Cartier fled in the night, returning to France. As a result, his reputation was significantly tarnished and no permanent French settlements were established in the area until 1605, when Samuel de Champlain founded Port Royal.

Samuel de Champlain was a great geographer and explorer who visited the region of the St. Lawrence River, Acadia, and the province of Quebec over twenty times from 1603 and 1633. He formed strong alliances with the Algonquin, Montagnais, and Huron peoples, learning their languages, customs, and cultures, and trading with them for many years. In return, they helped him explore their homeland. Champlain founded the city of Quebec in 1608.

The Miriam and Ira D. Wallach Division of Art, Prints and Photographs: Print Collection, Emmet Collection of Manuscripts Etc. Re

SAMVEL DE CHAMPLAIN
Fondateur de Quebec Capitale des Pays de Canada

Charles Phelps Cushing/H. Armstrong Roberts/ ClassicStock/Getty Images

▶ Watch **Bienvenue au Canada** to learn more about Quebec.

Les articles indéfinis après *ne... pas*

Expressing the Absence of Something

UN LOGEMENT POUR UNE COPINE

Léa téléphone à Juliette.

> LÉA: Salut Juliette! Est-ce que tu as un canapé dans ton nouveau studio?
>
> JULIETTE: Léa, **je n'ai pas de** studio, mais simplement une chambre de bonne! Et **je n'ai pas de** canapé: c'est minuscule, chez moi! J'ai un lit, une chaise, une commode et un bureau. C'est tout!
>
> LÉA: Ah... c'est ennuyeux... C'est pour une copine italienne. Elle est à Paris pour deux jours et **elle n'a pas de** logement.
>
> JULIETTE: Elle a certainement de l'argent pour un petit hôtel au Quartier latin... Elle a de la famille... des amis...
>
> LÉA: Non. **Elle n'a pas d'**argent... **pas de** famille à Paris... et **pas d'**amis, excepté moi.
>
> JULIETTE: Et moi, **je n'ai pas de** place.

Une chambre de bonne sous les toits

Audureau Aurelie/PHOTOPQR/Le Parisien/Newscom

Complétez les phrases selon (*according to*) le dialogue.

1. Juliette n'a pas... (*trois choses*)
2. L'amie italienne n'a pas... (*quatre choses*)

1. In negative sentences, the indefinite article (**un, une, des**) becomes **de (d')** after **pas.**

Il a une amie.

Elle porte une casquette.

Il y a des voitures dans la rue.

Il n'a pas d'amie.   Elle ne porte pas   Il n'y a pas de
                      de casquette.   voitures dans la rue.

—Est-ce qu'il y a **un livre** sur   *Is there a book on the table?*
la table?

—Non, il n'y a **pas de livre** sur   *No, there is no book on the table.*
la table.

—Est-ce qu'il y a **des fleurs**   *Are there any flowers on the table?*
sur la table?

—Non, il n'y a **pas de fleurs**   *No, there aren't any flowers on the*
sur la table.   *table.*

[Allez-y! A]

2. In negative sentences with **être,** however, the indefinite article does
   not change.

   —**C'est un livre?**

   —**Non, ce n'est pas un livre.**

3. The definite article (**le, la, les**) does not change in a negative sentence.

   —Elle a **la** voiture aujourd'hui?

   —Non, elle n'a pas **la** voiture.

[Allez-y! B]

Allez-y!

A. **Chambre à louer.** (*Room for rent.*) The room Jacob is inquiring about is
   very sparsely furnished. Play the roles of Jacob and his prospective
   landlord or landlady, following the example.

   MODÈLE: une télé →
            É1: Est-ce qu'il y a une télé dans la chambre?
            É2: Non, il n'y a pas de télé.

   1. un lavabo
   2. une armoire
   3. des tapis
   4. des étagères
   5. une commode
   6. un lit

B. **Une interview.** Interview a classmate. Pay close attention to the articles.

MODÈLES: avoir un ordinateur →
  É1: Tu as un ordinateur?
  É2: Non, je n'ai pas d'ordinateur. (*ou* Oui, j'ai un ordinateur.)

  aimer les ordinateurs →
  É1: Tu aimes les ordinateurs?
  É2: Non, je n'aime pas les ordinateurs. (*ou* Oui, j'aime les ordinateurs.)

1. étudier le russe (l'italien, l'allemand)
2. avoir une chambre (un appartement, une maison)
3. travailler le soir (*in the evening*) (le samedi, le dimanche)
4. aimer les chats (les chiens)
5. ?

Résumez! Now summarize what you have learned about your classmate for the rest of the class: **Il/Elle a... , mais il/elle n'a pas de (d')...**

Les mots interrogatifs

Getting Information

🎧 STUDIO À LOUER

Appel vidéo entre Hassan et Léa

HASSAN: **Comment** vas-tu, Léa?
LÉA: Très bien... Je révise. J'ai un examen de littérature.
HASSAN: **Quand?** Demain?
LÉA: Non, jeudi. **Pourquoi**[1]?
HASSAN: Parce que[2] je visite un appartement tout à l'heure. Tu m'accompagnes?
LÉA: Mais, c'est nouveau! Tu déménages[3]? **Où? Dans combien de** temps?
HASSAN: Dans quelques[4] jours, peut-être. Il y a un studio à louer, juste en face de mon restaurant. C'est une opportunité!
LÉA: **Qui** est le propriétaire?
HASSAN: C'est un client! Un jeune homme charmant...
LÉA: Vraiment? Alors, j'arrive!

[1]*Why?* [2]*Parce... Because* [3]*Tu... Are you moving?* [4]*a few*

Trouvez les mots interrogatifs qui correspondent aux réponses ci-dessous.

1. Très bien.
2. Jeudi.
3. Parce que je visite un appartement.
4. En face de mon restaurant.
5. Dans quelques jours, peut-être.
6. Un client.

Information Questions with Interrogative Words

Information questions ask for new information or facts. They often begin with interrogative expressions. Here are some of the most common interrogative adverbs in French.

où	*where*	**pourquoi**	*why*
quand	*when*	**combien de**	*how much,*
comment	*how*		*how many*

Information questions can be formed with **est-ce que** or with a change in word order. (You may wish to review the presentation of yes/no questions in **Chapitre 3, Leçon 3.**) The interrogative word is usually placed at the beginning of the question.

1. These are information questions with **est-ce que.**

Où
Quand
Comment
Pourquoi
} **est-ce que** Chloé joue du banjo?

Combien de fois par semaine (*times a week*) **est-ce que** Chloé joue?

2. These are information questions with a change in word order.

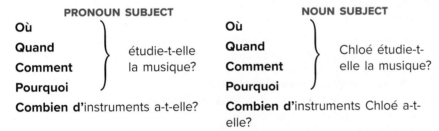

PRONOUN SUBJECT

Où
Quand
Comment
Pourquoi
} étudie-t-elle la musique?

Combien d'instruments a-t-elle?

NOUN SUBJECT

Où
Quand
Comment
Pourquoi
} Chloé étudie-t-elle la musique?

Combien d'instruments Chloé a-t-elle?

3. These are information questions consisting of a noun subject and verb only. With **où, quand, comment,** and **combien de,** it is possible to ask information questions using only a noun subject and the verb, with no pronoun.

Où
Quand
Comment
} étudie Chloé?

Combien d'instruments a Chloé?

However, the pronoun is almost always required with **pourquoi.**

Pourquoi Chloé étudie-t-**elle?**

[Allez-y! A-B]

🎧 Prononcez bien!

The pronunciation of *quand*

Unlike English, in which *qu* is often pronounced [kw], in French, **qu** is generally pronounced [k], as in **que.**

   [k]: q<u>ue</u>, q<u>ua</u>nd, q<u>ua</u>tre, Q<u>ué</u>bec, physiq<u>ue</u>

Only when **qu** precedes **oi** is it pronounced

   [kw]: pourq<u>uoi</u>.

In liaison, the **d** of **quand** is pronounced [t].

   [t]: quan<u>d</u> est-ce que, quan<u>d</u> on parle

Information Questions with Interrogative Pronouns

Some of the most common French interrogative pronouns (**les pronoms interrogatifs**) are **qui, qu'est-ce que,** and **que. Que** becomes **qu'** before a vowel or mute **h. Qui** is invariable.

1. **Qui** (*who, whom*) is used to ask about a person or people.

Qui étudie le français?	*Who studies French?*
Qui regardez-vous?	
Qui est-ce que vous regardez?	*Who are you looking at?*
À qui Gabriel parle-t-il?	
À qui est-ce que Gabriel parle?	*Who is Gabriel speaking to?*

2. **Qu'est-ce que** and **que** (*what*) refer to things or ideas. **Que** requires inversion.

Qu'est-ce que vous étudiez?	
Qu'étudiez-vous?	*What are you studying?*
Que pense-t-il de la chambre?	*What does he think of the room?*

[Allez-y! C-D-E]

Allez-y!

A. De l'argent. Monsieur Harpagon is sometimes stingy. Respond to these statements as he would, using **pourquoi.**

MODÈLE: J'ai besoin d'un sac à dos. →
Pourquoi avez-vous besoin d'un sac à dos?

1. Nous avons besoin d'une étagère.
2. Ariane a besoin d'un dictionnaire d'anglais.
3. Paul a besoin d'une voiture.
4. J'ai besoin d'un nouveau tapis.

B. Une chambre d'étudiant. Complete the conversation with the appropriate interrogative expressions.

Suggestions: comment, où, pourquoi, quand, combien de...

MODÈLE: SABINE: Comment est la chambre?
JULIEN: La chambre est *très agréable.*

SABINE: _____?
JULIEN: La chambre est *sur la rue Napoléon.*
SABINE: _____?
JULIEN: J'emménage (*I move in*) *jeudi.*
SABINE: _____?
JULIEN: La chambre est *petite mais confortable.*
SABINE: _____?
JULIEN: Il y a *deux* chaises et *une* table.
SABINE: _____?
JULIEN: La lampe est *à côté du réveil.*
SABINE: _____?
JULIEN: J'ai des enceintes *parce que j'adore la musique.*
SABINE: _____?
JULIEN: J'écoute de la musique *quand j'étudie.*

Mots clés

Giving reasons

To answer a question asking **pourquoi,** use **parce que** (**parce qu'** before a vowel sound).

Je travaille **parce que** j'ai besoin d'argent.

C. Une visite chez Camille et Lola. Ask a question in response to each statement about Camille and Lola's new apartment. Use **qu'est-ce que** or **que**.

MODÈLE: Nous visitons le logement de Camille et Lola. →
Qu'est-ce que vous visitez? (*ou* Que visitez-vous?)

1. Nous admirons l'ordre de la chambre de Camille.
2. Il y a un miroir sur le mur.
3. Je regarde les affiches de Camille.
4. Je trouve des magazines intéressants.
5. Habib n'aime pas les rideaux à fleurs.
6. Nous aimons bien la vue et le balcon.

D. Les étudiants et le logement. With a little help from her friends, Brigitte finds a new room. Create a question, using **qui** or **à qui**, that corresponds to each item of information.

MODÈLE: *Brigitte* cherche un logement. →
Qui cherche un logement?

1. *Mme Boucher* a une petite chambre à louer dans une maison.
2. Vanessa et Richard parlent de Mme Boucher à *Brigitte*.
3. Brigitte téléphone à *Mme Boucher*.
4. Mme Boucher montre la chambre à *Brigitte*.
5. *Brigitte* loue la chambre de Mme Boucher.

E. Voici les réponses. Invent questions for these answers.

MODÈLE: Dans la chambre de Claire. →
Où est-ce qu'il y a des affiches de cinéma?
Où sont les livres de Cécile?

1. C'est un magazine français.
2. À l'université.
3. Vingt-quatre étudiants.
4. À Laure.
5. Djamila.
6. Très bien.
7. Parce que j'ai faim.
8. Maintenant.

Un petit plus...

Habitat 67

Habitat 67 is a unique housing complex in Montreal and one of the most recognizable buildings in Canada. Conceived by Moshe Safdie as his graduate thesis in architecture at McGill University, Habitat 67 was constructed for Expo 67 (the 1967 World's Fair) as a model for urban living. Originally the 354 concrete modules formed 158 apartments, but over time residents have modified them, reducing the number to 148. All modules are placed so that every residence has a private garden terrace and access to sun and air. Although designed to be affordable housing, living in Habitat 67 has always been an expensive proposition. Cost overruns during construction meant the rent was unusually high right from the start. Today, the building is owned by its tenants and the apartments are very expensive and exclusive.

Inspired By Maps/Shutterstock

Le brutalisme est une tendance architecturale qui privilégie l'emploi de matériaux bruts, comme le béton (*concrete*). Vous aimez ce style?

Montréal: vivre en français

Montréal est la ville des contrastes: Les demeures (*residences*) anciennes du Vieux-Montréal et d'autres quartiers montréalais s'opposent aux grands immeubles ultra modernes de certains secteurs de la ville.

Parler français, dans une ambiance française, mais sur le continent américain, est-ce que c'est possible? Bien sûr!

Il y a près de chez vous un territoire francophone. C'est la province de Québec, au Canada. Dans cette région, le français est la langue officielle des administrations, du travail, du commerce et des communications.

Combien de membres représente cette communauté? Plus de huit millions de personnes. Très actives et passionnément francophiles, elles désirent protéger leur héritage culturel francophone.

Étudiante américaine, Deborah étudie le français à l'université de Montréal pour devenir professeure. Tous les jours, elle lit[1] *Le Journal de Montréal* ou *La Presse*. À la télévision, elle regarde des programmes français proposés par le Réseau de l'Information[2] (Ici RDI).

Elle aime se promener[3] dans les rues tranquilles de la vieille ville. «J'ai l'impression d'être en Europe», dit-elle. On comprend[4] pourquoi: Montréal a été fondé[5] par les Français en 1642.[6] Ses origines sont évidentes dans son architecture, dans les noms des rues, dans le Vieux-Port. Mais surtout,[7] à Montréal, on attache une importance essentielle à la beauté de l'environnement et à la qualité de vie. Exactement comme à Paris, à Rome ou à Madrid.

[1]*reads* [2]*Réseau... Information Network* [3]*se... to walk* [4]*understands* [5]*a... was founded* [6]*mille six cent quarante-deux*
[7]*especially*

VOUS COMPRENEZ?

1. Sur quel continent est situé le Québec? Regardez une carte du monde (*world map*) et situez la ville de Montréal.
2. Dans quels domaines est-ce qu'on utilise le français au Québec?
3. Le Québec est une région *francophile* et *francophone*: donnez la définition de ces deux adjectifs.
4. Combien de personnes habitent au Québec?
5. Pourquoi est-ce qu'on parle français à Montréal?
6. Comment est-ce que Deborah montre son attachement à la langue et à la culture françaises?

Les verbes en *-ir*

Expressing Actions

🎧 DU CAMPING À LONDRES?

Léa et Juliette discutent au café.

JULIETTE: **Tu réfléchis** à nos vacances?

LÉA: Oui! J'ai envie de faire du ski d'été dans les Alpes. Ou bien de visiter Londres. **Tu choisis!**

JULIETTE: Léa, **on finit** toujours par aller où tu désires! Alors, tu décides!

LÉA: Bon: c'est Londres!

JULIETTE: Ça va. J'aime bien l'Angleterre. Si **nous réussissons** à trouver un petit hôtel pas cher, c'est d'accord.

LÉA: Non. L'hôtel, c'est impersonnel. **Je réfléchis** à une autre solution de logement.

JULIETTE: Le camping, par exemple? (Elle rit.*)

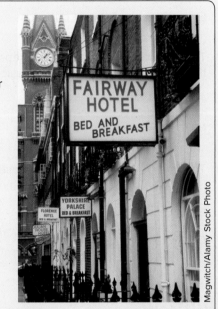

Londres, une des destinations préférées des jeunes français

*Elle... *She laughs.*

Complétez les phrases par les verbes en **-ir** qui figurent dans le dialogue.

1. Tu _____ à nos vacances?
2. Tu _____ les Alpes ou Londres?
3. Comme toujours, on _____ par aller où tu désires!
4. Nous _____ à trouver un petit hôtel.
5. Je _____ à une solution.

Although the infinitives of the largest group of French verbs end in **-er,** those of a second group end in **-ir.** To form the present tense of these verbs, drop the final **-ir** and add the endings shown in the chart.

PRESENT TENSE OF **finir** (*to finish*)			
je	fin**is**	nous	fin**issons**
tu	fin**is**	vous	fin**issez**
il/elle/on	fin**it**	ils/elles	fin**issent**

The **-is** and **-it** endings of the singular forms have silent final consonants. The double **s** of the plural forms is pronounced.

1. Other verbs conjugated like **finir** include:

agir	*to act*
choisir	*to choose*
réfléchir (à)	*to reflect (upon), to consider*
réussir (à)	*to succeed (in)*

J'**agis** toujours avec logique.	*I always act logically.*
Nous **choisissons** des affiches.	*We're choosing some posters.*

2. The verb **réfléchir** requires the preposition **à** before a noun when it is used in the sense of *to consider, to think about,* or *to reflect upon something.*

Elles **réfléchissent aux** questions de Paul.	*They are thinking about Paul's questions.*

3. The verb **réussir** requires the preposition **à** before an infinitive or before the noun* in the expression **réussir à un examen** (*to pass an exam*).†

Je **réussis** souvent **à** trouver les réponses.	*I often succeed in finding the answers.*
Marc **réussit** toujours **à** l'examen d'histoire.	*Marc always passes the history exam.*

4. The verb **finir** requires the preposition **de** before an infinitive. When **finir** is followed by **par** + infinitive, it means *to end up (doing).*

En général, je **finis d'**étudier avant le dîner.	*I usually finish studying before dinner.*
On **finit** souvent **par** regarder la télé.	*We often end up watching TV.*

Allez-y!

A. À la bibliothèque. Read the following description of Sophie's visit to the library. Then imagine that Sophie and Aya are there together and restate the account using **nous.**

Je choisis un livre de référence sur la Révolution française. Je réfléchis au sujet. Je réussis à trouver une revue intéressante sur la Révolution. Je finis très tard.

B. En cours de littérature. Complete the sentences with appropriate forms of **agir, choisir, finir, réfléchir,** or **réussir.**

1. Le professeur _____ des textes intéressants.
2. Les étudiants _____ avant de répondre aux questions du professeur.
3. Pierre et Anne _____ toujours leur travail très vite (*fast*).
4. Nous _____ toujours aux examens.
5. Toi, tu _____ souvent sans (*without*) réfléchir.

*Note that it is becoming more common to hear **réussir un examen** without the preposition **à**, as in the expression: **réussir sa vie** (*to make a success of one's life*), which does not require the preposition.

†**Passer un examen** means *to take an exam,* not *to pass* one.

The consonant s

When the letter **s** begins a word and when it occurs between a vowel and a consonant, pronounce it as [s].

[s]: **répon<u>s</u>e**

When it is surrounded by two vowels, pronounce it as [z].

[z]: **choi<u>s</u>ir**

To make an [s] sound between two vowels, the spelling is usually **ss.** Remember to write **ss** in conjugations that require it.

[s]: **fini<u>ss</u>ez, réu<u>ss</u>issons**

Notice that the sound [s] can also be produced by other letters.

[s]: **mer<u>c</u>i, <u>ç</u>a, na<u>t</u>ion, soi<u>x</u>ante**

C. Choisissez! What might these people pick out for their new rooms?

Vocabulaire utile: une armoire, des enceintes, des étagères, un miroir, un ordinateur, une télé

MODÈLE: Karim. Il aime les films. → Il choisit une télé.

1. Ako. Elle étudie l'informatique. **2.** Fatima et Julie. Elles ont beaucoup de livres. **3.** Luc. Il est vaniteux (*vain*). **4.** Antoine et Romain. Ils ont beaucoup de vêtements. **5.** Chantal. Elle aime écouter la musique très fort (*loud*).

D. Une conversation. Use the following cues as a springboard for discussion with a classmate.

MODÈLE: réussir / aux examens →
      É1: Est-ce que tu réussis toujours aux examens?
    É2: Oui, bien sûr, je réussis toujours aux examens!
    É1: Ah, tu es intelligent(e)! Moi, je ne réussis pas toujours aux examens.

  1. agir / souvent / sans réfléchir
  2. finir / exercices / français
  3. choisir / cours (difficiles, faciles,...)
  4. réfléchir / problèmes (politiques, des étudiants,...)
  5. choisir / camarade de chambre (patient, intellectuel, calme,...)

La place de l'adjectif qualificatif

Describing People, Places, and Things

🎧 CINQUANTE EUROS LA NUIT

Léa téléphone à Juliette.

> **LÉA:** Juliette, je suis sur le site Booking.com. Voici une proposition **intéressante:** «Loue **beau** studio dans **joli petit** immeuble **ancien. Bon** quartier de Londres.»
>
> **JULIETTE:** Tu as des photos?
>
> **LÉA:** Oui, deux photos. Je regarde... Ah! La vue est horrible: un parking!
>
> **JULIETTE:** Comment est la salle de bains?
>
> **LÉA:** Il y a une **petite** douche avec un **vieux** rideau. Les murs sont jaunes!
>
> **JULIETTE:** Stop! C'est non! Je déteste le jaune!
>
> **LÉA:** Mais Juliette, ce n'est pas cher! 50 euros la nuit!

Le boom des réservations en ligne

NeydtStock/Shutterstock

Quelles sont les caractéristiques du studio, de l'immeuble et du quartier? Utilisez les adjectifs du dialogue.

  1. C'est un _____ studio.
  2. C'est un _____ _____ immeuble _____.
  3. C'est un _____ quartier.
  4. C'est une _____ douche.
  5. C'est un _____ rideau.

Adjectives That Usually Precede the Noun

1. Certain short and commonly used adjectives usually precede the nouns they modify.

REGULAR	IRREGULAR	IDENTICAL IN MASCULINE AND FEMININE
grand(e)* *big, tall; great*	**ancien(ne)*** *old; former*	**autre** *other*
joli(e) *pretty*	**beau/belle** *beautiful, handsome*	**chaque** *each, every*
mauvais(e) *bad*	**bon(ne)** *good*	**jeune** *young*
petit(e) *small, little*	**cher/chère*** *dear; expensive*	**pauvre*** *poor; unfortunate*
vrai(e) *true*	**dernier/dernière** *last*	
	faux/fausse *false*	
	gentil(le) *nice, kind*	
	gros(se) *large; fat, thick*	
	long(ue) *long*	
	nouveau/nouvelle *new*	
	premier/première *first*	
	vieux/vieille *old*	

Marise habite une **petite** chambre en cité-U.	*Marise lives in a small room at the university dormitory.*
Les **jeunes** étudiants aiment bien le cinéma.	*Young students like to go to the movies.*
C'est une **bonne** idée!	*It's a good idea!*

2. The adjectives **beau, nouveau,** and **vieux** are irregular. They have two masculine forms in the singular.

SINGULAR		
MASCULINE	MASCULINE BEFORE VOWEL OR MUTE **h**	FEMININE
un **beau** livre	un **bel** appartement	une **belle** voiture
un **nouveau** livre	un **nouvel** appartement	une **nouvelle** voiture
un **vieux** livre	un **vieil** appartement	une **vieille** voiture

PLURAL	
MASCULINE	FEMININE
de **beaux** appartements	de **belles** voitures
de **nouveaux** appartements	de **nouvelles** voitures
de **vieux** appartements	de **vieilles** voitures

[Allez-y! A]

---

*More information about **grand, ancien, cher,** and **pauvre** can be found on the next page.

Adjectives Preceding Plural Nouns

When an adjective precedes a noun in the plural form, the plural indefinite article **des** generally becomes **de**.*

J'ai **des** livres de français. → J'ai **de** nouveaux livres de français.

Il y a **des** films à la télé. → Il y a **de** vieux films à la télé.

[Allez-y! B-C]

Adjectives That Can Precede or Follow Nouns They Modify

The adjectives **ancien(ne)** (old; former), **cher/chère** (dear; expensive), **grand(e), pauvre,** and **seul(e)** (alone; only) can either precede or follow a noun, but their meaning depends on their position. Generally, the adjective in question has a literal meaning when it follows the noun and a figurative meaning when it precedes the noun.

Vous achetez de jolis bouquets élaborés de temps en temps?

LITERAL SENSE	FIGURATIVE SENSE
Il a des chaises **anciennes.** *He has antique chairs.*	M. Sellier est l'**ancien** propriétaire. *Mr. Sellier is the former landlord.*
C'est un smartphone très **cher.** *That's a very expensive smartphone.*	Ma **chère** amie... *My dear friend . . .*
C'est un homme très **grand.**† *He's a very tall man.*	C'est un très **grand** homme. *He's a great man.*
Les étudiants **pauvres** reçoivent une bourse de l'État. *Poor (not rich) students receive a scholarship from the state.*	**Pauvres** étudiants! Il y a un examen demain! *The poor (unfortunate) students! There is an exam tomorrow!*
Elle habite **seule** dans un appartement à Montréal. *She lives alone in an apartment in Montreal.*	C'est la **seule** femme haïtienne qui habite près de chez moi. *She's the only Haitian woman who lives near me.*

Placement of More Than One Adjective

When more than one adjective modifies a noun, each adjective precedes or follows the noun as if it were used alone.

C'est une **petite** femme **blonde.**
J'ai de **bons** livres **français.**
C'est un **vieil** immeuble **agréable.**

---

*In informal speech, **des** is often retained before the plural adjective: **Elle a toujours *des belles* plantes.**

†The adjective **grand(e)** is placed *after* the noun to mean *big* or *tall* only in descriptions of people. To say that places or things are *big, large,* or *tall,* place **grand(e)** *before* the noun: **les grandes fenêtres, un grand appartement, une grande table.**

Allez-y!

A. Vous déménagez? You are moving out of the apartment you share with a friend. Specify which items you are taking with you.

MODÈLE: la table / vieux → J'emporte la vieille table.

1. le lit / petit
2. les tapis / grand
3. l'ordinateur / nouveau
4. le canapé / vieux
5. la commode / grand
6. les chaises / beau

B. David emménage! David has moved into his new apartment, and he's explaining where everything goes. Give the plural form of the nouns, and make the appropriate agreements.

MODÈLE: Je place un beau vase sur l'étagère. →
Je place de beaux vases sur l'étagère.

Pour décorer, je mets une vieille affiche[1] sur le mur. Près du lit, il y a une petite lampe.[2] J'ai une nouvelle chaise[3] pour la table de cuisine. À la fenêtre, j'installe un long rideau.[4] Pour me détendre (*relax*), j'écoute un bon album.[5] Pour finir, j'invite un vieux copain[6] (*buddy*).

C. Le nouvel appartement de David. David hates to go shopping as much as he hates moving, so he has asked others to help him furnish his new apartment. For each sentence, provide the proper form and placement for the adjectives within parentheses.

MODÈLE: David regrette les _____ excursions _____.
(ennuyeux, long) →
David regrette les longues excursions ennuyeuses.

1. Il cherche une _____ commode _____ pour sa chambre. (ancien, autre)
2. Julie, une _____ femme _____, amène (*brings*) un tapis pour le séjour. (petit, sympathique)
3. Elle porte une _____ chemise _____. (beau, blanc)
4. Max installe les _____ rideaux _____ dans l'appartement. (long, noir). Max est un _____ homme _____. (dynamique, jeune)
5. Enzo apporte les _____ affiches _____. (américain, vieux)

D. Jeu de logique. Complete the following thoughts logically using **les mots de liaison** found in the **Mots clés**.

1. J'habite dans un beau quartier, _____ c'est un peu cher.
2. Je vais déménager (*I'm going to move*) _____ je trouve un nouvel appartement.
3. J'ai envie d'habiter dans le vieux quartier de la ville _____ en banlieue (*in the suburbs*).
4. Pour le moment, mon amie Jeanne n'a pas d'argent, _____ elle habite chez ses (*her*) parents.
5. C'est une femme calme _____ organisée.
6. Elle commence un nouvel emploi (*job*) le mois prochain (*next*), _____ elle pense emménager avec moi.

E. Chez moi. Ask a classmate to describe his/her room. Use questions to get information on placement, color, size, and so on. As he/she gives you the details, draw a plan of the room. Then repeat the exercise, answering his/her questions about your room.

Mots clés

Using conjunctions

To make more complex and interesting sentences, use the following words:

et	*and*
alors	*so*
ou	*or*
mais	*but*
si	*if*
donc	*therefore*

Geneviève est riche **et (mais)** généreuse.

J'habite près de l'université **donc (alors)** j'étudie souvent à la bibliothèque.

🎧 Prononcez bien!

1. The vowels in *sous* and *sur* (page 86)

A. Questions pour un champion! You and your roommate Hugo are watching your favorite game show on TV. Hugo is talking about Justine, one of the contestants from the day before. You don't remember her, so Hugo describes her. Listen and complete the paragraph with the words you hear. Each one contains the sound [u] as in **sous** or [y] as in **sur.**

HUGO: Rappelle-toi! Elle était (*was*) _____,[1] aux cheveux _____,[2] avec une _____,[3] un _____[4] et des _____[5] _____,[6] _____[7] à l' _____,[8] en _____;[9] intelligente et _____.[10]

B. Le jeu de l'autre mot. The show starts with a game in which the host says a word containing either [u] as in **sous** or [y] as in **sur** and asks contestants to come up with a similar-sounding word containing the other vowel. Your partner will play the **présentateur/présentatrice** (*host*) and read the following words while you play one of the **candidats** (*contestants*) and give the answers.

MODÈLE: PRÉSENTATEUR/PRÉSENTATRICE: rousse
CANDIDAT(E): russe

1. cure
2. jus (*juice*)
3. doux (*soft*)
4. vue (*view*)
5. tout (*all*)
6. nu (*naked*)
7. pur(e)

2. The consonant *s* (page 98)

A. Un nouveau joueur. One of the contestants was eliminated and replaced by a new one, who is now introducing himself. Listen and complete the sentences.

_____[1]! Je m'appelle _____.[2] Je suis _____[3] de _____[4] à l' _____[5] de la Sorbonne. Mes étudiants aiment bien mes cours. Ils _____[6] qu'ils sont _____,[7] mais _____[8] et, parfois, _____.[9] Quand les étudiants font des efforts et qu'ils _____[10] beaucoup, ils _____[11] bien au cours.

Alix Minde/PhotoAlto/Getty Images

B. Trouvez l'intrus. After the contestants' introduction, the show resumes with two Odd Man Out games. The presenter will read two lists of five words that contain the letter s. Say the word that doesn't belong, based on its sound.

 # Lecture

AVANT DE LIRE

Predicting content from titles. The title or subtitles of a reading selection often help you anticipate content by activating your background knowledge about a topic. Brainstorming topics based on these indicators before you read will make reading easier, because you will already have information in mind that can aid your comprehension or predict the subject matter.

The text you will read in this section is a **sondage** (*survey*) by the Guy Hoquet real estate company on shared living arrangements in France.

To prepare for the reading, first look over its title and subtitles (on blue and orange backgrounds). Then, in writing, predict the information you will discover about the following:

- the average age of people who share living spaces in France
- why people choose shared living arrangements
- what problems occur when people share living spaces

After reading the survey, compare what you learned to your predictions.

L'art de vivre ensemble

Sondage Guy Hoquet L'Immobilier – CSA

COLOCATION & HABITAT PARTICIPATIF[1]: LE LOGEMENT DE DEMAIN?

ELLE CONCERNE TOUTES LES TRANCHES D'ÂGE[2]

Le phénomène prend de l'ampleur[3] auprès des jeunes:

1/6 des Français vit ou a déjà vécu en colocation (16%)

31% des 18–24 ans

28% des 25–34 ans   17% des 35–49 ans
8% des 50–64 ans   10% des 65 ans ou plus

QUELLES MOTIVATIONS POUR VIVRE EN COLOCATION?

Les motivations les plus citées:

FACILITÉ **30%** Trouver plus facilement un logement

BUDGET **83%** Réduction de la part du budget logement

PARTAGE **34%** L'envie de ne pas vivre seul(e)

COLOCATION: QUELLES DIFFICULTÉS?

Résultats pour l'ensemble des Français:

36% Parties communes[4]
Partager les parties communes (salle de bains, cuisine, salon...)

35% Tâches quotidiennes
Partager équitablement les tâches quotidiennes (ménage, cuisine...)

33% Vivre avec des inconnus
Vivre avec des personnes qu'on ne connaît pas

27% Respecter des règles de vie fixées

26% Supporter[5] les invités/amis de son colocataire

9% Loyer
Payer à temps

[1]colocation... *apartment-sharing and co-housing* [2]tranches... *age groups* [3]prend... *is growing* [4]parties... *shared spaces* [5]*to put up with*

A. **La vie en colocation.** Answer the questions below with a partner.

1. Selon le sondage, quel âge ont la plupart des (*most*) personnes qui vivent ou qui ont déjà (*already*) vécu en colocation?
2. Quelle est la plus grande (*strongest*) motivation pour vivre en colocation?
3. Quelles sont les plus grandes (*biggest*) difficultés à vivre en colocation?
4. Pour vous, quelles sont les plus grandes difficultés à vivre en colocation?

B. **Un sondage personnel.** In groups of 3–4, talk about your housing by completing the following statements. Afterward, share your group's answers with the class and see how your results compare with those in the poll above.

1. J'habite... (avec ma famille, dans une résidence universitaire, dans un studio seul(e), dans un appartement en colocation, dans un appartement en couple, etc.).
2. J'habite là parce que...
3. Les plus grandes difficultés que j'ai en ce qui concerne mon logement sont...

Écriture

The writing activities **Par écrit** and **Journal intime** can be found in the Workbook/Laboratory Manual to accompany *Vis-à-vis*.

Micro-trottoir

In order to understand spoken French, you will need to steadily increase your vocabulary, not only because the more words you know, the easier it will be to understand videos or spoken dialogue but also because you will know which words are not important to any given conversation. In addition, you will want to work continually on your French pronunciation. If you are saying words wrong to yourself, you may not understand them when you hear them in conversation.

Before you watch the video, review the phrases below and make a list of vocabulary words that you might expect to hear on each subject. After watching the video, compare your list with what Étienne, Nathalie, Max-Ange, Dominic, and Adrian said in the video.

- L'expression «chez moi» représente...
- Étudier ou travailler dans un pays francophone est une bonne idée...
- Le pays francophone qui (*which*) vous tente...

Au micro. Answer the following questions from your own perspective before you watch the video. Then, after watching the video, embellish your responses by adding additional vocabulary words from the interviews.

1. Qu'est-ce que l'expression «chez moi» représente pour vous?
2. Étudier ou travailler dans un pays francophone: vous aimez l'idée? Pourquoi?
3. Quel pays francophone vous tente (*tempts*) le plus? Expliquez.

VOCABULAIRE

Verbes

agir	to act
choisir	to choose
déménager	to move out
emménager	to move in
finir (de + *inf.*)	to finish (*doing s.th.*)
finir par + *inf.*	to end up (*doing s.th.*)
louer	to rent
passer un examen	to take an exam
préparer	to prepare
réfléchir (à)	to think (about)
réussir (à)	to succeed (in); to pass (*a test*)

À REVOIR: **habiter, manger**

Substantifs

l'affiche (*f.*)	poster
l'arbre (*m.*)	tree
le chat	cat
le chien	dog
le/la colocataire	roommate
la fleur	flower
le loyer	rent
le magazine	magazine
la rue	street
le sondage	poll, survey
le voisin / la voisine	neighbor
la voiture	car

À REVOIR: **l'ordinateur, le portable, la tablette**

Adjectifs

ancien(ne)	old, antique; former
autre	other
bon(ne)	good
chaque	each, every
dernier/dernière	last
faux/fausse	false
gros(se)	large; fat; thick
jeune	young
joli(e)	pretty
mauvais(e)	bad
premier/première	first
seul(e)	alone, on one's own; only
vieux/vieil/vieille	old
vrai(e)	true

À REVOIR: **beau/bel/belle, cher/chère, facile, gentil(le), grand(e), long(ue), nouveau/nouvel/nouvelle, pauvre, petit(e)**

La maison

l'appartement (*m.*)	apartment
l'armoire (*f.*)	wardrobe, closet
l'ascenseur (*m.*)	elevator
le balcon	balcony
le bureau	office
le canapé	sofa
la chambre	bedroom
chambre de bonne	maid's room; garret
la clé	key
la commode	chest of drawers
le couloir	hallway
la cuisine	kitchen
la douche	shower
l'enceinte (*f.*)	speaker
l'escalier (*m.*)	stairway
l'étagère (*f.*)	shelf
l'évier (*m.*)	kitchen sink
l'immeuble (*m.*)	apartment building
le jardin	garden
la lampe	lamp
le lavabo	bathroom sink
le lit	bed
le logement	lodging; place of residence
la maison	house
le meuble	piece of furniture
le miroir	mirror
le mur	wall
la pièce	room
le placard	closet
le premier/deuxième étage	second/third floor
le réveil	alarm clock
le rez-de-chaussée	ground (first) floor
le rideau	curtain
la salle à manger	dining room
la salle de bains	bathroom
le séjour	living room
le sous-sol	basement
le studio	studio (apartment)
le tapis	rug
la terrasse	deck, terrace; patio
le toit	roof

À REVOIR: **la chaise, la table, la télé(vision)**

Prépositions de lieu

à côté de	next to, beside
à droite de	on the right of
à gauche de	on the left of
chez	at the home of; at the office of
derrière	behind
devant	in front of
en face de	across from, opposite
entre	between
loin de	far from
par	by; through
par terre	on the ground
près de	near
sous	under
sur	on

Mots interrogatifs

combien (de)	how many, how much
comment	how, what
où	where
pourquoi	why
qu'est-ce que, que	what
quand	when
qui	who, whom

Mots et expressions divers

alors	so; then
avant	before
donc	then; therefore
en désordre	disorderly
en ordre	orderly
parce que	because
peut-être	maybe
si	if
surtout	especially

CHAPITRE 5

De génération en génération

Une famille au parc de la Maison Blanche à Marseille

Westend61 GmbH/Alamy Stock Photo

Dans ce chapitre...

OBJECTIFS COMMUNICATIFS

➤ talking about family and relatives

➤ talking about weather

➤ expressing possession

➤ talking about plans and destinations

➤ expressing what you are doing and making

➤ expressing actions

➤ learning to distinguish between and pronounce selected sounds in French

CULTURE

➤ Espaces francophones: *Le Sénégal*

➤ Un petit plus: *La famille*

➤ Reportage: *Maroc: les métamorphoses de la famille*

➤ Lecture: *Les Dumas: trois générations d'une famille exceptionnelle*

Les générations d'une famille

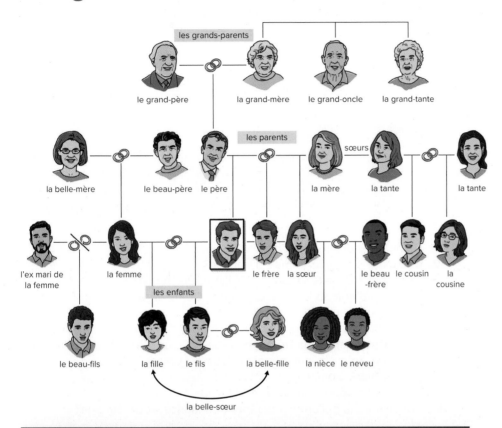

les grands-parents

le grand-père   la grand-mère   le grand-oncle   la grand-tante

les parents

sœurs

la belle-mère   le beau-père   le père   la mère   la tante   la tante

l'ex mari de la femme   la femme   le frère   la sœur   le beau-frère   le cousin   la cousine

les enfants

le beau-fils   la fille   le fils   la belle-fille   la nièce   le neveu

la belle-sœur

AUTRES MOTS UTILES	
les arrière-grands-parents (*m. pl.*)	great-grandparents
le demi-frère	half brother (*or* stepbrother)
la demi-sœur	half sister (*or* stepsister)
le parent	parent (*or* relative)
le petit-enfant	grandchild
la petite-fille	granddaughter
le petit-fils	grandson
adoptif/adoptive	adopted, adoptive
célibataire	single
divorcé(e)	divorced
marié(e)	married
pacsé(e)	joined legally by a PACS*

*The **Pacte civil de solidarité** is a type of civil union voted into French law in 1999 by the National Assembly. Two adults (same sex or not) may enter into a **PACS** by registering with the court clerk. Same-sex marriage became legal in France on May 18, 2013.

Allez-y!

A. La famille Deschamps. Étudiez l'arbre généalogique (*family tree*) de la famille Deschamps (une famille très traditionnelle qui habite le seizième arrondissement* à Paris) et répondez aux questions.

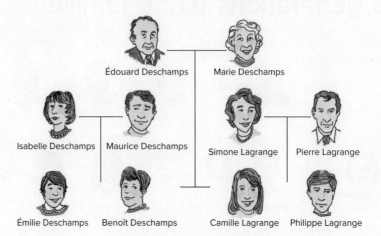

Édouard Deschamps — Marie Deschamps

Isabelle Deschamps — Maurice Deschamps — Simone Lagrange — Pierre Lagrange

Émilie Deschamps — Benoît Deschamps — Camille Lagrange — Philippe Lagrange

1. Comment s'appelle la femme d'Édouard?
2. Comment s'appelle le mari d'Isabelle?
3. Comment s'appelle la tante d'Émilie et de Benoît? Et l'oncle?
4. Combien d'enfants ont les Lagrange? Combien de filles et de fils?
5. Comment s'appelle le frère d'Émilie?
6. Combien de cousins ont Émilie et Benoît? Combien de cousines?
7. Comment s'appelle la grand-mère de Philippe? Et le grand-père?
8. Combien de petits-enfants ont Édouard et Marie? Combien de petites-filles? Combien de petits-fils?
9. Comment s'appelle la sœur de Philippe?
10. Comment s'appellent les parents de Maurice et de Simone?

B. Qui sont-ils? Complétez les définitions suivantes.

1. Le frère de mon père est mon _____.
2. La fille de ma tante est ma _____.
3. Le père de ma mère est mon _____.
4. La femme de mon grand-père est ma _____.

Maintenant définissez les personnes suivantes.

5. une nièce
6. des arrière-grands-parents
7. une tante
8. un grand-père
9. une belle-sœur
10. un demi-frère

C. Une famille américaine. Posez (*Ask*) les questions suivantes à votre camarade.

1. As-tu des frères, des sœurs, des demi-frères ou des demi-sœurs? Combien? Comment s'appellent-ils/elles? (Ils/Elles s'appellent...)
2. As-tu des grands-parents? Combien? Habitent-ils chez toi, dans une maison ou dans un appartement?

---

*a wealthy district in southwest Paris

3. As-tu des cousins ou des cousines? Combien? Habitent-ils/elles près ou loin de la famille?

4. Combien d'enfants (de fils ou de filles) désires-tu avoir? Combien d'enfants est-ce qu'il y a dans une famille idéale?

D. Une famille française. Avec un/une camarade, décrivez la famille sur la photo. Donnez le nombre de personnes, et devinez (*guess*) qui sont les personnes et quel âge elles ont. Puis imaginez leur (*their*) profession, leurs goûts (*tastes*), leur personnalité. Donnez le plus de détails (*as many details as*) possibles.

Ed Buziak/Alamy Stock Photo

C'est une affaire de famille. Qui voyez-vous?

Quel temps fait-il? Les saisons et le temps°

Quel... *How's the weather? Seasons and weather*

Au **printemps,** chez les Belges...
Le temps est nuageux.
Il fait frais.
Les gens portent des blousons.

En **été,** chez les Martiniquais...
Il fait beau.
Il fait du soleil. (Il fait soleil.)
Il fait chaud.
À la plage, les gens sont en maillot de bain.

En **automne,** chez les Bretons...
Il pleut.
Il fait mauvais.
Le temps est orageux.
Les gens portent des imperméables et utilisent des parapluies.

En **hiver,** chez les Québécois...
Il neige.
Il fait froid.
Il fait du vent. (Il y a du vent.)
Les gens portent des manteaux, des gants, des écharpes et des bottes.

- To ask about the weather:

  Quel temps fait-il?

- To talk about the season:

  C'est le printemps (l'été, l'automne, l'hiver).

  Nous sommes au printemps (en été, en automne, en hiver).

Allez-y!

A. Parlons du temps. Répondez aux questions suivantes et expliquez ce que vous portez pendant la saison.

1. En quelle saison est-ce qu'on admire des cerisiers (*cherry trees*) en fleurs?
2. Quel temps fait-il en hiver en Alaska?
3. Est-ce qu'il fait beau l'hiver à Seattle?
4. En quelle saison est le Jour d'action de grâce (*Thanksgiving Day*)?
5. C'est le mois de mai. Quel temps fait-il chez vous?

B. Le temps et les goûts.
Qu'est-ce que vous aimez porter quand... ?

1. il fait très chaud
2. il fait froid et qu'il neige
3. il fait beau et frais
4. il pleut

C. Les prévisions de la météo. (*Weather forecast.*) Regardez le temps prévu pour Madagascar, la côte de l'Afrique et les îles de l'océan Indien et répondez aux questions suivantes.

MÉTÉO

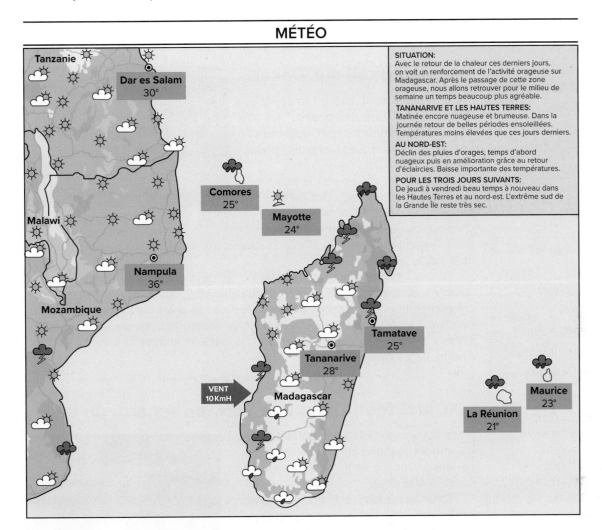

SITUATION:
Avec le retour de la chaleur ces derniers jours, on voit un renforcement de l'activité orageuse sur Madagascar. Après le passage de cette zone orageuse, nous allons retrouver pour le milieu de semaine un temps beaucoup plus agréable.

TANANARIVE ET LES HAUTES TERRES:
Matinée encore nuageuse et brumeuse. Dans la journée retour de belles périodes ensoleillées. Températures moins élevées que ces jours derniers.

AU NORD-EST:
Déclin des pluies d'orages, temps d'abord nuageux puis en amélioration grâce au retour d'éclaircies. Baisse importante des températures.

POUR LES TROIS JOURS SUIVANTS:
De jeudi à vendredi beau temps à nouveau dans les Hautes Terres et au nord-est. L'extrême sud de la Grande Île reste très sec.

1. Quel temps fait-il à Tananarive?
   a. Il neige.
   b. Le temps est nuageux.
   c. Il pleut.
2. Quel temps fait-il à Tamatave?
   a. Il fait (du) soleil.
   b. Le temps est orageux.
   c. Il fait beau.
3. Quel temps fait-il à Dar es Salam?
   a. Il fait mauvais.
   b. Il fait froid.
   c. Il fait (du) soleil.
4. Quel temps fait-il aux Comores? à Mayotte? à La Réunion?

Bienvenue au Sénégal!

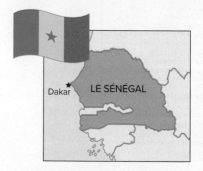

Pays: Sénégal (République du Sénégal)

Habitants: Sénégalais

Capitale: Dakar

Langue officielle: français

Unité monétaire: franc CFA

Fête nationale: 4 avril

Un coup d'œil sur Dakar

Au Sénégal dont[1] elle est la capitale, Dakar est l'une des pointes[2] les plus avancées de l'Afrique de l'Ouest dans l'océan Atlantique. Les Dakarois vous accueillent[3] toujours avec amitié, «teranga». Visitez avec eux le Marché Sandaga, et après, regardez partir les bateaux qui relient[4] Dakar à la Casamance ou à la Gambie voisines.

La ville de Dakar sur sa péninsule

Dans l'arrondissement[5] du Plateau, vous voyez aussi l'Assemblée nationale et le Palais présidentiel.

Là-bas,[6] on voit dans l'océan l'Île de Gorée, ce joyau[7] de l'architecture coloniale avec ses petites rues et l'ombre fraîche[8] des bougainvillées. Mais, cet endroit tranquille cache[9] un passé terrible: le point de départ de la traite négrière.[10] La Maison des Esclaves évoque encore la tragédie de femmes, enfants, hommes, transportés dans des conditions inhumaines vers les Antilles et les Amériques.

[1]*of which* [2]*headlands* [3]*welcome* [4]*link* [5]*district* [6]*There* [7]*jewel* [8]*ombre... cool shade* [9]*hides* [10]*traite... slave trade*

PORTRAIT **Mati Diop: une voix, un regard, un style**

Elle est un symbole déjà[1] célèbre d'une nouvelle génération de cinéastes[2] qui portent un regard neuf[3] sur le monde. Son nom est Mati Diop.

Cette jeune femme franco-sénégalaise, née[4] à Paris, est une actrice et réalisatrice[5] issue de deux cultures. Sa famille appartient à une lignée d'artistes: son père Wasis Diop est musicien, son oncle Djibril Diop Mambéty, un fameux réalisateur sénégalais.

Jeune, libre, engagée, Mati, dans ses films, montre avec poésie la fausseté[6] des préjugés sociaux, racistes et sexistes. Dans *Mille Soleils* (2013) et *Atlantique* (Grand prix du Festival de Cannes 2019), elle révèle des vérités[7] invisibles sur le Sénégal. Par exemple, l'expérience tragique des jeunes Sénégalais tentés[8] par l'exil vers une Europe idéalisée. Sa caméra démystifie les apparences pour nous familiariser avec la société sénégalaise contemporaine.

La sénégalaise Mati Diop au festival de Cannes

Avec une technique qui mélange[9] la fiction au documentaire, le réalisme au fantastique, elle réinvente le langage cinématographique.

[1]*already* [2]*filmmakers* [3]*new* [4]*born* [5]*director* [6]*hypocrisy* [7]*truths* [8]*tempted* [9]*qui... that blends*

Les adjectifs possessifs

Expressing Possession

🎧 VACANCES D'ÉTÉ

Mamadou contacte Léa par messagerie instantanée.

 MAMADOU: Léa, quels sont **tes** projets pour l'été?

 LÉA: **Mon** programme de juillet est très agréable: un petit voyage à Londres avec **mon** amie Juliette et deux semaines à la montagne avec **ma** sœur et **son** mari, **mes** parents, **leur** chien... et **mon** chat!

 MAMADOU: Il a de la chance, **ton** chat! Et en août?

 LÉA: **Ma** sœur, **mes** cousins, **mon** chat et moi sommes chez **nos** grands-parents dans **notre** maison de famille en Normandie. C'est une tradition.

 MAMADOU: Quand est-ce que **vos** vacances finissent?

 LÉA: Le 31 août. Nous retournons tous à Paris!

 MAMADOU: Avec **ton** chat?

 LÉA: Avec **mon** chat!

Vrai ou faux? Corrigez les phrases fausses.

1. Léa voyage en juillet avec son amie Juliette.
2. Juliette va (*is going*) à la montagne avec sa sœur, ses parents et leur chien.
3. En août, Léa et sa sœur vont (*are going*) chez leurs grands-parents.
4. Leurs cousins aussi vont être chez leurs grands-parents.
5. Léa retourne à Paris sans (*without*) son chat.

One way to indicate possession in French is to use the preposition **de: la maison de Claudine.** Another way is to use the possessive adjectives presented on the next page.

	SINGULAR		PLURAL
	MASCULINE	FEMININE	MASCULINE AND FEMININE
my	**mon** père	**ma** mère	**mes** parents
your (informal)	**ton** père	**ta** mère	**tes** parents
his, her, its, one's	**son** père	**sa** mère	**ses** parents
our	**notre** père	**notre** mère	**nos** parents
your (formal; plural)	**votre** père	**votre** mère	**vos** parents
their	**leur** père	**leur** mère	**leurs** parents

 Prononcez bien!

The vowels in *notre* and *nos*

Clearly distinguish between the vowel [ɔ] in the singular form **notre/votre** and the vowel [o] in the plural form **nos/vos** of the possessive adjective.

Open your mouth and keep your tongue in a central position for **notre/ votre**; close your mouth further, shift your tongue to the front of your mouth, and let your lips protrude for **nos/vos.**

The sound [ɔ] is generally spelled **o: div**o**rcé, s**o**l, al**o**rs.**

The sound [o] is also often spelled **o** when it is the last pronounced sound in the syllable: **lavab**o**, d**o**ssier.**

Other spellings for the sound [o] include **bient**ô**t, ch**au**d,** and **b**eau**.**

1. In French, possessive adjectives agree in gender and number with the nouns they modify.

Mon frère et **ma sœur** aiment le sport.	*My brother and my sister like sports.*
Voilà **notre maison.**	*There's our house.*
Habitez-vous avec **votre sœur** et **vos parents?**	*Do you live with your sister and your parents?*
Ils skient avec **leurs cousins** et **leur oncle.**	*They're skiing with their cousins and their uncle.*

2. The forms **mon, ton,** and **son** are also used before feminine nouns that begin with a vowel or mute **h.**

affiche (*f.*) → **mon affiche**

amie (*f.*) → **ton amie**

histoire (*f.*) → **son histoire**

3. Pay particular attention to the use of **son, sa, ses** (*his, her*). Whereas English has two possessives, corresponding to the gender of the possessor (*his, her*), French has three, corresponding to the gender and number of the noun possessed (**son, sa, ses**).

SINGULAR NOUNS:

Masculine — Il / Elle } aime **son** chien.

Feminine — Il / Elle } aime **sa** maison.

PLURAL NOUNS: — Il / Elle } aime **ses** oncles et **ses** tantes.

In the preceding examples, **son, sa,** and **ses** can all mean *his* or *her*. Usually, their meaning will be clear in context. Look at the following examples.

Carine habite une grande maison. **Son** jardin est magnifique.

Carine lives in a big house. Her garden is magnificent.

Pierre a deux enfants: **sa** fille a 5 ans et **son** fils a 3 ans. **Ses** enfants sont jeunes.

Pierre has two children: His daughter is 5 years old and his son is 3 years old. His children are young.

Allez-y!

A. Le vide-grenier. (*Garage sale.*) À la fin du semestre, les étudiants organisent un vide-grenier. Formulez des questions et répondez.

> **MODÈLES:** la lampe de Nicolas? (oui) →
> É1: Est-ce que c'est la lampe de Nicolas?
> É2: Oui, c'est sa lampe.
>
> les lampes de Nicolas (non) →
> É1: Est-ce que ce sont les lampes de Nicolas?
> É2: Non, ce ne sont pas ses lampes.

1. la chaise de Pierre? (oui)
2. la commode de Léa? (non)
3. les affiches de Jean? (non)
4. le piano de Pierre et de Sophie? (oui)
5. les bottes d'Annick? (non)
6. les bureaux des parents? (oui)
7. l'imperméable de Fatima? (oui)
8. l'étagère de Fabrice? (non)

B. Casse-tête familial. (*Family puzzle.*) Posez rapidement les questions suivantes à un/une camarade.

> **MODÈLE:** Qui est le fils de ton oncle? → C'est mon cousin.

1. Qui est la mère de ton père?
2. Qui est la fille de ta tante?
3. Qui est la femme de ton oncle?
4. Qui est le père de ton père?
5. Qui est le frère de ta mère?
6. Qui est la sœur de ta mère?
7. Qui sont les femmes de tes frères?
8. Qui sont les enfants de tes sœurs?

C. La fête des voisins. Les gens du quartier organisent un barbecue à l'occasion de la fête des voisins. Complétez les dialogues suivants avec les adjectifs possessifs. Étudiez bien le contexte avant de (*before*) choisir l'adjectif.

1. É1: Paul et Florence adorent les animaux.
   É2: Oui, ils ont un chien et deux chats: _____ chien s'appelle Marius et _____ chats Minou et Félix.
2. É1: Tiens, voilà Pierre. Avec qui est-il?
   É2: Il est avec _____ parents et _____ amie Laure.
   É1: Et _____ sœur n'est pas là?
   É2: Non, elle est en vacances au Maroc.

3. É1: Salut, Alain!

É2: Salut, Pierre. Dis, la jolie fille aux cheveux blonds, c'est _____ cousine belge?

É1: Oui. Viens. (*Come.*) Alain, je te présente _____ cousine Sylvie.

É2: Enchanté, mademoiselle.

4. É1: Pardon, vous êtes Monsieur et Madame Legrand, n'est-ce pas?

É2: Oui.

É1: Je suis Monsieur Smith, le professeur d'anglais de _____ enfants.

É2: Oh, mais ce ne sont pas _____ enfants, ce sont les fils de mon frère Laurent. Voici _____ fils.

5. É1: Tu as de la chance, tu as une famille super! _____ parents sont très sympas! Est-ce que _____ grand-père habite avec vous?

É2: Non, mais il est souvent à la maison.

É1: _____ grand-père, malheureusement (*unfortunately*), habite très loin.

D. Interview. Posez les questions suivantes à un/une camarade de classe.

1. Quel membre de ta famille (un cousin, une cousine, un neveu, etc.) est-ce que tu admires particulièrement? Pourquoi?

2. Comment s'appelle-t-il/elle?

3. Où est-ce qu'il/elle habite? Avec qui? Comment est sa maison?

4. Quel est son sport préféré? sa musique favorite?

Maintenant faites le portrait du parent proche (*close relative*) préféré de votre camarade.

Quand il pleut chez les Belges même les tout-petits portent leur propre (*own*) parapluie!

Le verbe *aller* et le futur proche

Talking About Plans and Destinations

🎧 UN BON PROGRAMME

Léa et Hector échangent des textos (SMS).

LÉA: Il pleut! Où es-tu?

HECTOR: Je suis dans mon bus. **Je vais arriver** dans dix minutes.

LÉA: J'ai froid! **Je vais** dans un café.

HECTOR: Quel café?

LÉA: À l'angle du boulevard Beaumarchais et de la rue Saint-Gilles.

HECTOR: D'accord. Ensuite,* **nous allons** «Chez Denise» manger des pâtisseries!

LÉA: Et après, **on va** «Chez Clément» manger une soupe à l'oignon!

HECTOR: Tu es folle! **On va être** malades!

*Then

Vrai ou faux?

1. Hector va arriver dans dix minutes.
2. Léa va dans un café.
3. Hector et Léa vont «Chez Denise» pour manger une soupe à l'oignon.
4. Hector et Léa vont «Chez Clément» pour manger des pâtisseries.
5. Hector et Léa vont être malades.

Forms of *aller*

The verb **aller** is irregular in form.

PRESENT TENSE OF **aller** (*to go*)			
je	**vais**	nous	**allons**
tu	**vas**	vous	**allez**
il/elle/on	**va**	ils/elles	**vont**

Allez-vous à La Réunion pour vos vacances?	*Are you going to Réunion for your vacation?*
Comment est-ce qu'**on va** à La Réunion?	*How do you go to (get to) Réunion?*

You have already used **aller** in several expressions.

Comment **allez-vous**?	*How are you?*
Salut, ça **va**?	*Hi, how's it going?*
Ça **va** bien/mal.	*Fine/Badly.*

[Allez-y! A]

Aller + Infinitive

In French, **aller** + infinitive is used to express an event that will occur in the near future. English also uses *to go* + infinitive to express actions or events that are going to happen soon. In French, this construction is called **le futur proche.**

Paul **va louer** un appartement.	*Paul is going to rent an apartment.*
Allez-vous **visiter** la France cet été?	*Are you going to visit France this summer?*

[Allez-y! B]

Ne... pas and the *futur proche*

When the **futur proche** is used in the negative, **ne** precedes the form of **aller,** and **pas** follows.

Sylvie **ne** va **pas** étudier ce week-end.	*Sylvie is not going to study this weekend.*

[Allez-y! C-D]

Mots clés

Exprimer le futur proche

tout à l'heure	*in a while*
tout de suite	*immediately*
bientôt	*soon*
demain	*tomorrow*
la semaine prochaine	*next week*
l'année prochaine	*next year*
dans quatre jours	*in four days*
ce week-end	*this weekend*
ce matin	*this morning*
cet après-midi	*this afternoon*
ce soir	*this evening*

Allez-y!

A. Où est-ce qu'on va? La solution est simple!

MODÈLE: J'ai envie de regarder un film. →
Alors, je vais au cinéma!

1. Nous avons faim.
2. Il a envie de parler français.
3. Elles ont besoin d'étudier.
4. J'ai soif.
5. Tu as sommeil.
6. Vous avez envie de regarder la télévision.

dans le séjour
à la bibliothèque
dans la cuisine
à Paris
dans la salle à manger
dans la chambre
au cinéma

B. Des projets. (*Plans.*) Qu'est-ce qu'on va faire (*to do*)?

> **MODÈLE:** tu / regarder / émission (*show*) préférée / soir →
> Tu vas regarder ton émission préférée ce soir.

1. je / finir / travail / semaine prochaine
2. nous / écouter / du jazz
3. vous / jouer / guitare
4. Frédéric / trouver / livre de français / bientôt
5. je / choisir / film préféré
6. les garçons / aller au cinéma / en voiture / après-midi
7. tu / aller / concert / avec / amis

C. À vous la parole! Répondez aux questions suivantes.

1. Avec qui allez-vous prendre le petit déjeuner (*eat breakfast*) demain?
2. Qu'est-ce que vous allez faire demain après-midi?
3. Est-ce que vous allez faire du sport ce soir?
4. Quand allez-vous retourner à la maison ce soir?
5. Quand est-ce que vous allez passer votre prochain examen de français?
6. La semaine prochaine, allez-vous aller au cinéma?
7. L'année prochaine, allez-vous continuer à étudier le français?

D. Quels sont vos projets pour le week-end? Interviewez un/une camarade de classe. Rapportez à la classe les projets de votre camarade. Utilisez **peut-être** (*maybe*) si vous n'êtes pas certain(e).

Vocabulaire utile: rester (*stay*) à la maison, jouer aux jeux vidéo, préparer un dîner (des leçons), regarder un film (la télévision), travailler à la bibliothèque (dans le jardin), aller au restaurant (au cinéma), parler avec des amis, finir un livre intéressant, etc.

> **MODÈLE:** aller au cinéma →
> É1: Vas-tu aller au cinéma?
> É2: Oui, je vais peut-être aller au cinéma. (*ou* Non, je ne vais pas aller au cinéma.) Et toi?

Un petit plus...

La famille

La famille ou *les* familles? La famille est-elle un modèle unique? Non! En France, la diversité des situations familiales est admise comme un nouveau standard. Dans la famille nucléaire, les enfants vivent avec leurs deux parents mariés ou non; dans une famille monoparentale, l'enfant habite avec son papa ou sa maman; dans une famille recomposée, deux personnes mariées ou non vivent ensemble avec leurs enfants. Un couple d'hommes ou un couple de femmes avec enfants constitue une famille.

Une famille française à Nantes, en Pays de la Loire

Et tout va bien: les statistiques montrent que les enfants et les adolescents s'adaptent parfaitement à toutes ces structures familiales.

Maroc: les métamorphoses de la famille

Une famille marocaine

En 2004, pour favoriser l'égalité homme-femme et renforcer le droit des femmes,[1] le roi du Maroc, Mohammed VI, modernise le code de la famille. Dans la société marocaine patriarcale c'est une révolution!

Traditionnellement dans le couple, l'homme est le chef[2] de famille et la polygamie est autorisée. Mais selon le nouveau code de la famille, l'homme et la femme ont des droits et des obligations réciproques. Il est possible pour la femme de demander le divorce et d'obtenir en priorité la garde[3] des enfants. L'âge légal du mariage pour les femmes est 18 ans et non 15 ans. Elles entrent en politique et, dans les entreprises, elles ont accès à des postes de responsables.

Le code a accéléré l'évolution de la norme familiale: les femmes qui travaillent contribuent financièrement à l'économie du foyer[4] et sont plus autonomes. Le mariage est quelquefois remis en question.[5] La solidarité entre les générations diminue en faveur d'un individualisme qui menace l'unité familiale du passé. À la maison, les jeunes couples ne trouvent pas toujours normal d'habiter avec leurs parents et beaux-parents; les enfants contestent l'autorité des plus âgés.

Les nouvelles technologies modifient aussi la structure des familles. Un senior explique avec ironie et regret: «avant, la famille marocaine c'était parents, enfants, oncles, tantes, cousins, cousines, voisins, voisines. La famille d'aujourd'hui, c'est parents, enfants et smartphones».

[1]droit... *women's rights*   [2]*head*   [3]*custody*   [4]*household*   [5]remis... *called into question*

VOUS COMPRENEZ?

1. En 2004, quelle est l'action du roi pour améliorer (*improve*) la condition des femmes?
2. Quels sont les nouveaux droits de la femme marocaine?
3. Regardez le troisième paragraphe: Quels changements majeurs observez-vous dans le profil des familles marocaines?
4. Pourquoi le senior parle-t-il «avec ironie et regret»?

Le verbe *faire*

Expressing What You Are Doing or Making

🎧 JE FAIS TOUT!

Hector téléphone à Hassan.

HECTOR: Salut Hassan: ton restaurant, ça va?

HASSAN: Non. C'est terrible! Mon chef de cuisine est absent. **Je fais** tout!

HECTOR: **Tu fais** le service?

HASSAN: **Je fais** les courses, **je fais** la cuisine, **je fais** le service.

HECTOR: Moi aussi, **je fais** beaucoup de choses!

HASSAN: Toi, **tu fais** de la danse: c'est différent, c'est de l'art...

HECTOR: Mais avec mes colocataires, nous aussi, **nous faisons** tout à la maison: **nous faisons** le marché, la lessive, le ménage... Et ça, ce n'est pas de l'art!

Faire la lessive à la laverie automatique, ça, ce n'est pas de l'art!

Répondez aux questions.

1. Qu'est-ce qu'Hassan fait au restaurant?
2. Qui fait de la danse?
3. Qu'est-ce qu'Hector et ses colocataires font à la maison?

Forms of *faire*

The verb **faire** is irregular in form.

PRESENT TENSE OF **faire** (*to do; to make*)			
je	**fais**	nous	**faisons**
tu	**fais**	vous	**faites**
il/elle/on	**fait**	ils/elles	**font**

Note the difference in pronunciation of **fais/fait, faites,** and **faisons.**

Je fais mon lit.	*I make my bed.*
Nous faisons le café.	*We're making coffee.*
Faites la vaisselle.	*Do the dishes.*

Expressions with *faire*

The verb **faire** is used in many idiomatic expressions.

faire attention (à)	*to pay attention (to); to watch out (for)*
faire la connaissance (de)	*to meet (for the first time), make the acquaintance (of)*
faire des courses	*to run errands*
faire les courses	*to do the grocery shopping*
faire la cuisine	*to cook*
faire ses devoirs	*to do one's homework*
faire la lessive	*to do the laundry*
faire le marché	*to do the shopping; to go to the market*
faire le ménage	*to do the housework*
faire une promenade	*to take a walk*
faire la queue	*to stand in line*
faire un tour (en voiture)	*to take a walk (a ride)*
faire la vaisselle	*to do the dishes*
faire un voyage	*to take a trip*

Le matin je **fais le marché,** et le soir je **fais mes devoirs.**	*In the morning I do the shopping, and in the evening I do my homework.*

1. **Faire** is also used to talk about individual sports: **faire du sport, faire du jogging, de la voile** (*sailing*), **du ski, de l'aérobic.**

2. As seen in **Leçon 1, il fait** is also used to describe the weather.

Il fait tellement beau!	*It's so nice outside!*

Allez-y!

A. **Faisons connaissance!** À une petite soirée à l'université, les gens se rencontrent (*meet each other*). Suivez le modèle.

MODÈLE: je / la professeure d'italien →
Je fais la connaissance de la professeure d'italien.

1. tu / la sœur de Louise
2. nous / un cousin
3. Élodie / une étudiante sympathique
4. les Levêque / les parents de Clara
5. je / le mari de la professeure
6. vous / la nièce de M. Abadi

B. **Activités du week-end.** Qui fait les activités suivantes? Faites des phrases logiques avec les éléments des deux colonnes.

1. Tu...
2. Pierre...
3. Anne et Laure...
4. Mon frère et moi, nous...
5. Benoît et toi, vous...
6. Non, moi le dimanche, je...

a. faisons du jogging dans le parc.
b. ne fais pas le ménage.
c. faites vos devoirs de français.
d. fais la cuisine pour tes amis.
e. font des courses en ville.
f. fait du sport avec ses copains.

C. D'habitude, qu'est-ce que vous faites? Avec un/une camarade de classe, faites une liste de vos activités habituelles. Utilisez les expressions suivantes: **le matin, le midi, le soir; le lundi (matin), le mardi,** etc.; **le week-end, une fois par semaine** (*once a week*), **tous les jours** (*every day*).

> MODÈLE: É1: D'habitude, qu'est-ce que tu fais le soir?
> É2: Je fais du jogging tous les soirs.

D. Mimes. Formez deux groupes. Choisissez une expression avec **faire** en la tirant par hasard d'un chapeau (*by drawing randomly from a hat*). Faites deviner cette expression aux membres de votre groupe. Si votre équipe (*team*) devine la réponse, elle a un point. L'équipe qui a le plus de points gagne (*wins*).

Les verbes en -re

Expressing Actions

🎧 J'ARRIVE!

Juliette téléphone à Léa.

> JULIETTE: Allô, allô! **Tu entends?**
> LÉA: **J'entends** mal; je suis dans le métro, à Opéra.
> JULIETTE: **Tu descends** à quelle station?
> LÉA: **Je descends** à Bastille.
> JULIETTE: Je suis avec Hector. **Nous attendons** devant le cinéma UGC. Nous faisons la queue. Le film commence à 20 h.
> LÉA: J'arrive! **Vous m'attendez,** hein!

Sami Sarkis France/Alamy Stock Photo

Vrai ou faux? Corrigez les phrases fausses.

1. Juliette demande à Léa si elle entend.
2. Léa entend mal.
3. Léa descend à Opéra.
4. Juliette et Hector attendent Léa au café.
5. Léa demande à ses amis d'attendre.

A third group of French verbs has infinitives that end in **-re.**

PRESENT TENSE OF **vendre** (*to sell*)			
je	vend**s**	nous	vend**ons**
tu	vend**s**	vous	vend**ez**
il/elle/on	vend	ils/elles	vend**ent**

1. Other verbs conjugated like **vendre** include the following.

attendre	*to wait (for)*	**rendre**	*to give back, return*
descendre	*to go down; to get off*	**rendre visite à**	*to visit (someone)*
entendre	*to hear*	**répondre à**	*to answer*
perdre	*to lose; to waste*		

Elle attend le dessert.	*She's waiting for dessert.*
Nous descendons de l'autobus.	*We're getting off the bus.*
Le commerçant rend la monnaie à la cliente.	*The storekeeper gives change back to the customer.*
Je réponds à sa question.	*I'm answering his/her question.*

2. The expression **rendre visite à** means to visit a *person* or *people*. The verb **visiter** is used only with places or things.

Je rends visite à mon ami.

Les touristes visitent les monuments de Paris.

Allez-y!

A. Ah bon? Le samedi, on fait ce qu'on n'a pas le temps de faire pendant la semaine. Tristan est très occupé et il n'est pas le seul. Suivez le modèle et faites attention aux adjectifs possessifs.

MODÈLE: vendre des disques vinyles sur eBay (moi) →
    É1: Tristan vend des disques vinyles sur eBay.
    É2: Ah bon? Moi aussi je vends des disques vinyles sur eBay!

1. rendre ses livres à la bibliothèque (nous)
2. attendre le bus pour aller faire des courses (mon frère)
3. descendre au sous-sol (vous)
4. perdre trop de temps à lire ses mails (toi)
5. entendre à la radio une publicité pour un concert (mes copains)
6. répondre à beaucoup de coups de téléphone (*phone calls*) (moi)

B. Un week-end à Marrakech. Complétez l'histoire avec les verbes suivants: **attendre, descendre, entendre, perdre, rendre, répondre.**

Adilah et Issam habitent à Rabat, la capitale du Maroc. Aujourd'hui ils _____¹ à Marrakech en train. Ils vont _____² visite à leur cousine Imane. Les trois cousins ont toujours beaucoup de projets et ne _____³ pas une minute quand ils sont ensemble (*together*). Adilah et Issam aiment beaucoup Imane parce qu'elle _____⁴ toujours à leurs mails. Imane aime aussi ses cousins, et elle _____⁵ leur arrivée avec impatience. Elle _____⁶ enfin la voix (*voice*) d'Adilah!

C. Perdez-vous souvent patience? Interviewez un/une camarade de classe. Il/Elle utilise **souvent, pas souvent** ou **toujours** dans sa réponse.

MODÈLE: É1: Tu attends l'autobus, mais il n'arrive pas. Est-ce que tu perds patience?
    É2: Oui, je perds souvent patience.

1. Tu attends un coup de téléphone. La personne ne téléphone pas.
2. Un ami / Une amie ne répond pas à tes textos.
3. Tu perds les clés de ta voiture ou de ton appartement.
4. Tu as rendez-vous avec un ami / une amie. Tu attends longtemps (*for a long time*), mais il/elle n'arrive pas.

The consonant *r*

When you pronounce a French **r,** the back of your tongue almost touches the back of your palate. Force air out, as when you pronounce an **h,** and maintain that very narrow passage between the back of your tongue and the back of your palate. You will get that rattling sound characteristic of the French **r.**

[R]: pa<u>r</u>ent, pou<u>r</u>, a<u>rr</u>iver, <u>rh</u>ume

The **r** occurring at the end of a word is usually pronounced, with the exception of the following:

- infinitive verbs ending in **-er: all<u>er</u>, donn<u>er</u>, parl<u>er</u>**
- professions ending in **-er: bouch<u>er</u>, plomb<u>ier</u>**

Casablanca • Rabat

Marrakech

Prononcez bien!

1. **The pronunciation of *premier*** (page 112)

   Journal intime. Vous rangez (*clean*) votre chambre et retrouvez le journal intime que vous avez commencé à votre arrivée en France. Avec un/une camarade, lisez les phrases suivantes à voix haute (*aloud*) en faisant attention à la prononciation de «premier».

   > Cher journal,
   >
   > 1. Aujourd'hui, c'est le premier août.
   > 2. Je suis très content(e) parce que j'emménage dans mon premier appartement avec Hugo.
   > 3. Hugo, c'est mon premier ami français!
   > 4. Je vais avoir mon premier bureau.
   > 5. Je vais acheter mon premier ordinateur.
   > 6. Et je vais avoir mon premier lit aussi. C'est super!

2. **The vowels in *notre* and *nos*** (page 116)

   Week-end chez les parents d'Hugo. Vous passez le week-end avec Hugo chez ses parents. Sa mère pose des questions sur votre vie aux États-Unis. Complétez les phrases avec **notre, nos** ou **votre, vos**. Ensuite, jouez la scène avec un/une camarade de classe.

   LA MÈRE: Comment est _____¹ maison aux États-Unis? Est-ce que _____² cuisine est grande, comme celle-ci (*like this one*)?

   VOUS: _____³ maison est grande et jolie, mais la cuisine est plus petite.

   LA MÈRE: Est-ce que vous habitez chez _____⁴ parents?

   VOUS: Oui, et nous avons deux chiens aussi. Ils adorent jouer dans le jardin de _____⁵ voisins!

3. **The consonant *r*** (page 126)

   A. La famille d'Hugo. Vous continuez votre conversation avec la mère d'Hugo. Jouez le rôle de la mère et lisez sa description de la famille à voix haute. Faites attention à la prononciation du *r*.

   Les grands-parents paternels d'Hugo sont morts (*dead*). Moi, j'ai encore (*still*) mon père, Gérard—il a 80 ans!—et ma mère, Catherine. J'ai aussi quatre frères et trois sœurs. En tout (*Altogether*), Hugo a quatorze cousins et cousines! J'ai invité (*invited*) Christophe et Karine, les cousins les plus proches (*closest*) d'Hugo, à manger avec nous ce soir.

   B. Devinettes. En attendant l'arrivée des cousins d'Hugo, vous jouez aux devinettes (*riddles*) avec lui (*him*). Trouvez les pièces de la maison qui correspondent aux définitions que lit Hugo (votre camarade de classe).

   MODÈLE: É1: C'est la pièce où il y a un ordinateur et des livres pour travailler.
   É2: C'est le bureau!

   1. C'est la pièce où il y a un lit.
   2. C'est la pièce où il y a un canapé, des fauteuils et une télévision.
   3. C'est la partie de la maison où il y a le séjour, la salle à manger et la cuisine.
   4. C'est l'espace (*area*) où il y a des arbres et des roses.
   5. C'est l'espace où il y a des chaises longues et où on prend le petit déjeuner (*breakfast*) en été.

Lecture

La icon appears as book/reading icon

AVANT DE LIRE

Using background knowledge to predict content. Before reading a new text, your general knowledge of the subject matter may help you anticipate important details. Use questions to activate this background knowledge and guide your reading.

The text you will be reading is the story of three generations of men, all named Alexandre Dumas and each leading a very interesting life and encountering difficulties along the way. It may be hard to remember how each is different from the other. To help you understand the reading and distinguish the three men, consider the images included within the reading and the questions below before you begin.

- During what time period did they live?
- What careers did they pursue?
- What recognition did they receive after their death?

Then, as you read, prepare answers to the questions by filling out a grid similar to the one below.

	Alexandre Dumas	Alexandre Dumas	Alexandre Dumas
Time period			
Career			
Recognition			

Based on your notes, can you think of one or two adjectives to describe each Alexandre Dumas?

Les Dumas: trois générations d'une famille exceptionnelle

À l'origine de cette illustre famille, **le général Alexandre Dumas** (1762–1806), né[1] en Haïti, est le premier général de l'armée française d'origine afro-antillaise.* Pendant[2] la Révolution, puis[3] sous les ordres de Bonaparte, il va de victoire en victoire. Mais en 1802, l'esclavage[4] aboli par la Révolution est rétabli: les officiers de couleur sont exclus, Dumas est destitué, sa carrière est finie. Des décorations? Non. Une pension? Non. Il va finir sa vie dans la pauvreté, ignoré des historiens de l'Empire.

The Picture Art Collection/Alamy Stock Photo

Un portrait du général Alexandre Dumas par Olivier Pichat (1823–1912)

[1]born [2]During [3]then [4]slavery

*Thomas-Alexandre Dumas Davy de la Pailleterie was the son of Marquis Alexandre Antoine Davy de la Pailleterie, a French nobleman, and Marie-Cessette Dumas, an enslaved woman of African descent living in the French colony of Saint-Domingue (present-day Haiti). Dumas was therefore born into slavery, but when his father took him to France to have him educated, he was freed *de facto* by being in metropolitan France, where slavery was illegal.

C'est son fils, lui aussi nommé **Alexandre** (1802–1870), qui va immortaliser le nom Dumas: auteur légendaire des *Trois Mousquetaires* et du *Comte de Monte-Cristo*, ce géant métis[5] aux yeux bleus est le champion du roman[6] historique. Très populaire, il publie, dans la presse, des fictions inspirées de l'histoire de France: le public adore! Mais il a des détracteurs: on l'accuse d'être un «industriel» de la littérature, on dénonce sa vie privée agitée, on se moque de[7] ses origines antillaises. Pourtant[8] sa gloire persiste. Car «Alexandre Dumas séduit, fascine, intéresse, amuse, enseigne».*

Un portrait de l'écrivain Alexandre Dumas par Gaspard-Félix Tournachon (dit Nadar)

Digital image courtesy of the Getty's Open Content Program.

Alexandre Dumas fils (1824–1895) est l'enfant illégitime du célèbre écrivain.[9] À 24 ans, il triomphe en littérature avec son roman *La Dame aux camélias* (1848) où il évoque sa liaison tragique avec une courtisane. Adapté au théâtre (1852) et à l'opéra (Verdi, *La Traviata*, 1853), *La Dame aux camélias* va lancer sa carrière d'auteur à succès. Il est reçu[10] à l'Académie française en 1875.

Fine Art Images/Heritage Images/Hulton Archive/Getty Images

Un portrait d'Alexandre Dumas fils par Paul Nadar, fils du célèbre photographe

[5]*person of mixed-race*   [6]*novel*   [7]*se... make fun of*   [8]*however*   [9]*writer*   [10]*admitted*

COMPRÉHENSION

Les Trois Dumas. Lisez les phrases ci-dessous et décidez si on parle du plus célèbre Alexandre, du général Dumas ou d'Alexandre fils. Vous pouvez choisir un, deux ou tous les trois Alexandre Dumas. Expliquez votre choix.

1. Il est dans l'armée.
2. Il est connu pour son succès en tant qu'écrivain.
3. Il mène une vie tumultueuse.
4. Le racisme impacte sa vie.
5. La fin de sa vie n'est pas glorieuse.

Écriture

The writing activities **Par écrit** and **Journal intime** can be found in the Workbook/Laboratory Manual to accompany *Vis-à-vis*.

▶ Micro-trottoir

Au micro. Répondez aux questions suivantes à partir de votre point de vue personnel. Puis regardez la vidéo et comparez vos réponses à celles (*those*) des gens interrogés.

1. Associez trois termes au mot «mariage».
2. Décrivez-nous votre famille.
3. Quels sont, pour vous, les bons moments passés en famille?
4. Comment est-ce que vous caractérisez les jeunes d'aujourd'hui?

*Victor Hugo in a letter to Alexandre Dumas *fils* on the occasion of the transfer of his father's remains to Villers-Cotterêts, the birthplace of the late author, in April 1872.

🎧 VOCABULAIRE

Verbes

aller	to go
aller + *inf.*	to be going (to do something)
aller mal	to feel bad (ill)
attendre	to wait (for)
descendre	to go down; to get off
deviner	to guess
entendre	to hear
faire	to do; to make
perdre	to lose; to waste
rendre	to give back; to return; to hand in
rendre visite à	to visit (*someone*)
répondre à	to answer
rester	to stay, remain
vendre	to sell

À REVOIR: **étudier, habiter, jouer, manger**

Expressions avec *faire*

faire attention (à)	to pay attention (to); to watch out (for)
faire la connaissance (de)	to meet (*for the first time*), make the acquaintance (of)
faire des courses	to run errands
faire les courses	to do the grocery shopping
faire la cuisine	to cook
faire ses devoirs	to do one's homework
faire la lessive	to do the laundry
faire le marché	to do the shopping, go to the market
faire le ménage	to do the housework
faire une promenade	to take a walk
faire la queue	to stand in line
faire du sport	to play/do sports
... de l'aérobic	to do aerobics
... du jogging	to run, jog
... du ski	to ski
... du vélo	to go cycling
... de la voile	to go sailing
faire un tour (en voiture)	to take a walk (a ride)
faire la vaisselle	to do the dishes
faire un voyage	to take a trip

Substantifs

l'autobus (*m.*)	(city) bus
les gens (*m. pl.*)	people
la météo	weather forecast
le parapluie	umbrella
les projets (*m. pl.*)	plans
le temps	time; weather
les vacances (*f. pl.*)	vacation

À REVOIR: **l'affiche, le chat, le chien, la commode, le lit**

Adjectifs

adoptif/adoptive	adopted, adoptive
célibataire	single (*person*)
divorcé(e)	divorced
marié(e)	married
pacsé(e)	joined legally by a PACS
préféré(e)	favorite, preferred

La famille

les arrière-grands-parents	great-grandparents
le beau-fils	son-in-law; stepson
le beau-frère	brother-in-law; stepbrother
le beau-père	father-in-law; stepfather
la belle-fille	daughter-in-law; stepdaughter
la belle-mère	mother-in-law; stepmother
la belle-sœur	sister-in-law
le cousin	cousin (*male*)
la cousine	cousin (*female*)
le demi-frère	half brother; stepbrother
la demi-sœur	half sister; stepsister
l'enfant (*m., f.*)	child
la femme	wife
la fille	daughter
le fils	son
le frère	brother
la grand-mère	grandmother
le grand-parent (les grands-parents)	grandparent(s)
le grand-père	grandfather
le mari	husband
la mère	mother
le neveu	nephew
la nièce	niece
l'oncle (*m.*)	uncle
le parent	parent; relative
le père	father
la petite-fille	granddaughter
le petit-enfant	grandchild
le petit-fils	grandson
la sœur	sister
la tante	aunt

Le temps

Quel temps fait-il?	How's the weather?
Il fait beau.	It's nice (out).
Il fait chaud.	It's hot.
Il fait (du) soleil.	It's sunny.
Il fait du vent. (Il y a du vent.)	It's windy.
Il fait frais.	It's cool.
Il fait froid.	It's cold.
Il fait mauvais.	It's bad (out).

Il neige.	It's snowing.
Il pleut.	It's raining.
Le temps est nuageux.	It's cloudy.
Le temps est orageux.	It's stormy.

Les saisons

au printemps (*m.*)	in spring
en automne (*m.*)	in fall
en été (*m.*)	in summer
en hiver (*m.*)	in winter

Les vêtements d'extérieur

le blouson	jacket
les bottes (*f.*)	boots
l'écharpe (*f.*)	scarf
le gant	glove
l'imperméable (*m.*)	raincoat
le maillot de bain	swimsuit
le manteau	coat

Mots et expressions divers

l'année prochaine	next year
l'après-midi (*m.*)	afternoon; in the afternoon
bientôt	soon
ce week-end	this weekend
cet après-midi / ce matin / ce soir	this afternoon / morning / evening
dans quatre jours	in four days (from now)
demain	tomorrow
une fois par semaine	once a week
le lundi / le vendredi soir	on Mondays / on Friday evenings
le matin	morning; in the morning
la semaine prochaine	next week
le soir	evening; in the evenings
tous les jours	every day
tout à l'heure	in a while
tout de suite	immediately
le week-end	weekend; on weekends

Vocabulaire

Un repas d'iftar à Bagnolet, en banlieue parisienne

Dans ce chapitre...

OBJECTIFS COMMUNICATIFS

➤ talking about food and drink

➤ expressing quantity

➤ giving commands

➤ telling time

➤ learning to distinguish between and pronounce selected sounds in French

CULTURE

➤ Un petit plus: *Le thé à la menthe*

➤ Espaces francophones: *L'Algérie*

➤ Reportage: *Mangez, bougez!*

➤ Lecture: *Saveurs du monde francophone*

Godong/Universal Images Group/Getty Images

Les repas de la journée*

Voilà des aliments (*m.*) populaires en France.

Le matin: le petit déjeuner

du pain (*m.*)
du lait (*m.*)
du café (*m.*)
un croissant
du beurre (*m.*)
du sucre (*m.*)

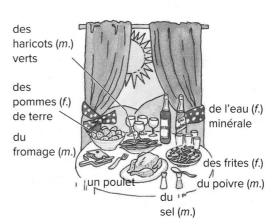

Le midi: le déjeuner

des haricots (*m.*) verts
des pommes (*f.*) de terre
du fromage (*m.*)
de l'eau (*f.*) minérale
des frites (*f.*)
du poivre (*m.*)
un poulet
du sel (*m.*)

L'après-midi: le goûter†

du chocolat (*m.*)
du thé (*m.*)
des serviettes (*f.*)
des gâteaux (*m.*) au chocolat
une tarte aux pommes

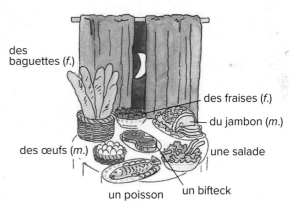

Le soir: le dîner

des baguettes (*f.*)
des fraises (*f.*)
du jambon (*m.*)
des œufs (*m.*)
une salade
un poisson
un bifteck

---

*La journée** (*The day*) is used instead of **le jour** to emphasize the notion of an entire day, as in the expression **Quelle journée!** (*What a day!*) or **Bonne journée!** (*Have a nice day!*).

†**Le goûter** is an afternoon snack: **des petits pains au chocolat pour les enfants; du thé ou du café et des gâteaux pour les adultes.**

Les boissons (f.)

une bière
une boissson gazeuse
du champagne (m.)
du jus (m.) d'orange
du vin (m.)

Les viandes (f.)

du porc (m.)
du bœuf (m.)

Les fruits (m.)

une banane
une pomme
une poire
un citron
une orange
un ananas
un citron vert

Les légumes (m.)

une courgette
un poivron
une tomate
un champignon
une laitue
une carotte
un oignon
des épinards (m. pl.)

AUTRES MOTS UTILES	
déjeuner	to eat lunch
dîner	to eat dinner
la crème	cream
le dessert	dessert
la glace	ice cream
le plat	dish (of food)
les produits (m.) **frais**	fresh products

Allez-y!

A. Catégories. Ajoutez (Add) d'autres aliments dans les catégories mentionnées.

> **MODÈLE:** La mousse au chocolat est *un dessert.* →
> Le gâteau, la tarte aux pommes et les fraises sont aussi des desserts.

1. La bière est *une boisson.*
2. Les épinards sont *un légume.*
3. Le porc est *une viande.*
4. La banane est *un fruit.*

B. L'intrus. Dans les groupes suivants, trouvez le mot qui ne va pas avec les autres. Expliquez votre choix.

1. café / fraise / bière / thé / lait
2. haricots verts / salade / carotte / œuf / pomme de terre
3. bifteck / porc / pain / jambon / poulet
4. sel / gâteau / poivre / sucre / beurre
5. vin / banane / pomme / orange / melon
6. tarte aux pommes / fromage / chocolat / thé / gâteau au chocolat

C. Les habitudes alimentaires. Posez les questions suivantes à un/une camarade de classe.

1. D'habitude, est-ce que tu prends un petit déjeuner? Si oui, qu'est-ce que tu manges? Sinon, pourquoi pas?
2. Quelle boisson préfères-tu prendre le matin?
3. Où déjeunes-tu et avec qui?
4. Est-ce que tu prends un goûter quelquefois pendant la journée? Si oui, qu'est-ce que tu manges?
5. Pour le dîner, tu aimes cuisiner? Si oui, qu'est-ce que tu aimes préparer?
6. Est-ce que tu préfères manger à la maison ou aller manger au restaurant?

Le verbe *préférer*

Elle préfère le makrout el louz.

PRESENT TENSE OF **préférer** (*to prefer*)			
je	**préfère**	nous	préférons
tu	**préfères**	vous	préférez
il/elle/on	**préfère**	ils/elles	**préfèrent**

Although the endings are regular, the verb **préférer** is irregular. For the forms of **je, tu, il/elle/on,** and **ils/elles,** the second **é** from the stem (**préfér-**) changes to **è** (**je préfère**). The **nous** and **vous** forms are regular. Verbs conjugated like **préférer** include **répéter, espérer** (*to hope*), **célébrer,** and **considérer.**

Allez-y!

A. Fiche (*Form*) gastronomique. Demandez à un/une camarade de classe quelles sont ses préférences, et complétez la fiche. Utilisez **quel** (*m.*) ou **quelle** (*f.*) et le verbe **préférer.**

MODÈLE: É1: Quelle boisson préfères-tu?
É2: Je préfère le/la...

boisson: _____

viande: _____

légume: _____

fruit: _____

dessert: _____

repas: _____

plat: _____

Maintenant, avec vos camarades de classe, examinez les différentes fiches et déterminez quels sont les plats et les boissons préférés de la classe.

B. Question de préférence. Avec un/une camarade, répondez aux questions suivantes.

1. Quel repas est-ce que tu préfères? Pourquoi?
2. Selon toi (*In your opinion*), est-ce que tu es bon cuisinier / bonne cuisinière (*cook*)?
3. Dans quel restaurant est-ce que tu espères aller prochainement (*soon*)?
4. Chez toi, quelles fêtes est-ce qu'on célèbre? Qu'est-ce que vous préparez pour célébrer cette/ces (*this/those*) fête(s)?

Un petit plus...

Le thé à la menthe

Au Maroc, en Tunisie, en Algérie, le thé vert à la menthe, boisson nationale, est d'abord un langage. Il signifie: «bienvenue», «relaxez-vous», «discutons». En famille, entre amis, à la maison, au bureau, dans un magasin, l'hôte vous offre un thé à la menthe en signe d'hospitalité. Attention: un refus est inconcevable!

Très sucré et très chaud, le thé est servi dans un petit verre transparent souvent décoré. La théière (*teapot*) est placée à mi-hauteur pour produire un peu de mousse (*foam*)—signe de chance (*luck*). On le boit à chaque moment de la journée, dans toutes les classes sociales.

Cette tradition enchante les visiteurs étrangers.

Un serveur de thé tunisien

Mikel Bilbao/VWPics/Universal Images Group/Getty Images

À table

une carafe d'eau • une bouteille
un verre à vin
une petite cuillère
une cuillère à soupe
une assiette à soupe

Une table française

un verre • une tasse
une serviette
une fourchette • une assiette • un couteau

Une table nord-américaine

AUTRES MOTS UTILES	
le bol	small bowl (*used for* **café au lait**)
la nappe	tablecloth
la soupe	soup

Allez-y!

A. **L'objet nécessaire.** Quels objets utilisez-vous?

> **MODÈLE:** le café au lait →
> J'utilise un bol pour le café au lait.

1. le vin
2. la viande
3. la soupe
4. la salade
5. le thé
6. la mousse au chocolat
7. l'eau
8. le café express

Une table élégante au Château Guiraud à Bordeaux (France)

B. **L'art de la table.** Mettre le couvert (*Setting the table*) est souvent un art. Regardez la photo d'une table dans le restaurant d'un grand vignoble bordelais et répondez aux questions.

1. Décrivez ce qu'il y a sur la table. Imaginez qui va participer au repas.
2. À votre avis, pourquoi est-ce qu'il y a quatre verres pour chaque personne?
3. Et chez vous, qu'est-ce qu'on place sur la table au petit déjeuner? au déjeuner? au dîner? pour un repas spécial?

Bienvenue en Algérie!

Pays: Algérie (République algérienne démocratique et populaire)

Habitants: Algériens

Capitale: Alger

Langues officielles: arabe, tamazight (berbère)

Unité monétaire: dinar algérien

Fête nationale: 1er novembre

Un coup d'œil sur Alger

Alger, sept millions d'habitants, capitale de l'Algérie, regarde la Méditerranée. Une architecture mauresque,[1] des immeubles majestueux, édifiés[2] par les Français durant la colonisation, des palmiers, un parfum de jasmin: voilà l'identité d'Alger.

La Casbah, quartier historique, est classée au patrimoine mondial de l'Unesco.[3] C'est un labyrinthe de ruelles,[4] d'escaliers et de petites maisons orientées vers la mer.[5] Dans la Casbah, pas de voitures. Tout est à échelle[6] humaine. Longtemps négligé, ce trésor du patrimoine algérien souffre: sa citadelle du XVIe siècle,[7] ses palais ottomans, ses mosquées et ses hammams[8] sont menacés de ruine. Mais un programme de restauration est lancé.

Aujourd'hui l'urbanisme moderne répond en urgence aux besoins d'une population très dense et très jeune. Mais Alger est attaché à son passé. Les secteurs branchés du centre s'harmonisent avec les quartiers anciens; le fast-food rivalise avec la cuisine berbère traditionnelle; le raï, musique nationale, et le rap sont amis. C'est ce riche mélange[9] qui fait le charme d'Alger.

Jamaa al-Jdid, une des mosquées historiques d'Alger, située dans la place des Martyrs

Dukas/Universal Images Group/ Getty Images

[1]*Moorish* [2]*built* [3]*classé... designated a UNESCO World Heritage site* [4]*alleys* [5]*sea* [6]*scale* [7]*XVIe... 16th century* [8]*steam baths* [9]*blend*

PORTRAIT Assia Djebar (1936–2015)

Elle est la première écrivaine[1] maghrébine[2] élue à l'Académie française (2005). Cette distinction rend hommage à une femme d'exception qui a choisi son destin dans une société patriarcale où l'homme était le maître.[3]

Née en Algérie, Assia Djebar transgresse les traditions. Elle écrit, voyage, enseigne[4] en France et aux États-Unis. Dans ses romans[5] *L'amour, la fantasia* (1985), *Ombre sultane* (1987), *Vaste est la prison* (1995), elle explore l'identité maghrébine et se bat[6] pour l'émancipation des femmes algériennes. Mais c'est en français, la langue de l'ancien[7] colonisateur, qu'elle écrit, «ma langue pour penser» comme elle précise.[8]

Cette grande figure intellectuelle appartient[9] à une double culture arabe et française. Elle annonce un monde pluriculturel et métissé[10] où on cherche à concilier des valeurs souvent antagonistes. Traduite en 24 langues, Assia Djebar a une renommée internationale. Aujourd'hui l'Algérie la reconnaît et l'honore: pour les femmes, elle est une source d'inspiration; pour la société algérienne, une figure de la modernité.

L'écrivaine Assia Djebar après son discours de réception à l'Académie française

REUTERS/Alamy Stock Photo

[1]*writer* [2]*North African* [3]*master* [4]*teaches* [5]*novels* [6]*se... fights* [7]*former* [8]*explains* [9]*belongs* [10]*mixed*

Les verbes *prendre* et *boire*

Talking About Food and Drink

🎧 PETIT DÉJEUNER ENTRE AMIS

Hassan et Abdel échangent des textos (SMS).

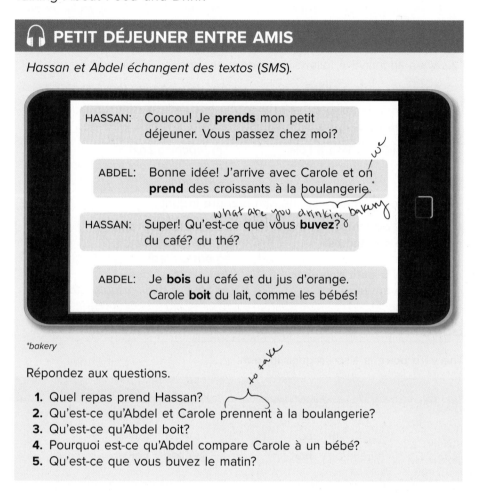

HASSAN: Coucou! Je **prends** mon petit déjeuner. Vous passez chez moi?

ABDEL: Bonne idée! J'arrive avec Carole et on **prend** des croissants à la boulangerie.*

HASSAN: Super! Qu'est-ce que vous **buvez**? du café? du thé?

ABDEL: Je **bois** du café et du jus d'orange. Carole **boit** du lait, comme les bébés!

bakery

Répondez aux questions.

1. Quel repas prend Hassan?
2. Qu'est-ce qu'Abdel et Carole prennent à la boulangerie?
3. Qu'est-ce qu'Abdel boit?
4. Pourquoi est-ce qu'Abdel compare Carole à un bébé?
5. Qu'est-ce que vous buvez le matin?

Prendre and Similar Verbs

The verb **prendre** is irregular in its plural forms.

PRESENT TENSE OF **prendre** (*to take*)			
je	**prends**	nous	**prenons**
tu	**prends**	vous	**prenez**
il/elle/on	**prend**	ils/elles	**prennent**

1. Verbs conjugated like **prendre** include **apprendre** (*to learn*) and **comprendre** (*to understand; to include*).

—Qu'est-ce que vous **prenez?**	*What are you having?*
—Je **prends** la salade verte.	*I'm having the green salad.*
Il **apprend** l'espagnol.	*He's learning (to speak) Spanish.*
Est-ce que tu **comprends** l'allemand?	*Do you understand German?*
Le menu à 20 euros **comprend** une entrée, un plat et un dessert.	*The meal for 20 euros includes an appetizer, the main course, and a dessert.*

2. When an infinitive follows **apprendre,** the preposition **à** must be used.

Apprenez-vous **à** skier?	*Are you learning (how) to ski?*

Apprendre can also mean *to teach*. In this case, the person taught is preceded by **à.** If the thing taught is a verb, it is also preceded by **à.**

J'apprends le russe à Lola.	*I'm teaching Lola Russian.*
J'apprends à Lola à parler russe.	*I'm teaching Lola to speak Russian.*

3. Some common expressions with **prendre** include:

prendre du temps	*to take (a long) time*
prendre son temps	*to take one's time*
prendre un repas	*to eat a meal*
prendre le petit déjeuner	*to have breakfast*
prendre un verre	*to have a drink (usually alcoholic)*

Boire

The verb **boire** is also irregular in form.

PRESENT TENSE OF **boire** (*to drink*)			
je	**bois**	nous	**buvons**
tu	**bois**	vous	**buvez**
il/elle/on	**boit**	ils/elles	**boivent**

Tu **bois** de l'eau minérale.	*You're drinking mineral water.*
Nous **buvons** de la bière.	*We're drinking beer.*

Offrir un verre aux amis, c'est sympa! Qu'est-ce qu'on boit ici? Qu'est-ce qu'on mange?

Tony Tallec/Alamy Stock Photo

Allez-y!

A. Des étudiants modèles? Lisez les phrases, puis faites les substitutions suivantes: (1) tu, (2) mon meilleur ami / ma meilleure amie, (3) mon/ma camarade et moi, (4) je, (5) mes copains.

   1. Vous apprenez le français.
   2. Vous comprenez presque (*almost*) toujours la professeure.
   3. Pour préparer les examens, vous prenez des livres à la bibliothèque.
   4. Pour faire votre travail, vous prenez votre temps.
   5. Malheureusement (*Unfortunately*), vous buvez trop de (*too much*) café.

B. Qu'est-ce qu'on boit? Choisissez la boisson qui convient à chaque situation.

Boissons: de la bière, du café, du champagne, de l'eau, du jus d'orange, du jus de pomme, du lait chaud, de la limonade, du thé, du vin

MODÈLE: Nous sommes le 31 décembre. (Loïc) →
            Il boit du champagne.

   1. Il fait très chaud. (vous)
   2. Il fait froid. (Christian)
   3. Il est minuit (*midnight*). (tu)
   4. Il est huit heures du matin (*8 AM*). (je)
   5. Nous sommes au café. (nous)
   6. Emma et Inès sont au restaurant. (elles)

C. Conversations au café. Vous êtes au café. Qu'est-ce que les gens disent? Complétez les conversations avec les verbes **prendre, apprendre** et **comprendre.**

   1. FANNY: Est-ce que tu _____ un café?
          AZIZ: Non, je _____ une bouteille d'eau minérale.
   2. LÉA: Est-ce que tu _____ l'anglais?
          FRANCO: Oui, et j' _____ aussi l'anglais à mes enfants. Et vous deux, qu'est-ce que vous _____ comme (*as*) langue étrangère?
          CLÉMENT: Nous, nous _____ le japonais.
   3. CLAUDE: Est-ce que vous _____ toujours le professeur de philosophie?
          DAVID: Non, mais les autres (*others*) _____ tout!

D. Mission impossible? Posez une question avec **Est-ce que tu...** pour trouver un/une camarade de classe qui (*who*)...

   1. ne prend pas de petit déjeuner
   2. prend en général des crêpes (*pancakes*) au petit déjeuner
   3. boit cinq tasses de café ou plus par jour
   4. boit un verre de lait à chaque repas
   5. apprend un nouveau sport ce semestre
   6. comprend le sens de la vie (*meaning of life*)

Les articles partitifs

Expressing Quantity

🎧 PAS DE GÂTEAU POUR LE DESSERT!

Hassan téléphone à Carole.

HASSAN: Salut, Carole! Alors, le dîner que tu prépares pour les parents d'Abdel, il est prêt[1]?

CAROLE: Non... mais mon menu est prêt: **du** poulet avec des pommes de terre. **De la** salade verte. Et pour finir, **du** fromage et des fruits. J'adore les repas simples!

HASSAN: C'est un menu quotidien[2] trop banal pour une grande occasion. Pourquoi pas une belle salade niçoise avec **de la** laitue, des œufs, **du** thon,[3] des oignons? Et ensuite,[4] un bœuf aux carottes avec **de l'**huile[5] d'olive? Ce n'est pas compliqué...

CAROLE: Et pour le dessert, un gâteau?

HASSAN: **Pas de** gâteau: **De la** mousse au chocolat! Avec **du** citron: c'est original, et... très très facile!

Délicieuse, la mousse au chocolat!

Gaus Nataliya/Shutterstock

[1]*ready* [2]*daily* [3]*tuna* [4]*next* [5]*oil*

Trouvez, dans le dialogue, la phrase disant que...

1. Carole compose un menu avec de la viande, des légumes et des fruits.
2. Carole n'aime pas les repas compliqués.
3. Dans la salade niçoise, il y a plusieurs (*several*) ingrédients.
4. Hassan n'est pas favorable au gâteau pour le dessert.
5. La mousse au chocolat, c'est facile à préparer.

Forms of Partitive Articles

In addition to the definite and indefinite articles, there is a third article in French, called the partitive (**le partitif**). It has three forms: **du** (*m.*), **de la** (*f.*), and **de l'** (before a vowel or mute **h**). It agrees in gender and number with the noun it precedes.

Prenez-vous **du** jambon?	*Are you having (some) ham?*
de la salade?	*(some) salad?*
de l'eau minérale?	*(some) mineral water?*

Partitive versus Indefinite Articles

1. The partitive article is used to indicate part of a quantity that is measurable but not countable. This idea is sometimes expressed in English by *some* or *any;* usually, however, *some* is only implied. Examples of noncountable nouns (also called *mass nouns*) include **beurre, chocolat, eau, glace, lait, pain, sucre, viande, vin, argent,** and **temps.**

Avez-vous **du** thé?	*Do you have tea?*
Je voudrais **du** sucre.	*I would like (some) sugar.*
Mangez-vous **du** poisson?	*Do you eat fish?*

2. When something is countable or is considered as a whole, the indefinite article is used instead.

Après le dîner, je prends **un** thé.	*After dinner, I have (a cup of) tea.*
Je voudrais **un** sucre dans mon café.	*I would like one (cube of) sugar in my coffee.*
Je mange **un** poisson par semaine.	*I eat a (whole) fish every week.*

Partitive versus Definite Articles

1. The partitive article is used with verbs such as **acheter,* boire, manger,** and **prendre,** because they usually involve consuming or buying a *portion* of something. However, after verbs of preference such as **adorer, aimer, aimer mieux, détester,** and **préférer,** the definite article is used, because these verbs generally express a reaction to an entire category.

Beaucoup de Français mangent **du** fromage à la fin du repas, mais moi, je déteste **le** fromage.	*Many French people eat cheese at the end of the meal, but I hate cheese.*

2. The partitive is also used with abstract qualities attributed to people, whereas the definite article is used to talk about these qualities in general.

Elle a **du** courage.	*She has (some) courage.*
Elle déteste **l'**hypocrisie.	*She hates hypocrisy.*

Partitives in Negative Sentences

1. In negative sentences, partitive articles become **de (d'),** except after **être.** This is also true with the plural indefinite article **des.**

Je bois **du** lait.	→	Je ne bois **pas de** lait.
Elle mange **de la** soupe.	→	Elle ne mange **pas de** soupe.
Tu prends **de l'**eau.	→	Tu ne prends **pas d'**eau.
BUT: C'est **du** vin espagnol.	→	Ce n'est pas **du** vin espagnol.
Vous mangez **des** carottes.	→	Vous ne mangez **pas de** carottes.
BUT: Ce sont **des** poires.	→	Ce ne sont **pas des** poires.

[Allez-y! A]

---

*Acheter means *to buy.* It will be presented in *Chapitre 8.* Meanwhile, see Appendix B for the conjugation of **acheter.**

Mots clés

Exprimer un désir

Je voudrais means *I would like.* It is used to make a polite request and can be followed by a noun or an infinitive.

Je voudrais un café, s'il vous plaît.
I would like a cup of coffee, please.

Je voudrais prendre le menu du jour.
I would like to have the special of the day.

Prononcez bien!

The vowels in *du* and *de*

Be sure to clearly distinguish between the vowels in **du** [dy] and **de** [də]. For **du,** round your lips and close your mouth, push the body of your tongue forward, pressing the tip against your lower teeth, and make your lips protrude. For **de,** open your mouth slightly more than for **du,** shift your tongue to the center of your mouth, and round your lips without having them protrude.

[y]: Il y a **du** poulet.

[ə]: Il n'y a pas **de** poulet.

2. The expression **ne... plus** (*no more, no longer, not any more*) surrounds the conjugated verb, like **ne... pas.**

Nils et Zoé? Ils **ne** mangent **plus** de viande.

Nils and Zoé? They don't eat meat anymore.

Je suis désolé, mais nous **n'**avons **plus** de vin.

I'm sorry, but we have no more wine.

[Allez-y! B]

Partitives with Expressions of Quantity

Partitive articles also become **de (d')** after expressions of quantity.

Elle commande **du vin.**

Combien de verres est-ce qu'elle commande?

Elle commande **un peu de vin.**

Elle commande **beaucoup de vin.**

Elle commande **un verre de vin.**

Elle a **assez de vin.**

Elle boit **trop de vin.**

Dans son verre, il y a **peu de vin.**

[Allez-y! C-D]

Allez-y!

A. À table! Qu'est-ce que vous prenez, en général, à chaque repas? *at each meal* Qu'est-ce que vous ne prenez pas? Pensez-y!

Vocabulaire utile: du bacon, un bifteck, du café au lait, des croissants, des frites, du fromage, un fruit, un hamburger, de la pizza, du poulet, des spaghettis...

MODÈLE: Au petit déjeuner... →
Au petit déjeuner, je prends du jus d'orange, mais je ne prends pas de café au lait.

1. Au petit déjeuner...
2. Au déjeuner...
3. Au dîner...

B. **Dîner d'anniversaire** (*birthday*). Avec un/une camarade, vous préparez un dîner surprise pour fêter l'anniversaire d'un ami / d'une amie. Mais avez-vous tous (*all*) les ingrédients nécessaires?

MODÈLE: carottes (assez) / (ne... pas) tomates →
       É1: Est-ce que tu as des carottes?
       É2: Oui, j'ai assez de carottes, mais je n'ai pas de tomates.

1. eau minérale (3 bouteilles) / (ne... plus) jus d'orange
2. café (un peu) / (ne... plus) thé
3. fraises (beaucoup) / (ne... pas) melon
4. chocolat (trop) / (ne... pas) œufs
5. viande (assez) / (ne... pas) légumes
6. sucre (un bol) / (ne... plus) sel

C. **La réponse est simple!** Trouvez des solutions aux problèmes suivants. Utilisez les verbes **boire, apprendre, comprendre** et **prendre** et des expressions avec **prendre.**

MODÈLE: Je désire parler avec un ami. →
       Je prends un verre au café avec un ami.

1. J'ai faim.
2. J'ai soif.
3. Je désire bien parler français.
4. Je désire étudier les mathématiques.
5. Je n'aime pas le vin.
6. Je ne suis pas pressé(e) (*in a hurry*).

D. **Dis-moi ce que tu manges!** Regardez les résultats d'une enquête (*survey*) sur les habitudes alimentaires des Français et répondez aux questions suivantes.

1. Est-ce que les Français dépensent (*spend*) plus pour acheter des boissons alcoolisées ou non alcoolisées (sans compter le lait)?
2. Nommez deux catégories de produits frais que les Français aiment consommer.
3. Quels sont les produits que les Français végétariens ne consomment pas?
4. Dans la liste, nommez deux catégories de produits que l'on (*that one*) achète généralement au marché en plein air (*open-air market*).
5. À votre avis, quelles sont les différences entre les habitudes alimentaires des Français et des Nord-Américains?

Ce que les Français consomment (en % du total des dépenses alimentaires)

* Y compris plats préparés à base de viande
† Y compris jus de fruits et plats préparés

Mangez, bougez!°

Mangez... Eat! Move!

Sandwich et fruits pour les gens pressés

En France, la nourriture est une cause nationale; manger est une passion. Un anniversaire, une promotion, une fête,[1] tout est prétexte à faire un bon repas en famille ou avec des amis.

Mais trop manger n'est pas bon pour la santé[2]! Alors, comment faire? Avec son programme officiel «Manger-Bouger», l'Institut national de prévention et d'éducation pour la santé propose une solution: consommer des produits frais, équilibrer[3] ses repas et avoir des activités physiques.

Les Français sont d'accord, comme Zoé, une étudiante en médecine qui nous parle de ses habitudes alimentaires[4]: «Pour le petit déjeuner, je prends des céréales, je mange beaucoup de pain avec du beurre et de la confiture, je bois du jus d'orange. Pour le déjeuner, je n'ai pas beaucoup de temps, alors, une pomme ou une banane me suffisent.[5] Dans la journée, je bois du thé et je mange du chocolat... trop de chocolat! Le soir, je prépare un vrai dîner: je mange des pâtes ou du riz, parce que c'est facile à préparer, des légumes et des fruits parce que c'est bon pour la santé. Je cuisine peu de viande et de poisson parce que c'est cher! Je précise aussi que je suis très sportive. Je sais[6] que mes repas ne sont pas toujours équilibrés, mais j'apprends à manger correctement... C'est important!»

Luc, étudiant en droit, est très sérieux: il boit du lait le matin et de l'eau à tous les repas; il adore les légumes; il achète du poisson deux fois par semaine, de la viande tous les lundis et il fait du sport chaque jour. Mais il explique: «Quand je suis avec mes copains, je bois de la bière—pas trop!—et je mange des frites, mon plat préféré! Et le lendemain,[7] je fais un footing[8]... ».

Vous voyez, le programme «Manger-Bouger» fait réfléchir et progresser. Même[9] les enfants apprennent à sélectionner leurs aliments et à cuisiner. Et pour l'activité physique, pas de problème: ils sont toujours en mouvement... parce que ce sont des enfants!

[1]holiday [2]health [3]balance [4]habitudes... eating habits [5]me... are enough for me [6]know [7]the next day [8]fais... go for a run [9]Even

VOUS COMPRENEZ?

1. Expliquez la phrase «En France, la nourriture est une cause nationale».
2. Décrivez le programme Manger-Bouger. Est-il difficile à respecter? pourquoi?
3. Que mange Zoé? Et Luc? Qui est le plus raisonnable?
4. Comment les enfants apprennent-ils à manger correctement?

L'impératif

Giving Commands

🎧 DEUX BAGUETTES ET DU SEL!

Abdel et Carole échangent des textos (SMS).

CAROLE: **Sois**[1] gentil, **apporte**[2] deux baguettes pour ce soir.

ABDEL: Je prends un gâteau pour le dessert?

CAROLE: Non. **Achète**[3] du sel.

ABDEL: Du sel pour le dessert?

CAROLE: Idiot! Du sel pour mon bœuf aux carottes. **Ne perds pas** de temps. Tes parents arrivent dans vingt minutes!

ABDEL: **Fais** attention: mes parents sont toujours en avance...

CAROLE: **Dépêche-toi,**[4] **dépêche-toi!**

[1]Be [2]bring [3]Buy [4]Hurry up

Trouvez la phrase où...

1. Carole demande gentiment (*politely*) à Abdel d'apporter deux baguettes.
2. Carole demande à Abdel d'acheter du sel.
3. Abdel explique que ses parents vont bientôt arriver.
4. Carole ordonne à Abdel de se dépêcher.

The imperative is the command form of a verb. It is used to express an order, a piece of advice, or a suggestion. There are three forms in French. As in English, subject pronouns are not used with the imperative.

(tu)	**Arrête** de parler!	*Stop talking!*
(nous)	**Allons** au restaurant!	*Let's go to the restaurant!*
(vous)	**Passez** une bonne journée!	*Have a nice day!*

1. Verbs ending in **-er**: The imperatives are the same as the corresponding present-tense forms, except that the **tu** form does not end in **-s.**

INFINITIVE	tu	nous	vous
regarder	**Regarde!**	**Regardons!**	**Regardez!**
entrer	**Entre!**	**Entrons!**	**Entrez!**

Écoute!	*Listen!*
Regardez! Un restaurant marocain.	*Look! A Moroccan restaurant.*
Entrons!	*Let's go in!*

The imperative forms of the irregular verb **aller** follow the pattern of regular **-er** imperatives: **va, allons, allez.**

2. Verbs ending in **-re** and **-ir**: The imperative forms are identical to their corresponding present-tense forms. This is true even of most irregular **-re** and **-ir** verbs.

INFINITIVE	tu	nous	vous
attendre	**Attends!**	**Attendons!**	**Attendez!**
finir	**Finis!**	**Finissons!**	**Finissez!**
faire	**Fais... !**	**Faisons... !**	**Faites... !**

Attends! Finis ton verre!	*Wait! Finish your drink!*
Faites attention!	*Pay attention! (Watch out!)*

3. The verbs **avoir** and **être** have irregular command forms.

INFINITIVE	tu	nous	vous
avoir	**Aie... !**	**Ayons... !**	**Ayez... !**
être	**Sois... !**	**Soyons... !**	**Soyez... !**

Sois gentil, Michel.	*Be nice, Michel.*
Ayez de la patience.	*Have patience.*

4. In negative commands, **ne** comes before the verb and **pas** follows it.

Ne prends pas de sucre!	*Don't have any sugar!*
Ne buvons pas trop de café.	*Let's not drink too much coffee.*
N'attendez pas le dessert.	*Don't wait for dessert.*

5. When using these command forms, you should be aware that they are not the most polite way of expressing your wishes. Later on you will learn about indirect commands or requests with the conditional, which are much more polite. With the imperative, the use of **s'il vous plaît** and **s'il te plaît** will make your requests more polite.

Aie de la patience, **s'il te plaît.**	*Please have patience.*
Ne fumez pas, s'il vous plaît.	*Please don't smoke.*

Allez-y!

A. Les bonnes manières. Vous êtes à table avec un enfant. Dites-lui ce qu'il faut (= il est nécessaire de) faire ou ne pas faire.

> MODÈLE: ne pas jouer avec ton couteau →
> Ne joue pas avec ton couteau!

1. attendre ton frère
2. prendre ta serviette
3. finir ta soupe
4. manger tes carottes
5. regarder ton assiette
6. être sage (*good* [*lit., wise*])
7. ne pas manger de sucre
8. boire ton verre de lait
9. ne pas demander de dessert

B. Un job d'été. Vous travaillez comme serveur/serveuse dans un café. Voici les recommandations de la patronne (*owner*).

> MODÈLE: faire attention aux clients → Faites attention aux clients!

1. être aimable
2. avoir de la patience
3. écouter les clients
4. répondre aux questions
5. ne pas perdre de temps
6. rendre correctement la monnaie (*change*)

Maintenant vous parlez avec un autre serveur / une autre serveuse de ce qu'il faut faire au travail. Répétez les recommandations de la patronne.

> MODÈLE: faire attention aux clients → Faisons attention aux clients!

C. Le robot. Vous avez un robot qui travaille pour vous. La classe choisit un étudiant / une étudiante pour jouer le rôle du robot. Donnez cinq ordres en français au robot. Il/Elle est obligé(e) d'obéir. Utilisez «s'il te plaît».

> MODÈLE: Va au tableau, s'il te plaît!

L'heure

Telling Time

Quelle heure est-il?

Il est **sept heures.** Quel repas est-ce que Vincent prend?

Il est **dix heures et demie.*** Où est Vincent?

Il est **midi.** Quel repas est-ce qu'il prend?

Il est **deux heures et quart.** Où est Vincent?

Il est **quatre heures moins le quart.** Qu'est-ce qu'il fait?

Il est **huit heures vingt.** Il dîne en famille?

Il est **minuit moins vingt.** Est-ce qu'il étudie encore?

Il est **minuit,** et Vincent dort (*is sleeping*).

1. To ask the time:

   Excusez-moi, quelle heure est-il?   *Excuse me, what time is it?*

2. To ask at what time something happens:

   —**À quelle heure** commence le film?   *At what time does the movie start?*
   —**À** deux heures et demie.   *At 2:30.*

3. To tell the time:

   Il est une **heure.**   *It is 1:00.*
   Il est deux **heures.**   *It is 2:00.*
   Il est presque **midi/minuit.**   *It's almost noon/midnight.*

4. To make a distinction between AM and PM:

   Il est neuf heures **du matin.**   *It's 9 AM (in the morning).*
   Il est quatre heures **de l'après-midi.**   *It's 4 PM (in the afternoon).*
   Il est onze heures **du soir.**   *It's 11 PM (in the evening, at night).*

---

*To tell the time on the half hour, **et demie** is used after the feminine noun **heure(s)** and **et demi** is used after the masculine nouns **midi** and **minuit.**

Il est trois heures **et demie.**   *It's 3:30 (half past three).*
Il est midi **et demi.**   *It's 12:30 (half past noon).*

In France and many other Francophone countries, the 24-hour clock is used on a daily basis, even when speaking casually. It is always used when time is written or displayed, such as for official announcements (e.g., transportation schedules) and when making appointments or reservations. For time expressed in figures, **h** (**heures**) is used (without a colon or a period).

	OFFICIAL 24-HOUR	12-HOUR
9 h 15	neuf heures quinze	neuf heures **et quart** (du matin)
15 h 30	quinze heures trente	trois heures **et demie** (de l'après-midi)
18 h 45	dix-huit heures quarante-cinq	sept heures **moins le quart** (du soir)
20 h 50	vingt heures cinquante	neuf heures **moins dix** (du soir)

Mots clés

Exprimer le temps de façon générale

Il est **tard.**
It's late.

Il est **tôt.**
It's early.

Jamal prend son repas **de bonne heure.**
Jamal eats early.

Gabriel est **en retard** mais il va arriver **vers** 15 h 30.
Gabriel is late but he'll be here around 3:30 PM.

D'habitude, il est **en avance.**
Usually, he's early.

Camille est toujours **à l'heure.**
Camille is always on time.

Allez-y!

A. Quelle heure est-il? Donnez l'heure selon les deux systèmes.

1.   **2.**   **3.**    **4.**

5.  **6.**   **7.**   **8.**

9.  **10.**  **11.**   **12.**

B. Quelle heure est-il pour vous? Qu'est-ce que vous faites?

1.  **2.**  **3.**  **4.**

C. Les bars et restaurants de Carcassonne. Imaginez que vous êtes à Carcassonne et que vous consultez l'internet pour une liste des restaurants et cafés de la ville. Voici des informations sur quatre établissements et leurs horaires (*schedules*).

1. À quelle heure préférez-vous prendre votre petit déjeuner? Où pouvez-vous (*can you*) aller? Est-il possible de prendre votre repas à sept heures et demie dans ce restaurant? à huit heures et demie?
2. Samedi, vous avez besoin d'une connexion wifi pendant votre déjeuner à midi. Est-ce que Logigames est ouvert (*open*)? À quelle heure décidez-vous d'aller au cybercafé?
3. Où allez-vous pour manger une spécialité méditerranéenne? À quelle heure s'arrête le service du déjeuner? À quelle heure commence le service du dîner?
4. Est-il possible de déjeuner à la brasserie Chez Ju le samedi? Pourquoi? Est-il possible de dîner dans ce restaurant le samedi? À quelle heure?
5. Quel restaurant reste ouvert après minuit? Jusqu'à (*Until*) quelle heure?

LES BARS ET RESTAURANTS DE CARCASSONNE

Brasserie Chez Ju
Formule midi 17,50€ en semaine - Menus 20€ à 39€ - Carte
Cuisine moderne. Service tardif le weekend (18h à 23h), fermé° le dimanche pour les groupes.   *Closed*
42, route de Limoux

L'ESCALIER Pizzas
Spécialités méditerranéennes
De 12h à 14h et de 19h à minuit.
La pizzeria qui fait disjoncter - le Guide du Routard
23, bd Omer Sarraut
Tél. 04 68 25 65 66

Cybercafé Logigames
S'amuser - Sortir, Bar - Café, Cybercafé
Ouvert° du mardi au vendredi 10h–19h, samedi   *Open*
13h–21h, fermé le dimanche et le lundi
25, boulevard de Varsovie – Tél. 04 68 72 67 04

Le Colonial Lounge
Restaurant - Bar d'ambiance
Vous invite à l'évasion tous les jours de 11h à 16h
et de 19h à 2h du mat' - Formule à partir de 10€50 et sa carte
Au bord du canal, face à la gare
3, avenue Maréchal Foch
Tél. 04 68 72 48 43

LEÇON 4: PERSPECTIVES

 # Prononcez bien!

1. La voyelle dans *du* et *de* (page 143)

Au supermarché. Vous êtes au supermarché, mais vous n'avez pas votre liste avec vous. Vous téléphonez à votre colocataire. Elle vous dit (*tells you*) les choses que vous avez et que vous n'avez pas. La communication est mauvaise et vous avez des difficultés à entendre si elle dit «il y a **du** _____» ou «il n'y a pas de _____». Faites attention à la prononciation des voyelles **u** et **e** dans les articles pour choisir la bonne réponse.

1. a. Il y a du lait.   **b.** Il n'y a pas de lait.
2. a. Il y a du thé.   **b.** Il n'y a pas de thé.
3. a. Il y a du chocolat.   **b.** Il n'y a pas de chocolat.
4. a. Il y a du sucre.   **b.** Il n'y a pas de sucre.
5. a. Il y a du jambon.   **b.** Il n'y a pas de jambon.
6. a. Il y a du poisson.   **b.** Il n'y a pas de poisson.

2. Liaison with *heures* (page 150)

A. Un week-end entre amis! Les amis de votre colocataire, qui n'habitent pas tous en France, viennent (*are coming*) passer le week-end avec vous. Votre colocataire parle de la durée de voyage de ses amis. Cochez (*Check*) les temps mentionnés.

1. Christophe   **a.** 2 h   **b.** 12 h
2. Zoé   **a.** 3 h   **b.** 13 h
3. Éric et Isabelle   **a.** 6 h   **b.** 16 h
4. Marc   **a.** 3 h   **b.** 13 h
5. Simon   **a.** 6 h   **b.** 16 h
6. Carine   **a.** 2 h   **b.** 12 h

B. Horaires des arrivées. Les amis de votre colocataire (votre camarade de classe) vont arriver en train à des heures différentes. Vous téléphonez à votre colocataire pour demander leurs heures d'arrivée. Posez les questions 1 à 3 à votre colocataire selon le modèle. Ensuite, changez de rôle pour les questions 4 à 6. Faites bien attention à la liaison avec le mot **heures.**

MODÈLE: Christophe (8 h 45)
         É1: À quelle heure arrive Christophe?
         É2: Il arrive à 8 h 45.

1. Zoé (9 h 55)   **3.** Isabelle (2 h 10)   **5.** Simon (6 h 30)
2. Éric (2 h 05)   **4.** Marc (3 h 29)   **6.** Carine (6 h 45)

AVANT DE LIRE

Scanning. You are planning a dinner party featuring dishes from a number of French-speaking countries. One of your guests doesn't eat fish; another is allergic to dairy products. As you look for recipes, you rapidly *scan* the list of ingredients, rejecting those that contain salmon and/or cream, for example. Scanning allows you to read more efficiently. Instead of reading line by line, you can skip much of a text and still find the information you need.

Scan the recipes in this section. Would you be able to prepare both of them for the guests described here?

Le vocabulaire culinaire. In recipes, instructions are often given in the infinitive form, which can be translated by an imperative in English.

Râper finement les carottes.	*Finely grate the carrots.*
Couper en morceaux un kilo de poissons.	*Cut up a kilo of fish into pieces.*

In addition, many cooking instructions include the verbs **faire** and **laisser.** Read the following examples carefully.

Faire bouillir...	*Boil . . .*
Laisser mijoter...	*Let simmer . . .*

Can you guess the meaning of the expression **laisser cuire**? (Note that the verb **cuire** is related to the noun **cuisine**).

Voyons voir... Parcourez rapidement (*Scan*) les recettes à la page suivante et décidez si les affirmations sont vraies ou fausses.

1. V F La salade marocaine est sucrée.
2. V F On sert la soupe avec du riz.
3. V F La soupe se cuit (*cooks*) assez rapidement.
4. V F Il y a du jus d'orange dans la salade.
5. V F La soupe contient beaucoup de matières grasses (*fat*).

Saveurs du monde francophone

Tracy Hebden

Blaff de poissons martiniquais°

Ingrédients

1 kilo de poissons variés

1 citron vert

1 citron

2 oignons

1 gousse d'ail[1]

1 clou de girofle[2]

1 pincée de thym

2 cuillerées à soupe de persil finement haché[3]

3 cives[4] hachées

un morceau de piment[5]

du sel et du poivre

Préparation

Préparer le court-bouillon: Faire bouillir longuement dans une casserole[6] d'eau le girofle, le thym, le persil, les cives hachées, le piment, le sel, le poivre et les oignons préalablement[7] coupés en rondelles.[8] Couper en morceaux[9] un kilo de poissons, les frotter[10] de citron vert et les plonger dans le court-bouillon. Laisser cuire de 10 à 15 minutes. Ajouter[11] le jus d'un citron et la gousse d'ail écrasée.[12] Laissez mijoter pendant quelques minutes.

Servir les poissons dans ce bouillon très parfumé.[13]

Blaff... *Fish poached in broth, Fish soup*

[1]gousse... *clove of garlic* [2]*clove* [3]*chopped* [4]*scallions, spring onions* [5]*hot pepper* [6]*pot* [7]*ahead of time*
[8]*round slices* [9]*pieces* [10]*rub* [11]*Add* [12]*crushed* [13]*flavorful*

Maggie Janik Photography

Salade marocaine de carottes râpées à l'orange

Ingrédients

500 g de carottes

1 pincée de cannelle[14]

1 cuillerée à soupe de sucre en poudre

1 cuillerée à soupe d'eau de fleur d'oranger

1 verre de jus d'orange

le jus d'un citron

2 oranges

Préparation

Râper finement les carottes. Les arroser du mélange cannelle, jus de citron, sucre, eau de fleur d'oranger, jus d'orange. Mélanger. Disposer sur assiettes et décorer de tranches[15] d'oranges pelées à vif.[16]

Servir frais.

[14]pincée... *pinch of cinnamon*   [15]*slices*   [16]pelées... *peeled with pith removed*

COMPRÉHENSION

Quel verbe, quel ingrédient? Choisissez l'ingrédient de la colonne de droite qui correspond au verbe dans la colonne de gauche. **Attention:** Parfois il y a plus d'une réponse possible.

1. Écraser _____.	**a.** l'eau
2. Hacher _____.	**b.** les oranges
3. Faire bouillir _____.	**c.** les carottes
4. Peler _____.	**d.** les oignons
5. Râper _____.	**e.** la gousse d'ail
6. Couper _____.	**f.** les cives

📝 Écriture

The writing activities **Par écrit** and **Journal intime** can be found in the Workbook/Laboratory Manual to accompany *Vis-à-vis*.

▶️ Micro-trottoir

Au micro. Répondez aux questions suivantes à partir de votre point de vue personnel. Puis regardez la vidéo et comparez vos réponses à celles (*those*) des gens interrogés.

1. Pour vous, qu'est-ce qu'un repas équilibré?
2. Donnez-nous un exemple de vos bonnes ou mauvaises habitudes alimentaires.
3. Est-ce que vous mangez dans les fast-foods? Expliquez votre réponse.
4. Est-ce que vous mangez à des heures régulières et à quelle heure prenez-vous vos repas?

Verbes

apporter	to bring
apprendre	to learn
boire	to drink
célébrer	to celebrate
commander	to order (*in a restaurant*)
comprendre	to understand; to include
considérer	to consider
déjeuner	to eat lunch
dîner	to dine, eat dinner
espérer	to hope
laisser	to let; to leave
passer	to pass, spend (*time*)
préférer	to prefer
prendre	to take; to have (to eat; to order)
prendre le petit déjeuner	to have breakfast
prendre du temps	to take (a long) time
prendre son temps	to take one's time
prendre un repas	to eat a meal
prendre un verre	to have a drink (*usually alcoholic*)

À REVOIR: **aimer mieux, préparer, répéter**

Substantifs

la cuisine	cooking; kitchen
le déjeuner	lunch
le dîner	dinner
le goûter	afternoon snack
la journée	(whole) day
le midi	noon
le plat	dish (*of food*)
le petit déjeuner	breakfast
le produit	product
le repas	meal

À REVOIR: **l'après-midi, le matin, le soir**

Substantifs apparentés

la baguette, la banane, la carafe, la carotte, le champagne, le croissant, le dessert, le fruit, l'orange (*f.*)**, le porc, la salade, la soupe, la tomate**

Adjectif

frais/fraîche	fresh

Les provisions

l'aliment (*m.*)	food
l'ananas (*m.*)	pineapple
le beurre	butter
la bière	beer
le bifteck	steak
le bœuf	beef
la boisson	drink
la boisson gazeuse	soft drink
le champignon	mushroom
le chocolat	chocolate; hot chocolate
le citron	lemon
le citron vert	lime
la courgette	zucchini
la crème	cream
l'eau (*f.*) **(minérale)**	(mineral) water
les épinards (*m. pl.*)	spinach
la fraise	strawberry
les frites (*f. pl.*)	French fries
le fromage	cheese
le gâteau	cake
la glace	ice cream
les haricots* (*m. pl.*) **verts**	green beans
le jambon	ham
le jus (d'orange)	(orange) juice
le lait	milk
la laitue	lettuce
le légume	vegetable
la nourriture	food
l'œuf (*m.*)	egg
l'oignon (*m.*)	onion
le pain	bread
la poire	pear
le poisson	fish
le poivre	pepper
le poivron	bell pepper
la pomme	apple
la pomme de terre	potato
le poulet	chicken
les produits (*m.*) **frais**	fresh products
le sel	salt
le sucre	sugar
la tarte	pie
le thé	tea
la viande	meat
le vin	wine

À table

l'assiette (*f.*)	plate
le bol	small bowl
la bouteille	bottle
le couteau	knife
la cuillère (à soupe)	(soup) spoon
la fourchette	fork
la nappe	tablecloth
la serviette	napkin
la tasse	cup
le verre	glass

---

*The initial **h** is aspirate here, which means there is no liaison with the article **les**.

L'heure

Quelle heure est-il?	What time is it?
Il est... heure(s).	It is . . . o'clock.
... et demi(e)	half past (the hour)
... et quart	quarter past (the hour)
... moins le quart	quarter to (the hour)
... du matin	in the morning
... de l'après-midi	in the afternoon
... du soir	in the evening, at night
Il est midi.	It's noon.
Il est minuit.	It's midnight.
À quelle heure... ?	At what time . . . ?

Les expressions de quantité

assez de	enough of
beaucoup de	a lot of
peu de	little of
trop de	too much of, too many of
un peu de	a little of

Mots et expressions divers

à l'heure	on time
de bonne heure	early
Dépêche-toi!	Hurry up!
être en avance	to be early
être en retard	to be late
je voudrais	I would like
ne... plus	no more, no longer, not any more
plusieurs	several
presque	almost
selon	according to
tard	late
tôt	early
vers	around, about (*with time expressions*)

CHAPITRE 7

Les plaisirs de la cuisine

Maurice ROUGEMONT/Gamma-Rapho/Getty Images

Le chef Alain Souliac et son équipe apportent des légumes frais à la cuisine de l'Auberge Ostape, dans le Pays Basque.

Dans ce chapitre...

OBJECTIFS COMMUNICATIFS

➤ talking about ordering and shopping for food
➤ asking about choices
➤ pointing out people and things
➤ expressing desire, ability, and obligation
➤ talking about past events
➤ learning to distinguish between and pronounce selected sounds in French

CULTURE

➤ Un petit plus: *Le jeûne*
➤ Espaces francophones: *La Côte d'Ivoire*
➤ Reportage: *Comment voyager dans son assiette?*
➤ Lecture: *Les grandes occasions*

Les magasins (*m.*) d'alimentation

Mme Barbet va d'abord (*first*) à la boulangerie, puis (*then*) à la poissonnerie, et ensuite (*then*) à la boucherie.

AUTRES MOTS UTILES	
de l'agneau (*m.*)	lamb
de l'ail (*m.*)	garlic
une boîte (de conserve)	a can (of food)
des crevettes (*f.*)	shrimp
un filet de bœuf/porc	a beef/pork tenderloin
un homard†	a lobster
de l'huile (*f.*)	oil
des pâtes	pasta
un saucisson	a salami
du saumon	salmon

> 🎧 **Prononcez bien!**
>
> **The semivowel in *ail***
>
> Pronounce the semivowel [j] the same way you pronounce the first letter of the English word *you*, with the sides of your tongue pressing against the sides of your palate. Below are the most common spellings of the sound [j].
>
> [j]: **bien, yeux, maillot***
>
> The **-il** at the end of a word is also pronounced [j].
>
> [j]: **ail, travail, sommeil, vieil**
>
> One exception to this rule is **gentil,** where the **-il** is pronounced [i].
>
> *mille, ville, villa, village, tranquille are exceptions to this rule and the -ill is pronounced [il].

---

*There are also separate stores: **la boulangerie,** where one buys bread; **la pâtisserie,** where one buys pastries; **la boucherie,** where one buys beef, poultry, and other fresh cuts of meat; and **la charcuterie** where one buys mainly pork products and other prepared foods.

†The **h** in **homard** is aspirate, which means that there is no "elision" with the article **le** (i.e., **le homard**). Note how this is different from **l'huile,** which has a mute **h.** In both cases, the **h** is silent.

Allez-y!

A. **Les magasins du quartier:** Où est-ce qu'on va pour acheter les produits suivants?

MODÈLE: des éclairs au chocolat →
Pour acheter des éclairs au chocolat, on va à la boulangerie-pâtisserie.

1. des saucisses et un rôti de veau
2. des huîtres et des crabes
3. des sardines à l'huile
4. des côtelettes de porc
5. de la sole et du saumon
6. du pâté de campagne et une côte de bœuf
7. de l'ail et des boîtes de conserve
8. un pain de campagne

B. **Faire le marché.** Imaginez ce que les personnes suivantes achètent (*buy*) au marché ou aux magasins d'alimentation.

- deux végétariens
- un jeune homme de 16 ans qui a très faim
- un jeune homme de 16 ans qui est au régime
- deux étudiants universitaires qui préparent les examens finaux
- un de vos parents / un de vos enfants
- vous, le matin

Au restaurant

Restaurant La Guirlande de Julie
Ouvert de 12 h 00 à 14 h 30 et de 19 h 00 à 22 h 30.
Fermé le lundi.

Pour commencer

Kir[1]	7 euros
Coupe[2] de champagne	11 euros
Américano	5 euros

Nos formules[3]

(excepté le soir, le samedi, le dimanche et les jours fériés)

Plat du marché	16 euros
Entrée, plat du marché	21 euros
ou	
Plat du marché, dessert	21 euros
Entrée, plat du marché, dessert	25 euros

Les entrées

Fromage de chèvre au basilic et à l'huile d'olive	7 euros
Escargots[4] de Bourgogne	9 euros
Salade Guirlande de Julie	9 euros
Foie gras de canard[5] maison	17 euros

Les plats

Notre spécialité «Pot-au-feu[6] royal»	18 euros
Côte de bœuf, frites maison	29 euros
Côtelettes d'agneau, purée crémeuse et petits oignons	20 euros
Saumon braisé en croûte d'herbes, tagliatelle de légumes	26 euros

Nos fromages

Petit chèvre frais mariné à l'huile	7 euros
Assiette de fromages	10 euros

Les desserts

Tarte aux pommes, glace à la cannelle[7]	8 euros
Crème brûlée à la vanille de Bourbon	8 euros
Mousse au chocolat	8 euros

Prix nets, service compris

---

[1]White wine with blackcurrant liqueur [2]Goblet [3]special of the day [4]Snails [5]duck [6]Stew [7]cinnamon

Chapitre 7 Les plaisirs de la cuisine

AUTRES MOTS UTILES	
goûter	to taste
l'addition (*f.*)	check
l'argent (*m.*)	money
autre chose	something else
la carte	menu
compris(e)	included
l'entrée (*f.*)	first course
le menu	fixed-price meal (*usually including* **une entrée, un plat,** *and* **du fromage** *or* **un dessert**)
le plat	course (*of a meal*); dish (*type of food*)
le plat principal	main course
le pourboire	tip
le prix	price
quelque chose	something
le serveur / la serveuse	waiter/waitress

Allez-y!

A. Restaurant La Guirlande de Julie. Mettez le dialogue dans le bon ordre. Numérotez les phrases de 1 à 10.

LE SERVEUR

_____ Vous désirez quelque chose à boire?

_____ (*plus tard*) Vous désirez autre chose?

_____ Une eau minérale. Vous désirez une entrée?

_____ Bonjour, madame. Avez-vous choisi? (*Have you decided?*)

_____ Très bien, madame. (*plus tard*) Prenez-vous du fromage, un dessert?

LA CLIENTE

_____ Une eau minérale, s'il vous plaît.

_____ Oui, j'ai fait mon choix (*choice*).

_____ Oui, comme entrée, je vais prendre le foie gras de canard, et ensuite, le pot-au-feu.

_____ Euh, je vais prendre une crème brûlée à la vanille, s'il vous plaît.

_____ Non, merci. Apportez-moi (*Bring me*) l'addition, s'il vous plaît.

B. Au restaurant. Avec un/une camarade, regardez la carte de La Guirlande de Julie. Jouez les rôles du serveur / de la serveuse et du client / de la cliente. Notez ce que le client / la cliente commande.

> **MODÈLE:** LE SERVEUR / LA SERVEUSE: Qu'est-ce que vous prenez comme entrée? (plat principal, boisson...)
>
> LE CLIENT / LA CLIENTE: Je prends le/la*...

---

*The definite article, rather than the partitive, is often used when one orders a dish from a menu.

Les nombres supérieurs à 60

60	soixante	80	quatre-vingt**s**
61	soixante **et** un	81	quatre-vingt-un
62	soixante-deux	82	quatre-vingt-deux
63	soixante-trois	83	quatre-vingt-trois
70	soixante-dix	90	quatre-vingt-dix
71	soixante **et** onze	91	quatre-vingt-onze
72	soixante-douze	92	quatre-vingt-douze
73	soixante-treize	93	quatre-vingt-treize

- Note that **quatre-vingts** takes an **-s,** but that numbers based on it do not: **quatre-vingt-un,** and so on.

100	cent	600	six cents
101	cent un	700	sept cents
102	cent deux	800	huit cents
200	deux cents	900	neuf cents
201	deux cent un	999	neuf cent quatre-vingt-dix-neuf
300	trois cents	1 000	mille
400	quatre cents	2 000	deux mille
500	cinq cents	999 999	?

- Note that the **-s** of **cents** is dropped if it is followed by any other number: **deux cent un, sept cent trente-cinq.**

- Like **cent, mille** (*one thousand*) is expressed without an article. **Mille** is invariable and thus never ends in **-s: mille quatre, sept mille, neuf mille neuf cent quatre-vingt-dix-neuf.**

- In French, years are expressed with a multiple of **mille** or with **cent.**

mille neuf cents (*or* **dix-neuf cents**)	*1900*
mille neuf cent quatre-vingt-dix-neuf	*1999*
(*or* **dix-neuf cent quatre-vingt-dix-neuf**)	
deux mille vingt-deux	*2022*

- The preposition **en** is used to express *in* with a year.

en mille neuf cent vingt-trois	*in 1923*

- In French, **les années…** is used to express decades, as in **les années 50** (*the* [*nineteen*] *fifties*): les **années cinquante.** However, note that this basic formulation generally refers to the 20th century. To speak of the current decade, use **les années 2020** (*the twenty twenties*) rather than **les années 20** (*the nineteen twenties*).

- The nouns **million** and **milliard** (*billion*) take **-s** in the plural. When introducing a noun, they are followed by **de (d').**

Ce château a coûté sept **millions** d'euros.	*This chateau cost seven million euros.*

- French currency is **l'euro** (*m.*) (€); it is divided into **centimes.** The most common way of writing prices in **euros** is: 48,50 € (**quarante-huit euros cinquante**).

Langoustines crues : 29,80 € / kg

Walter Pietsch/Alamy Stock Photo

Radis (France): 2,80 € / botte

William Ryall

Allez-y!

A. Problèmes de mathématiques. Inventez six problèmes, puis demandez à un/une camarade de les résoudre (*solve them*).

Vocabulaire utile: + (plus, et), − (moins), × (fois), ÷ (divisé par), = (font, égalent)

MODÈLES: 37 + 42 →

    É1: Trente-sept plus (et) quarante-deux?
    É2: Trente-sept plus (et) quarante-deux font (égalent) soixante-dix-neuf.

    10 × 10 000 →
    É1: Dix fois dix mille?
    É2: Dix fois dix mille font (égalent) cent mille.

B. La cuisine diététique. Votre partenaire et vous avez un restaurant français qui sert de la cuisine diététique. Créez un menu à moins de (*fewer than*) 1 000 calories. Le menu doit (*must*) avoir...

un hors-d'œuvre ou une entrée
un plat principal
des légumes
un fromage ou un dessert

VALEUR CALORIQUE DE QUELQUES ALIMENTS (pour 100 grammes)							
TRÈS CALORIQUES		CALORIQUES		PEU CALORIQUES		TRÈS PEU CALORIQUES	
Saucisson	559	Riz	271	Banane	97	Poire	61
Chocolat	500	Macaronis, pâtes	259	Crevettes	96	Pomme	61
Pâté de foie gras	454	Côtelettes d'agneau	256	Pommes de terre	89	Carotte	43
Frites	410	Filet de porc	172	Huîtres	67	Fraise	40
Tarte aux pommes	351	Œufs	162	Artichaut	64	Orange	40
Brie	340	Poulet	147			Tomates	31
Camembert	312	Saumon	135			Épinards	22

C. Faire de la monnaie. (*Making change.*) Comptez vos billets et vos pièces de monnaie selon les modèles.

MODÈLES: 5 € + 50 c → cinq euros cinquante
10 c + 5 c + 1 c → seize centimes

1. 50 c + 20 c + 20 c + 1 c
2. 50 c + 20 c + 10 c + 5 c + 1 c
3. 50 c + 10 c + 5 c + 1 c + 1 c
4. 5 € + 1 € + 50 c + 20 c + 10 c
5. 10 € + 1 € + 50 c + 20 c + 5 c
6. 20 € + 10 € + 2 € + 1 € + 50 c
7. 50 € + 5 € + 50 c + 20 c + 20 c
8. 50 € + 10 € + 2 € + 20 c + 5 c

D. Les promotions du mois. Ce soir, vous faites les courses. Vous allez dans un magasin spécialisé en produits surgelés (*frozen*). Vous achetez un plat principal, des légumes et un dessert. Qu'est-ce que vous allez choisir? Composez votre menu et calculez le prix de ce que vous allez acheter.

	PRIX
Plat principal	_____
Légumes	_____
Dessert	_____
Total	_____

CHEZ PICARD SURGELÉS

Tarte aux pommes : *le kg 7,84 €*, 5,20 € la pièce de 680 g

Côtelettes d'agneau
(pièces de 60 g environ)
le sac de 1 kg 7,80

Gigot d'agneau prêt à découper
(pièce de 1,4 à 1,8 kg) le kg 4,60

10 steaks hachés
(100 g)
la boîte de 1 kg 2,20

Crevettes crues
(10-20 au kg) élevées à Madagascar,
le kg 40,50 €, l'étui de 800 g 32,00

Magret de canard
(pièce de 300-400 g)
le sac de 1 kg 20,40

2 cuisses de poulet rôties
avec partie de dos,
le kg 19,00 €, le sac de 400 g 7,60

Poulet à la mexicaine
hauts de cuisses marinés,
cuits (5 pièces)
le kg 19,88 €, le sac de 400 g 7,95

Petits pois doux extra-fins et jeunes carottes
le kg 7,33 €, le sac de 450 g 3,30

Petits pois doux à la française
(avec laitue en tablettes et petits oignons blancs)
le sac de 1 kg 4,70

Carottes jeunes entières extra-fines
le sac de 1 kg 4,10

20 crêpes au jambon-fromage
la boîte de 1 kg 7,20

2 crêpes savoyardes
reblochon, pommes de terre, lardons, oignons,
le kg 13,36 €, la boîte de 250 g 4,40

4 crêpes campagnardes
champignons, jambon, lard fumé,
le kg 10,56 €, la boîte de 460 g 5,90

Framboises brisées
Chili, le sac de 1 kg 8,20

Framboises entières
Chili, le sac de 1 kg 6,90

2 mousses au chocolat
le kg 15,70 €, la boîte de 170 g 5,10

2 Petits Plaisirs au chocolat
recette Lenôtre, Brossard,
le kg 33,38 €, la boîte de 130 g 5,50

2 Tiramisù
crème au mascarpone, génoise imbibée de café, saupoudrage cacao,
le kg 19,25 €, la boîte de 200 g 4,80

Ingram Publishing/SuperStock

Enfin, donnez votre menu et les résultats de vos calculs à la classe. Qui compose le menu le plus cher (*most expensive*)? le plus original?

E. Un peu d'histoire culinaire. Êtes-vous bon(ne) en histoire? Avec un/une camarade, trouvez la date qui correspond à chaque événement (*event*) historique. Les événements sont présentés par ordre chronologique!

1. Marco Polo découvre la crème glacée pendant ses voyages en Chine.
2. Charles VI réduit la production du fromage Roquefort et établit un monopole.
3. Le Café Procope ouvre (*opens*) ses portes à Paris.
4. Le mot «bistro» est inscrit dans le lexique des Parisiens.*
5. La célèbre école de cuisine Le Cordon Bleu est fondée.
6. Le Guide Michelin propose une classification des restaurants par étoiles (*stars*).
7. Les vins californiens surclassent les grands crus français au Jugement de Paris.
8. Julia Child, ancienne étudiante du Cordon Bleu, est morte.

a. 1895
b. 2004
c. 1926
d. 1411
e. 1814
f. 1976
g. 1686
h. 1275

Le Procope, au 13 rue de l'Ancienne Comédie, Paris

Un petit plus...

Le jeûne°   *fasting*

Manger est une nécessité et un plaisir. Mais pourquoi le calendrier de certaines religions impose-t-il une période d'abstinence?

L'Islam, le Christianisme et le Judaïsme ont en commun la tradition d'un jeûne purificateur: on ne mange pas, on ne boit pas, on ignore les passions du corps (*body*) pour retrouver l'essentiel. Les croyants (*believers*) qui pratiquent leur religion respectent cette règle (*rule*) durant le Ramadan pour les Musulmans, le Carême (*Lent*) pour les Chrétiens et Kippour pour les Juifs.

Un repas d'iftar à Paris

Après les restrictions, manger est une fête: en famille et avec les amis proches (*close*), on célèbre la fin du jeûne avec des plats traditionnels et des pâtisseries délicieuses.

---

*Le mot «bistro» vient du russe *bystro* qui veut dire «vite». Entre 1814 et 1818, les Russes occupent Paris après les défaites de Napoléon. Quand les soldats russes entrent dans un café ou un cabaret, ils tapent le poing (*fist*) sur la table et disent *bystro*, parce qu'ils n'ont pas le droit d'y entrer selon les règles de l'armée russe. Le mot *bystro* devient le nom pour un petit café ou petit restaurant modeste et sympathique.

Bienvenue en Côte d'Ivoire!

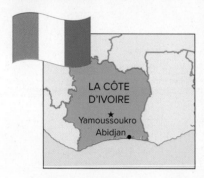

LA CÔTE D'IVOIRE
★ Yamoussoukro
Abidjan ●

Pays: Côte d'Ivoire (République de Côte d'Ivoire)

Habitants: Ivoiriens

Capitale: Yamoussoukro

Langue officielle: français

Unité monétaire: franc CFA

Fête nationale: 7 août

Un coup d'œil sur Abidjan

Abidjan, grand port africain, capitale économique de la Côte d'Ivoire, c'est l'hyperactivité de 5 millions d'habitants francophones: 50 % de la population urbaine du pays vit dans cette métropole.

Après tant d'années[1] de troubles politiques, le dynamisme d'Abidjan est fascinant. Regardez Le Plateau («le Manhattan africain»): avec ses immeubles modernes, c'est le domaine des cadres[2] africains, internationaux et expatriés qui habitent les quartiers chics de Marcory et de l'île Boulay. Mais Abidjan, c'est aussi la ville des quartiers populaires où les conditions de vie sont difficiles. Préoccupé par les inégalités sociales, l'État va développer les infrastructures (un métro!), construire[3] des habitations à prix raisonnable, améliorer[4] l'espace public. Et promouvoir[5] la culture africaine. C'est l'objectif du «Marché des Arts du Spectacle d'Abidjan», un festival de théâtre, musique et danse que les Ivoiriens adorent.

Abidjan, une ville en plein boom

Stefano Gentile/EyeEm/Getty Images

[1]tant... _so many years_ [2]_executives_ [3]_build_ [4]_improve_ [5]_promote_

PORTRAIT Loïc Dablé: L'art de la cuisine africaine

Quelle aventure! Loïc Dablé, jeune français de parents ivoiriens, est devenu[1] un champion de la gastronomie africaine.

Après une adolescence «agitée»[2] dans une banlieue[3] multi-ethnique parisienne, l'École de Paris des Métiers de La Table[4] va le sauver. C'est là, à 16 ans, qu'il découvre l'art de la cuisine et qu'il trouve son destin. À Paris, où il apprend tous les classiques de la gastronomie française, en passant par[5] Londres, Ibiza et la Côte d'Ivoire, il multiplie les expériences culinaires.

Loïc Dablé: la gastronomie africaine pour tous

Video-still from France24 Youtube, https://www.youtube.com/watch? v=nMuQlmA31Co

Au contact de grands chefs, il affirme son style. Fusionner les traditions françaises et africaines pour inventer des goûts nouveaux, prendre des risques, être libre, c'est la doctrine de ce jeune chef franco-ivoirien.

Aujourd'hui, Loïc est partout: télévision, radio, presse, réseaux sociaux.[6] Il participe en Afrique à la formation professionnelle des jeunes. Son ambition est claire: populariser dans le monde «une vision contemporaine de la gastronomie africaine».

[1]est... _has become_ [2]_rough_ [3]_inner-city neighborhood_ [4]École... _a vocational school for chefs, located in Paris's 17th arrondissement_ [5]en... _(and) by way of_ [6]réseaux... _social networks_

Les adjectifs interrogatifs

Asking About Choices

 TOUT LE MONDE° AU RESTAURANT! Tout... *Everybody*

Hector téléphone à Hassan.

HECTOR: Allô, Hassan? J'organise une petite fête.[1]

HASSAN: Super! **Quel** jour? Pour **quelle** occasion?

HECTOR: Pour le 14 juillet: la fête[2] nationale! On dîne et ensuite, on va danser avec des amis.

HASSAN: **Quels** amis?

HECTOR: J'invite Juliette... Léa... son copain Mamadou... Abdel et sa fiancée...

HASSAN: Tu cuisines?

HECTOR: Non. J'invite tout le monde au restaurant!

HASSAN: C'est une bonne idée. Dans **quel** restaurant?

HECTOR: Dans TON restaurant!

Paris en fête

[1]*party, celebration* [2]*holiday*

Trouvez dans le dialogue, la question qui correspond à ces réponses en utilisant la forme correcte de **quel.** Faites des phrases complètes.

1. *Pour le 14 juillet,* Hector organise une petite fête.
2. *Pour la fête nationale,* Hector propose de dîner et ensuite d'aller danser avec des amis.
3. Hector invite *Juliette, Léa, son copain Mamadou, Abdel et sa fiancée.*
4. Hector invite tout le monde *dans le restaurant d'Hassan.*

Forms of Interrogative Adjectives

Interrogative adjectives are used to obtain more precise information about a particular person, object, or idea already mentioned or implied. **Quel (quelle, quels, quelles)** means *which* or *what*. It agrees in gender and number with the noun it modifies. You are already familiar with **quel** in expressions such as **Quelle heure est-il?** and **Quel temps fait-il?** Questions with **quel** can be formed either with inversion or with **est-ce que.**

Quel fromage voulez-vous goûter?	*Which (What) cheese would you like to try?*
À **quelle** heure est-ce que vous dînez?	*(At) what time do you eat dinner?*

Dans **quels** restaurants aimez-vous manger?	*In what (which) restaurants do you like to eat?*
Quelles boissons préférez-vous?	*What (Which) beverages do you prefer?*

Quel is also used in exclamations.

Quel plat délicieux!	*What a delicious dish!*
Quelle horreur!	*How awful!*

Quel with *être*

Quel can also stand alone before **être** followed by the noun it modifies.

Quel est le prix de ce champagne?	*What's the price of this champagne?*
Quelle est la différence entre le Perrier et l'Évian?	*What's the difference between Perrier and Évian?*

Allez-y!

A. **Qui vient dîner?** Mme Guilloux veut organiser un dîner demain soir. Son mari l'interroge (*asks her questions*). Complétez leur dialogue avec **qu'est-ce que, quel(le)** ou **qui**.

M. GUILLOUX: _____¹ vas-tu inviter?

MME GUILLOUX: Maxime, Isabelle et Laurence.

M. GUILLOUX: Et _____² tu vas préparer?

MME GUILLOUX: Un rôti de bœuf avec des pommes de terre sautées.

M. GUILLOUX: Oh là là, _____³ chance (*luck*)! Mais_____⁴ va faire les courses?

MME GUILLOUX: Toi, bien sûr.

M. GUILLOUX: Bien voyons! _____⁵ vin est-ce que je dois acheter?

MME GUILLOUX: Je ne sais pas. _____⁶ tu préfères?

M. GUILLOUX: Un vin rouge. Un bordeaux, par exemple.

MME GUILLOUX: Très bien. _____⁷ heure est-il?

M. GUILLOUX: 18 h 30.

MME GUILLOUX: Déjà! _____⁸ tu attends? Dépêche-toi (*Hurry up*), les magasins vont bientôt fermer.

B. **Une conversation à table.** Parlez avec vos camarades de leurs goûts. Utilisez l'adjectif interrogatif **quel** et variez la forme de vos questions.

MODÈLE: sport → Quel sport est-ce que tu préfères?
(*ou* Quel sport préfères-tu?)

1. boisson
2. légume
3. plats
4. repas
5. distractions
6. chansons (*f.*)
7. livres
8. jeux vidéo
9. couleur
10. matières
11. vêtements
12. films

Les adjectifs démonstratifs

Pointing Out People and Things

 **À TABLE!**

Hassan, Hector, Juliette, Léa, Mamadou, Abdel discutent au restaurant d'Hassan.

LÉA: **Cette** salade marocaine, c'est un délice!

JULIETTE: Et **ces** brochettes grillées! Une merveille!

MAMADOU: Parlons aussi de **ce** filet de bœuf: il est exquis!

ABDEL: Moi, c'est **ce** gâteau au caramel que je trouve super. Donne-nous la recette,* Hassan!

HECTOR: Nous sommes tous d'accord: **ce** dîner est exceptionnel!

HASSAN: Quel triomphe, mes amis! Mais **ces** compliments sont un peu exagérés...

HECTOR: Pas du tout! Ne sois pas modeste!

LÉA: Hassan, tu vas avoir un bon pourboire! (*Elle rit.*)

Bon appétit!

Brett STEVENS/Cultura/Alamy Stock Photo

*Donne... *Give us the recipe

Qu'est-ce qu'ils disent? Trouvez les phrases du dialogue qui répondent aux questions suivantes.

Qu'est-ce qui est...

1. un délice?
2. une merveille?
3. exquis?
4. super?
5. exceptionnel?
6. exagéré?

Forms of Demonstrative Adjectives

Demonstrative adjectives (*this/that, these/those*) are used to specify a particular person, object, or idea. They agree in gender and number with the nouns they modify.

	SINGULAR	PLURAL
Masculine	**ce** magasin	**ces** magasins
	cet escargot	**ces** escargots
	cet homme	**ces** hommes
Feminine	**cette** épicerie	**ces** épiceries

Note that **ce** becomes **cet** before masculine nouns beginning with a vowel or mute **h.**

[Allez-y! A-B]

Use of -*ci* and -*là*

In English, *this/these* and *that/those* indicate the relative distance to the speaker. In French, the suffix **-ci** is added to indicate closeness, and **-là,** to indicate greater distance.

—Prenez-vous **ce** gâteau**-ci?**   *Are you having this cake (here)?*
—Non, je préfère **cet** éclair**-là.**   *No, I prefer that éclair (over there).*

[Allez-y! C]

Allez-y!

A. **Au supermarché.** Qu'est-ce que vous achetez?

MODÈLE: une bouteille d'huile → J'achète cette bouteille d'huile.

1. une boîte de sardines
2. un camembert
3. des tomates
4. une bouteille de vin
5. quatre poires
6. une bouteille d'eau minérale
7. des pommes de terre
8. un éclair au café
9. un artichaut

B. **Exercice de contradiction.** Vous allez faire un pique-nique. Vous faites les courses avec un/une camarade, mais vous n'êtes pas d'accord! Jouez les rôles.

MODÈLE: pain / baguette →
        É1: On prend ce pain?
        É2: Non, je préfère cette baguette.

1. saucisson / tranche (*f.*) (*slice*) de jambon
2. pâté / poulet froid
3. filet de bœuf / rôti de veau
4. haricots verts / oignons
5. pizza (*f.*) / sandwich
6. pommes / bananes
7. tarte / éclair
8. gâteau / glace
9. jus de fruits / bouteille de vin
10. boîte de sardines / morceau (*m.*) (*piece*) de fromage

C. **Chez le traiteur.** (*At the delicatessen.*) Jouez les rôles du client / de la cliente et du traiteur.

MODÈLE: poulet →
        LE CLIENT / LA CLIENTE: Donnez-moi un poulet, s'il vous plaît.
        LE TRAITEUR: Quel poulet? Ce poulet-ci ou ce poulet-là?
        LE CLIENT / LA CLIENTE: Ce poulet-ci. Et donnez-moi aussi un peu de ce fromage.
        LE TRAITEUR: Tout de suite, monsieur/madame.

1. salade
2. rôti
3. légumes
4. pâté
5. pizza
6. saucisses

Comment voyager dans son assiette?

plate

Chaque nation dans le monde a une spécialité culinaire. Le plat national, c'est un peu le drapeau d'un pays, sa culture, son âme.[1]

Pour connaître les saveurs[2] des tables *country* francophones, faisons un voyage culinaire...

D'abord nous visitons l'Afrique. Au Cameroun, on adore le «n'dolé», une préparation d'épinards, de crevettes, de poisson ou de viande mélangés à des arachides.[3] En Algérie, le couscous, à base de semoule,[4] est sur toutes les tables. On peut le préparer de mille et une façons.[5] C'est la *same thing for* même chose pour «le tajine», le plat *this* national du Maroc. Ce ragoût[6] de viande, de volaille,[7] de poisson et de légumes est délicieux pour la bouche et beau pour les yeux.

Un couscous algérien

Maintenant, nous voyageons au Québec. Ici, «la poutine» est sur tous les menus de restaurants, même chez McDonald! Inventé dans les années 50, ce plat est préparé avec des frites, du fromage et de la sauce brune.[8]

Nous voilà enfin en Europe, en Suisse. Quel est le plat national ici? La fondue! Arrêtons-nous maintenant en Belgique. Que mange-t-on dans les petits restaurants populaires de Bruxelles? Des moules-frites[9]! Faisons aussi une petite excursion en France. C'est étrange: au pays de la gastronomie, le plat du jour idéal, c'est tout simplement un steak-frites accompagné d'un petit vin rouge!

Un tajine marocain

Tous ces plats traditionnels des pays francophones vous invitent au voyage. Partez! L'aventure commence dans votre assiette.

[1]*soul* [2]*flavors* [3]*peanuts* [4]*semolina* [5]*ways* [6]*stew* [7]*poultry* [8]sauce... *gravy* [9]*mussels with French fries*

VOUS COMPRENEZ?

1. Qu'est-ce qu'un «plat national»?
2. Quels sont les pays francophones mentionnés dans ce reportage?
3. Quel est le plat national de chaque pays?
4. Comment comprenez-vous la phrase «L'aventure commence dans votre assiette»?

Les verbes *vouloir, pouvoir* et *devoir*

Expressing Desire, Ability, and Obligation

🎧 LES VINS DE NAPA VALLEY

Hector et Hassan échangent des textos (SMS).

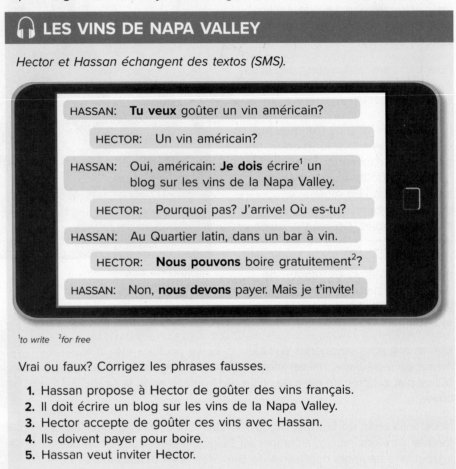

HASSAN: **Tu veux** goûter un vin américain?

HECTOR: Un vin américain?

HASSAN: Oui, américain: **Je dois** écrire[1] un blog sur les vins de la Napa Valley.

HECTOR: Pourquoi pas? J'arrive! Où es-tu?

HASSAN: Au Quartier latin, dans un bar à vin.

HECTOR: **Nous pouvons** boire gratuitement[2]?

HASSAN: Non, **nous devons** payer. Mais je t'invite!

[1]*to write*   [2]*for free*

Vrai ou faux? Corrigez les phrases fausses.

1. Hassan propose à Hector de goûter des vins français.
2. Il doit écrire un blog sur les vins de la Napa Valley.
3. Hector accepte de goûter ces vins avec Hassan.
4. Ils doivent payer pour boire.
5. Hassan veut inviter Hector.

Forms of *vouloir, pouvoir,* and *devoir*

The verbs **vouloir** (*to want*), **pouvoir** (*to be able to*), and **devoir** (*to have to; to be obliged to; to owe*) are all irregular in form.

vouloir		pouvoir		devoir	
je	**veux**	je	**peux**	je	**dois**
tu	**veux**	tu	**peux**	tu	**dois**
il/elle/on	**veut**	il/elle/on	**peut**	il/elle/on	**doit**
nous	**voulons**	nous	**pouvons**	nous	**devons**
vous	**voulez**	vous	**pouvez**	vous	**devez**
ils/elles	**veulent**	ils/elles	**peuvent**	ils/elles	**doivent**

[Allez-y! A]

Uses of *vouloir, devoir,* and *pouvoir*

1. Vouloir can be followed by a noun or an infinitive.

Je **veux** un café.	*I want a cup of coffee.*
Je **veux** commander un café.	*I want to order a cup of coffee.*

Vouloir bien means *to be willing to, be glad* (to do something). **Vouloir dire** expresses *to mean.*

Il **veut bien** goûter les escargots.	*He's willing to taste the snails.*
Qu'est-ce que ce mot **veut dire?**	*What does this word mean?*

2. Devoir, followed by an infinitive, expresses necessity, obligation, or probability.

Je suis désolé, mais nous **devons** partir.	*I'm sorry, but we must leave.*
Marc est absent; il **doit** être malade.	*Marc is absent; he must be sick.*

When not followed by an infinitive, **devoir** means *to owe.*

—Combien d'argent est-ce que tu **dois** à tes amis?	*How much money do you owe to your friends?*
—Je **dois** 10 euros à Jacques et 20 euros à François.	*I owe Jacques 10 euros and François 20 euros.*

3. Pouvoir is usually followed by an infinitive.

Vous **pouvez** arriver à 15 h?	*Can you arrive at 3:00 PM?*

[Allez-y! B-D]

🎧 Prononcez bien!

The vowels in *veux* and *veulent*

Make sure to distinguish between the two vowel sounds [ø] and [œ] as you pronounce the singular and plural forms of **vouloir** and **pouvoir.** Remember to round your lips for both sounds.

For the [ø] in **veux, veut, peux,** and **peut,** close your mouth and keep your tongue in the front of your mouth.

[ø]: **Je v<u>eu</u>x** du fromage.

For the [œ] in **veulent** and **peuvent,** open your mouth a bit wider and slightly shift your tongue to the middle of your mouth.

[œ]: Ils **p<u>eu</u>vent** dormir.

Allez-y!

A. Une soirée compliquée. Composez un dialogue entre Noémie et Simon.

NOÉMIE:	je / avoir / faim / et / je / vouloir / manger / maintenant
SIMON:	tu / vouloir / faire / cuisine?
NOÉMIE:	non… / est-ce que / nous / pouvoir / aller / restaurant?
SIMON:	oui, je / vouloir / bien
NOÉMIE:	où / est-ce que / nous / pouvoir / aller?
SIMON:	on / pouvoir / manger / couscous / Chez Bébert
NOÉMIE:	nous / devoir / inviter / Carole
SIMON:	tu / pouvoir / inviter / Jean-Pierre / aussi
NOÉMIE:	ce / soir / ils / devoir / être / cité-U?
SIMON:	oui, ils / devoir / préparer / un / examen / nous / pouvoir / parler / de / ce / examen / restaurant

B. Le Ritz. Pour fêter son anniversaire (*To celebrate his birthday*), Stéphane invite ses amis américains Ben et Jessica au restaurant «le Ritz». Complétez leur dialogue avec les verbes **pouvoir, devoir** et **vouloir** à la forme appropriée. Quelquefois plusieurs réponses sont possibles.

BEN:	Qu'est-ce qu'on _____¹ prendre?
STÉPHANE:	Comme entrée, vous _____² prendre le pâté de lapin, il est excellent. Et comme plat de résistance…
JESSICA:	Pardon, que _____³ dire «plat de résistance»?
STÉPHANE:	Bon, c'est le plat principal du repas. Vous _____⁴ absolument essayer (*try*) la truite (*trout*) aux amandes, c'est la spécialité de la maison. Comme dessert si vous _____⁵, vous _____⁶ prendre une charlotte aux fraises.
JESSICA:	Ça _____⁷ être très nourrissant (*fattening*) tout ça, non?
STÉPHANE:	Un peu, mais ce n'est pas tous les jours mon anniversaire. Tu _____⁸ oublier ton régime pour aujourd'hui.

C. **Vos impressions.** Complétez les phrases suivantes à la forme affirmative ou à la forme négative, selon votre opinion personnelle. Utilisez **devoir**, **pouvoir** ou **vouloir** + infinitif dans chaque phrase.

MODÈLE: Les étudiants _____. → Les étudiants ne doivent pas étudier jusqu'à (*until*) minuit tous les soirs.

1. La professeure _____.
2. Les parents _____.
3. Mes camarades _____.
4. Les hommes _____.
5. Les femmes _____.
6. Je _____.

D. **Des projets.** Racontez les histoires suivantes. Utilisez les verbes **vouloir**, **devoir** et **ne pas pouvoir**, selon le modèle.

MODÈLE: Jacques / être un chef célèbre / travailler / aller souvent au cinéma →
Jacques veut être un chef célèbre. Il doit beaucoup travailler. Il ne peut pas aller souvent au cinéma.

1. les étudiants du Cordon Bleu / réussir aux examens / écouter le professeur / parler en cours
2. Claudine / préparer une mousse au chocolat / utiliser du sucre, du chocolat et de la crème / utiliser du sel
3. vous / essayer un nouveau restaurant / réserver une table / attendre à la dernière minute
4. l'épicier / avoir beaucoup de clients / être agréable / être désagréable
5. mes amis et moi / préparer un bon dîner / faire le marché / simplement commander une pizza

E. **Soyons polis!** Avec un/une camarade de classe, demandez et remerciez selon le modèle.

MODÈLE: vouloir / tasse / café
É1: Je voudrais une tasse de café, s'il vous plaît.
É2: Voilà, madame/monsieur.
É1: Merci, monsieur/madame.
É2: Il n'y a pas de quoi.

1. pouvoir avoir / carafe / eau?
2. vouloir / morceau / fromage
3. pouvoir avoir / bouteille / vin?
4. vouloir / kilo / poulet

Mots clés

Demander poliment et remercier

Je voudrais and **je pourrais** are conditional forms of **vouloir** and **pouvoir**. They are used to make a request sound more polite.

Je veux l'addition.
I want the check.

Je **voudrais** l'addition.
I would like the check.

Est-ce que je peux avoir de l'eau?
Can I have some water?

Est-ce que je **pourrais** avoir de l'eau?
Could I have some water?

Don't forget to add **s'il vous plaît** to your request and to say **merci**. The appropriate answers for **merci** are:

De rien. (*familiar*)
Il n'y a pas de quoi.
Je vous en prie, madame.*
(*formal*)

*In polite conversation in French, **monsieur**, **madame**, and **mademoiselle** are used much more often than *ma'am* or *sir* in English.

Vous voulez des olives? Demandez poliment!

Klic Video Productions/McGraw Hill

Le passé composé avec l'auxiliaire *avoir*

Talking About the Past

Hector contacte Léa par messagerie instantanée.

HECTOR: **Tu as regardé** le dernier blog d'Hassan?

LÉA: Oui, **j'ai** beaucoup **apprécié** ses commentaires sur les vins américains!

HECTOR: Tu veux dire «mes» commentaires...

LÉA: Qu'est-ce que tu racontes[1]?

HECTOR: La vérité. Hassan n'aime pas le vin... **J'ai bu** à sa place!

LÉA: Alors, le texte d'Hassan sur le vin, c'est ton texte?

HECTOR: Mais non! **J'ai goûté** les vins. Puis **nous avons comparé** les différents crus.[2] Et Hassan **a présenté** nos conclusions dans son blog!

[1]*Qu'est-ce que... What are you talking about?* [2]*vintages*

Répondez aux questions. Faites des phrases complètes.

1. Qui a regardé le blog d'Hassan?
2. Qui a apprécié ses commentaires?
3. Qui a goûté les vins?
4. Qui a présenté les conclusions dans son blog?

The **passé composé** is a compound past tense. It relates events that began and ended at some point in the past. The **passé composé** of most verbs consists of the present tense of the auxiliary verb (**le verbe auxiliaire**) **avoir** plus the past participle (**le participe passé**) of the verb in question.

PASSÉ COMPOSÉ OF **dîner** (*to dine, eat dinner*)			
j'	**ai dîné**	nous	**avons dîné**
tu	**as dîné**	vous	**avez dîné**
il/elle/on	**a dîné**	ils/elles	**ont dîné**

The **passé composé** has several equivalents in English. For example, **j'ai dîné** can mean *I dined* (*ate dinner*), *I have dined* (*have eaten dinner*), *I did dine* (*did eat dinner*), according to the context.

Regular Past Participles

The following chart illustrates the formation of regular past participles.

Verbs ending in **-er:**	**-er → -é**	trouv**er** → trouv**é**
Verbs ending in **-ir:**	**-ir → -i**	chois**ir** → chois**i**
Verbs ending in **-re:**	**-re → -u**	perd**re** → perd**u**

J'**ai trouvé** une pâtisserie magnifique.	*I found a wonderful pastry shop.*
Tu **as choisi** une tarte aux pommes?	*Have you chosen an apple pie?*
Non, nous **avons perdu** l'adresse de la pâtisserie.	*No, we lost the address of the pastry shop.*

Irregular Past Participles

Most irregular verbs have irregular past participles, and they must be memorized. However, there are some predictable patterns.

1. The past participle of many verbs in **-oir** ends in **-u.**

avoir → **eu**	pouvoir → **pu**
devoir → **dû**	vouloir → **voulu**
pleuvoir (*to rain*) → **plu**	

Hier, il **a plu** toute la journée.	*Yesterday, it rained all day long.*

2. The past participle of some verbs in **-re** ends in **-is.**

apprendre → **appris**	prendre → **pris**
comprendre → **compris**	

J'**ai pris** l'autobus à la boulangerie.	*I took the bus to the bakery.*

3. Other important irregular past participles include:

boire → **bu**	faire → **fait**
être → **été**	

Elle **a fait** le marché.	*She did the shopping.*

[Allez-y! A-B]

Negative and Interrogative Sentences in the *passé composé*

1. In negative sentences, **ne... pas** surrounds the auxiliary verb (**avoir**).

Nous **n'avons pas** préparé les hors-d'œuvre.	*We have not prepared the hors-d'œuvres.*
Vous **n'avez pas** pris de dessert?	*Didn't you have a dessert?*

2. In questions with inversion, only the auxiliary verb and the subject are inverted.

As-tu oublié le dessert?	*Did you forget dessert?*

[Allez-y! C-D]

Allez-y!

A. Un voyage. Qu'est-ce que ces personnes ont fait dans le sud de la France? Faites des phrases complètes au passé composé.

> MODÈLE: nous / choisir / huîtres
> Nous avons choisi des huîtres.

1. vous / goûter / crevettes
2. Sylvie / finir / bouteille de vin
3. toi et moi, nous / boire / coca-cola / café
4. Thibaut / perdre / chapeau
5. Julie et Martin / visiter / pâtisserie magnifique
6. Morgane et toi, vous / apprendre / à parler avec l'accent marseillais
7. je / faire / promenade au bord de la mer (*seaside*)

B. Un mail du Sénégal. Complétez ce message de Jessica à son amie française, Éva. Choisissez le verbe approprié et conjuguez-le au passé composé.

choisir	être	manger	regarder	trouver
décider	faire	passer	rendre	visiter

Chère Éva,

Bonjour! Comme tu le sais peut-être déjà, Paul et moi, nous _____¹ un semestre à l'université de Ghana. Avant de retourner aux États-Unis, nous _____² de voyager à Dakar, au Sénégal.

En arrivant à Dakar, nous _____³ notre hôtel près de l'aéroport. Après, nous _____⁴ du shopping aux marchés. Nous _____⁵ du poisson frais à la plage près du marché aux poissons de Soumbédioune et nous _____⁶ le retour des pêcheurs. Ensuite, Paul _____⁷ visite à son oncle qui habite Dakar. Ils _____⁸ l'île de Gorée, le centre de commerce d'esclaves (*enslaved people*) de la côte africaine du XVᵉ au XIXᵉ siècle (*century*). Moi, j'_____⁹ d'aller au Musée Théodore Monod d'Art africain,* un musée ancien et très célèbre.

Notre séjour, la mer et les repas à Dakar _____¹⁰ inoubliables. Je t'embrasse fort.

Jessica

La statue de la liberté à l'esclavage, l'île de Gorée

Au cœur du marché aux poissons à Dakar

*The original name of this museum was the Musée de l'Institut Fondamental d'Afrique Noire (IFAN) and was renamed for the French naturalist Théodore André Monod, its former director.

C. À Rabat. Tristan pose des questions à ses cousins Zoé et Thibaud, qui (*who*) ont visité Rabat, la capitale du Maroc. Jouez les rôles avec deux camarades.

MODÈLE: trouver un restaurant pas cher à Rabat →
 TRISTAN: Avez-vous trouvé un restaurant pas cher à Rabat?
 THIBAUD: Non, nous n'avons pas trouvé de restaurant pas cher à Rabat.

1. prendre le petit déjeuner près du centre historique
2. faire une promenade dans la vieille ville (la médina)
3. contempler les colonnes près de la tour Hassan
4. visiter la kasbah des Oudayas, une forteresse qui domine l'océan Atlantique
5. apprendre l'histoire du Maroc
6. acheter des légumes au Marché Central
7. envoyer (*to send*) une description de la ville à vos parents

La tour Hassan à Rabat: un symbole de l'art marocain traditionnel

Atlantide Phototravel/The Image Bank/Getty Images

D. Interview. Posez des questions à un/une camarade sur ses activités passées. Essayez d'utiliser les expressions des **Mots clés.** Voici des suggestions:

Le matin: boire du café, faire du sport, faire le marché, prendre le petit déjeuner, regarder la télévision, ...

L'après-midi / Le soir: étudier une leçon, inviter des amis, jouer aux cartes, pique-niquer, skier, ...

La semaine / L'année dernière: dîner au restaurant, finir une dissertation, rendre visite à des amis, travailler dans un magasin, voyager en Europe, ...

MODÈLE: É1:   Est-ce que tu as fait du sport hier matin?
 É2:   Oui, j'ai fait du jogging jusqu'à 11 h.
    (Non, je n'ai pas fait...) Et toi?

Puis racontez à la classe ce que votre camarade a fait.

🎧 Prononcez bien!

1. **The semivowel in *ail*** (page 161)

   A. Dîner d'anniversaire. Hugo et son ami Yann discutent du dîner d'anniversaire de leur ami Rémi. Avec votre camarade, lisez leur conversation à voix haute en faisant bien attention à la prononciation des mots français *en italique.*

   HUGO: Je suis arrivé en *premier* et j'ai garé (*parked*) ma voiture devant celle (*the one*) de Rémi.

   YANN: Moi, je suis arrivé en *dernier* et j'ai garé ma moto *derrière* sa voiture!

   HUGO: Au dîner, j'ai mangé à côté d'une *fille* qui s'appelle *Camille.*

   YANN: Ah oui, elle a de beaux *yeux* bleus.

   B. Dîner d'anniversaire (suite). Hugo et Yann parlent de leur repas. Avec votre camarade, lisez leur conversation à voix haute et complétez les phrases à l'aide des images.

   HUGO: Qu'est-ce que tu as pris: du poisson ou de la _____¹ 🥩?

   YANN: Du poisson, avec une demi- _____² 🍾 de vin blanc. Et toi, qu'est-ce que tu as bu?

   HUGO: Oh, juste une _____³ 🍺.

   YANN: C'est tout?! Tu n'es pas dans ton _____⁴ 🍽 (*aren't feeling well*) ce matin?

   HUGO: Si, mais j'ai encore sommeil.

2. **The vowels in *veux* and *veulent*** (page 175)

   A. Un nouveau joueur. La famille d'Hugo va bientôt déménager. Écoutez les phrases et décidez si Hugo parle de ses parents ou de son petit frère.

	les parents	le petit frère
1. vendre la maison	☐	☐
2. habiter dans un grand appartement en ville	☐	☐
3. vendre le lit et l'armoire de la chambre d'amis	☐	☐
4. visiter des appartements dès (*as early as*) le week-end prochain	☐	☐
5. une grande chambre	☐	☐

   B. Un dîner. Vos colocataires et vous organisez un dîner chez vous. Chaque invité va apporter quelque chose (*something*). Avec votre camarade, lisez les phrases à voix haute et complétez-les avec la forme appropriée du verbe entre parenthèses.

   1. Annette _____ (vouloir) apporter l'entrée.
   2. Éric et Christine _____ (pouvoir) se charger (*be in charge of*) du plat principal.
   3. Isabelle, tu _____ (pouvoir) faire le dessert?
   4. Christophe et Karine _____ (vouloir) apporter du pain.
   5. Moi, je _____ (pouvoir) m'occuper (*take care of*) de la salade.

AVANT DE LIRE

Using titles and visuals (Part 1). You have already used a number of strategies to help you guess the content of a text before you start reading. In many cases, visuals such as photos, graphs, and diagrams also allow you to anticipate the major themes of the text. Look at the title, the photos, and the photo captions in the following reading selection: What kinds of information do you think you might find in this passage? After you have read through the text, decide whether the title describes the content adequately. If not, suggest a title that is more descriptive. How well do the photos correspond to the text? What other ideas in the text would you like to see illustrated?

Ça se fête! Quelles sont les plus grandes occasions de l'année pour vous: votre anniversaire, les fêtes de fin d'année (Noël, le Nouvel An)? Comment célébrez-vous ces occasions? Faites une liste des plats que vous mangez.

Les grandes occasions

En France, les jours de fête sont l'occasion de se réunir[1] en famille ou entre amis. À chaque fête, on mange des plats typiques qui varient parfois[2] selon les régions. Voici les fêtes les plus gourmandes[3] du calendrier français.

La fête des Rois*

Pour la fête des Rois, le 6 janvier, on achète chez le pâtissier une galette des Rois. C'est un gâteau qui contient une fève.[4] La personne qui trouve la fève dans son morceau de gâteau est couronnée roi (ou reine),[5] et cette personne choisit sa reine (ou son roi). La famille ou les amis boivent à leur santé.[6]

Une galette des Rois

Pâques[7]

Pâques est la fête du chocolat. C'est aussi un jour où l'on se retrouve en famille à l'église et à table. On fait un grand repas, et au dessert les enfants (mais aussi les adultes!) mangent des œufs, des cloches,[8] des poules ou des poissons en chocolat remplis[9] de bonbons.

Les délices de Pâques chez Daranatz, un chocolatier à Bayonne

[1]se... get together [2]sometimes [3]les plus... où l'on mange bien [4]dried bean
[5]couronnée... crowned king (or queen) [6]health [7]Easter [8]bells [9]filled

*This Christian holiday of Epiphany (Twelfth Night) on January 6 commemorates the visit of the Wise Men (the Three Kings) to the baby Jesus.

Noël

Noël est peut-être la fête des fêtes. Le Réveillon[10] de Noël est un grand dîner familial que l'on prend généralement après la messe[11] de minuit. Au menu: huîtres, foie gras, saumon fumé, homard, dinde aux marrons[12] et beaucoup de champagne! Au dessert, on mange une bûche[13] de Noël: c'est un gâteau roulé au chocolat, au café, à la framboise, ou même à la crème de marrons, en forme de bûche. Les enfants, bien sûr, attendent avec impatience l'arrivée du Père Noël.

Une bûche de Noël pour le Réveillon

[10]Le... *Midnight supper*   [11]cérémonie catholique   [12]dinde... *turkey with chestnuts*   [13]*log*

COMPRÉHENSION

A. Aux fêtes. Associez chaque plat ou dessert typique avec la fête qui lui correspond.

1. la bûche
2. la galette
3. les huîtres
4. les poissons au chocolat
5. le foie gras
6. les bonbons

a. la fête des Rois
b. Pâques
c. Noël

B. Vrai ou faux? Corrigez les phrases fausses.

1. La galette des Rois contient une couronne.
2. Pour Pâques, on fait un grand repas où on mange du poulet.
3. Pour la fête des Rois, on choisit un roi ou une reine pour la journée.
4. Le Réveillon de Noël est un repas qu'on prend le matin après l'arrivée du Père Noël.

📝 Écriture

The writing activities **Par écrit** and **Journal intime** can be found in the Workbook/Laboratory Manual to accompany *Vis-à-vis*.

▶ Micro-trottoir

A. Au micro. Répondez aux questions suivantes à partir de votre point de vue personnel. Puis regardez la vidéo et comparez vos réponses à celles des gens interrogés.

1. Est-ce que vous mangez «bio»? Pour quelles raisons?
2. Où est-ce que vous faites vos courses pour manger?
3. Et dans votre famille, typiquement, qu'est-ce que vous mangez le soir?
4. Vous aimez la cuisine des autres pays? Lesquelles? (*Which ones?*)

B. Pour ou contre. Avec deux camarades parlez des sujets suivants:

- La nourriture bio: pour ou contre et pourquoi?
- Les grands supermarchés: pour ou contre et pourquoi?
- Le régime végétalien (végan): pour ou contre et pourquoi?

Verbes

coûter	to cost
désirer	to desire, want
devoir	to have to, be obliged to; to owe
goûter	to taste
pleuvoir	to rain
pouvoir	to be able to, can
vouloir	to want
vouloir bien	to be willing; to agree
vouloir dire	to mean

À REVOIR: **apprendre, avoir, boire, choisir, commander, comprendre, dîner, être, faire, perdre, prendre, préparer, trouver, vendre**

Substantifs

l'addition (f.)	bill, check (in a restaurant)
l'agneau (m.)	lamb
l'ail (m.)	garlic
l'argent (m.)	money
la boîte (de conserve)	can (of food)
la carte	menu
le centime	1/100th of a euro
les conserves (f. pl.)	canned goods
le copain / la copine	(boy)friend/(girl)friend
la côte de bœuf	rib roast
la côtelette	chop
la chose	thing
les crevettes (f.)	shrimp
l'éclair (m.)	eclair (pastry)
l'entrée (f.)	first course
l'escargot (m.)	snail
l'euro (m.)	euro (European Union currency)
l'événement (m.)	event
la fête	holiday; party; celebration
le filet (de bœuf/porc)	(beef/pork) tenderloin
le homard	lobster
l'huile (f.) (d'olive)	(olive) oil
l'huître (f.)	oyster
le kilo(gramme)	kilo(gram)
le magasin	store, shop
la matinée	morning
le menu	fixed (price) menu
le morceau	piece
la mousse au chocolat	chocolate mousse
la nuit	night
le pain de campagne	country-style wheat bread
le pâté de campagne	country-style pâté
les pâtes (f. pl.)	pasta
le plat	course (meal)
plat principal	main dish
le pourboire	tip
le prix	price
le régime	diet

la reine	queen
le roi	roi
le rôti	roast
les sardines (à l'huile) (f.)	sardines (in oil)
la saucisse	sausage
le saucisson	salami
le saumon	salmon
le serveur / la serveuse	waiter/waitress
la soirée	evening
la sole	sole (fish)
la tranche	slice
le veau	veal

À REVOIR: **l'assiette, le bœuf, la boisson, le crabe, la cuisine, le déjeuner, le dîner, le fromage, la glace, le gâteau, les haricots verts, le matin, le pain, le petit déjeuner, la pomme, la pomme de terre, le porc, le soir, la viande, le vin**

Les magasins

la boucherie	butcher shop
la boulangerie	bakery
la charcuterie	pork butcher's shop (delicatessen)
l'épicerie (f.)	grocery store
la pâtisserie	pastry shop; pastry
la poissonnerie	fish store

Expressions temporelles

les années (cinquante)	the decade (era) of (the fifties)
avant-hier	the day before yesterday
hier	yesterday
hier soir	last night
passé(e)	last
toute la matinée/ journée/soirée/nuit	all morning/day/evening/ night

Mots et expressions divers

autre chose	something else
ça	this, that
ce (cet, cette) / ces	this, that / these, those
compris(e)	included
d'abord	first, first of all, at first
ensuite	next, then
Il n'y a pas de quoi.	You're welcome.
je pourrais	I could
Je vous en prie.	You're welcome. (formal)
(et) puis	(and) then, next
quel(le)(s)	which, what
quelque chose	something
tout le monde	everybody

À REVOIR: **je voudrais, de rien**

CHAPITRE 8
Vive les vacances!

Les célèbres parasols multicolores de Deauville, en Normandie

Ekaterina Pokrovsky/Shutterstock

Dans ce chapitre...

OBJECTIFS COMMUNICATIFS

➤ talking about vacation, recreational equipment
➤ indicating direction
➤ expressing actions and obligations
➤ talking about the past
➤ expressing location
➤ learning to distinguish between and pronounce selected sounds in French

CULTURE

➤ Espaces francophones: *La Tunisie*
➤ Reportage: *France: des vacances pour tout le monde!*
➤ Un petit plus: *Le Mont-Saint-Michel*
➤ Lecture: *Des vacances au Maroc*

En vacances

Map labels:

L'ANGLETERRE

LE NORD

Faire du camping en forêt (f.)

LA BRETAGNE

Faire du vélo* sur les routes (f.) de campagne (f.)

Faire du bateau sur les fleuves (m.)

LE MASSIF CENTRAL

Faire du ski en montagne (f.)

LES ALPES

Nager dans les lacs (m.)

LA CÔTE D'AZUR

Faire de la planche à voile à la mer

Bronzer à la plage

Faire de l'alpinisme (m.) en montagne

LES PYRÉNÉES

L'ESPAGNE

LA CORSE

🎧 Prononcez bien!

The pronunciation of *montagne*

To pronounce the sequence **gn** as [ɲ], blend the sounds [n] and [j] as you do in the English words *onion* and *union*. This sound is most often spelled **gn**, and sometimes **ni.**

[ɲ]: **ma<u>gn</u>ifique, champi<u>gn</u>on, der<u>ni</u>er**

For words ending in **-gne,** make sure you don't pronounce the final **-e.**

[ɲ]: **monta<u>gne</u>, campa<u>gne</u>**

AUTRES MOTS UTILES	
aller à la pêche	to go fishing
faire... du cheval, de l'équitation	to go . . . horseback riding
de la plongée libre	snorkeling
de la plongée sous-marine	scuba diving
du ski nautique	waterskiing
du ski alpin	downhill skiing
du ski de fond	cross-country skiing
une randonnée	for a hike
faire un séjour	to stay, to spend time
prendre des vacances	to take a vacation
une carte	a map (*of a region, country*)
une carte postale	a postcard
un endroit	a place

*****Faire du vélo** is synonymous with **faire de la bicyclette.**

Allez-y!

A. Où passer les vacances? Quels sont les avantages touristiques des endroits suivants et qu'est-ce qu'on peut y (*there*) faire?

1. à la montagne

3. en forêt

2. au bord de la mer

4. à la campagne

Maintenant expliquez où vous voulez passer vos prochaines vacances et quelles activités on peut faire à cet endroit.

B. Activités de vacances. Qu'est-ce qu'ils font?

1. Que fait un nageur / une nageuse? Où est-ce qu'on trouve beaucoup de nageurs?

2. Que fait un campeur / une campeuse? Où est-ce qu'on fait du camping en France? aux États-Unis?

3. Que fait un skieur / une skieuse? Où est-ce qu'on fait du ski en France? aux États-Unis?

4. Que fait un/une cycliste? Où est-ce qu'on fait du vélo en France? aux États-Unis?

5. Combien de nageurs, de campeurs, de skieurs, de cyclistes est-ce qu'il y a dans la classe? Où est-ce qu'ils passent leurs vacances?

Les points cardinaux

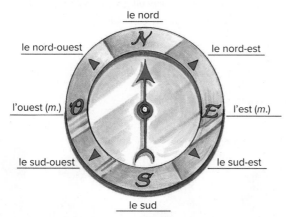

le nord

le nord-ouest   le nord-est

l'ouest (*m.*)   l'est (*m.*)

le sud-ouest   le sud-est

le sud

Allez-y!

Quelques pays africains et leurs capitales. Quel pays est situé dans chacune des régions mentionnées ici? Quelle est sa capitale? (Consultez la carte géographique de l'Afrique dans ce livre.)

MODÈLE: au sud-ouest de la Mauritanie →
Le Sénégal est située au sud-ouest de la Mauritanie.
Capitale: Dakar

RÉGIONS	CAPITALES
1. au nord-est de l'Algérie	Bamako
2. à l'est du Togo	Kinshasa
3. au sud-ouest du Burkina Faso	Libreville
4. à l'ouest de l'Algérie	Porto-Novo
5. au nord du Gabon	Rabat
6. à l'est du Congo	Tunis
7. au nord du Burkina Faso	Yamoussoukro
8. à l'ouest du Congo	Yaoundé

Le verbe *acheter*

The verb **acheter** (*to buy*) is irregular. The **e** from the stem (**achet-**) becomes **è** for the forms of **je, tu, il/elle/on,** and **ils/elles**. The forms of **nous** and **vous** are regular. Note that all the endings are regular.

PRESENT TENSE OF **acheter**			
j'	**achète**	nous	achetons
tu	**achètes**	vous	achetez
il/elle/on	**achète**	ils/elles	**achètent**

Allez-y!

Les besoins sont différents. Ces personnes préparent leurs vacances. Complétez les phrases avec la forme appropriée du verbe **acheter.**

1. Caroline veut aller à la plage. Elle _____ un maillot de bain.
2. Nous voulons passer les vacances de Noël à Tahiti. Nous _____ des shorts et des tee-shirts.
3. Tu veux bien aller à la montagne. Tu _____ un sac à dos.
4. Rock et Marine organisent un voyage à Londres. Ils _____ des imperméables.
5. L'été prochain, vous voulez rendre visite à des amis à Paris. Vous _____ une jupe noire et un pull rouge.

Au magasin de sport

des skis (*m.*)

des lunettes de ski

des lunettes (*f.*) de soleil

une crème solaire

un sac de couchage

un anorak

une tente

un bâton de randonnée

des chaussures de ski

un pantalon de ski

une serviette de plage

des chaussures de montagne

AUTRES MOTS UTILES			
le casque	helmet	**la valise**	suitcase

Allez-y!

A. Achats. (*Purchases.*) Complétez les phrases en vous basant sur le dessin du magasin de sport.

1. Le jeune homme va acheter des _____. Il va passer ses vacances à Grenoble où il veut _____.
2. La jeune fille a envie d'acheter des _____ de ski, des chaussures de _____ et un _____ de ski. Sa famille va passer les vacances dans les Alpes où elle va _____.
3. La femme veut acheter une _____, une _____ et des _____. Elle va descendre sur la Côte d'Azur (*French Riviera*) où elle va _____ et _____.
4. L'homme au bonnet (*cap*) va acheter un _____ et une _____. Il va _____ dans le nord de la France ce week-end.
5. La vieille dame est très sportive. Elle va acheter un _____ et des _____. Ce week-end, elle va _____ dans les Pyrénées.
6. Le vieux monsieur doit être patient. Il veut acheter un _____.

B. L'intrus. Dans les groupes suivants, trouvez le mot qui ne va pas avec les autres. Expliquez votre choix.

1. le maillot de bain / les lunettes de soleil / la crème solaire / l'anorak
2. la tente / le pantalon de ski / le sac de couchage / le sac à dos
3. les chaussures de ski / la serviette de plage / les skis / l'anorak
4. les lunettes de soleil / le casque / le short / le bâton de randonnée

C. Choix de vêtements. Qu'est-ce qu'on porte pour les activités suivantes?

MODÈLE: pour aller à la pêche →
Pour aller à la pêche, on porte un chapeau...

1. pour faire du ski nautique
2. pour aller à la montagne
3. pour faire une promenade dans la forêt
4. pour faire du vélo
5. pour faire du bateau
6. pour faire du ski de fond

D. Conseils pratiques. Vous préparez un voyage en Tunisie. Selon la brochure, quels vêtements sont recommandés pour un voyage en hiver? en été? Donnez des exemples. À votre avis, quel temps fait-il en Tunisie en hiver et en été?

> **Les vêtements**
>
> En hiver : quelques pulls, un imperméable et des vêtements de demi-saison.[1]
> En été : des vêtements légers[2] en fibres naturelles, maillot de bain, lunettes de soleil, chapeau, chaussures aérées,[3] tenues[4] pratiques pour les excursions. Sans oublier un léger pull pour les soirées et les hôtels climatisés.[5]

[1]*spring or autumn* [2]*lightweight* [3]*well-ventilated*
[4]*outfits, clothes* [5]*air-conditioned*

Imaginez maintenant que vous travaillez dans une agence de voyages. Quels vêtements allez-vous conseiller (*to suggest*) à des touristes qui vont en Alaska, au Mexique ou dans le Grand Canyon? Quels autres achats conseillez-vous?

Bienvenue en Tunisie!

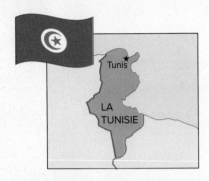

Pays: Tunisie (République tunisienne)

Habitants: Tunisiens

Capitale: Tunis

Langue officielle: arabe

Unité monétaire: dinar tunisien

Fête nationale: 20 mars

Un coup d'œil sur Tunis

La Tunisie est un pays d'Afrique du Nord. Sa frontière[1] ouest s'ouvre sur l'Algérie et la frontière sud-est sur la Libye. Le désert du Sahara constitue 40 % du territoire, mais il y a aussi 1 298 km[2] de côtes qui bordent la Méditerranée. La ville principale est Tunis, la capitale du pays depuis 1159. Il faut absolument voir la médina, avec ses monuments, ses mosquées et ses souks.[3] À l'ouest de la ville, visitez le Musée National du Bardo, un musée archéologique particulièrement riche en mosaïques romaines.

Un peu au nord de Tunis: Carthage et Sidi Bou Saïd. Ancienne puissance[4] maritime, commerciale et militaire, Carthage est détruite[5] puis reconstruite[6] par les Romains. Aujourd'hui, on peut admirer les ruines des villas romaines, de l'amphithéâtre et des thermes.[7] Le village de Sidi Bou Saïd est perché sur une falaise[8] dominant Carthage et le golfe de Tunis. Avec ses jolies maisons peintes en bleu et blanc, ses artistes et ses cafés, c'est un endroit pittoresque qui mérite le détour.

Le minaret de la mosquée Zitouna à Tunis

[1]*border* [2]*1298 km = 806 miles* [3]*markets* [4]*power* [5]*destroyed* [6]*rebuilt* [7]*Roman baths* [8]*cliff*

PORTRAIT Albert Memmi (1920–2020)

Albert Memmi est né en 1920 à Tunis dans une famille juive de langue arabe. Au début du vingtième siècle, la Tunisie est une colonie française majoritairement musulmane. Il existe des tensions entre les Musulmans et les Juifs, alors de nombreux Juifs tunisiens choisissent de s'assimiler à la culture coloniale française. Albert va donc au lycée français de Tunis. Pendant la Seconde Guerre mondiale, à cause des lois antisémites du gouvernement de Vichy,* on l'envoie dans un camp de travail forcé. Après avoir retrouvé sa liberté, il poursuit des études de philosophie, devient enseignant et épouse une Française. Il s'installe à Paris après l'indépendance de la Tunisie et prend la nationalité française en 1973.

Ces expériences influencent ses œuvres.[1] Ses deux romans[2] les plus célèbres, *La Statue de sel* (1953) et *Agar* (1955), sont autobiographiques et explorent les thèmes de l'aliénation et des mariages mixtes. Memmi écrit aussi plusieurs livres sur le racisme et le colonialisme en Afrique, et des essais où il analyse les effets négatifs de la colonisation. Lauréat de plusieurs prix littéraires prestigieux, Albert Memmi est l'un des plus grands écrivains tunisiens de langue française.

L'écrivain Albert Memmi chez lui à Paris en 2004

[1]*works* [2]*novels*

▶ Watch **Bienvenue en Tunisie** to learn more about Tunis.

*The Vichy regime refers to the French government established by Marshal Philippe Pétain in July 1940 following the military defeat of France in World War II. It collaborated with the Germans. Following the liberation of France, General Charles de Gaulle proclaimed a new government recognized by the Allied forces on October 23, 1944.

Quelques verbes irréguliers en *-ir*

Expressing Actions

🎧 VACANCES À VERSAILLES

Alexis contacte Poema par messagerie instantanée.

 ALEXIS: Poema, **tu pars** cet été?

 POEMA: **Je pars** à la Guadeloupe au mois d'août. Et toi?

 ALEXIS: Moi, **je reviens** juste de Montréal. Je suis fatigué. **Je dors** toute la journée!

 POEMA: **Tu dors**! Tu ne travailles pas?

 ALEXIS: Non. Je suis en vacances!

 POEMA: **Tu viens** à la Guadeloupe avec moi?

 ALEXIS: Merci pour l'invitation, mais Trésor et moi, nous restons à Versailles.

 POEMA: À Versailles? Mais qu'est-ce qu'on fait à Versailles en été?

 ALEXIS: **On dort** le matin, on fait du vélo dans le parc du château l'après-midi, **on sort** le soir.

Vrai ou faux? Corrigez les phrases fausses.

1. Poema part au Canada cet été.
2. Alexis revient de Montréal.
3. Poema est fatiguée. Elle dort toute la journée.
4. Poema demande à Alexis de venir à la Guadeloupe avec elle.
5. Alexis dit: «On sort le matin, on dort le soir».

Dormir and Similar Verbs

The verb **dormir** (*to sleep*) has an irregular conjugation.

PRESENT TENSE OF **dormir**			
je	**dors**	nous	**dormons**
tu	**dors**	vous	**dormez**
il/elle/on	**dort**	ils/elles	**dorment**

Je **dors** très bien.	*I sleep very well.*
Dormez-vous à la belle étoile?	*Do you sleep in the open air?*
Nous **dormons** jusqu'à 7 h 30.	*We sleep until 7:30.*

Verbs conjugated like **dormir** include:

partir *to leave, depart*

sentir *to feel; to sense; to smell*

servir *to serve*

sortir *to leave; to go out*

Je **pars** en vacances.	*I'm leaving on vacation.*
Ce plat **sent** bon/mauvais.	*This dish smells good/bad.*
Nous **servons** le petit déjeuner à 8 h.	*We serve breakfast at 8:00.*
À quelle heure allez-vous **sortir** ce soir?	*What time are you going out tonight?*

Partir and *sortir*

Partir and **sortir** mean *to leave,* but they are used differently.

1. **Partir** is the opposite of **arriver.** It can be used alone or followed by a preposition.

Je **pars** demain.	*I'm leaving (departing) tomorrow.*
Elle **part** de/pour Tunis.	*She's leaving from/for Tunis.*

2. **Sortir** is the opposite of **entrer** (*to enter*). It can also be used alone or followed by a preposition.

Ils **sortent** du théâtre.	*They're leaving the theater.*
Elle **sort** de la caravane.	*She's getting out of the camper.*
Sortons de l'eau!	*Let's get out of the water!*

Sortir can also mean that one is going out for the evening, or seeing another person regularly.

Tu **sors** ce soir?	*Are you going out tonight?*
Camille et Édouard **sortent** ensemble.	*Camille and Édouard are going out together.*

Note: **Quitter** (a regular **-er** verb) means *to leave* (*go away from*) *something or someone.* It always requires a direct object, either a place or a person.

Je **quitte** Casablanca.	*I'm leaving Casablanca.*
Elle **quitte** son petit-ami.	*She's leaving her boyfriend.*

[Allez-y! A]

Lizavetta/Shutterstock

Vous partez en Tunisie? Là-bas, l'artisanat est un art, une tradition et... un commerce!

Venir and the *passé récent*

The verb **venir** (*to come*) is irregular.

PRESENT TENSE OF **venir**			
je	**viens**	nous	venons
tu	**viens**	vous	venez
il/elle/on	**vient**	ils/elles	**viennent**

Nous **venons** de Tombouctou.	*We come from Timbuktu.*
Viens voir la plage!	*Come see the beach!*

1. **Venir de** + infinitive means *to have just* (*done something*). This is called **le passé récent.**

Je **viens de nager.**	*I've just been swimming.*
Mes amis **viennent de téléphoner.**	*My friends have just telephoned.*

2. Verbs conjugated like **venir** include:

> **devenir** *to become*
>
> **obtenir** *to obtain*
>
> **revenir** *to come back*

Ils **reviennent** de vacances.	*They're coming back from vacation.*
On **devient** expert grâce à l'expérience.	*One becomes an expert with (thanks to) experience.*

[Allez-y! B-E]

Allez-y!

A. Que faire? Clara et Philippe, les amis de Romain, désirent sortir ce soir. Romain hésite. Complétez la conversation avec les verbes corrects: **partir, quitter** ou **sortir.**

PHILIPPE: On _____[1] ce soir? Il y a un bon film qui passe au ciné!

ROMAIN: Désolé! Mes cousins sont en vacances chez moi et ils _____[2] demain matin, alors je vais rester avec eux ce soir.

PHILIPPE: Oh allez! Tu les _____[3] pendant deux heures, le temps du film. Ce n'est pas long!

CLARA: Attends. Tes cousins, ils ne _____[4] pas le samedi soir? Ils ont quel âge?

ROMAIN: Si bien sûr, mais quand vous _____[5] la maison à 5 h du matin, est-ce que vous _____[6] tard la veille, vous?

PHILIPPE: Tu _____[7] en vacances demain, toi, Clara?

CLARA: Ben non...

PHILIPPE: Nous _____[8] donc ce soir?

CLARA: Ah oui!

PHILIPPE: O.K., on te raconte le film demain, Romain. Bonne soirée avec tes cousins!

Prononcez bien!

The vowels in *viens* and *viennent*

Note that the vowel in the three singular forms of **venir** (**je viens, tu viens, il vient**) is the same nasal vowel [ɛ̃] as in **bien,** and that the **n** is not pronounced.

[ɛ̃]: **tu deviens, il obtient**

In the third-person plural form (**ils viennent**), however, the presence of **nn** denasalizes the vowel into [ɛ], as in **lait,** and the **nn** is pronounced.

[ɛn]: **ils deviennent, elles obtiennent**

B. Au pays des pharaons. Loïc et Nathalie sont en vacances en Égypte avec le Club Aquarius. Ils envoient (*send*) une carte postale à leur grand-mère. Complétez la carte avec les verbes de la colonne de droite.

Chère mamie,

Nous _____¹ d'arriver en Égypte. Le Club Aquarius, c'est le grand confort. Nous _____² dans des chambres immenses et tous les matins on _____³ le petit déjeuner dans la chambre. Demain nous _____⁴ pour le temple de Louxor. Nous _____⁵ des experts en égyptologie. Nous _____⁶ en France dans quatre jours.

À bientôt et grosses bises.

Loïc et Nathalie

devenir
dormir
partir
revenir
servir
venir

C. La curiosité. Imaginez avec un/une camarade ce que ces personnes viennent de faire. Donnez trois possibilités pour chaque phrase.

MODÈLE: Albert rentre du Sénégal →
Il vient de visiter l'Île de Gorée. Il vient de passer une semaine au soleil. Il vient de faire un safari.

1. Jennifer part en vacances.
2. Je sors du magasin de sport.
3. Nous revenons de la montagne.
4. Anthony et Yvon reviennent de la campagne.
5. Aïcha rentre du Canada.

D. Une famille qui bouge. Hugo doit rester à la maison, mais sa famille est très active. Traduisez ses phrases en français.

1. My family is leaving on vacation today.
2. My cousins are leaving New York.
3. My sister is leaving for Brittany tomorrow.
4. My brother has just bought some skis.
5. He's going out with a friend.
6. You're going out with my sister now?
7. Let's leave together.
8. I can't go out. I have to work.

Le cinéma sous les étoiles (*stars*) à Paris Plages, le 18 juillet 2020

Le "cinéma sur l'eau" au bassin de la Villette, le 18 juillet 2020

Both: Kiran Ridley/Stringer/Getty Images

E. Conversation. Engagez avec un/une camarade une conversation basée sur les questions suivantes. Ensuite, faites un commentaire sur les habitudes (*habits*) ou les attitudes de votre camarade.

1. Tu pars souvent en voyage? Tu vas où? Tu viens d'acheter des vêtements ou d'autres objets nécessaires pour tes vacances? Qu'est-ce que tu viens d'acheter?
2. Tu sors souvent pendant (*during*) le week-end ou tu restes à la maison? Tu sors souvent pendant la semaine? Qu'est-ce que tu portes quand tu sors?
3. Tu aimes la fin des vacances? Tes amis/amies sentent une différence quand tu rentres chez toi? Tu es plus calme? nerveux/nerveuse? triste? heureux/heureuse?

Le passé composé avec l'auxiliaire *être*

Talking About the Past

 DE LONDRES À CANNES

Appel vidéo entre Hector et Juliette

HECTOR:	**Vous êtes arrivées** à Londres?
JULIETTE:	En fait, **nous sommes descendues** à Cannes.
HECTOR:	À Cannes? Je ne comprends rien. Vous avez changé vos projets? **Vous n'êtes pas parties** en Angleterre?
JULIETTE:	**Nous sommes restées** deux jours à Londres. Mais il pleuvait.* Alors, **nous sommes revenues** à Paris et **nous sommes parties** sur la Côte d'Azur.
HECTOR:	Vous avez trouvé un petit hôtel?
JULIETTE:	Sans problème. C'est facile: **Nous sommes allées** sur TripAdvisor!

*il... *it was raining*

Trouvez la question dans le dialogue.

1. En fait, nous sommes descendues à Cannes.
2. Nous sommes restées deux jours à Londres. Nous sommes revenues à Paris et nous sommes parties sur la Côte d'Azur.
3. Sans problème. Nous sommes allées sur TripAdvisor!

Most French verbs form the **passé composé** with **avoir** as the auxiliary verb. A few, however, require **être** as the auxiliary verb. One of these verbs is **aller**.

PASSÉ COMPOSÉ OF **aller**			
je	suis all**é(e)**	nous	sommes all**é(e)s**
tu	es all**é(e)**	vous	êtes all**é(e)(s)**
il/on	est all**é***	ils	sont all**és**
elle	est all**ée**	elles	sont all**ées**

1. The past participle of verbs conjugated with **être** in the **passé composé** agrees with the subject in gender and number.

Marc est all**é** au Japon.	*Marc went to Japan.*
Agathe est all**ée** en Côte d'Ivoire.	*Agathe went to Ivory Coast.*
Benjamin et Loïc sont all**és** à Chartres.	*Benjamin and Loïc went to Chartres.*
Elles sont all**ées** à Hawaï.	*They went to Hawaii.*

2. The following verbs take **être** in the **passé composé**. Note that most convey motion or a change in state. Irregular past participles are indicated in parentheses.

aller *to go*	**passer** *to pass*
arriver *to arrive*	**rentrer** *to return; to go home*
descendre *to go down; to get off*	**rester** *to stay*
devenir (devenu) *to become*	**retourner** *to return; to go back*
entrer *to enter*	**revenir (revenu)** *to come back*
monter *to go up; to climb*	**sortir** *to go out*
mourir (mort) *to die*	**tomber** *to fall*
naître (né) *to be born*	**venir (venu)** *to come*
partir *to leave*	

Mots clés

Avoir ou *être*?

Some of these **"être"** verbs may be followed by a direct object. When this occurs, they take **avoir** in the **passé composé**.

Nous **avons descendu la rivière** en bateau.

Elle **a passé la frontière** (*border*) hier.

J'ai **monté le son** de la radio.

Il **a sorti la voiture** du garage.

When deciding which auxiliary verb to use, the presence of a preposition directly after the verb is one clue that you should probably use **être**.

Philippe et Olivier **sont descendus du** train à Union Station.

L'orage **est passé à côté de** ma maison hier soir.

Anne-Louise **est montée au** 1er étage pour faire ses devoirs.

arriver
entrer
rentrer
retourner
revenir
venir

rester

tomber

naître

mourir

aller
partir
sortir

descendre

monter

passer

[Allez-y! A–D, F]

---

*When **on** clearly represents a plural subject, the past participle agrees with the subject (**on est allés**, **on est allées**). The auxiliary verb will always stay singular.

3. Word order in negative and interrogative sentences in the **passé composé** with **être** is the same as that for the **passé composé** with **avoir.**

Je **ne suis pas** allé au cours.   *I did not go to class.*

Sont-ils arrivés à l'heure?   *Did they arrive on time?*

[Allez-y! E]

Allez-y!

A. Des sorties. Dites où et quand ces personnes sont allées en vacances. Utilisez l'expression **il y a.**

MODÈLE: une semaine / Nora / la Côte d'Azur →
Il y a une semaine, Nora est allée à la Côte d'Azur.

1. un mois / Fabrice / plage
2. deux jours / tu / forêt / faire du camping
3. six mois / Mme Robert / montagne / faire du ski
4. trois jours / nous / campagne
5. deux ans / je / Nice

B. Départ en vacances. Les Astier, vos voisins, sont partis en vacances ce week-end. Vous racontez maintenant la scène à vos amis. Complétez l'histoire de façon logique et mettez les verbes au passé composé.

Ce matin, mes voisins les Astier _____¹ en vacances. Ils _____² à la mer. À 8 h, M. Astier et son fils _____³ et _____⁴ de la maison plusieurs fois avec des sacs et des valises. Mme Astier _____⁵ cinq fois dans la maison pour aller chercher des objets oubliés.

Enfin, trois heures plus tard, toute la famille _____⁶ dans la voiture et elle _____⁷. Mais pas de chance, une des valises _____⁸ de la galerie (*roof rack*). M. Astier _____⁹ de la voiture pour la remettre sur la galerie et ils _____¹⁰. Moi, je _____¹¹ chez moi.

aller
entrer
partir
retourner
sortir
descendre
monter
partir
repartir
rester
tomber

C. Week-end en Suisse. Dominique et Edgar ont passé le week-end à Genève. Mettez l'histoire au passé composé et faites attention au choix de l'auxiliaire (**avoir** ou **être**).

Edgar vient[1] chercher Dominique pour aller à la gare. Ils montent[2] dans le train. Ils cherchent[3] leur voiture. Le train part[4] quelques minutes plus tard. Il entre[5] en gare de Genève à midi. Edgar et Dominique descendent[6] du train et vont[7] tout de suite à l'hôtel. L'après-midi, ils sortent[8] visiter la ville. Le soir, ils dînent[9] dans un restaurant élégant. Dimanche Dominique va[10] au musée et prend[11] beaucoup de photos de la ville. Edgar reste[12] à l'hôtel. Dominique et Edgar quittent[13] Genève en fin d'après-midi. Ils arrivent[14] à Paris fatigués mais contents de leur week-end.

Qu'est-ce que Dominique a fait qu'Edgar n'a pas fait?

D. Les voyageurs. Gaspard, Julien et Louis ont passé une partie de leurs vacances ensemble (*together*). Ils regardent les photos des vacances et essaient de se souvenir (*try to remember*) des détails. Complétez leur conversation au passé composé.

GASPARD: Tu te souviens quand nous _____¹?   **arriver**

JULIEN: Nous _____² dans le train à Metz le 19 avril   **monter**
vers 6 h et nous _____³ à Nice le soir.   **partir**

GASPARD: Est-ce que Louis _____⁴ voir sa copine de   **passer**
Nice le même (*same*) jour?

JULIEN: Non, il _____⁵ chez elle le lendemain et ils   **aller**
_____⁶ pour l'Italie le 21.   **partir**

GASPARD: Louis et toi, vous _____⁷ ensemble à la fin   **rentrer**
des vacances, non?

JULIEN: Oui, et toi, tu _____⁸ à la plage une   **rester**
semaine de plus et tu _____⁹ en mai. C'est   **revenir**
vraiment trop injuste!

E. Alice, la curieuse. Alice vous pose des questions sur les activités de vos amis. Répondez à la forme négative.

1. Marianne et ses amis, sont-ils partis en vacances en train?
2. Est-ce que Marianne est déjà montée dans un train?
3. Est-ce que son train est arrivé à l'heure?
4. Sont-ils restés longtemps en Espagne?
5. Êtes-vous allé(e) en France récemment?
6. Es-tu passé(e) par la Suisse?
7. Es-tu rentré(e) en bateau?
8. Adèle et Nina, sont-elles revenues à San Francisco en septembre?

F. Souvenirs de vacances. Décrivez les vacances de l'année passée d'un/une camarade. D'abord, posez les questions suivantes à votre camarade. Si vous voulez, posez encore d'autres questions. Ensuite, présentez à la classe une description de ses vacances.

1. Quand es-tu parti(e)? Où es-tu allé(e)? Es-tu resté(e) aux États-Unis ou es-tu allé(e) à l'étranger? As-tu visité un endroit exotique?
2. Es-tu allé(e) voir l'endroit où tes parents sont nés? Où es-tu né(e)?
3. Qu'est-ce que tu as fait pendant les vacances? Est-ce que tu as rencontré des gens (*people*) intéressants?
4. Comment es-tu rentré(e): en avion ou en voiture? Es-tu revenu(e) mort(e) de fatigue?
5. Est-ce que tu prépares déjà tes vacances de l'année prochaine?

L'année dernière nous sommes allés en Normandie pour faire du camping. Mais cette année on a décidé d'aller en Bretagne. Selon vous, qu'est-ce qu'on va faire là-bas? Qu'est-ce qu'on a acheté chez Decathlon?

France: des vacances pour tout le monde!

Chez les Beaufour, on voyage énormément. Mme Beaufour est professeure et a presque quatre mois de vacances payées et M. Beaufour, comme tous les salariés, un minimum de cinq semaines. «À Noël, explique Mme Beaufour, toute la famille part à la neige. Pendant les vacances de février, nous visitons une capitale européenne. Pour Pâques, nous passons une semaine chez ma mère qui possède une maison de campagne à Aix-en-Provence. Et en été, nous faisons du camping».

En France, les vacances, c'est un droit[1]: elles sont sacrées et intouchables. Mais certaines familles n'ont pas les moyens[2] de partir. Alors la solidarité s'organise. Par exemple,

Vacances au parc national des Écrins dans les Alpes: le bonheur sous les étoiles

Fotografie Bram de Jong/Moment Open/Getty Images

chaque année, des bénévoles[3] partagent leurs vacances avec des enfants défavorisés.[4] «C'était une merveilleuse expérience» raconte Jeanne qui a reçu Léo dans sa villa de Corse: plage, randonnées, vélo, pique-nique, barbecue... «Nous avons passé des moments superbes, tous ensemble avec mon mari, mes enfants et notre invité». «C'était fantastique» insiste Léo.

D'autres solutions sont proposées aux personnes en difficulté financière. Des associations payent pour elles des séjours à très bas[5] prix ou proposent des séjours gratuits.[6] Familles monoparentales, chômeurs[7] de longue durée, seniors isolés et sans argent sont logés dans de jolis appartements à la mer, à la campagne ou à la montagne. Là, on oublie tout; on apprend à être heureux au soleil.

[1]right [2]means [3]volunteers [4]underprivileged [5]low [6]free [7]unemployed people

VOUS COMPRENEZ?

1. Combien de semaines de vacances M. et Mme Beaufour ont-ils? Que font-ils à Noël, à Pâques, en été?
2. Racontez les vacances de Léo: où est-il parti? Avec qui? Quelles étaient ses activités?
3. Qui finance et organise les vacances des familles en difficulté financières? Que propose-t-on à ces personnes?

LEÇON 3: STRUCTURES

L'expression impersonnelle *il faut*

Expressing Obligation and Necessity

🎧 DES VACANCES AUX ANTILLES

Poema téléphone à Alexis.

> POEMA: Pour aller à la Guadeloupe, est-ce qu'**il faut**[1] un visa?
>
> ALEXIS: Non! La Guadeloupe, c'est la France! **Il faut présenter** une carte d'identité ou un passeport.
>
> POEMA: Je suis toujours anxieuse quand je voyage! J'ai peur d'oublier quelque chose.[2]
>
> ALEXIS: Poema, sois cool! Aux Antilles, **il faut** simplement des lunettes de soleil, une serviette de plage et une crème solaire. C'est tout!
>
> POEMA: Et pour le soir?
>
> ALEXIS: Pour le soir, **il faut avoir** une jolie robe pour aller danser!

Le bonheur simple à la Guadeloupe

D. Hurst/Alamy Stock Photo

[1]il est nécessaire d'(avoir)   [2]d'oublier... *of forgetting something*

Répondez aux questions. Utilisez l'expression **il faut.**

1. Pour aller à la Guadeloupe, quels documents administratifs faut-il?
2. Pour la plage, qu'est-ce qu'il faut?
3. Et pour le soir, qu'est-ce qu'il faut avoir?

1. The expression **il faut** is the impersonal form of the verb **falloir.** Followed by an infinitive, it is used to express general obligation or a necessity.

Il faut étudier pour réussir.	*One has to study to do well.*
Il faut manger pour vivre.	*One has to (It is necessary to) eat to live.*

In the near future (**le futur proche**), **il faut** + infinitive becomes **il va falloir** + infinitive. In the **passé composé,** it becomes **il a fallu.**

Nous avons une réservation pour le train à 8 h: **il va falloir** arriver à l'heure.	*We have a train reservation for 8:00: We will have to be on time.*
Il a fallu réserver très tôt en avance.	*We had to make our reservation very early.*

2. In the negative, the form **il ne faut pas** (*one must not*) expresses a prohibited action.

Il ne faut pas boire d'eau non-potable.

You must not (Don't) drink untreated water.

3. **Il faut** can also be followed by nouns referring to objects or to qualities to talk about what is needed. The indefinite or partitive article is usually used before the noun in the construction **il faut** + noun.

Pour aller à la Guadeloupe, **il faut** un visa?

To go to Guadeloupe, do you need a visa?

Pour faire de la soupe à l'oignon, **il faut** des oignons, du bouillon de bœuf, du gruyère et du pain.

To make onion soup, you need onions, beef broth, gruyère cheese, and bread.

Il faut du courage pour manger des escargots!

One needs courage to eat snails!

Allez-y!

A. **Qu'est-ce qu'il faut?** Répondez aux questions avec un/une camarade et notez vos conclusions. Répondez avec **il faut** + *infinitif* ou *nom*.

MODÈLE: pour passer une soirée à la française? →
Qu'est-ce qu'il faut pour passer une soirée à la française?
Il faut des amis. (*ou* Il faut aimer la bonne cuisine. /
Il faut prendre son temps.)

1. pour passer des vacances parfaites?
2. pour fêter son anniversaire?
3. pour s'amuser (*to have fun*) dans une soirée à l'américaine?
4. pour se faire «une bonne bouffe (*a big meal*)»?
5. pour ne pas grossir (*not to gain weight*)?
6. pour être en bonne santé (*health*)?
7. pour bien dormir?

B. **Conversation à trois.** Avec deux autres camarades, vous allez organiser un voyage pour toute la classe. Qu'est-ce que vous voulez faire? Où voulez-vous voyager? Qu'est-ce qu'il faut faire avant de partir? Qu'est-ce qu'il faut acheter? Comment voulez-vous partager le travail? Utilisez les verbes **pouvoir, vouloir** et **devoir** et l'expression **il faut.**

Vocabulaire utile: devoir acheter, devoir apporter, devoir commander, devoir demander, pouvoir acheter, pouvoir choisir, vouloir bien

Après votre conversation, décrivez le voyage à la classe.

Les prépositions devant les noms de lieu

Expressing Location

 SOYEZ EXTRAVAGANTS!

Hassan, Abdel et Carole discutent.

> HASSAN: Finalement, vous allez vous marier **à** Paris!
>
> ABDEL: Oui, on va faire un mariage marocain à l'Institut du monde arabe, **dans le** 5ᵉ arrondissement. Il y a une belle salle au dernier étage, avec une grande terrasse.
>
> CAROLE: Avec ce choix, tout le monde est content: on est à la fois[1] **au** Maroc et **en** France!
>
> ABDEL: Ensuite, on va aller **à** Venise, **en** Italie!
>
> CAROLE: Pour notre voyage de noces[2]!
>
> HASSAN: Venise? Quel conformisme! Pourquoi n'allez-vous pas **à** Tahiti **en** Polynésie française, **à** Zanzibar en Afrique, ou **aux** Seychelles dans l'océan Indien? Soyez extravagants!
>
> CAROLE: Pas question! C'est trop cher! Et puis, j'aime Venise parce que c'est romantique.
>
> ABDEL: ... Et moi, j'aime Carole et je veux lui faire plaisir[3]!

Une plage de rêve aux Seychelles

[1]à... *at the same time* [2]voyage... *honeymoon* [3]lui... *make her happy*

Répondez aux questions.

1. Dans quelle ville le mariage va-t-il être organisé?
2. Dans quel pays est l'Institut du monde arabe?
3. Où les futurs mariés vont-ils faire leur voyage de noces?
4. Quels pays et quelles villes Hassan suggère-t-il?

Gender of Geographical Nouns

1. In French, most place names that end in **e** are feminine; most others are masculine. One important exception: **le Mexique.**
2. The names of the continents are feminine: **l'Afrique, l'Amérique du Nord, l'Amérique du Sud, l'Asie, l'Europe, l'Océanie** (Australia and the Pacific islands).

3. The names of most states in the United States are masculine regardless of their ending: **le Texas, le Tennessee.** There are nine exceptions:

la Californie

la Caroline du Nord et du Sud

la Floride

la Géorgie

la Louisiane

la Pennsylvanie

la Virginie

la Virginie-Occidentale

Prepositions with Geographical Names

	TO, AT, IN		FROM	
cities	**à**	Suzanne habite **à** Lyon.	**de**	Elle vient **de** Montréal.
islands		Ils sont allés **à** Cuba.	**(d')**	Ils arrivent **d'**Hawaï.
continents	**en**	Lidia est née **en** Amérique du Sud.	**de (d')**	Je pars **d'**Europe.
feminine countries, states, provinces	**en**	Il y a deux ans, vous avez fait un voyage **en** Suisse. Baton Rouge est **en** Louisiane. Les explorateurs sont arrivés **en** Saskatchewan.	**de** **(d')**	Jean arrive **de** Floride. Viviane est **de** Colombie-Britannique.
masculine countries, states, or provinces starting with a vowel		On a voyagé **en** Israël. Il est né **en** Alaska. Elle a travaillé **en** Ontario.		Elle vient **d'**Iran. Ils arrivent **d'**Oregon. Mariane est originaire **d'**Ontario.
masculine countries or provinces starting with a consonant	**au**	**Au** Canada, il y a dix provinces. Je voudrais aller **au** Québec.*	**du**	Ils reviennent **du** Brésil. Il va partir **du** Nouveau-Brunswick.
all plural countries	**aux**	Il y a dix ans, ils sont arrivés **aux** États-Unis.	**des**	Quand sont-ils partis **des** Pays-Bas?
regions	**dans le**	Elle va **dans le** Poitou.	**du**	Nous revenons **du** Sud.
masculine states† starting with a consonant		J'aime l'automne **dans le** Vermont.	**(de l')**	Elle vient **du** Colorado.

---

*au **Québec** refers to the province; à **Québec** refers to the city
†Some exceptions: **au/du** Kansas
            au/du Texas
            au/du Nouveau-Mexique
            dans l'état de / de l'état de New York / Washington (to distinguish the states from the cities)

 Prononcez bien!

The vowels in *à*, *au*, and *aux*

Make sure you clearly distinguish between [a] and [o] when you pronounce **à** and **au**. Pronounce brief and tense sounds.

Open your mouth wide to say **à**.

[a]: **à Montréal, à La Nouvelle-Orléans**

Close your mouth and round your lips to say **au** and **aux**.

[o]: **au Sénégal, aux Pays-Bas**

Allez-y!

A. Jeu géographique. Voici quelques villes francophones. Dans quels pays se trouvent-elles? (Voir les cartes dans ce livre.)

MODÈLE: Paris est en France.

1. Rabat		**a.** Haïti
2. Montréal		**b.** la Belgique
3. Kinshasa		**c.** la Tunisie
4. Alger		**d.** la République démocratique du Congo
5. Dakar		**e.** le Canada
6. Bruxelles		**f.** la Suisse
7. Tunis		**g.** le Maroc
8. Abidjan		**h.** la Côte d'Ivoire
9. Port-au-Prince		**i.** l'Algérie
10. Genève		**j.** le Sénégal

B. Retour de vacances. Un groupe de touristes rentre de vacances. D'après ce qu'ils ont dans leurs valises, dites d'où ils arrivent.

MODÈLE: une montre
la Suisse → Ils arrivent de Suisse.

SOUVENIRS	**PAYS**
1. du parfum	le Cameroun
2. des figurines de manga	la Chine
3. une bouteille de tequila	l'Italie
4. un masque d'initiation	le Mexique
5. des chaussures en cuir (*leather*)	le Japon
6. du thé vert	les Pays-Bas
7. des tulipes	le Maroc
8. du café	la Colombie
9. un couscoussier (*couscous maker*)	la Belgique
10. du chocolat	la France

À Tunis, on trouve de beaux tapis.

Klic Video Productions/McGraw Hill

C. Le fleuve Niger. Le Niger est le troisième fleuve d'Afrique par sa longueur (2 600 miles / 4 000 kilomètres) après le Nil et le Congo. Il traverse ou borde six pays: la Sierra Leone, la Guinée, le Mali, le Niger, le Bénin, le Nigeria. Quelques villes qui sont arrosées (*fed, watered*) par le fleuve sont Bamako, Ségou, Mopti, Tombouctou, Gao, Niamey, Onitsha, et Port Harcourt.

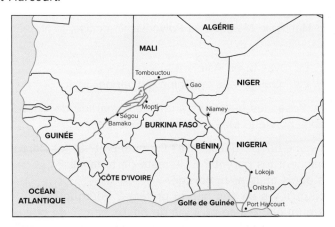

Lisez ce paragraphe à propos du fleuve Niger et complétez les phrases en choisissant la préposition correcte. Notez bien: le Niger est un fleuve et aussi un pays.

Qui veut découvrir le fleuve Niger en pinasse?* Le voyage commence en Sierra Leone et _____ Guinée où le fleuve prend une direction nord-est. Après avoir traversé la Guinée, on arrive _____ Mali. Au Mali, on voyage _____ Bamako _____ Tombouctou avant d'arriver enfin _____ Gao. Après Gao, on se dirige vers (*heads for*) le sud-est et on arrive _____ Niger. _____ Niamey, le Niger continue vers la frontière nord du Bénin pour atteindre le Nigeria. Il rejoint l'océan Atlantique _____ Port Harcourt. Il n'y a que (*only*) treize ponts qui traversent le fleuve Niger! Le dernier pont est _____ Onitsha _____ Nigeria. En dehors de ces ponts, des pinasses et des pirogues assurent la traversée.

Une pinasse sur le fleuve Niger, au Mali

*A *pinasse* is a boat used to ferry tourists or transport crops and animals on the river.

D. Un jeune globe-trotter / Une jeune globe-trotteuse. Votre camarade va faire le tour du monde. Vous lui demandez où il/elle va aller.

Continents: l'Afrique, l'Amérique du Nord, l'Amérique du Sud, l'Asie, l'Europe, l'Océanie

Pays: l'Algérie, l'Allemagne, l'Australie, le Brésil, le Canada, la Chine, le Danemark, l'Égypte, les États-Unis, la Finlande, la Grèce, l'Inde, l'Italie, le Japon, le Maroc, le Mexique, la Polynésie française, la Norvège, le Vietnam...

MODÈLE: É1: Vas-tu en Asie?
             É2: Oui, je vais en Chine (au Japon...).

E. Interview. Posez les questions à un/une camarade de classe. Ensuite, révélez sa réponse la plus surprenante à la classe.

1. D'où viens-tu? De quelle ville? De quel état? Et tes parents?
2. Où habitent tes parents? Et le reste de ta famille?
3. Dans quels états as-tu voyagé?
4. Est-ce qu'il y a un état que tu préfères? Pourquoi?
5. Dans quel état est-ce qu'il y a de beaux parcs? de beaux lacs? de belles montagnes? de grandes villes? de grands déserts?
6. Quelles villes est-ce que tu aimerais (*would you like*) visiter? Pourquoi?
7. Quels pays est-ce que tu as visités?
8. Est-ce que tu as déjà visité une île? Laquelle (*Which one*)?

Un petit plus...

Le Mont-Saint-Michel

C'est un monument avec une histoire riche. Située au large des (*off the*) côtes bretonne et normande, la petite île rocheuse héberge (*shelters*) depuis l'an 966 une abbaye bénédictine dédiée à Saint Michel. Haut lieu de spiritualité, les pèlerinages (*pilgrimages*) au Mont-Saint-Michel ont eu lieu tout au long de son histoire. L'abbaye héberge également des documents précieux qui datent du Moyen Âge. Aujourd'hui, le Mont-Saint-Michel accueille des visiteurs du monde entier. Avez-vous déjà visité un monument avec une histoire riche? Expliquez.

Le Mont-Saint-Michel, en Normandie

bloodua/123RF

🎧 Prononcez bien!

1. The pronunciation of *montagne* (page 186)

A. La pêche. Hugo parle de son activité préférée: la pêche. Choisissez le mot que vous entendez dans chaque phrase.

1. ☐ Line   ☐ ligne (*line*)
2. ☐ Line   ☐ ligne
3. ☐ reine   ☐ règne (*rules* [verb])
4. ☐ reine   ☐ règne
5. ☐ panés (*deep-fried*)   ☐ panier (*basket*)
6. ☐ panés   ☐ panier

B. La pêche (suite). Hugo raconte son meilleur souvenir (*best memory*) de pêche. Avec votre camarade, répétez ses mots. Faites bien attention à la prononciation des mots français en italique.

1. La *dernière* fois (*time*) que j'ai pêché à la *ligne*, c'était pendant le voyage que j'ai *gagné* à la loterie.
2. Pour ce voyage, je suis allé à *Cologne*, en *Allemagne*. C'était *magnifique*! Je voudrais bien y retourner (*go back there*)!

2. The vowels in *viens* and *viennent* (page 193)

Un nouveau joueur. Hugo parle de son frère Simon et de la fiancée de Simon. Décidez si Hugo parle uniquement de Simon, ou de Simon et Lisa.

	Simon	Simon et Lisa
1. venir samedi prochain	☐	☐
2. revenir de vacances à Vienne, en Autriche	☐	☐
3. tenir à (*to be eager to*) me présenter sa fiancée	☐	☐
4. devenir de plus en plus amoureux (*more and more in love*)	☐	☐

3. The vowels in *à, au,* and *aux* (page 203)

A. Voyage. Isabelle parle des vacances qu'elle a passées en Amérique du Nord l'été dernier. Écoutez et complétez le paragraphe avec *à* ou **au**.

Je suis allée _____¹ Texas, _____² Hawaï, _____³ Nouveau-Mexique, _____⁴ Nevada, _____⁵ New York, _____⁶ Québec et _____⁷ Nouveau-Brunswick. C'était (*It was*) super!

B. Voyage. Hugo parle aussi de ses vacances. Il était au Canada. Avec votre camarade, jouez la scène suivante.

HUGO: Moi, j'étais (*I was*) au Canada l'été dernier.
ISABELLE: Ah oui? Où ça?
HUGO: À Saint-Louis-du-Ha! Ha!, au Québec.
ISABELLE: Saint...? Comment est-ce que ça s'écrit? (*How is it spelled*?)
HUGO: S A I N T - L O U I S - D U - H A ! H A ! Ce n'est pas loin du lac Témiscouata dans le sud-est du Québec.
ISABELLE: Ah! Je sais (*know*) comment ça s'écrit! S A I N T - L O U I S - D U - H A ! H A !
HUGO: Exactement!

 Lecture

AVANT DE LIRE

Skimming for the gist (Part 1). Skimming is a useful way to approach any new text, particularly in a foreign language. You will usually find it easier to understand more difficult passages once you have a general idea of the content.

In the following article, glance at the title and headings. What kind of information do you think the text contains, and how is the information organized? Next, skim the article to get the impression of the major points. Do not attempt to understand every word. Then, read the sections that may have appeared most difficult when you skimmed the article, and guess the meaning based on the rest of the text.

Un peu de pratique. Parcourez rapidement le texte suivant, puis choisissez la ville qui correspond à la description.

1. C'est un centre culturel.
2. C'est le centre politique du Maroc.
3. C'est une ville située près du désert.

Des vacances au Maroc

Prenez votre appareil photo et vos lunettes de soleil. Nous partons pour le Maroc en Afrique du Nord (au Maghreb*). Le Maroc est connu pour son climat exceptionnel et la variété de ses paysages. Villes impériales, oasis sahariennes, marchés extraordinaires: Oui, le Maroc a beaucoup de charme.

À voir

Sur la côte: Casablanca et Rabat, les deux capitales

La ville de Casablanca est la capitale économique du pays. Au bord de l'océan Atlantique, on découvre la mosquée Hassan II, la troisième plus grande mosquée du monde. Quatre-vingts kilomètres[1] au nord se trouve la ville de Rabat, capitale administrative et politique du pays. C'est aussi une des quatre villes impériales (avec Fès, Marrakech et Meknès). Les anciens quartiers européens aux grandes avenues modernes contrastent avec la médina[2] et ses monuments.

La mosquée Hassan II à Casablanca

À l'intérieur: Fès, ville d'artisans

Fès est le centre culturel et spirituel du pays. Sa médina est la plus grande au monde avec plus de 9 000 ruelles[3] et de nombreux souks.[4] Les artisans travaillent, les marchands appellent les clients, il y a beaucoup de monde et beaucoup d'ambiance. Fès a une longue tradition de tannage du cuir,[5] d'art du bronze et de poterie bleue.

[1]80 km = *about 50 miles*   [2]*vieille ville arabe*   [3]*alleys*   [4]*marchés*   [5]*tannage... tanning leather*

---

*Le Maghreb est l'ensemble des pays du nord-ouest de l'Afrique, situés entre la Méditerranée et le Sahara, l'océan Atlantique et le désert de Libye.

Au sud: Marrakech et Ouarzazate, les portes du désert

Marrakech, surnommée «la ville rouge», est entourée par une muraille[6] rouge et ocre, et une palmeraie[7] de 100 000 arbres. À l'intérieur des remparts, il y a la médina avec ses charmants ryads.[8] Mais Marrakech est surtout célèbre pour sa Place Jemaa El Fna où on peut voir tous les jours des conteurs,[9] des acrobates, des musiciens et même des charmeurs de serpents.

Située aux portes du Sahara et près des montagnes, Ouarzazate attire de nombreux touristes avec son atmosphère sereine, ses kasbahs[10] et ses paysages extraordinaires. C'est aussi un endroit très populaire pour le cinéma: *La Dernière Tentation du Christ*, *Gladiateur*, *Lawrence d'Arabie* et *La Momie* ont été tournés[11] dans la région.

La Place Jemaa El Fna à Marrakech

Jean Du Boisberranger/Getty Images

À faire

Le sport

Au bord de la mer: voile, planche à voile, ski nautique, plongée, pêche, etc. Dans le désert: planche à sable dans les dunes et excursions à dos de dromadaire.

Les festivals

Les nombreux festivals, en particulier le Festival des Musiques Sacrées du Monde à Fès, le Festival International du Film à Marrakech et la fête des Roses dans la Vallée du Dadès.

À goûter

Le tajine, c'est le plat national du Maroc. On mange aussi du couscous (le repas traditionnel du vendredi), des pastillas (feuilletés[12] au pigeon) et des pâtisseries à base d'amandes, de noisettes[13] et de dattes. On boit souvent du thé à la menthe.

Passez de bonnes vacances!

[6]*wall*   [7]*palm grove*   [8]*villas*   [9]*storytellers*   [10]*quartier fortifié*   [11]*filmed*   [12]*flaky pastries*   [13]*hazelnuts*

COMPRÉHENSION

A. Des vacances pour tous! Des touristes organisent leurs vacances au Maroc. Où vont-ils aller? Cherchez dans le texte!

1. M. Os est passionné par le travail des artisans.
2. Mme Langlois écrit un livre sur le système politique marocain.
3. Mme Léonie est fascinée par le désert.
4. Les enfants de M. Roman aiment le cirque.
5. Mlle Bensalem est une femme d'affaires qui veut créer une entreprise au Maroc.

B. Des vacances culturelles. Repondez aux questions selon votre compréhension du texte.

1. Par quelles actions le Maroc favorise-t-il la culture?
2. Quelles sont les traces du riche passé du Maroc?

Écriture

The writing activities **Par écrit** and **Journal intime** can be found in the Workbook/Laboratory Manual to accompany *Vis-à-vis*.

 Micro-trottoir

Au micro. Répondez aux questions suivantes à partir de votre point de vue personnel. Puis regardez la vidéo et comparez vos réponses à celles (*those*) des gens interrogés.

1. Quels mots clés associez-vous au terme «vacances»?
2. Combien de semaines partez-vous en vacances chaque année? À quel moment?
3. Quelles sont vos activités pendant les vacances?
4. Où avez-vous passé vos dernières vacances? Pourquoi avez-vous choisi cet endroit?

Verbes

acheter	to buy
aller à la pêche	to go fishing
bronzer	to get a suntan
devenir	to become
dormir	to sleep
entrer	to enter
faire une randonnée	to go hiking
faire un séjour	to stay, to spend time
falloir (il faut)	to be necessary
monter	to go up; to climb
mourir	to die
nager	to swim
naître	to be born
obtenir	to obtain, get
oublier	to forget
partir (à) (de)	to leave (for) (from)
passer (par)	to pass (by)
prendre des vacances	to take a vacation
quitter	to leave (*someone or someplace*)
rentrer	to return; to go home
retourner	to return; to go back
revenir	to return; to come back to
sentir	to feel; to sense; to smell
servir	to serve
sortir	to leave; to go out
tomber	to fall
venir	to come
venir de + *inf.*	to have just (*done something*)
voyager	to travel

À REVOIR: **descendre, devoir, porter, pouvoir, rendre visite à, rester, vouloir**

Substantifs

l'alpinisme (*m.*)	mountaineering
le bateau (à voile)	(sail)boat
la campagne	country(side)
le camping	camping
la carte	map (*of a region, country*)
la carte postale	postcard
le cheval	horse
l'endroit (*m.*)	place
l'équitation (*f.*)	horseback riding
l'état (*m.*)	state
l'étoile (*f.*)	star
le fleuve	(large) river
la forêt	forest
le lac	lake
la mer	sea, ocean
le monde	world
la montagne	mountain
le passeport	passport
la pêche	fishing
la plage	beach

la planche à voile	windsurfing
la plongée libre	snorkeling
la plongée sous-marine	scuba diving
la randonnée	hike
la route	road
le ski alpin	downhill skiing
... de fond	cross-country skiing
... nautique	waterskiing
le vélo	bicycle
le visa	visa

À REVOIR: **le parapluie, le pays, la promenade, les vacances**

Les points cardinaux

l'est (*m.*)	east
le nord	north
le nord-est	northeast
le nord-ouest	northwest
l'ouest (*m.*)	west
le sud	south
le sud-est	southeast
le sud-ouest	southwest

Les vêtements et l'équipement sportifs

l'anorak (*m.*)	(ski) jacket, parka
le bâton de randonnée	hiking stick
le casque	helmet
les chaussures de ski	ski boots
... de montagne	hiking boots
la crème solaire	sunscreen
les lunettes (*f. pl.*)	glasses
... de ski	ski goggles
... de soleil	sunglasses
le sac de couchage	sleeping bag
la serviette de plage	beach towel
le ski	ski
la tente	tent
la valise	suitcase

À REVOIR: **les chaussures, les gants, le maillot de bain, la robe, le sac à dos**

Mots et expressions divers

à l'est/ouest	to the east/west
à l'étranger	abroad, in a foreign country
à l'heure	on time
au nord/sud	to the north/south
ensemble	together
il faut	One must . . . / One needs . . .
il ne faut pas + *inf.*	One must not . . .
il y a ...	. . . ago
là-bas	over there; there
même	same; even
quelques	some; a few

Design Elements: (Mamadou) Comstock Images/Getty Images; (Poema) Purestock/Alamy Stock Photo; (Alexis) Javier Larrea/Pixtal/age fotostock; (Charlotte) Fabrice Lerouge/Getty Images; (All Others): McGraw Hill

En route pour les Pyrénées, en Occitanie

Dans ce chapitre...

OBJECTIFS COMMUNICATIFS

➤ talking about transportation

➤ expressing how long you have been doing something

➤ describing the past

➤ expressing negation

➤ learning to distinguish between and pronounce selected sounds in French!

CULTURE

➤ Espaces francophones: *La Suisse*

➤ Un petit plus: *En voiture*

➤ Reportage: *BlaBlaCar: Vive le covoiturage!*

➤ Lecture: *Vélib' et trottinettes: victoire de la mobilité douce*

À l'aéroport

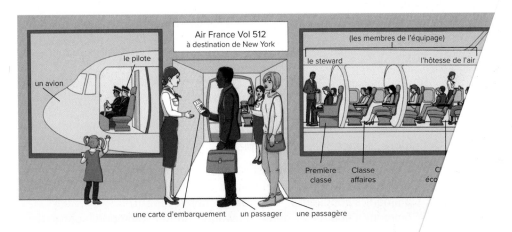

Air France Vol 512
à destination de New York

le pilote

un avion

(les membres de l'équipage)

le steward   l'hôtesse de l'air

Première   Classe   C
classe   affaires   éco

une carte d'embarquement   un passager   une passagère

Allez-y!

Bienvenue à bord! Complétez les phrases d'après le dessin.

1. Le _____ est le conducteur (*driver*) de l'avion.
2. L' _____ apporte les repas.
3. Les gens très riches voyagent en _____.
4. Le _____ sert les boissons.
5. On présente une _____ pour monter dans l'
6. Les hommes et les femmes d'affaires voyagent en
7. Les étudiants voyagent en _____.
8. Les _____ aident les passagers pendant

À la gare

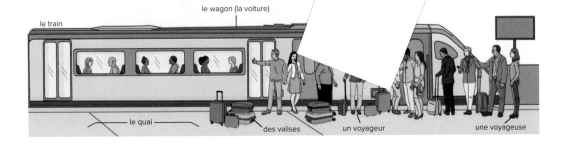

le wagon (la voiture)

le train

le quai   des valises   un voyageur   une voyageuse

(un) aller-retour	a round-trip ticket; round trip
(un) aller simple	a one-way ticket; one way
le billet	ticket
le compartiment	compartment
la couchette	(sleeping) berth
le guichet	(ticket) window
la place	seat; spot
le TGV*	high-speed rail service

Allez-y!

A. Définitions. Répondez, s'il vous plaît!

1. Quel moyen de transport est-ce qu'on trouve dans une gare?
2. Comment s'appelle chaque voiture d'un train?
3. Comment s'appellent les personnes qui voyagent?
4. Comment s'appelle la partie du wagon où les voyageurs sont assis (*seated*)?
5. Où est-ce que les voyageurs attendent l'arrivée d'un train?
6. Où est-ce qu'on achète les billets?

B. Interview. Demandez à un/une camarade s'il / si elle a voyagé en train. Est-ce qu'il/elle a acheté un billet aller-retour ou aller simple? Est-ce qu'il/elle a reservé des places? Est-ce qu'il/elle a mangé dans un wagon-restaurant? Est-ce qu'il/elle a dormi dans un wagon-lit? Quelle ville est-ce qu'il/elle a visitée pendant ce voyage? À qui est-ce qu'il/elle a rendu visite? Ensuite, racontez à la classe le voyage de votre camarade.

Voulez-vous une place sur un de ces trains?

Mario Guti/iStockGetty Images

---

*TGV stands for **Train à Grande Vitesse**, the SNCF (**Société nationale des chemins de fer français**) high-speed rail service that links all major cities in France. The SNCF also provides high-speed service to international destinations via the TGV (Barcelona, Milan) or other affiliated networks such as Eurostar (London) and Thalys (Amsterdam, Brussels, Cologne). The average travel time from Paris to London by train is two and a half hours via the Channel tunnel. Traveling from Paris to Brussels on the Thalys will take approximately one and a half hours while Paris to Geneva on the TGV Lyria will take three hours and fifteen minutes.

C. Planète voyages. Malgré les atouts (*Despite the advantages*) du train, beaucoup de Français continuent à choisir leur voiture pour se déplacer. Alors, la SNCF a lancé une démarche environnementale baptisée «Planète Voyages». Lisez la publicité de la SNCF, puis indiquez si les phrases suivantes sont vraies ou fausses.

1. _____ Cette publicité encourage les gens à être respectueux de l'environnement.

2. _____ Pour comprendre l'impact environnemental des moyens de transport il faut regarder plusieurs critères: la distance, le nombre de passagers par véhicule et le type de trajet effectué.

3. _____ Tous les voyages en voiture sont plus (*more*) polluants que les voyages en avion.

4. _____ La voiture et l'avion sont des moyens de transport écologiques.

5. _____ L'avion est le moyen de transport le plus (*most*) polluant par passager.

6. _____ Prendre le train, c'est agir (*to take action*) pour l'environnement.

7. _____ Pour un trajet longue distance en autocar, il y a 20 fois moins d'émissions que pour le même trajet en train.

CHOISIR LE TRAIN C'EST AGIR POUR LA PLANÈTE

ÉMISSIONS DE CO_2 PAR VOYAGEUR POUR 1KM PARCOURU

- **Voiture** 1 personne — 193g
- Avion — 141g
- **Voiture** (2,2 passagers*) — 88g
- **Autocar** longue distance — 35g
- INTERCITÉS / TGV INOUI / OUIGO — 1,7g

Voyager en Train à Grande Vitesse c'est 50 fois moins de CO_2 émis que pour le même trajet en voiture et 80 fois moins qu'en avion.

Sources :
- ADEME - mai 2020. Comparaison des émissions de gaz à effet de serre (GES) exprimées en CO2 équivalent (CO2e) rapportées au voyageur.km pour le train TGV (consommation d'énergie de traction), avion court courrier et valeur moyenne voiture longue distance. Valeurs issues de la Base Carbone ADEME, dans le volet Données de l'article L1431 3 du code des transports - Information GES des prestations de transport.
- *ADEME - mai 2020. Nombre moyen de passagers constaté sur un trajet longue distance en France.

 PLANÈTE VOYAGES — SNCF

En route!

Prononcez bien!

The semivowel in *conduire*

French has three semivowels: [j] as in **trava**<u>i</u>**ller**, [w] as in **vo**<u>i</u>**ture**, and [ɥ] as in **cond**<u>ui</u>**re**. These three sounds are pronounced very rapidly and are linked to the following vowel. To pronounce the sound [ɥ] in **cond**<u>ui</u>**re**, start from the [y] in **tu** (with your lips rounded and protruding, and your tongue all the way to the front, pressing against your lower teeth), and immediately pronounce the following vowel.

[ɥ]: **cond**<u>ui</u>**re, dep**<u>ui</u>**s, d**<u>ue</u>**l, s**<u>ua</u>**ve, b**<u>ué</u>**e** (*mist*)

Virgile **conduit** sa **moto** avec prudence.

Agathe **roule** toujours très **vite**. Elle préfère **l'autoroute**!

Marianne **fait le plein** d'**essence** (*f.*) à **la station-service**.

Magali et Anne **traversent** la ville **à vélo** sur **les pistes cyclables**.

AUTRES MOTS UTILES	
un arrêt (de bus)	a (bus) stop
une ligne (de bus, de métro)	a (bus, subway) line
un titre de transport	a ticket, pass
les transports (*m.*) **en commun**	public transportation

The verb **conduire** is irregular in form.

PRESENT TENSE OF **conduire** (*to drive*)			
je	cond**uis**	nous	cond**uisons**
tu	cond**uis**	vous	cond**uisez**
il/elle/on	cond**uit**	ils/elles	cond**uisent**
past participle: **conduit**			

All verbs ending in **-uire** are conjugated like **conduire**.

construire *to construct*	Nous **construisons** une nouvelle ligne de métro.
détruire *to destroy*	On **détruit** le vieil arrêt de bus.
produire *to produce*	Le train **produit** moins de CO_2 que l'avion.
réduire *to reduce*	**Réduisez** votre vitesse dans les zones scolaires.
traduire *to translate*	**Traduis** ce titre de transport en espagnol.

In French, the verb **conduire** is used to express the physical act of driving. It is used with types of cars, ways of driving, and so on.

Sébastien **conduit** une Peugeot.	*Sébastien drives a Peugeot.*
Les jeunes **conduisent** rapidement.	*Young people drive fast.*

However, the construction **aller en voiture** is used to express *to drive somewhere*.

Ils sont allés en Suisse en voiture.	*They drove to Switzerland.*

Allez-y!

A. Moyens de transport. Comment vous rendez-vous à (*How do you get to*) votre destination dans les situations suivantes? Utilisez les **Mots clés** et les verbes **aller, conduire, voyager,** etc.

MODÈLE: Vous voulez aller sur l'autre rive (*shore*) du lac. →
Je voyage en bateau.

1. La classe fait une excursion.
2. Il y a des pistes cyclables dans votre ville.
3. Vous allez en Europe.
4. Vous voulez faire de l'équitation.
5. Vous aimez l'autoroute.
6. Votre famille déménage.
7. Vous voulez vous rendre vite au centre-ville.

B. Sur la route. Complétez le texte suivant sur les moyens de transport plus écologiques. Utilisez les éléments donnés.

1. ma vieille voiture / produire / trop de pollution
2. les gaz toxiques / détruire / l'environnement
3. nous / conduire / de nouveaux véhicules
4. les transports en commun / réduire / le niveau (*level*) de pollution
5. conduire (*impératif, vous*) / avec prudence

C. Interview. Posez les questions suivantes à un/une camarade de classe. Ensuite, mentionnez le fait le plus intéressant à la classe.

1. Aimes-tu conduire? Conduis-tu souvent? Quand tu sors avec des copains, conduisez-vous ou utilisez-vous les transports en commun? Quels moyens de transport préfères-tu prendre en ville?
2. Dans ta famille, qui conduit le plus (*the most*) souvent? Qui ne conduit pas?
3. Quels sont les moyens de transport qui correspondent à ces adjectifs: **agréable, dangereux, économique, polluant, rapide?**
4. Penses-tu que les voitures détruisent la qualité de vie en ville? Est-ce qu'on construit trop d'autoroutes aux États-Unis?
5. Est-ce qu'il y a des problèmes de transport dans ta ville ou ta région? Si oui, lesquels (*which ones*)?
6. Comment préfères-tu voyager en vacances? Pourquoi? Est-ce que ça dépend de ta destination?
7. As-tu déjà traversé les États-Unis en voiture? Si oui, quand et avec qui?

Bienvenue en Suisse!

LA SUISSE

•Genève

Pays: Suisse (Confédération suisse)

Habitants: Suisses

Capitale: Berne (*de facto*)

Langues officielles: allemand, français, italien

Unité monétaire: franc suisse

Fête nationale: 1ᵉʳ août

Un coup d'œil sur Genève

Vous avez sans doute déjà entendu parler de Genève, en Suisse, notamment quand on évoque les Conventions de Genève ou le Comité international de la Croix-Rouge. Genève est une belle ville située dans la partie francophone de la Suisse, à l'extrémité sud-ouest du lac Léman, au pied des Alpes. Par sa démographie, elle est la deuxième ville de Suisse après Zurich.

Le jet d'eau de Genève est l'emblème de la ville

La Suisse, qui est une des plus anciennes démocraties du monde et un pays politiquement stable et neutre, est donc un lieu privilégié pour de nombreuses organisations internationales. Genève, en particulier, est le siège des Nations unies en Europe, de l'Assemblée de l'Organisation mondiale de la santé et du CERN (Conseil européen pour la recherche nucléaire).

PORTRAIT Jean-Jacques Rousseau (1712–1778)

Né à Genève en 1712, Jean-Jacques Rousseau est un philosophe autodidacte du Siècle des Lumières[1] en France. Il combat avec une remarquable éloquence les idées de son époque[2] et va inspirer les théoriciens de la Révolution française. Dans ses «*Discours*» (1750, 1755), il condamne le progrès, l'art, la propriété,[3] l'inégalité. Dans *Du Contrat social* (1762), il veut garantir l'égalité et la liberté de tous les citoyens[4]; il défend le principe de l'intérêt général. Dans l'*Émile* (1762), il propose un programme éducatif atypique: «J'enseigne à mon élève un art très long [...], c'est celui d'être ignorant».*

Rousseau l'original dans son habit confortable d'Arménien

Jugé subversif, il est condamné, exclu, moqué. Il fuit.[5] Pauvre, tourmenté, il s'établit ici et là, chez les uns et chez les autres, devient paranoïaque et cherche le bonheur[6] loin de la civilisation. Car[7] Rousseau est un adorateur de la nature: il pratique la promenade, la rêverie, la solitude. Sensible, il donne au préromantisme français un roman à la gloire du sentiment, de l'émotion, de la passion: *Julie ou la Nouvelle Héloïse* (1761). Il est aussi l'auteur magnifique des *Confessions* (1782–1789) qui fondent le genre de l'autobiographie.

[1]Siècle... *Age of Enlightenment* [2]*era* [3]*ownership* [4]*citizens* [5]*runs away* [6]*happiness* [7]*For*

 Watch **Bienvenue en Suisse** to learn more about Geneva.

---

*Rousseau idealized the image of the "noble savage" and believed that civilization and progress corrupted humans, who would remain pure as long as they stayed in a natural state.

Depuis et pendant

Expressing How Long You Have Been Doing Something

🎧 PENDANT LES EMBOUTEILLAGES

Juliette et Hector discutent en voiture.

JULIETTE: Tu conduis **depuis combien de temps,** Hector?

HECTOR: Je conduis **depuis sept ans**. J'adore les voitures!

JULIETTE: Pas moi... Je n'ai pas mon permis et je n'ai pas de voiture.

HECTOR: C'est pourtant pratique...

JULIETTE: Vraiment? Et qu'est-ce que tu fais **pendant** les embouteillages[1]? Tu danses?

HECTOR: **Pendant** les embouteillages, je chante[2]!

JULIETTE: Moi, je deviens folle.[3]

HECTOR: Fais comme moi. Chante!

Chanter, manger, patienter? Que faire dans un embouteillage?

[1]*traffic jams* [2]*sing* [3]*crazy*

Répondez aux questions en utilisant **depuis** et **pendant**.

1. Depuis combien de temps Hector conduit-il?
2. Que fait Hector pendant les embouteillages?
3. Que fait Juliette pendant les embouteillages?

Depuis

Depuis is used with a verb in the present tense to talk about an activity that began in the past and continues in the present time. The most frequent English equivalent for the verb accompanying **depuis** is *have been* + *-ing*.

1. With a starting point that can be a date (day, month, year) or a noun:

Depuis quand... ? + *present tense*	= How long (since when) . . . ?
present tense + **depuis** + *starting point*	= . . . since . . .

Depuis quand est-ce que tu conduis?	*How long have you been driving?*
Je conduis **depuis** 2018.	*I have been driving since 2018.*
Je conduis plus lentement **depuis** mon accident.	*I have been driving more slowly since my accident.*

2. To express a duration:

Depuis combien de temps... ? + *present tense*	= (For) How long . . . ?
present tense + **depuis** + *period of time*	= . . . for (*duration*)

Depuis combien de temps est-ce que vous prenez l'autobus?	*How long have you been taking the bus?*
Je prends l'autobus **depuis** six mois.	*I have been taking the bus for six months.*

[Allez-y! A-B-C]

Pendant

1. Pendant expresses the duration of a habitual or repeated action, situation, or event with a definite beginning and end. It is often used with the **passé composé.**

Pendant combien de temps... ? + *present or past tense*	= (For) How long . . . ?
present or past tense + **pendant** + *time period*	= . . . for (*duration*)

Pendant combien de temps es-tu resté en Suisse?	*(For) How long did you stay in Switzerland?*
Je suis resté en Suisse **pendant** deux semaines.	*I stayed in Switzerland for two weeks.*
D'habitude, le matin, j'attends l'autobus **pendant** vingt minutes.	*Usually, in the morning, I wait for the bus for twenty minutes.*

2. Pendant can also mean *during.*

Qu'est-ce que tu as fait **pendant** ce temps?	*What did you do during this time?*

Reminder: **Il y a** + *time period* = ago

J'ai fait mes réservations **il y a** un mois.	*I made my reservations a month ago.*

[Allez-y! B]

Le chemin de fer du Gornergrat avec le Cervin (Matterhorn) au fond

Le village de Gruyères, en Suisse: On trouve des embouteillages là-bas?

Allez-y!

A. Le temps passe. Carole (C) et Thomas (T), deux étudiants étrangers à l'université de Genève, parlent de leur vie en Suisse. Avec un/une camarade, à tour de rôle, posez-vous les questions et répondez. Utilisez **depuis quand** ou **depuis combien de temps** selon l'indice.

> MODÈLE: (C) habiter / Europe (2016) →
> CAROLE: Depuis quand est-ce que tu habites en Europe?
> THOMAS: J'habite en Europe depuis 2016.

1. (T) travailler / Genève (deux ans)
2. (C) faire / vélo (mon arrivée en Suisse)
3. (T) étudier / cette université (un an)
4. (C) conduire (2014)
5. (T) être mariée (six mois)
6. (C) étudier l'informatique (l'automne dernier)

B. Expressions de temps. Complétez les phrases suivantes en utilisant **depuis, pendant** ou **il y a.**

Oscar a rencontré sa femme Lucie _____[1] les vacances. Aujourd'hui, ils sont mariés _____[2] trois ans. Ils aiment partir en voyage ensemble. _____[3] deux mois, Lucie a fait un voyage en Tunisie sans Oscar. Elle est restée à Sousse _____[4] trois semaines et Oscar lui a beaucoup manqué. Cet été, ils veulent aller en Suisse _____[5] deux semaines. Et ils veulent partir ensemble! Alors, _____[6] deux jours, ils ont fait leurs réservations en ligne. Ça n'a pas été facile. Ils ont comparé les prix. Ils ont cherché _____[7] plus de deux heures! Finalement, ils ont trouvé une formule «couple» pas chère. Et c'est fait: ils partent ensemble!

C. Activités. Demandez à vos camarades depuis quand ou depuis combien de temps ils/elles font les activités suivantes.

> MODÈLE: être étudiant(e) →
> —Depuis combien de temps est-ce que tu es étudiant(e)?
> —Je suis étudiant(e) depuis...

1. étudier le français
2. pratiquer son sport préféré
3. être à l'université
4. avoir son ordinateur
5. habiter à ...
6. ?

Un petit plus...

En voiture

Voyager en France est facile. Le système ferroviaire (le chemin de fer) et le système routier (les autoroutes) sont très développés. Les voitures en France sont souvent plus petites qu'en Amérique. Ceci facilite la circulation dans les rues étroites des centres-villes français, et la taille modeste des voitures permet de consommer moins d'essence, chose indispensable étant donné (*given*) le prix beaucoup plus élevé (*higher*) de l'essence en France. Il y a trois grandes marques de voiture fabriquées en France: Stellantis (Citroën, Peugeot) et Renault. Quelle marque de voiture préférez-vous?

Cette Renault Twizy, un petit modèle électrique, circule dans les rues de Mulhouse (région Grand-Est).

Hadrian/Shutterstock

L'imparfait

Describing the Past

🎧 UNE ENFANT DE LA ROUTE

Appel vidéo entre Charlotte et Juliette

CHARLOTTE: Comment s'est passé ton retour à Paris?

JULIETTE: Pas mal. Le train est parti à l'heure mais **il y avait** un monsieur qui **parlait** constamment au téléphone à côté de moi: **c'était** exaspérant.

CHARLOTTE: Qu'est-ce que tu as fait?

JULIETTE: J'ai fermé les yeux et j'ai médité. Au bout de dix minutes, **j'étais** très calme.

CHARLOTTE: Excellente idée! Mais dis-moi: **tu voyageais** beaucoup quand **tu étais** petite?

JULIETTE: Oui, mon père **traversait** l'Europe pour son travail. **Je faisais** souvent le voyage avec lui. **Nous prenions** le train ou mon père **louait** une voiture.

CHARLOTTE: Qu'est-ce que **tu faisais** pour t'amuser?

JULIETTE: **Je regardais** les cartes, **je dessinais** * ou **je prenais** des photos.

CHARLOTTE: **Tu étais** une enfant de la route, n'est-ce pas?

*drew

Vrai ou faux? Corrigez les phrases fausses.

1. Quand Juliette était petite, elle voyageait avec sa mère.
2. Quand Juliette était petite, son père traversait l'Europe pour son travail.
3. Quand Juliette était petite, elle prenait des photos.
4. Quand Juliette était petite, elle ne regardait pas les cartes.
5. Quand Juliette était petite, elle était une enfant de la route.

You are already familiar with one past tense in French: the **passé composé,** used to relate events that began and ended in the past. In contrast, the **imparfait** (*imperfect*) is used to describe continuous, repeated, or habitual past actions or situations.* It is also used in descriptions.

The **imparfait** has several equivalents in English. For example:

Je parlais.
$\begin{cases} \textit{I talked.} \\ \textit{I was talking.} \\ \textit{I used to talk.} \\ \textit{I would talk.} \end{cases}$

---

*You will learn more about the differences between the **passé composé** and the **imparfait** in **Chapitre 11, Leçon 2.**

Formation of the *imparfait*

The formation of the **imparfait** is identical for all French verbs except **être**. To find the regular imperfect stem, drop the **-ons** ending from the present-tense **nous** form. Then add the imperfect endings.

nous parl~~ons~~	**parl-**
nous finiss~~ons~~	**finiss-**
nous vend~~ons~~	**vend-**
nous av~~ons~~	**av-**

IMPARFAIT OF **parler**			
je	parl**ais**	nous	parl**ions**
tu	parl**ais**	vous	parl**iez**
il/elle/on	parl**ait**	ils/elles	parl**aient**

J'**allais** à la boulangerie tous les matins.	*I used to go to the bakery every morning.*
Mon grand-père **parlait** souvent de son enfance.	*My grandfather would often speak about his childhood.*
Quand j'**habitais** en ville, je **prenais** toujours le train.	*When I lived in the city, I always took the train.*

1. Verbs with an imperfect stem that ends in the letter **i** (**étudier: étudi-**) have a double **i** in the first- and second-person plural of the **imparfait: nous étud*i*ions, vous étud*i*iez.** The **ii** is pronounced as a lengthened *i* sound, to distinguish the **imparfait** from the present-tense forms **nous étudions** and **vous étudiez.**

2. Verbs with stems ending in the letter **c** or **g** have a spelling change when the **imparfait** endings start with **a: je mang*e*ais, nous mangions; elle commen*ç*ait, nous commencions.** In this way, the pronunciation of the stem is preserved.

3. The verb **être** has an irregular stem in the **imparfait: ét-.** The endings, however, are regular.

IMPARFAIT OF **être**			
j'	**étais**	nous	**étions**
tu	**étais**	vous	**étiez**
il/elle/on	**était**	ils/elles	**étaient**

Quand tu **étais** petit, tu aimais bien aller à l'aéroport et regarder les avions.	*When you were little, you liked to go to the airport and watch airplanes.*
J'**étais** très heureux quand j'habitais à Paris.	*I was very happy when I lived in Paris.*

Uses of the *imparfait*

In general, the **imparfait** is used to describe actions or situations that existed for an indefinite period of time in the past. There is usually no mention of the beginning or end of the event. The **imparfait** is used in the following situations.

1. In descriptions, to set a scene:

C'**était** une nuit tranquille à Paris. Il **pleuvait** et il **faisait** froid. M. Cartier **dormait** dans son fauteuil préféré. Mme Cartier **regardait** la télévision.

It was a quiet night in Paris. It was raining and (it was) cold. Mr. Cartier was sleeping in his favorite chair. Mrs. Cartier was watching television.

2. For habitual or repeated actions:

Quand j'étais jeune, j'**allais** chez mes grands-parents tous les dimanches. Nous **faisions** de belles promenades.

When I was young, I went to my grandparents' home every Sunday. We would take (used to take) lovely walks.

3. To describe feelings and mental states:

Cécile **était** très heureuse— elle **avait** envie de chanter.

Cécile was very happy—she felt like singing.

4. To tell the time of day, the date, and to express age in the past:

C'était un samedi. Il **était** 5 h 30. C'était son anniversaire; il **avait** 12 ans.

It was a Saturday. It was 5:30 AM. It was his birthday; he was 12 years old.

5. To describe appearance and physical traits:

Le jeune homme **portait** un jean; il **avait** les cheveux blonds et les yeux verts.

The young man was wearing jeans; he had blond hair and green eyes.

6. To describe an action or situation that was happening when another event (usually in the **passé composé**) interrupted it:

Emmanuel **roulait** tranquillement sur l'autoroute quand son portable a sonné.

Emmanuel was driving leisurely along the highway when his cellphone rang.

Mots clés

Exprimer une action répétée dans le passé

Use **tous les** or **toutes les** in the following expressions to indicate habitual actions.

tous les jours	*every day*
tous les	*every*
après-midi	*afternoon*
(matins/	*(morning/*
soirs)	*evening)*
toutes les	*every week*
semaines	

Other adverbs used with the **imparfait** include the following.

d'habitude	*as a rule, habitually*
en général	*generally*
souvent	*often*

Allez-y!

A. **Sorties.** L'an dernier, vous sortiez régulièrement avec vos amis. Faites des phrases complètes selon le modèle.

MODÈLE: dîner ensemble → Nous dînions ensemble.

1. jouer aux jeux vidéo
2. prendre le train
3. faire du vélo
4. pique-niquer à la campagne
5. aller aux concerts tous les week-ends
6. partir en vacances ensemble

B. Souvenirs d'enfance. Qui dans votre famille faisait les choses suivantes quand vous étiez petit(e)?

1. Qui faisait beaucoup de vélo?
2. Qui regardait la télévision après le dîner?
3. Qui allait au bureau le matin?
4. Qui conduisait pendant les vacances?
5. Qui étudiait tous les après-midi?

C. Avant la télévision. Marc demande à son arrière-grand-mère (*great grandmother*) Isabelle de parler de sa jeunesse (*youth*). Complétez la conversation avec les verbes appropriés à l'imparfait.

MARC: Est-ce que tu _____ [1] la télé tous les soirs quand tu _____ [2] jeune?

ISABELLE: Mais non, il n'y _____ [3] pas de télévision!

MARC: Et alors, qu'est-ce que vous _____ [4] chaque soir?

ISABELLE: D'habitude, nous _____ [5] la radio. Mais moi, j'_____ [6] lire pendant que (*while*) mon frère _____ [7] du piano.

MARC: Dis donc, la vie n'_____ [8] pas très intéressante en ce temps-là!

ISABELLE: Ce n'est pas vrai. En général, nous _____ [9] très heureux. Toute la famille _____ [10] du temps ensemble. Tous les dimanches, nous _____ [11] chez mes grands-parents et après le déjeuner nous _____ [12] au cinéma ou au parc. Aujourd'hui, il est difficile de trouver du temps pour partager des activités.

Une famille en randonnée à Saint-Martin-le-Redon, dans le sud-ouest de la France: Est-ce que vous pouvez raconter leur aventure?

aimer
aller
avoir
déjeuner
écouter
être (×3)
faire
jouer
passer
regarder

D. Conversation. Posez les questions suivantes à un/une camarade. En 2014...

1. Quel âge avais-tu?
2. Habitais-tu à la campagne, dans une petite ville ou dans une grande ville? Avec qui habitais-tu?
3. Comment était ta maison ou ton appartement?
4. Étais-tu bon(ne) élève (*pupil*)? Aimais-tu tes instituteurs (*teachers*)?
5. Où passais-tu tes vacances?
6. Faisais-tu du sport?

Maintenant racontez à la classe ce que votre camarade faisait en 2014.

E. Mon enfance. D'abord, posez les questions suivantes (et encore d'autres) à un/une camarade. Ensuite, trouvez quelque chose que vous avez en commun avec votre camarade et une chose que vous n'avez pas en commun.

1. Quand tu étais petit(e), est-ce que tu faisais des excursions? Où allais-tu? Par quel moyen de transport? Tu préférais la ville ou la campagne? Tu visitais des parcs? des musées? des sites historiques?
2. Qu'est-ce que tu faisais en vacances? Par exemple: Tu faisais du ski? du camping? Tu allais à la pêche? Tu nageais? En général, tu voyageais en voiture ou tu prenais le train / l'avion?
3. Est-ce que tu regardais beaucoup de films? Quels films est-ce que tu aimais en particulier? Avec qui est-ce que tu allais au cinéma?
4. Tu aimais l'école? Quels étaient tes cours préférés? Tu avais beaucoup de devoirs? Est-ce que tu pouvais aller en ligne le soir? Jusqu'à quelle heure?

BlaBlaCar: Vive le covoiturage!

BlaBlaCar, c'est facile   En savoir plus

1. Envie de bouger ?
Publiez ou recherchez votre trajet

2. Choisissez votre trajet !
Les passagers réservent en ligne les places proposées.

3. C'est parti !
Voyagez ensemble puis laissez un avis aux autres covoitureurs.

Le covoiturage selon BlaBlaCar   BlaBlaLife

Bla Bla Lines
Covoiturages Quotidiens

Les codes de réservation, c'est fini !
Pour simplifier encore plus vos covoiturages, nous avons supprimé les ...
En savoir plus

20% de remise sur le contrôle technique
Profitez de cette remise exclusive sur le contrôle technique, en parte...
En savoir plus

BlaBlaLines, l'appli des covoiturages quotidiens by BlaBlaCar
BlaBlaCar lance une nouvelle appli pour les covoiturages quotidiens du...
En savoir plus

Le covoiturage: un système simple et sympathique

Source: BlaBlaCar.com

Qu'est-ce que le covoiturage?* C'est une solution idéale pour réduire la circulation, contrôler la pollution et rencontrer des gens. Le principe est simple: vous possédez une voiture. Quand vous faites un voyage, vous proposez d'emmener[1] des passagers avec vous en partageant les dépenses.[2]

Avec plus de 100 millions de membres, BlaBlaCar, ce champion français du covoiturage présent dans 22 pays, met en relation conducteurs et passagers. Sur son site internet et sur l'application BlaBlaCar Daily, chaque détail est réglé[3] en ligne: le prix, l'heure et le lieu du départ et de l'arrivée, la marque[4] de la voiture, le nombre de bagages, la route ou l'autoroute utilisée pour arriver à destination. C'est facile, pas cher et honnête.

Oui, mais est-ce que le conducteur sélectionné roule avec prudence? Sa voiture est-elle en bon état[5]? Pas de panique: les conducteurs sont évalués par leurs passagers: «Conducteur responsable, intéressant et sympathique» (11 février 2021); «Chauffeur ponctuel et excellente musique!» (22 août 2021); «Super voyage! Super ambiance! Merci Anissa!» (13 décembre 2021). Bien informé, le passager peut donc choisir le profil idéal.

Inauguré aux USA pendant la Deuxième Guerre[6] mondiale, quand l'essence était rare et très chère, le covoiturage triomphe aujourd'hui en Europe: 3,9 personnes par véhicule en moyenne sur BlaBlaCar, contre 1,9 personnes sans BlaBlaCar. Et 1,6 million de tonnes de CO_2 économisées chaque année: le covoiturage c'est bon pour l'environnement.

Mais attention, la concurrence[7] veut sa part du succès!

[1]*to take along*   [2]*en... by sharing expenses*   [3]*settled*   [4]*brand*   [5]*condition*   [6]*Deuxième... World War II*   [7]*competition*

VOUS COMPRENEZ?

1. Quels sont les avantages du covoiturage?
2. Comment fonctionne BlaBlaCar?
3. Quels aspects du voyage et du conducteur les passagers évaluent-ils?
4. Quels sont les effets du covoiturage sur l'environnement?
5. Expliquez la dernière phrase.

*The term covoiturage is the French equivalent of carpooling. Using BlaBlaCar, or other similar services, means car owners and their passengers share all trip expenses, in contrast to a service such as Uber, where the passenger pays the full cost of the trip.

Les adverbes affirmatifs et négatifs

Expressing Negation

 **LA PLUIE SUR LA TÊTE**

Juliette contacte Charlotte par messagerie instantanée.

JULIETTE: Charlotte, le vélo, ce n'est pas dangereux. Il faut simplement être prudent.

CHARLOTTE: Je **n'**ai **pas encore** adopté cette solution... J'hésite... On est vulnérable à bicyclette. Et je **n'**aime **pas du tout** recevoir la pluie[1] sur la tête!

JULIETTE: Il **ne** pleut **pas toujours** à Genève! Quand il fait beau, le vélo, c'est le bonheur[2]! Tu as **déjà** essayé?

CHARLOTTE: Non, **jamais**... Je prends **souvent** le bus et **parfois** la voiture.

JULIETTE: Et ton mari, comment est-ce qu'il va à son travail?

CHARLOTTE: Mon mari: il marche!

[1]*rain* [2]*happiness*

Trouvez, dans le dialogue, les réponses de Charlotte à ces questions.

1. Est-ce que tu as adopté la solution du vélo?
2. Est-ce que tu aimes recevoir la pluie sur la tête?
3. Est-ce qu'il pleut souvent à Genève?
4. Est-ce que tu as déjà essayé le vélo quand il fait beau?
5. Est-ce que tu prends le bus? la voiture?

The adverbs **toujours, souvent,** and **parfois** (*sometimes*) generally follow the verb in the present tense. The expression **ne (n')... jamais,** constructed like **ne... pas,** is the negative adverb equivalent to *never* in English.

Henri voyage **toujours** en train.*
Marie voyage **souvent** en train.*
Hélène voyage **parfois** en train.

Je **ne** voyage **jamais** en train.
I never travel by train.

---

*Sentences whose verbs are modified by **toujours** and **souvent** can also be negated by **ne (n')... pas: Henri ne voyage pas toujours en train. Il voyage parfois en avion. Marie ne voyage pas souvent en train. Elle préfère conduire.**

Other common adverbs follow this pattern.

AFFIRMATIVE	NEGATIVE
encore *still*	**ne (n')... plus** *no longer, no more*
Le train est **encore** sur le quai.	Le train **n'**est **plus** sur le quai.
The train is still at the platform.	*The train is no longer at the platform.*
déjà *already*	**ne (n')... pas encore** *not yet*
Nos valises sont **déjà** là?	Nos valises **ne** sont **pas encore** là.
Are our suitcases there already?	*Our suitcases aren't there yet.*
déjà *ever*	**ne... jamais** *never*
Est-ce que tu es **déjà** allé à Lyon?	Non, je **ne** suis **jamais** allé à Lyon.
Have you ever been to Lyon?	*No, I have never been to Lyon.*

La voiture électrique: déjà une réalité dans Paris

1. As with **ne (n')... pas,** the indefinite article and the partitive article become **de (d')** when they follow negative adverbs.

AFFIRMATIVE	NEGATIVE
Je vois **toujours des Américains** dans l'autocar.	Je **ne** vois **jamais de Français** dans l'autocar.
I always see Americans on the tour bus.	*I never see (any) French people on the tour bus.*
Avez-vous **encore des billets** à vendre?	Non, je **n'**ai **plus de billets** à vendre.
Do you still have (some) tickets to sell?	*No, I have no more (I don't have any more) tickets to sell.*
Karen a **déjà des amis** en France.	Vincent **n'**a **pas encore d'amis** aux États-Unis.
Karen already has (some) friends in France.	*Vincent doesn't have any friends in the United States yet.*

2. Definite articles do not change.

Je ne vois jamais **le** contrôleur (*conductor*) dans ce train.

Anne ne prend plus **l'**autoroute pour aller à Caen.

On ne voit pas encore **le** sommet de la montagne.

3. In the **passé composé,** affirmative adverbs are generally placed between the auxiliary and the past participle.

M. Huet a **toujours/souvent/parfois** pris l'avion.

4. Ne... pas du tout is used instead of **ne... pas** for emphasis.

Je **n'**aime **pas du tout** les avions! *I don't like planes at all!*

—As-tu faim? *Are you hungry?*
—**Pas du tout!** *Not at all!*

Allez-y!

A. Un voyageur nerveux. Chaque fois qu'il part en vacances, M. Laffont se préoccupe de tout (*worries about everything*). Mme Laffont essaie toujours de le calmer (*calm him down*). Avec un/une camarade, jouez les rôles de M. et Mme Laffont. Suivez le modèle.

MODÈLE: M. LAFFONT: Tu n'as pas encore trouvé les valises.
MME LAFFONT: Mais si*! J'ai déjà trouvé les valises.

1. Nous ne faisons jamais de voyages agréables.
2. Il n'y a plus de places dans le train.
3. Il n'y a plus de billets en seconde classe.
4. Nous ne sommes pas encore arrivés.
5. Il n'y a jamais de bonne nourriture à la gare.
6. Il n'y a plus de voitures à louer.
7. Tu n'as pas encore trouvé la carte.
8. Nous ne sommes pas encore sur la bonne route (*the right road*).

B. Préparatifs de voyage. Quand vous partez en voyage, faites-vous les choses suivantes? Avec un/une camarade, à tour de rôle, posez-vous des questions. Utilisez **toujours, souvent, parfois** ou **ne... jamais** dans vos réponses.

MODÈLE: arriver à l'aéroport à la dernière minute →
É1: Est-ce que tu arrives toujours à l'aéroport à la dernière minute?
É2: Moi non, je n'arrive jamais à l'aéroport à la dernière minute! (*ou* J'arrive parfois à l'aéroport à la dernière minute.) Et toi?

1. oublier ton passeport (ton billet, ta carte de crédit...)
2. prendre ton appareil photo (un guide, une carte...)
3. acheter de nouveaux vêtements (de nouvelles chaussures, de nouvelles lunettes de soleil...)
4. tracer un itinéraire (à l'avance, au dernier moment...)
5. faire ta valise au dernier moment (la veille [*the day before*], une semaine avant...)

C. En voyage. Dites ce que font ces personnes quand elles sont en voyage. Remplacez **seulement** par **ne... que**.

MODÈLE: Je prends seulement le train. →
Je ne prends que le train.

1. Martin envoie (*sends*) seulement des cartes postales.
2. Vous achetez seulement des souvenirs drôles.
3. Mes cousins mangent seulement dans les fast-foods.
4. Tu prends seulement une valise.
5. Nous dormons seulement dans des auberges de jeunesse (*youth hostels*).
6. Sophie regarde seulement les bateaux sur la mer.

Mots clés

L'expression *ne... que*

The expression **ne (n')... que (qu')** is used to indicate a limited quantity of something or a limitation of choices. It has the same meaning as **seulement** (*only*), and indefinite and partitive articles do not change to **de** after it.

Je **n'**ai **qu'**un billet.

J'ai **seulement** un billet.
I have only one ticket.

Hélène **n'**a fait **que** deux réservations.

Hélène a fait **seulement** deux réservations.
Hélène made only two reservations.

---

*Remember that **si** rather than **oui** is used to contradict a negative question or statement.

D. Voyages exotiques. Interviewez vos camarades.

> MODÈLE: camper dans le désert
>
> VOUS: N'as-tu jamais fait de camping dans le désert?
>
> VOTRE CAMARADE: Non, je n'ai jamais fait de camping dans le désert. (*ou* Si, j'ai fait du camping dans le désert, dans le Sahara [l'été passé, il y a deux ans, etc.].)

1. faire du bateau sur le Nil
2. observer les ours (*bears*) polaires au nord du Canada
3. faire une expédition en Antarctique
4. passer tes vacances à l'étranger
5. faire de l'alpinisme
6. voir les chutes Victoria (*Victoria Falls*) en Afrique
7. faire un safari-photos au Cameroun
8. visiter une île tropicale

Qui dans votre classe a fait le voyage le plus exotique?

Les pronoms affirmatifs et négatifs

Expressing Negation

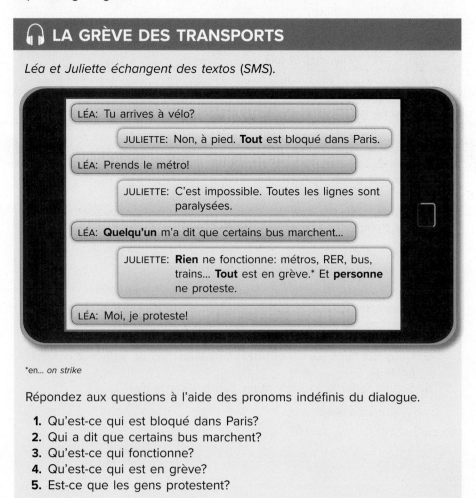

🎧 **LA GRÈVE DES TRANSPORTS**

Léa et Juliette échangent des textos (SMS).

LÉA: Tu arrives à vélo?

JULIETTE: Non, à pied. **Tout** est bloqué dans Paris.

LÉA: Prends le métro!

JULIETTE: C'est impossible. Toutes les lignes sont paralysées.

LÉA: **Quelqu'un** m'a dit que certains bus marchent...

JULIETTE: **Rien** ne fonctionne: métros, RER, bus, trains... **Tout** est en grève.* Et **personne** ne proteste.

LÉA: Moi, je proteste!

*en... *on strike*

Répondez aux questions à l'aide des pronoms indéfinis du dialogue.

1. Qu'est-ce qui est bloqué dans Paris?
2. Qui a dit que certains bus marchent?
3. Qu'est-ce qui fonctionne?
4. Qu'est-ce qui est en grève?
5. Est-ce que les gens protestent?

Just as there are affirmative and negative adverbs (see pages 227–228), there are also affirmative and negative pronouns.

1. **Quelqu'un*** (*Someone*), **quelque chose** (*something*), **tout** (*everything, all*), and **tout le monde** (*everybody*) are indefinite pronouns (**des pronoms indéfinis**). All four can serve as the subject of a sentence, the object of a verb, or the object of a preposition.

   Personne (*No one, nobody*) and **rien** (*nothing, not anything*) are negative indefinite pronouns generally used in a construction with **ne** (**n'**). They can be the subject of a sentence, the object of a verb, or the object of a preposition.

AFFIRMATIVE	NEGATIVE
QUELQU'UN / TOUT LE MONDE	PERSONNE
Quelqu'un est monté dans le train.	**Personne n'**est monté dans le train.
Someone got on the train.	*No one got on the train.*
J'ai vu **quelqu'un** sur le quai.	Je **n'**ai vu **personne** sur le quai.
I saw someone on the platform.	*I didn't see anyone on the platform.*
Jacques a parlé avec **quelqu'un**.	Jacques **n'**a parlé avec **personne**.
Jacques spoke with someone.	*Jacques didn't speak with anyone.*
Tout le monde est prêt?	**Personne n'**est prêt.
Is everyone ready?	*No one is ready.*

AFFIRMATIVE	NEGATIVE
QUELQUE CHOSE / TOUT	RIEN
Quelque chose est arrivé.	**Rien n'**est arrivé.
Something happened.	*Nothing happened.*
Marie a acheté **quelque chose** de bizarre.	Marie **n'**a **rien** acheté de bizarre.
Marie bought something strange.	*Marie didn't buy anything strange.*
Je pense à **quelque chose** d'intéressant.	Je **ne** pense à **rien** d'intéressant.
I'm thinking of something interesting.	*I'm not thinking of anything interesting.*
Tout est possible.	**Rien n'**est possible.
Everything is possible.	*Nothing is possible.*

 Prononcez bien!

The consonant sounds [p], [t], **and** [k]

In English, these sounds are aspirated, that is, they are pronounced with a very noticeable puff of air. Hold your hand close to your mouth as you pronounce the English words *pat, tap,* and *cat*. When you pronounce the following French words, the puff of air should be considerably lighter: **pâtes, tape** (*v.* type), **quatre**. Holding your breath to minimize aspiration might help you until you feel more comfortable with these sounds. Notice the spellings of each sound.

[p]: **a**p**p**eler, **p**ersonne, **p**orte

[t]: a**tt**endre, sympa**th**ique, **t**out

[k]: **c**lasse, d'a**cc**ord, **p**sychologie, **qu**elqu'un, s**k**ier

2. As the object of a verb in the **passé composé, rien** precedes the past participle, whereas **personne** follows it.

   Marie **n'**a **rien** acheté au buffet de la gare.   *Marie didn't buy anything at the station restaurant.*
   Je **n'**ai vu **personne** à l'arrêt de bus.   *I didn't see anyone at the bus stop.*

[Allez-y! A-C]

***Quelqu'un** is invariable in form: It can refer to both males and females.

Tout le monde adore regarder l'arrivée à Paris du Tour de France sur les Champs-Élysées.

3. Like **jamais, rien** and **personne** can be used without **ne** to answer a question.

—Qu'est-ce qu'il y a sur la voie?	*What's on the track?*
—**Rien.**	*Nothing.*
—Qui était au guichet?	*Who was at the ticket counter?*
—**Personne.**	*Nobody.*

4. You may have noticed that when used with adjectives, the expressions **quelque chose, quelqu'un, ne... rien,** and **ne... personne** are followed by **de (d')** plus the masculine singular form of the adjective.

J'ai rencontré **quelqu'un d'intéressant** dans le compartiment d'à côté.	*I met someone interesting in the next compartment.*
Je **n'**ai parlé à **personne d'important.**	*I didn't speak to anyone important.*

[Allez-y! B-C]

Allez-y!

A. À la gare. Vous avez des ennuis (*problems*) avant de partir en voyage. Transformez les phrases suivantes.

   MODÈLE: Tout le monde est prêt! → Personne n'est prêt!

1. Chloé demande l'heure du départ à quelqu'un.
2. Tout est prêt une heure avant le départ.
3. Quelqu'un a pensé à sortir les valises de la voiture sur le parking.
4. Quelqu'un a acheté les billets avant d'arriver sur le quai.
5. Thomas a quelque chose à porter s'il fait froid.
6. Mehdi a tout emporté pour faire un pique-nique.

B. La vie en rose. Transformez les phrases pessimistes de votre camarade. Suivez le modèle.

   MODÈLE: Il n'y a personne à la caisse (*cash register*). →
   É1: Il n'y a personne à la caisse.
   É2: Mais si! Il y a quelqu'un à la caisse.

1. Il n'y a personne dans ce restaurant.
2. Il n'y a rien de bon sur le menu.
3. Il n'y a rien dans ce magasin de sports.
4. Il n'y a rien de joli ici.
5. Il n'y a personne dans cette agence de voyages.
6. Il n'y a rien d'intéressant dans ces brochures.
7. Il n'y a rien de moderne dans ce quartier.
8. Il n'y a rien d'intéressant dans les rues.

C. Trouvez quelqu'un... Circulez dans la classe et trouvez quelqu'un qui a fait les choses suivantes. Avec un/une camarade, posez-vous des questions et répondez. (Attention à la question qu'il faut poser!)

1. avoir quelque chose d'important à faire (la semaine dernière)
2. voir quelqu'un d'intéressant (avant de venir en classe)
3. travailler jusqu'à 1 heure du matin (hier soir)
4. arriver en classe à 8 h (ce matin)
5. finir tous les devoirs pour demain (déjà)

Prononcez bien!

1. The semivowel in *conduire* (page 216)

A. Louis. Louis, le frère de votre colocataire Isabelle, va passer le week-end avec vous. Isabelle parle de lui (*him*). Pour chaque phrase que vous entendez, écrivez le mot qui contient le son [ɥ] comme dans *conduire*.

1. _____ 3. _____ 5. _____
2. _____ 4. _____ 6. _____

B. Révisions. Vous révisez le vocabulaire pour votre prochain examen de français en utilisant les images ci-dessous. Avec votre camarade, identifiez à voix haute les choses représentées.

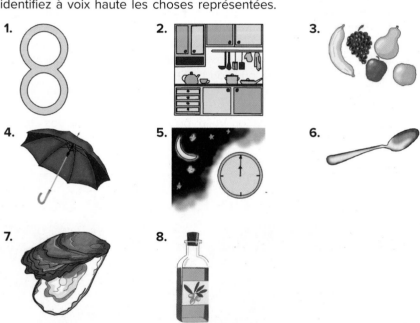

1.
2.
3.
4.
5.
6.
7.
8.

2. The consonant sounds in [p], [t], **and** [k] (page 231)

Dans l'avion. Vous allez passer le week-end en Italie. Pendant le vol, vous entendez discuter les passagers devant vous. Avec votre camarade, jouez la scène. Mettez (*Put*) la main tout près de la bouche (*mouth*) pour faire bien attention à la prononciation des sons [p], [t] et [k].

PASSAGER A: Tu as entendu? Le pilote est une femme. Elle s'appelle Caroline. Je pense qu'elle est québécoise: elle parle avec un accent canadien.

PASSAGER B: Ah oui, je l'ai vue (*I saw her*). Elle est petite avec les cheveux courts sous sa casquette. Elle porte un tailleur kaki.

PASSAGER A: Regarde! Les derniers passagers ont embarqué. On va bientôt partir.

PASSAGER B: Oui. Dans quelques (*a few*) minutes, l'hôtesse de l'air va servir du café aux passagers. Tant mieux (*So much the better*)! Je suis encore un peu fatigué.

📖 Lecture

AVANT DE LIRE

Using knowledge of text type to predict content. Before reading a new text, sometimes considering the type or genre of a text can help you predict its content.

The text you will be reading contains information about two relatively new transportation phenomena in France: bike-sharing programs and e-scooters.

Look at the information below from the **Vélib'** website page entitled **"Comment ça marche? Voir les tutos."** What can you already predict about the rest of the passage? How might scooter sharing be different from bike sharing? Make a list of two things you will probably learn about each type of rental service.

5 CHOSES À SAVOIR SUR LES VÉLIB'

1. Le Vélib' bleu est électrique, le Vélib' vert est mécanique.
2. Pour prendre ou restituer un Vélib', tout se passe depuis le boîtier (*box*) inséré dans le guidon (*handlebars*) du vélo.
3. Pour changer le niveau d'assistance des Vélib' électriques, appuyez sur les touches 1, 2 ou 3 du boîtier.
4. Soyez attentifs aux symboles affichés sur l'écran: ils vous indiquent les étapes et les actions à effectuer.
5. Téléchargez l'application Vélib' pour afficher la carte des stations et des vélos disponibles.

Vélib' et trottinettes: victoire de la mobilité douce[*]

Elles sont partout[1]: ce sont les bicyclettes vertes et les trottinettes rouges, jaunes et bleues. «Drin drin! Pouet Pouet! Laissez-moi passer!». Enthousiastes et audacieux, les fans du deux-roues[2] sont les soldats de l'écologie en ville. Ils disent NON à la voiture. L'idée, c'est de réduire la pollution. En adoptant ces moyens de transport, ils protègent l'environnement. Et c'est économique!

Le vélo pour tous

Incamerastock/Alamy Stock Photo

Vélib': des vélos pour tout le monde

Vélib' est un système de location de vélos en libre-service[3] qui fonctionne jour et nuit, sept jours sur sept. Plus de 20 000 bicyclettes sont stationnées dans la capitale; 420 000 abonnés[4] roulent en toute sécurité sur des pistes cyclables créées pour eux. Le fonctionnement du service est simple: on prend un vélo dans une station, on arrive à destination et on dépose le vélo dans une autre station. Et pour ceux qui en ont besoin, il y a une nouveauté: le Vélib' électrique pour les longs trajets.[5]

[1]*everywhere* [2]*wheels* [3]*en... self-service* [4]*subscribers* [5]*distances*

---

[*]The expression **la mobilité douce** generally refers to means of transportation that are not motorized, such as walking, biking, and skateboarding. However, over time, it has come to represent the broader category of sustainable transportation, that is, forms of transportation that are considered more eco-friendly than individual car ownership.

Déjà 5000 et bientôt 40 000 trottinettes électriques à Paris

Les trottinettes sont accessibles sur trois applications de votre smartphone: Dott, Lime ou Tier. Les jeunes adorent ce moyen de transport. Mais attention, danger! Car les trottinettes circulent au milieu des voitures et les accidents sont nombreux. Pour certains conducteurs, la trottinette, c'est un amusement. On va vite, on est heureux: une seconde d'inattention et on est éjecté.

Tenir compte[6] des règles[7] de sécurité est essentiel: il faut aller doucement, respecter le code de la route, ne pas rouler sur les trottoirs[8] et ne pas être deux passagers sur une trottinette.

Vélo et trottinette: un sentiment de liberté

Le boom des deux-roues

Dans toute l'Europe, on adopte les solutions de transports «propres»[9] à la carte. C'est facile et peu coûteux. À Genève, l'association Genèveroule fait la promotion du vélo; à Bruxelles, Villo est l'équivalent de Vélib'. Vous voyez, la révolution des deux-roues est en marche!

[6]*Taking into account* [7]*rules* [8]*sidewalks* [9]*clean*

COMPRÉHENSION

Les transports alternatifs. Répondez aux questions selon votre compréhension du texte.

1. Qu'est-ce que le Vélib'?
2. Que pensez-vous du Vélib' électrique?
3. Pourquoi certains conducteurs considèrent-ils les trottinettes comme un amusement?
4. Expliquez l'expression «transports urbains propres».
5. Quels sont les avantages des deux-roues?
6. Quels moyens de transports écologiques imaginez-vous dans le futur?

📝 Écriture

The writing activities **Par écrit** and **Journal intime** can be found in the Workbook/Laboratory Manual to accompany *Vis-à-vis*.

▶️ Micro-trottoir

Au micro. Répondez aux questions suivantes à partir de votre point de vue personnel. Puis regardez la vidéo et comparez vos réponses à celles (*those*) des gens interrogés.

1. Quels moyens de transport utilisez-vous en ville? Et pour partir en vacances?
2. Pour vous, c'est pratique d'avoir une voiture? Pour quoi faire?
3. Qu'est-ce que vous pensez de la voiture électrique?

Verbes

conduire	to drive
construire	to build; to construct
détruire	to destroy
faire le plein	to fill it up (*gas tank*)
produire	to produce
réduire	to reduce
rouler	to roll; to travel (*in a car, on a bike*)
traduire	to translate
traverser	to cross

À REVOIR: **partir, voyager**

Substantifs

l'aéroport (*m.*)	airport
un aller-retour	a round-trip ticket
un aller simple	a one-way ticket
l'arrêt (*m.*) (de bus)	(bus) stop
l'arrivée (*f.*)	arrival
l'auberge (*f.*) de jeunesse	youth hostel
l'autocar (*m.*)	interurban bus; tour bus
l'autoroute (*f.*)	highway
l'avion (*m.*)	airplane
le billet	ticket
le camion	truck
la carte d'embarquement	boarding pass
la classe affaires	business class
la classe économique	economy class
le compartiment	compartment
le conducteur / la conductrice	driver
la couchette	berth
le départ	departure
la deuxième classe	second class
l'ennui (*m.*)	problem, trouble
l'essence (*f.*)	gasoline
la gare	train station
le guichet	(ticket) window
l'hôtesse (*f.*) de l'air	flight attendant
la ligne (de bus)	(bus) line
les membres (*m.*) de l'équipage	flight crew
le métro	subway
la moto(cyclette)	motorcycle
le moyen de transport	means of transportation
le passager / la passagère	passenger
le/la pilote	pilot
la piste cyclable	bike path, lane
la place	seat, spot
la première classe	first class
le quai	platform (*at the train station*)

le siège	seat
la station-service	service station
le steward	flight attendant
le TGV (train à grande vitesse)	high-speed rail service
le titre de transport	ticket
le train	train
les transports (*m.*) en commun	public transportation
le vol	flight
le wagon	train car

À REVOIR: **l'état, la fois, le monde, le pays, la semaine, la valise, la voiture**

Expressions affirmatives et négatives

déjà	already; ever
encore	still
ne... jamais	never
ne... pas du tout	not at all
ne... pas encore	not yet
ne... personne	no one, nobody
ne... plus	no longer
ne... que	only
ne... rien	nothing
parfois	sometimes
quelqu'un	someone
seulement	only
tout	everything

Mots et expressions divers

à	by; on (*bicycle, horseback, foot*)
à destination de	to, for
à pied	on foot
à velo	by bike
depuis	since, for
Depuis combien de temps... ?	(For) How long . . . ?
Depuis quand... ?	Since when . . . ?
en	in; by (*train, plane, bus, car*)
pendant	for; during
Pendant combien de temps... ?	(For) How long . . . ?
si	yes (*response to a negative question*)
tous les matins/ après-midi/soirs	every morning/afternoon/ evening
tout, toute, tous, toutes	all; every
toutes les semaines	every week
vite	quickly

À REVOIR: **d'habitude, en général, il y a..., souvent**

CHAPITRE 10

Comment communiquez-vous?

Alain Jocard/Getty Images

«Allez les Bleus!»: La fan zone du Champ-de-Mars pendant le match France-Portugal en finale de l'Euro 2016

Dans ce chapitre...

OBJECTIFS COMMUNICATIFS

➤ talking about media and modern technology

➤ expressing how you communicate

➤ speaking succinctly

➤ talking about the past

➤ expressing observations and beliefs

➤ learning to distinguish between and pronounce selected sounds in French

CULTURE

➤ Un petit plus: *Les SMS*

➤ Espaces francophones: *La Belgique*

➤ Reportage: *Le télétravail: une solution miracle?*

➤ Lecture: *Les héros stars de la BD belge*

Les nouvelles technologies

Qu'est-ce que vous voulez comme cadeau (*m.*) (*gift*)?

un smartphone

des écouteurs (*m.*) sans fil

un bracelet connecté /
une montre connectée

une console
de jeux (vidéo)

une imprimante
(multifonction)

un appareil (photo)
numérique

une tablette

une liseuse
un livre numérique

 Prononcez bien!

Final consonants and *liaison*

Remember, as a general rule, only final **-c, -r, -f,** and **-l** are pronounced in French.*

la**c**, ordinateu**r**, bœu**f**, mai**l**

But

pie~~d~~, tro~~p~~, coli~~s~~, dépar~~t~~, che~~z~~

However, when final **-d, -n, -r, -s, -t,** and **-x,** are followed by a word beginning with a vowel or mute **h,** they are pronounced and reattached to that vowel.

-t, -d → [t]: **un petit appareil numérique, un grand écran**

-n → [n]: **on écrit, un annuaire**

-r → [ʀ]: **le premier homme, le dernier étage**

-s, -x → [z]: **nous avons deux ordinateurs**

*For exceptions to this rule, see **Prononcez bien!** on the pronunciation of final consonants, page 65.

AUTRES MOTS UTILES

cliquer sur	to click on
télécharger	to download
le chargeur	charger
la clé USB	flash drive
le compte en ligne	online account
la connexion	connection; line
l'écran (*m.*) **d'accueil**	home screen
le fichier	file
l'identifiant (*m.*)	username
le lien	link
le logiciel	software (program)
le mot de passe	password
le moteur de recherche	search engine
le navigateur	browser
la page d'accueil	home page
le site	site
le traitement de texte	word processing

Allez-y!

Définitions. Regardez les illustrations et la liste de vocabulaire et trouvez quelque chose qui correspond à chaque définition.

1. C'est un appareil (*device*) qui vous permet d'imprimer vos devoirs ou de copier une image.
2. C'est un appareil qu'on utilise pour prendre de belles photos.
3. C'est un appareil qui nous permet de mesurer notre activité physique.
4. C'est un appareil pour transporter les fichiers sans le cloud.
5. Avec ces appareils, on peut écouter sa musique préférée.
6. C'est un appareil pour regarder des vidéos.
7. C'est un appareil pour lire un livre numérique.
8. Avec ces deux éléments, vous pouvez accéder à (*log in to*) vos comptes en ligne.

La communication

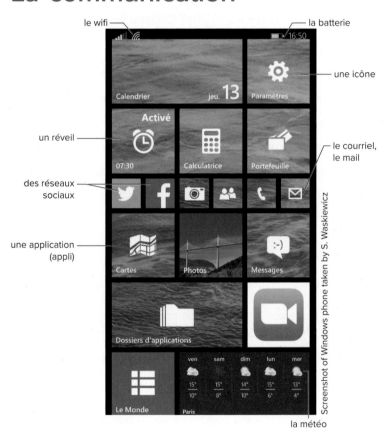

le wifi — la batterie — une icône — un réveil — le courriel, le mail — des réseaux sociaux — une application (appli) — la météo

Screenshot of Windows phone taken by S. Waskiewicz

Avec un smartphone, on peut...

ajouter un numéro aux contacts	**envoyer**‡ (*send*) **un tweet**	**recevoir** (*receive*) **un texto**
appeler* (*call*) ses amis	faire **des achats**	regarder un film
chatter; parler par **tchat** (*m.*)	parler sur Zoom	**surfer sur le web**
écrire† (*write*) **un mail**	**poster** sur Facebook	**vérifier** la météo

---

*The present-tense conjugation of **appeler** (*to call*) is **j'appelle, tu appelles, il/elle/on appelle, nous appelons, vous appelez, ils/elles appellent.** Appeler takes a direct object: **Il appelle sa petite amie**.
†The conjugation of **écrire** is presented on page 246.
‡The present-tense conjugation of **envoyer** (*to send*) is **j'envoie, tu envoies, il/elle/on envoie, nous envoyons, vous envoyez, ils/elles envoient**.

une adresse	an address
une boîte aux lettres	a mailbox
un bureau de poste	a post office
un colis	a package
le courrier	mail
une enveloppe	an envelope
un timbre	a stamp

Allez-y!

A. L'usage du smartphone. Répondez aux questions suivantes.

1. Combien d'heures par jour est-ce que vous passez sur votre smartphone? Et le week-end?
2. Que faites-vous avec votre smartphone? Classez les actions suivantes par ordre d'importance et ensuite comparez votre liste à celle de votre camarade de classe.

_____ aller sur des réseaux sociaux   _____ faire des achats

_____ appeler des amis   _____ jouer aux jeux vidéo

_____ écouter de la musique   _____ prendre des notes

_____ envoyer et recevoir des mails   _____ prendre des photos

_____ envoyer et recevoir des textos   _____ regarder des vidéos

B. Au bureau de poste. Répondez aux questions suivantes.

1. Qu'est-ce qu'il y a, en général, sur une enveloppe?
2. Si vous envoyez un cadeau à quelqu'un, qu'est-ce que vous apportez à la poste?
3. Est-ce que vous envoyez des cartes d'anniversaire? des cartes postales? des lettres? Lesquelles (*Which*) envoyez-vous le plus souvent?
4. Où se trouve la boîte aux lettres la plus proche de chez vous?
5. Est-ce que vous aimez recevoir du courrier? Pourquoi?

C. La communication sur les réseaux sociaux. Voici une partie d'une enquête (*survey*) réalisée par Kantar Sofres / Kantar Média pour le journal *La Croix* en 2017. Lisez les résultats du sondage. Avec un/une camarade de classe, répondez vous-mêmes aux cinq questions. Puis, en groupe de quatre à cinq étudiants, comparez vos réponses. Êtes-vous d'accord avec les Français? avec vos camarades de classe?

La confiance dans les réseaux sociaux

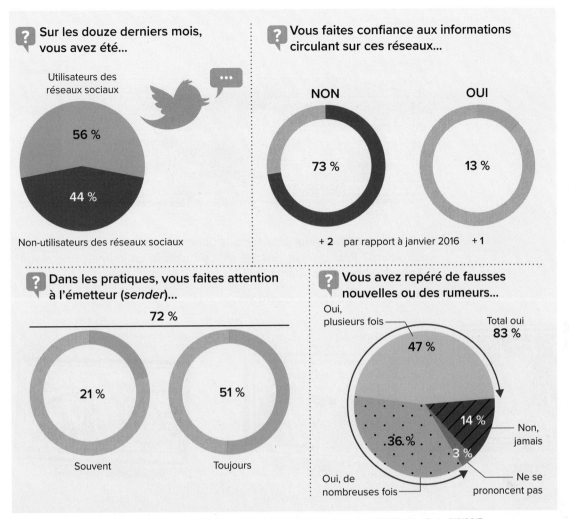

? Sur les douze derniers mois, vous avez été...

Utilisateurs des réseaux sociaux

56 %

44 %

Non-utilisateurs des réseaux sociaux

? Vous faites confiance aux informations circulant sur ces réseaux...

NON — 73 %

OUI — 13 %

+ 2   par rapport à janvier 2016   + 1

? Dans les pratiques, vous faites attention à l'émetteur (*sender*)...

72 %

21 % — Souvent

51 % — Toujours

? Vous avez repéré de fausses nouvelles ou des rumeurs...

Oui, plusieurs fois — 47 %

Total oui 83 %

14 % — Non, jamais

36 % — Oui, de nombreuses fois

3 % — Ne se prononcent pas

Source: "Barometer of the media, the interest of the French for the news at the lowest since 2002" in *La Croix*, 2/2/2017
https://www.google.com/amp/www.la-croix.com / Amp / 1200821913

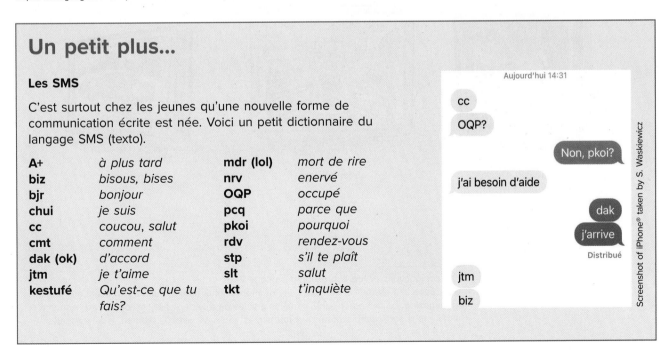

Un petit plus...

Les SMS

C'est surtout chez les jeunes qu'une nouvelle forme de communication écrite est née. Voici un petit dictionnaire du langage SMS (texto).

A+	*à plus tard*	**mdr (lol)**	*mort de rire*
biz	*bisous, bises*	**nrv**	*enervé*
bjr	*bonjour*	**OQP**	*occupé*
chui	*je suis*	**pcq**	*parce que*
cc	*coucou, salut*	**pkoi**	*pourquoi*
cmt	*comment*	**rdv**	*rendez-vous*
dak (ok)	*d'accord*	**stp**	*s'il te plaît*
jtm	*je t'aime*	**slt**	*salut*
kestufé	*Qu'est-ce que tu fais?*	**tkt**	*t'inquiète*

Aujourd'hui 14:31

cc
OQP?

Non, pkoi?

j'ai besoin d'aide

dak
j'arrive
Distribué

jtm

biz

Screenshot of iPhone® taken by S. Waskiewicz

Les médias

1. Nous lisons* (*read*)...

Où est-ce qu'on va pour acheter des bandes dessinées? des magazines? des romans? Pour quelles raisons est-ce qu'on lit un journal? une revue? Qu'est-ce que vous préférez lire?

2. Nous écoutons et nous regardons...

le journal télévisé /
les informations (les infos) (*f. pl.*)

une retransmission sportive

un documentaire

une émission musicale

un jeu télévisé

une publicité

---

*The conjugations of **lire** is presented on page 246.
†**Une revue** is a periodical of a scholarly or informational nature, such as an academic journal; **un magazine,** on the other hand, contains articles on a wide variety of topics and has many photographs and advertisements; **un journal,** as you have already learned, is a newspaper.

à la une	on the front page; in the headlines
le câble	cable television
la chaîne	television channel; network
le dessin animé	cartoon; animated series
le feuilleton	soap opera; serial
un hebdomadaire	a weekly (publication)
un mensuel	a monthly (publication)
la série télévisée	serial drama
le streaming en direct	live streaming
la télécommande	remote control
la télé-réalité	reality television
la télévision satellite	satellite television
la télévision haute définition	high-definition television

Aimez-vous la télé-réalité? les retransmissions sportives? les documentaires? les séries humoristiques? Regardez-vous régulièrement le journal télévisé? Que pensez-vous des publicités? Préférez-vous lire le journal ou les hebdomadaires/mensuels? Pourquoi?

Allez-y!

A. Les médias traditionnels. Répondez aux questions suivantes.

1. Comment écoutez-vous de la musique?
2. Aimez-vous lire? Préférez-vous les romans ou les bandes dessinées? Expliquez.
3. Est-ce ce vous lisez des journaux et des magazines en ligne? Lesquels? (*Which ones?*) Achetez-vous quelquefois un journal ou un magazine au kiosque ou au supermarché? Quand? Est-ce que ce sont des hebdomadaires ou des mensuels?
4. Vous regardez souvent le journal télévisé? Si oui, sur quelle chaîne? Si non, où trouvez-vous les nouvelles?
5. Avez-vous le câble ou utilisez-vous les plateformes de streaming vidéo comme Amazon, Hulu ou Netflix? Pourquoi ou pourquoi pas?
6. Quelle est votre émission préférée à la télé? Expliquez.

B. Les nouvelles technologies et la communication. Posez les questions suivantes à un/une ou plusieurs camarades.

1. Tu as un smartphone? En général, qu'est-ce que tu fais sur ton smartphone?
2. Est-ce que tu préfères regarder des films chez toi ou aller au cinéma? Explique.
3. Chez toi, préférez-vous regarder un film en DVD ou en streaming? Pourquoi?
4. Tu as un portable ou une tablette? Quel navigateur (Chrome, Firefox, Safari, etc.) utilises-tu principalement? Est-ce que tu as ton propre (*own*) site web? Que fais-tu sur le web?
5. Quelles technologies de communication sont indispensables pour toi? Explique.
6. Que fais-tu si tu veux contacter une amie? tes parents? tes profs?
7. Préfères-tu la télé ou l'internet? Explique.
8. Préfères-tu faire des photos avec ton smartphone ou un appareil photo numérique? Pourquoi? Qu'est-ce que tu aimes photographier?

Bienvenue en Belgique!

★ Bruxelles
LA BELGIQUE

Pays: Belgique (Royaume de Belgique)

Habitants: Belges

Capitale: Bruxelles

Langues officielles: français, néerlandais, allemand

Unité monétaire: euro

Fête nationale: 21 juillet

Un coup d'œil sur Bruxelles

Capitale du Royaume de Belgique, Bruxelles est aussi l'une des villes-phares[1] de la francophonie depuis le Moyen Âge. On y parle néerlandais[2] et français. En fait, les Bruxellois se composent de deux groupes linguistiques: les Wallons (ils parlent français) et les Flamands (ils parlent néerlandais). Les communes bruxelloises représentent la seule partie officiellement bilingue de la Belgique.

Le triple Arc de Triomphe domine le parc du Cinquantenaire, à Bruxelles.

À Bruxelles, le temps est souvent gris, mais on dit que ses habitants ont le soleil dans le cœur.[3] Vous y serez accueilli[4] avec générosité et bonne humeur. Ses musées, ses églises, ses petites rues commerçantes et ses passages couverts où sont installés chocolateries et magasins de dentelle[5] font de Bruxelles une ville de culture et de commerce. Beaucoup de belles demeures[6] anciennes de la Grand-Place, ou Grote Markt en néerlandais, sont maintenant des restaurants où vous pouvez trouver des spécialités culinaires comme les moules-frites ou le célèbre waterzooï.[7] Bruxelles est aussi siège de l'OTAN et de plusieurs institutions de l'Union européenne.

[1]beacons [2]Dutch [3]heart [4]serez... will be welcomed [5]lace [6]residences [7]Belgian stew made with fish or chicken

PORTRAIT Amélie Nothomb, écrivaine originale

Ses fans disent: «Vous commencez un de ses livres et vous ne pouvez plus le laisser». Imagination flamboyante, verve, passion du dialogue, fiction mêlée[1] d'autobiographie: voilà le profil littéraire d'Amélie Nothomb. Fille d'un diplomate belge, elle naît en 1967 au Japon, le pays de ses rêves. Elle voyage d'une ambassade à l'autre et fait ses études en Belgique. En 1992, son premier roman *Hygiène de l'assassin* est un triomphe. Depuis, chaque automne, elle publie un livre-événement que ses lecteurs[2] attendent avec impatience.

Amélie Nothomb: une auteure non-conformiste

Ses détracteurs l'accusent de facilité: En dépit d'un Grand Prix du Roman de l'Académie française (*Stupeur et tremblements*, 1999) on refuse de l'admettre dans la famille des auteurs «littéraires».

Non-conformiste? Oui! Elle écrit trois romans par an mais elle en publie un seul; elle dit «non» à l'ordinateur et rédige[3] à la main sur des cahiers d'écolier avec un Bic bleu; elle persiste dans son allure gothique: chapeau noir extravagant, teint[4] pâle, lèvres rouge sang.[5]

[1]mixed [2]readers [3]writes [4]complexion [5]lèvres... blood-red lips

 Watch **Bienvenue en Belgique** to learn more about Brussels.

Quelques verbes de communication

Expressing How You Communicate

🎧 JOYEUX ANNIVERSAIRE

Appel vidéo entre Charlotte et Juliette

CHARLOTTE:	**Dis**-moi, Juliette, as-tu reçu ma carte d'anniversaire?
JULIETTE:	Oui! Elle est arrivée hier. Pourquoi?
CHARLOTTE:	J'avais peur qu'elle n'arrive pas à temps parce que **j'ai** seulement **mis** la carte à la boîte samedi.
JULIETTE:	C'est très gentil. Mais, tu sais,[1] **tu peux** toujours **écrire** un texto.
CHARLOTTE:	Pas question! J'adore recevoir du courrier pour mon anniversaire aussi bien que[2] les cartes postales que **mes amis** m'**écrivent** pendant leurs voyages.
JULIETTE:	Moi, je préfère texter. Comme ça on peut communiquer très souvent et rapidement. **On lit** tout de suite les textos.
CHARLOTTE:	C'est vrai. Mais n'oublie pas que je dessine[3] moi-même les cartes d'anniversaire, et comme **ma grand-mère disait** toujours: «Les cadeaux faits maison,[4] c'est beaucoup plus personnel.»

[1]*know* [2]*aussi... as well as* [3]*draw* [4]*faits... homemade*

Vrai ou faux? Corrigez les phrases fausses.

1. Charlotte a mis la carte d'anniversaire à la boîte très en avance.
2. Les amis de Charlotte écrivent des lettres pour son anniversaire tous les ans.
3. Juliette dit qu'elle préfère la communication rapide.
4. Charlotte ne pense pas que les gens lisent tout de suite les textos.

Forms of *dire*, *lire*, *écrire*, and *mettre*

The verbs **dire** (*to say; to tell*), **lire** (*to read*), **écrire** (*to write*), and **mettre** (*to place; to put*) are all irregular in form.

dire		lire		écrire		mettre	
je	**dis**	je	**lis**	j'	**écris**	je	**mets**
tu	**dis**	tu	**lis**	tu	**écris**	tu	**mets**
il/elle/on	**dit**	il/elle/on	**lit**	il/elle/on	**écrit**	il/elle/on	**met**
nous	**disons**	nous	**lisons**	nous	**écrivons**	nous	**mettons**
vous	**dites**	vous	**lisez**	vous	**écrivez**	vous	**mettez**
ils/elles	**disent**	ils/elles	**lisent**	ils/elles	**écrivent**	ils/elles	**mettent**
past participle:	**dit**		**lu**		**écrit**		**mis**

Dire, lire, and **écrire** have similar conjugations except for the second-person plural of **dire** and the **v** in the plural stem of **écrire**.

Qu'est-ce que vous **dites** aux parents?	*What do you tell your parents?*
Qu'est-ce que vous **lisez** pendant les vacances?	*What do you read while on vacation?*
Vous **écrivez** souvent des lettres?	*Do you write letters often?*

Another verb conjugated like **écrire** is **décrire** (*to describe*).

Lilou **décrit** son voyage à Sébastien.	*Lilou is describing her trip to Sébastien.*

Uses of *dire*, *lire*, *écrire*, and *mettre*

dire bonjour

lire le journal

écrire un mail / un courriel

mettre une lettre à la boîte

Mettre can also be used to mean *to put on* (clothing). **Mettre le couvert** means *to set the table*. **Mettre une lettre (une carte) à la poste** means *to mail a letter (card)*.

Pascal **met** un jean le week-end.	*Pascal wears jeans on the weekend.*
Les enfants **mettent** le couvert chez leur grand-mère.	*The children set the table at their grandmother's house.*
Solange **a mis** une lettre à la poste hier.	*Solange mailed a letter yesterday.*

Another communication verb conjugated like **mettre** is **transmettre** (*to pass on, relay; to transmit*).

Robert **a transmis** le message à son ami.	*Robert relayed the message to his friend.*

Allez-y!

A. Message aux parents. Vous racontez à un/une camarade ce que vous mettez dans le mail que vous écrivez à vos parents. Complétez les phrases avec les verbes **décrire, dire, écrire** et **lire,** au présent. Faites tous les changements nécessaires.

Cet après-midi, je/j' _____¹ un long mail à mes parents. Dans mon mail, je _____² mes cours et ma vie à l'université. Je donne aussi beaucoup de détails sur mes camarades et mes professeurs parce que mes parents sont très curieux. Ils sont aussi très compréhensifs (*understanding*) et je leur _____³ toujours la vérité quand j'ai des problèmes. Avant de l'envoyer, je _____⁴ mon message une dernière fois (*last time*).

Racontez la même histoire, mais cette fois remplacez **je** par **mon/ma colocataire,** puis par **Stéphanie et Albane.** Faites tous les changements nécessaires.

B. Un art perdu. Complétez le dialogue entre Jessica et son petit frère Julien à propos de leur grand-mère. Faites tous les changements nécessaires.

JESSICA: est-ce que / tu / mettre / lettre / à la boîte / hier?
JULIEN: non / je / écrire / mail
JESSICA: mais / mamie / ne... pas / lire / les mails
JULIEN: Qu'est-ce que je peux faire? Je ne sais pas écrire une belle lettre.
JESSICA: écrire / lettre / ensemble / maintenant
je / te / lire / le texte et tu / mettre / timbre / sur l'enveloppe

Un peu plus tard...

JULIEN: Et maintenant / je / mettre / lettre / dans la boîte?
JESSICA: Oui. Est-ce que tu sais où se trouve la poste?
JULIEN: Pas vraiment.
On / écrire / texto / à mamie / pour / lui demander où c'est?

C. Interview. Posez les questions suivantes à un/une camarade, puis inversez les rôles. D'après ses réponses, que pouvez-vous dire de votre camarade et de ses goûts (*tastes*)?

1. Est-ce que tu écris souvent des lettres ou des cartes postales? À qui écris-tu? D'habitude, pour donner de tes nouvelles (*news*) à tes amis, préfères-tu écrire un texto, un mail ou préfères-tu téléphoner ou contacter les gens sur les réseaux sociaux?
2. Est-ce que tu aimes lire? Lis-tu le journal tous les jours? Si oui, lequel (*which one*)? As-tu lu un bon livre récemment? Lequel? Préfères-tu lire des livres papier ou des livres numériques? As-tu une liseuse? Ou préfères-tu les livres audio? Pourquoi ou pourquoi pas?
3. Quand tu étais au lycée, est-ce que tu regardais la télévision tous les soirs? Et maintenant? Est-ce que tu pratiques le binge-watching? Quelles émissions préfères-tu?

Les pronoms d'objet direct

Speaking Succinctly

🎧 NOS JOUETS TECHNOLOGIQUES

Dans le magasin Apple du Carrousel du Louvre, Juliette et Hector discutent.

> HECTOR: Regarde Juliette, le nouvel iPhone®! Tu **le** trouves joli?
>
> JULIETTE: Je **le** trouve pas mal. Mais il n'a rien d'exceptionnel. Je préfère le modèle de Samsung.
>
> HECTOR: Pas moi. Quand tu **le** mets dans ta poche,[1] il est trop grand.
>
> JULIETTE: Qu'est-ce que tu penses[2] de cette tablette? Je **la** trouve futuriste.
>
> HECTOR: Elle est belle mais trop chère... Smartphones, tablettes, ordinateurs: tu **les** achètes et ils sont obsolètes trois mois après.
>
> JULIETTE: Et alors?
>
> HECTOR: Et alors, c'est décourageant.[3]

Le magasin Apple du Carrousel du Louvre à Paris

[1]*pocket* [2]*think* [3]*discouraging*

Trouvez dans le dialogue les mots remplacés par le pronom d'objet direct.

1. Hector le trouve joli.
2. Juliette le trouve pas mal.
3. Quand on le met dans sa poche, il est trop grand.
4. Juliette la trouve futuriste.
5. On les achète et ils sont obsolètes trois mois après.

Direct objects are nouns that receive the action of a verb. They usually answer the question *what?* or *whom?* For example, in the following sentence, the noun *text message* is the direct object of the verb *reads*: *Malik reads the text message.*

Direct object pronouns (**les pronoms complément d'objet direct**) replace direct object nouns: *Malik reads it.*

J'aime bien mon ordinateur. Je **l'**utilise tous les jours.	*I like my computer. I use it every day.*
J'ai écrit ce texto hier: Je **l'**ai envoyé tout de suite.	*I wrote this text yesterday. I sent it right away.*

Forms and Position of Direct Object Pronouns

DIRECT OBJECT PRONOUNS			
me (m')	*me*	**nous**	*us*
te (t')	*you*	**vous**	*you*
le (l')	*him, it*	**les**	*them*
la (l')	*her, it*		

1. Usually, French direct object pronouns immediately precede the verb in the present and the imperfect tenses and the auxiliary verb in the **passé composé.**

Malik lit **le texto.**

Malik **le** lit.

Malik lisait **le texto.**

Malik **le** lisait.

Malik a lu **le texto.**

Malik **l'**a lu.

2. Third-person direct object pronouns agree in gender and in number with the nouns they replace.

—Est-ce que Robin lisait **le journal**?	*Was Robin reading the newspaper?*
—Oui, il **le** lisait.	*Yes, he was reading it.*
—Vois-tu **ma mère?**	*Do you see my mother?*
—Oui, je **la** vois.	*Yes, I see her.*
—Est-ce que vous postez **ces lettres?**	*Are you mailing these letters?*
—Oui, je **les** poste.	*Yes, I'm mailing them.*

3. If the verb following the direct object pronoun begins with a vowel sound, the direct object pronouns **me, te, le,** and **la** become **m', t',** and **l'.**

J'achète la carte postale. Je **l'**achète.	*I'm buying the postcard. I'm buying it.*
Isabelle **t'**admirait. Elle ne **m'**admirait pas.	*Isabelle used to admire you. She didn't admire me.*
Nous avons lu le journal. Nous **l'**avons lu.	*We read the newspaper. We read it.*

4. If the direct object pronoun is the object of an infinitive, it is placed immediately before the infinitive.

Alexandra va **poster la lettre** demain.	*Alexandra is going to mail the letter tomorrow.*
Alexandra va **la poster** demain.	*Alexandra is going to mail it tomorrow.*
Elle allait **la poster.** Elle est allée **la poster.**	*She was going to mail it. She went to mail it.*

[Allez-y! C]

5. In a negative sentence, the direct object pronoun always immediately precedes the verb to which it refers.

Nous ne regardons pas **la télévision.** Nous ne **la** regardons pas.	*We don't watch TV. We don't watch it.*
Je ne vais pas acheter **les billets.** Je ne vais pas **les** acheter.	*I'm not going to buy the tickets. I'm not going to buy them.*
Elle n'est pas allée chercher **le journal.** Elle n'est pas allée **le** chercher.	*She did not go to get the newspaper. She did not go to get it.*

6. Direct object pronouns also precede **voici** and **voilà.**

Le voici!	*Here he (it) is!*
Me voilà!	*Here I am!*

[Allez-y! A]

Allez-y!

A. Eurêka! Suivez le modèle.

> **MODÈLE:** Je cherche le bureau de poste. → Le voilà. (*ou* Le voici.)

  1. Où est mon portable?
  2. Elle a perdu le numéro de téléphone.
  3. Où est le téléphone?
  4. Il cherche le kiosque.
  5. Il a envie de lire *Le Monde* d'hier.
  6. Avez-vous le journal?
  7. Où est l'adresse des Thibaudeau?
  8. J'ai besoin de la grande enveloppe blanche.
  9. Où sont les toilettes?
  10. Aïcha et Nathan, où êtes-vous?

B. De quoi parlent-ils? Vous êtes dans un café parisien et vous entendez les phrases suivantes. Trouvez dans la colonne de droite l'information qui correspond à chaque pronom.

De quoi parle-t-elle?

1. Je vais les poster cet après-midi.	**a.** l'adresse
2. Elle le consulte.	**b.** les lettres
3. Je l'écris sur l'enveloppe.	**c.** le courriel
4. Nous venons de la lire.	**d.** le smartphone
5. Je les achète à la poste.	**e.** la revue
6. Je l'ai déjà écrit.	**f.** les timbres

C. Projets de voyage. Luca et Philippe font toujours la même chose. Avec un/une camarade, parlez de leurs projets selon le modèle.

MODÈLE: étudier le français cette année →
        É1: Est-ce que Luca va étudier le français cette année?
        É2: Oui, et Philippe va l'étudier aussi.

1. apprendre le français très rapidement
2. prendre l'avion pour Paris en juin
3. lire les journaux le matin
4. admirer la vue du haut de la tour Eiffel
5. prendre ses repas dans de bons restaurants
6. regarder les gens sur les Champs-Élysées
7. essayer de lire les romans de Dumas

Maintenant imaginez que Luca est l'opposé de Philippe.

MODÈLE: É1: Est-ce que Luca va étudier le français cette année?
        É2: Oui, mais Philippe, il ne va pas l'étudier.

Un Marocain lit le journal le matin au café à Marrakech. Lisez-vous un journal? Quel journal? Quand le lisez-vous?

D. Interview. Interviewez un/une camarade de classe sur ses préférences. Votre camarade doit utiliser un pronom complément d'objet direct dans sa réponse.

1. Utilises-tu souvent ton portable / ton smartphone?
2. Appelles-tu souvent tes camarades de classe? tes professeurs? tes parents?
3. Est-ce que tes parents t'appellent souvent? tes amis?
4. Regardes-tu souvent la télé? Aimes-tu regarder la publicité?
5. Mets-tu un bracelet connecté quand tu fais du sport?
6. Préfères-tu apprendre les nouvelles dans le journal, à la télé ou en ligne?
7. Lis-tu les bandes dessinées?
8. Écoutes-tu de la musique à la radio? sur un service de streaming?

Le télétravail: une solution miracle?

Les réunions Zoom en télétravail, vous aimez? Quels en sont les bénéfices?

Marie Hubert Psaila/ ABACAPRESS.COM/Alamy Stock Photo

Étudier ou travailler à la maison, utiliser les nouvelles technologies pour être connecté avec la fac ou le bureau, quel rêve!

L'épidémie de Covid* a transformé cet idéal en réalité; étudiants et salariés ont fait l'expérience du télétravail. Alors, quelles sont leurs conclusions?

«J'aime bien le télétravail, explique Margot, étudiante en Master de finance. En cours, je suis stressée, on travaille sous pression. À la maison, j'étudie dans un environnement familier et je peux m'organiser comme je veux. Pour moi, c'est une expérience positive.» Elle réfléchit et ajoute: «Pour être totalement sincère, je dois dire qu'on est très isolé face à son ordinateur. À la fac, il y a de l'animation; c'est vivant, on travaille en groupe, on discute, on rit, on va boire un verre après les cours.»

Sa copine Judith ajoute: «Les cours en visio-conférence, les réunions Zoom avec les copains pour préparer un exposé, les examens qu'on passe sur écran, c'est efficace techniquement mais... comment dire... ce n'est pas humain! Quelquefois on a l'impression d'être un robot.»

Un expert-comptable[1] explique: «J'apprécie de ne plus perdre de temps dans les transports! Et si on travaille confortablement installé face à un ordinateur performant (et une machine Nespresso!), dans une pièce agréable, le télétravail c'est bien, on est productif. Mais on n'a plus de vie sociale et on regrette l'ambiance du bureau.»

Alors, quel futur pour le télétravail? Allons-nous changer définitivement notre manière d'étudier et de travailler? Les écoles, les universités, les bureaux en présentiel[2] sont-ils condamnés? Zoom, Skype, Microsoft Team, Slack, Dropbox, WhatsApp... Ces inventions technologiques géniales[3] sont-elles les instruments de notre émancipation ou les agents de notre aliénation au travail?

Qui peut le dire?

[1]*accountant (CPA)* [2]*en... in person* [3]*brilliant*

VOUS COMPRENEZ?

1. Quels aspects du télétravail Margot et Judith apprécient-elles?
2. Expliquez pourquoi leur expérience du travail à distance n'est pas totalement positive.
3. Comparez le point de vue de l'expert-comptable à celui des étudiantes interviewées: qu'est-ce qu'ils ont en commun?
4. Quels instruments technologiques favorisent le télétravail? Précisez leur fonction. Les utilisez-vous?
5. Répondez personnellement à la question sur l'émancipation ou l'aliénation dans le dernier paragraphe. Présentez vos arguments.
6. Finalement comment voyez-vous le futur du télétravail?

---

*When speaking of the COVID-19 pandemic, French speakers generally use one of the following terms: **le coronavirus, (la/le) Covid, (la/le) Covid-19, la pandémie**.

L'accord du participe passé

Talking About the Past

 FACILE!

Juliette contacte Charlotte par messagerie instantanée.

 JULIETTE: Alors, Charlotte, ta page Facebook, tu l'as **créée**[1]!

 CHARLOTTE: Finalement, oui! J'ai longtemps hésité parce que je n'aime pas beaucoup parler de moi... Mais ça y est,[2] c'est fait! J'ai raconté[3] ma vie, j'ai laissé des messages...

JULIETTE: Et ton profil?

CHARLOTTE: Je l'ai **finalisé**! C'est un autoportrait honnête.

JULIETTE: Tu as retrouvé tes copines du lycée?

CHARLOTTE: Oui! Je **les** ai **retrouvées** et je **les** ai **contactées**. Nous avons échangé des photos.

JULIETTE: Tu **les** as **reconnues**[4] sur les photos?

 CHARLOTTE: Je **les** ai toutes **identifiées**. Finalement nous n'avons pas tellement[5] changé... Nous sommes toujours[6] jeunes et belles!

[1]*created* [2]*ça... there it is* [3]*told about* [4]*recognized* [5]*so much* [6]*still*

Complétez les réponses aux questions suivantes en utilisant les formes verbales du dialogue.

1. Charlotte a créé sa page Facebook? Oui, ...
2. Elle a finalisé son profil? Oui, ...
3. Elle a retrouvé ses copines du lycée? Oui, ...
4. Elle a contacté ses copines? Oui, ...
5. Elle a reconnu et identifié ses copines sur les photos? Oui, ...

In the **passé composé**, the past participle is generally used in its basic form. However, when a direct object—noun or pronoun—precedes the auxiliary verb **avoir** plus the past participle, the participle agrees with the preceding direct object in gender and number.

J'ai lu le **journal.**
Je **l'**ai **lu.**

J'ai lu les **journaux.**
Je **les** ai **lus.**

J'ai lu **la revue.**
Je **l'**ai **lue.**

J'ai lu les **revues.**
Je **les** ai **lues.**

Quels **amis** avez-vous **appelés?**

Quelles **émissions** avez-vous **regardées?**

Allez-y!

A. Un nouveau travail. Vous travaillez comme assistant administratif / assistante administrative. Votre patronne (*boss*) vous pose des questions. Répondez à la forme affirmative ou négative.

MODÈLE: Avez-vous regardé *le calendrier* ce matin? →
Oui, je l'ai regardé. (*ou* Non, je ne l'ai pas regardé.)

1. Est-ce que vous avez donné *notre numéro de téléphone* à Mme Milaud?
2. Est-ce que vous avez mis *le nouveau nom de la firme* sur les enveloppes?
3. Avez-vous contacté *la responsable de notre Comité de Direction*?
4. Avez-vous fini *le rapport*?
5. Avez-vous appelé *Georges Dupic et Catherine Duriez*?
6. Avez-vous vu *Anne et Clémentine* ce matin?
7. *M'*avez-vous comprise pendant la réunion (*meeting*) hier?

B. Conversation. Posez les questions suivantes à un/une camarade. Il/elle utilise, quand c'est possible, un pronom complément d'objet direct dans ses réponses.

1. Quand tu étais enfant, aimais-tu l'école? les vacances? les voyages? l'aventure? Quelles sortes d'aventures aimais-tu?
2. L'année dernière, as-tu passé tes vacances à la montagne? à l'étranger? en famille?
3. As-tu déjà essayé le camping? l'alpinisme? le bateau? le ski?
4. As-tu lu le dernier numéro de *Time*? de *People*? de *Vogue*?
5. As-tu lu les romans d'Albert Camus? d'Amélie Nothomb?
6. Quand as-tu appelé tes grands-parents? tes parents? ton professeur / ta professeure de français? Pourquoi?

Une liseuse, c'est super pratique!

Les verbes *voir, croire* et *recevoir*

Expressing Observations and Beliefs

Hassan téléphone à Juliette.

> HASSAN: **Tu crois** qu'Hector* a finalement acheté un iPad®?
>
> JULIETTE: Non, **je** ne **crois** pas. Il n'est pas un grand consommateur[1] de technologies.
>
> HASSAN: Pourtant[2] il a un ordinateur. **Il reçoit** et il envoie vingt courriels par jour!
>
> JULIETTE: C'est vrai, mais il est satisfait avec sa vieille machine. **Il** ne **voit** pas l'intérêt de dépenser[3] de l'argent pour une tablette...
>
> HASSAN: Hector est un artiste... Il n'est pas matérialiste...
>
> JULIETTE: **Tu crois** ça? Tu ignores certainement qu'il adore les voitures de luxe!

Un peu bling-bling: la voiture préférée d'Hector!

Gerlach Delissen/Corbis/Getty Images

[1]*consumer* [2]*Nevertheless* [3]*spend*

Trouvez, dans le dialogue, les phrases où...

1. Hassan demande si Hector a acheté un iPad.
2. Juliette suggère qu'Hector n'a pas acheté d'iPad.
3. Hassan explique qu'Hector utilise la messagerie de son ordinateur.
4. Juliette explique qu'Hector n'aime pas dépenser de l'argent pour la technologie.
5. Juliette révèle qu'Hector est matérialiste.

---

*Croire** and **voir** must be followed by **que** (*that*) when they introduce another clause.

The verbs **voir** (*to see*) and **croire** (*to believe*) are irregular.

voir			croire		
je **vois**	nous **voyons**		je **crois**	nous **croyons**	
tu **vois**	vous **voyez**		tu **crois**	vous **croyez**	
il/elle/on **voit**	ils/elles **voient**		il/elle/on **croit**	ils/elles **croient**	
past participle: **vu**			*past participle*: **cru**		

J'**ai vu** Michèle à la plage la semaine passée.	*I saw Michèle at the beach last week.*
Est-ce que tu **crois** cette histoire?	*Do you believe this story?*
Je **crois** qu'il va faire beau demain.	*I think the weather is going to be fine tomorrow.*
Tu **crois?**	*You think so? / Are you sure?*

1. **Revoir** (*to see again*) is conjugated like **voir.**

Je **revois** les Moreau.	*I'm seeing the Moreau family again.*

2. **Croire à** means *to believe in* a concept or an idea.

Nous **croyons à** la chance.	*We believe in luck.*
Ils **croient au** Père Noël.	*They believe in Santa Claus.*

3. **Croire en** means *to believe in* a god or to have confidence in someone or something.

Vous **croyez en** Dieu?	*Do you believe in God?*
Elle **croit** en son avenir.	*She believes in her future.*

4. **Croire que** means *to think (that)*, *to believe (that)* and is followed by another clause. It is used to express an opinion.

Je **crois que** l'internet est la grande invention du XXe siècle.	*I think (that) the internet is the great invention of the 20th century.*

Note: The verb **recevoir** (*to receive; to entertain as guests*) is also irregular. The conjugation is similar to the verb **voir** in the singular forms, but differs in the plural forms.

PRESENT TENSE OF **recevoir**		
je **reçois**	nous **recevons**	
tu **reçois**	vous **recevez**	
il/elle/on **reçoit**	ils/elles **reçoivent**	
past participle: **reçu**		

Sophie **reçoit** beaucoup de textos tous les jours.	*Sophie receives many texts every day.*
Ses copains **reçoivent** souvent des messages privés sur Insta.	*Her friends often receive direct messages on Instagram.*

Allez-y!

A. Paris dans le brouillard (*fog*). Trois étudiants étrangers sont désorientés. Complétez la conversation avec les verbes **croire, recevoir** et **voir** au présent, sauf quand le passé composé est indiqué.

> JULIE: Tu _____¹ où on est?
>
> KANI: Non, je ne _____² pas cette rue sur le plan.
>
> WAN QING: Vous faites confiance à ce vieux plan?
>
> JULIE: Non, nous _____³ ce que nous a dit Anne, la guide.
>
> KANI: Elle a beaucoup d'expérience et je _____⁴ ce qu'elle dit.
>
> WAN QING: Moi, je pense qu'elle _____⁵ à la chance!
>
> JULIE: Très drôle... mais dis, Kani, tu _____⁶ (*passé composé*) la guide quelque part?
>
> KANI: Oui, j' _____⁷ (*passé composé*) Anne, mais il y a environ une heure, au café...
>
> WAN QING: Cette fois, je _____⁸ que nous sommes perdus! Heureusement, j'ai mon smartphone et je _____⁹ que j' _____¹⁰ (*passé composé*) un message d'Anne il y a cinq minutes!

B. Interview. Interrogez un/une camarade sur ses croyances. Est-ce qu'il/elle croit à la chance, à l'amour, au progrès, à une religion, à la perception extra-sensorielle, aux OVNI* (*UFOs*), à _____? Utilisez les **Mots clés.**

C. Conversation. Avec un/une camarade, parlez d'une ville qu'il/elle a visitée récemment. Qu'est-ce qu'il/elle a vu? Qui est-ce qu'il/elle a rencontré? Qu'est-ce qu'il/elle veut revoir? Qui veut-il/elle revoir? Ensuite, racontez à la classe l'expérience la plus intéressante (*most interesting*) de votre camarade.

Mots clés

Marquer une hésitation ou une pause

Use the following expressions as pause fillers when thinking about what to say next.

Eh bien, ...	*Well, . . .*
Voyons, ...	*Let's see, . . .*
C'est-à-dire que...	*That is / I mean. . .*
Euh...	*Uhmm. . .*
Oui, mais...	*Yes, but. . .*

---

*Objets volants non identifiés

Prononcez bien!

Final consonants and *liaison* (page 238)

L'arrivée de Louis. En rentrant à la maison après les cours, vous trouvez Hugo seul dans le salon. Avec votre camarade de classe, jouez la scène. Faites bien attention aux liaisons.

VOUS: Isabelle n'est pas là?

HUGO: Non, elle est allée chercher Louis, son frère. Elle est née le premier avril et demain c'est son anniversaire. Pour l'occasion, son frère va passer le week-end avec elle et lui faire (*give her*) beaucoup de cadeaux.

VOUS: Il voyage en autobus?

HUGO: Non, en avion.

VOUS: Quand est-ce qu'ils arrivent?

HUGO: Dans deux heures. C'est un grand aéroport et il faut beaucoup de temps pour en (*of it*) sortir!

 ## Lecture

AVANT DE LIRE

Using titles and visuals (Part 2). You have already learned how to look at titles and images to anticipate the major themes of a reading text. This strategy will be very effective in preparing you to understand the reading in this chapter. Before beginning the reading itself, focus on the title and visuals by completing the following steps.

- Check out the title: **Les héros stars de la BD belge**. Most of the words are similar to English. Read the first sentence of the passage to understand what BD stands for.
- Look at the images included with the text: What hints do they give you about the main theme of the reading passage? Reflect by yourself or with a classmate on how the pictures reflect (or don't reflect) your reading experience growing up.
- Predict what you will read in the passage.
- Before you start, reflect on how important reading is in your native culture. Written texts help us see the world through the eyes of others and improve our ability to understand language in many contexts, among other benefits.

Enjoy this reading and check whether you understood it by finishing the activities at the end.

Les héros stars de la BD belge

Considérée comme le neuvième art (après le cinéma et la télévision), la bande dessinée est un objet de passion et de collection. Chaque année, en France, les milliers de visiteurs du Festival international de la bande dessinée d'Angoulême vous le diront: la BD, c'est sérieux!

Même enthousiasme en Belgique, capitale de la BD: au centre de Bruxelles, le musée de la BD, dans un cadre[1] splendide Art nouveau, honore le neuvième art depuis plus de 30 ans. La BD fait partie de la culture belge: des stations de métro sont décorées avec des personnages de bandes dessinées!

Mais pourquoi cette ferveur pour la BD dans le «plat pays»*? Demandez à Tintin! Oui, Tintin, le héros créé par Georges Remi, dit Hergé. En 1929, ce personnage d'aventurier fait sensation dans *Tintin au pays des Soviets*. Le public l'adore, une star est née.

À la fête de la BD, voilà Spirou avec ses jeunes admirateurs

Tintin, jeune reporter audacieux,[2] va ouvrir le chemin à d'autres célébrités. Dans la famille des héros belges de la bande dessinée, il y aura Spirou, Lucky Luke, Gaston Lagaffe, Tif et Tondu, Boule et Bill, les Schtroumpfs... Ces créatures inventées par des artistes de génie seront immortalisées grâce à l'association du dessin, du dialogue et de la narration, format idéal pour entraîner le public sur les traces de leurs héros. Avec elles, la BD belge gagne son rang de leader.

Et aujourd'hui? Les bédéphiles (amateurs[3] de BD) de tous âges continuent à lire ces grands classiques, mais avec un œil critique. Pourquoi? Parce que les idéologies véhiculées[4] par certaines histoires sont désormais[5] inacceptables.

Et la BD belge se renouvelle; de jeunes auteurs arrivent avec des concepts, des techniques qui intègrent le digital. Nouveaux artistes, nouveau regard sur le monde: la bande dessinée est entrée dans le XXIe siècle.

[1]setting [2]daring [3]connoisseurs [4]conveyed [5]now

Tintin et Milou: en route pour l'aventure!

Lucky Luke n'a peur de rien

*In his song «Le plat pays», first recorded in March 1962, Belgian singer Jacques Brel uses this term to evoke the flat, open landscape of his home country.

A. Explication du texte. Expliquez ces mots et expressions du texte.

1. «Considérée comme le neuvième art... »
2. «La bande dessinée est un objet de passion et de collection.»
3. «la famille des héros belges de la bande dessinée»
4. «bédéphiles»
5. «techniques qui intègrent le digital»

B. Vrai ou faux? Corrigez les phrases fausses.

1. Le musée belge de la BD se situe à Anvers.
2. Tintin est devenu célèbre avec *Tintin en Amérique* (1932).
3. On remet en question aujourd'hui l'idéologie de certaines BD classiques.
4. La France est le leader de la bande dessinée en Europe.

 Écriture

The writing activities **Par écrit** and **Journal intime** can be found in the Workbook/Laboratory Manual to accompany *Vis-à-vis*.

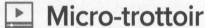 Micro-trottoir

Au micro. Répondez aux questions suivantes à partir de votre point de vue personnel. Puis regardez la vidéo et comparez vos réponses à celles des gens interrogés.

1. Qu'est-ce que vous faites avec votre smartphone?
2. Quels types de messages est-ce que vous envoyez par SMS?
3. Sur quels réseaux sociaux êtes-vous présent(e)? Qu'est-ce que vous faites sur ces réseaux sociaux?
4. Une journée sans votre smartphone, c'est possible? Expliquez.

🎧 VOCABULAIRE

Verbes

ajouter	to add
appeler	to call
croire	to believe
décrire	to describe
dire	to say
écrire (à)	to write (to)
envoyer (à)	to send (to)
faire des achats	to shop
lire	to read
mettre	to put, place; to put on (clothes)
mettre le couvert	to set the table
mettre une lettre (carte) à la poste	to mail a letter (card)
poster	to mail; to post (on social media)
recevoir	to receive
revoir	to see again
télécharger	to download
transmettre	to pass on, relay; to transmit
vérifier	to check
voir	to see

MOTS APPARENTÉS: chatter, cliquer, surfer sur le web

À REVOIR: acheter, écouter, prendre, regarder

Les nouvelles technologies

l'appareil (m.) (photo) numérique	digital camera
le bracelet connecté	activity tracker
la clé USB	flash drive
le compte en ligne	online account
la console de jeux	gaming console
le courriel	e-mail message
les écouteurs (m.) (sans fil)	(wireless) headphones
l'écran (m.) d'accueil	home screen
le fichier	file
l'identifiant (m.)	username
l'imprimante (f.)	printer
le lien	link
la liseuse	e-reader
le livre numérique	e-book
le logiciel	software (program)
le mail	e-mail message
la montre connectée	smartwatch
le mot de passe	password
le moteur de recherche	search engine
le navigateur	browser
la page d'accueil	home page
le réseau social	social network

le texto (SMS)	text message
le traitement de texte	word processing

MOTS APPARENTÉS: l'application (appli) (f.), la batterie, le chargeur, la connexion, l'icône (f.), l'internet (m.), le site, le tchat, le tweet, le web, le wifi

À REVOIR: la météo, le numéro, l'ordinateur, le portable, le réveil, le smartphone, le téléphone

Les médias et la communication

à la une	on the front page; in the headlines
la bande dessinée	comic book; graphic novel
la boîte aux lettres	mailbox
le bureau de poste	post office
le cadeau	gift
la chaîne	television channel; network
le colis	package
le courrier	mail
le dessin animé	cartoon; animated series
l'émission (f.)	program; broadcast
le feuilleton	soap opera; serial
l'hebdomadaire (m.)	weekly (publication)
les informations (f. pl.)	news
le jeu télévisé	game show
le journal télévisé	television news program
le kiosque	kiosk; newsstand
le mensuel	monthly (publication)
la publicité	commercial; advertising
la retransmission sportive	sports broadcast
la revue	journal
le roman	novel
la série	series
série télévisée	serial drama
le streaming en direct	live streaming
la télécommande	remote control
la télé-réalité	reality television
la télévision haute définition	high-definition television
le timbre	stamp

MOTS APPARENTÉS: l'adresse (f.), le câble, le documentaire, l'enveloppe (f.), la lettre, la télévision satellite

Mots et expressions divers

C'est-à-dire (que)...	That is / I mean. . .
Eh bien, ...	Well, . . .
Euh...	Uhmm. . .
Oui, mais...	Yes, but. . .
Voyons, ...	Let's see, . . .

CHAPITRE 11

Vivre en ville

La Place des Jacobins à Lyon pendant la fête des Lumières

Jacques Pierre/hemis.fr/Getty Images

Dans ce chapitre...

OBJECTIFS COMMUNICATIFS

➤ talking about city life

➤ describing past events

➤ speaking succinctly

➤ talking about what and whom you know

➤ learning to distinguish between and pronounce selected sounds in French

CULTURE

➤ Espaces francophones: *La France*

➤ Reportage: *Kinshasa, Yaoundé et Douala: le choc des contrastes*

➤ Un petit plus: *Les villes en fête*

➤ Lecture: «Le chat abandonné»

Une petite ville

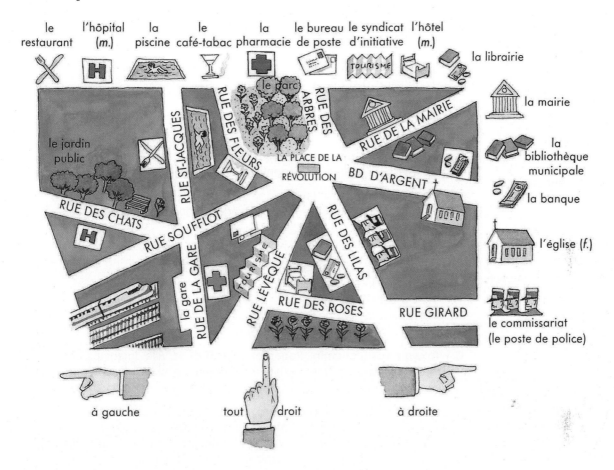

le restaurant · l'hôpital (m.) · la piscine · le café-tabac · la pharmacie · le bureau de poste · le syndicat d'initiative · l'hôtel (m.) · la librairie · la mairie · le jardin public · la bibliothèque municipale · la banque · l'église (f.) · le commissariat (le poste de police)

RUE DES ARBRES · RUE ST-JACQUES · RUE DES FLEURS · le parc · LA PLACE DE LA RÉVOLUTION · RUE DE LA MAIRIE · BD D'ARGENT · RUE DES CHATS · RUE SOUFFLOT · RUE DES LILAS · la gare · RUE DE LA GARE · RUE LÉVÊQUE · RUE DES ROSES · RUE GIRARD

à gauche · tout droit · à droite

AUTRES MOTS UTILES	
indiquer	to show, point out
se trouver	to be located (situated)
le bâtiment	building
le carrefour	intersection
le chemin	way; road
le coin	corner
jusqu'à	up to, as far as
le marché en plein air	open-air market
le plan	map (*of a city*)

—Comment fait-on pour aller de la banque à la pharmacie?
—On **prend** le boulevard d'Argent **à droite** et on va **jusqu'à** la place de la Révolution. On **traverse** la rue des Lilas et on **prend** la rue Lévêque **à gauche**. On **continue tout droit jusqu'au coin** et on **prend** la rue de la Gare **à droite**. La pharmacie est **en face de** la gare.

Prononcez bien! 🎧

Nasal vowels

Remember to let the air go through both your nose and mouth as you pronounce nasal vowels. Pay attention to the openness of your mouth and the shape of your lips.

For [ɔ̃] as in **bon**, close your mouth and round your lips.

[ɔ̃]: **on, révolution, connexion, feuilleton, voyons**

For [ɛ̃] as in **chemin**, open your mouth and stretch your lips in a smile.

[ɛ̃]: **timbre, jardin, syndicat, internet, matin**

For [ɑ̃] as in **plan**, open your mouth and relax your lips.

[ɑ̃]: **banque, bâtiment, prend, argent, en**

Allez-y!

A. Les endroits importants. Où est-ce qu'on va pour _____?

MODÈLE: acheter des livres →
Pour acheter des livres, on va à la librairie.

1. retirer de l'argent au distributeur automatique (*ATM*)
2. acheter de l'aspirine
3. parler avec le/la maire (*mayor*) de la ville
4. obtenir des brochures touristiques
5. nager
6. admirer des plantes et des fleurs
7. assister à (*to attend*) des services religieux catholiques
8. acheter des timbres
9. prendre une bière

B. Où est-ce? Précisez l'emplacement des endroits suivants selon le plan de la ville à la page précédente.

MODÈLE: Où est l'hôtel? →
L'hôtel est en face du syndicat d'initiative dans* la rue Lévêque.

1. Où est le jardin public?
2. Où est le commissariat?
3. Où est la bibliothèque?
4. Où est l'église?
5. Où est la librairie?
6. Où est le syndicat d'initiative?

C. Trouvez votre chemin. Regardez le plan de la ville. Imaginez que vous êtes à la gare. Un/Une touriste vous demande où est le bureau de poste; vous lui indiquez le chemin. Jouez les rôles avec un/une camarade.

MODÈLE: LE/LA TOURISTE: Pardon, madame/monsieur, pourriez-vous me dire où est le bureau de poste?
VOUS: Tournez à gauche. Prenez la rue Soufflot à droite et vous y êtes (*you're there*).
LE/LA TOURISTE: Je tourne à gauche, je prends la rue Soufflot à droite et j'y suis.

1. le café-tabac
2. le restaurant
3. l'hôtel
4. la banque
5. le poste de police
6. le parc
7. la mairie
8. la pharmacie
9. le jardin public
10. la place de la Révolution
11. la piscine
12. le syndicat d'initiative

Maintenant, avec un/une autre camarade de classe, faites une liste de cinq ou six endroits sur votre campus ou dans votre ville. À tour de rôle, indiquez le chemin pour aller à ces endroits. Votre salle de classe est votre point de départ.

---

*One says **dans la rue, sur le boulevard,** and **sur** or **dans l'avenue.**

Les arrondissements° de Paris   *districts*

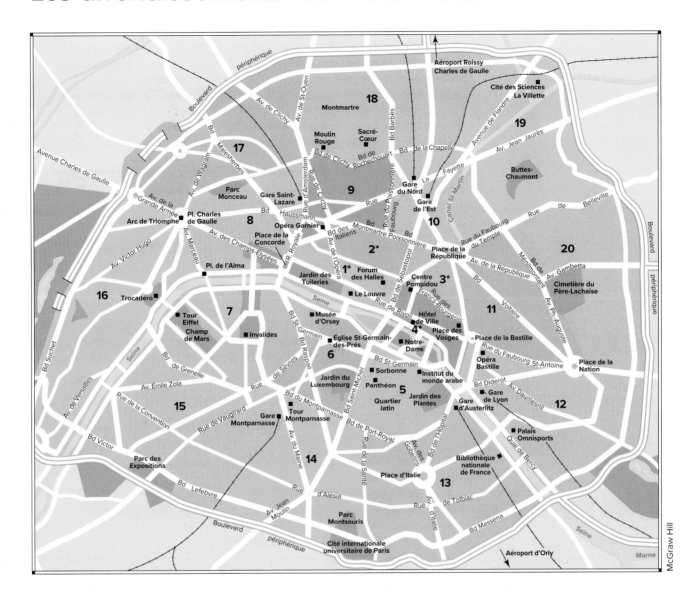

Les vingt arrondissements de Paris:

1ᵉʳ	le premier	11ᵉ	le onzième
2ᵉ	le deuxième	12ᵉ	le douzième
3ᵉ	le troisième	13ᵉ	le treizième
4ᵉ	le quatrième	14ᵉ	le quatorzième
5ᵉ	le cinquième	15ᵉ	le quinzième
6ᵉ	le sixième	16ᵉ	le seizième
7ᵉ	le septième	17ᵉ	le dix-septième
8ᵉ	le huitième	18ᵉ	le dix-huitième
9ᵉ	le neuvième	19ᵉ	le dix-neuvième
10ᵉ	le dixième	20ᵉ	le vingtième

Les nombres ordinaux

- Ordinal numbers (*first, second,* and so on) are formed by adding **-ième** to cardinal numbers. For numbers ending in the letter **e** (**quatre, onze, douze**), the final **e** is dropped before the **-ième** ending is added (**quatrième, onzième, douzième**). Note the irregular form **premier/ première,** and the spelling of **cinquième** and **neuvième**.
- **Le** and **la** do not elide before **huitième** and **onzième: le huitième.**
- The superscript abbreviation ᵉ indicates that a number should be read as an ordinal: 7 = **sept;** 7ᵉ = **le/la septième.**
- Note the forms **vingt et unième, trente et unième,** and so on.

AUTRES MOTS UTILES	
la banlieue	suburbs
le centre-ville	downtown
la Rive droite/gauche	Right/Left Bank

Allez-y!

A. Les arrondissements de Paris. Quels arrondissements se trouvent sur la Rive gauche de la Seine? sur la Rive droite? Quels arrondissements constituent le centre-ville? Où est l'île de la Cité?*

B. Le plan de Paris. Avec un/une camarade, situez les endroits suivants.

MODÈLE: É1: la tour Eiffel?
É2: Euh, voyons... La tour Eiffel se trouve dans le 7ᵉ arrondissement.

1. le Panthéon†
2. Notre-Dame
3. le jardin du Luxembourg
4. le Louvre
5. Montmartre‡
6. la Cité des sciences et de l'industrie§
7. le musée d'Orsay
8. l'opéra Bastille
9. l'opéra Garnier
10. le parc Montsouris
11. le Centre Pompidou
12. la Bibliothèque nationale de France

La restauration de la cathédrale Notre-Dame après l'incendie du 15 avril 2019

Agnieszka Gaul/Shutterstock

---

*The **île de la Cité** is the historical center of Paris; it is one of the two islands on the Seine in central Paris. The other is the **île St-Louis.**

†The **Panthéon** is a building in the **5ᵉ arrondissement** in Paris where several famous people are buried, including Voltaire, Victor Hugo, Marie Curie, and Louis Braille. The most recent person inducted into the Panthéon was Josephine Baker on November 30, 2021, the first Black woman so honored.

‡**Montmartre** is a lively area in northern Paris where **Sacré-Cœur,** a basilica, is located. It is best known for its role in art history when, in the late 1800s and early 1900s, many artists lived and worked in the neighborhood, including Pierre-Auguste Renoir, Henri de Toulouse-Lautrec, Suzanne Valadon, and Pablo Picasso.

§The **Cité des sciences et de l'industrie** is the largest science museum in Europe. It is located in the **Parc de la Villette** and houses an aquarium, a planetarium, and an IMAX theater.

Bienvenue en France!

Un coup d'œil sur Paris

Paris, la Ville Lumière, intrigue, étonne,[1] provoque, bouleverse,[2]... Pendant des siècles, la cité a servi de muse, inspirant les artistes, les écrivains et les musiciens par sa beauté. Paris est le sommet de la beauté architecturale, de l'expression artistique et du délice culinaire. Aussi majestueuse que l'Arc de Triomphe, aussi pittoresque que les bistros aux rideaux de dentelle[3] dans chaque quartier, Paris séduit les nouveaux venus. C'est une ville aux perspectives vastes et nobles et aux rues intimes et médiévales, avec des espaces verts formels et des places tranquilles. Cette combinaison est l'un des secrets de son attraction éternelle. Elle est aussi originale par sa taille: Paris est relativement petite, et ses principaux sites et musées sont largement accessibles à pied. Paris est un livre d'histoire ouvert: une promenade dans ses rues vous emmènera[4] du Moyen Âge jusqu'au XXIe siècle.

La pyramide de verre: une architecture contemporaine au cœur du palais du Louvre

[1]astonishes   [2]overwhelms   [3]lace   [4]will take you

Pays: France (République française)

Habitants: Français

Capitale: Paris

Langue officielle: français

Unité monétaire: euro

Fête nationale: 14 juillet

PORTRAIT **Astérix**

Astérix, personnage emblématique[1] de la bande dessinée française, est un petit Gaulois* tapageur[2] qui habite dans un village en Armorique (aujourd'hui, la Bretagne). Ce «village des irréductibles[3] gaulois» est le seul à résister face à l'Empire romain. Protégé par la potion magique du druide du village, qui lui donne une force surhumaine, Astérix mène[4] la résistance des villageois contre les envahisseurs[5] romains. Accompagné de son ami inséparable Obélix, Astérix triomphe dans toutes les missions périlleuses qui lui sont confiées. Il triomphe dans les salles de cinéma aussi: Depuis 1999, les films adaptés de la série ont eu un succès énorme auprès d'un public populaire qui s'est reconnu dans le personnage de ce guerrier[6] malin[7] et débrouillard.[8]

La Poste fête les 50 ans d'Astérix le Gaulois en 2009.

[1]iconic   [2]boisterous   [3]indomitable   [4]leads   [5]invaders   [6]warrior   [7]cunning   [8]resourceful

  Watch **Bienvenue en France** to learn more about Paris.

_____

*an inhabitant of the ancient region of Gaul, a province of the Roman Empire that included territory corresponding to modern-day France, the Benelux countries, most of Switzerland, and parts of northern Italy.

Le passé composé et l'imparfait

Describing Past Events

🎧 GUIDE TOURISTIQUE À PARIS

Alexis téléphone à Poema.

ALEXIS: Finalement **tu es partie** à la Guadeloupe?

POEMA: Mais non! **J'ai** tout **annulé**[1]: au dernier moment, **mes parents** m'**ont annoncé** leur arrivée à Paris. Alors **j'ai joué** les guides touristiques!

ALEXIS: Qu'est-ce que **vous avez fait**?

POEMA: Tous les jours la même chose! Le matin, **nous prenions** le petit déjeuner à la terrasse d'un café; ensuite **nous visitions** la capitale. À pied!

ALEXIS: Et le soir?

POEMA: **J'étais** complètement KO[2]! Maintenant qu'**ils sont partis,** j'ai vraiment besoin de vacances!

Paris: On fait la queue devant le musée d'Orsay.

Loïc Venance/AFP/Getty Images

[1]*canceled* [2]*exhausted*

Répondez aux questions selon le dialogue.

1. Poema est-elle partie à la Guadeloupe?
2. Pourquoi a-t-elle changé ses projets?
3. Quel rôle a-t-elle joué avec ses parents?
4. Qu'est-ce que Poema et ses parents faisaient, tous les jours, à Paris?
5. Le soir, dans quel état était Poema?
6. Où sont ses parents maintenant?

When speaking about the past in English, you choose which past tense forms to use in a given context: *I visited Guadeloupe, I did visit Guadeloupe, I was visiting Guadeloupe, I used to visit Guadeloupe,* and so on. Usually only one of these options will convey exactly the meaning you want to express. Similarly in French, the choice between the **passé composé** and the **imparfait** depends on the kind of past action or condition that is being conveyed, and sometimes on the speaker's point of view with respect to the past event.

As you've learned, the **passé composé** is used to indicate a single completed action, something that began and ended in the past, or a sequence of such actions. The **imparfait,** on the other hand, usually indicates an ongoing or habitual action in the past. It does not emphasize the end of that action.

1. Compare the following sets of examples.

J'**écrivais** des lettres.	*I was writing letters.*
J'**ai écrit** des lettres.	*I wrote (have written) letters.*
Je **commençais** mon travail.	*I was starting on my assignments.*
J'**ai commencé** mon travail.	*I started (have started) my assignments.*
Elle **allait** au parc le dimanche.*	*She went (used to go) to the park on Sundays.*
Elle **est allée** au parc dimanche.	*She went to the park on Sunday.*

2. The following chart sets out the major differences between these two tenses.

IMPARFAIT	PASSÉ COMPOSÉ
1. *Ongoing action with no emphasis on the completion or end of the action*	*Completed action, or a series of completed events or actions*
J'**allais** en France.	Je **suis allé(e)** en France.
Je **visitais** des monuments.	J'**ai visité** des monuments.
2. *Habitual or repeated action*	*A single event*
J'**allais** en France tous les ans.	Je **suis allé(e)** en France l'année dernière.
Je **visitais** souvent le château de Versailles.	J'**ai visité** Versailles un samedi matin.
[Allez-y! A]	
3. *Description or "background" information; how things were or what was happening when . . .*	*. . . an event or events occurred. ("foreground" information)*
Je **visitais** le Centre Pompidou...	...quand on **a annoncé** la projection d'un vieux film de Chaplin.
J'**étais** à Paris...	...quand une lettre **est arrivée.**
[Allez-y! B]	
4. *Physical or mental states of being (general description)*	*Changes in an existing physical or mental state at a precise moment, or for a particular isolated cause*
Ma nièce **avait** peur des chiens.	Ma nièce **a eu** peur quand le chien a aboyé (*barked*).

---

*Remember the role of the definite article with days of the week: **le dimanche** (*on Sundays*); **dimanche** (*on Sunday*).

3. In summary, the **imparfait** is generally used for *descriptions* in the past, and the **passé composé** is generally used for the *narration* of specific events in the past. The **imparfait** also often sets the stage for an event expressed with the **passé composé.** Look over the following passages with these points in mind.

IMPARFAIT	PASSÉ COMPOSÉ
Il **faisait** beau; le ciel (*sky*) **était** clair; les terrasses des cafés **étaient** pleines (*filled*) de gens; c'**était** un beau jour de printemps à Paris.	J'**ai continué** tout droit dans la rue Mouffetard, j'**ai traversé** le boulevard de Port-Royal et j'**ai descendu** l'avenue des Gobelins jusqu'à la place d'Italie.

4. The following indicators of tense can help you determine whether to use the **passé composé** or the **imparfait.**

IMPARFAIT	PASSÉ COMPOSÉ
autrefois (*formerly*)	au moment où
d'habitude	lundi (mardi…)
de temps en temps	plusieurs fois
le lundi (le mardi…)	soudain (*suddenly*)
le week-end	tout à coup (*suddenly*)
pendant que	un jour
	un week-end
	une fois (*once*), deux fois…
D'habitude, nous **étudiions** à la bibliothèque.	**Un jour,** nous **avons étudié** au café.
Quand j'**étais** jeune, nous **allions** à la plage **le week-end.**	**Un week-end,** nous **sommes allés** à la montagne.

Allez-y!

A. **Un dimanche pas comme les autres.** Votre voisin Marc Dufour était une personne routinière, mais un dimanche, il a changé ses habitudes. Voici son histoire.

MODÈLE: le dimanche matin / dormir en général jusqu'à 8 h / mais ce dimanche-là / dormir jusqu'à midi → Le dimanche matin, il dormait en général jusqu'à 8 h, mais ce dimanche-là, il a dormi jusqu'à midi.

1. normalement au petit déjeuner / prendre des céréales et une tasse de café / mais ce matin-là / prendre un petit déjeuner copieux
2. après le petit déjeuner / faire toujours du jogging dans le parc / mais ce jour-là / rester longtemps au téléphone
3. souvent l'après-midi / regarder le match de football à la télé / mais cet après-midi-là / lire des poèmes dans le jardin
4. d'habitude le soir / sortir avec ses copains / mais ce soir-là / sortir avec une jeune fille

5. parfois / aller au cinéma ou / lire un roman / mais ce soir-là / inviter son amie dans un restaurant élégant

6. normalement / rentrer chez lui assez tôt / mais ce dimanche-là / danser jusqu'au petit matin (*early morning*)

À votre avis, est-ce que Marc est malade (*sick*)? amoureux (*in love*)? déprimé (*depressed*)?... Justifiez votre réponse. Et vous, est-ce qu'il y a des choses que vous faisiez autrefois que vous ne faites plus maintenant? Expliquez.

B. Interruptions. Anne était à la maison hier soir. Elle voulait faire plusieurs choses, mais il y a eu toutes sortes d'interruptions. Décrivez-les.

MODÈLE: étudier... téléphone / sonner →
Anne étudiait quand le téléphone a sonné.

1. parler au téléphone / un ami... son frère / demander de l'aide
2. écouter / musique... son voisin / commencer à faire / bruit (*m., noise*)
3. lire / journal... le propriétaire / venir demander / argent
4. faire / devoirs... un ami / arriver
5. regarder / informations à la télé... son frère / changer de chaîne
6. dormir... quelqu'un / frapper (*to knock*) à la porte

C. Une année à l'université de Caen. Jérémie a passé un an à Caen, une des grandes villes de Normandie. Il raconte son histoire. Choisissez l'imparfait ou le passé composé pour les verbes suivants.

Mon année en Normandie a été vraiment super, mais j'ai dû passer beaucoup de temps à étudier. Je (avoir)[1] cours le matin de 8 h à 11 h. L'après-midi, je (étudier)[2] en général à la bibliothèque. Le week-end, avec des amis, nous (faire)[3] du tourisme. Le samedi, nous (rester)[4] en ville et le dimanche, nous (aller)[5] à la campagne. En octobre, nous (faire)[6] une excursion à Rouen. Ce (être)[7] très intéressant. Pour Noël, je (rentrer)[8] chez mes parents. En février, je (faire)[9] du ski dans les Alpes. Nous (avoir)[10] de la chance car (*because*) il (faire)[11] très beau et je (rentrer)[12] bien bronzé (*tanned*). De temps en temps, je (manger)[13] chez les Levergeois, des amis français très sympathiques. Pendant ces dîners entre amis, je (perfectionner)[14] mon français. Finalement, au début du mois de mai, je (devoir)[15] quitter Caen. Je (être)[16] triste de partir.

Au jardin du Luxembourg, à Paris. Est-ce que vous aimiez les parcs quand vous étiez petit(e)?

D. Biographie de Marguerite Yourcenar. Voici quelques faits (*facts*) importants de la vie de cette romancière (*novelist*) et historienne de langue française. Mettez-les dans l'ordre chronologique et utilisez les adverbes de temps des **Mots clés.**

1. Elle est allée aux États-Unis en 1958.
2. Elle a écrit son fameux livre *L'Œuvre au noir* en 1968.
3. Elle est née à Bruxelles en 1903.
4. Elle est morte en 1987 à l'âge de 84 ans dans le Maine, aux États-Unis.
5. Elle a été la première femme élue à l'Académie française, en 1980.

Patrick AVENTURIER/Gamma-Rapho/Getty Images

Marguerite Yourcenar

Maintenant, faites brièvement (*briefly*) votre autobiographie. Utilisez des adverbes de temps.

E. Conversation. Posez les questions suivantes à un/une camarade pour découvrir ce qui s'est passé dans sa vie l'année dernière. Ensuite, changez de rôle.

1. Où étais-tu? Où as-tu étudié? Qu'est-ce que tu as étudié?
2. Qu'est-ce que tu as fait pendant tes vacances? As-tu fait un voyage? Où es-tu allé(e)? Comment était le voyage?
3. Et tes amis, où étaient-ils l'année dernière? Qu'est-ce qu'ils ont fait pendant les vacances?

F. Il était une fois... (*Once upon a time . . .*) Racontez une histoire que vous avez vécue (*lived*) ou une histoire fantastique (inventez-la!). Utilisez les éléments suggérés pour organiser votre histoire et choisissez le temps convenable (passé composé ou imparfait).

Suggestions: l'heure, le temps, la description de la scène, la description des personnages, la description des sentiments...

Vocabulaire utile: soudain, tout à coup, d'habitude, en général, puis, ensuite, enfin, alors, autrefois, quand, souvent, parfois, toujours...

Les pronoms d'objet indirect

Speaking Succinctly

Hector et Hassan discutent au café.

HECTOR: Juliette et Léa **nous** proposent de les rejoindre[1] pour un week-end à Cannes.

HASSAN: Je sais[2]: Elles **m'**ont téléphoné...

HECTOR: Qu'est-ce que tu **leur** as répondu?

HASSAN: Que je devais **te** parler avant de prendre une décision!

HECTOR: Pour moi, c'est «oui»!

HASSAN: Pour moi, c'est «non». Parce que Cannes en été, c'est la foule[3] dans les rues, dans les restaurants, sur la plage. C'est infernal!

Cannes: un mythe et une délicieuse réalité

[1]*join, accompany* [2]*know* [3]*crowd*

Trouvez, dans le dialogue, la phrase équivalente.

1. Hector dit à Hassan qu'ils sont invités pour le week-end à Cannes.
2. Hassan le sait: Juliette et Léa lui ont téléphoné.
3. Hector veut connaître la réponse d'Hassan.
4. Hassan a dit à Juliette et à Léa qu'il voulait consulter Hector.

Indirect Objects

1. As you know, direct object nouns and pronouns answer the question *what?* or *whom?* Indirect object nouns and pronouns usually answer the question *to whom?* or *for whom?* In English, the word *to* is frequently omitted: I gave the book *to Paul.* → I gave *Paul* the book. In French, the preposition **à** is *always* used before an indirect object noun.

J'ai donné des informations **à** Paul.	*I gave information to Paul.*
Elle a écrit une lettre **au** maire.	*She wrote a letter to the mayor.*
Nous montrons l'article **aux** journalistes.	*We show the article to the journalists.*
Elle prête les photos **à** son frère.	*She lends the photos to her brother.*

2. If a sentence has an indirect object, it usually has a direct object as well. Some French verbs, however, take only an indirect object. These include **téléphoner à, parler à,** and **répondre à.**

Je téléphone/parle souvent **à** mes amis.	*I often phone/speak to my friends.*
Elle a répondu **au** professeur.	*She answered the instructor.*

Indirect Object Pronouns

1. Indirect object pronouns replace indirect object nouns. They are identical in form to direct object pronouns, except for the third-person forms, **lui** and **leur**.

INDIRECT OBJECT PRONOUNS			
me, m'	*(to/for) me*	nous	*(to/for) us*
te, t'	*(to/for) you*	vous	*(to/for) you*
lui	*(to/for) him, her*	**leur**	*(to/for) them*

2. The placement of indirect object pronouns is identical to that of direct object pronouns. However, the past participle does not agree with a preceding indirect object.

Je **lui** ai montré la réception.	*I showed him (her) the (front) desk.*
On **m'**a demandé l'adresse de l'auberge de jeunesse.	*They asked me for the address of the youth hostel.*
Valérie **nous** a envoyé un texto.	*Valérie sent us a text message.*
Nous allons **leur** téléphoner maintenant.	*We're going to telephone them now.*
Je **leur** ai emprunté* la voiture.	*I borrowed the car from them.*
Ils **m'**ont prêté de l'argent.	*They loaned me some money.*

3. In negative sentences, the object pronoun immediately precedes the auxiliary verb in the **passé composé**.

Elle **ne lui** a **pas** téléphoné.	*She hasn't telephoned him (her).*

4. If the pronoun is the indirect object of an infinitive, it is placed directly before the infinitive.

Je **ne** vais **pas leur** écrire.	*I am not going to write to them.*

Allez-y!

A. **L'après-midi d'Elsa.** Elsa va tous les vendredis après-midi chez sa grand-mère qui habite dans son quartier. Elle nous raconte ce qu'elle a fait vendredi dernier. Complétez son histoire avec les pronoms qui correspondent: **me, te, lui, nous, vous, leur.**

Après les cours, j'ai pris un café avec des amies. Je _____¹ ai montré mon nouveau smartphone. Un peu plus tard, j'ai rendu visite à ma grand-mère. Je _____² ai apporté ses magazines préférés. Elle était très contente et elle _____³ a dit: «Je vais _____⁴ préparer un bon goûter.» En fin d'après-midi, mon frère est arrivé. Il _____⁵ a raconté ses aventures avec sa nouvelle moto. Nous avons bien ri. (*We laughed a lot.*)

Au moment de partir, ma grand-mère _____⁶ a demandé (à mon frère et à moi): «Je vous revois la semaine prochaine, les enfants?» Nous _____⁷ avons répondu, «Bien sûr, à vendredi prochain!»

---

*Emprunter (quelque chose) à (quelqu'un)** means *to borrow (something) from (someone).*

B. **N'oublie pas...** Au moment de dire au revoir, la grand-mère d'Elsa se rappelle (*remembers*) plusieurs questions qu'elle voulait lui poser. Jouez le rôle d'Elsa et répondez-lui, en utilisant les pronoms complément d'objet indirect.

1. As-tu téléphoné à ton oncle?
2. Tu as écrit à ta tante Céline?
3. Tu as donné le plan de la ville à ton frère pour son voyage?
4. As-tu répondu à M. et Mme Morin en Espagne?
5. Est-ce que tu as souhaité (*wished*) «bon anniversaire» à ton petit cousin?
6. Est-ce que tu as rendu à Nicolas et Virginie le livre qu'ils nous ont prêté?

C. **Êtes-vous communicatif/communicative?** Posez les questions suivantes à un/une camarade et créez de nouvelles questions sur le même sujet.

1. À qui as-tu écrit la semaine dernière? Qu'est-ce que tu lui as écrit? Pourquoi? En général, écris-tu souvent?
2. À qui as-tu téléphoné hier soir? Qu'est-ce que tu lui as dit?
3. Tu envoies souvent des textos? À quelle occasion? À qui?

Ensuite, dites à la classe si votre camarade est très ou peu communicatif/communicative. Qui est la personne la plus communicative de la classe?

À qui est-ce qu'il écrit ce Toulousain?

Kinshasa, Yaoundé et Douala: le choc des contrastes

Le boulevard du 30 Juin depuis la place de la Gare, à Kinshasa

Un vendeur de rue à Yaoundé, au Cameroun

Le monde rêve des splendides paysages naturels du continent africain, mais que dire des paysages urbains avec leurs foules[1] hyperactives et leur immensité chaotique?

L'Afrique s'urbanise à un rythme incontrôlable. Voilà Kinshasa, capitale de la République démocratique du Congo, 14,6 millions d'habitants.[2] Cosmopolite, agitée, la gigantesque cité fait rêver les ambitieux: «Ici, tout est à construire, explique un jeune Congolais. Si vous réussissez à Kinshasa, vous êtes capable de réussir partout.» Un autre confesse: «Je pensais qu'à Kinshasa tout était facile; j'ai découvert une autre réalité.» Entre espoir[3] et désillusion, la troisième plus grande ville du continent tente de combiner les valeurs traditionnelles africaines avec les modes occidentales.

Au Cameroun, Yaoundé, 4 millions d'habitants, capitale politique du pays, est fière de ses larges avenues et de ses immeubles modernes. Elle organise des sommets africains, multiplie les initiatives pour attirer[4] les investisseurs étrangers et favorise les contacts avec les capitales occidentales pour devenir une référence africaine de la mondialisation. Pourtant, attachée à ses coutumes, elle conserve ses petits commerces locaux et ses vendeurs de rue, sa foule effervescente, son tumulte de klaxons,[5] de musique et de voix qui font son charme authentique. À 200 km, sa voisine Douala, capitale économique, compte 3,6 millions d'habitants. Son port, un des plus grands d'Afrique, stimule toute l'économie du pays. En mouvement perpétuel, elle surprend par son énergie, sa diversité ethnique. On dit que ces deux villes, à la fois concurrentes et fraternelles, reflètent tout le Cameroun. Elles seront bientôt reliées par un train express.

Ces mégapoles africaines ont gardé de leur passé colonial l'usage de la langue française. Savez-vous, par exemple, que Kinshasa est la première ville francophone du monde, avant Paris? Et que la coopération culturelle, scientifique et économique de ces capitales avec la France se développe sur la base idéale d'une considération mutuelle?

Mais la vraie richesse de ces cités d'Afrique, c'est leur jeunesse inventive, passionnée de nouvelles technologies et qui veut réduire les inégalités. C'est aussi leurs universités de haut niveau et leurs multiples projets urbains de développement durable.[6]

[1]*crowds* [2]*residents* [3]*hope* [4]*attract* [5]*horns* [6]*sustainable*

VOUS COMPRENEZ?

1. Que révèle l'expression «foules hyperactives» à propos des populations urbaines de Kinshasa, de Yaoundé et de Douala?
2. Quelles relations ces villes ont-elles gardées avec la France, ancienne colonisatrice?
3. Montrez que ces capitales africaines participent au progrès social et à la modernité du monde contemporain.

Les verbes *savoir* et *connaître*

Talking About What and Whom You Know

🎧 LES MYSTÈRES DU CHÂTEAU DE VERSAILLES

Alexis téléphone à Poema.

ALEXIS: **Tu connais** le château de Versailles?

POEMA: **Qui ne connaît pas** le château de Versailles? **Nous connaissons** tous le château: c'est un symbole de la France!

ALEXIS: **Tu sais** qu'il reçoit des millions de visiteurs par an?

POEMA: **Je sais**! C'est un monument national. Comme le musée du Louvre ou la tour Eiffel.

ALEXIS: Moi, **je connais** les mystères du château... Si tu veux, je te montre un passage secret entre la chambre du Roi et la chambre de la Reine...

POEMA: Tu crois qu'on va rencontrer le fantôme de Marie-Antoinette?

Versailles: la chambre somptueuse de la reine Marie-Antoinette

Brian Jannsen/Alamy Stock Photo

Faites des phrases complètes pour montrer que vous avez compris le dialogue. Choisissez le verbe approprié. **Attention!** il y a parfois plusieurs réponses possibles.

Tout le monde		le château de Versailles.
Alexis	{ sait	que c'est un monument national.
Poema	connaît }	les mystères du château.

The verbs **savoir** and **connaître** both correspond to the English verb *to know,* but they are used differently.

Forms of *savoir* and *connaître*

PRESENT TENSE OF **savoir**			
je	**sais**	nous	**savons**
tu	**sais**	vous	**savez**
il/elle/on	**sait**	ils/elles	**savent**
past participle: **su**			

<table>
<tr><td colspan="2" style="text-align:center">PRESENT TENSE OF connaître</td></tr>
<tr><td>je connais</td><td>nous connaissons</td></tr>
<tr><td>tu connais</td><td>vous connaissez</td></tr>
<tr><td>il/elle/on connaît</td><td>ils/elles connaissent</td></tr>
<tr><td colspan="2" style="text-align:center">past participle: connu</td></tr>
</table>

Uses of *savoir* and *connaître*

1. Savoir means *to know* or *to have knowledge of* a fact, *to know by heart,* or *to know how to* do something. It is frequently followed by an infinitive or by a subordinate clause introduced by **que, quand, pourquoi,** and so on.

Sais-tu l'heure qu'il est?	*Do you know what time it is?*
Savez-vous où est le bureau de poste le plus proche d'ici?	*Do you know where the closest post office is?*
Je **sais** que le bureau de poste du boulevard Haussmann est fermé.	*I know that the post office on Boulevard Haussmann is closed.*

2. In the **passé composé, savoir** means *learned* or *found out.*

J'**ai su** hier que la mairie allait être démolie.	*I learned yesterday that the city hall is going to be demolished.*

3. Connaître means *to know* or *to be familiar (acquainted) with* someone or something. **Connaître**—never **savoir**—means *to know a person or a place.* **Connaître** is always used with a direct object; it cannot be followed directly by an infinitive or by a subordinate clause.

—**Connais**-tu Lucille?	*Do you know Lucillle?*
—Non, je ne la **connais** pas.	*No, I don't know her.*
Ils **connaissent** très bien Dijon.	*They know Dijon very well.*

4. In the **passé composé, connaître** means *met for the first time.* It is the equivalent of the **passé composé** of **faire la connaissance de.**

J'**ai connu** Didier à l'université.	*I met Didier at the university.*

Allez-y!

A. Dialogue. Complétez les phrases avec **connaître** ou **savoir.**

MME DUPUY: _____¹-vous Paris, monsieur?

M. STEIN: Je _____² seulement que c'est la capitale de la France.

MME DUPUY: _____³-vous quelle est la distance entre Paris et Marseille?

M. STEIN: Non, mais je _____⁴ quelqu'un qui doit le _____⁵. Nathan et sa femme _____⁶ très bien le pays.

MME DUPUY: _____⁷-vous s'il y a d'autres villes intéressantes à visiter?

M. STEIN: Comme je l'ai dit, je ne _____⁸ pas bien ce pays, mais je vais téléphoner à Nathan qui _____⁹ où aller pour passer de bonnes vacances.

MME DUPUY: Je voudrais bien _____¹⁰ cet homme. _____¹¹ -vous où il travaille?

Èze, un petit village de la Côte d'Azur. Connaissez-vous la Côte d'Azur? Voulez-vous la visiter? Expliquez.

Christian Mueller/Shutterstock

B. Et toi, connais-tu Paris? Avec un/une camarade, posez des questions et répondez-y.

MODÈLE: l'opéra Bastille →
VOUS: Connais-tu l'opéra Bastille?
VOTRE CAMARADE: Non, je ne le connais pas, mais je sais qu'on y va pour écouter de la musique.

ENDROITS	DÉFINITIONS
l'opéra Bastille	C'est le quartier des étudiants à Paris.
Notre-Dame de Paris	Le président y habite.
le Louvre	On y va pour écouter de la musique.
le Palais de l'Élysée	On y trouve une vaste collection de livres.
la tour Eiffel	C'est une église située sur l'île de la Cité.
la Bibliothèque nationale	C'est la structure en verre (*glass*) devant le Louvre.
le Quartier latin	On y trouve une riche collection d'art.
la Pyramide	Elle a 320 mètres de haut (*tall*) et elle est en fer (*iron*).

Un petit plus...

Les villes en fête

Les français adorent les fêtes: dans les villes, toutes les occasions sont bonnes pour s'amuser (*have fun*), danser, boire, manger et s'enthousiasmer. Un événement national ou régional, une célébration religieuse, une initiative culturelle ou gastronomique? On participe!

Le 14 juillet, c'est la fête nationale avec des feux d'artifice (*fireworks*), des défilés (*parades*) militaires et surtout le bal des pompiers (*firefighters*)! Le 21 juin, la fête de la Musique offre des concerts urbains gratuits: c'est un grand jour pour les artistes et les amateurs de musique (*music lovers*). À Lyon, le 8 décembre, la somptueuse fête des Lumières illumine les monuments, les immeubles et les rues, et même le ciel, pour des millions de visiteurs. Et, au moment du carnaval, la gaîté collective explose dans les villes et villages de Guadeloupe.

L'orchestre de cuivre Les Autres dans le Marais pendant la fête de la Musique à Paris

Arry Tripelon/Gamma Rapho/Getty Images

C. Vos connaissances. Utilisez ces phrases pour interviewer un/une camarade. Dans les réponses, utilisez le verbe **savoir** ou **connaître**.

1. Nomme deux choses que tu sais faire.
2. Nomme deux choses que tu as su faire à l'école.
3. Nomme deux domaines (*fields of study*) où tu es plus ou moins compétent(e). (Je connais / ne connais pas bien...)
4. Nomme une personne que tu as connue récemment.
5. Nomme quelqu'un que tu aimerais (*would like*) connaître.
6. Nomme deux choses que tu veux savoir faire un jour.

D. Une ville. Donnez le nom d'une ville que vous connaissez bien. Ensuite, racontez ce que vous savez sur cette ville.

> **MODÈLE:** Je connais New York. Je sais qu'il y a d'immenses gratte-ciel (*skyscrapers*).

Les pronoms *y* et *en*

Speaking Succinctly

🎧 LE MUSÉE PICASSO

Juliette et Léa discutent au café.

JULIETTE:	Tu as un plan d'Antibes sur toi?
LÉA:	J'**en** ai un sur mon iPhone®. Qu'est-ce que tu cherches?
JULIETTE:	Le musée Picasso.
LÉA:	C'est au château Grimaldi, dans la vieille ville, face à la mer. J'**y** suis déjà allée.
JULIETTE:	J'ai deux billets gratuits.[1] Tu **en** veux un?
LÉA:	Si j'**en** veux un? Bien sûr!
JULIETTE:	Tu veux **y** retourner?
LÉA:	Sans hésitation! C'est tellement[2] beau! On **y** va ensemble!

Pour les amateurs d'art

Greg Balfour Evans/Alamy Stock Photo

[1]*free* [2]*so*

Trouvez, dans le dialogue, des phrases équivalentes.

1. J'ai un plan d'Antibes sur mon iPhone.
2. Je suis déjà allée au musée Picasso.
3. Tu veux un billet?
4. Tu veux retourner au musée Picasso?
5. On va ensemble au musée Picasso.

The Pronoun *y*

1. The pronoun **y** can refer to a place that has already been mentioned. It replaces a prepositional phrase, and its English equivalent in such cases is *there*.

—Est-ce que Nathalie est déjà allée **au parc Montsouris**?
—Non, mais elle **y** va samedi.

Has Nathalie already gone to Montsouris Park?
No, but she is going there Saturday.

—Est-ce que Myriam va **au festival** avec elle?
—Non, elle n'**y** va pas avec elle.

Is Myriam going to the festival with her?
No, she isn't going (there) with her.

—Vont-elles **chez Nathalie** ce week-end?
—Oui, elles **y** vont ensemble.

Are they going to Nathalie's this weekend?
Yes, they're going (there) together.

Note that *there* is often implied in English, whereas **y** must always be expressed in French.

2. **Y** can replace the combination **à** + *noun* when the noun refers to a place or thing. This substitution most often occurs after certain verbs that are followed by **à: répondre à, réfléchir à, réussir à, penser à** (*to think about someone or something*), **jouer à.** It is not usually applied to the **à** + *noun* combination when the noun refers to a person; in these cases, a stressed or indirect object pronoun is used.

—As-tu répondu **au texto de ta sœur**?
—Oui, j'**y** ai répondu.
—Elle pense déjà **au voyage à Marseille**?
—Non, elle n'**y** pense pas encore.

Did you answer your sister's text message?
Yes, I answered it.
Is she already thinking about the trip to Marseille?
No, she's not thinking about it yet.

BUT:

—As-tu téléphoné **à ta mère?**
—Non, je ne **lui** ai pas téléphoné, mais je pense à **elle**.

Did you call your mother?
No, I didn't call her, but I'm thinking about her.

3. The placement of **y** is identical to that of object pronouns: It precedes a conjugated verb, an infinitive, or an auxiliary verb in the **passé composé.**

La ville de Nice? Nous **y** cherchons une maison.
Mon mari va **y** aller jeudi.

The city of Nice? We're looking for a house there.
My husband will go there on Thursday.

Est-ce qu'il **y** est allé en train ou en avion?

Did he go there by train or by plane?

[Allez-y! A]

The Pronoun *en*

1. **En** can replace a combination of a partitive article (**du, de la, de l'**) or indefinite article (**un, une, des**) plus a noun; **en** is the equivalent to English *some* or *any*. Again, whereas these expressions can often be omitted in English, **en** must always be used in French. Like other object pronouns, **en** is placed directly before the verb that refers to it. In the **passé composé,** it is placed directly before the auxiliary verb.

Comme dit la chanson: «Sur le pont d'Avignon, on y danse tous en rond.»

—Est-ce qu'il y a **des musées intéressants** à Avignon?	*Are there interesting museums in Avignon?*
—Oui, il y **en** a.	*Yes, there are (some).*
—Est-ce que vous avez visité **des sites touristiques** à Avignon?	*Did you visit any tourist attractions in Avignon?*
—Oui, nous y **en** avons visité.	*Yes, we visited some (there).*
—Avez-vous acheté **des souvenirs**?	*Did you buy souvenirs?*
—Non, nous n'**en** avons pas acheté.	*No, we didn't buy any.*
—Voici **du vin d'Avignon. En** veux-tu?	*Here's some wine from Avignon. Do you want some?*
—Non merci. Je n'**en** veux pas.	*No, thanks, I don't want any.*

[Allez-y! B]

2. **En** can also replace a noun modified by a number or by an expression of quantity such as **beaucoup de, un kilo de, trop de, deux,** and so on. Only **en** (*of it, of them*) and the number or expression of quantity are used in place of the noun.

—Avez-vous **une chambre**?	*Do you have a room?*
—Oui, j'**en** ai **une.***	*Yes, I have one.*
—Vous avez **beaucoup de chambres** disponibles?	*Do you have a lot of rooms available?*
—Oui, j'**en** ai **beaucoup.**	*Yes. I have a lot.*
—**Combien de lits** voudriez-vous?	*How many beds would you like?*
—J'**en** voudrais **deux.**	*I'd like two.*

[Allez-y! C-D]

3. **En** is also used to replace **de** plus a noun and its modifiers (unless the noun refers to people) in sentences with verbs or expressions that use **de: parler de, avoir envie de,** and so on.

—Avez-vous besoin **de ce guide**?	*Do you need this guidebook?*
—Oui, j'**en** ai besoin.	*Yes, I need it.*
—Parliez-vous **des ruines romaines**?	*Were you talking about the Roman ruins?*
—Non, nous n'**en** parlions pas.	*No, we weren't talking about them.*

[Allez-y! B-C, E]

---

*In a negative answer to a question containing **un/une**, the word **un/une** is not repeated: **Je n'en ai pas.**

Y and *en* Together

The combination of **y en** is very common with the expression **il y a.**

—Combien de terrains de camping est-ce qu'il y a?	*How many campgrounds are there?*
—Il **y en** a sept.	*There are seven (of them).*
—Combien de campeurs y avait-il?	*How many campers were there?*
—Il **y en** avait à peu près cent cinquante.	*There were about a hundred fifty (of them).*

[Allez-y! C-D]

Allez-y!

A. Roman policier. Paul Marteau est détective. Il file (*trails*) une suspecte, Pauline Dutour. Doit-il aller partout (*everywhere*) où elle va?

MODÈLE: Pauline Dutour va à Paris. →
Marteau y va aussi. (*ou* Marteau n'y va pas.)

1. La suspecte entre dans un magasin de vêtements.
2. Elle va au cinéma.
3. Elle entre dans une pharmacie.
4. Pauline reste longtemps dans un bistro.
5. La suspecte monte dans un taxi.
6. Elle va chez le coiffeur (*hairdresser*).
7. Elle entre dans un hôtel.
8. La suspecte va au bar de l'hôtel.
9. Finalement, elle va en prison.

Maintenant, racontez les aventures de Paul Marteau au passé composé.

B. Un dîner chez Maxim. Choisissez ce que vous allez manger. Un/Une camarade vous interroge sur votre choix.

MODÈLE: pâté →
É1: Tu as envie de manger du pâté? (Prends-tu du pâté?)
É2: Oui, j'ai envie d'en manger. (Oui, j'en prends.) (*ou* Non, je n'ai pas envie d'en manger. / Non, je n'en prends pas.)

1. hors-d'œuvre
2. soupe
3. escargots
4. viande
5. légumes
6. vin
7. dessert
8. café

C. Courriel à ma mère. Lisez le mail et répondez aux questions suivantes. Utilisez le pronom **en** dans vos réponses.

1. Est-ce qu'Audrey a trouvé un appartement?
2. Combien de pièces est-ce qu'il y a?
3. Est-ce qu'Audrey et sa copine parlent souvent de la vie parisienne?
4. Quand va-t-elle acheter un vélo?
5. Pourquoi ne veut-elle pas de voiture?

ENVOYER	Enregistrer	Supprimer	Libellés ▼

À   Christinemom@wanadoo.com
Ajouter un champ Cc Ajouter un champ Cci

Objet   Paris!!

Joindre un fichier **Insérer** : Invitation

Chère Maman,
Je suis à Paris depuis trois jours. J'ai déjà trouvé un appartement dans le 15ᵉ. J'ai une chambre, un salon et une petite cuisine. Ma copine me parle souvent de la vie parisienne. C'est une ville fascinante. Je vais acheter un vélo la semaine prochaine pour me promener sur les bords· du canal Saint-Martin. Je ne veux pas de voiture. C'est trop dangereux ici. Je t'embrasse très fort. À bientôt.

Ta fille adorée,
Audrey

me... ride along the banks

D. Votre ville. Imaginez qu'un/une touriste vous pose des questions sur votre ville. Jouez les rôles avec un/une camarade. Utilisez dans vos réponses le pronom **en** et un nombre ou une expression de quantité. Donnez aussi le plus de détails possible.

MODÈLE: É1: Il y a des grands magasins dans votre ville?
　　　　 É2: Oui, il y en a beaucoup—Saks, Macy's, Nordstrom... (Il y en a seulement deux, Macy's et Saks.)

1. Avez-vous une université dans votre ville?
2. Il y a des musées intéressants à visiter?
3. Combien de cinémas et de théâtres avez-vous?
4. Est-ce qu'on peut y faire beaucoup de sport?
5. Combien d'habitants est-ce qu'il y a dans votre ville?
6. On y rencontre beaucoup d'étrangers?

Résumez! Maintenant, votre camarade décrit votre ville à la classe. Il/Elle commence par «Mon/Ma camarade est de _____. Il y a beaucoup de grands magasins à _____...» Est-ce que tout le monde est d'accord avec cette description? Comparez les descriptions d'une même ville. Qui a donné le plus de détails? Qui a été le plus précis / la plus précise?

Mots clés

Demander à quelqu'un son opinion

Que pensez-vous / penses-tu de... ?*
What do you think of . . . ?

Qu'en pensez-vous / penses-tu?
What do you think about that?

À votre/ton avis,...
In your opinion, . . .

Donnez son opinion

Je pense que...
I think that . . .

*__*Penser de__ is normally used to ask a person's opinion about something or someone; **penser à** means to think about (to have on one's mind) something or someone.

La Grande Arche de la Défense, centre d'affaires à Paris. Est-ce qu'il y a une arche comme celle-ci (*this one*) dans votre ville?

Doug Armand/Getty Images

E. Échange d'opinions. Avec un/une camarade, donnez votre opinion sur des sujets divers. Utilisez les **Mots clés**.

Suggestions: les chauffeurs de taxi, les grandes villes américaines, les monuments, les musées, les touristes, les transports en commun...

MODÈLE: É1: Que penses-tu des voitures japonaises?
　　　　 É2: Elles sont jolies (trop petites, pratiques)... Et toi, qu'en penses-tu?
　　　　 É1: Je (ne) les aime (pas). Elles (ne) sont (pas)...

Prononcez bien!

Nasal vowels (page 264)

A. Un anniversaire au restaurant. Pour fêter l'anniversaire d'Isabelle, vous allez au restaurant avec elle, ses amis et votre camarade de classe. Vous venez de réviser les voyelles nasales en cours de français, alors vous faites attention à leur prononciation pendant que vos amis passent leur commande (*place their order*).

1. Écoutez Isabelle et écrivez les mots contenant la voyelle [ɔ̃] comme dans **bon.**

    a. _____   **b.** _____

2. Écoutez Louis et écrivez les mots contenant la voyelle [ɑ̃] comme dans **plan.**

    a. _____   **b.** _____   **c.** _____

3. Écoutez Hugo et écrivez les mots contenant la voyelle [ɛ̃] comme dans **chemin.**

    a. _____   **b.** _____

B. Un anniversaire au restaurant (suite). Maintenant, votre camarade et vous passez votre commande. Choisissez au moins trois choses sur le menu ci-dessous.

              VOUS: Moi, je vais prendre...
    VOTRE CAMARADE: Et pour moi...

Aujourd'hui, le chef vous propose...

Entrées
Pâté de campagne • Assiette de jambon • Champignons à la grecque • Saucisson

Plats principaux
Bœuf bourguignon[1] • Saumon au vin blanc • Canard à l'orange

Desserts
Macarons aux amandes • Meringue à la framboise • Far breton[2] • Tarte tatin[3]

Boissons
Saint-Émilion (vin rouge) • Sancerre (vin blanc) • Champagne
Jus d'orange • Bouteille d'Évian

---

[1]Bœuf... *Beef stew with red wine sauce* [2]Far... *traditional cake from Brittany*
[3]Tarte... *Upside down apple tart*

Lecture

Reading poetry (Part 1). Up until this chapter, you have been reading narrative texts. Depending on the text type, you have used a variety of strategies to facilitate comprehension: anticipating context by the use of titles and visuals, guessing from context, scanning for the gist, and so on.

Reading poetry, on the other hand, requires different skills. To identify these skills, it will be helpful for you to first clarify your expectations in reading poetry. Which of the following statements are true for you?

Poetry _____.

☐ is hard to read and understand
☐ uses abstract and figurative language
☐ must rhyme
☐ is written for the ear as well as for the eye
☐ should be read for the literal meaning
☐ creates a mood
☐ tells a story

Based on your answers, which of the following strategies would be most useful to read poetry effectively and pleasurably?

☐ Poetry should be read aloud.
☐ Be alert to both the literal and figurative meaning of a word.
☐ Skip unimportant details and concentrate on the main idea.
☐ Both the meaning of words and the shape of the text contribute to understanding.
☐ Because poetry is difficult to read, it helps to paraphrase the text.

Le cimetière du Père-Lachaise à Paris abrite environ trois cents chats.

«Le chat abandonné»

Je suis le chat de ton quartier
On me dit abandonné.
Ne cherche pas à m'attraper
Car mes griffes sont acérées.[1]

Je me promène sur les toits
Qu'il fasse nuit, qu'il fasse froid.[2]
Je n'ai pas peur de tomber
Car la Lune sait me guider.

Pour manger au restaurant
Je n'ai pas besoin d'argent
Je me sers dans les poubelles[3]
Et ne fais jamais d'vaisselle.

Je suis le chat de ton quartier
On me dit abandonné
Ça ne me fait pas pleurer
Car mon nom est Liberté.

«Mon nom est Liberté»

[1]Car... *For my claws are sharp*   [2]Qu'il... *Whether it's night, whether it's cold*   [3]*garbage cans*

DeGray, Paul, "The Abandoned Cat". Unpublished poem by Paul Degray in Christian Lamblin, poetry and language games CP/EC1, Édition Retz 2003. Reprinted by permission.

COMPRÉHENSION

Étude du poème. Complétez les phrases suivantes selon votre compréhension du poème. Justifiez vos réponses.

1. Le chat du quartier est _____.
   a. abandonné
   b. indépendant
   c. triste
   d. prisonnier

2. La nuit, le chat a _____.
   a. froid
   b. des difficultés à voir les toits
   c. la Lune pour le guider
   d. peur de se promener

3. Pour manger, le chat cherche _____.
   a. un endroit protégé de la pluie
   b. un refuge dans une maison du quartier
   c. un repas dans une poubelle
   d. un restaurant ouvert

4. Le chat du quartier se sent _____.
   a. abandonné
   b. libre
   c. sans amis
   d. énergique

 Écriture

The writing activities **Par écrit** and **Journal intime** can be found in the Workbook/Laboratory Manual to accompany *Vis-à-vis*.

▶ Micro-trottoir

Au micro. Répondez aux questions suivantes à partir de votre point de vue personnel. Puis regardez la vidéo et comparez vos réponses à celles des gens interrogés.

1. Qu'est-ce qu'un village typique de France?
2. Quelle différence faites-vous entre Paris et la province?
3. Quelle est votre ville préférée dans le monde et pourquoi est-ce que vous l'aimez tant?
4. À votre avis, quels sont les plus grands avantages de la vie urbaine? Et en ce qui concerne la vie à la campagne, quels sont les bons côtés?

Verbes

annuler	to cancel
connaître	to know, be familiar with
continuer tout droit	to keep going straight
emprunter (à)	to borrow (from)
indiquer	to show, point out
penser à	to think of (about)
penser de	to think of (about) (to have an opinion about)
poser une question (à)	to ask a question
prêter (à)	to lend (to)
savoir	to know (how, a fact)
tourner	to turn (off); to make a turn
se trouver	to be located (situated)

À REVOIR: **écrire, envoyer, montrer, prendre, réfléchir (à), rendre visite (à), réussir (à), traverser**

Substantifs

l'arrondissement (*m.*)	district, section (*of Paris*)
la banlieue	suburbs
le bâtiment	building
le boulevard	boulevard
le café-tabac	bar-tobacconist
le carrefour	intersection
le centre-ville	downtown
le château	castle, château
le chemin	way (road)
le coin	corner
le commissariat	police station
l'église (*f.*)	church
l'île (*f.*)	island
la mairie	town hall
le marché en plein air	open-air market
la piscine	swimming pool
la place	square
le plan	map (*of a city*)
le poste de police	police station
la Rive droite	the Right Bank (*in Paris*)
la Rive gauche	the Left Bank (*in Paris*)
le syndicat d'initiative	tourist information bureau
la tour	tower

MOTS APPARENTÉS: **la banque, l'hôpital** (*m.*)**, l'hôtel** (*m.*)**, le monument, le musée, le parc, la pharmacie**

À REVOIR: **la bibliothèque, le bureau de poste, le jardin, la librairie, la pièce, le quartier, le restaurant, la rue**

Les nombres ordinaux

le premier / la première, le/la deuxième, le/la troisième, le/la quatrième, le/la cinquième, le/la sixième, le/la septième, le/la huitième, le/la neuvième, le/la dixième, le/la onzième, le/la douzième, etc.

Les expressions temporelles

au moment où	at the time when
autrefois	formerly
enfin	finally
pendant que	while
puis	then, next
soudain	suddenly
tout à coup	suddenly
une fois	once

À REVOIR: **de temps en temps, un week-end**

Mots et expressions divers

À votre (ton) avis,... ?	In your opinion, . . . ?
de nouveau (*adv.*)	again
en (*pron.*)	of them; of it; some; any (*in negatives*)
gratuit/gratuite	free
jusqu'à	up to, as far as
partout (*adv.*)	everywhere
Qu'en penses-tu / pensez-vous?	What do you think of that?
Que penses-tu / pensez-vous de... ?	What do you think about . . . ?
tellement (*adv.*)	so
tout droit (*adv.*)	straight ahead
y (*pron.*)	there

À REVOIR: **à droite, à gauche, plusieurs**

Les vitraux de la Cathédrale Notre-Dame de Chartres, célèbres pour leur bleu très lumineux, dit le «bleu de Chartres»

Manuel Cohen/Newscom

Dans ce chapitre...

OBJECTIFS COMMUNICATIFS

➤ talking about artistic and historical heritage

➤ emphasizing and clarifying

➤ speaking succinctly

➤ expressing actions

➤ talking about how things are done

➤ learning to distinguish between and pronounce selected sounds in French

CULTURE

➤ Un petit plus: *L'impressionnisme*

➤ Espaces francophones: *Les régions de France*

➤ Reportage: *Paris: la passion des musées*

➤ Lecture: *Naissance du cinéma: le septième art*

Le patrimoine historique° Le... *Historical heritage*

Les arènes d'Arles, monument de l'époque romaine (59 AEC–Ve siècle EC*), dans la région Provence-Alpes-Côte d'Azur

Chenonceaux, château de la Renaissance (XVIe siècle), dans la région Centre-Val de Loire

La cathédrale d'Amiens, chef-d'œuvre (*masterpiece*) du Moyen Âge (l'époque médiévale: V^e–XVe siècles), dans la région Hauts-de-France

---

*AEC = avant l'ère commune; EC = de l'ère commune

Versailles, château de l'époque classique (XVIIᵉ siècle), dans la région Île-de-France

Allez-y!

A. Définitions. Regardez les quatre photos et complétez les phrases.

1. Une période historique, c'est une _____.
2. Une durée de cent ans, c'est un _____.
3. On a bâti (*built*) la cathédrale d'Amiens à l'époque _____.
4. L'époque historique qui se situe entre le Vᵉ et le XVᵉ siècles s'appelle le _____.
5. Le château de Chenonceaux a été bâti au _____.
6. Le château de Versailles date de l'époque _____.
7. Les arènes d'Arles datent de l'époque _____.

B. Leçon d'histoire. Indiquez dans une phrase en quel siècle et à quelle époque chacun des événements suivants s'est passé (*took place*). Remplacez les éléments en italique par des pronoms.

MODÈLE: *Guillaume, duc de Normandie,* a conquis *l'Angleterre* en 1066. → Il l'a conquise au XIᵉ siècle, à l'époque du Moyen Âge.

1. *Blaise Pascal* a inventé *la première machine à calculer* en 1642.
2. On a bâti *les arènes de Nîmes* au premier siècle EC.
3. À Douarnenez, en Bretagne, *un chef* a inventé *le kouign-amann** par accident en 1860.
4. *Jacques Cartier* a pris possession *du Canada* au nom de la France en 1534.
5. *Jeanne d'Arc* a essayé de prendre *la ville de Paris* en 1429.
6. *René Descartes* a écrit *sa «Géométrie»* en 1637.
7. *Charlemagne* est devenu roi des Francs en 768.
8. On a peint *les grottes de Lascaux* il y a environ 20 000 ans et on les a découvertes en 1940.

---

*This Breton cake derives its name from the Breton words for *cake* and *butter*; it is pronounced kween-a-mahn.

C. À vous! Imaginez que votre classe de français est en visite à Paris. Votre guide vous propose trois sites à visiter. En groupes de trois ou quatre personnes, choisissez un site parmi les suggestions suivantes. Vous devez présenter votre choix à la classe et le justifier. Finalement, on vote pour choisir un seul site pour toute la classe.

Les arènes de Lutèce

Histoire: des arènes romaines de 15 000 places avec une arène séparée pour les combats des gladiateurs

Aujourd'hui: un jardin public très agréable où on peut flâner (*stroll*), pique-niquer ou rêver

À proximité: le Quartier latin

Glenn Harper/Alamy Stock Photo

Radius Images/Alamy Stock Photo

Le palais du Louvre

Histoire: ancienne résidence royale commencée au XIIIᵉ siècle

Aujourd'hui: un magnifique musée d'art

À proximité: le quartier élégant de l'Opéra

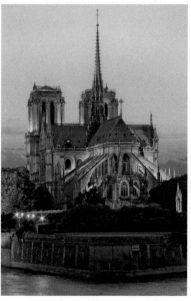

Art Kowalsky/Alamy Stock Photo

La cathédrale de Notre-Dame

Histoire: le grand chef-d'œuvre du Moyen Âge dont l'architecture de style gothique crée une atmosphère de mystère et de beauté

Aujourd'hui: fermée au public après l'incendie du 15 avril 2019 qui a fait s'écrouler la flèche et la toiture de la cathédrale; on a une belle vue de l'édifice en reconstruction depuis la Rive Gauche

À proximité: le Quartier latin, l'île Saint-Louis, l'Hôtel de Ville (*City Hall*) de Paris

Les œuvres d'art et de littérature

La littérature

une pièce de théâtre

un poème
la poésie

un roman

un écrivain, une écrivaine

La sculpture

une sculpture

un sculpteur, une sculptrice

La peinture

un tableau

un/une peintre

La musique

un musicien, une musicienne

Le cinéma

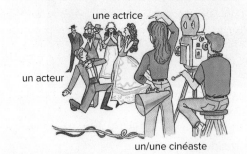

une actrice

un acteur

un/une cinéaste

AUTRES MOTS UTILES	
l'auteur / l'auteure dramatique	playwright
le comédien / la comédienne	stage actor/actress
le compositeur / la compositrice	composer
l'œuvre (*f.*)	work, composition
le réalisateur / la réalisatrice	director (of a movie)
le recueil	collection

Allez-y!

A. Qui sont-ils? Retrouvez la profession de ces artistes. Si vous ne savez pas, devinez ou faites des recherches.

MODÈLE: Jean-Paul Sartre → C'est un écrivain.

1. Marion Cotillard	acteur/actrice
2. Auguste Rodin	cinéaste
3. Pierre Auguste Renoir	écrivain/écrivaine
4. George Sand	musicien/musicienne et compositeur/
5. Claire Denis	compositrice
6. Camille Claudel	peintre
7. Claude Debussy	sculpteur/sculptrice
8. Berthe Morisot	
9. Henri Matisse	
10. Isabelle Huppert	

B. Littérature. Complétez les phrases avec la forme correcte des mots suivants: **acteur, écrivain, littérature, pièce de théâtre, poème, poésie, roman.**

1. *L'Étranger* est un _____ d'Albert Camus.

2. Molière était un _____ et un _____. Il a écrit des _____.

3. La vie de Verlaine a été turbulente, mais ses _____ font partie des chefs-d'œuvre de la _____ française.

4. Simone de Beauvoir a écrit des _____ et des essais sur la condition féminine.

5. *Les Fleurs du mal* est un recueil de _____ de Charles Baudelaire.

C. Les goûts artistiques. Posez les questions à un/une camarade.

1. Quel est ton roman préféré? Qui en est l'auteur/auteure?

2. Qui est ton peintre préféré / ta peintre préférée? Pourquoi?

3. Connais-tu des artistes français? Lesquels (*Which ones*)?

4. Est-ce que tu écoutes de la musique classique? Qui est ton compositeur préféré / ta compositrice préférée?

5. Aimes-tu la poésie? Quels poètes aimes-tu? Connais-tu un poème par cœur (*by heart*)? Lequel?

6. Vas-tu quelquefois au théâtre? Quelle pièce as-tu vue récemment?

7. Aimes-tu aller au cinéma? Quel film as-tu vu récemment?

Maintenant, décrivez les goûts artistiques de votre camarade à la classe.

Mots clés

Les verbes *vivre* et *habiter*

Use **vivre** to express *to live; to be alive, to exist.* Use it also to express how one lives.

> Picasso **a vécu** jusqu'à 92 ans.

> Cette artiste ne **vit** pas dans le luxe.

> Ils **vivent** toujours dans cette région.

Vivre is also used in certain idiomatic expressions.

> Elle est **difficile/facile à vivre.**
> *She's hard/easy to live with.*

> Il est parti sans raison apparente, «pour **vivre ma vie**», a-t-il dit.
> *He left without any apparent reason, to "live my own life," as he put it.*

In general, use **habiter** to express *to reside.*

> Mary Cassatt **a habité** Paris pendant des années.

> Vous **habitez** rue de Rivoli?

Les verbes *suivre* et *vivre*

suivre (*to follow*)				vivre (*to live*)			
je	**suis**	nous	**suivons**	je	**vis**	nous	**vivons**
tu	**suis**	vous	**suivez**	tu	**vis**	vous	**vivez**
il/elle/on	**suit**	ils/elles	**suivent**	il/elle/on	**vit**	ils/elles	**vivent**
past participle: **suivi**				*past participle:* **vécu**			

Suivre and **vivre** are irregular verbs, and they have similar conjugations in the present tense. **Suivre un cours** means *to take a course.*
Poursuivre (*to pursue*) is conjugated like **suivre.**

Combien de cours d'art **suis**-tu?	*How many art courses are you taking?*
Suivez mes conseils!	*Follow my advice!*
Monet **a vécu** de nombreuses années à Giverny.	*Monet lived many years in Giverny.*
Est-ce qu'il **a poursuivi** ses études de musique?	*Did he pursue his musical studies?*

Allez-y!

A. Van Gogh. Complétez cette biographie en utilisant les verbes suivants: **suivre, poursuivre, vivre, habiter.** Mettez tous les verbes, excepté le numéro 7, au présent.

Vincent Van Gogh est né en 1853 à Groot-Zundert, aux Pays-Bas. En 1877, il _____[1] des cours pour devenir pasteur (*preacher*), mais malheureux, il change d'avis. Il _____[2] des études de dessin anatomique parce qu'il veut devenir artiste. Après des séjours en Belgique et aux Pays-Bas, où il peint *Les Mangeurs de pommes de terre,* il _____[3] à Paris, où il fait la connaissance des peintres impressionnistes comme Monet. C'est Pissarro qui le convainc d'utiliser des couleurs vives (*bright*). À Paris, Van Gogh ne vend aucun* tableau; il _____[4] dans la misère (*poverty*). Du février 1888 jusqu'au mai 1890, Van Gogh _____[5] le sud de la France où il _____[6] sa passion pour la peinture. De plus en plus tourmenté, il se suicide à Auvers-sur-Oise en 1890. Il _____[7] (*passé composé*) seulement jusqu'à l'âge de 37 ans et n'a vendu qu'un seul tableau pendant sa vie.

Vincent Van Gogh: *Autoportrait,* 1889–1890 (Musée d'Orsay, Paris)

Heritage Images/Hulton Fine Art Collection/l Getty Images

---

*ne... aucun(e) is a negative expression meaning *no, not one.*

B. Conversation. Avec un/une camarade, répondez aux questions suivantes.

1. Quelle carrière veux-tu poursuivre? Suis-tu déjà des cours qui mènent à (*lead to*) cette carrière?

2. Est-ce que la plupart (*majority*) des gens basent leur choix de carrière sur ce qui les intéresse? Sinon, comment la choisissent-ils?

3. Comment veux-tu vivre dans dix ans? Dans le luxe en ville, par exemple, ou très simplement à la campagne? Dans quelle sorte de logement veux-tu habiter?

4. À ton avis, est-il plus important de suivre ses passions dans la vie ou de poursuivre la richesse? Pourquoi?

Un petit plus...

L'impressionnisme

Comme ils ne sont pas acceptés dans les galeries traditionnelles, Claude Monet (1840–1926) et ses amis peintres (Edgar Degas, Pierre-Auguste Renoir, Camille Pissarro et Berthe Morisot) décident, en 1874, d'organiser leur propre exposition. La technique de Monet vise (*aims*) à suggérer une expression spontanée de la nature par une application de couleurs vives. C'est la naissance du mouvement impressionniste qui sera (*will be*) reconnu plus tard comme l'un des plus importants mouvements d'art moderne. Vous aimez l'impressionnisme? Expliquez.

Claude Monet: *Impression, soleil levant,* 1873 (Musée Marmottan Monet, Paris)

Heritage Images/Hulton Fine Art Collection/Getty Images

Bienvenue dans les régions de France!

«Paris et le désert français», c'est fini!*

Depuis la réforme territoriale du 1er janvier 2016, la carte de France est composée de dix-huit régions: treize dans l'Hexagone[1] et cinq dans les territoires d'outre-mer.[2] Les objectifs de cette réorganisation administrative? Améliorer[3] le fonctionnement du service public et combattre la prééminence de Paris sur la province. «Paris et le désert français»: plus jamais!

Ces régions sont l'âme[4] de la France. Elles sont toutes marquées par leur histoire et se distinguent les unes des autres par des traditions millénaires[5] qui leur donnent une identité unique. Elles ont un nom et un logo. Chaque région a ses paysages, son climat, sa capitale, ses villes et villages, sa culture, ses spécialités culinaires, ses monuments, son dynamisme économique. Quelle diversité et quelle richesse!

[1]*metropolitan France*   [2]*overseas*   [3]*Improve*   [4]*soul, spirit*   [5]*des... time-honored traditions*

À la découverte de quelques régions françaises...

_____

*«*Paris et le désert français*» is an expression that derives from a book of the same name by French geographer Jean-François Gravier. In this influential work, published in 1947, Gravier argued that the excessive centralization of the French state, a legacy of the **Ancien Régime**, resulted in a serious demographic and economic imbalance between Paris and the provinces.

UNE RÉGION PLAGE: **Provence-Alpes-Côte d'Azur**

On est au sud de la France: soleil garanti! À Nice, vous marchez le long de la Promenade des Anglais; vous passez devant le Negresco, hôtel mythique de l'aristocratie cosmopolite des années 1900; vous plongez dans les eaux bleues de la Méditerranée. Puis vous visitez Grasse, la cité des parfums et des champs[6] de lavande. À Marseille, vous explorez les sublimes calanques (petites baies entourées de rochers), un paradis pour nager. Direction Gassin, Ramatuelle, Grimaud: ils sont bien préservés, ces villages médiévaux avec leurs maisons provençales installées sur les hauteurs du golfe de Saint-Tropez, au milieu des vignes et des pins odorants[7]!

La calanque d'En-Vau (lit. «dans la vallée») entre Marseille et Cassis

UNE RÉGION MONTAGNE: **Auvergne-Rhône-Alpes**

Voici la plus grande région de montagne d'Europe. C'est le territoire des lacs et des sommets. Le majestueux mont Blanc domine la vallée de Chamonix, paradis des alpinistes. En hiver, toute la région est habillée de blanc sous un manteau de neige immaculée. Le soir, c'est le moment de se réchauffer[8] avec une fondue savoyarde, spécialité culinaire qu'on accompagne d'un petit vin blanc de Savoie. L'identité de la région, ce sont les sources[9] (l'eau d'Évian), les stations de sports d'hiver comme Megève la snob ou Val d'Isère la sportive. Dans la station thermale d'Aix-les Bains—la Riviera des Alpes—on trouve de nombreux palaces et villas «Belle Époque» et «Art déco» où les amateurs de spa mènent *la dolce vita.*[10] Et à Annecy, la Venise des Alpes qui regarde son lac aux eaux turquoises, on s'arrête sur le pont le plus célèbre de cette petite ville de charme: le Pont des Amours. Lyon, capitale de la région, est fière de sa gastronomie qui retrouve sa splendeur avec une nouvelle génération de cuisiniers d'avant-garde. Dans la cité des Gaules d'origine romaine, la cuisine est un art qui allie le goût à l'esthétique: c'est bon et c'est beau!

Le ski de randonnée en Haute Savoie avec vue sur le lac d'Annecy

UNE RÉGION CHÂTEAUX: **Centre-Val de Loire**

La vallée de la Loire est la région de France qui compte le plus grand nombre de châteaux. Des forteresses médiévales, des châteaux de la Renaissance, des résidences néoclassiques, entourés de parcs magnifiques, de vastes forêts et de jardins à la française. Classée au patrimoine mondial de l'UNESCO, la «Vallée des rois» plonge le visiteur dans la splendeur de l'histoire de France. L'architecture médiévale, gothique et classique des châteaux montre qu'à toutes les époques, la passion bien française de l'esthétique s'est exprimée. Chambord, par exemple, nous enchante. Emblème de la Renaissance française, cette ancienne résidence royale construite par le roi François 1er est un trésor national. Propriété de l'État depuis 1930, il est ouvert au public comme la plupart des monuments historiques dans toutes les régions de France.

Le château de Chambord, chef-d'œuvre architectural de la Renaissance

[6]*fields* [7]*pins... fragrant pines* [8]*to warm up* [9]*springs* [10]*mènent... live the good life*

Les pronoms accentués

Emphasizing and Clarifying

🎧 SAVOIR PARLER D'AMOUR

Hassan, Hector, Juliette et Léa discutent chez Hector.

HASSAN: **Moi**, j'aime la sculpture. Je passe des heures au musée Rodin.

JULIETTE: **Moi**, j'ai une passion pour la peinture, surtout pour Kandinsky. Je le trouve joyeux. Picasso, **lui**, est moins[1] gai.

LÉA: Et **toi**, Hector, qu'est-ce que tu aimes?

HECTOR: **Moi**, j'adore la danse: c'est ma passion, mon métier[2] et ma raison de vivre.[3]

LÉA: **Vous**, vous êtes différents de **moi**. Parce que **moi**, j'aime la poésie et les poètes.

JULIETTE: Pourquoi les poètes?

LÉA: Parce que, **eux**, ils savent parler d'amour!

Wassily Kandinsky: *Petits mondes I*, 1922

Art Collection 2/Alamy Stock Photo

[1]*less* [2]*profession* [3]*raison... reason for living*

Complétez les phrases suivantes en utilisant **moi**, **toi**, **lui**, **vous** ou **eux**.

1. Et _____, vous aimez la sculpture?
2. _____, tu as une passion pour la peinture?
3. Kandinsky est joyeux; Picasso, _____, est moins gai.
4. _____, j'adore la danse.
5. Et _____, tu aimes la poésie et les poètes?
6. Les poètes, _____, ils savent parler d'amour.

Forms of Stressed Pronouns

Stressed pronouns (**les pronoms accentués**) are used as objects of prepositions or for clarity or emphasis. The following chart shows their forms. Note that several are identical in form to subject pronouns.

STRESSED PRONOUNS			
moi	*I, me*	**nous**	*we, us*
toi	*you*	**vous**	*you*
lui	*he, him*	**eux**	*they, them (m.)*
elle	*she, her*	**elles**	*they, them (f.)*
soi*	*oneself*		

***Soi** corresponds to the subjects **on**, **tout le monde**, and **chacun** (*each one*).

Uses of Stressed Pronouns

Stressed pronouns are used:

1. As objects of prepositions

Nous allons travailler chez **toi** ce soir.	*We're going to work at your house tonight.*
Après **vous!**	*After you!*
Après le concert, tout le monde rentre chez **soi.**	*After the concert, everybody goes back home.*

2. As part of compound subjects

Clara et elle ont lu *À la recherche du temps perdu** en entier.	*She and Clara read the entire In Search of Lost Time.*
Robin et moi avons joué ensemble une sonate de Debussy.	*Robin and I played a Debussy sonata together.*

3. With subject pronouns, to emphasize the subject

Et **lui**, écrit-il un roman?	*What about him? Is he writing a novel?*
Eux, ils ont de la chance.	*As for them, they are lucky.*
Tu es brillant, **toi!**	*You're brilliant!*

When stressed pronouns emphasize the subject, they can be placed at the beginning or the end of the sentence.

[Allez-y! A]

4. After **ce + être**

—C'est **vous,** Monsieur Lemaître?	*Is it you, Mr. Lemaître?*
—Oui, c'est **moi.**	*Yes, it's me (it is I).*
C'est **lui** qui donnait le cours sur Proust.	*He's the one who was teaching the course on Proust.*

[Allez-y! B]

5. In sentences without verbs, such as one-word answers to questions and tag questions

—Qui a visité le musée Delacroix?	*Who has visited the Delacroix Museum?*
—**Toi!**	*You!*
—As-tu pris mon livre d'art?	*Did you take my art book?*
—**Moi?**	*Me?*
Nous allons regarder une vidéo sur la peinture moderne. Et **lui?**	*We're going to see a video on modern painting. What about him?*

6. In combination with **même(s)** for emphasis

Préparent-ils la vidéo **eux-mêmes?**	*Are they preparing the video themselves?*
Allez-vous choisir les images **vous-même?**	*Are you going to choose the pictures yourself?*

[Allez-y! B-C]

---

*Long novel by Marcel Proust, in seven volumes. The original English translation was titled *Remembrance of Things Past.* A 2003 translation is called *In Search of Lost Time.*

Allez-y!

A. Au théâtre. Vos amis et vous avez présenté une pièce de théâtre devant la classe. Décrivez le comportement des acteurs/actrices avant le commencement de la pièce, à l'aide des pronoms accentués.

MODÈLE: nous / fatigués → Nous, nous étions fatigués.

1. je / préoccupé(e)
2. Alice / anxieuse
3. Louis / agité
4. Jessica et Anaïs / sérieuses
5. Marc et Angela / calmes
6. nous / heureux

B. Pour monter la pièce. (*To prepare the play.*) D'autres étudiants vous ont aidé(e) à monter la pièce de l'exercice précédent. Dites ce qu'ils ont fait. Remplacez les mots en italique par des pronoms qui correspondent aux mots entre parenthèses. Faites attention à la conjugaison du verbe.

1. Qui a fait les costumes? C'est *moi* qui ai fait les costumes. (Sandrine, Bruno, Pierre et Nassim)
2. Vous avez écrit le scénario vous-mêmes? Oui, *nous* l'avons écrit *nous*-mêmes. (je, une amie et moi, Richard et Florent, les acteurs)

Sur scène au Palais Garnier avec la célèbre fresque de Marc Chagall* au plafond

C. Êtes-vous indépendant(e)? Est-ce que vos camarades et vous faites des choses intéressantes, utiles ou inhabituelles? Renseignez-vous sur les activités de quatre camarades. Utilisez les pronoms accentués + **même(s)** et les verbes de la liste suivante.

Verbes utiles: acheter, aller, bâtir† (*to build*), devoir, faire, gagner, jouer, lire, pouvoir, préparer, réparer, travailler, vendre, venir, voir, vouloir

MODÈLES: Moi, je fais toujours le pain moi-même pour les repas à la maison.
J'ai une camarade qui, elle, répare elle-même sa voiture.

---

*Marc Chagall (1887–1985) est un artiste et peintre né en Biélorussie. Il a vécu principalement en France.

†conjugated like **finir**

La place des pronoms personnels

Speaking Succinctly

🎧 PAS D'ARGENT ENTRE NOUS!

Alexis contacte Poema par messagerie instantanée.

 ALEXIS: J'ai trouvé un livre très intéressant sur l'art dans la nature. Ça t'intéresse?

POEMA: Beaucoup! Tu peux **me le** prêter?

ALEXIS: Je ne **te le** prête pas, je **te** l'offre!

POEMA: Mais pourquoi? Ce n'est pas mon anniversaire!... Je **te** l'achète!

ALEXIS: Non. Pas d'argent entre nous!

POEMA: Alors, je **te** l'échange contre[1] autre chose.

ALEXIS: Contre quoi[2]?

[1]échange... *trade for*   [2]*what*

Trouvez, dans le dialogue, la phrase équivalente.

1. Tu peux me prêter ton livre?
2. Je ne te prête pas mon livre.
3. Je t'offre mon livre.
4. Je t'achète le livre.
5. Je t'échange le livre.

Order of Object Pronouns in Declarative Statements

When two or more pronouns are used in a declarative sentence, they follow a fixed order. The direct object pronoun is usually **le, la,** or **les. Me, te, nous,** and **vous** precede **le, la,** and **les; lui** and **leur** follow them. The pronouns **y** and **en,** in that order, come last.

DIRECT OR INDIRECT OBJECT	DIRECT OBJECT	INDIRECT OBJECT	Y / EN
me			
	le		
te		lui	
	la		y / en
nous		leur	
	les		
vous			

—Le guide vous a expliqué la théorie des peintres impressionnistes?   *Did the guide explain the theory of the Impressionist painters to you?*

—Oui, il **nous l'**a expliquée.   *Yes, he explained it to us.*

—Avez-vous montré le tableau de Manet aux étudiants américains?   *Did you show the Manet painting to the American students?*

—Oui, je **le leur** ai montré.   *Yes, I showed it to them.*

—Est-ce que le guide a donné des livrets sur l'impressionnisme aux autres étudiants?   *Did the guide give booklets on Impressionism to the other students?*

—Oui, il **leur en** a donné.   *Yes, he gave them some.*

It might help you to remember this formula: First and second person before third; direct object before indirect object. Apply the first part if it is relevant, then the second.

1. When the pronouns are objects of an infinitive, they are placed immediately before the infinitive. The same order rules apply.

—Quand est-ce que tu vas donner le cadeau à Line?   *When are you going to give Line the gift?*

—Je vais **le lui** donner à Noël.   *I am going to give it to her at Christmas.*

2. In negative sentences with object pronouns, **ne** precedes the pronouns; when the negative sentence is in the **passé composé, pas** follows the conjugated verb (the auxiliary) and precedes the past participle.

—Ils nous ont envoyé les horaires des autres musées de Paris?   *Did they send us the schedules of the other museums in Paris?*

—Non, ils **ne nous les** ont **pas** envoyés.   *No, they didn't send them to us.*

[Allez-y! A-B]

Commands with One or More Object Pronouns

1. The order of object pronouns in a negative command is the same as the order in declarative sentences: the pronouns precede the verb.

N'**en** parlons pas!   *Let's not talk about it!*
N'**y** pense pas!   *Don't think about it!*
Ne **me** donnez pas le tableau!   *Don't give me the painting!*
Ne **me le** donnez pas!   *Don't give it to me!*
Ne **leur** dites pas que vous êtes venus!   *Don't tell them you came!*
Ne **le leur** dites pas!   *Don't tell them!*

2. In affirmative commands with one object pronoun, the pronoun follows the verb and is attached with a hyphen. When **me** and **te** come at the end of the expression, they become **moi** and **toi**.

La lettre? **Écrivez-la!**	*The letter? Write it!*
Voici du papier. **Prenez-en!**	*Here's some paper. Take some!*
Tes amis? **Donne-leur** des billets!	*Your friends? Give them some tickets!*
Parle-moi des concerts!	*Tell me about the concerts!*

As you know, the final **-s** is dropped from the **tu** form of regular **-er** verbs and of **aller** to form the **tu** imperative: **Parle de tes problèmes! Va à la maison!** However, the **-s** is *not* dropped before **y** or **en** in the affirmative imperative: **Parles-en! Vas-y!**

3. When there is more than one pronoun in an affirmative command, however, all direct object pronouns precede indirect object pronouns, followed by **y** and **en,** in that order. All pronouns follow the command form of the verb and are attached by hyphens. The forms **moi** and **toi** are used except before **y** and **en,** where **m'** and **t'** are used.

DIRECT OBJECT	INDIRECT OBJECT		Y / EN
le	moi (m')	nous	
la	toi (t')	vous	y / en
les	lui	leur	

Le Petit Palais, un des dix-sept musées de la Ville de Paris

—Voulez-vous ma carte d'entrée au musée?	*Do you want my museum entrance card?*
—Oui, **donnez-la-moi.**	*Yes, give it to me.*
—Je t'apporte du papier?	*Shall I bring you some paper?*
—Oui, **apporte-m'en.**	*Yes, bring me some.*
—Tu veux que je t'envoie le plan du musée?	*Do you want me to send you a map of the museum?*
—Oui, **envoie-le-moi.**	*Yes, send it to me.*
—Est-ce que je dis aux autres que l'entrée est gratuite?	*Shall I tell the others that admission is free?*
—Oui, **dites-le-leur.**	*Yes, tell them that (lit., tell it to them).*

[Allez-y! C-D-E]

Allez-y!

A. Travail d'équipe. Audrey et ses camarades préparent un exposé sur la Fondation Maeght, un musée d'art moderne au sud de la France. Transformez les phrases selon le modèle.

MODÈLE: Audrey donne <u>ses notes</u> à <u>Anaïs.</u> →
Elle les lui donne.

1. Elle prête <u>le livre sur Chagall</u> à <u>Sylvie.</u>
2. Anaïs envoie <u>des photos de la cour Giacometti</u> à <u>Audrey.</u>
3. La prof explique <u>les sculptures de Miró</u> <u>aux trois filles.</u>
4. Sylvie parle <u>à sa prof</u> de l'exposition sur Braque.
5. Audrey et ses camarades présentent <u>leur exposé</u> <u>aux autres étudiants du cours.</u>

B. Détails pratiques. Vous faites une visite artistique de Paris. Répondez par *oui* ou *non* et utilisez des pronoms.

> MODÈLE: —Achetez-vous vos guides (*guidebooks*) à la librairie?
> —Oui, je les y achète. (*ou* Non, je ne les y achète pas.)

1. Prenez-vous vos repas dans les musées?
2. Achetez-vous vos cartes postales au musée?
3. Emmenez-vous vos amis au musée?
4. Il y a des sculptures au musée du Louvre?
5. Avez-vous rencontré vos amis au ciné-club?
6. Apportez-vous votre appareil photo au musée?
7. Est-ce qu'il y avait beaucoup de visiteurs à l'exposition du Grand-Palais?

C. Pour devenir un écrivain célèbre. Dans les phrases suivantes, remplacez les mots en italique par des pronoms.

> MODÈLES: Lisez *beaucoup de romans.* →
> Lisez-en beaucoup!
>
> Montrez *vos œuvres à vos amis.* →
> Montrez-les-leur!

1. N'oubliez jamais *vos cahiers à la maison.*
2. Prenez *des notes.*
3. Révisez *votre travail.*
4. Envoyez *votre roman à l'éditeur.*
5. Invitez *votre éditeur* à dîner.
6. Après la publication du roman, demandez *à vos amis* d'acheter un exemplaire (*copy*).

D. Situations. Vous entendez des fragments de conversation. Imaginez la situation.

> MODÈLE: N'y touche pas! →
> La mère de Tristan vient de faire un gâteau, et Tristan essaie*
> d'en manger un morceau.

1. Vas-y!
2. N'y touche pas!
3. Ne m'en donne pas!
4. Ne les regardez pas!
5. Donne-la-lui!
6. Ne lui parle pas si fort!
7. Montre-les-moi!
8. Ne le lui dis pas!

E. Interview. Interrogez un/une camarade sur une ville ou une région que vous pensez visiter. Suivez le modèle.

Vocabulaire utile: une cathédrale, le cinéma, un musée, la musique, une pièce de théâtre, la sculpture, les tableaux; des acteurs/actrices célèbres, des compositeurs/compositrices, des cinéastes, des écrivains/écrivaines

> MODÈLE: É1: Est-ce qu'il y a une belle cathédrale à Strasbourg?
> É2: Oui, il y en a une.

Mots clés

Les verbes *apporter* et *emmener*

Apporter (*to bring something*) is used only with objects.

> Il apporte ses tableaux à la galerie d'art.

Emmener (*to take someone along; to invite*) is used with people or animals.

> Je t'emmène au cinéma?

---

*conjugated like **envoyer**; see **Chapitre 10, Leçon 1**

Paris: la passion des musées

Où trouver *Le Penseur* d'Auguste Rodin? À Paris, au musée Rodin, l'hôtel particulier[1] où ce grand génie de la sculpture a passé les dernières années de sa vie. Dans ce charmant palais et son jardin vous serez fasciné par les sculptures du maître: le sublime *Baiser*,[2] et tous ces corps et visages[3] sculptés dans la pierre[4] éternelle.

Là, vous allez aussi découvrir les sculptures de Camille Claudel. Élève et muse de Rodin, cette jeune sculptrice virtuose a donné à son art une intensité, une passion et une liberté exceptionnelles: admirez notamment *La Valse* qui incarne un couple de danseurs amoureusement enlacés.

Pour continuer votre visite des musées parisiens, vous devez, bien sûr, aller au Louvre: cette ancienne résidence des rois de France est un des plus grands musées d'art du monde. On y trouve notamment la célèbre *Joconde*[5] au sourire[6] énigmatique. Le musée d'Orsay, très riche en tableaux impressionnistes, mérite aussi une visite.

Un conseil en tout cas: explorez le musée du quai Branly–Jacques Chirac. C'est l'univers des arts premiers d'Océanie, d'Asie, d'Afrique et des Amériques, le domaine splendide des œuvres non occidentales.

Mais si vous voulez tout simplement vous amuser, il faut aller au musée Grévin. Vous pourrez y dire «bonjour» au roi Louis XIV, à Picasso, à Victor Hugo et même à George Clooney! Est-ce qu'ils vont vous répondre? Non, car ces personnages célèbres sont des statues de cire.[7]

[1]*hôtel... mansion* [2]*Kiss* [3]*faces* [4]*stone* [5]*Mona Lisa* [6]*smile* [7]*wax*

C'est dans l'ancienne gare d'Orsay que le musée d'Orsay s'est installé. Ce bâtiment magnifique, classé monument historique, date de 1900. Construit pour l'Exposition Universelle, il réunit aujourd'hui des chefs-d'œuvre de l'impressionnisme et du post-impressionnisme.

William Ryall

Trois statues rituelles des rois d'Abomey, attribuées à Sossa Dede, un sculpteur du XIXe siècle dans l'ancien royaume du Dahomey (Bénin)

Philippe Wojazer/REUTERS/Alamy Stock Photo

VOUS COMPRENEZ?

1. Quelles sont les particularités du musée Rodin?
2. Qui est Camille Claudel?
3. Qui vivait au Louvre autrefois?
4. Où trouve-t-on de nombreux tableaux impressionnistes?
5. Pourquoi le musée du quai Branly–Jacques Chirac est-il exceptionnel?
6. Qu'est-ce que le musée Grévin?

Les verbes suivis de l'infinitif

Expressing Actions

🎧 PROVOCATION?

Mamadou contacte Léa par messagerie instantanée.

 MAMADOU: **Tu veux visiter** le musée Rodin avec moi?

 LÉA: Non, je m'ennuie[1] dans les musées.

 MAMADOU: Comment? Une fille cultivée comme toi! **Tu cherches à** me **provoquer**!

 LÉA: Pas du tout. **Je déteste m'enfermer**[2] dans une salle de musée.

 MAMADOU: **On peut rester** une petite demi-heure... et ensuite **prendre** un verre sur les Champs-Élysées...

 LÉA: **Tu essaies de** me **convaincre**?

 MAMADOU: Oui! J'ai réussi?

[1]*je... I get bored*   [2]*shut myself up*

Dans le dialogue, trouvez les verbes à l'infinitif qui suivent les verbes conjugués.

1. Tu veux _____ le musée Rodin avec moi?
2. Tu cherches à me _____?
3. Je déteste _____ dans une salle de musée.
4. On peut _____ une petite demi-heure.
5. Tu essaies de me _____?

1. Some verbs can be followed by an infinitive without an intervening preposition. Among the most common:

aimer	**détester**	**falloir (il faut)**	**savoir**
aller	**devoir**	**pouvoir**	**venir**
désirer	**espérer**	**préférer**	**vouloir**

Je **déteste chanter.** Mais je **sais** très bien **jouer** de la guitare.	*I hate singing, but I know how to play the guitar very well.*
Sophie **ne peut pas aller** au cinéma samedi soir. Elle **doit aller voir** sa grand-mère.	*Sophie cannot go to the movies on Saturday evening. She has to visit her grandmother.*

When **penser** is followed by an infinitive, it means *to count or plan on doing something.*

Je **pense rester** chez moi ce week-end.	*I'm planning on staying home this weekend.*

2. Other verbs require the preposition **à** directly before the infinitive. These include:

aider à	**chercher à**	**continuer à**	**réussir à**
apprendre à	**commencer à**	**enseigner à**	

J'**ai commencé à fumer** quand j'avais 16 ans. Caroline m'**a aidé à arrêter.**	*I started to smoke when I was 16. Caroline helped me quit.*
La semaine prochaine, je vais **apprendre à jouer** au tennis et je **continue à prendre** des cours de yoga deux fois par semaine.	*Next week I will learn how to play tennis, and I will continue to take yoga classes twice a week.*

3. Still other verbs require the preposition **de** directly before the infinitive.

accepter de	**décider de**	**finir de**	**rêver de**
arrêter de	**demander de**	**oublier de**	**venir de**
choisir de	**empêcher de**	**permettre de**	
conseiller de	**essayer de**	**refuser de**	

Rachid **a décidé de prendre** des cours d'art dramatique. Il **rêve de devenir** acteur. Il **vient de jouer** un petit rôle dans *Le Cid* à l'université. L'année prochaine, il va **essayer d'entrer** au Conservatoire de Paris.	*Rachid has decided to take drama classes. He dreams of becoming an actor. He just played a small role in* Le Cid *at the university. Next year, he is going to try to get into the Paris Conservatory.*

4. A few verbs change in meaning with different prepositions. **Commencer** regularly takes **à** before an infinitive; **finir** normally takes **de** before an infinitive. However, they can both take **par. Commencer par** is used to talk about what one did first in a series of things; **finir par** means *to end up by doing something.*

Grégoire **a commencé par** jouer un petit rôle dans une comédie à l'université. Il **a fini par** devenir acteur à Hollywood.

5. Note that the meaning of **venir** changes depending on whether it is followed directly by an infinitive or by **de** plus an infinitive. **Ils viennent dîner** means *They are coming to dinner.* **Ils viennent de dîner** means *They've just had dinner.*

John Kellerman/Alamy Stock Photo

Voulez-vous visiter l'œuvre *Tête monumentale* qui se trouve au musée en plein air de la Défense?

Allez-y!

A. Au cabaret de la Contrescarpe. Deborah, Chuck et Jacques arrivent à la Contrescarpe, dans le quartier Montmartre, à Paris. Classez leurs activités par ordre chronologique de 1 à 8.

_____ Ils décident de commander du champagne.

_____ Ils finissent par s'endormir dans le séjour.

_____ Ils demandent au serveur de leur apporter l'addition.

_____ Ils choisissent de s'asseoir à une table près de la scène.

_____ Ils commencent par regarder la salle.

_____ Ils commencent à chanter en rentrant chez eux.

_____ Ils arrêtent de parler quand le spectacle commence.

_____ Ils n'oublient pas de laisser un pourboire au serveur.

B. Projets et activités. Posez des questions à vos camarades pour vous informer de leurs projets et de leurs activités.

MODÈLE: aller / faire / ce soir →
      É1: Qu'est-ce que tu vas faire ce soir?
      É2: Je vais sortir avec mes amis.

1. vouloir / faire / ce week-end
2. aller / faire / l'été prochain
3. devoir / faire / demain
4. aimer / faire / après les cours
5. penser / faire / la semaine prochaine
6. détester / faire / le soir
7. espérer / faire / ce soir

C. Résolutions du Nouvel An. Énumérez quelques-unes de vos résolutions à vos camarades. Complétez les phrases suivantes avec un infinitif.

MODÈLE: Cette année, je vais finir... →
      Cette année, je vais finir de lire *La Vie mode d'emploi* de Georges Perec.*

1. Je voudrais apprendre...
2. Je vais commencer...
3. J'ai aussi décidé...
4. En plus, je vais arrêter...
5. Enfin, je rêve...
6. Mais je refuse...

D. Interview. Posez les questions suivantes—en français, s'il vous plaît—à un/une camarade de classe. Puis faites un résumé de ses réponses. Demandez à votre camarade...

1. what he/she likes to do in the evening
2. what he/she hates to do in the house
3. if he/she is learning to do something interesting, and what it is
4. if he/she has decided to continue to study French
5. what he/she has to do after class
6. if he/she prefers going to a play or to a movie
7. if he/she has just read a good book, and what it was
8. what he/she knows how to do well
9. what he/she tries, but does not always succeed in doing well
10. if he/she forgot to do something this morning, and what it was
11. if he/she has stopped doing something recently, and what it was
12. ?

_____

*Georges Perec (1936–1982) était un artiste et écrivain français. *La Vie mode d'emploi,* fruit de neuf années de travail, retrace l'histoire d'un immeuble parisien et de ses habitants.

Les adverbes

Talking About How Things Are Done

Léa et Mamadou discutent au café.

LÉA: Une heure au musée, c'est **vraiment** le maximum pour moi!

MAMADOU: Dis la vérité: tu as **beaucoup** aimé les sculptures. Tu étais fascinée!

LÉA: **Franchement,** j'ai apprécié la lumière* naturelle sur les œuvres.

MAMADOU: Tu vois: il faut **toujours** aller au musée avec moi!

LÉA: Et **maintenant,** qu'est-ce qu'on fait?

MAMADOU: On va d'**abord** prendre un verre au Fouquet's.

LÉA: Et **ensuite**?

MAMADOU: **Ensuite,** je t'emmène à un match de foot!

Le célèbre Fouquet's sur les Champs-Élysées

Paul Scheult/Getty Images

*light

Répondez aux questions en utilisant les adverbes du dialogue.

1. Est-ce que deux heures au musée, c'est le maximum pour Léa?
2. Est-ce que Mamadou pense qu'elle a aimé les sculptures?
3. Qu'est-ce qu'elle a apprécié?
4. Avec qui faut-il aller au musée?
5. Qu'est-ce qu'ils vont faire après leur visite du musée?

Forms of Adverbs

Adverbs (**les adverbes** [*m.*]) modify a verb, an adjective, or another adverb: She learns *quickly.* He is *extremely* hardworking. They see each other *quite often.* You have already learned a number of adverbs, such as **souvent, parfois, bien, mal, beaucoup, trop, peu, très, vite, d'abord, puis, ensuite, après,** and **enfin.**

1. Most adverbs are formed by adding **-ment** (often corresponding to *-ly* in English) to the feminine form of an adjective.

FEMININE ADJECTIVE	ADVERB	
franche	**franchement**	*frankly*
active	**activement**	*actively*
(mal)heureuse	**(mal)heureusement**	*(un)fortunately*

2. If the masculine form of the adjective ends in a vowel, **-ment** is usually added directly to it.

MASCULINE ADJECTIVE	ADVERB	
absolu	**absolument**	*absolutely*
poli	**poliment**	*politely*
rapide	**rapidement**	*quickly*
vrai	**vraiment**	*truly, really*

3. If the masculine form of the adjective ends in **-ent** or **-ant,** the corresponding adverbs have the endings **-emment** and **-amment,** respectively. The two endings have the same pronunciation.

MASCULINE ADJECTIVE	ADVERB	
différent	**différemment**	*differently*
évident	**évidemment**	*evidently, obviously*
constant	**constamment**	*constantly*
courant	**couramment**	*fluently*

One exception to this rule is **lent,** which adds **-ment** to the feminine adjective to form **lentement.**

In English, the adverbial forms of *good* and *bad* are *well* and *badly.* In French, the adverbial forms of **bon** and **mauvais** are both irregular.

bon → bien
Sonia est une **bonne** actrice; elle joue **bien** son rôle.

mauvais → mal
Normand est un **mauvais** cinéaste; il dirige **mal** ses acteurs.

[Allez-y! A-B]

Position of Adverbs

1. When adverbs qualify adjectives or other adverbs, they usually precede them.

Elle est **très** intelligente.
She is very intelligent.
Il va au cinéma **assez** souvent.
He goes to the movies fairly often.

2. When a verb is in the present or imperfect tense, the qualifying adverb usually follows it. In negative constructions, the adverb comes after **pas.**

Je travaille **lentement.**
I work slowly.
Elle voulait **absolument** devenir écrivaine.
She absolutely wanted to become a writer.
Vous ne l'expliquez pas **bien.**
You aren't explaining it well.

3. Short adverbs usually precede the past participle when the verb is in a compound form; they usually follow **pas** in a negative construction.

J'ai **beaucoup** voyagé cette année.
I've traveled a lot this year.
Il a **déjà** visité le Louvre.
He has already visited the Louvre.
Elle n'est pas **souvent** allée en Bretagne.
She has not often been to Brittany.
Je n'ai pas **très** faim.*
I'm not very hungry.

Des menhirs préhistoriques à Carnac, en Bretagne: ces pierres dressées (*standing stones*) sont vraiment mystérieuses et absolument fascinantes!

Marek Stefunko/EyeEm/Getty Images

---

*In idiomatic expressions with **avoir,** an adverb is often used: **J'ai très soif, Elle a très chaud,** and so on.

4. Adverbs ending in **-ment** follow a verb in the present or imperfect tense, and usually follow the past participle when the verb is in the **passé composé.**

Tu parles **couramment** le français.	*You speak French fluently.*
Il était **vraiment** travailleur.	*He was really hardworking.*
Paul n'a pas répondu **intelligemment.**	*Paul didn't respond intelligently.*

[Allez-y! C-D]

Allez-y!

A. Ressemblances. Donnez l'équivalent adverbial de chacun des adjectifs suivants.

MODÈLE: franc → franchement

1. heureux
2. actif
3. long
4. vrai
5. différent
6. naturel

7. certain
8. constant
9. absolu
10. admirable
11. poli
12. intelligent

B. Carrières. Complétez les paragraphes suivants avec des adverbes logiques.

1. Le linguiste

Adverbes: bien, bientôt, couramment, ensuite, évidemment, probablement, vite

Jean-Luc parle _____¹ l'anglais. Il a vécu aux États-Unis. Il est allé au lycée (à l'école secondaire) à New York et il a très _____² appris la langue pendant son séjour. _____,³ à l'université il a choisi la section langues étrangères. Il va _____⁴ passer sa licence d'anglais. _____,⁵ il doit _____⁶ choisir entre la traduction (*translation*) littéraire et l'enseignement. Ses parents sont professeurs et je pense qu'il va _____⁷ choisir de devenir professeur.

2. L'actrice

Adverbes: absolument, beaucoup, constamment, fréquemment, rarement, seulement, souvent, très

Marie veut _____¹ devenir une artiste célèbre. Elle travaille _____² pour y arriver: le matin, elle arrive _____³ au Théâtre National de Chaillot après six heures et elle y reste _____⁴ jusqu'à neuf heures du soir. Dans la journée, elle travaille _____⁵ et prend _____⁶ quinze minutes pour déjeuner. _____,⁷ elle est fatiguée le soir. Mais je pense qu'elle va réussir parce qu'elle est _____⁸ travailleuse et ambitieuse.

Le Théâtre National de Chaillot se trouve au Palais de Chaillot, à Paris. Décrivez cette photo comme si c'était un tableau.

C. Interview. Interviewez un/une camarade de classe sur ses préférences et ses habitudes. Votre camarade doit utiliser dans sa réponse un adverbe basé sur les mots entre parenthèses. Décidez ensuite quelle sorte de personne il/elle est (calme, énergique, patiente, pratique, travailleuse, etc.).

MODÈLE: Comment déjeunes-tu d'habitude? (rapide / lent) →
Je déjeune lentement pour me reposer. (*ou* Je déjeune rapidement parce que je suis toujours pressé(e).)

1. Quand fais-tu la sieste? (fréquent / rare)
2. Comment attends-tu le résultat de ton examen? (patient / impatient)
3. Regardes-tu souvent ta montre? (constant / fréquent / rare / jamais)
4. Comment travailles-tu en général? (bon / mal)
5. Lis-tu souvent les romans policiers? (fréquent / rare / jamais)

Maintenant décrivez le caractère de votre camarade.

D. Qu'en pensez-vous? Posez les questions suivantes à des camarades. Ils vont répondre en utilisant des adverbes.

Suggestions: absolument, admirablement, constamment, couramment, diligemment, évidemment, franchement, heureusement, intelligemment, lentement, malheureusement, poliment, souvent, tranquillement, vite

MODÈLE: É1: Qu'est-ce qu'on doit faire pour avoir de bonnes notes?
É2: On doit étudier constamment.
É3: On doit travailler intelligemment.

1. Qu'est-ce qu'on doit faire pour être un bon professeur / une bonne professeure?
2. Qu'est-ce qu'on doit faire pour avoir plus de «likes» sur les réseaux sociaux?
3. Qu'est-ce qu'on doit faire pour courir dans un marathon?
4. Qu'est-ce qu'on doit faire pour devenir riche?
5. Qu'est-ce qu'on doit faire pour avoir de bons rapports (*a good relationship*) avec une autre personne?

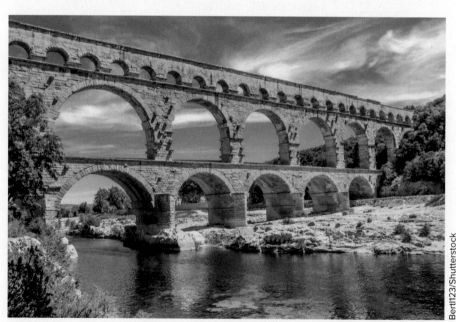

Qu'est-ce qu'on doit faire pour mieux (*better*) apprécier le patrimoine historique de la France comme le fameux pont du Gard, un pont-aqueduc romain en Occitanie?

LEÇON 4: PERSPECTIVES

Prononcez bien!

The vowel sound in *sculpture* (page 294)

A. Un bruit bizarre... Vous regardez la télévision avec Hugo quand vous entendez un bruit bizarre. Hugo vous rassure. Sélectionnez les phrases qu'il dit.

1. **a.** Tout va bien. C'est Pierre, notre voisin. Il a sûrement laissé tomber un objet.
   b. Tu vas bien. C'est Pierre, notre voisin. Il a sûrement laissé tomber un objet.

2. **a.** Il habite au-dessous de chez nous.
   b. Il habite au-dessus de chez nous.

3. **a.** Isabelle et moi, nous l'avons rencontré pendant notre cours l'année dernière.
   b. Isabelle et moi, nous l'avons rencontré pendant notre cure (*vacation at the hot springs*) l'année dernière.

4. **a.** C'est quelqu'un qui est très sourd (*deaf*). Alors, ne t'inquiète pas!
   b. C'est quelqu'un qui est très sûr (*reliable*). Alors, ne t'inquiète pas!

B. Des photos. Hugo vous montre les photos de ses vacances d'été. Jouez la scène suivante avec votre camarade de classe en faisant attention à la prononciation de [u] comme dans **vous** et de [y] comme dans **sculpture**.

VOUS: C'est qui ça?

HUGO: Ah, c'est Luc, mon cousin.

VOUS: Qu'est-ce qu'il a sur la figure (*face*)?

HUGO: Des gouttes (*drops*) de jus de prune (*plum*). Il faisait très chaud ce jour-là. Une vraie canicule (*heat wave*)! Nous avons beaucoup bu.

VOUS: Et sur cette photo, on dirait qu'il fume.

HUGO: Oui, mais il a arrêté récemment parce qu'il toussait (*was coughing*) beaucoup.

VOUS: Voilà une bonne nouvelle!

 **Lecture**

Identifying a text's logical structure. Being able to identify words that authors use to sequence their presentation of ideas, express cause or effect, or qualify an observation will facilitate your comprehension of a text's logical structure. For example, expressions such as **il y a longtemps, aujourd'hui, d'abord, puis, ensuite, enfin,** and **finalement** may be used to develop a timeline in a story or support a point of view.

To share the timing of an artistic development, an author might write:

> **Il y a bien longtemps**, les salles de cinéma portaient des noms enchanteurs: le Gloria, le Majestic, le Royal, l'Eldorado...
>
> **Aujourd'hui**, cette époque mythique est derrière nous.
>
> **D'abord**, c'est l'Américain Thomas Edison qui invente le kinétographe.
>
> **Puis** les Français Auguste et Louis Lumière créent le cinématographe.

Words like **cependant** (*however, nevertheless*) and **pourtant** (*yet*) qualify a preceding idea or express a reservation:

> **Cependant** il ne faut pas banaliser cette invention qu'on appelle le cinéma.
>
> Et **pourtant**, elle a été oubliée par l'industrie qu'elle a contribué à créer.

As you read, pay attention to these important words that express logical development, the timeline, and the relationship between ideas.

Auguste et Louis Lumière

Album/Alamy Stock Photo

Naissance° du cinéma: le septième art* *Birth*

Il y a bien longtemps, les salles de cinéma portaient des noms enchanteurs: le Gloria, le Majestic, le Royal, l'Eldorado... Quand on entrait dans un de ces temples de l'image animée, on pénétrait dans un monde de rêves et d'aventures.

Aujourd'hui, cette époque mythique est derrière nous. Les films sont des produits accessibles, projetés sur des écrans privés. Télévision, smartphone et tablette ont désacralisé[1] le cinéma, et on trouve naturel de consommer en toutes circonstances des reportages, des documentaires et des fictions. Cependant il ne faut pas banaliser[2] cette invention qu'on appelle le cinéma, miracle de technique et de génie qui a changé nos vies.

D'abord, c'est l'Américain Thomas Edison qui invente le kinétographe: une caméra réalise des vidéos qu'on regarde dans une boîte appelée kinétoscope. Puis les Français Auguste et Louis Lumière créent le cinématographe, une simple caméra capable d'enregistrer[3] des scènes vivantes puis de les projeter.

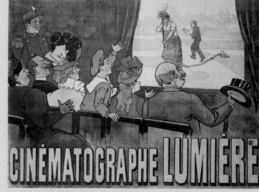

Inauguration publique des films des frères Lumière

De Agostini Editorial/Getty Images

[1]*demythologized* [2]*trivialize* [3]*record*

---

*The expression "le septième art" was coined by Franco-Italian critic Ricciotto Canudo in the 1920s. Canudo considered the six arts that predated cinema to be poetry, music, theater, the plastic arts (painting, sculpture, etc.), rhetoric, and dance.

28 décembre 1895: Au Salon Indien du Grand Café de Paris, première projection publique (et payante) du Cinématographe Lumière. Un triomphe! Le septième art est né, la grande famille du cinéma aussi.

Parmi les pionniers, Alice Guy-Blaché (1870–1968), occupe une place spéciale. On célèbre aujourd'hui cette créatrice française, première femme cinéaste du monde. En 2011, Martin Scorsese l'honore en ces termes: «Alice Guy était une réalisatrice exceptionnelle, d'une sensibilité rare, au regard incroyablement poétique et à l'instinct formidable [...]. Elle a écrit, dirigé et produit plus de mille films. Et pourtant, elle a été oubliée par l'industrie qu'elle a contribué à créer.»*

Partez à la découverte de cette réalisatrice talentueuse.

Alice Guy sur le tournage de *La Vie du Christ* en 1906

Pictorial Press Ltd/Alamy Stock Photo

COMPRÉHENSION

La naissance du 7ᵉ art. Répondez aux questions selon votre compréhension du texte.

1. Quelle image du septième art suggèrent les noms «le Gloria, le Majestic, le Royal, l'Eldorado»?
2. Pourquoi le cinéma est-il désacralisé aujourd'hui?
3. Pourquoi le 28 décembre 1895 est-elle une date importante pour le septième art?
4. Pour quelles raisons Alice Guy-Blaché nous fascine-t-elle?

📝 Écriture

The writing activities **Par écrit** and **Journal intime** can be found in the Workbook/Laboratory Manual to accompany *Vis-à-vis*.

▶️ Micro-trottoir

Au micro. Répondez aux questions suivantes à partir de votre point de vue personnel. Puis regardez la vidéo et comparez vos réponses à celles des gens interrogés.

1. Quels sont les musées qui vous attirent et pourquoi?
2. Est-ce que vous avez récemment assisté à un spectacle ou à un concert? Racontez-nous.
3. Est-ce que vous pratiquez la peinture, la musique ou le théâtre?

---

*Martin Scorsese, October 2011, on the occasion of presenting a special posthumous directorial award for lifetime achievement from the Directors Guild of America to Alice Guy-Blaché.

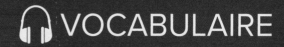

VOCABULAIRE

Verbes

emmener	to take someone along; to invite
peindre	to paint
poursuivre	to pursue
suivre	to follow; to take (*a course*)
vivre	to live

À REVOIR: **apporter, habiter**

Verbes suivis de l'infinitif

accepter de	to agree to; to consent to
aider (à)	to help (to)
arrêter (de)	to stop (*doing something*)
chercher à	to try to
commencer par	to begin by (*doing something*)
conseiller (de)	to advise (to)
continuer (à)	to continue (to)
décider (de)	to decide (to)
empêcher (de)	to prevent (from)
enseigner (à)	to teach (to)
essayer (de)	to try (to)
finir par	to end up (*doing something*)
permettre (de)	to permit, allow (to)
refuser (de)	to refuse (to)

À REVOIR: **aimer, aller, apprendre, choisir, demander, désirer, détester, devoir, espérer, falloir, oublier, penser, pouvoir, préférer, réussir, rêver, savoir, venir, vouloir**

Substantifs

l'acteur / l'actrice	actor
les arènes (*f. pl.*)	arena
l'artiste (*m., f.*)	artist
l'auteur / l'auteure dramatique	playwright
la cathédrale	cathedral
le chef-d'œuvre (*pl.* les chefs-d'œuvre)	masterpiece
le/la cinéaste	filmmaker
le comédien / la comédienne	stage actor
le compositeur / la compositrice	composer
l'écrivain / l'écrivaine	writer
l'époque (*f.*)	period (*of history*)
l'exposition (*f.*)	exhibit
le musicien / la musicienne	musician
l'œuvre (*f.*) (d'art)	work (of art)
le palais	palace
le patrimoine	legacy, heritage
le/la peintre	painter
la peinture	painting

la pièce de théâtre	play
le poème	poem
la poésie	poetry
le recueil	collection
le sculpteur / la sculptrice	sculptor
la sculpture	sculpture
le siècle	century
le tableau	painting
le théâtre	theater

À REVOIR: **le cinéma, la littérature, la musique, le roman**

Adjectifs

actif/active	active
absolu(e)	absolute
classique	classical
constant(e)	constant
courant(e)	common; standard
évident	evident, obvious
franc/franche	frank
gothique	Gothic
historique	historical
lent(e)	slow
magnifique	magnificent
malheureux/ malheureuse	unhappy; unfortunate
médiéval(e)	medieval
poli(e)	polite
rapide	fast, rapid
romain(e)	Roman

À REVOIR: **bon(ne), différent(e), heureux/heureuse, mauvais(e), vrai(e)**

Adverbes

activement	actively
absolument	absolutely
constamment	constantly
couramment	fluently
différemment	differently
évidemment	evidently, obviously
franchement	frankly
heureusement	fortunately
lentement	slowly
malheureusement	unfortunately
poliment	politely
rapidement	rapidly
récemment	recently
vraiment	really

À REVOIR: **après, beaucoup, bien, d'abord, enfin, ensuite, mal, parfois, peu, puis, souvent, très, trop, vite**

CHAPITRE 13
La vie quotidienne°

daily

Deux amoureux au soleil, en Corse

Dans ce chapitre...

OBJECTIFS COMMUNICATIFS

➤ talking about relationships, the human body, and daily life

➤ expressing actions

➤ reporting everyday events

➤ expressing reciprocal actions

➤ talking about the past

➤ giving commands

➤ learning to distinguish between and pronounce selected sounds in French

CULTURE

➤ Espaces francophones: *La Corse*

➤ Reportage: *Le système de santé français: Vive la Sécu!*

➤ Un petit plus: *Les Berbères*

➤ Lecture: «Je vis, je meurs»

La vie en couple

Ils se rencontrent en ligne ou dans la vie réelle.

Le début de relation: le premier rendez-vous

Ils tombent amoureux.

Les amoureux: le coup de foudre*

Ils ne s'entendent pas toujours.

Le couple en rupture: Parfois ils se disputent.

Peut-être qu'ils se fiancent...

Les fiancés: les fiançailles (f. pl.)

et ils se marient.

Les épouses: la cérémonie

Peut-être qu'ils s'installent ensemble.

Le compagnon / La compagne: la cohabitation

AUTRES MOTS UTILES	
divorcer	to divorce
se pacser	to enter into a civil union
l'amitié (f.)	friendship
le/la célibataire	single person
le voyage de noces	honeymoon

Allez-y!

A. Pour commencer... Quelles phrases de la colonne de droite correspondent aux étapes dans la vie d'un couple?

1. la rencontre
2. le coup de foudre
3. les rendez-vous
4. les fiançailles
5. la cérémonie
6. l'installation (*setting up house*)

a. Ils se marient.
b. Ils sortent ensemble.
c. Ils tombent amoureux.
d. Ils se rencontrent.
e. Ils s'installent.
f. Ils se fiancent.

---

love at first sight (lit., *flash of lightning*)

B. Conversation. Posez les questions suivantes à un/une camarade.

1. Est-ce que tu préfères sortir seul(e), avec un ami / une amie ou avec d'autres couples?
2. Selon toi, est-ce que les jeunes d'aujourd'hui tombent trop vite ou trop souvent amoureux?
3. Est-ce que tu crois au coup de foudre? Pourquoi ou pourquoi pas?
4. À ton avis, est-ce que tout le monde doit se marier? Pourquoi ou pourquoi pas? Si oui, à quel âge?

Le corps humain

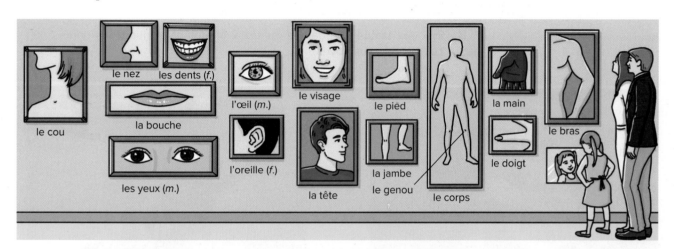

le nez — les dents (f.) — le visage — le pied — la main
le cou — la bouche — l'œil (m.) — le bras
l'oreille (f.) — la jambe — le doigt
les yeux (m.) — la tête — le genou — le corps

AUTRES MOTS UTILES	
avoir mal (à)	to hurt, have a pain (in)
J'ai mal à la tête.	My head hurts. (I have a headache.)
être malade	to be sick
le cœur	heart
le dos	back
la douleur	pain
la gorge	throat
la peine	sadness; heartache
la santé	health
le ventre	abdomen; stomach

🎧 Prononcez bien!

The vowels in *le* and *la*

Remember to make a clear distinction between [ə] in **le** and [a] in **la**. For **le**, pronounce a brief and tense sound while closing your mouth and rounding your lips. For **la**, open your mouth wide and stretch your lips in a semi-smile.

[ə]: **j̲e, n̲e, m̲e, d̲e**

[a]: **p̲assif, v̲a, ç̲a, m̲a**

Allez-y!

A. Exercice d'imagination. Où ont-ils mal? Répondez d'après le modèle.

MODÈLE: Il y a beaucoup de bruit chez Judith. →
Elle a mal à la tête / aux oreilles.

1. Vous portez des colis très lourds (*heavy*).
2. Les nouvelles chaussures d'Aurélien sont trop petites.
3. J'ai mangé trop de chocolat.
4. Vous apprenez à jouer de la guitare.
5. Anouk a marché (*walked*) très longtemps.
6. Julien a passé toute la nuit à regarder les étoiles.
7. Ils font du ski et il y a beaucoup de soleil.
8. Il fait extrêmement froid et vous n'avez pas de gants.
9. Aïcha va chez le dentiste.
10. Clément chante depuis deux heures.

B. Jeu des statues. Regardez les deux photos et identifiez les parties du corps que vous voyez.

La Liberté éclairant le monde, un cadeau du peuple français en signe d'amitié entre les deux nations

Mercure volant, de Jean Boulogne, au musée du Louvre

C. Devinettes. Pensez à une partie du corps et donnez-en une définition au reste de la classe. Vos camarades vont deviner de quelle partie il s'agit (*is being described*).

MODÈLE: Vous en avez une. On fait la bise avec cette partie du corps. →
C'est la bouche!

Les activités de la vie quotidienne

Ils se réveillent et ils se lèvent.

Ils se brossent les dents.

Il se rase et elle se maquille.

Ils s'habillent.

Ils se coiffent. / Ils se peignent.

Ils s'en vont.

Ils se couchent.

Ils s'endorment.

Allez-y!

A. Et votre journée? Décrivez votre journée en employant le vocabulaire des illustrations.

   MODÈLE: À _____ heures, je me _____. →
   À 7 h, je me réveille.*

B. Habitudes quotidiennes. Dites dans quelles circonstances on utilise les objets suivants.

   Vocabulaire utile: se brosser, se coiffer, se coucher, s'en aller, s'endormir, s'habiller, se lever, se maquiller, se peigner, se raser, se réveiller

   MODÈLE: une voiture → On utilise une voiture pour s'en aller.

   1. un réveil
   2. une brosse à dents et du dentifrice
   3. des vêtements
   4. un lit
   5. un peigne
   6. du rouge à lèvres (*lipstick*)
   7. un rasoir (*razor*)
   8. un pyjama

---

*The verbs introduced here are called *pronominal verbs*. To conjugate the **je** form of pronominal verbs, place the pronoun **me** before the first-person conjugation of the verb.

Bienvenue en Corse!

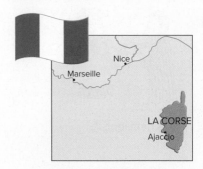

Pays: France

Statut: Collectivité territoriale unique

Habitants: Corses

Préfecture: Ajaccio

Langues: français, corse

Unité monétaire: euro

Fête nationale: 14 juillet

Un coup d'œil sur Ajaccio

Dans le département de la Corse-du-Sud, Ajaccio entretient le culte de Napoléon Bonaparte. Le musée national de la Maison Bonaparte, ancienne maison du futur empereur, nous fascine quand on pense au destin de l'enfant d'Ajaccio qui s'est dessiné entre ces murs. Et sur la place De Gaulle, une statue de Napoléon confirme qu'Ajaccio est bien une cité impériale.

Le port Tino-Rossi, un des deux ports de plaisance à Ajaccio

Mais si l'histoire donne son identité à Ajaccio, le charme de la cité s'explique par son climat méditerranéen, son environnement naturel entre mer et montagne, ses très belles plages de sable blanc et ses eaux bleues. Et dans la vieille ville, avec ses immeubles de couleur ocre et ses toits rouges, Ajaccio a un petit air d'Italie.

PORTRAIT **Napoléon Bonaparte (1769–1821)**

Général pendant la Révolution, puis Premier consul et empereur des Français (1804–1815), Napoléon Bonaparte a métamorphosé la France et l'Europe. Né en Corse dans une famille de petite noblesse, mort prisonnier des Anglais à l'âge de 51 ans à l'île de Sainte- Hélène, il a créé puis perdu un empire.

Ce génie militaire n'avait peur de rien. Comme tous les conquérants, il a obtenu de grandes victoires: Marengo (1800), Austerlitz (1805), Friedland (1807), Wagram (1809). Mais il a connu des défaites terribles pendant la campagne de Russie (1812) et à Waterloo contre l'Angleterre et la Prusse (1815).

Présent sur tous les fronts, Napoléon a façonné[1] les institutions juridiques et administratives de la France. Son héritage est énorme: le Code civil, les départements, la Légion d'honneur, les lycées, la Banque de France... La liste est interminable. Mais dans l'inventaire de ses actions, le décret du 20 mai 1802 qui rétablit l'esclavage[2] aboli[3] pendant la Révolution discrédite sa légende et nourrit une controverse parmi les historiens.

Bonaparte au pont d'Arcole (1796), un tableau d'Antoine-Jean Gros représentant le général pendant la campagne d'Italie

[1]*shaped* [2]*slavery* [3]*abolished*

Les verbes pronominaux (*première partie*)

Expressing Actions

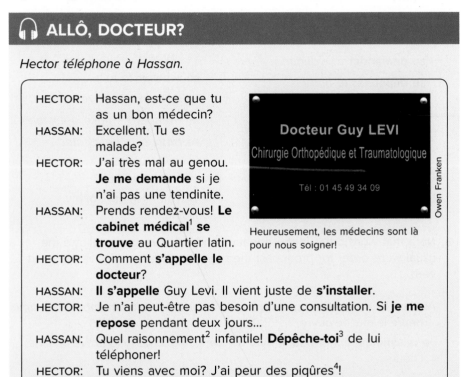

🎧 ALLÔ, DOCTEUR?

Hector téléphone à Hassan.

HECTOR:	Hassan, est-ce que tu as un bon médecin?
HASSAN:	Excellent. Tu es malade?
HECTOR:	J'ai très mal au genou. **Je me demande** si je n'ai pas une tendinite.
HASSAN:	Prends rendez-vous! **Le cabinet médical**[1] **se trouve** au Quartier latin.
HECTOR:	Comment **s'appelle le docteur**?
HASSAN:	**Il s'appelle** Guy Levi. Il vient juste de **s'installer**.
HECTOR:	Je n'ai peut-être pas besoin d'une consultation. Si **je me repose** pendant deux jours...
HASSAN:	Quel raisonnement[2] infantile! **Dépêche-toi**[3] de lui téléphoner!
HECTOR:	Tu viens avec moi? J'ai peur des piqûres[4]!

Docteur Guy LEVI
Chirurgie Orthopédique et Traumatologique
Tél : 01 45 49 34 09

Heureusement, les médecins sont là pour nous soigner!

Owen Franken

[1]*Le... The doctor's office*   [2]*reasoning*   [3]*Hurry up*   [4]*injections*

Trouvez, dans le dialogue, les phrases qui répondent aux questions suivantes.

1. Quelle question se pose Hector (*does Hector ask himself*)?
2. Où est situé le cabinet médical?
3. Quel est le nom du docteur?
4. Est-ce que le médecin est dans le quartier depuis longtemps?
5. Hector ne veut pas voir le docteur. Quelle est sa solution? Que dit-il?
6. Qu'est-ce qu'Hassan ordonne (*recommend*) à Hector?

Certain French verbs are conjugated with an object pronoun in addition to the subject; consequently, they are called *pronominal verbs* (**les verbes pronominaux**). The object pronoun agrees with the subject of the verb. **Se reposer** (*To rest*) and **s'amuser** (*to have fun*) are two pronominal verbs.

se reposer				s'amuser			
je	**me** repose	nous	**nous** reposons	je	**m'**amuse	nous	**nous** amusons
tu	**te** reposes	vous	**vous** reposez	tu	**t'**amuses	vous	**vous** amusez
il/elle/on	**se** repose	ils/elles	**se** reposent	il/elle/on	**s'**amuse	ils/elles	**s'**amusent

—Est-ce que tu **t'amuses** en général avec tes grands-parents?

—Oui, on **s'amuse** bien ensemble.

Do you usually have fun with your grandparents?

Yes, we have a good time together.

1. Note that the object pronouns **me, te,** and **se** become **m', t',** and **s'** before a vowel or a nonaspirate **h.**

2. Common pronominal verbs include:

s'amuser *to have fun*	**s'excuser** *to apologize*
s'appeler *to be named*	**s'installer** *to settle down, settle in*
s'arrêter *to stop*	
se demander *to wonder*	**se rappeler** *to remember*
se dépêcher *to hurry*	**se reposer** *to rest*
se détendre *to relax*	**se souvenir de** *to remember*
s'entendre (avec) *to get along (with)*	**se tromper** *to make a mistake*
	se trouver *to be located*

Où **se trouve** l'arrêt d'autobus?

L'autobus **s'arrête** devant mon immeuble.

Where is the bus stop?

The bus stops in front of my building.

3. Note that word order in the negative and infinitive forms follows the usual word order for pronouns: the object pronoun precedes the main verb.

Antoine ne **se souvient** pas à quelle heure le musée ouvre.

Je vais **me dépêcher** pour arriver à l'heure.

Antoine doesn't remember what time the museum opens.

I'm going to hurry to arrive on time.

Allez-y!

A. **Questions d'amour.** Trouvez dans la colonne de droite une réponse logique aux phrases de la colonne de gauche.

1. Je dis que le mariage précède les fiançailles.
2. Demain c'est l'anniversaire de ma femme et je n'ai encore rien acheté.
3. Arthur et moi, nous nous disputons tout le temps. Nous travaillons trop et ne nous amusons jamais.
4. Quelle est la date de l'anniversaire de mariage de vos parents?
5. Toi et moi, nous aimons les mêmes choses! Nous ne nous disputons presque jamais.

a. Désolé(e), mais je ne m'en souviens plus.
b. Tu te trompes!
c. Oui, nous nous entendons bien.
d. Je me demande pourquoi tu n'y as pas pensé!
e. Il faut vous arrêter pour respirer un peu. Prenez le temps de vivre!

B. Départ à la hâte. C'est l'heure de partir pour Ajaccio, en Corse, mais vous avez un petit problème. Remplacez l'expression en italique par un des verbes pronominaux suivants: **se demander, se dépêcher, se rappeler, se tromper, se trouver.**

Où *est*[1] mon sac à dos? Je ne *me souviens*[2] plus où je l'ai mis. En plus, je dois *faire vite*,[3] je suis en retard. Mais je ne peux pas aller à Ajaccio sans mon appareil photo. Je *veux savoir*[4] si Jules l'a mis dans sa valise. Il peut facilement *faire une erreur*[5] quand il est en retard.

C. Trouvez quelqu'un qui... Circulez dans la classe pour trouver quelqu'un qui fait une des activités suivantes. Ensuite, trouvez quelqu'un qui fait l'activité suivante et ainsi de suite (*so on*).

1. veut s'installer à l'étranger
2. se souvient de son premier jour de classe à l'université
3. se trompe souvent dans ses calculs
4. se détend en regardant (*while watching*) des matchs de foot
5. s'entend bien avec ses frères ou ses sœurs
6. se repose en écoutant (*while listening*) de la musique classique
7. s'arrête tous les jours au café
8. se rappelle son meilleur ami / sa meilleure amie à l'école primaire

Les verbes pronominaux (*deuxième partie*)

Reporting Everyday Events

🎧 TOUT VA BIEN!

Léa téléphone à Hector.

LÉA: Alors Hector, **tu te sens**[1] mieux?

HECTOR: **Je me sens** très bien; je suis presque guéri[2]!

LÉA: Tu vois: parfois, **on se repose** pendant 24 heures et hop! **La douleur s'en va**!

Un anti-inflammatoire pour guérir Hector

HECTOR: **Tu te trompes. Se détendre** ne suffit pas.[3] J'ai eu une piqûre de cortisone dans le genou... terrible... abominable!

LÉA: Oh! Pauvre Hector! Mais tu peux marcher[4] maintenant?

HECTOR: Je peux marcher, courir[5] et danser!

LÉA: Alors, on va **se promener**[6] ce soir?

[1]te... *feel* [2]*cured* [3]ne... *isn't enough* [4]*walk* [5]*run* [6]se... *to take a walk*

Répondez aux questions selon le dialogue.

1. Hector se sent mieux?
2. Selon Léa, que faut-il faire pendant 24 heures pour aller mieux?
3. Selon Léa, après 24 heures de repos, qu'arrive-t-il?
4. Est-ce qu'Hector pense que Léa a raison ou qu'elle se trompe?
5. Quelle est la théorie d'Hector?
6. Que propose Léa?

Reflexive Pronominal Verbs

1. In reflexive constructions, the action of the verb reflects or refers back to the subject: *The child dressed **himself**. Did you hurt **yourself**? She talks to **herself**.* In these examples, the subject and the object are the same person. In French, common reflexive pronominal verbs include:

se baigner *to bathe; to swim*	**se lever** *to get up*
se brosser *to brush*	**se maquiller** *to put on makeup*
se coiffer *to do one's hair*	**se peigner** *to comb one's hair*
se coucher *to go to bed*	**se raser** *to shave*
se doucher *to take a shower*	**se regarder** *to look at oneself*
s'habiller *to get dressed*	**se réveiller** *to wake up*
se laver *to wash oneself*	**se sentir** *to feel*

Zoé **se réveille** à 6 h.   *Zoé wakes up at 6:00.*

Théo **se douche** et **se rase** pendant que Sarah **se maquille**.   *Théo showers and shaves while Sarah puts on makeup.*

2. Most reflexive pronominal verbs can also be used nonreflexively.

Aujourd'hui, Théo **lave** la voiture.   *Today, Théo is washing his car.*

Le bruit **réveille** tout le monde.   *The noise wakes everyone up.*

3. Some reflexive pronominal verbs can have two objects, one direct and one indirect; this frequently occurs with the verbs **se brosser** and **se laver** plus a part of the body. The definite article—not the possessive adjective, as in English—is used with the part of the body.

Lisa se brosse **les** dents.   *Lisa is brushing her teeth.*

Je me lave **les** mains.   *I'm washing my hands.*

Mon dentifrice, c'est du Docteur Pierre. Et le vôtre?

Idiomatic Pronominal Verbs

When certain verbs are used with reflexive pronouns, their meaning changes.

aller to go	→	**s'en aller** to go away
appeler to call	→	**s'appeler** to be named
demander to ask	→	**se demander** to wonder
endormir to put to sleep	→	**s'endormir** to fall asleep
ennuyer* to bother	→	**s'ennuyer** to be bored
entendre to hear	→	**s'entendre** to get along
fâcher to make angry	→	**se fâcher** to get angry
installer to install	→	**s'installer** to settle in (to a new house)
mettre to place, put	→	**se mettre à** to begin
perdre to lose	→	**se perdre** to get lost
promener to (take for a) walk	→	**se promener** to take a walk
tromper to deceive	→	**se tromper** to be mistaken
trouver to find	→	**se trouver** to be located

Mots clés

Vous parlez français?

You are now at a point where you can answer this question with something else besides **Un peu.** Here are some suggestions:

Je me débrouille. (*I can get by.*)

Oui, couramment.

Bien sûr! Je suis bilingue.

Les jeunes mariés **s'en vont** en voyage de noces.	*The newlyweds are going away on their honeymoon trip.*
Après cela, Véronique va **se mettre à** chercher un appartement.	*Afterward, Véronique is going to start looking for an apartment.*
Tu **te trompes**! Elle en a déjà trouvé un.	*You're wrong! She's already found one.*
Où est-ce qu'il **se trouve**?	*Where is it?*

Allez-y!

Lina

A. La routine. Que font les membres de la famille Duteil?

  MODÈLE: Lina se lave les mains.

Le matin...

1.

Papy

2.

Wolfgang

3.

Mme Duteil

4.
M. Duteil

---

*conjugated like **envoyer**; see **Chapitre 10, Leçon 1**

Plus tard...

5.  Jules

6.  M. Duteil

7.  Lina

8.  Wolfgang

Et vous, parmi ces activités, lesquelles faites-vous régulièrement?

B. Habitudes matinales. Chez vous, qui a les habitudes suivantes? Faites des phrases complètes. Puis comparez leurs habitudes aux vôtres (*to yours*). Commencez par «Moi aussi, je... » ou «Mais moi, je... ».

mon père	se regarder longtemps dans le miroir
mon mère	se lever souvent du pied gauche*
ma sœur	se réveiller toujours très tôt
mon frère	s'habiller rapidement/lentement
...	se maquiller / se raser très vite
	se préparer à la dernière minute
	s'en aller sans prendre de petit déjeuner
	se laver les cheveux tous les jours
	se fâcher quand il n'y a plus de lait
	se tromper de chaussures

C. Synonymes. Racontez l'histoire suivante. Remplacez l'expression en italique par un verbe pronominal.

À 7 h du matin, Sylvie *ouvre les yeux*,[1] elle *sort de son lit*,[2] *fait sa toilette*[3] (*washes*) et *met ses vêtements*.[4] À 8 h, elle *quitte la maison*.[5] Au travail, elle *commence à*[6] parler au téléphone. Sylvie *finit de*[7] travailler vers 18 h; elle *fait une promenade*[8] et parfois ses amies et elle vont *nager*[9] à la piscine. Le soir, elle *va au lit*[10] et elle *trouve le sommeil*[11] très vite!

D. Interview. Interrogez un/une camarade sur une de ses journées typiques à l'université. Posez-lui des questions avec les verbes **se réveiller, s'habiller, se dépêcher, s'en aller, s'amuser, s'ennuyer, se reposer, se promener** et **se coucher.** Ensuite, comparez votre journée et celle de votre camarade et présentez les résultats à la classe.

E. Vos habitudes. Comparez vos habitudes avec celles de vos camarades. Trouvez quelqu'un qui...

1. se lève dix minutes avant de partir
2. s'en va sans prendre de petit déjeuner
3. se réveille avant 10 h
4. se lève souvent du pied gauche
5. se promène souvent le soir
6. se douche avant de se coucher
7. se couche souvent après minuit
8. a souvent du mal à[†] s'endormir

---

*Se lever du pied gauche** is the equivalent of *to get up on the wrong side of the bed.*
[†]**Avoir du mal à** means *to have difficulty* (*doing something*). It should not be confused with **avoir mal à,** meaning *to have an ache or pain* (*in a part of the body*).

Le système de santé français:
Vive la Sécu!*

En France, toutes les personnes qui travaillent bénéficient de l'Assurance Maladie, système officiellement créé en 1945. Leurs cotisations sociales et une contribution sociale généralisée (la CSG)[1] financent le système. Aujourd'hui, il suffit même de vivre en France depuis six mois pour être éligible.

J'ai mal à la gorge? Je consulte mon médecin généraliste: 25 euros. C'est le prix déterminé par l'Assurance Maladie. Pendant la visite, je fais deux choses: je paie la consultation et je présente au médecin ma Carte Vitale. Avec cette carte qui porte mon nom, mon numéro de sécurité sociale et ma photo, je serai automatiquement remboursée en une semaine (70 % des honoraires). Si j'ai une «mutuelle» (assurance complémentaire), elle va rembourser le complément.

Un système de soin[2] remarquable et généreux, des médecins de haut niveau: les Français sont satisfaits de l'Assurance Maladie. Ils apprécient aussi certains services: le SAMU (service d'aide médicale urgente), qui intervient en véhicule médicalisé quand on appelle le 15; Ameli, le site officiel de l'Assurance Maladie en ligne (ameli.fr); Doctolib pour choisir un professionnel de santé et prendre rendez-vous en ligne en quelques clics; et SOS médecins, avec les médecins qui viennent chez vous, 24 h/24 et 7 j/7.

La Carte Vitale: un passeport pour la santé

Pixavril/Alamy Stock Photo

Sans oublier Médecins sans frontières: cette association humanitaire internationale créée à Paris en 1971 apporte une assistance médicale gratuite aux populations vulnérables dans le monde. Car la France a un principe: chaque être humain, riche ou pauvre, doit avoir accès à une médecine de qualité.

[1]cotisations... *employment-based taxes and a general tax on income/revenue to fund family benefits, health insurance, and unemployment benefits*   [2]*care*

VOUS COMPRENEZ?

1. Qui est éligible au système de l'Assurance Maladie française?
2. Qu'est-ce que la Carte Vitale?
3. Quel service propose la plateforme Doctolib?
4. Quelle est la particularité de SOS médecins?
5. À quel idéal répond l'association Médecins sans frontières?

---

*Assurance Maladie is part of the social security system in France, generally referred to as "la Sécu" when speaking of healthcare.

Les verbes pronominaux (*troisième partie*)

Expressing Reciprocal Actions

 L'AMOUR FOU

Poema contacte Alexis par messagerie instantanée.

 POEMA: Qu'est-ce que tu penses du mariage, Alexis?

 ALEXIS: **On se rencontre,** on a le coup de foudre, **on se marie** et **on se quitte**...

 POEMA: Quel cynisme! Il y a pourtant* des couples éternels...

 ALEXIS: Ah oui, dans les romans: Tristan et Yseult, Roméo et Juliette...

 POEMA: Écoute, ma sœur et mon beau-frère sont mariés depuis huit ans. **Ils s'adorent** comme au premier jour.

 ALEXIS: Vraiment? Ils ne **se disputent** jamais?

 POEMA: **Ils se disputent**, comme tout le monde. Mais **ils se réconcilient**. Parce qu'**ils s'aiment**.

 ALEXIS: Parlons-en dans dix ans...

*nevertheless

Répondez aux questions en utilisant les verbes du dialogue.

1. Que pense Alexis du mariage?
2. Que dit Poema sur la relation amoureuse de sa sœur et de son beau-frère?

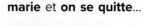

The plural reflexive pronouns **nous, vous,** and **se** can be used to show that an action is reciprocal or mutual in which two or more subjects interact. Almost any verb that can take a direct or indirect object can be used reciprocally with **nous, vous,** and **se.**

Ils **se** rencontrent par hasard.	*They meet by chance.*
Ils **s'**aiment.	*They love each other.*
Allons-nous **nous** téléphoner demain?	*Are we going to phone each other tomorrow?*
Vous ne **vous** quittez jamais.	*You are inseparable (never leave each other).*
Vous **vous** disputez souvent?	*Do you argue often?*

Allez-y!

A. Une amitié sincère. Mme Chabot raconte l'amitié qui unit sa famille à la famille Marnier. Complétez son histoire au présent.

Éva Marnier et moi, nous _____¹ depuis plus de quinze ans. Nous _____² tous les jours et nous parlons longtemps. Nous _____³ souvent en ville. Quand nous partons en voyage, nous _____⁴ des cartes postales.

    Nos maris _____⁵ aussi très bien. Nos enfants _____⁶ surtout pendant les vacances quand ils jouent ensemble. Parfois ils _____,⁷ mais comme ils _____⁸ bien, ils oublient vite leurs désaccords (*disagreements*).

s'aimer
se connaître
se disputer
s'écrire
s'entendre
se rencontrer
se téléphoner
se voir

B. Une brève rencontre. Racontez au présent l'histoire un peu triste d'un jeune homme et d'une jeune fille qui ne forment pas le couple idéal. Ajoutez des détails intéressants en disant quand et où quelques actions ont lieu.

MODÈLE: se voir → Ils se voient un dimanche matin (au jardin du Luxembourg, à l'Opéra-Garnier, à la gare de Lyon)...

1. se voir
2. se rencontrer
3. se donner rendez-vous
4. se téléphoner
5. s'envoyer des mails souvent
6. se revoir
7. se disputer
8. (ne plus) s'entendre
9. se détester
10. se quitter

C. Rapports familiaux. Posez les questions suivantes à un/une camarade de classe.

1. Avec qui est-ce que tu t'entends bien dans ta famille?
2. Tes parents et toi, quand est-ce que vous vous téléphonez?
3. Tes frères et sœurs et toi, combien de fois par semaine, par mois, par an est-ce que vous vous voyez?
4. Est-ce que tu te disputes souvent avec tes frères et tes sœurs? Quand et pourquoi vous disputez-vous?
5. Tes cousins et toi, est-ce que vous vous connaissez bien? Pourquoi ou pourquoi pas?

Les verbes pronominaux (*quatrième partie*)

Talking About the Past and Giving Commands

🎧 DES PETITS MOTS D'AMOUR

Appel vidéo entre Charlotte et Juliette

> CHARLOTTE: Tu es mariée, Juliette?
> JULIETTE: Non. Et je ne suis même pas amoureuse!
> CHARLOTTE: Moi, **je me suis mariée** il y a dix ans... J'avais 20 ans!
> JULIETTE: **Vous vous êtes rencontrés** à la fac?
> CHARLOTTE: **On s'est rencontrés** à la bibliothèque.
> JULIETTE: **Vous vous êtes aimés** tout de suite?
> CHARLOTTE: Pas du tout. **Ne t'imagine pas** que nous avons eu le coup de foudre! Je le trouvais prétentieux et autoritaire!
> JULIETTE: Et alors, comment **ça s'est passé?**
> CHARLOTTE: C'est inexplicable: **nous nous sommes** tellement **détestés** que nous avons fini par nous aimer!
> JULIETTE: Ce sont les paradoxes de l'amour...

Répondez aux questions suivantes.

1. À quel âge Charlotte s'est-elle mariée?
2. Où Charlotte et son futur mari se sont-ils rencontrés?
3. Est-ce qu'ils se sont aimés tout de suite?

Passé composé of Pronominal Verbs

1. All pronominal verbs are conjugated with **être** in the **passé composé.** The past participle agrees with the reflexive pronoun in number and gender when the pronoun is the *direct* object of the verb.

PASSÉ COMPOSÉ OF **se baigner**			
je	**me** suis baign**é(e)**	nous	**nous** sommes baign**é(e)s**
tu	**t'**es baign**é(e)**	vous	**vous** êtes baign**é(e)(s)**
il	**s'**est baign**é**	ils	**se** sont baign**és**
elle	**s'**est baign**ée**	elles	**se** sont baign**ées**
on	**s'**est baign**é(e)(s)**		

Nous **nous sommes mariés** en octobre.	*We got married in October.*
Vos parents **se sont fâchés?**	*Did your parents get angry?*
Vous ne **vous êtes** pas **vus** depuis Noël?	*You haven't seen each other since Christmas?*

2. Here are some of the more common pronominal verbs whose past participles do not agree with the pronoun: **se demander, se dire, s'écrire, s'envoyer, se parler, se téléphoner.** The reflexive pronoun of these verbs is *indirect* (**demander à, parler à,** and so on).

Elles se sont **envoyé** des textos.	*They sent text messages to each other.*
Ils se sont **téléphoné** hier soir?	*Did they phone each other last night?*
Vous êtes-vous **dit** bonjour?	*Did you say hello to each other?*

[Allez-y! A-B-D]

Imperative of Pronominal Verbs

Reflexive pronouns follow the rules for the placement of object pronouns. In the affirmative imperative, they follow and are attached to the verb with a hyphen; **toi** is used instead of **te.** In the negative imperative, reflexive pronouns precede the verb.

AFFIRMATIVE		NEGATIVE	
Lève-**toi.**	*Get up.*	Ne **te** lève pas.	*Don't get up.*
Dépêchons-**nous.**	*Let's hurry.*	Ne **nous** dépêchons pas.	*Let's not hurry.*
Habillez-**vous.**	*Get dressed.*	Ne **vous** habillez pas.	*Don't get dressed.*

[Allez-y! C]

Allez-y!

A. Avant la soirée. Hier, il y avait une fête à la Maison des Jeunes (*youth center*). Décrivez les activités de ces jeunes gens. Faites des phrases complètes au passé composé.

> **MODÈLE:** Fabien / se raser / avant de partir →
> Fabien s'est rasé avant de partir.

1. Fabrice / s'habiller / avec soin (*care*)
2. Christine et toi, vous / se reposer
3. Nadia et Thomas / s'amuser / à écouter de la musique
4. Sylvie / s'endormir / sur le canapé
5. David et moi, nous / s'installer / devant la télévision
6. je / se promener / dans le jardin

B. Souvenirs. Rebecca retrouve un vieil album photos. Lisez son histoire, puis racontez-la au passé composé.

> **MODÈLE:** Rebecca s'interroge sur son passé. →
> Rebecca s'est interrogée sur son passé.

1. Elle s'installe pour regarder son album photos.
2. Elle s'arrête à la première page.
3. Elle se souvient de son premier amour.
4. Elle ne se souvient pas de son nom.
5. Elle se trompe de personne.
6. Elle se demande où il est aujourd'hui.
7. Elle s'endort sur l'album photos.

Dire à quelqu'un de partir

When you want to tell someone in a firm way that he/she should leave, use the following expression.

Va-t'en!	*Go away! Get*
(Allez-	*out of here!*
vous-en!)	

C. Un rendez-vous difficile. Bruno a rendez-vous avec quelqu'un qu'il ne connaît pas. Il est très nerveux. Donnez-lui des conseils et utilisez l'impératif.

> **MODÈLE:** Je ne *me suis* pas encore *préparé.* (vite) →
> Prépare-toi vite!

1. À quelle heure est-ce que je dois *me réveiller*? (à 5 h)
2. Je n'ai pas envie de *m'habiller.* (tout de suite)
3. Je ne *me souviens* pas de la rue. (rue Mirabeau)
4. J'ai peur de *me tromper.* (ne... pas)
5. Je dois *m'en aller* à 6 h. (maintenant)

Maintenant, utilisez **vous.**

> **MODÈLE:** Je ne *me suis* pas encore *préparé.* (vite) →
> Préparez-vous vite!

D. Tête-à-tête. Posez les questions suivantes à un/une camarade. Ensuite, faites une observation intéressante sur votre camarade.

1. Est-ce que tu t'entends bien avec tes amis? avec tes professeurs? avec tes camarades de chambre? (Si votre camarade ne s'entend pas bien avec eux, demandez-lui pourquoi.)
2. Tu as déjà rencontré une personne qui t'a beaucoup impressionné(e)? Comment s'appelle cette personne? De quels traits physiques (yeux, visage, cheveux, taille, etc.) te souviens-tu?
3. Est-ce que tu te rappelles le moment où tu es tombé(e) amoureux/amoureuse pour la première fois? C'était à quel âge, et avec qui? Ça a été le coup de foudre? C'était l'amour?
4. Tu veux te marier un jour? À quel âge? Où est-ce que tu veux t'installer avec ton mari (ta femme)?

Un petit plus...

Les Berbères

Depuis plus de 5 000 ans, les Berbères, groupe ethnique d'Afrique du Nord, sont présents au Maroc, en Algérie, en Tunisie et en Libye. Dans leur langue d'origine, ils se nomment «Amazigh» ou «Imazighen», «hommes libres». Leur hospitalité est légendaire; leurs superbes bijoux (*jewelry*) artisanaux témoignent d'un riche héritage ancestral.

Dans cette communauté très attachée à ses traditions, la coutume du henné est un symbole culturel fort: la veille (*day before*) d'un mariage, les mains et les pieds de la mariée sont artistiquement tatoués avec du henné, une teinture naturelle à base de plantes. Par cette cérémonie, on promet au jeune couple bonheur (*happiness*) et fécondité, on officialise le nouveau statut de la fiancée: elle est une épouse!

Un mariage berbère en costume traditionnel à Ouarzazate, au Maroc. Comparez-le aux fêtes de mariage nord-américaines.

Yavuz Sarıyıldız/Shutterstock

Prononcez bien!

The vowels in *le* and *la* (page 321)

A. Mariage. Hugo est allé à un mariage ce week-end. Il montre les photos à Isabelle. Écoutez ce qu'ils disent et choisissez l'option appropriée.

ISABELLE: Oh! _____¹ a l'air très jeune!

HUGO: Oui, _____² aussi: Ils ont tous les deux 22 ans.

ISABELLE: Qui est cette personne?

HUGO: C'est _____³ de l'ami(e) de mon frère.

ISABELLE: Et où est _____⁴?

HUGO: Là… Ça, c'est une photo de tous les célibataires qui étaient au mariage. _____⁵ à gauche des mariés a rencontré _____⁶ à leur droite. Ça a été le coup de foudre. Ah! Il y avait beaucoup d'amour dans l'air ce jour-là!

1. a. La mariée   **b.** Le marié

2. a. la mariée   **b.** le marié

3. a. la fiancée   **b.** le fiancé

4. a. la fiancée   **b.** le fiancé

5. a. La célibataire   **b.** Le célibataire

6. a. la célibataire   **b.** le célibataire

B. Le jeu de la description. Vous êtes chez le médecin avec votre ami(e). Sur les murs, il y a des dessins représentant des personnes avec des traits physiques particuliers. Complétez les phrases suivantes à voix haute en utilisant les articles **le** ou **la** et les parties du corps. Faites bien attention à la forme des adjectifs. Votre camarade va identifier le dessin que vous décrivez.

a.

c.

b.

d.

1. La personne dans ce dessin a _____ plat(e) (*flat*) et _____ très rond(e).

2. La personne dans ce dessin a _____ pointu et _____ pulpeux/pulpeuses (*voluptuous*).

3. La personne dans ce dessin a _____ très long(ue) et _____ très large (*wide*).

4. La personne dans ce dessin a _____ souriant(e) (*smiling*) et _____ large.

 # Lecture

AVANT DE LIRE

Reading poetry (Part 2). Poetry sometimes remains popular for decades or even centuries. One reason is that it is often based on universal emotions such as happiness, sadness, love, sorrow, jealousy, fear, anger, or pain. Effective poetry engages the reader emotionally and often articulates one of these inner feelings. Poets use different methods to create the impact of their poems; identifying these methods by looking closely at the structure and narrative style of a poem can help you better understand the text.

In this 16th-century poem, Louise Labé uses contrast and opposites to create a feeling of confusion and lack of control over the emotions of the narrator. This reading is presented as originally written; however, with the help of the following exercise, you should be able to determine the modern equivalents of the contrasting emotions and emotional states presented within the poem.

1. First, identify the opposing feelings in a modern rendition of the first line:

   Je vis, je meurs; je me brûle et me noie.

   You know that **je vis** means *I live*. What does the second phrase (**je meurs**) mean? The final phrase in the first line (**je me noie**) means *I drown*. Can you guess what **je me brûle** means?

2. Next, find the following lines in the French text, complete each sentence in modern French, and give the meaning of each pair of opposites in English.

   J'ai chaud extrême en endurant _____.

   Pour moi, la vie est trop molle et trop _____.

   Je _____ et je larmoie (*cry*).

   Je _____ et je verdoie (*bloom*).

As you read the poem several times, continue to explore the words that have opposite meanings and, with a classmate, discuss the tension they create.

«Je vis, je meurs°»

die

Je vis, je meurs: je me brule et me noye.
J'ay chaut estreme en endurant froidure:
La vie m'est et trop molle et trop dure.
J'ay grans ennuis entremeslez[1] de joye.

Tout à un coup[2] je ris et je larmoye,
Et en plaisir maint[3] grief tourment j'endure:
Mon bien s'en va, et à jamais il dure:
Tout en un coup je seiche et je verdoye.

Ainsi Amour inconstamment me meine[4]:
Et quand je pense avoir plus de douleur,
Sans y penser je me treuve hors de[5] peine.

Puis quand je croy ma joye estre certeine,
Et estre au haut de mon desiré heur,[6]
Il me remet[7] en mon premier malheur.

[1]*intermingled*   [2]*Tout... All of a sudden*   [3]*many a*   [4]*inconstamment... inconsistently leads me*
[5]*hors... beyond*   [6]*good fortune*   [7]*me... sends me back*

The Picture Art Collection/Alamy Stock Photo

Un portrait gravé de Louise Labé en 1555, l'année de la publication de ses *Œuvres*

Je vis, je meurs. Répondez aux questions et justifiez votre point de vue en citant des extraits du poème.

1. À votre avis, à qui le pronom «je» fait-il référence? Justifiez votre réponse.
2. Quels sont les sentiments dominants dans ce sonnet? Citez le poème.
3. Relevez une ou deux antithèses (*opposites*): pourquoi sont-elles si nombreuses et que révèlent-elles de la situation où se trouve la personne qui s'exprime?
4. Quel vers (*line*) préférez-vous? Pour quelle raison?

▤ Écriture

The writing activities **Par écrit** and **Journal intime** can be found in the Workbook/Laboratory Manual to accompany *Vis-à-vis*.

▶ Micro-trottoir

Au micro. Répondez aux questions suivantes à partir de votre point de vue personnel. Puis regardez la vidéo et comparez vos réponses à celles des gens interrogés.

1. Sur quels sites trouvez-vous de bonnes affaires? Quelle est votre dernière bonne affaire?
2. Quels produits préférez-vous acheter en magasin plutôt qu'en ligne?
3. Est-ce que les avis de consommateurs vous influencent? De quelle manière?
4. Quels problèmes peut poser un achat en ligne?

Verbes

s'amuser (à)	to have fun
s'appeler	to be named
s'arrêter	to stop
avoir mal (à)	to have pain; to hurt (in)
se baigner	to bathe; to swim
se brosser (les cheveux, les dents)	to brush (one's hair, one's teeth)
se coiffer	to do one's hair
se coucher	to go to bed
se débrouiller	to get by; to manage
se demander	to wonder
se dépêcher	to hurry
se détendre	to relax
se disputer	to argue
divorcer	to divorce
se doucher	to take a shower
s'en aller	to go away; to go off (to work)
s'endormir	to fall asleep
s'ennuyer	to be bored
s'entendre (avec)	to get along (with)
s'excuser	to apologize
se fâcher	to get angry
se fiancer	to get engaged
s'habiller	to get dressed
s'installer	to settle down; to settle in
se laver	to wash oneself
se lever	to get up
se maquiller	to put on makeup
se marier (avec)	to get married (to)
se mettre à (+ inf.)	to begin to (do something)
se pacser	to enter into a civil union
se peigner	to comb one's hair
se perdre	to get lost
se préparer	to get ready
se promener	to take a walk
se rappeler	to remember
se raser	to shave
se regarder	to look at oneself, at each other
se rencontrer	to meet
se reposer	to rest
se réveiller	to awaken, wake up
se souvenir de	to remember
tomber amoureux/ amoureuse (de)	to fall in love (with)
se tromper	to make a mistake

Substantifs

l'amitié (f.)	friendship
l'amour (m.)	love
l'amoureux / l'amoureuse	lover, sweetheart
la bouche	mouth
le bras	arm
la brosse	brush
... à cheveux	hairbrush
... à dents	toothbrush
le/la célibataire	single person
la cérémonie	ceremony
le cœur	heart
le compagnon / la compagne	partner; spouse
le corps	body
le cou	neck
le coup de foudre	flash of lightning; love at first sight
le couple	(engaged, married) couple
la dent	tooth
le dentifrice	toothpaste
le doigt	finger
le dos	back
la douleur	pain
l'époux / l'épouse	spouse
les fiançailles (f. pl.)	engagement
les fiancés/fiancées	engaged couple
le genou	knee
la gorge	throat
la jambe	leg
la main	hand
le mariage	marriage
le marié / la mariée	groom/bride
le nez	nose
l'œil (m.) (les yeux)	eye(s)
l'oreille (f.)	ear
le peigne	comb
la peine	sadness; heartache
le pied	foot
la piqûre	injection, shot
la rencontre	meeting, encounter
le rendez-vous	date
la santé	health
la tête	head
le ventre	abdomen; stomach
le visage	face
le voyage de noces	honeymoon

À REVOIR: les cheveux, le réveil

Adjectifs

amoureux/ amoureuse	loving, in love
malade	sick
quotidien(ne)	daily, everyday

Mots et expressions divers

Va-t'en! (Allez-vous-en!) Go away! Get out of here!

CHAPITRE 14

Sur le marché du travail

Les vendanges (*Grape harvest*) en Bourgogne-Franche-Comté

Christophe Boisvieux/Getty Images

Dans ce chapitre...

OBJECTIFS COMMUNICATIFS

➤ talking about jobs and professions

➤ talking about banking and finances

➤ talking about the future

➤ linking ideas

➤ making comparisons

➤ learning to distinguish between and pronounce selected sounds in French

CULTURE

➤ Espaces francophones: *La Polynésie française*

➤ Un petit plus: *La féminisation des noms de métiers*

➤ Reportage: *Étudiants: la chasse aux stages et aux petits boulots*

➤ Lecture: *Des métiers pas ordinaires*

Au travail

1. Les fonctionnaires: ils travaillent pour l'État.

M. Merel,
policier*

Mlle Drouet,
secrétaire* de
mairie

M. Barbier,
facteur*

Mme Lambert,
professeure*
des écoles

Mme Guilloux,
employée* à
la SNCF

2. Les travailleurs* salariés: ils travaillent pour une entreprise.

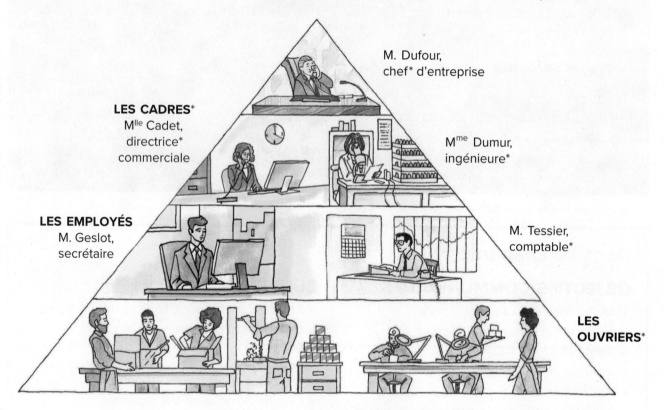

M. Dufour,
chef* d'entreprise

LES CADRES*
Mlle Cadet,
directrice*
commerciale

Mme Dumur,
ingénieure*

LES EMPLOYÉS
M. Geslot,
secrétaire

M. Tessier,
comptable*

**LES
OUVRIERS***

---

*Note that **cadre, chef, ingénieur** and **professeur** are considered masculine nouns by the **Académie française** and many dictionaries and therefore may be used for professionals of either gender. However, the new feminine forms presented here have become increasingly common and are also considered correct. The masculine and feminine forms for professions listed on this page are as follows: **le/la cadre, le/la chef. le/la comptable, le directeur / la directrice, l'employé/employée, le facteur / la factrice, le/la fonctionnaire, l'ingénieur / l'ingénieure, l'ouvrier / l'ouvrière, le policier / la policière, le professeur / la professeure, le/la secrétaire, le travailleur / la travailleuse.**

3. Les travailleurs indépendants: ils travaillent **à leur compte**.

- **Les artisans***

M. Lepape,
plombier*

Mme Ngalla,
coiffeuse*

- **Les commerçants***

M. Thétiot,
boucher*

M. Lefranc,
marchand* de vin

- **Les professions de la santé**

M. Morin,
pharmacien*

Mlle Wong,
dentiste*

Mme Bouakaz,
médecin*

- **D'autres professions**

Mme Aubry,
avocate*

M. Leconte,
architecte*

M. Colin,
agriculteur*

M. Kalubi,
journaliste*

AUTRES MOTS UTILES	
l'entretien (*m.*)	job interview
le chômeur / la chômeuse	unemployed person
le CV	curriculum vitae, résumé
le marché du travail	job market
le stage	internship

*Note that **médecin** and **plombier** are considered masculine nouns by the **Académie française** and many dictionaries and therefore may be used for professionals of either gender. However, the new feminine forms presented here have become increasingly common and are also considered correct. The masculine and feminine forms for professions listed on this page are as follows: **l'architecte, l'agriculteur / l'agricultrice, l'artisan / l'artisane, l'avocat / l'avocate, le boucher / la bouchère, le coiffeur / la coiffeuse, le commerçant / la commerçante, le/la dentiste, le/la journaliste, le marchand / la marchande, le/la médecin, le pharmacien / la pharmacienne, le plombier / la plombière.**

Allez-y!

A. Définitions. Quelle est la profession des personnes suivantes?

> MODÈLES: Elle enseigne à l'école primaire. → Elle est professeure des écoles.
>
> Il écrit des articles pour des journaux. → Il est journaliste.

1. Elle soigne (*treats*) les dents de ses patients.
2. Il travaille à la campagne.
3. Il règle la circulation automobile.
4. Elle vend des billets de train.
5. Elle s'occupe de (*takes care of*) la santé de ses patients.
6. Il distribue des lettres et des colis.
7. Il vend de la viande aux clients.
8. Elle coupe (*cuts*) les cheveux des clients.
9. Il prépare et vend des médicaments.
10. Il vend des vins et des liqueurs.

B. Stéréotypes. Voici quelques dessins du caricaturiste français Jean-Pierre Adelbert. Choisissez la profession qui, selon vous, correspond le mieux à chaque dessin. Expliquez pourquoi.

Professions: architecte, artiste, caricaturiste, chef d'entreprise, coiffeur/coiffeuse, comptable, critique de cinéma, critique gastronomique, journaliste de mode, plombier/plombière, vendeur/vendeuse... ?

C. Projets d'avenir. Découvrez les futures professions de vos camarades de classe. Interviewez cinq étudiants/étudiantes pour découvrir quel métier ils/elles désirent faire après avoir terminé leurs études. Ensuite, analysez les résultats. En général, avez-vous des ambitions différentes ou semblables (*similar*)?

> MODÈLE: É1: Que veux-tu faire après tes études?
>
> É2: Je veux / Je voudrais devenir avocat/avocate.
>
> É1: Et pourquoi?...

D. Le bonheur au travail. Qu'est-ce qui vous rend heureux dans votre travail? Parlez avec un/une camarade de votre métier idéal / profession idéale et faites une liste de vos priorités. Ensuite, comparez vos priorités à celles des Français dans ce sondage publié en avril 2016 par France Inter. Est-ce que vous voyez des similarités dans vos réponses? des différences?

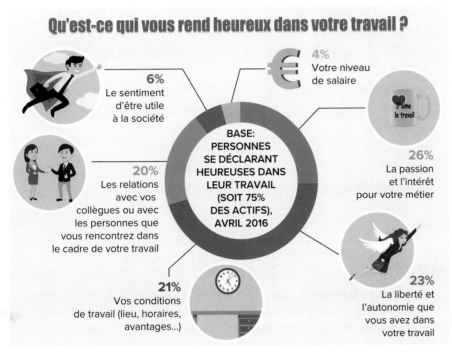

Qu'est-ce qui vous rend heureux dans votre travail ?

6%
Le sentiment d'être utile à la société

4%
Votre niveau de salaire

20%
Les relations avec vos collègues ou avec les personnes que vous rencontrez dans le cadre de votre travail

BASE: PERSONNES SE DÉCLARANT HEUREUSES DANS LEUR TRAVAIL (SOIT 75% DES ACTIFS), AVRIL 2016

26%
La passion et l'intérêt pour votre métier

21%
Vos conditions de travail (lieu, horaires, avantages...)

23%
La liberté et l'autonomie que vous avez dans votre travail

Source: «Les raisons du bonheur au travail», *Le Pèlerin / Askmedia.* https://www.franceinter.fr/idees/75-des-francais-heureux-au-travail

À la banque

Rebecca Johnson est une architecte américaine. Elle vient de s'installer en France et va à la banque.

1. Elle ouvre (*opens*) **un compte bancaire** et **un compte épargne** pour pouvoir **faire des économies** (*f.*) (**économiser** pour **l'avenir** [*m.*]). Elle a accès à ses comptes en ligne et peut les gérer (*manage them*) à distance.

2. Elle prend aussi **une carte bancaire.***

3. Quelques jours plus tard, elle va au **distributeur automatique.** Avec sa carte bancaire, elle **retire** du **liquide** et **dépose** un chèque.

***Carte bancaire** is a general term that refers to both **cartes de crédit** and **cartes de débit.**

compter	to count
payer† en liquide	to pay in cash
payer par carte de crédit	to pay with a credit card
payer par prélèvement automatique	to make automatic payments
toucher	to receive, to get (money)
une dépense	an expenditure
un emprunt	a loan
des frais (*m. pl.*)	expenses, costs
la monnaie	change; currency
le montant	amount, total
un reçu	a receipt
le taux de change	exchange rate
un virement	a transfer

Allez-y!

A. Les services bancaires. Assane, un étudiant sénégalais, vient d'obtenir un permis de travail (*work permit*) en France. Complétez les phrases suivantes en utilisant le vocabulaire que vous venez d'apprendre.

1. Pour changer ses francs sénégalais en euros, il consulte _____.
2. Il va à la banque pour ouvrir un _____ et un _____ afin de (*in order to*) pouvoir faire des économies.
3. Quand il veut retirer du _____ ou _____ un chèque sur son compte, il peut aller au _____ et utiliser sa _____.

B. Une globe-trotteuse. Audrey vient d'arriver à Paris. Elle est à l'aéroport Charles-de-Gaulle et le distributeur automatique est en panne. Alors, elle doit changer de l'argent au bureau de change (*currency exchange counter*). Indiquez dans quel ordre elle doit faire les choses suivantes.

_____ prendre sa carte bancaire et du liquide avec elle
_____ prendre le reçu
_____ compter l'argent
_____ se présenter à un bureau de change avec son passeport
_____ vérifier le montant sur le reçu
_____ dire combien d'argent elle veut changer

C. Les questions d'argent. (*Money matters.*) Posez les questions suivantes à un/une camarade.

1. Quelles sortes de comptes avez-vous?
2. Combien de cartes bancaires avez-vous? Quelles cartes de crédit avez-vous? Quels en sont les avantages et les inconvénients?
3. Quels sont les avantages et les inconvénients de payer en liquide?

---

†The present-tense conjugation of **payer** follows the pattern of **envoyer**.

Le budget de Marc Convert

Marc travaille dans une petite **société** (*company*) près de Marseille où il est responsable (*director*) commercial.

Il **gagne** 3 200 euros par mois.

Il **dépense** presque tout ce qu'il gagne pour vivre; le **coût de la vie** est très **élevé** dans les grandes villes françaises. Mais il espère avoir une **augmentation de salaire** dans six mois. En ce moment, il lui est difficile de **faire des économies** pour acheter une maison.

Marc est content de son travail. Il sait qu'il a de la chance **car le taux de chômage** est très élevé en France: 8% à la fin du troisième trimestre 2021.

Voulez-vous travailler dans une petite société ou une grande entreprise?

Allez-y!

A. Frais et revenus. Complétez les phrases en utilisant le vocabulaire que vous venez d'apprendre.

1. Manon _____ pour acheter une voiture.
2. Les employés demandent souvent des _____.
3. Le _____ est moins élevé dans les petites villes.
4. Dayan est très économe: il _____ très peu.
5. Mme Reich? Elle travaille dans une _____ d'assurance (*insurance*).
6. Irène a un emploi sympa; elle est contente même si elle _____ relativement peu.

B. Parlons d'argent! Posez les questions suivantes à un/une camarade.

1. Est-ce que tu travailles en ce moment? Si oui, qu'est-ce que tu fais comme travail?
2. Est-ce que tu connais quelqu'un qui est au chômage? Si oui, depuis quand?
3. Est-ce que le taux de chômage dans ta région est trop élevé en ce moment? Explique.
4. Est-ce que tu gères tes comptes en ligne?
5. Comment est-ce que tu paies ton électricité et ton loyer? par prélèvement automatique? par chèque?
6. Est-ce que tu dépense trop? Qu'est-ce que tu fais pour économiser de l'argent?
7. Est-ce que tu as un budget ou est-ce que tu vis au jour le jour (*from day to day*)? Pourquoi?
8. Est-ce que le coût de la vie dans ta région est trop élevé? Pourquoi?

Le verbe *ouvrir*

present tense of **ouvrir** (*to open*)			
j'	**ouvre**	nous	**ouvrons**
tu	**ouvres**	vous	**ouvrez**
il/elle/on	**ouvre**	ils/elles	**ouvrent**
past participle: **ouvert**			

The verb **ouvrir** is irregular. Verbs conjugated like **ouvrir** include **couvrir** (*to cover*), **découvrir** (*to discover*), **offrir** (*to offer*), and **souffrir** (*to suffer*). Note that these verbs are conjugated in the present tense like **-er** verbs.

The opposite of **ouvrir** is **fermer** (*to close*).

«J'aimerais ouvrir un compte, s'il vous plaît.» Avez-vous un compte bancaire?

Allez-y!

A. Finances. Ce mois-ci, Jason a des problèmes d'argent. Racontez cette histoire en utilisant les verbes suivants: **ouvrir, couvrir, découvrir, offrir, souffrir.** Utilisez le passé composé (*p.c.*) où c'est indiqué.

Le mois dernier, Jason _____^{1} (*p.c.*) un compte bancaire et un compte épargne. Sa grand-mère lui _____^{2} toujours de l'argent pour son anniversaire, mais il l'utilise pour ses frais scolaires. Jason est très économe. Il _____^{3} toujours ses dépenses. Mais ce mois-ci, il a acheté une nouvelle moto et il _____^{4} parce qu'il ne peut pas sortir aussi souvent. Alors, il _____^{5} les plaisirs de la lecture!

B. Profil psychologique. Demandez à un/une camarade _____.

1. s'il / si elle a un compte bancaire
2. s'il / si elle couvre toujours ses dépenses
3. s'il / si elle fait des économies et pourquoi
4. s'il / si elle souffre quand il/elle est obligé(e) de faire des économies
5. combien de fois par semaine, ou par mois, il/elle doit retirer de l'argent de son compte et combien de fois il/elle doit déposer de l'argent
6. si quelqu'un lui a récemment offert de l'argent et ce qu'il/elle en a fait

Maintenant, dites ce que vous avez découvert et faites un petit portrait psychologique de votre camarade. Ou si vous préférez, lisez l'histoire de Jason dans l'exercice précédent et faites un portrait psychologique de Jason.

Vocabulaire utile: économe, généreux/généreuse, imprudent/imprudente, impulsif/impulsive, un magnat des affaires (*tycoon*), prudent/prudente

Bienvenue en Polynésie française!

La ville de Papeete

Overflightstock Ltd / Alamy Stock Photo

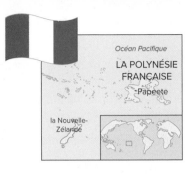

Océan Pacifique

LA POLYNÉSIE FRANÇAISE
·Papeete

la Nouvelle-Zélande

Un coup d'œil sur Papeete

La Polynésie, composée de 118 îles et atolls au cœur de l'océan Pacifique, devient une colonie de la France en 1880 et un «territoire d'outre-mer» en 1946, ce qui lui donne plus d'indépendance. Elle est maintenant un «pays d'outre-mer au sein de[1] la République» et bénéficie d'une large autonomie par rapport au gouvernement métropolitain.

Papeete est la capitale de Tahiti, la plus grande île de la Polynésie. C'est aussi le centre économique de l'île. Son marché est un endroit animé et authentique: on peut y trouver de la nourriture, des fleurs, de l'artisanat,[2] des tissus[3] et même des tatoueurs.[4] Les grandes festivités du Heiva i Tahiti (Jeux de Tahiti) ont lieu en juillet. Les compétitions sportives, les chants, les danses polynésiennes et la foire[5] artisanale attirent[6] un grand nombre d'habitants des différentes îles de la Polynésie française. Un événement annuel à ne pas manquer!

[1]au... within   [2]crafts   [3]fabrics   [4]tattoo artists   [5]fair   [6]attract

Pays: France

Statut: Collectivité d'outre-mer

Habitants: Polynésiens

Chef-lieu: Papeete

Langues: français, tahitien

Unité monétaire: franc Pacifique (franc CFP)

Fête nationale: 14 juillet

PORTRAIT **Pouvanaa a Oopa (1895–1977)**

Une statue de Pouvanaa a Oopa à Papeete

Dan Christensen

Né en 1895 en Polynésie, Pouvanaa a Oopa, autonomiste[1] polynésien, participe à la Première Guerre mondiale[2] aux côtés de la France et joue un rôle important dans le ralliement[3] de la Polynésie à la France libre en 1940. Mais il accuse vite l'administration française de ne pas respecter les droits des Polynésiens. Il consacre alors le reste de sa vie à lutter[4] en faveur de l'autonomie du territoire polynésien. Élu député en 1949, il encourage le «non» lors du[5] référendum de 1958 sur le rattachement de la Polynésie à la France, mais la population vote «oui». Il devient sénateur en 1971 mais il meurt avant que la France n'accorde[6] le statut d'autonomie de gestion[7] à la Polynésie française le 12 juillet 1977. Considéré comme le «Metua», ou «Père» des Polynésiens, il reste aujourd'hui encore un symbole du nationalisme polynésien.

[1]separatist   [2]Première... World War I   [3]uniting   [4]fighting   [5]lors... at the time of the   [6]avant... before France granted   [7]autonomie... self-government

 Watch **Bienvenue en Polynésie française** to learn more about Papeete.

Le futur simple (*première partie*)

Talking About the Future

🎧 LA VIE D'ARTISTE

Appel vidéo entre Juliette et Hector

JULIETTE: Tu as signé un nouveau contrat?

HECTOR: Non. Avec la crise,[1] les artistes ont la vie dure[2]! Si ça continue, **je changerai** de métier!

JULIETTE: Tu as des idées?

HECTOR: Oui! **J'enseignerai**. Avec mes potes,[3] **on proposera** des cours de hip-hop pour les enfants. Les gosses[4] adorent ça!

JULIETTE: Alors **tu travailleras** à ton compte?

HECTOR: Exactement. Et **je serai** enfin indépendant.

[1]*recession* [2]*la... a hard life* [3]*buddies, pals* [4]*kids*

Dans les phrases suivantes, identifiez les verbes au futur proche. Puis remplacez-les par les verbes au futur utilisés dans le dialogue.

1. Je vais changer de métier.
2. Je vais enseigner.
3. On va proposer des cours de hip-hop.
4. Tu vas travailler à ton compte?
5. Je vais être indépendant.

Expressing the Future in French

In French, there are three ways of expressing future actions or events:

PRESENT	J'**arrive** à 14 h.	*I (will) arrive at 2:00 PM.*
NEAR FUTURE	Je **vais arriver** demain.	*I'm going to arrive tomorrow.*
FUTURE TENSE	J'**arriverai** en janvier.	*I will arrive in January.*

Verbs with Regular Future Stems

The future is a simple tense, formed with the infinitive plus the endings **-ai**, **-as**, **-a**, **-ons**, **-ez**, **-ont**. The final **e** of the infinitive of **-re** verbs is dropped.

parler		finir		vendre	
je	parler**ai**	je	finir**ai**	je	vendr**ai**
tu	parler**as**	tu	finir**as**	tu	vendr**as**
il/elle/on	parler**a**	il/elle/on	finir**a**	il/elle/on	vendr**a**
nous	parler**ons**	nous	finir**ons**	nous	vendr**ons**
vous	parler**ez**	vous	finir**ez**	vous	vendr**ez**
ils/elles	parler**ont**	ils/elles	finir**ont**	ils/elles	vendr**ont**

Demain nous **parlerons** avec le conseiller d'orientation.

Tomorrow we will talk with the job counselor.

Il te **donnera** des conseils.

He will give you some advice.

Ces conseils t'**aideront** peut-être à trouver du travail.

Maybe this advice will help you find a job.

La réunion **finira** vers 17 h.

The meeting will end around 5:00 PM.

Prononcez bien!

The consonant r

Pronounce [ʀ] as you would an *h* in English, but raise the back of your tongue so that the distance between it and the back of your palate is much narrower than for *h*. When in between two vowels, **r** is pronounced more softly than when it occurs next to a consonant sound, especially [p], [t], and [k].

ai<u>d</u>erons, <u>arr</u>iver, étu<u>d</u>iera, Pa<u>r</u>is

BUT

he<u>rb</u>e, Ma<u>rs</u>eille, p<u>r</u>ès, se<u>cr</u>et, su<u>cr</u>e, <u>tr</u>avail

Allez-y!

A. **Stratégies.** Marie cherche du travail pour cet été. Elle doit se présenter demain à un entretien. Dites ce qu'elle fera.

MODÈLE: se lever très tôt → Elle se lèvera très tôt.

1. se coucher tôt ce soir
2. s'habiller avec soin
3. prendre un petit déjeuner léger
4. mettre son CV dans sa serviette (*briefcase*)
5. prendre le métro pour éviter les embouteillages (*traffic jams*)
6. y arriver un peu en avance
7. se présenter brièvement
8. parler calmement
9. répondre avec précision aux questions de l'employeur/employeuse
10. remercier l'employeur/employeuse avant de partir

Maintenant répétez l'exercice en utilisant le sujet **Marie et Loïc.**

MODÈLE: se lever très tôt → Ils se lèveront très tôt.

En France, le policier est un fonctionnaire d'État. Est-ce que vous travaillerez comme policier/policière? comme prof? comme cadre?

Helmut Cornell/Alamy Stock Photo

B. **Jeu de société.** À une soirée, vous jouez à la voyante (*fortune-teller*) et prédisez la carrière de chacun/chacune de vos amis/amies. Choisissez le verbe convenable pour présenter vos prévisions et mettez-le au futur.

Verbes: écrire, enseigner, jouer, s'occuper, participer, travailler, vendre, voyager

1. Vous _____ des bijoux à Alger.
2. Vous _____ le rôle de Hamlet à Londres.
3. Vous _____ à la construction d'un stade à Mexico.
4. Vous _____ des articles pour le *New York Times*.
5. Vous _____ souvent à l'étranger.
6. Vous _____ des malades à Dakar.
7. Vous _____ dans une école primaire à Seattle.
8. Vous _____ comme architecte.

Le futur simple (*deuxième partie*)

Talking About the Future

🎧 LA GRANDE AVENTURE

Léa téléphone à Juliette.

LÉA: Quand est-ce que **tu feras** ton stage de fin d'études?

JULIETTE: En janvier prochain.

LÉA: **Tu seras** en stage combien de temps?

JULIETTE: Six mois. Ensuite, **je devrai** trouver un emploi. Je veux être chef de projet multimédia.

L'avenir appartient aux champions du web.

Bloomberg/Getty Images

LÉA: **Tu obtiendras** peut-être un poste dans l'entreprise où **tu feras** ton stage... C'est fréquent, tu sais!

JULIETTE: C'est possible, mais je veux travailler à l'étranger. **J'enverrai** des CV dès[1] février.

LÉA: Au Canada, il y a plein d'opportunités[2]! Et on parle français!

JULIETTE: Oui, mais je rêve d'une grande aventure: **j'irai** en Australie! **Tu viendras** me voir?

[1]*beginning in*   [2]*plein... lots of opportunities*

Dans les phrases suivantes, identifiez les verbes au futur proche. Puis remplacez-les par les verbes au futur utilisés dans le dialogue.

1. Tu vas faire ton stage?
2. Tu vas être en stage combien de temps?
3. Ensuite, je vais devoir trouver un emploi.
4. Tu vas peut-être obtenir un poste dans l'entreprise où tu vas faire ton stage.
5. Je vais envoyer des CV dès février.
6. Je vais aller en Australie. Tu vas venir me voir?

Verbs with Irregular Future Stems

Some verbs have irregular future stems.

aller:	**ir-**	faire:	**fer-**	recevoir:	**recevr-**
avoir:	**aur-**	falloir:	**faudr-**	savoir:	**saur-**
devoir:	**devr-**	mourir:	**mourr-**	venir:	**viendr-**
envoyer:	**enverr-**	pleuvoir:	**pleuvr-**	voir:	**verr-**
être:	**ser-**	pouvoir:	**pourr-**	vouloir:	**voudr-**

J'**irai** au travail la semaine prochaine.	*I'll go to work next week.*
Et toi, quand **enverras**-tu ta demande d'emploi?	*And you? When will you send in your job application?*
Pas de problème! J'**aurai** bientôt un poste.	*No problem! I will have a position soon.*
Alors, vous **devrez** tous les deux vous lever très tôt le matin.	*So both of you will have to get up very early in the morning.*
C'est vrai. Mais demain on **devra** célébrer cela!	*It's true. But tomorrow we should celebrate!*

Verbs with spelling irregularities in the present tense also have irregularities in the future tense. These include verbs such as **acheter, appeler, payer,** and **préférer**. See Appendix B for the conjugation of these verbs.

Uses of the Future Tense

1. As you can see from the preceding examples, the use of the future tense parallels that of English. This is also true of the tense of verbs after an *if*-clause in the present tense.

Si je pose ma candidature pour ce poste, j'**aurai** peut-être des chances de l'obtenir.	*If I apply for this position, I may (will maybe) have some chance of getting it.*
Mais si tu ne te présentes pas, tu ne l'**auras** sûrement pas!	*But if you don't apply in person, you surely will not get it!*

2. However, in dependent clauses following words such as **quand, lorsque** (*when*), **dès que** (*as soon as*), or **aussitôt que** (*as soon as*), the future tense is used in French if the action is expected to occur at a future time. English uses the present tense in this case.

Je te **téléphonerai** *dès que* j'**arriverai.**	*I'll phone you as soon as I arrive.*
Nous **pourrons** en discuter *lorsque* l'avocat **sera** là.	*We'll be able to discuss it when the lawyer arrives.*
La discussion **commencera** *dès que* tout le monde **sera** prêt.	*The discussion will begin as soon as everyone is ready.*

Mots clés

Exprimer le futur

All the expressions mentioned in the **Mots clés** of **Chapitre 5, Leçon 2** are also applicable to the **futur simple**. The following expressions are mostly used with the **futur simple:**

à l'avenir *from now on; in the future*

dès *beginning in, from (then on)*

un jour *some day*

à partir de maintenant *from now on*

> **À l'avenir,** nous ferons des économies.
>
> Je chercherai un deuxième petit boulot **dès** lundi.
>
> **Un jour,** nous n'aurons plus de dettes.
>
> **À partir de maintenant,** je te montrerai toutes mes dépenses.

---

3. The **futur simple** can also be used to politely express a command, a request, or a piece of advice.

Tu me **donneras** ton adresse avant de partir.

Give me your address before you leave.

Vous **finirez** de taper ces documents pour demain.

Finish typing these documents for tomorrow.

Allez-y!

A. Les exigences du milieu de travail. Transformez les phrases en utilisant le futur simple.

MODÈLE: Téléphone à ton collègue! →
Tu téléphoneras à ton collègue!

1. Va poster ce colis!
2. Venez nous voir pendant les vacances!
3. Sois patient(e) avec tes collègues!
4. Envoyez des références!
5. Fais ton possible!

B. Problème urgent. Les membres d'une équipe au travail organisent une réunion pour essayer de trouver une solution à un problème. Utilisez le futur.

MODÈLE: (vous) expliquer le problème / quand / tout le monde / être là →
Vous expliquerez le problème quand tout le monde sera là.

1. (tu) commencer la réunion / dès que / la patronne / arriver
2. (Nils) montrer les photos / aussitôt que / il / les recevoir
3. (nous) discuter nos options / quand / le problème / être clair pour tous
4. (je) téléphoner au client / quand / nous / pouvoir répondre à ses questions
5. (Nathalie et Octave) écrire une lettre au client / dès que / nous / être tous d'accord

 C. Interview. Vous voulez savoir ce que votre camarade pense de l'avenir et vous lui posez les questions suivantes. Mais malheureusement, il/elle ne vous prend pas au sérieux! Il/Elle utilise toute son imagination et tout son humour pour répondre. À la fin, inversez les rôles.

MODÈLE: dès que tu auras ton diplôme →
É1: Qu'est-ce que tu feras dès que tu auras ton diplôme?
É2: Moi, plus tard, je vendrai des légumes biologiques (*organic*) à Athènes.

1. quand tu seras vieux/vieille
2. si un jour tu es acteur/actrice
3. dans dix ans
4. lorsque tu te marieras
5. dès que tu pourras réaliser un de tes rêves
6. si tu n'obtiens pas tout ce que tu veux
7. lorsque tu auras des enfants

À votre avis, parmi toutes les réponses, laquelle (*which one*) est la plus originale, la plus amusante et la plus bizarre?

D. Conversation. Posez les questions suivantes à un/une camarade, qui vous les posera à son tour.

L'été prochain, _____?

1. qu'est-ce que tu écriras?
2. qu'est-ce que tu liras?
3. qu'est-ce que tu achèteras?
4. qui verras-tu?
5. où iras-tu?
6. que feras-tu? Auras-tu un job?

E. Interview. Posez les questions suivantes à un/une camarade de classe.

1. Qu'est-ce que tu feras quand l'année scolaire sera terminée? Continueras-tu tes études, iras-tu en vacances ou travailleras-tu?
2. Qu'est-ce que tu feras après tes études? Tu choisiras une profession indépendante? salariée? Seras-tu fonctionnaire? commerçant/commerçante? artisan/artisane?
3. Tu voyageras souvent? Si oui, dans quels pays? Pour quelles raisons?
4. Tu gagneras beaucoup d'argent? Est-ce que cela sera important pour toi?
5. Où est-ce que tu vivras si tu en as le choix? Pourquoi?

Un petit plus...

La féminisation des noms de métiers

«Autrice», «plombière», «ingénieure»... Quelle horreur! disent les conservateurs qui détestent les nouvelles formes des noms de métiers au féminin. Et pourtant, après des années de résistance, la féminisation entre dans les habitudes des Français: avec l'autorisation de l'Académie française! Cette vénérable institution fondée en 1635 établit les règles (*rules*) de la langue française, considérée comme un trésor national intouchable. Et finalement, au nom de l'évolution naturelle de la langue, elle trouve légitime de féminiser comme l'ont fait, depuis longtemps, le Québec, la Belgique et la Suisse. Mais l'Académie précise qu'elle n'établira pas de liste exhaustive de ces nouveaux noms féminins, car elle juge la tâche (*task*) «insurmontable».

FORGET Patrick/Alamy Stock Photo

Est-ce que tout le monde va un jour utiliser «pompière» pour parler de ce pompier de Breteuil-sur-Iton (Normandie)?

Étudiants: la chasse aux stages et aux petits boulots°

jobs

Abaca Press/Alamy Stock Photo

Le CIDJ propose des milliers de jobs étudiants et de stages pour l'été, en France et dans les autres pays d'Europe. Tous les secteurs sont représentés: la vente, l'hôtellerie, le sport, les nouvelles technologies... N'hésitez pas à consulter son site internet. Ou, comme cette jeune femme, vous pouvez visiter Pôle emploi, un établissement public chargé de l'emploi en France. Vous y trouverez sûrement le stage ou le petit boulot de vos rêves!

En France, l'accès à l'université est presque gratuit. Mais ensuite, comment couvrir vos dépenses et gagner l'argent du loyer, de la nourriture, des livres, des sorties et des vacances? Il n'y a qu'une solution: trouver un petit boulot.

Vous voulez un travail intéressant, pas trop fatigant et, en plus, bien payé? Première règle: si vous désirez travailler en été, commencez vos recherches dès le mois de janvier. Deuxième règle: faites l'inventaire des entreprises qui embauchent[1] des étudiants; parlez de vos projets à votre boucher, à votre dentiste, à votre facteur, à votre pharmacien, aux membres de votre famille, à tout le monde. Troisième règle: envoyez des lettres de motivation personnalisées et des CV attractifs qui mettent en valeur[2] vos points forts.

Attention, il ne faut pas confondre «petit boulot» et «stage en entreprise». Aurélie, qui vient de terminer un stage de relations publiques chez Air France, explique: «Un stage en entreprise vous donne une compétence professionnelle. Souvent obligatoire, il complète votre formation universitaire dans le domaine de vos études. Et s'il dure plus de huit semaines, il donne droit à une indemnité.[3] C'est le meilleur argument sur un CV au moment de la recherche d'un emploi.» Comment a-t-elle trouvé son stage? «J'ai consulté les petites annonces[4] du CIDJ (Centre d'information et de documentation de la jeunesse) en ligne et j'ai posé ma candidature sur des sites spécialisés comme Apec.fr et Letudiant.fr. À la fin, j'ai eu plusieurs propositions!»

[1]*hire* [2]*mettent... emphasize* [3]*compensation* [4]*petites... classified ads*

VOUS COMPRENEZ?

1. Que financent les étudiants français avec l'argent des petits boulots?
2. En France, quel est le meilleur moyen de trouver un petit boulot pour l'été?
3. Quelles sont les qualités indispensables d'une lettre de motivation et d'un CV?
4. Expliquez la différence entre un petit boulot et un stage.
5. Où les étudiants français recherchent-ils leurs stages?

Les pronoms relatifs

Linking Ideas

🎧 ÇA M'INTÉRESSE!

Appel vidéo entre Mamadou et Léa

▼ AUDIO & VIDEO

MESSAGE   VIDEO ●

MAMADOU: Léa, tu veux toujours écrire des articles pour la presse?

LÉA: Bien sûr! Tu connais un journal **qui** cherche des journalistes en free-lance?

MAMADOU: Oui...

LÉA: Les CV **que** j'ai envoyés n'ont pas eu de succès... Si tu as une piste,[1] ça m'intéresse!

MAMADOU: Le journal **dont** je te parle veut une rédactrice[2] **qui** maîtrise parfaitement[3] la langue française: C'est toi!

LÉA: Tu es bien indulgent... Mais donne-moi des précisions: les articles **qu'**il faudra écrire concernent la littérature? la mode[4]? l'actualité[5]?

MAMADOU: Non. Le football.

LÉA: Tu te moques de[6] moi?

[1]*lead* [2]*editor* [3]*maîtrise... has a command of* [4]*fashion* [5]*current events* [6]*Tu... You're making fun of*

Trouvez, dans le dialogue, les phrases équivalentes.

1. Tu connais un journal cherchant (*looking for*) des journalistes?
2. Mes CV envoyés n'ont pas eu de succès.
3. Le journal en question veut une rédactrice.
4. Le journal veut une rédactrice maîtrisant la langue française.
5. Les articles à écrire concernent la littérature?

A relative pronoun (*who, that, which, whom, whose*) links a dependent (relative) clause to a main clause. A dependent clause is one that cannot stand by itself—for example, the italicized parts of the following sentences: The suitcase *that he is carrying* is mine; There is the store *in which we met.*

	PERSON	THING
subject	qui	qui
object	que	que
with preposition	qui	lequel*
with **de**	dont	dont

Qui

1. The relative pronoun used as a subject of a dependent clause is **qui** (*who, that, which*). It can refer to both people and things.

   J'ai un emploi. **Il** me plaît.

   J'ai un emploi **qui** me plaît.

   Je vois la femme. **Elle** vous a parlé.

   Je vois la femme **qui** vous a parlé.

   In the first example, **qui** replaces the subject **il** in the dependent clause. Because it is the subject of the clause, **qui** will always be followed by a conjugated verb (**qui… plaît**). Note that in the second example, **vous** is not a subject but an object pronoun; **elle** is the subject of **a parlé**.

2. **Qui** does not elide when followed by a vowel sound.

   L'architecte **qui** est arrivé ce matin vient du Japon.

3. **Qui** can also be used as the object of a preposition to refer to people.

Le comptable **avec qui** je travaille est agréable.	*The accountant with whom I work is pleasant.*
L'ouvrier **à qui** j'ai donné du travail est très spécialisé.	*The worker to whom I gave some work is highly specialized.*

   [Allez-y! A]

Que

1. The relative pronoun used as a direct object of a dependent clause is **que** (*whom, that, which*). It also can refer to both people and things.

   C'est une entreprise. Je connais bien **cette entreprise.**

   C'est une entreprise **que** je connais bien.

   Voici une amie. J'ai rencontré **cette amie** au travail.

   Voici une amie **que** j'ai rencontrée au travail.

   In the second example, **que** replaces the direct object **cette amie. Que** is always followed by a subject and a conjugated verb (**que j'ai rencontrée**). Note that the past participle agrees with the preceding feminine direct object **que** (**une amie**). You may want to review the section on the agreement of past participles in **Chapitre 10, Leçon 3.**

2. **Que** elides with a following vowel sound.

   L'architecte **qu'**elle a rencontré vient du Japon.

---

*Lequel is not discussed in this chapter. Refer to **Chapitre 15, Leçon 2,** and Appendix E.

Dont

1. The pronoun **dont** is used to replace the preposition **de (du, de la, de l', des)** plus its object. If the verb of the dependent clause requires the preposition **de** (as in **parler de, avoir besoin de,** etc.) before an object, use **dont.**

Où est le reçu? J'ai besoin **du reçu.**	*Where is the receipt? I need the receipt.*
Où est le reçu **dont** j'ai besoin?	*Where is the receipt that I need?*

2. Dont is also used to express possession. When **dont** is used, there is no need for a possessive adjective. Note the use of the definite article (**les**) in the second example of each pair below.

C'est la passagère. Ses valises sont à la douane.	*That's the passenger. Her suitcases are at customs.*
C'est la passagère **dont** les valises sont à la douane.	*That's the passenger whose suitcases are at customs.*
Aziz est écrivain. On peut acheter ses livres à la librairie.	*Aziz is a writer. You can buy his books at the bookstore.*
Aziz est l'écrivain **dont** on peut acheter les livres à la librairie.	*Aziz is the writer whose books you can buy at the bookstore.*

[Allez-y! C]

Où

Où is the relative pronoun of time and place. It can mean *where, when,* or *which.*

Le guichet **où** vous changez votre argent est là-bas.	*The window where you change your money is over there.*
Le 1er janvier, c'est le jour **où** je commence mon nouveau travail.	*The first of January, that's the day (when) I begin my new job.*
L'aéroport d'**où** vous êtes partis est maintenant fermé.	*The airport from which you departed is closed now.*

Erica Simone Leeds

Le salon de coiffure où je vais est un salon mixte: on peut y faire des rencontres!

Allez-y!

A. **À la recherche d'un emploi.** Max raconte comment il a passé sa semaine à chercher du travail. Reliez les phrases suivantes avec **qui.**

> **MODÈLE:** Dimanche, j'ai téléphoné à une amie. Elle est directrice d'un journal. →
> Dimanche, j'ai téléphoné à une amie qui est directrice d'un journal.

1. Lundi, j'ai déjeuné avec un ami. Il connaît beaucoup de comptables.
2. Mardi, j'ai eu un entretien à la BNP (Banque Nationale de Paris) Paribas. Elle est près de la place de la Concorde.
3. Mercredi, j'ai parlé à un employé du Crédit Agricole. Il m'a beaucoup encouragé.
4. Jeudi, j'ai pris rendez-vous avec un membre de la Chambre de commerce. Il est expert-comptable.
5. Enfin samedi, j'ai reçu une lettre d'une société belge. Elle m'offre un poste de comptable à Bruxelles.
6. Et aujourd'hui, je prends le train. Il me conduit vers ma nouvelle vie.

B. **Promenade sur la Seine.** Cet été, Clarisse travaille comme guide sur un bateau-mouche* à Paris. Complétez ses explications avec les pronoms relatifs **qui, que** et **où.**

Pour commencer, à notre gauche, on passe devant le musée du Louvre _____^{1} vous trouverez la Joconde et la Vénus de Milo. Et un peu plus loin, la statue _____^{2} vous voyez au bout de l'île, c'est le roi Henri IV, le «vert galant». Ce bâtiment _____^{3} vous voyez à présent dans l'île de la Cité, c'est la Conciergerie. Autrefois une prison, c'est l'endroit _____^{4} Marie-Antoinette a passé ses derniers jours. Et cette église en reconstruction _____^{5} se trouve en face de nous, c'est Notre-Dame. Voici le musée d'Orsay _____^{6} vous pourrez admirer les peintres impressionnistes et _____^{7} je vous recommande de visiter. Et enfin, voici la tour Eiffel _____^{8} est le symbole de notre ville. Est-ce que vous voyez cette statue _____^{9} ressemble à la Liberté éclairant (*lighting*) le monde? Eh bien, c'est une copie de la statue _____^{10} la France a donnée aux Américains.

C. **Photos de vacances.** Jade a passé un mois dans un village d'artistes à Tahiti. Elle y a rencontré beaucoup de gens intéressants. Elle montre maintenant ses photos de vacances à ses amis.

> **MODÈLE:** Voici un artisan. Ses poteries sont très chères. →
> Voici un artisan **dont les** poteries sont très chères.

1. Charlie est un jeune artiste. On peut admirer ses tableaux aux musées de Papeete, la capitale administrative de la Polynésie française.
2. Voici Yann. Ses sculptures sont déjà célèbres dans le milieu artistique.
3. Et voilà Clara. On vend ses bijoux près du musée Paul Gauguin en face des jardins botaniques.
4. Octave est un jeune écrivain. Son premier roman vient d'être publié.

Femmes de Tahiti (1891) de Paul Gauguin, actuellement au musée d'Orsay à Paris

Christophel Fine Art/UIG/Getty Images

---

*The **bateaux-mouches** are cruise boats that take tourists on the Seine in Paris. Historical commentaries are offered about the various monuments that can be seen during the trip. About 5 million passengers a year take a guided tour on a **bateau-mouche**.

D. Travail et vacances. Racontez les projets de Sabine en reliant les deux phrases avec un pronom relatif. Le symbole ▲ indique le début (*beginning*) d'une proposition relative.

> MODÈLE: Je travaille au tribunal (*court*). ▲ Je suis avocate
> au tribunal. →
> Je travaille au tribunal où je suis avocate.

1. Je prendrai bientôt des vacances. ▲ J'ai vraiment besoin de ces vacances.
2. Ma camarade de chambre ▲ viendra avec moi. Elle s'appelle Élise.
3. Elle travaille avec des comptables. ▲ Ces comptables sont très exigeants (*demanding*).
4. Nous irons à Genève. ▲ Les parents d'Élise ont une maison à Genève.
5. Hier Élise a téléphoné à son père. ▲ Le père d'Élise nous a invitées.
6. Élise a envie de voir sa mère. ▲ Elle pense souvent à sa mère.
7. J'ai acheté une nouvelle valise. ▲ Je mettrai tous mes vêtements de ski dans cette valise.
8. Nous resterons deux jours à Strasbourg. ▲ Nous visiterons le Palais de l'Europe à Strasbourg.
9. Nous rentrerons trois semaines plus tard, prêtes à reprendre le travail. ▲ Ce travail se sera accumulé (*piled up*).

Maintenant, cherchez l'information demandée dans le récit de Sabine.

1. saison
2. durée des vacances
3. nationalité probable d'Élise
4. état d'esprit (*mental state*) de Sabine

E. Énigme. Décrivez un objet, une personne ou un endroit à vos camarades. Utilisez des pronoms relatifs. Vos camarades vont essayer d'identifier la chose dont vous parlez.

Catégories suggérées: une classe, une pâtisserie, un pays, une personne, un plat, une profession, une ville

> MODÈLE: É1: Je pense à une pâtisserie qui est française et dont le nom commence par un é.
> É2: Est-ce que c'est un éclair?

Maintenant, continuez ce jeu avec une différence. Cette fois, vous ne donnez que la catégorie d'un objet ou d'une personne. Vos camarades vous demandent des précisions. Répondez-leur par *oui* ou *non*.

Autres catégories suggérées: un acteur / une actrice, un chanteur / une chanteuse, une émission de télévision, un film, une pièce de théâtre

> MODÈLE: É1: Je pense à un film.
> É2: C'est un film que tu as vu il y a longtemps?
> C'est un film dont l'action se passe à New York?
> C'est un film où un animal a joué le rôle principal?
> C'est un film dont l'action se déroule (*takes place*) en 1933?
> C'est *King Kong.*

La comparaison de l'adjectif qualificatif

Making Comparisons

 VIE PROFESSIONNELLE OU DÉVELOPPEMENT PERSONNEL?

Poema et Alexis discutent au café.

> POEMA: Tu travailleras en France ou au Québec après ton diplôme?
>
> ALEXIS: Au Québec. Le marché de l'emploi y est **meilleur**[1] qu'en France et les salaires y sont **plus élevés**.[2]
>
> POEMA: Oui, mais les conditions de travail y sont **moins bonnes**: en France, tu travailles 35 heures par semaine et tu as cinq semaines de vacances payées!
>
> ALEXIS: Je sais. Mais moi, je trouve que **le plus important**, c'est d'aimer son travail. Je ne compterai pas mes heures de présence si j'occupe un poste intéressant.
>
> POEMA: Tu es **plus idéaliste** que moi! Je considère que la vie professionnelle est **moins essentielle** que le développement personnel.

Montréal, au Québec: un marché de l'emploi très dynamique

Visions Of Our Land/Getty Images

[1]*better* [2]*plus... higher*

Choisissez la bonne réponse selon le dialogue.

1. Au Québec, le marché de l'emploi est <u>meilleur</u> / <u>moins bon</u> qu'en France.
2. Les salaires y sont <u>plus bas</u> / <u>plus élevés</u>.
3. Les conditions de travail sont <u>meilleures</u> / <u>moins bonnes</u>.
4. Alexis considère que <u>le plus important</u> / <u>le moins important</u>, c'est d'aimer son travail.
5. Poema trouve Alexis <u>plus</u> / <u>moins</u> idéaliste qu'elle.
6. Elle pense que la vie professionnelle est <u>plus</u> / <u>moins</u> essentielle que le développement personnel.

Comparison of Adjectives

1. In French, the following constructions can be used with adjectives to express a comparison. It is not always necessary to state the second term of the comparison.

plus... que *(more . . . than)*

Chez l'épicier, les produits sont **plus** chers (**qu'**à Carrefour*).

The products at the grocer's are more expensive (than at Carrefour).

---

*supermarché très populaire

moins... que   (less ... than)

Franck pense que Carrefour est **moins** cher (**que** Franprix).	*Franck thinks Carrefour is less expensive (than Franprix).*

aussi... que   (as ... as)

Pour Laure, l'accueil est **aussi** important **que** la qualité des produits.	*For Laure, the friendly service is as important as the quality of the products.*

2. Stressed pronouns (**Chapitre 12, Leçon 2**) are used after **que** when a pronoun is required.

Elle est plus intelligente que **lui.**	*She is more intelligent than he is.*

[Allez-y! A]

Superlative Form of Adjectives

1. To form the superlative of an adjective, use the appropriate definite article with the comparative form of the adjective.

Deborah est grande. → Ambre est plus grande que Deborah. → Alice est **la** plus grande des trois.

    OU

Alice est grande. → Ambre est moins grande qu'Alice. → Deborah est **la** moins grande des trois.

2. Superlative adjectives normally follow the nouns they modify, and the definite article is repeated.

Alice est **la** femme **la plus grande** des trois.	*Alice is the tallest woman of the three.*

3. Adjectives that usually precede the nouns they modify can either precede or follow the noun in the superlative construction. If the adjective follows the noun, the definite article must be repeated.

la plus grande femme

    OU

la femme **la** plus grande

4. The preposition **de** expresses *in* or *of* in a superlative construction.

Alice et Grégoire habitent la plus belle maison **du** quartier.	*Alice and Grégoire live in the most beautiful house in the neighborhood.*
C'est le quartier le plus cher **de** la ville.	*It's the most expensive neighborhood in town.*

[Allez-y! B]

Irregular Comparative and Superlative Forms

The adjective **bon(ne)** has irregular comparative and superlative forms. **Mauvais(e)** has both regular and irregular forms.

	COMPARATIVE	SUPERLATIVE
bon(ne)	meilleur(e)	le meilleur / la meilleure
mauvais(e)	plus mauvais(e)	le plus mauvais / la plus mauvaise
	pire	le/la pire

Les légumes à Carrefour sont bons, mais les légumes chez Franprix sont **meilleurs.**	*The vegetables at Carrefour are good, but the vegetables at Franprix are better.*
Ce grand magasin est **le meilleur** de la ville.	*This department store is the best (one) in town.*
Ce détergent-ci est **plus mauvais (pire)** que ce détergent-là.	*This detergent is worse than that detergent.*
C'est **le plus mauvais (le pire)** des produits.	*It's the worst of products.*

[Allez-y! B-C-D]

Le pain qu'elle achète est le meilleur du quartier!

Allez-y!

A. Comparaisons. Regardez les deux dessins à gauche et répondez aux questions suivantes.

> **MODÈLE:** Qui est moins nerveux, le jeune homme ou la jeune fille?
> La jeune fille est moins nerveuse (que le jeune homme).

1. Qui est plus grand, le jeune homme ou la jeune fille? Qui est plus mince?
2. Est-ce que la jeune fille a l'air aussi dynamique et sympathique que le jeune homme?
3. Qui est plus timide? plus bavard (*talkative*)?
4. Est-ce que le jeune homme est aussi studieux que la jeune fille?
5. Est-ce que le jeune homme est plus ou moins travailleur que la jeune fille?

B. Un couple de francophiles. M. et Mme Cohen adorent tout ce qui est français, et ils ont tendance à exagérer. Donnez leur opinion en transformant les phrases selon le modèle.

> **MODÈLE:** Le français est une très belle langue. →
> Le français est la plus belle langue du monde.

1. La cuisine française est bonne.
2. Les vins de Bourgogne sont sophistiqués.
3. La civilisation française est très avancée.
4. Paris est une ville intéressante.
5. Les Français sont un peuple cultivé.
6. La France est un beau pays.

C. Opinions. Changez les phrases suivantes, si nécessaire, pour indiquer votre opinion personnelle: **plus/moins/aussi... que; meilleur(e) / plus mauvais(e) que.** Regardez d'abord les expressions de **Mots clés.** Utilisez ces mots et justifiez vos opinions.

1. Le sport est aussi important que les études.
2. Les rapports humains sont aussi importants que les bonnes notes.
3. Grâce à la technologie, la vie des étudiants est meilleure qu'il y a vingt ans.
4. Les cours universitaires sont plus intéressants que les cours du lycée.
5. Comme étudiant/étudiante, je suis plus sérieux/sérieuse que la plupart (*most*) de mes amis/amies.

D. Mais ce n'est pas possible! Vous aimez exagérer. Donnez votre opinion sur les sujets suivants. Pour chaque catégorie, proposez aussi d'autres exemples si possible.

1. Le président _____ / bon ou mauvais / président / le XXe ou XXIe siècle
2. Les Américains / les gens / généreux / le monde
3. Le manque (*lack*) d'éducation / le problème / sérieux / le monde actuel
4. _____ / le problème / grand / ma vie
5. _____ / la nouvelle (*piece of news*) / intéressant / l'année
6. _____ / l'athlète / bon / l'année

> ### Mots clés
>
> **Pour insister**
>
> Like **très,** the adverbs **bien** (*much*) and **fort** (*very, mostly*) are used to emphasize a point.
>
> Faire des économies est **bien** plus important qu'on le pense.
>
> Cette employée a une personnalité **fort** agréable.

Prononcez bien!

The consonant *r* (page 351)

A. La famille d'Hugo (1). Hugo vous parle de sa famille. Complétez chaque phrase avec le mot qui manque et décidez si le premier *r* dans ce mot est un *r* doux ou un *r* fort.

	r doux	*r* fort
1. Mon père travaille dans un _____.	☐	☐
2. Ma mère aussi: elle y est _____.	☐	☐
3. C'est une petite _____.	☐	☐
4. Il n'y a que dix _____.	☐	☐
5. Le _____ est un homme honnête et juste.	☐	☐
6. Mais il est un peu _____.	☐	☐
7. Mais dans l'ensemble, mes _____ sont satisfaits de leur métier.	☐	☐

B. La famille d'Hugo (2). Hugo vous parle encore de sa famille. Avec votre camarade, répétez ce qu'il dit. Faites bien attention à la prononciation des *r* dans les mots **en caractères gras**. Dans les phrases 1 et 2, ils sont forts; dans les phrases 3 et 4, ils sont doux.

1. Je suis le plus jeune de la famille! **Patrick,** mon **frère,** a **trente-quatre** ans. Il est **peintre.**
2. Et **Christelle,** ma sœur, a **trente-trois** ans. Elle **travaille** dans le monde de la **traduction:** elle est **interprète.**
3. Mes **parents** sont **mariés** depuis **quarante** ans! Ils vont fêter **leur** long **mariage** à **Paris** dans deux semaines.
4. Il y **aura** beaucoup de gens (*people*) à cette fête. Nous allons bien manger. Et nous **boirons** beaucoup aussi! Je pense que ça **plaira** à mes **parents** de passer la **soirée** avec tout ce monde!

 Lecture

AVANT DE LIRE

Using the dictionary. As you know, you can figure out from context the meaning of many unfamiliar words that you encounter in readings. Sometimes, however, you will need to consult a dictionary. When you do, keep in mind the following guidelines.

1. Do not rely on the end vocabulary lists in *Vis-à-vis* because they contain only contextual meanings as used in the textbook. They do not provide all the possible meanings you need to consider.
2. Find an online bilingual dictionary and read through *all* the meanings and examples given. Make sure the meaning you choose corresponds to the part of speech (noun, verb, etc.) of the French word you are looking for and, of course, that it makes sense in context.

3. Later on, try consulting a monolingual dictionary: one in which French words are defined in French. This may present a bit of a challenge at first, but you will find it of great benefit in terms of vocabulary enrichment and increased range of expression.

The following sentence appears in the middle of the third paragraph of the reading selection: "Au XVIIe siècle, à l'abbaye d'Hautvillers, le moine bénédictin Dom Pérignon participe à la création d'un vin qui mousse,... " Look for the meaning of **mousser** in the following excerpt from the *Larousse dictionnaire français-anglais en ligne* (online bilingual dictionary):

> **mousser** [muse] *vi* [écumer-champagne, cidre] to bubble, to sparkle; [bière] to froth; [savon, crème à raser] to lather; [détergent, shampooing] to foam, to lather

Which meaning is closest to the use of **mousser** in the sentence quoted from the article? Now, take a look at the definition of **mousser** from the *Larousse dictionnaire de français* (online monolingual dictionary):

> *vi* Former, produire de la mousse: *Le champagne mousse. Shampooing qui mousse bien.*
>
> *vt* Au Québec, promouvoir; faire valoir: *Mousser la vente d'un produit.*

What extra information did you get from the monolingual dictionary?

Des métiers pas ordinaires

Les métiers originaux, il y en a plus que vous ne pensez! En voilà quelques exemples.

Si le vin vous intéresse...

Un œnologue est un spécialiste des vins. Il les goûte, les évalue et les classe. Il partage[1] son temps entre le vignoble,[2] la cave[3] et le laboratoire. Conseiller des producteurs, des marchands et des restaurateurs, c'est un expert formé à l'université: quatre ans d'études après le bac sont nécessaires pour obtenir le Diplôme National d'Œnologie.

Un œnologue dans sa cave, à Bordeaux, en France. Que fera cet homme après son travail?

Le père du champagne

Au XVIIe siècle, à l'abbaye d'Hautvillers, le moine[4] bénédictin Dom Pérignon participe à la création d'un vin qui mousse, le prestigieux champagne. C'est «le seul vin qui laisse une femme plus belle après boire» selon la Marquise de Pompadour.[5]

Si vous préférez les parfums, devenez aromaticien!

Qu'est-ce qu'un «nez»? C'est l'organe qui nous permet de respirer. C'est vrai. Mais le «Nez» est aussi l'aromaticien génial qui crée des parfums. Techniquement, le «Nez» a fait des études de chimie, mais il a, en plus, une mémoire des odeurs et un instinct de création extrêmement rare. C'est un artiste.

Le parfum le plus célèbre du monde. Aimez-vous les parfums?

Un «Nez» et un parfum célèbres

Le «Nez» en question s'appelle Ernest Beaux. En 1920, il propose à sa patronne, Coco Chanel, différentes créations qu'il a numérotées. Le numéro 5 plaît à Mademoiselle. Elle décide de ne pas changer son nom. Le parfum le plus célèbre du monde, Chanel N°5, vient de naître!

[1]*divides* [2]*vineyard* [3]*cellar* [4]*monk* [5]*Marquise... la favorite du roi Louis XV, connue pour sa beauté et son esprit au XVIIIe siècle*

Si vous adorez le chocolat...

Qui dit chocolat dit chocolatier. Un chocolatier est un spécialiste diplômé d'un lycée professionnel. Il peut devenir célèbre s'il gagne le concours[6] annuel du Meilleur Ouvrier de France. Pour réussir, l'artisan chocolatier doit être aussi doué[7] et travailleur qu'imaginatif.

La mode au chocolat

Le chocolat a toujours inspiré les passions. Sous Louis XIV, on disait «La Reine a deux passions, le Roi et... le chocolat!» Aujourd'hui, les amateurs se retrouvent, une fois par an, au Salon du Chocolat, à Paris. Et devinez... Certains chocolatiers s'associent avec de grands couturiers pour créer des robes en chocolat. Le défilé fait fondre[8] les spectateurs de plaisir!

[6]*competition* [7]*gifted* [8]*fait... melts*

Comment trouvez-vous cette robe en chocolat portée par Amanda Scott, l'animatrice de France Télévisions, au Salon du Chocolat 2016?

Bernard Menigault/Corbis/Getty Images

COMPRÉHENSION

Les métiers et les produits originaux. Répondez aux questions selon votre compréhension du texte.

1. Décrivez le métier d'œnologue. Avec qui l'œnologue travaille-t-il au quotidien?
2. Quelle est la particularité du champagne?
3. Qu'est-ce qu'un «Nez» dans le domaine des parfums?
4. Dans quelles circonstances le célèbre N°5 de Chanel a-t-il été créé?
5. Quelles sont les qualités indispensables d'un chocolatier?

📋 Écriture

The writing activities **Par écrit** and **Journal intime** can be found in the Workbook/Laboratory Manual to accompany *Vis-à-vis*.

▶ Micro-trottoir

Au micro. Répondez aux questions suivantes à partir de votre point de vue personnel. Puis regardez la vidéo et comparez vos réponses à celles des gens interrogés.

1. Quels petits boulots avez-vous faits (ou faites-vous) pendant vos études?
2. Quel souvenir gardez-vous de votre premier emploi?
3. Quels aspects de votre travail appréciez-vous le plus?
4. Quels conseils pouvez-vous donner aujourd'hui à un jeune diplômé qui cherche un premier emploi?

Verbes

changer	to change
compter	to count
couvrir	to cover
découvrir	to discover
dépenser	to spend (*money*)
déposer	to deposit
diriger	to direct
économiser	to save money
embaucher	to hire
faire des économies (*f. pl.*)	to save (up) money
fermer	to close
gagner	to earn; to win
gérer	to manage
intéresser	to interest
maîtriser	to master, have a command
offrir	to offer
ouvrir	to open
payer en liquide	to pay in cash
poser sa candidature	to apply (*for a job*)
retirer	to withdraw
souffrir	to suffer
toucher	to receive, to get (*money*)
travailler à son compte	to be self-employed

Substantifs

l'actualité (*f.*)	current events
l'argent (*m.*) liquide	cash
l'augmentation (*f.*)	increase
l'augmentation de salaire	raise
l'avenir (*m.*)	future
le bijou	jewel
le boulot	job, work
le budget	budget
la carte bancaire	bank (ATM/credit) card
la carte de crédit	credit card
la carte de débit	debit card
le chèque	check
le chômage	unemployment
le chômeur / la chômeuse	unemployed person
le compte bancaire	bank account
le compte épargne	savings account
le coût de la vie	cost of living
le CV	résumé
la demande d'emploi	job application
la dépense	expense
le distributeur automatique	automatic teller machine (ATM)
l'emploi (*m.*)	job
l'emprunt (*m.*)	loan
l'entreprise (*f.*)	company
l'entretien (*m.*)	job interview
les frais (*m. pl.*)	expenses, costs
le marché de l'emploi	job market
le métier	trade, profession
la monnaie	change; currency
le montant	amount, total
la piste	lead
le prélèvement automatique	automatic payment/withdrawal
le reçu	receipt
le salaire	salary
la societé	company
le stage	internship
le taux de change	exchange rate
le taux de chômage	unemployment rate
le virement	transfer (money)

À REVOIR: la santé

Les professions

l'agriculteur / l'agricultrice	farmer
l'architecte (*m., f.*)	architect
l'artisan / l'artisane	artisan, craftsperson
l'avocat / l'avocate	lawyer
le boucher / la bouchère	butcher
le/la cadre	middle or upper manager
le/la chef d'entreprise	company head, top manager, boss
le coiffeur / la coiffeuse	hairdresser
le commerçant / la commerçante	shopkeeper
le/la comptable	accountant
le/la dentiste	dentist
le directeur / la directrice	manager, head
le directeur commercial / la directrice commerciale	business manager
l'employé / l'employée	employee
le facteur / la factrice	letter carrier
le/la fonctionnaire	civil servant
l'ingénieur / l'ingénieure	engineer
le/la journaliste	reporter
le marchand / la marchande	merchant
le/la médecin	doctor
l'ouvrier / l'ouvrière	(manual) worker, laborer
le pharmacien / la pharmacienne	pharmacist
le plombier / la plombière	plumber

le policier / la policière	police officer	à son compte	for oneself
le professeur / la professeure des écoles	primary school teacher	aussi... que	as . . . as
		aussitôt que	as soon as
le rédacteur / la rédactrice	editor	car	because
		dès	beginning in, from (then on)
le/la secrétaire	secretary	dès que	as soon as
le travailleur / la travailleuse	worker	dont	whose, of whom, of which
		élevé(e)	high
... indépendant(e)	self-employed worker	fort (*adv.*)	very
... salarié(e)	salaried worker	un jour	someday

À REVOIR: **l'acteur / l'actrice, l'écrivain / l'écrivaine, le serveur / la serveuse**

Mots et expressions divers

à l'avenir	from now on, in the future
à partir de maintenant	from now on

lorsque	when
meilleur(e)	better
moins... que	less . . . than
où	where; when
parfaitement	perfectly
pire	worse
plus... que	more . . . than
que	whom, that, which
qui	who, that, which

À REVOIR: **quand**

Design Elements: (Mamadou) Comstock Images/Getty Images; (Poema) Purestock/Alamy Stock Photo; (Alexis) Javier Larrea/Pixtal/age fotostock; (Charlotte) Fabrice Lerouge/Getty Images; (All Others): McGraw Hill

CHAPITRE 15

Les loisirs

Une femme court (*runs*) au Parc naturel régional de Chartreuse, en Isère.

Dans ce chapitre...

OBJECTIFS COMMUNICATIFS

- ➤ talking about leisure-time activities
- ➤ getting information
- ➤ being polite
- ➤ speculating
- ➤ making comparisons
- ➤ talking about quantity
- ➤ learning to distinguish between and pronounce selected sounds in French

CULTURE

- ➤ Espaces francophones: *La Martinique*
- ➤ Un petit plus: *Les Bleus*
- ➤ Reportage: *Le Raid des Alizés: le sport au féminin en Martinique*
- ➤ Lecture: *Idées week-end pour budget étudiant*

Quelques loisirs°

leisure activities

Les spectacles (*m.*)
le spectacle de
variétés
le cinéma
l'opéra (*m.*)
le théâtre

Les activités (*f.*) **de plein air**
le pique-nique
la pétanque*
la pêche
la marche
le ski

Les sports (*m.*)
le basket
le football
le cyclisme
les matchs (*m.*) (de tennis)

À la maison
le bricolage
le jardinage

Les jeux (*m.*)
les jeux de hasard
les jeux de société
les jeux vidéo†

Les passe-temps (*m.*)
la lecture
les collections (*f.*)
la peinture

Qu'est-ce qu'on est en train de faire? Est-ce qu'on fait un pique-nique?
Est-ce qu'on joue au football? Est-ce qu'on assiste à‡ un concert?

AUTRES MOTS UTILES	
bricoler	to putter; do odd jobs around the house
fréquenter	to frequent (attend; visit)
une chanson	a song
une équipe	a team

*La pétanque is a Provençal game similar to Italian bocce ball.
†As in the U.S., video gaming has become a mainstream leisure activity in France. Console gaming is the preferred gaming platform in France, although mobile gaming is quickly growing.
‡Assister à means *to attend;* aider means *to assist, help.*

Allez-y!

A. Catégories. Le ballet et l'opéra sont des spectacles. Dans quelle(s) catégorie(s) de distractions classez-vous _____?

MODÈLE: la marche → La marche, c'est une activité de plein air.

1. un match de football
2. une collection de timbres
3. le jardinage
4. la pêche
5. la roulette
6. la lecture
7. un pique-nique
8. le poker
9. le cinéma
10. la pétanque
11. le cyclisme
12. un concert de jazz

B. Interview. Posez les questions suivantes à un/une camarade. Demandez-lui _____.

1. quelles sortes de chansons il/elle aime (les chansons d'amour, les chansons folkloriques, le rap, le hip-hop?)
2. s'il / si elle a déjà joué à la pétanque
3. à quelles sortes de spectacles il/elle assiste souvent et à quel spectacle il/elle a assisté récemment
4. s'il / si elle préfère faire du sport ou assister à des manifestations sportives; à quel événement sportif il/elle a assisté récemment
5. s'il / si elle participe à des cours collectifs (de spinning, de tennis, de yoga)
6. à quels jeux de hasard il/elle a joué, où il/elle y a joué et combien il/elle a gagné ou perdu
7. s'il / si elle aime bricoler et quels objets il/elle a réparés ou fabriqués
8. s'il / si elle collectionne quelque chose
9. s'il / si elle fréquente les musées (l'opéra, le théâtre)
10. s'il / si elle préfère les jeux de société ou les jeux vidéo; quel jeu de société ou jeu vidéo il/elle préfère

Résumez! D'après ses réponses, parlez brièvement du caractère ou de la personnalité de votre camarade.

Vocabulaire utile: actif/active, adroit/adroite, audacieux/audacieuse, créateur/créatrice, énergique, (im)prudent(e), paresseux/paresseuse, (peu) doué(e) (*gifted*) pour les sports, sentimental(e), sportif/sportive, terre à terre (= prosaïque, ordinaire), etc.

Voici une troupe de danse antillaise. Vous assistez à des spectacles de danse?

vive la détente!

Les verbes *courir* et *rire*

courir (to run)				rire (to laugh)			
je	cour**s**	nous	cour**ons**	je	ri**s**	nous	ri**ons**
tu	cour**s**	vous	cour**ez**	tu	ri**s**	vous	ri**ez**
il/elle/on	cour**t**	ils/elles	cour**ent**	il/elle/on	ri**t**	ils/elles	ri**ent**
past participle:	**couru**			**ri**			
future stem:	**courr-**			**rir-**			

A verb conjugated like **rire** is **sourire** (*to smile*).

Allez-y!

A. Sondage sur le jogging. De plus en plus de gens sont des adeptes du jogging.

> **1.** Demandez à un/une camarade s'il / si elle fait du jogging.

Si oui, demandez-lui _____.

> **2.** combien de fois par semaine il/elle court
> **3.** pendant combien de temps il/elle court ou combien de kilomètres il/elle fait (1 mile = 1,6 kilomètre)
> **4.** depuis quand il/elle fait du jogging

Si non, demandez-lui _____.

> **5.** pourquoi il/elle ne court pas
> **6.** s'il / si elle pratique un autre sport
> **7.** ce qu'il/elle pense des gens qui font du jogging régulièrement

B. L'amusement. Le rire est le passe-temps préféré de beaucoup de gens. Et vous? Aimez-vous rire? Avec un/une camarade, répondez aux questions suivantes. Chaque fois que vous répondez par oui, donnez un exemple.

> **1.** Avez-vous un comique préféré / une comique préférée?
> **2.** Est-ce qu'il y a un film ou une pièce de théâtre que vous trouvez particulièrement intéressant(e)?
> **3.** Est-ce que vous riez quelquefois en cours de français? Quand et pourquoi?
> **4.** Racontez-vous des blagues (*jokes*)?
> **5.** Faites-vous souvent des jeux de mots (*puns*)?

C. Les Français et leur quête du bien-être. Lisez les résultats du sondage et répondez aux questions suivantes.

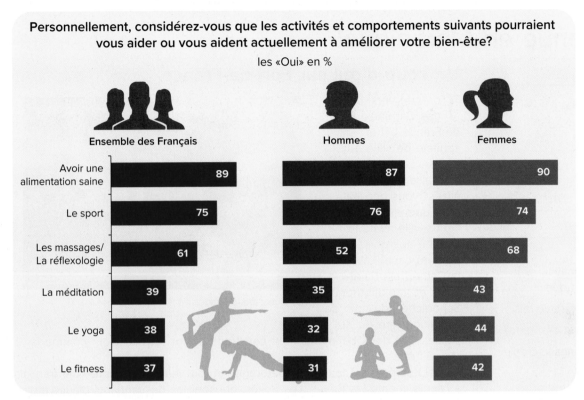

Personnellement, considérez-vous que les activités et comportements suivants pourraient vous aider ou vous aident actuellement à améliorer votre bien-être?

les «Oui» en %

	Ensemble des Français	Hommes	Femmes
Avoir une alimentation saine	89	87	90
Le sport	75	76	74
Les massages/ La réflexologie	61	52	68
La méditation	39	35	43
Le yoga	38	32	44
Le fitness	37	31	42

Source: 2015 Harris Interactive Inc.

1. Quels sont les trois activités et comportements que les Français considèrent comme les plus importants pour améliorer leur bien-être?
2. Quelles sont les différences d'opinion entre les femmes et les hommes sur cette question?
3. Quels sont les trois activités et comportements qui pourraient vous aider à améliorer votre bien-être? Comparez vos activités et comportements à ceux des Français.
4. À votre avis, quels activités et comportements les Américains préfèrent-ils pour améliorer leur bien-être? Quelles en sont les similarités et les différences avec ceux des Français?

Bienvenue en Martinique!

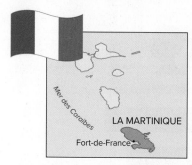

Pays: France

Statut: Collectivité territoriale unique

Habitants: Martiniquais

Chef-lieu: Fort-de-France

Langues: français, créole martiniquais

Unité monétaire: euro

Fête nationale: 14 juillet

Un coup d'œil sur Fort-de-France

Tournée vers[1] la mer des Caraïbes, Fort-de-France est la capitale de «l'île aux fleurs». Le souffle bienfaisant[2] des vents alizés[3] vous accueille pour une visite du centre-ville, avec le marché aux poissons près du canal Levassor, la Cathédrale Saint-Louis et la bibliothèque Schoelcher (du nom de l'abolitionniste du XIXᵉ siècle). Ces deux bâtiments sont construits en fer[4] et en acier,[5] comme la tour Eiffel à Paris!

La bibliothèque Schoelcher à Fort-de-France

David Giral/Alamy Stock Photo

Ici le créole est la langue maternelle et tout le monde apprend le français à l'école, même les Békés. Les Békés, qui sont les descendants blancs des premiers colons français, contrôlent à peu près toute l'économie de l'île. Ils possèdent plus de 50 % des richesses et sont les propriétaires des plantations de canne à sucre, qu'on appelle des «habitations». Mais la vraie richesse de la Martinique vient de sa culture et de sa société solidaire.

[1]Tournée... *Facing*   [2]souffle... *refreshing breath*   [3]vents... *trade winds*   [4]*iron*   [5]*steel*

PORTRAIT **Aimé Césaire (1913–2008)**

Poète et homme politique (maire de Fort-de-France pendant cinquante ans), Aimé Césaire personnifie la théorie de la «négritude».* La littérature mondiale lui doit des œuvres majeures comme *Cahier d'un retour au pays natal*, écrit après sa rencontre avec Léopold Sédar Senghor,[†] et *La Tragédie du roi Christophe*, sur les difficultés de la libération psychologique des anciens esclaves devenus maîtres[1] d'Haïti. Attiré par le surréalisme, il rencontre André Breton à Fort-de-France en 1941 et, cinq ans plus tard, il publie un recueil de poèmes surréalistes intitulé *Les Armes miraculeuses*.

[1]*masters*

Aimé Césaire

Jean Pimentel/KIPA/Corbis via Getty Images

 Watch **Bienvenue en Martinique** to learn more about Fort-de-France.

---

*__Négritude__ was the movement to restore the cultural identity of Africans around the world by rejecting European values and affirming the history and personality of African peoples.
†Léopold Sédar Senghor (1906–2001): poet and founding president of Senegal who was an early leader of the Black consciousness movement and who coined the term __négritude__.

LEÇON 2: STRUCTURES

Les pronoms interrogatifs

Getting Information

C'EST QUOI, LE TEMPS LIBRE?

Juliette téléphone à Charlotte.

JULIETTE: **Que** fais-tu pendant ton temps libre[1]?

CHARLOTTE: C'est **quoi** le temps libre? Je n'ai pas une minute à moi!

JULIETTE: **Qu'est-ce que** tu racontes[2]? **Qu'est-ce qui** t'empêche de prendre quelques heures par semaine pour toi? Il faut être un peu égoïste[3] dans la vie!

Père et fille sur la plage

CHARLOTTE: Mais **qui** va s'occuper de[4] la maison?

JULIETTE: Charlotte, c'est une blague! J'ai l'impression d'entendre mon arrière-grand-mère! Réserve un après-midi pour toi.

CHARLOTTE: **Lequel**[5]? Je suis super occupée.

JULIETTE: Le samedi après-midi, par exemple: tu pourras faire du sport, du shopping, prendre un café avec une copine...

CHARLOTTE: Tu as raison! Je dois penser à moi.

[1]*free* [2]*Qu'est-ce que... What are you talking about?* [3]*selfish* [4]*s'occuper... take care of* [5]*Which one*

Trouvez, dans le dialogue, les questions qui correspondent aux situations suivantes.

1. Juliette interroge Charlotte sur ses loisirs.
2. Charlotte ne comprend pas l'expression «temps libre».
3. Juliette demande des précisions à Charlotte.
4. Charlotte demande comment la maison va fonctionner sans elle.
5. Charlotte demande quel après-midi elle pourrait libérer.

Forms of Interrogative Pronouns

Interrogative pronouns—in English, *who? whom? which? what?*—are used to ask questions. They can play several roles in questions, serving as subjects, as objects of verbs, or as objects of prepositions. You are already familiar with the French interrogative pronouns **qui** and **qu'est-ce que.** Following is a more detailed list of French interrogative pronouns. Note that different pronouns are used for people and for things, and that several pronouns have a short and a long form.

USE	PEOPLE		THINGS
Subject of a question	qui		_____
	qui est-ce qui		qu'est-ce qui
Object of a question	qui		que (qu')
	qui est-ce que		qu'est-ce que
Object of a preposition	[à] qui		[à] quoi

Interrogative Pronouns as the Subject of a Question

As the *subject* of a question, the interrogative pronoun that refers to people has both a short and a long form. The pronoun that refers to things has only one form. Note that **qui** is always followed by a singular verb.

PEOPLE

Qui fait du jogging ce matin?

Qui est-ce qui fait du jogging ce matin?

THINGS

Qu'est-ce qui se passe? (*What's happening?*)

Interrogative Pronouns as the Object of a Question

As the *object* of a question, the interrogative pronouns referring to people, as well as those referring to things, have both a long and a short form.

1. Long forms

PEOPLE: **Qui est-ce que**
THINGS: **Qu'est-ce que** + *subject* + *verb* + (*other elements*)?

Qui est-ce que tu as vu sur le court de tennis ce matin?

Whom did you see on the tennis court this morning?

Qu'est-ce que Marie veut faire ce soir?

What does Marie want to do this evening?

Remember that **qu'est-ce que (qu'est-ce que c'est que)** is a set phrase used to ask for a definition: *What is _____?*

Qu'est-ce que la pétanque?

What is pétanque?

2. The short form **qui** can follow the subject and verb in questions using an intonation change.

Tu cherches **qui?**

You're looking for whom?

Aurélien a vu **qui** au théâtre?

Whom did Aurélien see at the theater?

The short form **qui** can also be followed by an inverted subject and verb.

Qui (+ *noun subject*) + *verb-pronoun* + (*other elements*)?

Qui as-tu vu au club de gym?

Whom did you see at the gym?

Qui Marie a-t-elle vu sur le court de tennis?

Whom did Marie see on the tennis court?

Erica Simone Leeds

Qu'est-ce que vous avez vu au cinéma?

3. The short form **que** is followed by an inverted subject and verb. This is true for both noun and pronoun subjects.

> **Que** + *verb* + *subject* (*noun or pronoun*) + (*other elements*)?

Que cherches-tu?	*What are you looking for?*
Que cherche Justine?	*What is Justine looking for?*

[Allez-y! A]

Use of *qui* and *quoi* after Prepositions

After a preposition or as a one-word question, **qui** is used to refer to people, and **quoi** is used to refer to things.

À qui est-ce que Djamel parle?	*Whom is Djamel speaking to?*
De qui est-ce que tu parles?	*Whom are you talking about?*
À quoi est-ce que Raphaëlle réfléchit?	*What is Raphaëlle thinking about?*
De quoi est-ce que vous parlez?	*What are you talking about?*

[Allez-y! B-C-D]

Lequel

Lequel, laquelle, lesquels, and **lesquelles** (*which one[s]*) are used to ask about a person or thing that has already been mentioned. These pronouns agree in gender and number with the nouns to which they refer.

—Avez-vous vu cet opéra?	*Have you seen this (that) opera?*
—**Lequel?**	*Which one?*
—Vous rappelez-vous cette pièce de théâtre?	*Do you remember this (that) play?*
—**Laquelle?**	*Which one?*
—**Lequel** des chanteurs américains préférez-vous?	*Which American singer do you prefer?*

[Allez-y! D]

 Prononcez bien!

The consonant *l*

To pronounce a French **l** [l], remember to keep the body of your tongue flat and shifted to the front of your mouth, with the tip pressing against your upper front teeth. Refrain from (1) lowering the back of your tongue, (2) letting it shift to the back of your mouth, and (3) curling up the tip of your tongue, especially when you pronounce a final **-l.**

[l]: **il, lequel, pâle, Jules, sol**

Allez-y!

A. À la Maison des jeunes et de la culture.* Posez des questions sur les activités des jeunes à la MJC. Utilisez **qui** ou **qui est-ce qui,** en remplaçant les mots en italique.

> **MODÈLE:** *Pierrot* apprend à jouer du piano. →
> Qui (Qui est-ce qui) apprend à jouer du piano?

1. *Astrid* est en train de lire (*is reading*) un roman.
2. *Hakim* apprend à faire un portrait dans le cours de peinture.
3. *Alexandre* écoute un concert de musique vietnamienne.
4. *La professeure* choisit les meilleures œuvres à exposer.

---

*The **Maison des jeunes et de la culture (MJC)** is a recreational center supported by the French government. **MJC**s offer courses in many hobbies and sports and sponsor cultural events.

Qu'est-ce qu'elle joue au violon selon vous?

Maintenant, posez des questions avec **que** ou **qu'est-ce que**.

MODÈLE: Colombe regarde *un film de François Truffaut* au ciné-club. →
Que regarde Colombe au ciné-club? (Qu'est-ce que Colombe regarde au ciné-club?)

5. Les jeunes font *des vases* dans le cours de poterie.
6. On joue *un air de Julien Doré* dans le cours de guitare.
7. Grégory a fabriqué *des étagères* dans l'atelier de bricolage.
8. Marie a travaillé *son service* pendant son cours de tennis.

B. Exposition à la MJC. Vous êtes chargé(e) d'organiser une exposition à votre MJC et vous donnez des instructions à un groupe de volontaires. Quelles questions vous posent-ils? Choisissez l'interrogatif correct.

MODÈLE: (qui / qu'est-ce que) William nous prêtera une... →
Qu'est-ce que William nous prêtera?

1. (qui / qu'est-ce qui) le directeur a invité...
2. (qui / qu'est-ce que) Joséphine va nous apporter une...
3. (qui / qui est-ce qui) nous devons téléphoner à...
4. (à quoi / de quoi) vous voulez nous parler...
5. (qui est-ce qui / qui) Aurore viendra avec son...
6. (quoi / que) vous pensez beaucoup à la...

C. Une matinée de bricolage. Ce matin, il y a eu beaucoup d'animation chez les Fontanet. À son retour de la maternelle (*kindergarten*), la petite Émilie veut tout savoir. À l'aide des mots en italique, formulez les questions.

MODÈLE: Papa a invité *un ami*. →
Qui est-ce que papa a invité?

1. *Maman* fabriquait une petite table.
2. Florent faisait *de la poterie*.
3. Papa parlait avec *son ami*.
4. *Florent* a ouvert la porte.
5. Le chien a vu *le facteur*.
6. Maman a crié après *le chien*.
7. Le chien a couru après *le facteur*.
8. *La poterie* est tombée par terre.
9. *Papa* a rattrapé (*caught*) le chien.
10. Le chien a cassé (*broke*) *la petite table de maman*.

D. Interview. Avec un/une camarade de classe, posez des questions et répondez-y à tour de rôle.

MODÈLE: humoristes: Stephen Colbert, Jimmy Fallon →
É1: Lequel de ces humoristes préfères-tu, Stephen Colbert ou Jimmy Fallon?
É2: Je préfère Stephen Colbert. Et toi, lequel préfères-tu?
É1: Je préfère...

1. actrices: Kristen Stewart, Jennifer Lawrence
2. peintres: le Français Paul Gauguin, l'Espagnol Pablo Picasso
3. chanteuses: Taylor Swift, Beyoncé
4. loisirs: le bricolage, le jardinage
5. spectacles: les manifestations sportives, les spectacles de variétés
6. chansons: les chansons d'Ed Sheeran, de Lady Gaga
7. activités de plein air: un barbecue, la pêche
8. sports: le base-ball, le cyclisme

Que pouvez-vous dire des goûts de votre camarade?

Le présent du conditionnel

Being Polite, Speculating

🎧 QU'EST-CE QU'ON POURRAIT FAIRE?

Alexis contacte Poema par messagerie instantanée.

 ALEXIS: Poema, qu'est-ce qu'**on pourrait** faire ce week-end?

 POEMA: Si j'avais le choix,[1] **j'aimerais** bien aller à la pêche.

 ALEXIS: Ah non! Attendre le poisson toute la journée: **je m'ennuierais** à mourir! Tu as d'autres idées?

 POEMA: **J'adorerais** aller pique-niquer au bord de la Seine. **Nous mangerions** plein de bonnes choses. Après, si tu voulais, **nous irions** nous promener dans la nature. **Trésor viendrait** avec nous...

 ALEXIS: Bof... Manger sur l'herbe,[2] c'est assez inconfortable... Si on allait plutôt[3] à la piscine? **On nagerait** et **on bronzerait.**

 POEMA: Non. Je n'aime pas bronzer: c'est mauvais pour la peau.[4]

 ALEXIS: Finalement, **je préférerais** faire quelque chose de culturel: un musée, un film, une exposition...

 POEMA: Je ne suis pas d'accord: la culture, c'est pour les jours de pluie[5]! Et ce week-end, il va faire beau!

 ALEXIS: Alors, qu'est-ce qu'on fait?

[1]*choice* [2]*sur... on the grass* [3]*instead* [4]*skin* [5]*rain*

Répondez aux questions en utilisant des phrases du dialogue.

1. Que demande Alexis?
2. Quelles sont les suggestions de Poema?
3. Quelles activités préfère Alexis?

Forms of the Conditional

1. In English, the conditional is a compound verb form consisting of *would* plus the infinitive: *He would travel, we would go.* In French, the **conditionnel** is a simple verb form. The imperfect-tense endings **-ais, -ais, -ait, -ions, -iez, -aient** are added to the infinitive. The final **e** of **-re** verbs is dropped before the endings are added.

parler		finir		vendre	
je	parler**ais**	je	finir**ais**	je	vendr**ais**
tu	parler**ais**	tu	finir**ais**	tu	vendr**ais**
il/elle/on	parler**ait**	il/elle/on	finir**ait**	il/elle/on	vendr**ait**
nous	parler**ions**	nous	finir**ions**	nous	vendr**ions**
vous	parler**iez**	vous	finir**iez**	vous	vendr**iez**
ils/elles	parler**aient**	ils/elles	finir**aient**	ils/elles	vendr**aient**

Elle **passerait** son temps à faire de la peinture.	*She'd spend her time painting.*
Elle **habiterait** dans une grande maison à la campagne.	*She'd live in a big house in the country.*

2. Verbs with irregular stems in the future tense (**Chapitre 14, Leçon 2**) have the same irregular stems in the conditional.

S'il ne pleuvait pas, nous **irions** tous à la pêche.	*If it weren't raining, we would all go fishing.*
Elle **voudrait** venir avec nous.	*She would like to come with us.*
Est-ce que tu **aurais** le temps de m'aider à tout préparer?	*Would you have time to help me prepare everything?*

Uses of the Conditional

1. In both English and French, the conditional is used to make polite requests or inquiries. It gives a softer, more deferential tone to statements that might otherwise seem abrupt (see **Mots clés** of **Chapitre 6, Leçon 2** and **Chapitre 7, Leçon 3**).

Auriez-vous la gentillesse de m'aider?	*Would you be so kind as to help me?*
Je **pourrais** poser une question?	*Could I ask a question?*
Jean **voudrait** venir avec moi.	*Jean would like to come with me.*
Tu **devrais** faire plus de sport.	*You should be more active.*
Nous **aimerions** commander.	*We would like to order.*

[Allez-y! A-B]

Aimeriez-vous partir en voyage à Saint-Pierre? C'est un petit village au pied du volcan, la Montagne Pelée.

2. The conditional is used in the main clause of sentences containing **si** (*if*) clauses to express what *would* happen if the hypothesis of the *if*-clause were true. The imperfect is used in the *if*-clause.

Si j'**avais** le temps, je **jouerais** au tennis.

If I had time, I would play tennis.

Si nous **pouvions** pique-niquer tous les jours, nous **serions** contents.

If we could go on a picnic every day, we would be happy.

Elle **irait** avec vous au bord de la mer si elle **savait** nager.

She would go to the seashore with you if she knew how to swim.

The **si** clause containing the condition is sometimes understood and not directly expressed.

Je **viendrais** avec plaisir... (si tu m'invitais, si j'avais le temps, etc.).

I would like to come ... (if you invited me, if I had the time, etc.).

3. Remember that an *if*-clause in the present expresses a condition that, if fulfilled, will result in a certain action (stated in the future).

Si j'**ai** le temps, je **jouerai** au tennis cet après-midi.

If I have the time, I'll play tennis this afternoon.

Note that the future and the conditional are *never* used in the dependent clause (after **si**) of a **si**-clause sentence.

4. The present conditional of the verb **devoir** is used to give advice and corresponds to the English *should*.

—J'aime bien les jeux de hasard.

I like games of chance.

—Vous **devriez** aller à Monte-Carlo.

You should go to Monte Carlo.

—Elle a besoin d'exercice.

She needs some exercise.

—Elle **devrait** faire du jogging.

She should go jogging.

[Allez-y! C-D-E-F]

Mots clés

Mots clés

Exprimer un désir et suggérer

The construction **si** + **imparfait** (without the conditional) is used to express a wish or to make a suggestion.

Si seulement **j'étais** riche!
If only I were rich!

Si on dansait?
Shall we dance?

Allez-y!

A. S'il vous plaît. Michael a un entretien préliminaire au téléphone cet après-midi et il veut faire bonne impression. Aidez-le en mettant ses phrases au conditionnel et en ajoutant **s'il vous plaît** ou **merci** quand c'est possible. Michael parle avec assurance. Pensez-vous que Madame Martin embauchera Michael? Expliquez.

> **MODÈLE:** Bonjour, mademoiselle. Puis-je parler à Madame Martin? →
> Bonjour, madame. Pourrais-je parler à Madame Martin s'il vous plaît?

1. Est-ce que vous avez des questions à me poser après avoir lu (*having read*) mon CV?
2. Oui, j'aime bien l'idée de travailler en équipe.
3. Je suis ravi de vous rencontrer pour continuer la conversation, Madame.
4. Où est-ce que nous pouvons nous retrouver?
5. Mes futurs collègues préfèrent-ils peut-être faire ma connaissance aussi, Madame?
6. Vous devez m'embaucher, Madame.

Michael voudrait faire bonne impression.

B. Soyons diplomates. Vous avez un ami / une amie qui donne toujours des ordres. Indiquez-lui deux façons de demander la même chose, mais poliment.

MODÈLE: L'AMI(E): Dites-moi à quelle heure le film commence!

VOUS: Non! Pourriez-vous me dire à quelle heure le film commence? (Je voudrais savoir à quelle heure le film commence.)

1. Donnez-moi un billet!
2. Expliquez-moi pourquoi les billets sont si chers.
3. Faites-moi de la monnaie sur cinquante euros.
4. Dites-moi dans quelle salle on passe ce film.
5. Dites-moi si je dois réserver des places pour le film.

C. Un après-midi de loisir. Si vous pouviez choisir, laquelle de ces activités feriez-vous cet après-midi? Posez les questions à un/une camarade.

MODÈLE: faire une promenade en ville ou à la campagne →
É1: Est-ce que tu ferais une promenade en ville ou à la campagne?
É2: Je ferais une promenade à la campagne.

1. jouer au tennis ou au football
2. aller au cinéma ou au café
3. passer une heure au musée ou au parc
4. manger une pizza ou un sandwich
5. boire un café ou un coca-cola
6. faire des courses ou la sieste
7. écouter de la musique classique ou du rock
8. acheter des vêtements ou des livres
9. lire des bandes dessinées ou un roman
10. se reposer ou faire du sport

D. À l'office du tourisme. Vous êtes de passage dans une ville que vous ne connaissez pas et vous demandez à l'employé / l'employée de l'office de tourisme de vous donner des idées de choses à faire. Complétez ses phrases de façon logique.

MODÈLE: VOUS: J'aime profiter de la nature tôt le matin.
L'EMPLOYÉ(E): À votre place, j'irais à la pêche. Il y a un beau lac pas très loin.

1. VOUS: En milieu de matinée, j'aime faire des courses.
   L'EMPLOYÉ(E): Si j'étais vous, _____.

2. VOUS: À midi, j'aime manger dehors quand il fait beau.
   L'EMPLOYÉ(E): À votre place, _____.

3. VOUS: Quand j'ai fini de manger, j'aime faire un peu de sport.
   L'EMPLOYÉ(E): À mon avis, _____.

4. VOUS: L'après-midi, j'aime bien faire quelque chose de culturel.
   L'EMPLOYÉ(E): Selon notre guide, _____.

5. VOUS: Et pour entendre de la bonne musique, que me suggérez-vous?
   L'EMPLOYÉ(E): À mon avis, _____.

6. VOUS: J'ai besoin de rencontrer des gens le soir, sinon je me sens seul(e).
   L'EMPLOYÉ(E): À votre place, _____.

E. **Nommez trois choses...** Donnez par écrit votre réaction spontanée aux questions suivantes. Écrivez des phrases complètes. Puis, comparez vos réponses avec celles d'un/une camarade de classe. Lesquelles sont identiques?

1. Nommez trois choses que vous feriez si vous étiez riche.
2. Donnez trois raisons pour lesquelles vous vous battriez (*you would fight*) si c'était nécessaire.
3. Nommez trois instruments de musique dont vous aimeriez jouer.
4. Nommez trois sports que vous aimeriez bien pratiquer.
5. Nommez trois personnes avec qui vous aimeriez partir en vacances.
6. Nommez trois chanteurs (ou chanteuses) que vous aimeriez rencontrer.
7. Nommez trois choses que vous devriez faire pour être en bonne santé.
8. Nommez trois livres que tout le monde devrait lire.

F. **De beaux rêves.** Imaginez ce que vous feriez dans les situations suivantes. Justifiez vos choix.

MODÈLE: si vous gagniez un voyage →
Si je gagnais un voyage, j'irais à Tahiti.

1. si vous receviez un chèque de 100 000 dollars
2. si vous deviez vivre dans une autre ville
3. si vous pouviez avoir la maison de vos rêves
4. si vous preniez de longues vacances
5. si vous veniez de finir vos études

Un petit plus...

Les Bleus

On les adore quand ils gagnent, on les dénigre quand ils perdent. Ce sont les Bleus, les joueurs de l'équipe de France de foot, champions du monde en 2018. D'où viennent-ils ces héros français du ballon rond?

Certains sont des fils ou petits-fils d'immigrés comme Kylian Mbappé, d'origine camerounaise par son père et algérienne par sa mère, Antoine Griezmann, d'origine portugaise du côté de sa maman, Karim Benzema, dont la famille vient d'Algérie, et Paul Pogba, qui a des parents guinéens.

De races et de cultures différentes, les Bleus donnent un exemple encourageant de réussite, d'intégration, de camaraderie. Ils participent à l'idéal multiculturel d'une France ouverte sur le monde.

Kremlin Pool/Alamy Stock Photo

Bravo les Bleus! Moscou, 15 juillet 2018: la France, championne du monde de football

Le Raid des Alizés*: le sport au féminin en Martinique

L'épreuve kayak au Raid des Alizés en novembre 2021

ANNE-CHRISTINE POUJOULAT/AFP/Getty Images

Elles sont enthousiastes, courageuses, déterminées: ce sont les 210 candidates qui, par équipes de trois, participent, chaque année, au Raid des Alizés en Martinique.

Venues du continent et des Antilles, ces Françaises engagées dans une aventure sportive 100% féminine servent une noble cause: chaque équipe représente une association d'intérêt général. Leur projet? Construire une maternité au Congo, ou bien aider à combattre les troubles alimentaires chez les adolescents, ou encore engager des actions en faveur des enfants autistes.

Alors oui, c'est pour gagner que, pendant six jours, ces femmes jeunes et moins jeunes vont s'immerger dans la nature tropicale. VTT,[1] canoë-kayak, course à pied... : le long d'un itinéraire plein d'obstacles, les candidates pédalent, rament,[2] nagent, courent... et souffrent! Car les épreuves[3] sont difficiles. Dans la boue,[4] dans l'eau, dans le sable,[5] sous un soleil implacable ou sous une pluie torrentielle, il faut avancer.

Naturellement la compétition récompensera les meilleures performances sportives et financera le projet des gagnantes. Mais si l'exploit est physique, il est aussi mental. De ce point de vue, toutes les équipes méritent le titre de championnes. Car pour chaque participante, la victoire compte moins que l'expérience du partage et de la solidarité.

[1]vélo-tout-terrain (*mountain bike*)   [2]*paddle*   [3]*trials; events*   [4]*mud*   [5]*sand*

VOUS COMPRENEZ?

1. Comment sont organisés les groupes qui participent au raid?
2. Décrivez les épreuves sportives du Raid des Alizés.
3. Dans quel environnement se déroule le raid?
4. Quelles difficultés les participantes rencontrent-elles?
5. Quelles valeurs ces sportives défendent-elles?

---

*un raid = une épreuve sportive sur une longue distance, destinée à montrer la résistance des concurrents; Alizés = les vents qui soufflent généralement entre les tropiques, d'est en ouest

La comparaison de l'adverbe et du nom

Making Comparisons

ET SI ON ESSAYAIT?

Hector, Hassan, Juliette et Léa discutent au restaurant.

LÉA: On va en boîte[1] samedi?

HECTOR: J'aime **mieux** une fête à la maison **qu'**une sortie en boîte: déjà, ça coûte moins cher.

LÉA: Oui, mais en boîte, on rencontre **plus de gens que** dans une fête privée.

HASSAN: C'est vrai mais, **le plus souvent,** les gens qu'on rencontre en boîte n'ont aucun intérêt[2]...

JULIETTE: Hassan, tu as **plus de préjugés que** d'expérience: il y a **autant de**[3] **gens** bien dans une boîte **qu'**ailleurs.[4] Moi, j'ai rencontré des gens supers en boîte. Des gens comme nous...

HASSAN: Des gens beaux, intelligents et drôles comme nous? C'est impossible! (*Il rit.*)

HECTOR: Moi, j'avoue[5] que j'irais **plus facilement** dans un bar sympa pour boire un coup entre potes...

JULIETTE: **Le mieux**, c'est d'essayer! On va au Duplex!

Le Duplex: une boîte de nuit pour les jeunes

[1]*en... to a club* [2]*n'ont... are of no interest* [3]*autant... as many* [4]*anywhere else* [5]*admit*

Vrai ou faux? Découvrez les phrases fausses et remplacez-les par les phrases du dialogue.

1. Hector préfère une sortie en boîte à une fête à la maison.
2. Hector pense qu'une fête à la maison coûte plus cher.
3. Hassan trouve que, la plupart du temps, les gens qui vont en boîte ne sont pas intéressants.
4. Hassan a moins d'expérience que de préjugés.
5. Selon Juliette, il y a des gens bien partout.
6. Hector irait plus facilement dans un bar.
7. Juliette propose d'essayer une sortie en boîte.

Comparative and Superlative Forms of Adverbs

1. The same constructions you learned in **Chapitre 14, Leçon 3** for the comparative forms of adjectives are used for the comparative forms of adverbs.

plus... que (*more . . . than*)	
moins... que (*less . . . than*)	
aussi... que (*as . . . as*)	

Jeanne écoute du jazz **plus** souvent (**que** moi). — *Jeanne listens to jazz music more often (than I).*

On écoute la musique **moins** attentivement dans les boîtes de nuit **que** dans les bars de jazz. — *People listen to the music less attentively at discos than at jazz bars.*

Nous allons danser **aussi** souvent **que** possible. — *We go dancing as often as possible.*

[Allez-y! C]

2. To form the superlative of an adverb, place **le** in front of the comparative form (**le plus...** or **le moins...**). Because adverbs are invariable, the definite article will always be **le**.

Kylian s'en va tard. Amélie s'en va plus tard. Tony s'en va **le plus tard**.

Bien and *mal*

The comparative and superlative forms of **bien** are irregular. The comparative and superlative forms of **mal** are regular.*

	COMPARATIVE	SUPERLATIVE
bien	mieux	le mieux
mal	plus mal	le plus mal

Tu parles français **mieux** que moi. — *You speak French better than I.*

Mais c'est Mehdi qui le parle **le mieux.** — *But Mehdi speaks it best.*

Augustin joue **plus mal** au tennis que moi. — *Augustin plays tennis worse than I.*

Mais c'est Marc qui y joue **le plus mal.** — *But Marc plays the worst.*

[Allez-y! A]

Mots clés

Tant mieux, tant pis

The expressions **tant mieux** (*so much the better*) and **tant pis** (*that's too bad*) are commonly used in everyday conversation.

Si tu viens, **tant mieux;** si tu ne viens pas, **tant pis.**

Il ne veut pas nous accompagner? **Tant pis** pour lui!

*Irregular comparative and superlative forms of **mal** (**pis, le pis**) exist, but the regular forms are much more commonly used.

Comparisons with Nouns

Plus de... (que), **moins de... (que)**, and **autant de... (que)** express quantitative comparisons with nouns.

Ils ont **plus d'**argent (**que** nous), mais nous avons **moins de** problèmes (**qu'**eux).	*They have more money (than we do), but we have fewer problems (than they do).*
Je suis **autant de** cours **que** toi ce semestre.	*I'm taking as many courses as you this semester.*

[Allez-y! B-C]

Allez-y!

A. Les comparaisons. Formez des phrases pour comparer ces personnes célèbres en vous aidant des signes donnés. Mettez les verbes au présent.

Signes: + plus   = aussi   − moins

MODÈLE: Beyoncé / danser / + bien / Jennifer Lopez →
Beyoncé danse mieux que Jennifer Lopez

1. David Fincher / faire des films / = souvent / Quentin Tarantino
2. Taylor Swift / chanter / − bien / Adèle
3. Cristiano Ronaldo / jouer / = bien / au football / Lionel Messi
4. Jon Batiste / chanter / + bien / The Weeknd
5. Tout le monde / jouer / − bien / au basket-ball / LeBron James

Des millions d'artistes
Pratiques artistiques amateurs au cours des douze derniers mois par sexe et âge (en % de la population de 15 ans et plus):

	Hommes	Femmes
Jouer d'un instrument de musique	15	11
Faire de la musique en groupe	11	9
Tenir un journal	6	11
Écrire des poèmes, nouvelles, romans	5	7
Faire de la peinture, sculpture, gravure	9	11
Faire de la poterie, céramique, reliure, artisanat d'art	3	5
Faire du théâtre	2	2
Faire du dessin	16	16
Faire de la danse	5	10

B. Les Français et les loisirs. Regardez le tableau et faites au moins trois comparaisons entre les hommes et les femmes en ce qui concerne les loisirs.

MODÈLE: Les hommes font moins de danse que les femmes, mais ils font plus de musique en groupe que les femmes.

C. Interview. Posez les questions suivantes en français à un/une camarade. Ensuite, résumez ses réponses.

1. Who in the class has more leisure time than you? Why?
2. What sport would you like to be able to play better?
3. Which American plays tennis best?
4. Which athlete (**athlète,** *m.,* *f.*) would you like to talk to the most?
5. Who in the class runs faster than you? How do you know?
6. Who in the class goes to the library as often as you?
7. Who in the class needs to study the least in order to (**pour**) have good grades (**notes,** *f.*)?

D. Les habitudes. Demandez à un/une camarade combien de fois par semaine, par jour, par mois ou par an il/elle fait quelque chose, puis comparez sa réponse avec vos propres habitudes.

Possibilités: faire du sport, lire le journal, partir en voyage, regarder la télévision...

MODÈLE: É1:   Combien de fois par semaine vas-tu au cinéma?
É2:   Une ou deux fois par semaine.
É1:   J'y vais plus (moins, aussi) souvent que toi.

E. La musique francophone. Écouter ou jouer de la musique est une activité de loisir préférée des Français. Lisez la petite histoire de la musique francophone et complétez les phrases en choisissant parmi ces expressions de comparaison ou superlatifs: **aussi, autant, moins, plus, mieux, le mieux** et **le plus**.

Après la Libération et dans les années 50, la chanson française prend son essor (*takes off*). Les interprètes comme Jacques Brel, Georges Brassens, Léo Ferré et Mireille Mathieu ont _____ [1] d'influence que les interprètes d'avant la Libération. Les Français écoutent leur musique _____ [2] souvent que possible.

Au début des années 60, de nouveaux rythmes arrivent des USA et les interprètes établis de la chanson disparaissent: on entend les chansons de Jacques Brel beaucoup _____ [3] qu'avant. Le rock'n'roll exprime _____ [4] le désir d'indépendance que les jeunes Français cherchent. Beaucoup de jeunes interprètes passeront mais de grandes stars restent, notamment Johnny Halliday qui gagne _____ [5] en popularité que tous les interprètes des années 50. Il a vendu _____ [6] de 110 millions de disques depuis 1960.

Dans les années 80, la musique continue à évoluer. Le rock français se connecte avec la musique francophone. Au Québec et en Louisiane, on chante en français pour exprimer _____ [7] son identité culturelle et politique. On écoute principalement la musique du leader cajun, Zachary Richard. Les autres chanteurs francophones ont beaucoup _____ [8] d'effet que lui.

De plus, la musique de l'Afrique du Nord et des États-Unis influence la musique française et le hip-hop gagne _____ [9] d'admirateurs que la chanson française d'autrefois, surtout MC Solaar _____ [10] connu des rappeurs de France. Les thèmes du hip-hop sont adaptés au contexte français et dans les banlieues les jeunes Français d'origine étrangère écoutent _____ [11] attentivement le rap que d'autres genres de musique. Au fait, pendant les années 90, la France est le deuxième grand marché pour le hip-hop grâce aux artistes comme Diam's, Booba et Kenza Farah. C'est particulièrement dans le genre hip-hop que les jeunes s'expriment _____ [12] sans contrainte.

Le zouk est un genre musical né dans les Antilles françaises (en Guadeloupe et en Martinique) au début des années 80. Il se caractérise par un rythme rapide à base de guitare basse et de batterie. À Paris, il est _____ [13] facile de trouver des pistes de danse (*dance floors*) de zouk qu'en province.

Le raï est un genre musical algérien, né au début du XXᵉ siècle à Oran. Les artistes qu'on entend le _____ [14] souvent sont Cheb Kader, Cheb Khaled et Cheb Mami. Le raï est ouvert aux influences musicales internationales et se mélange à d'autres formes de musique comme le rap, le reggae, le rock, la musique techno et le R&B.

FETHI BELAID/AFP/Getty Images

Le chanteur du raï algérien Cheb Khaled, l'invité d'honneur du World Music Festival à Tabarka, en Tunisie, le 19 août 2006

Les adjectifs et les pronoms indéfinis

Talking About Quantity

🎧 L'INFLUENCE DU SOLEIL

Mamadou téléphone à Léa.

MAMADOU: Alors, ces vacances avec Juliette?

LÉA: **Tout** s'est très bien passé. Après **quelques** heures à Londres, nous sommes allées chercher le beau temps sur la Côte d'Azur.

MAMADOU: Vous vous êtes bien amusées?

LÉA: On a fait **chaque** jour **quelque chose** de différent: un jour la plage, **un autre** les musées, et **plusieurs** fois des randonnées.

MAMADOU: **Tout** est super dans le Midi[1]! Les gens sont tellement cools!

LÉA: Ça, c'est un cliché! Il y a des gens désagréables même sous le soleil de la Côte d'Azur et surtout en été: **certains** sont exaspérés par les touristes, **d'autres** sont furieux à cause des embouteillages.[2] **Les uns** protestent parce qu'il faut faire la queue dans les supermarchés, **les autres** détestent la foule[3] sur la plage...

MAMADOU: Je suis sûr que ce sont des Parisiens!

Sculpture sous le soleil de la Côte d'Azur (Fondation Maeght, Saint-Paul-de-Vence)

Lothar M. Peter/ullstein bild/Getty Images

[1]*South (of France)* [2]*à... because of the traffic jams* [3]*crowds*

Répondez aux questions en utilisant les expressions du dialogue.

1. Qu'est-ce qui s'est bien passé?
2. Combien de temps Juliette et Léa sont-elles restées à Londres?
3. Qu'est-ce qu'elles ont fait sur la Côte d'Azur?
4. Pour Mamadou, qu'est-ce qui est super dans le Midi?
5. Que font les gens désagréables sur la Côte d'Azur?

Forms and Uses of *tout*

1. The adjective tout (toute, tous, toutes)

As an adjective, **tout** can be followed by an article, a possessive adjective, or a demonstrative adjective.

Nous avons marché **toute la journée** pour arriver au sommet du volcan.	*We hiked all day to reach the summit of the volcano.*
Nous étions là-haut avec **tous nos amis.**	*We were up there with all our friends.*
Tu as apporté **toutes ces provisions**?	*Did you bring all those supplies?*

[Allez-y! A]

2. The pronoun tout

As a pronoun (masculine singular), **tout** means *all, everything.*

Tout va bien!	*Everything is fine!*
Tout est possible dans ce pays.	*Everything is possible in this country.*

3. Tous and **toutes** mean *everyone, every one (of them), all of them.* When **tous** is used as a pronoun, the final **-s** is pronounced: **tous** [tus].

Tu vois ces jeunes gens? Ils veulent **tous** faire une danse traditionnelle.	*Do you see those young people? They all want to do a traditional dance.*
Ces photos sont magnifiques! Sur **toutes,** on voit des costumes traditionnaux.	*These photos are gorgeous! In all of them, you see traditional costumes.*

Other Indefinite Adjectives and Pronouns

Indefinite adjectives and pronouns refer to unspecified things, people, or qualities. They are also used to express sameness (the same one) and difference (another). Here is a list of the most frequently used indefinite adjectives and pronouns in French.

ADJECTIVES	PRONOUNS	
quelques (+ *noun*) *some, a few*	**quelqu'un** (*invariable*)	*someone, anyone*
	quelqu'un de (+ *masc. adj.*)	*someone, anyone* (+ *adj.*)
	quelque chose	*something, anything*
	quelque chose de (+ *masc. adj.*)	*something, anything* (+ *adj.*)
	quelques-uns/quelques-unes (*pl.*)	*some, a few*
chaque (+ *noun*) *each, every*	**chacun/chacune**	*each (one)*

EXPRESSIONS USED AS ADJECTIVES AND PRONOUNS	
un/une autre *another*	**certains/certaines** *certain, some*
d'autres* *other(s)*	**le/la même; les mêmes** *the same*
l'autre / les autres *the other(s)*	**plusieurs (de)** *several (of)*

---

*Note that **de** is used without an article before **autres** whether **autres** modifies a noun or stands alone as a pronoun.

Quelques and **certains/certaines** can both mean *some* but are used in different ways. **Quelques** is used to indicate a small, non-specific number. **Certains/certaines** is more often used to indicate some as opposed to others. Compare these two examples:

> Je lis généralement **quelques** poèmes (*some / a few poems*) avant de m'endormir.

> Il y a **certains** poèmes (*some specific poems*) que je lis tous les soirs avant de m'endormir.

ADJECTIVES		PRONOUNS
J'ai **quelques** amis à Tahiti.	}	**Quelques-uns** sont agriculteurs. **Quelqu'un** m'a envoyé un livre sur Tahiti.
Nous avons **plusieurs** choix.	→	**Plusieurs** de ces choix sont extrêmement difficiles.
Chaque voyageur voudrait un circuit différent.	→	**Chacun** des voyageurs visitera une île différente.
Tu veux **une autre** tasse de thé?	→	Non, si j'en prenais **une autre,** je ne pourrais pas dormir.
Où est **l'autre** autocar?	→	**L'autre** est parti.
Les autres passagers sont partis.	→	**Les autres** sont partis.
J'ai **d'autres** problèmes.	→	J'en ai **d'autres.**
Ce sont **les mêmes** voyageurs.	→	**Les mêmes** sont en retard.

Il y a certains musées parisiens que je visite régulièrement, le Centre Pompidou, par exemple.

Karen Desjardin/Moment Open/Getty Images

The indefinite pronouns **quelqu'un** and **quelque chose** are singular and masculine. Remember that adjectives that modify these pronouns follow them and are introduced by **de.**

> Je connais **quelqu'un d'intéressant** dans la capitale.
> *I know someone interesting in the capital.*

> Il a toujours **quelque chose de drôle** à dire.
> *He always has something amusing to say.*

[Allez-y! B-C-D]

Allez-y!

A. À Dakar. Jeanne-Marie a passé quelque temps à Dakar, capitale du Sénégal. Jouez le rôle de Jeanne-Marie et répondez aux questions avec **tout, toute, tous** ou **toutes.**

> MODÈLE: Tu as visité les marchés? → Oui, j'ai visité tous les marchés.

1. Tu as vu le musée anthropologique?
2. Tu as photographié les églises de la ville?
3. Est-ce que tu as visité les bâtiments de l'université?
4. Tu as vu la vieille ville?
5. Tu as lu l'histoire du Sénégal?
6. Est-ce que tu as fait le tour de l'île de Gorée?

nik wheeler/Alamy Stock Photo

Une maison coloniale en Martinique. Décrivez-la.

B. L'île de la Martinique. Estelle a passé de nombreuses années en Martinique. Elle y pense toujours avec nostalgie. Complétez les phrases.

J'aime la Martinique. On y trouve encore (quelques / d'autres)[1] belles maisons coloniales. (Chacun / Certains)[2] jours, à Fort-de-France, je me promenais dans les marchés en plein air, près du port. (Certaines / D'autres)[3] fois, je restais sur la place de la Savane pendant de longues heures. Il y a, tout près de la place, (quelques / quelques-unes)[4] maisons décorées avec du fer forgé (*wrought iron*) qui me rappellent La Nouvelle-Orléans.

(Certaines / Quelques)[5] choses ont changé, il est vrai, mais on trouve encore les (plusieurs / mêmes)[6] gommiers (*gum trees*) et ces bateaux pittoresques aux couleurs vives, que Gauguin* aimait tant.

C. Projets de vacances. Complétez le dialogue suivant avec un des adjectifs ou des pronoms indéfinis à droite.

JULIEN: _____[1] les ans, c'est la _____[2] chose. _____[3] fois que je propose un voyage au Sénégal, tu as d' _____[4] suggestions.

BÉNÉDICTE: Mais j'ai rencontré _____[5] qui m'a dit que _____[6] touristes ont eu des ennuis (*problems*) au Sénégal. D'ailleurs, cette année je voudrais faire _____[7] de différent. J'aimerais faire de l'alpinisme en Suisse.

JULIEN: De l'alpinisme! Mais c'est très dangereux! Bon, eh bien, cette année _____[8] fera ce qu'il voudra. Moi, je pars au Sénégal.

autres
chaque
même
tous

chacun
plusieurs
quelque chose
quelqu'un

D. La première chose qui vient à l'esprit (*mind*). Avec un/une camarade de classe, posez des questions—en français, s'il vous plaît—à partir des indications suivantes. Votre camarade doit donner la première réponse qui lui vient à l'esprit.

MODÈLE: *someone important* →
É1: Est-ce que tu as déjà rencontré quelqu'un d'important?
É2: Non, mais une fois mon frère a rencontré le Président.

1. *something important*
2. *something stupid*
3. *something funny*
4. *someone funny*
5. *all the large cities in Quebec*
6. *a few of the Francophone countries in Africa*
7. *several Francophone islands*
8. *several French cities*
9. *other French cities*
10. *another Canadian city*

---

*Le peintre français Paul Gauguin a vécu brièvement en Martinique et plus tard à Tahiti.

LEÇON 4: PERSPECTIVES

Prononcez bien!

The consonant *l* (page 379)

A. Isabelle. Vous parlez d'Isabelle avec un autre étudiant étranger. Avec votre camarade, lisez la description d'Isabelle en faisant bien attention à la prononciation du **l**.

1. Ma meilleure amie ici s'appelle Isabelle. C'est l'amie idéale! Elle vient de Montréal.

2. Elle parle le français, l'anglais et l'espagnol.

3. C'est elle qui est venue me chercher à l'hôtel et qui m'a montré la ville quand je suis arrivé(e) ici.

4. En avril, nous allons partir en Italie pour un week-end. J'ai hâte!

B. Virelangue. (*Tongue twister.*) Isabelle vous apprend le virelangue suivant. Écoutez Isabelle et puis, avec votre camarade, entraînez-vous à le prononcer.

«Lulu a lu la lettre à Lyon et Lola a lu le livre à Lille où Lala liait[1] le lilas.[2]»

[1]*was binding*   [2]*lilac*

Lecture

AVANT DE LIRE

Skimming for the gist (Part 2). As noted in **Chapitre 8**, it is helpful to skim a text to gain a general idea of the context before you read it thoroughly. At this point, you need not be concerned with understanding everything; just try to get the main ideas by following the directions below. Then, answer the questions that follow the reading to check your overall comprehension.

Quickly skim the reading to find the five types of vacation weekends the author proposes for students. Skim the reading again to find the proposed destination under each of the headings. Can you predict which weekend you might prefer?

Idées week-end pour budget étudiant

Se détendre après les examens, partir deux ou trois jours après un fiasco amoureux, s'échapper[1] du quotidien, se retrouver en tête-à-tête avec son ou sa chéri(e)... Les prétextes ne manquent pas[2] pour s'offrir deux ou trois jours de repos, de découverte ou de fiesta loin de la routine étudiante.

Le budget n'est pas un problème: il faut tout simplement tirer avantage des promotions et du «tout compris». Alors, voilà quelques idées d'escapades.

Un week-end gourmand

Bruxelles, la ville des moules-frites[3]: à tous les coins de rue, la tradition vous invite avec des menus irrésistibles à très bas prix. Si vous partiez avec vos meilleurs amis, vous pourriez prévoir une grande tablée.[4] Et vous vous retrouveriez ensuite tous ensemble pour une nuit de rire et de discussions dans un petit hôtel pas cher.

Avez-vous envie d'aller à Londres? L'Eurostar peut vous y emmener rapidement.

Un week-end soldes[5]

Pour les amateurs de soldes, un week-end à Londres en janvier est indispensable. D'ailleurs, l'Eurostar fait des promotions spéciales pour l'occasion, train et hôtel inclus. Et les étudiants français sont nombreux à se laisser tenter.

Un week-end sport

Mais certains préfèrent le sport aux bonnes affaires.[6] Dans ce cas, pourquoi ne pas aller skier en fin de semaine à Oz-en-Oisans, charmante petite station de montagne dans les Alpes?

Martin affirme: «J'y suis allé le premier week-end de février avec deux copains. Pendant deux jours, on s'est éclatés comme des fous pour 200 euros tout compris. Ben... oui! Les prix baissent hors[7] vacances scolaires!»

Avez-vous envie de faire du ski? Tignes, dans les Alpes, est une station de ski de renommée internationale.

Un week-end culturel

«On pourrait aller à Chartres, pour voir la cathédrale? Ou alors à Versailles: on visiterait le château. C'est incroyable! Le monde entier vient admirer ces merveilles et nous, nous les ignorons, comme des enfants gâtés[8]». Cécile est bien décidée. Cette année, avec sa copine Elvire, elle partira les week-ends pour découvrir quelques chefs-d'œuvre de l'architecture française.

Un week-end romantique

Enfin, l'idée qui enchante les jeunes couples, c'est le week-end romantique. Imaginez Paul et Anissa dans un château en Normandie... Ils dînent aux chandelles[9] dans leur chambre en écoutant une musique d'opéra. Pour demain, ils ont programmé une longue balade[10] dans la forêt. À l'heure du déjeuner, ils feront un pique-nique au bord de la rivière. Et puis, dans la soirée, ils reprendront le train pour Paris en admirant le coucher du soleil derrière les vitres.

Avez-vous envie de passer un week-end romantique? Imitez ce couple au village des Andelys au bord de la Seine, en Normandie.

[1]escape [2]Les... There are no lack of pretexts [3]mussels and french fries [4]prévoir... plan a special occasion dinner [5]sales [6]bonnes... good deals, bargains [7]outside of
[8]spoiled [9]aux... by candlelight [10]ramble

Comment se détendre le week-end. Répondez aux questions selon votre compréhension du texte.

1. Quels sont les meilleurs prétextes des étudiants pour partir en week-end?

2. Comment financent-ils leur week-end?

3. Faites correspondre chaque idée de week-end avec les activités associées.

week-end gourmand	dîner aux chandelles
week-end soldes	visites de monuments
week-end sport	dégustation de spécialités
week-end culturel	bonnes affaires
week-end romantique	exercice physique

Écriture

The writing activities **Par écrit** and **Journal intime** can be found in the Workbook/Laboratory Manual to accompany *Vis-à-vis*.

Micro-trottoir

Au micro. Répondez aux questions suivantes à partir de votre point de vue personnel. Puis regardez la vidéo et comparez vos réponses à celles des gens interrogés.

1. Qu'est-ce que vous faites pour rester en forme? Du sport ou autre chose?

2. Parlez-nous de vos loisirs en général: quelles sont vos activités préférées?

3. Vous sortez souvent le soir et le week-end ou vous préférez rester à la maison? Expliquez.

4. Est-ce qu'il y a une activité que vous aimeriez faire mais qui n'est pas possible pour le moment?

🎧 VOCABULAIRE

Verbes

assister à	to attend
bricoler	to putter, do odd jobs
courir	to run
marcher	to walk; to hike
se passer	to happen, take place
rire	to laugh
sourire	to smile

À REVOIR: **aider, emmener, faire du sport, gagner, jouer à, jouer de, perdre**

Substantifs

les activités (f.) de plein air	outdoor activities
la blague	joke
la boîte de nuit	club, nightclub
le bricolage	do-it-yourself work, puttering around the house
la chanson	song
la collection	collection
le cyclisme	cycling
l'équipe (f.)	team
la foule	crowd
le jardinage	gardening
le jeu (pl. les jeux)	game
le jeu de hasard	game of chance
le jeu de société	board game
le jeu vidéo	video game
la lecture	reading
les loisirs (m. pl.)	leisure activities
la manifestation sportive	sporting event
la marche	walking
le match	game
l'opéra (m.)	opera
le passe-temps	hobby
la pétanque	ball sport, similar to bocce ball or lawn bowling
le pique-nique	picnic
le spectacle	show, performance
le spectacle de variétés	variety show; floor show (in a restaurant)
le temps libre	free time

À REVOIR: **le football, la pêche, le tennis, le théâtre, le ski**

Expressions interrogatives

lequel, laquelle, lesquels, lesquelles, qu'est-ce qui, qui est-ce que, qui est-ce qui, qui, quoi

Pronoms indéfinis

chacun/chacune	each (one)
quelques-uns/quelques-unes	some, a few
tous/toutes	everyone; every one (of them), all of them

Adjectifs et pronoms indéfinis

un/une autre	another
d'autres	other(s)
l'autre / les autres	the other(s)
certains/certaines	certain, some
le/la même (les mêmes)	the same one(s)
plusieurs (de)	several (of)

Mots et expressions divers

à votre place...	if I were you . . .
autant (de)... que	as much (many) . . . as
bien, mieux, le mieux	well, better, best
en train de	in the process of; in the middle of
je devrais	I should
Qu'est-ce que tu racontes / vous racontez?	What are you talking about?
Qu'est-ce qui se passe?	What's happening? What's going on?
tant mieux	so much the better
tant pis	that's too bad

À REVOIR: **je pourrais**

Design Elements: (Mamadou) Comstock Images/Getty Images; (Poema) Purestock/Alamy Stock Photo; (Alexis) Javier Larrea/Pixtal/age fotostock; (Charlotte) Fabrice Lerouge/Getty Images; (All Others): McGraw Hill

CHAPITRE 16

Qu'en pensez-vous?

Des réacteurs nucléaires à Cattenom, en Lorraine: un problème d'environnement?

David R. Frazier Photolibrary, Inc./Alamy Stock Photo

Dans ce chapitre...

OBJECTIFS COMMUNICATIFS

➤ talking about environmental and social problems

➤ expressing attitudes, wishes, necessity, possibility, emotion, doubt, and uncertainty

➤ learning to distinguish between and pronounce selected sounds in French

CULTURE

➤ Espaces francophones: *Madagascar*

➤ Un petit plus: *Les manifestations*

➤ Reportage: *La France multiculturelle*

➤ Lecture: *La Réclusion solitaire* (extrait) de Tahar Ben Jelloun

L'environnement

le gaspillage[1] des sources d'énergie
la pollution de l'atmosphère

les déchets[2] (*m.*) industriels

NE gaspillez pas les sources d'énergie.

IL FAUT SORTIR DES ÉNERGIES FOSSILES

CONTRÔLEZ LES DÉCHETS INDUSTRIELS!

Il faut conserver les sources d'énergie!

IL FAUT RECYCLER

IL FAUT DÉVELOPPER LES ÉNERGIES RENOUVELABLES

NE POLLUEZ PAS L'ATMOSPHÈRE!

PROTÉGEZ LA NATURE

les préoccupations des écologistes

le recyclage

le développement de l'énergie solaire

la protection de la nature

[1]*wasting*   [2]*waste, refuse*

AUTRES MOTS UTILES	
consommer	to consume
épuiser	to use up, exhaust
lutter	to fight
sauver	to save
la centrale nucléaire	nuclear power plant
le changement climatique	climate change
le covoiturage	carpooling
la ferme éolienne	wind farm
la fracturation hydraulique	fracking
la surpopulation	overpopulation
la voiture électrique	electric car

Allez-y!

A. Association de mots. Quels problèmes écologiques associez-vous avec les verbes suivants?

MODÈLE: gaspiller → le gaspillage des sources d'énergie

1. conserver
2. protéger
3. polluer
4. recycler
5. développer

B. Remèdes. Expliquez quelles sont les actions nécessaires pour sauver notre planète. Utilisez **Il faut** ou **Il ne faut pas** suivi d'un infinitif.

MODÈLES: le contrôle des déchets industriels →
Il faut contrôler les déchets industriels.

le gaspillage de l'énergie →
Il ne faut pas gaspiller l'énergie.

1. la pollution de l'environnement
2. la protection de la nature
3. le développement de l'énergie solaire
4. la conservation des sources d'énergie
5. le gaspillage des ressources naturelles
6. le développement des transports en commun
7. la lutte contre le changement climatique
8. l'utilisation des produits recyclables

C. Rendez-vous des Verts. Vous êtes pour une ville plus verte où il y a moins de voitures et plus de piétons et de cyclistes. En vous servant de la liste ci-dessous, faites une petite présentation pour comparer les voitures aux vélos. Parlez des avantages du vélo, mais n'oubliez pas ses inconvénients.

Le vélo...
- est économique
- ne pollue pas
- est silencieux
- occupe un espace restreint
- se gare (*parks*) relativement facilement
- ne demande pas beaucoup d'infrastructure
- est bon pour la santé
- est bon pour le moral

Oui, en plein centre de Paris, on circule tranquillement à vélo!

Les problèmes de la société moderne

Voici les résultats d'une enquête réalisée pour le journal *Le Monde*.

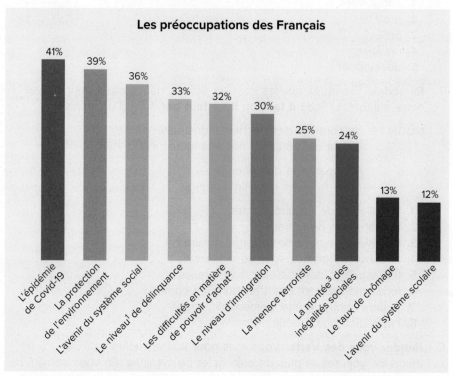

Source: Sondage Ipsos - Sopra Steria pour *Le Monde,* la Fondation Jean-Jaurès, l'Institut Montaigne et le Cevipof, effectué du 25 au 27 août 2021

Les Français sont **préoccupés**. Le futur leur semble incertain.

- **L'épidémie** du coronavirus a modifié l'ordre des priorités dans la société française depuis 2019. La santé est devenue naturellement la première inquiétude des Français.
- La protection de **l'environnement** devient une question sensible mais le changement climatique est objet de consensus. Les Français savent qu'il faut modifier les comportements et encourager le développement **durable**[4] pour préserver **les ressources naturelles**.
- On a peur aussi de devoir sacrifier le meilleur système social du monde, notamment l'accès gratuit à la santé et à l'école.
- Dans une société en pleine mutation, les inégalités sociales s'amplifient. Les inégalités prennent des formes variées: inégalités de revenu ou de patrimoine, inégalités scolaires ou culturelles, inégalités des droits et des chances.
- Enfin, **le pouvoir d'achat** et le chômage inquiètent les Français. Tout le monde s'interroge: «Comment maintenir mon niveau de vie[5]?» En réalité, les Français sont obligés de réduire leur consommation parce que **les impôts**[6] augmentent massivement, mais pas les salaires.

---

[1]*level* [2]*pouvoir... purchasing power* [3]*increase* [4]*sustainable* [5]*niveau... standard of living* [6]*taxes*

augmenter	to raise, increase	**le citoyen / la citoyenne**	citizen
diminuer	to lower, reduce	**les droits** (*m.*) **civils**	civil rights
élire	to elect	**l'électeur / l'électrice**	voter
s'engager (dans)	to get involved (in)	**l'élection** (*f.*)	election
exiger	to require; to demand	**la guerre**	war
exprimer une opinion	to express an opinion	**les idées extrémistes**	extremist ideas
faire grève	to strike	**le parti**	political party
manifester (pour/contre)	to demonstrate (for/against)	**la politique**	politics; policy
poser sa candidature	to run for elected office	**la réussite**	success
soutenir	to support	**le terrorisme**	terrorism

Allez-y!

A. Autrement dit. Choisissez la bonne définition.

_____ **1.** exiger	**a.** prendre publiquement position
_____ **2.** la grève	**b.** encourager
_____ **3.** soutenir	**c.** participer à une manifestation
_____ **4.** élire	**d.** demander, réclamer
_____ **5.** s'engager	**e.** la cessation collective du travail
_____ **6.** manifester	**f.** une personne qui vote
_____ **7.** la guerre	**g.** choisir
_____ **8.** l'électeur / l'électrice	**h.** le contraire de la paix

B. L'actualité. Lisez à la page précédente les résultats de l'enquête faite pour *Le Monde*. Puis répondez aux questions.

1. Quelles sont les préoccupations des citoyens de votre pays?
2. Parmi ces préoccupations, laquelle considérez-vous comme la plus importante ou la moins importante?
3. Sélectionnez trois problèmes qui, selon vous, affectent gravement la société dans laquelle vous vivez. Proposez des solutions pour les résoudre (*solve*).
4. Quels autres problèmes pourrait-on ajouter au sondage français?

C. À mon avis. Choisissez une des expressions des **Mots clés** pour exprimer votre point de vue.

> MODÈLE: possible / contrôler le problème des déchets nucléaires →
> Personnellement, je crois qu'il est (qu'il n'est pas) possible de contrôler le problème des déchets nucléaires, parce que...

1. essentiel / développer de nouvelles sources d'énergie
2. impossible / empêcher les accidents nucléaires
3. important / respecter l'image de la femme dans les publicités
4. indispensable / faire attention aux problèmes des jeunes
5. inutile / limiter l'immigration
6. essentiel / augmenter les impôts
7. utile / aider les chômeurs (les gens qui sont au chômage)
8. essentiel / protéger et maintenir (*maintain*) les droits civils

---

Mots clés

Exprimer son opinion

To express a personal point of view, use the following expressions:

Moi,
Pour ma part, je crois que...
je pense que...
j'estime que...
je trouve que...

À mon avis...
Selon moi...

To reinforce your point, give examples or refer to other people's opinions. Use the following expressions:

Par exemple...
On dit que...
J'ai entendu dire que...

Bienvenue à Madagascar!

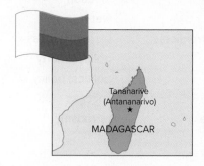

Pays: Madagascar

Habitants: Malgaches

Capitale: Antananarivo (Tananarive)

Langues officielles: malgache, français

Unité monétaire: ariary

Fête nationale: 26 juin

Un coup d'œil sur Tananarive

Fondée au XVIIe siècle, Tananarive («Tana») est la capitale de Madagascar. Avec ses 3,2 millions habitants, elle continue son expansion démographique. Son identité est complexe: afflux d'une population rurale et de migrants comoriens,[1] indo-pakistanais, mauriciens,[2] chinois; pauvreté mais intense activité économique; minuscules commerces de rues et centres commerciaux ultra-modernes; agriculture urbaine (45 % des surfaces de la capitale sont cultivées).

Tananarive: un panorama urbain fascinant

La Haute Ville historique (beaucoup d'escaliers à monter et un panorama splendide car Tana est construite sur douze collines) révèle un riche passé. On admire notamment le majestueux palais du Rova, ancienne résidence royale, et de nombreux temples et églises du XIXe siècle. Datant de l'époque coloniale, la gigantesque avenue de l'Indépendance traverse le centre-ville. Hyperactive, elle se transforme avec des restaurants chinois ou européens, des spas, des cabarets de jazz... les habitants voient leur identité compromise par des modes de consommation occidentaux. Alors, quel futur pour la capitale?

[1]de l'archipel des Comores [2]de l'île Maurice

PORTRAIT **La biodiversité d'un paradis**

Il y a cent millions d'années, Madagascar s'est séparée de l'Afrique. Isolée, l'île a développé des spécimens uniques de lémuriens, de reptiles, d'oiseaux,[1] de papillons[2] et d'espèces maritimes. Tout cela au cœur de l'océan Indien, dans un environnement de forêts, de lacs et de cascades où prospèrent 12 000 espèces de plantes, de fleurs et d'arbres. Parmi eux, à 19 kilomètres de Morondava, on est fasciné par l'unique forêt au monde de baobabs, arbre géant et sacré pour les Malgaches.

Les fameux lémuriens de Madagascar: une espèce en danger

Mais ce sanctuaire de la biodiversité est en danger. Beaucoup d'espèces sont menacées et les ressources naturelles du pays ont été surexploitées. Pourtant rien n'est perdu: à l'échelle[3] nationale et internationale, une politique de développement durable, de reforestation, de sensibilisation est engagée. On va sauver la biodiversité de Madagascar, joyau[4] du patrimoine mondial.

[1]birds [2]butterflies [3]level [4]jewel

Le subjonctif (*première partie*)

Expressing Attitudes

JE RÊVE, N'EST-CE PAS?

Juliette téléphone à Charlotte.

JULIETTE: Pourquoi as-tu choisi de travailler pour l'OMS[1] plutôt que pour une administration suisse?

CHARLOTTE: Par idéalisme, je crois. **Je veux que** tous les pays **coordonnent** leurs efforts pour le bien commun;[2] **je désire que** la santé **soit** une priorité universelle. Je rêve, n'est-ce pas?

JULIETTE: Mais non, tu ne rêves pas! La santé est un droit fondamental. Moi aussi, **j'aimerais que** nous **soyons** tous égaux[3] devant la maladie!

L'OMS: la santé pour tous

FABRICE COFFRINI/Getty Images

CHARLOTTE: À l'OMS, **nous souhaitons**[4] **que** chaque enfant **arrive** à l'âge adulte en bonne santé. **Nous insistons pour que** tous les pays du tiers-monde[5] **établissent** une excellente politique de santé publique.

JULIETTE: C'est un des grands défis[6] du XXIe siècle. Mais moi, je parle, je fais des commentaires... alors que toi, tu agis! Cela me fait réfléchir...

CHARLOTTE: J'ai toujours été engagée dans des causes humanitaires. À mon petit niveau,[7] **je veux que** mon travail **puisse** aider les plus vulnérables. C'est juste, non?

[1]Organisation Mondiale de la Santé *WHO (World Health Organization)* [2]le... *the common good* [3]*equal* [4]*hope* [5]pays... *developing countries* [6]*challenges* [7]À... *In my small way*

Trouvez, dans le dialogue, la phrase équivalente.

1. Les pays doivent coordonner leurs efforts pour le bien commun.
2. La santé doit être une priorité universelle.
3. Nous devons tous être égaux face à la maladie.
4. Tous les enfants doivent arriver à l'âge adulte avec un bon capital santé.
5. Les pays en développement doivent établir une très bonne politique de santé publique.
6. Mon travail doit aider les gens défavorisés.

The Subjunctive Mood

The verb tenses you have learned so far have been in the *indicative* mood (**présent, passé composé, imparfait, futur**), in the *imperative* mood (used for direct commands or requests), or in the *conditional* mood (used to express hypothetical situations). In this chapter, you will learn about the *subjunctive* mood.

The subjunctive is used to present actions or states as subjective or doubtful, instead of as facts. Compare the following examples.

INDICATIVE	SUBJUNCTIVE
He *goes* to Paris.	I insist that he *go* to Paris for the meeting.
We *are* on time.	They ask that we *be* on time.
She *is* the president.	She wishes that she *were* the president of the group.

In French, the subjunctive is used more frequently than it is in English. It almost always appears in a dependent clause introduced by **que.** In such cases, the main clause contains a verb expressing desire, emotion, uncertainty, or some other subjective view of the action in the dependent clause. For now, you will focus on the use of the subjunctive in dependent clauses introduced by **que** after verbs of volition (wanting), including **aimer bien, désirer, insister (pour), préférer, souhaiter** (*to want, to wish*), and **vouloir.**

Un petit plus...

Les manifestations

Ils sont des milliers dans les rues de France. Ils menacent le gouvernement pour obtenir des avantages (*benefits*), changer une loi ou défendre une cause. Encore une manifestation! En France, c'est une tradition.

En 2018, la révolte des «gilets jaunes» (les manifestants portent le gilet jaune fluorescent des routiers) traduit d'abord l'exaspération des classes moyennes et populaires devant la hausse (*increase*) des taxes sur les carburants (*fuel*). Mais très vite, les «invisibles», population notamment rurale et périurbaine (en périphérie des grandes villes), s'engagent pour une

Une manifestation des «gilets jaunes» à Paris, le 8 décembre 2018

Salvatore Allotta/Shutterstock

amélioration (*improvement*) de leur pouvoir d'achat. Pendant des mois, chaque week-end, les Français des «frigos vides» habituellement silencieux clament (*shout*) leur frustration. Violences, destructions, arrestations... Le gouvernement prendra des mesures d'urgence économiques et sociales pour calmer l'agitation: la hausse de la taxe sur les carburants est abandonnée, le salaire d'un travailleur au Smic (Salaire minimum interprofessionnel de croissance) augmente de 100 euros par mois et si les entreprises donnent à leurs employés une prime (*bonus*) de fin d'année de 1 000 euros, elle sera défiscalisée (*tax-exempt*). Les révoltés ont donc obtenu des avantages. Mais le plus important est peut-être pour eux d'avoir créé «la France des gilets jaunes», une nouvelle force sociale.

Usually, the subjects of the main and dependent clauses are different.

MAIN CLAUSE *Indicative*	DEPENDENT CLAUSE *Subjunctive*
Je veux	**que** vous **partiez.**

Note that French constructions with the subjunctive have many possible English equivalents.

que je parle → *that I speak, that I'm speaking, that I do speak, that I may speak, that I will speak, me to speak*

De quoi veux-tu **que je parle**?	*What do you want me to talk about?*
Il préfère **que je parle** des déchets nucléaires.	*He prefers that I speak about nuclear waste.*
Le policier ne croit pas **que le suspect parle**.	*The police officer doesn't believe that the suspect will speak.*

Forms of the Present Subjunctive

For most verbs, including many irregular verbs (e.g., **conduire, connaître, écrire, lire, ouvrir, mettre, suivre**), the stem for the forms of the subjunctive is found by dropping the **-ent** of the third-person plural (**ils/elles**) form of the present indicative and by adding the subjunctive endings: **-e, -es, -e, -ions, -iez,** and **-ent.**

	parler	finir	vendre	sortir
	(ils) **parl**/ent	(ils) **finiss**/ent	(ils) **vend**/ent	(ils) **sort**/ent
...que je	parl**e**	finiss**e**	vend**e**	sort**e**
...que tu	parl**es**	finiss**es**	vend**es**	sort**es**
...qu'il/elle/on	parl**e**	finiss**e**	vend**e**	sort**e**
...que nous	parl**ions**	finiss**ions**	vend**ions**	sort**ions**
...que vous	parl**iez**	finiss**iez**	vend**iez**	sort**iez**
...qu'ils/elles	parl**ent**	finiss**ent**	vend**ent**	sort**ent**

Verbs with Two Stems in the Subjunctive

Some verbs that have two stems in the present indicative also have two stems in the subjunctive: One stem is taken from the **ils/elles** form of the present (for **je, tu, il/elle/on,** and **ils/elles**), and the other, from the **nous** form (for **nous** and **vous**). Some verbs of this type are **acheter, apprendre, boire, préférer, prendre,** and **venir.**

boire	
ils **boiv**ent	
nous **buv**ons	
...que je	**boiv**e	...que nous	**buv**ions
...que tu	**boiv**es	...que vous	**buv**iez
...qu'il/elle/on	**boiv**e	...qu'ils/elles	**boiv**ent

[Allez-y! A-B]

Irregular Subjunctive Verbs

Some verbs have irregular subjunctive stems. The endings themselves are all regular, except for some endings of **avoir** and **être**.

	aller *aill-/all-*	faire *fass-*	pouvoir *puiss-*	savoir *sach-*	vouloir *veuill-/voul-*	avoir *ai-/ay-*	être *soi-/soy-*
...que je/j'	aille	fasse	puisse	sache	veuille	aie	sois
...que tu	ailles	fasses	puisses	saches	veuilles	aies	sois
...qu'il/elle/on	aille	fasse	puisse	sache	veuille	ait	soit
...que nous	allions	fassions	puissions	sachions	voulions	a**yons**	so**yons**
...que vous	alliez	fassiez	puissiez	sachiez	vouliez	a**yez**	so**yez**
...qu'ils/elles	aillent	fassent	puissent	sachent	veuillent	aient	soient

Le professeur veut que nous **allions** au débat.

The professor wants us to go to the debate.

Son parti veut que le gouvernement **fasse** des réformes.

His (Her) party wants the government to make reforms.

Le président préfère que les sénateurs **soient** présents.

The president prefers the senators to be there.

[Allez-y! C-D-E]

Allez-y!

A. Stratégie électorale. Laure accepte de poser sa candidature au Conseil universitaire. Avec un groupe d'étudiants, elle prépare sa campagne. Que veut Laure?

MODÈLE: Elle veut que les étudiants / choisir / des délégués responsables →
Elle veut que les étudiants choisissent des délégués responsables.

1. Elle veut que tout le monde / réfléchir / aux problèmes de l'université
2. Elle aimerait que nous / préparer / tout de suite / une stratégie électorale
3. Elle préfère que vous / finir / les affiches aujourd'hui
4. Elle veut que Luc et Simon / organiser / un débat
5. Elle souhaite que la trésorière / établir / un budget
6. Elle insiste pour que je / convoquer (*to ask to attend*) / tous les bénévoles (*volunteers*) ce soir

B. Discours politique. Ce soir, Laure fait son premier discours de la campagne électorale. Voici ce qu'elle dit aux étudiants.

MODÈLE: Je voudrais que nous / trouver / tous ensemble des solutions à nos problèmes →
Je voudrais que nous trouvions tous ensemble des solutions à nos problèmes.

1. Je veux que le Conseil universitaire / agir / en faveur des étudiants
2. Je souhaite que vous / participer / aux décisions du Conseil
3. Je préfère que nous / discuter / librement des mesures à prendre
4. Je désire que l'université / prendre / nos inquiétudes / en considération
5. Je voudrais que les professeurs / comprendre / nos positions
6. Je souhaite enfin que tous les candidats / se réunir / bientôt pour mieux exposer leurs idées

C. Revendications. (*Demands.*) Les délégués du Conseil universitaire donnent leurs directives aux étudiants. Remplacez les sujets en italique par **vous,** puis par **les étudiants** et faites tous les changements nécessaires.

Nous ne voulons pas que *tu* ailles[1] en cours aujourd'hui. Nous préférons que *tu* sois[2] présent(e) à la manifestation et que *tu* fasses[3] grève. Nous désirons que *tu* aies[4] une affiche lisible (*legible*). Naturellement, nous voudrions que *tu* puisses[5] exprimer tes opinions librement.

D. Engagement politique. Les Legrand ont des opinions libérales. Quels conseils donnent-ils à leurs enfants? Suivez les modèles.

MODÈLES: Arnaud / être réactionnaire →
Nous ne voulons pas que tu sois réactionnaire.

Arnaud et Fabrice / être courageux →
Nous voulons que vous soyez courageux.

1. Jacob / être actif en politique
2. Albane et Jacob / avoir le courage de leurs opinions
3. vous / avoir des amis intolérants
4. Arnaud / être bien informé
5. Joachim / être violent
6. vous / être tolérant
7. Fabrice / avoir de l'ambition politique
8. Arnaud et Joachim / avoir des idéaux pacifistes

E. Exprimez-vous! Composez votre propre slogan pour les personnes ou les organisations suivantes. Commencez avec **Je voudrais que.**

1. notre gouvernement
2. les écologistes
3. les politiciens/politiciennes
4. nous
5. les pays industrialisés
6. ?

VOUS VOULEZ QUE ÇA CHANGE? VOTEZ POUR JEAN-MICHEL PRÉVÔT

VOUS VOULEZ QUE LES LOIS SOIENT CHANGÉES? VOTEZ POUR FRANÇOISE MOREAU

Le subjonctif (*deuxième partie*)

Expressing Wishes, Necessity, and Possibility

🎧 UN PETIT COIN DE PARADIS

Appel vidéo entre Hassan et Hector

HASSAN: **Il est possible que** je **vienne** fin août à la Martinique! Je vais fermer mon restaurant une semaine et j'ai envie d'aller dans les Caraïbes.[1]

HECTOR: Ça serait génial[2]! Mais une semaine, c'est trop court! **Je préfère que** tu **restes** plus longtemps! Il y a tellement de choses à voir et à faire sur cette île sublime!

HASSAN: Oh, tu sais... **Il est** surtout **essentiel que** je **me repose**... Je veux vivre quelques jours loin de la civilisation et de la pollution: pas d'ordinateur, pas de téléphone... l'air pur... le silence...

HECTOR: La plage... la mer transparente... À la Martinique, il y a 22 000 hectares[3] d'espaces naturels protégés! On trouve des zones très solitaires où on peut vivre comme Robinson Crusoé!

HASSAN: **Il faut** absolument **que** tu m'**indiques** quelques endroits secrets.

HECTOR: Je connais un petit coin de paradis... Tu veux savoir où c'est?

HASSAN: Qui dirait non au paradis? Pas moi!

[1]*Caribbean* [2]*great* [3]*hectare (One hectare is slightly less than 2.5 acres.)*

Trouvez, dans le dialogue, la phrase équivalente.

1. Hassan va peut-être venir une semaine en Martinique.
2. Hector conseille à Hassan de rester plus longtemps.
3. Hassan veut essentiellement se reposer.
4. Il demande à Hector de lui indiquer de beaux endroits secrets.

The Subjunctive with Verbs of Volition

1. When someone expresses a desire for someone else to behave in a certain way, or for a particular thing to happen, the verb in the subordinate clause is usually in the subjunctive. The following construction is used.

Mon père **veut que je fasse** des études aux USA.

My father wants me to study in the USA.

Ma mère **préfère que j'étudie** en France.

My mother prefers that I study in France.

Note that an infinitive construction is sometimes used in English to express such a desire.

2. Verbs of volition are followed by an infinitive in French when there is no change in subject, as in the first example.

Je veux finir mes études.	*I want to finish my studies.*
Et **ma mère veut** aussi **que** je les **finisse.**	*And my mother wants me to finish them too.*

3. Verbs expressing desires include **aimer bien, désirer, exiger, insister (pour), préférer, souhaiter, vouloir,** and **vouloir bien.** These verbs take the subjunctive. The verb **espérer,** however, takes the indicative.

Je souhaite que tu **aies** de bonnes vacances.	*I hope you have a good vacation.*
J'espère que tu **as** mon numéro de téléphone.	*I hope you have my telephone number.*

[Allez-y! A]

The Subjunctive with Impersonal Expressions

1. An impersonal expression is one in which the subject does not refer to any particular person or thing. In English, the subject of an impersonal expression is usually *it: It is important that I go to class.* In French, many impersonal expressions—especially those that express will, necessity, judgment, possibility, or doubt—are followed by the subjunctive in the dependent clause.

IMPERSONAL EXPRESSIONS USED WITH THE SUBJUNCTIVE	
WILL OR NECESSITY	**POSSIBILITY, JUDGMENT, OR DOUBT**
il est essentiel que	il est normal que
il est important que	il est peu probable que[†]
il est indispensable que	il est possible/impossible que
il est nécessaire que	il se peut que (*it's possible that*)
il est préférable que	il semble que (*it seems that*)
il faut que[*]	
il vaut mieux que[*] (*it's better that*)	

Il est important que le racisme **disparaisse.**	*It's important that racism disappear.*
Il faut que vous **soyez** au courant de la politique.	*You must (It's necessary that you) keep up with politics.*
Il est peu probable que le sexisme **soit** tout à fait éliminé.	*It's not likely that sexism will be (is) totally eliminated.*
Il se peut que d'autres pays **possèdent** des armes nucléaires.	*It's possible that other countries possess nuclear weapons.*

---

[*]The infinitive of the verb conjugated in the expression **il faut que** is **falloir** (*to be necessary*). The infinitive of the verb in **il vaut mieux que** is **valoir** (*to be worth*).
[†]Although **il est peu probable que** takes the subjunctive because it conveys a lack of certainty, the expression **il est probable que** takes the indicative because it conveys probability or more certainty. For more information on this difference, see page 420.

Except for **il faut que, il vaut mieux que,** and **il semble que,** these impersonal expressions are usually limited to writing and formal discourse.

2. When no specific person or thing is mentioned, impersonal expressions are followed by the infinitive instead of the subjunctive. Compare the following sentences.

Il est essentiel de s'informer sur les candidats et leurs programmes avant de voter.

Il vaut mieux **attendre.**   It's better to wait.

Il vaut mieux **que nous**   It's better for us to wait.
   attendions.

Il est important **de voter.**   It's important to vote.

Il est important **que vous votiez.**   It's important for you to vote.

Note that the preposition **de** is used before the infinitive after impersonal expressions that contain **être.**

[Allez-y! B-C-D-E]

Allez-y!

A. **À la table de négociations.** Faites des phrases pour exprimer des souhaits et des exigences.

> MODÈLE: les écologistes / vouloir / le gouvernement / contrôler les déchets industriels →
> Les écologistes veulent que le gouvernement contrôle les déchets industriels.

1. les politiciens / vouloir (*cond.*) / nous / payer plus d'impôts
2. les Verts / exiger / on / consommer moins d'essence
3. je / aimer (*cond.*) / tout le monde / faire du recyclage
4. vous / vouloir bien (*cond.*) / il y avoir moins de pollution atmosphérique
5. nous / vouloir / les richesses mondiales / être partagées
6. les jeunes / souhaiter / tout le monde / lutter contre le changement climatique

B. **Comment gagner?** Donnez des conseils à Jeanne Laviolette, candidate à la mairie de Dijon, en suivant le modèle.

> MODÈLE: Il est important de savoir écouter les gens. →
> Il est important que vous sachiez écouter les gens.

1. Pour être maire, il faut être dynamique et responsable.
2. Il est essentiel de ne pas avoir peur d'agir.
3. Il est nécessaire de rester calme en toutes circonstances.
4. Il est préférable de parler souvent aux électeurs.
5. Il faut faire attention aux problèmes des jeunes.
6. Il est indispensable de gagner la confiance des commerçants.

C. La routine de tous les jours. Posez des questions à un/une camarade de classe. Suivez le modèle.

> MODÈLE: nécessaire / faire la cuisine chaque soir
>> É1: Est-il nécessaire que tu fasses la cuisine chaque soir?
>> É2: Oui, il est nécessaire que je fasse la cuisine chaque soir. (*ou* Non, il n'est pas nécessaire que je fasse la cuisine chaque soir; mes copains m'aident souvent.)

1. vaut mieux / aller au cours de français tous les jours
2. préférable / faire ton lit chaque matin
3. faut / nettoyer ta chambre tous les jours
4. normal / pouvoir dormir tard le matin
5. indispensable / étudier chaque soir
6. important / s'informer des nouvelles du jour
7. essentiel / utiliser des produits durables
8. nécessaire / calculer le coût économique de nos déchets

D. Problèmes contemporains. Discutez des problèmes suivants avec un/une camarade. Suggérez des solutions en utilisant les expressions suivantes: **il est important que, il faut que, il est nécessaire que, il est indispensable que, il est essentiel que, il est préférable que.**

1. l'immigration clandestine dans votre pays
2. l'abus de la drogue chez les jeunes
3. le changement climatique
4. la propagation des virus
5. le gaspillage des sources d'énergie
6. la violence dans votre pays
7. le terrorisme
8. le système électoral

E. Nécessités et probabilités. Quelle sera votre vie? Répondez aux questions suivantes. Dans chaque réponse, utilisez une de ces expressions: **il se peut que, il est peu probable que, il est impossible que, il est possible que, il est essentiel que, il faut que, il est nécessaire que.**

> MODÈLE: Ferez-vous une découverte (*discovery*) importante? →
>> Il est peu probable que je fasse une découverte importante.

1. Vous marierez-vous?
2. Apprendrez-vous une langue étrangère?
3. Voyagerez-vous beaucoup?
4. Deviendrez-vous célèbre?
5. Serez-vous riche?
6. Saurez-vous jouer du piano?
7. Écrirez-vous un roman?
8. Ferez-vous la connaissance d'un homme / d'une femme d'État?
9. Irez-vous en Chine?
10. Vivrez-vous jusqu'à l'âge de cent ans?

Maintenant, utilisez ces questions pour interviewer un/une camarade de classe.

> MODÈLE: É1: Feras-tu une découverte importante?
>> É2: Oui, il est possible que je fasse une découverte importante. (*ou* Non, il est peu probable que je fasse une découverte importante.)

La France multiculturelle

Dans les arts, le sport, la politique ou les affaires, nombreux sont les Français issus de l'immigration. Des humoristes de talent comme Gad Elmaleh ou Jamel Debbouze font rire tout le pays à travers leurs satires de la société; Nekfeu, le rappeur star passionné de littérature, connaît un succès phénoménal; le prix Goncourt a été décerné à deux écrivaines inspirées, Leïla Slimani avec son roman *Chanson douce* (2016) et Marie Ndiaye avec *Trois Femmes puissantes* (2009); des footballeurs comme Paul Pogba et Kylian Mbappé honorent l'équipe de France par leur génie sportif.* Et en 2021, plus de quatre mille entreprises, associations et établissements publics ont signé la Charte de la diversité, un texte où l'employeur s'engage en faveur de la lutte contre les discriminations.

Une amitié multiculturelle. Oui, la France multiculturelle est une réalité!

Owen Franken/Getty Images

Mixité,[1] mélange, altérité,[2] diversité: ce vocabulaire traduit la réalité de la société française. Regardez les rues de Paris, de Lyon, de Marseille: on y rencontre toutes les nationalités on y entend tous les accents. La rue française est algérienne, tunisienne, marocaine, turque, sénégalaise, ivoirienne, chinoise, vietnamienne, polonaise... La France multiculturelle existe: elle associe à ses traditions des manières de penser, d'agir et de créer complètement nouvelles.

En même temps, il faut se rappeler que la philosophie de la France en matière d'immigration est basée sur le principe de l'intégration. Attachée à sa vision universaliste, la France veut que les immigrés qui ont choisi de vivre sur son territoire s'assimilent à la société française et qu'ils en partagent les valeurs républicaines.

[1]*Mix of populations*　[2]*otherness*

VOUS COMPRENEZ?

1. Dans quels domaines trouve-t-on des personnalités françaises issues de l'immigration?
2. Qu'est-ce que la Charte de la diversité? À votre avis, quel est son intérêt social et économique?
3. Où la diversité de la société française est-elle particulièrement visible?
4. Qu'est-ce que la France multiculturelle associe à ses propres traditions?
5. Que demande la France aux immigrés qui ont choisi de s'installer sur son territoire?
6. Citez des artistes, des sportifs, des créateurs venus d'autres pays et qui contribuent au rayonnement de votre région.

---

*Voici quelques détails sur ces Français célèbres et talentueux. Gad Elmaleh est né à Casablanca, au Maroc. Jamel Debbouze est d'origine marocaine. Le père du célèbre rappeur français Nekfeu est d'origine grecque, sa mère d'origine écossaise. L'écrivaine Leïla Slimani est née à Rabat, au Maroc. Marie Ndiaye est de mère française et de père sénégalais. Paul Pogba, footballeur de l'équipe de France, est né en France de parents guinéens. Le père de Kylian Mbappé est né au Cameroun et sa mère est d'origine algérienne.

Le subjonctif (*troisième partie*)

Expressing Emotion

🎧 LE JOB DE MES RÊVES

Hassan, Hector, Juliette et Léa discutent au restaurant.

HASSAN: Le chômage, c'est quand même[1] le problème essentiel de la société française. **Il est injuste que** nous **fassions** des études et **que** nous ne **trouvions** pas d'emploi!

HECTOR: Toi Hassan, tu as trouvé la solution: tu es ton propre patron.

HASSAN: Oui, et **je regrette que** la plupart des jeunes diplômés **veuillent** devenir fonctionnaires!

JULIETTE: L'époque est difficile! Moi, **je ne suis** pas **étonnée que** les jeunes **cherchent** un emploi stable et un salaire garanti.

HASSAN: Personnellement, j'ai l'âme[2] d'un entrepreneur! **Je suis heureux que** mon avenir ne **soit** pas dessiné à l'avance.

HECTOR: Tu es indépendant, travailleur, audacieux: c'est exactement le profil d'un créateur d'entreprise!

HASSAN: **Je suis content que** tu **penses** ça! **Et je regrette que** si peu de jeunes Français **prennent** des risques.

JULIETTE: Mais les jeunes ne refusent pas l'aventure! **Il est bizarre que** tu ne le **saches** pas! Par exemple, beaucoup partent à l'étranger. Moi-même, j'ai l'intention d'aller travailler en Australie!

LÉA: **Nous sommes tristes que** tu **partes,** Juliette... Dans les nouvelles technologies, tu pourrais aussi bien trouver un emploi en France...

JULIETTE: C'est sans[3] doute vrai, mais **il est bon que** les jeunes diplômés **jouent** la carte de l'international. Après tout, on est dans la mondialisation, non?

Pôle Emploi: un établissement public chargé d'aider les chômeurs à trouver un emploi

[1]quand... *even so, anyway* [2]*soul* [3]*without*

Complétez les phrases selon le dialogue.

1. Pour Hassan, il est injuste que les jeunes _____ des études et qu'ils ne _____ pas d'emploi.
2. Hassan regrette que la plupart des jeunes diplômés _____ devenir fonctionnaires.
3. Juliette n'est pas étonnée que les jeunes _____ un emploi dans la fonction publique.
4. Hassan est heureux que son avenir ne _____ pas dessiné à l'avance.
5. Il est content qu'Hector _____ qu'il a le profil d'un créateur d'entreprise. Et il regrette que peu de Français _____ des risques.
6. Juliette s'étonne qu'Hassan ne _____ pas que beaucoup de jeunes acceptent l'aventure.
7. Léa et ses amis sont tristes que Juliette _____.
8. Mais selon Juliette, il est bon qu'on _____ la carte de l'international.

1. The subjunctive is frequently used after expressions of emotion.

EXPRESSIONS OF EMOTION	
happiness:	**être content(e), être heureux/heureuse**
regret:	**être désolé(e), être triste, regretter** (*to be sorry*)
surprise:	**être surpris(e), être étonné(e)**
fear:	**avoir peur**
relief:	**être soulagé(e)**
anger:	**être fâché(e), être furieux/furieuse**

Le maire **est content** que les électeurs **aient** confiance en lui.	*The mayor is pleased that the voters have confidence in him.*
Les électeurs **ont peur** que l'inflation **soit** un problème insoluble.	*The voters are afraid that inflation is an insurmountable problem.*
Les écologistes **sont furieux** que les lois contre la pollution des forêts et des rivières ne **soient** pas assez strictes.	*The environmentalists are angry that the laws against polluting the forests and rivers are not strict enough.*

2. As with verbs of volition, there must be different subjects in the main and dependent clauses. Otherwise, an infinitive is used.

La présidente est content de rencontrer le Premier ministre du Canada.	*The president is happy to meet the prime minister of Canada.*

3. The subjunctive is also used following impersonal expressions of emotion.

IMPERSONAL EXPRESSIONS OF EMOTION	
il est bizarre que	il est juste/injuste que
il est bon que*	il est stupide que*
il est dommage que (*it's too bad that*)	il est utile/inutile que

Il est dommage que la guerre y **continue.**	*It's too bad that war is continuing there.*
Est-il bon que les enfants aussi **expriment** leurs opinions?	*Is it good that children also express their opinions?*
Il est stupide que tant de citoyens ne **votent** pas.	*It is stupid that so many citizens do not vote.*

---

*In everyday conversation, the French often say **c'est stupide que, c'est bon que,** and so on.

Allez-y!

A. Opinions. Complétez chaque phrase de façon logique en mettant une des expressions en italique au subjonctif.

> **MODÈLE:** Nous sommes furieux / *les leaders politiques se sentent responsables face aux électeurs / la télévision n'analyse pas les problèmes actuels* →
> Nous sommes furieux que la télévision n'analyse pas les problèmes actuels.

1. Je suis vraiment désolé(e) / *les grandes puissances mondiales ne sont pas d'accord sur la protection de l'environnement / le gouvernement prend des mesures pour encourager le développement de l'énergie solaire*
2. Les gens ont peur / *les députés de l'Assemblée nationale font de mauvais choix / les députés de l'Assemblée nationale prennent de bonnes décisions*
3. Je regrette / *il y a encore des dictateurs dans certains pays / on donne tant d'importance à la liberté dans ce pays*
4. Mon amie Gaëlle est soulagée / *les Européens sont de plus en plus sensibles* (more and more sensitive) *aux questions liées à la protection de l'environnement / le taux de chômage en Europe est élevé cette année*
5. Les sénateurs sont étonnés / *le public ne veut pas payer plus d'impôts / le public veut payer plus d'impôts*

B. Le journal. Voici des titres (*headlines*) adaptés de divers journaux français. Donnez votre réaction à chaque situation en utilisant les expressions suivantes: **être content(e), heureux/heureuse, désolé(e), triste, surpris(e), étonné(e), soulagé(e), fâché(e), furieux/furieuse, regretter, avoir peur, il est stupide (bizarre, bon, dommage, juste, injuste, utile, inutile) que.**

Quels sont les titres à la une chez vous?

> **MODÈLE:** Les femmes et les chômeurs fument davantage (*more*) →
> Il est dommage que les femmes et les chômeurs fument davantage.

1. **Le Club Méditerranée ouvre son premier village en Chine**
2. **L'Europe aime la France** (La majorité des Européens choisiraient la France comme terre d'accueil [*country where they would settle*].)
3. **Le froid tue** (*kills*) **5 personnes sans-abri** (*people experiencing homelessness*) (Des centres d'hébergement [*shelters*] exceptionnels ont ouvert leurs portes aux victimes du froid.)
4. **Les Français disent «non» à la drogue** (68 % des Français sont favorables au maintien de l'interdiction totale des ventes et de la consommation de drogues, selon un sondage.)
5. **L'industrie textile va supprimer** (*to eliminate*) **un emploi sur sept** (L'industrie textile a annoncé qu'elle comptait supprimer 750 emplois.)

C. Émotions. Donnez votre opinion personnelle sur les problèmes de la société américaine.

> **MODÈLE:** Je suis heureux/heureuse que... →
> Je suis heureux/heureuse que les États-Unis aident plusieurs pays en développement (*developing*).

1. Je suis heureux/heureuse que...
2. Je regrette que...
3. Il est injuste que...
4. Il est bon que...
5. Il est bizarre que...
6. Il est stupide que...

D. Encore des émotions. Reprenez les *trois premières* phrases de l'exercice C. Maintenant demandez à cinq camarades comment ils/elles ont complété ces phrases. Combien d'entre eux ont les mêmes opinions que vous?

> **MODÈLE:** É1: Qu'est-ce qui te rend heureux/heureuse?
> É2: Je suis heureux/heureuse que le maire fasse quelque chose pour aider les personnes sans-abri.

Le subjonctif (*quatrième partie*)

Expressing Doubt and Uncertainty

🎧 PARLONS DE LA FRANCOPHONIE

Mamadou contacte Léa par messagerie instantanée.

 MAMADOU: **Crois-tu que** la francophonie **ait** un bel avenir?

 LÉA: J'en suis sûre; elle est si belle la langue française!

 MAMADOU: Je ne suis pas aussi optimiste que toi. Avec la mondialisation, on uniformise tout: on parle anglais partout!

LÉA: **Je ne pense pas que** tout le monde **veuille** ressembler à tout le monde... La francophonie, c'est un refus d'uniformiser la planète.

 MAMADOU: **Je ne suis pas certain que** les 220 millions de francophones **tiennent à**[1] être différents du reste du monde. Ils parlent français sans se poser des questions, tout simplement parce que c'est la langue de leur pays.

 LÉA: Tu as tort! La francophonie, c'est bien plus qu'un idiome[2] commun: c'est une culture, c'est un idéal, c'est une passion!

[1]tiennent... *would like* [2]*langue*

Trouvez, dans le dialogue, les phrases équivalentes.

1. Mamadou demande si la francophonie a un bel avenir.
2. Léa pense que les gens veulent être différents les uns des autres.
3. Selon Mamadou, les francophones ne sont pas attachés à leur singularité.

1. The subjunctive is used—with a change of subject—after expressions of doubt and uncertainty, such as **je doute, je ne suis pas sûr(e),** and **je ne suis pas certain(e).**

Beaucoup de femmes **ne sont pas sûres** que leur statut **soit** égal au statut des hommes.

Many women aren't sure that their status is equal to the status of men.

Les jeunes **doutent** souvent que les politiciens **soient** honnêtes.

Young people often doubt that politicians are honest.

2. In the affirmative, verbs such as **penser** and **croire** are followed by the indicative. In the negative and interrogative, they express a degree of doubt and uncertainty and can then be followed by the subjunctive. In spoken French, however, the indicative is more commonly used.

Je **pense** que la presse **est** libre.

I think the press is free.

Pensez-vous que la presse **soit** libre?
Pensez-vous que la presse **est** libre?

Do you think the press is free?

Je **ne crois pas** que la démocratie **soit** en danger.
Je **ne crois pas** que la démocratie **est** en danger.

I don't think that democracy is in danger.

3. The following impersonal expressions are followed by the *indicative* because they imply certainty or probability.*

IMPERSONAL EXPRESSIONS USED WITH THE INDICATIVE	
il est certain que	il est probable que
il est clair que	il est sûr que
il est évident que	il est vrai que

Il est probable que l'Europe et les États-Unis **feront** plus d'échanges culturels et commerciaux.

It's probable that Europe and the U.S. will engage in more cultural and commercial exchanges.

Il est vrai que les Québécois **veulent** préserver leur propre identité.

It's true that the Quebecois want to preserve their own identity.

---

*In everyday conversation, you will often hear **c'est,** rather than **il est,** with these expressions.

Allez-y!

A. Réflexions sur l'Afrique francophone. Complétez les phrases avec le subjonctif ou l'indicatif des verbes, selon le cas.

1. Il est sûr que le Burkina Faso _____ (être) un pays très, très pauvre.
2. Pensez-vous que le Mali _____ (être) un pays où l'intervention militaire est justifiée?
3. Les observateurs diplomatiques ne croient pas que l'assistance étrangère _____ (pouvoir) améliorer la crise économique et sociale de l'Afrique centrale.
4. On ne doute pas que les Sénégalais _____ (vouloir) multiplier les échanges commerciaux avec les pays voisins.
5. Il est évident que la République de Guinée _____ (avoir) des ressources minières importantes.
6. Je ne crois pas que les autres nations _____ (devoir) intervenir dans les affaires africaines.

B. Discussion. Avec un/une camarade, discutez des idées suivantes. Choisissez une phrase et posez une question. Votre camarade répond selon sa conviction.

MODÈLE: Les politiciens sont honnêtes. →
    É1: Crois-tu que les politiciens soient honnêtes?
    É2: Oui, je crois qu'ils sont honnêtes. (*ou* Non, je ne crois pas qu'ils soient honnêtes.)

Idées à discuter:

1. Nous avons besoin d'une armée plus moderne.
2. Les citoyens de ce pays savent voter intelligemment.
3. Le/La maire de votre ville a de bonnes idées.
4. On doit limiter l'immigration dans ce pays.
5. L'enseignement bilingue est une bonne idée.

C. Opinions et croyances. Complétez les phrases de façon logique. Exprimez une opinion personnelle.

Vocabulaire utile: le covoiturage, les droits civils, la guerre, les impôts, le recyclage, les personnes sans-abri

MODÈLE: Je ne pense pas que... →
    Je ne pense pas que les jeunes soient informés sur la contraception.

1. Il est vrai que...
2. Personne ne croit que...
3. Je ne suis pas sûr(e) que...
4. Il est probable que...
5. Beaucoup d'étudiants trouvent que...

Mots clés

Éviter l'emploi du subjonctif

Espérer, followed by the indicative, can be used instead of **souhaiter** and other constructions that require the subjunctive.

> J'**espère** qu'il gagnera les élections.

Devoir + infinitive can sometimes be used instead of **il faut que** and **il est nécessaire que.**

> Tu **dois** afficher les prospectus.

In general statements, the infinitive can replace the subjunctive.

> Il faut que nous contrôlions les déchets industriels.

> Il faut **contrôler** les déchets industriels.

🎧 Prononcez bien!

The subjunctive of *aller* and *avoir* (page 408)

A. Cet après-midi. Hugo et Isabelle discutent de leurs projets pour l'après-midi. Écoutez leur conversation et indiquez si les verbes au subjonctif sont une forme du verbe **aller** ou du verbe **avoir**.

1. **a.** ☐ aille **b.** ☐ aie
2. **a.** ☐ ailles **b.** ☐ aies
3. **a.** ☐ ailles **b.** ☐ aies
4. **a.** ☐ allions **b.** ☐ ayons
5. **a.** ☐ alliez **b.** ☐ ayez

B. Ce soir. Hugo veut aussi faire des projets pour la soirée. D'abord, complétez les phrases avec la forme appropriée des verbes **aller** et **avoir** au subjonctif. Ensuite, avec votre camarade, lisez la conversation à voix haute, en faisant bien attention à la prononciation de ces verbes.

HUGO: Est-ce que ton frère et toi, vous allez dîner ici ce soir?

ISABELLE: Oui, si tu veux bien.

HUGO: Bien sûr! Mais j'aimerais que vous _____¹ au supermarché pour acheter de la salade. Nous n'en avons plus.

ISABELLE: Pas de problème! Ce serait bien qu'ils _____² de la romaine. C'est ma salade préférée.

HUGO: D'accord. Je préfère que vous _____³ ce que vous aimez!

ISABELLE: Hmmm, finalement, je pense que ce serait mieux que nous _____⁴ à l'épicerie: elle est sur notre chemin.

HUGO: Comme vous voulez. À tout à l'heure!

William Ryall

 Lecture

Inferring an author's point of view. Approximately 10% of the French population is composed of immigrants, chiefly from former French colonies in North and West Africa, as well as from Italy, Portugal, Spain, and Turkey. These immigrants came to France to seek greater economic opportunities and social freedoms. However, immigrants have not been universally welcomed. Some of the French have associated immigration with increased violence and crime and with a disruption of the French way of life.

You will be reading an excerpt from the novel *La Réclusion solitaire,* written in 1976 by the Moroccan novelist and poet Tahar Ben Jelloun (1944–). In this work, Ben Jelloun draws on his personal experience to describe the sometimes difficult conditions Arabs experience in French society. The narrator, a North African worker, lives in a room with three others. In this excerpt, he describes some of the arbitrary and discriminatory rules imposed upon the residents.

Examine carefully the wording of these rules, as illustrated in the following examples. Which words and structures are repeated?

Il est interdit de faire son manger dans la chambre...

Il est interdit de recevoir des femmes; [...]

The repetition of the impersonal expression **Il est interdit de** followed by the infinitive is an example of parallelism.

Now compare the following two rules. You will note that although they are parallel in structure, they do not express parallel ideas. (In what ways are the ideas dissimilar?)

Il est interdit d'écouter la radio à partir de neuf heures.

Il est interdit de vous peindre en bleu, en vert ou en mauve.

In the first case, the restriction is of a realistic nature, a rule one might find in workers' housing anywhere. In the second, the rule is absurd, a behavior that would never occur and consequently expresses a useless regulation.

As you read the text, pay particular attention to the nature of the behavior forbidden by the repeated formula **Il est interdit de.** Which rules are plausible? Which seem ridiculous? Which criticize the behaviors of immigrants? Which express hostility toward the presence of immigrants in French society?

La Réclusion solitaire (extrait) de Tahar Ben Jelloun

À l'entrée du bâtiment, on nous a donné le règlement:

—Il est interdit de faire son manger dans la chambre (il y a une cuisine au fond du couloir);

—Il est interdit de recevoir des femmes; …

—Il est interdit d'écouter la radio à partir de neuf heures;

—Il est interdit de chanter le soir, surtout en arabe ou en kabyle;[1]

—Il est interdit d'égorger[2] un mouton dans le bâtiment; …

—Il est interdit de faire du yoga dans les couloirs;

—Il est interdit de repeindre les murs, de toucher aux meubles, de casser les vitres,[3] de changer d'ampoule,[4] de tomber malade, d'avoir la diarrhée, de faire de la politique, d'oublier d'aller au travail, de penser à faire venir sa famille, … de sortir en pyjama dans la rue, de vous plaindre[5] des conditions objectives et subjectives de vie, … de lire ou d'écrire des injures[6] sur les murs, de vous disputer, de vous battre,[7] de manier[8] le couteau, de vous venger;

—Il est interdit de mourir dans cette chambre, dans l'enceinte de[9] ce bâtiment (allez mourir ailleurs: chez vous, par exemple, c'est plus commode);

—Il est interdit de vous suicider (même si on vous enferme à Fleury-Mérogis[10]): votre religion vous l'interdit, nous aussi;

—Il est interdit de monter dans les arbres;

—Il est interdit de vous peindre en bleu, en vert ou en mauve;

—Il est interdit de circuler en bicyclette dans la chambre, de jouer aux cartes, de boire du vin (pas de champagne);

—Il est aussi interdit de… prendre un autre chemin pour rentrer du boulot. Vous êtes avertis. Nous vous conseillons de suivre le règlement, sinon, … ce sera le séjour dans un camp d'internement en attendant votre rapatriement.

Tahar Ben Jelloun au Salon du Livre de Paris

Giancarlo Gorassini/Abaca Press/Alamy Stock Photo

[1]*language spoken in Kabylia, a rugged mountain region in northeastern Algeria* [2]*slit the throat of* [3]*windows* [4]*lightbulb* [5]*vous… complain* [6]*insults* [7]*vous… fight* [8]*wield* [9]*dans… within the boundary of* [10]*prison près de Paris*

COMPRÉHENSION

Classez. Choisissez sept des règles énumérées dans le texte. Ensuite, classez-les en utilisant les catégories suivantes.

C'est une règle…

- qui convient à la situation.
- qui exprime le racisme.
- qui semble critiquer des pratiques musulmanes.
- ridicule.
- qui exprime de l'hostilité envers la présence maghrébine.
- qui suggère que les Maghrébins sont impliqués dans la criminalité.

📝 Écriture

The writing activities **Par écrit** and **Journal intime** can be found in the Workbook/Laboratory Manual to accompany *Vis-à-vis*.

▶️ Micro-trottoir

Au micro. Répondez aux questions suivantes à partir de votre point de vue personnel. Puis regardez la vidéo et comparez vos réponses à celles des gens interrogés.

1. Que signifie pour vous «avoir l'esprit ouvert»?
2. Quel est, à votre avis, le problème le plus préoccupant du XXIe siècle?
3. Et la société française de demain, comment la voyez-vous?
4. Qu'est-ce qu'il faut pour être heureux?

Verbes

augmenter	to raise, increase
conserver	to conserve
consommer	to consume
contrôler	to control; to limit
développer	to develop
diminuer	to lower, reduce
douter	to doubt
élire	to elect
s'engager (dans)	to get involved (in)
épuiser	to use up, exhaust
estimer	to consider; to believe
établir	to establish
exiger	to require; to demand
exprimer une opinion	to express an opinion
faire grève	to strike
gaspiller	to waste
lutter	to fight
manifester (pour/contre)	to demonstrate (for/against)
polluer	to pollute
poser sa candidature	to run for elected office
protéger	to protect
recycler	to recycle
regretter	to regret, be sorry
sauver	to save, rescue
souhaiter	to wish, desire
soutenir	to support
valoir	to be worth

Substantifs

la centrale nucléaire	nuclear power plant
le changement climatique	climate change
le citoyen / la citoyenne	citizen
le covoiturage	carpooling
les déchets (m. pl.)	waste (material)
le défi	challenge
les droits (m.) civils	civil rights
l'écologiste (m., f.)	environmentalist
l'électeur / l'électrice	voter
les énergies fossiles	fossil fuels
les énergies (f.) renouvelables	renewable energy
l'épidémie (f.)	epidemic
la ferme éolienne	wind farm
la fracturation hydraulique	fracking
le gaspillage	wasting
la grève	strike
la guerre	war
les idées (f.) extrémistes	extremist ideas
les impôts (m. pl.)	taxes
la mondialisation	globalization

le parti	political party
la politique	politics; policy
le pouvoir d'achat	purchasing power
le recyclage	recycling
la réussite	success
une personne sans-abri	a person experiencing homelessness
la surpopulation	overpopulation
une voiture électrique	an electric car

À REVOIR: **la banlieue, l'essence**

Substantifs apparentés

le développement, l'élection (f.), **l'énergie** (f.) **nucléaire/solaire, l'environnement** (m.), **le gouvernement, l'inflation** (f.), **la nature, l'opinion** (f.) **publique, le politicien / la politicienne, la pollution, le problème, la protection, la réforme, les ressources naturelles, le sexisme, le terrorisme**

Adjectifs

désolé(e)	sorry
durable	sustainable
égal(e)	equal
étonné(e)	surprised
fâché(e)	angry
furieux/furieuse	furious
grave	serious
industriel(le)	industrial
préoccupé(e)	preoccupied
soulagé(e)	relieved
sûr(e)	sure, certain
surpris(e)	surprised

Expressions impersonnelles

il est...	it is . . .
il est bon que...	it's good that . . .
il est dommage que...	it's too bad that . . .
il est (in)utile que...	it's useless/useful that . . .
il est vrai que...	it's true that . . .
il se peut que...	it is possible that . . .
il semble que...	it seems that . . .
il vaut mieux (que)...	it is better (that) . . .

Expressions impersonnelles apparentées

il est... bizarre, certain, clair, essentiel, évident, important, impossible, indispensable, (in)juste, nécessaire, normal, possible, préférable, (peu) probable, stupide, sûr

Mots et expressions divers

j'ai entendu dire que...	I heard that . . .
par exemple	for example
personnellement	personally
pour ma part	in my opinion, as for me

Design Elements: (Mamadou) Comstock Images/Getty Images; (Poema) Purestock/Alamy Stock Photo; (Alexis) Javier Larrea/Pixtal/age fotostock; (Charlotte) Fabrice Lerouge/Getty Images; (All Others): McGraw Hill

Glossary of Grammatical Terms

ACCORD (*m.*) (*AGREEMENT*) There is agreement when a word takes the gender and the number of another word it modifies. Articles and adjectives agree with the noun they modify, as do past participles of verbs conjugated with **être**.	C'est **une femme indépendante.** *She is an independent woman.* **Elles sont arrivées** à temps. *They arrived in time.*
ADJECTIF (*m.*) (*ADJECTIVE*) A word that describes a noun or a pronoun. It agrees in number and gender with the word it modifies.	
Adjectif démonstratif (*Demonstrative adjective*) An adjective that points out a particular noun.	**ce** garçon, **ces** livres *this boy, these books*
Adjectif interrogatif (*Interrogative adjective*) An adjective used to form questions.	**Quelles** affiches cherchez-vous? *What posters are you looking for?* **Quel** livre? *Which book?*
Adjectif possessif (*Possessive adjective*) An adjective that indicates possession or a special relationship.	**leur** voiture, **ma** sœur *their car, my sister*
Adjectif qualificatif (*Descriptive adjective*) An adjective that specifies size, color, or other qualities.	Elles sont **intelligentes.** *They are smart.* C'est une **grande** maison. *It's a big house.*
ADVERBE (*m.*) (*ADVERB*) A word that describes an adjective, a verb, or another adverb.	Il écrit **très bien.** Elle est **plus** efficace. *He writes very well. She is more efficient.*
Adverbe interrogatif (*Interrogative adverb*) An adverb that introduces a question about time, place, manner, or quantity (amount).	**Combien** ça coûte? *How much is it?* **Quand** est-ce que vous partez? *When are you leaving?*
ANTÉCÉDENT (*m.*) (*ANTECEDENT*) A word, usually a noun, that is replaced by a pronoun in the same or a subsequent sentence. In the example, **Manon** is the antecedent of **elle,** and **un gant** is the antecedent of **le.**	**Manon** a perdu **un gant** et **elle** ne **le** retrouve plus. *Manon lost a glove, and she can't find it anymore.*
ARTICLE (*m.*) (*ARTICLE*) A determiner that sets off a noun.	
Article défini (*Definite article*) An article that indicates a specific noun.	**le** pays, **la** chaise, **les** femmes *the country, the chair, the women*
Article indéfini (*Indefinite article*) An article that indicates an unspecified noun.	**un** garçon, **une** ville, **des** carottes *a boy, a city, some carrots*
Article partitif (*Partitive article*) In French, an article that denotes part of a whole. *Some* is not always expressed in English, but the partitive is almost always expressed in French.	**du** chocolat, **de la** tarte, **de l'**eau (**some**) *chocolat,* (**some**) *pie,* (**some**) *water*

COMPARATIF (*m.*) (*COMPARATIVE*) The form of adjectives and adverbs used to compare two nouns or actions.	Léa est **moins** bavarde **que** Julien. *Léa is **less** talkative **than** Julien.* Elle court **plus** vite **que** lui. *She runs **faster than** he does.*
CONDITIONNEL (*m.*) (*CONDITIONAL*)	*See* **Mode.**
CONJONCTION (*f.*) (*CONJUNCTION*) An expression that connects words, phrases, or clauses.	Christophe **et** Diane *Christophe **and** Diane* Il fait froid, **mais** il fait beau. *It's cold, **but** nice.*
CONJUGAISON (*f.*) (*CONJUGATION*) The different forms of a verb for a particular tense or mood. A present indicative conjugation:	je parle *I speak* tu parles *you speak* il/elle/on parle *he/she/it/one speaks* nous parlons *we speak* vous parlez *you speak* ils/elles parlent *they speak*
CONTRACTION (*f.*) (*CONTRACTION*) Two words combine to form one. In French, this phenomenon happens with **à** and **de** combined with the definite articles **le** or **les**.	Ils parlent **aux** étudiants. *He's talking to the students.* C'est le livre **du** professeur. *It's the teacher's book.*
ÉLISION (*f.*) (*ELISION*) The replacement of the final vowel of a word by an apostrophe before the initial vowel or vowel sound of the following word.	Il arrive à **l'**université à 8 h. *He arrives at the university at 8:00.* J'ai compris **qu'**il reviendrait. *I understood that he would come back.*

		masc.	fem.
GENRE (*m.*) (*GENDER*) A grammatical category of words. In French, there are two genders: feminine and masculine. Gender applies to nouns, articles, adjectives, and pronouns.	articles and nouns adjectives pronouns	**le** film **lent, beau** **il, celui**	**la** vidéo **lente, belle** **elle, celle**

IMPARFAIT (*m.*) (*IMPERFECT*) In French, a verb tense that expresses a past action with no specific beginning or end.	Nous **nagions** souvent. *We **used to swim** often.*
IMPÉRATIF (*m.*) (*IMPERATIVE*)	*See* **Mode.**
INDICATIF (*m.*) (*INDICATIVE*)	*See* **Mode.**
INFINITIF (*m.*) (*INFINITIVE*)	*See* **Mode.**
LIAISON (*f.*) (*LIAISON*) A speech-sound redistribution in which an otherwise silent final consonant is articulated with the initial vowel or vowel sound of the following word.	C'est‿un‿animal. [sɛtœ̃ nanimal] aux‿États‿-Unis [ozetazyni]
MODE (*m.*) (*MOOD*) A set of categories for verbs indicating the attitude of the speaker toward what he or she is saying.	
Mode conditionnel (*Conditional mood*) A verb form conveying possibility.	J'**irais** si j'avais le temps. *I **would go** if I had time.*
Mode impératif (*Imperative mood*) A verb form expressing a command.	**Allez**-y! ***Go** ahead!*
Mode indicatif (*Indicative mood*) A verb form denoting actions or states considered facts.	Je **vais** à la bibliothèque. *I **am going** to the library.*
Mode infinitif (*Infinitive mood*) A verb form introduced in English by *to*. In French dictionaries, this form appears as the main entry.	**jouer, vendre, venir** ***to play, to sell, to come***
Mode subjonctif (*Subjunctive mood*) A verb form, uncommon in English, used primarily in subordinate clauses after expressions of desire, doubt, or emotion. French constructions with the subjunctive have many possible English equivalents.	Je veux que vous y **alliez**. *I want you to go there.* J'ai peur qu'elle **dise** non. *I'm afraid she will say no.*
MOT APPARENTÉ (*m.*) (*COGNATE*) In two languages, words spelled similarly with similar meaning.	**état, ordre, sérieux** ***state, order, serious***

NOM (*m.*) (*NOUN*) A word that denotes a person, place, thing, or idea. Proper nouns are capitalized names.	**avocat, journal, ville, Louise** *lawyer, newspaper, city, Louise*
NOMBRE (*m.*) (*NUMBER*) A grammatical category of words. It indicates whether a noun, article, adjective, or pronoun is singular (**singulier**) or plural (**pluriel**).	singular: Le fromage est bon. plural: Les fromages sont bons.
Nombre cardinal (*Cardinal number*) A number that expresses an amount.	**deux** bureaux, **quatre** ans *two desks, four years*
Nombre ordinal (*Ordinal number*) A number that indicates position in a series.	le **deuxième** bureau, la **quatrième** année *the second desk, the fourth year*
PARTICIPE PASSÉ (*m.*) (*PAST PARTICIPLE*) The form of a verb used in a compound tense (such as the **passé composé**) with forms of *to have* in English, and with **avoir** and **être** in French.	**mangé, fini, perdu** *eaten, finished, lost*
PASSÉ COMPOSÉ (*m.*) In French, a verb tense that expresses a past action with a definite ending. It consists of the present indicative of the auxiliary verb (**avoir** or **être**) and the past participle of the conjugated verb. There are several equivalent forms in English.	J'ai mangé *I ate, I did eat, I have eaten* Elle est tombée *She fell, she did fall, she has fallen*
PERSONNE (*f.*) (*PERSON*) The form of a pronoun or a verb that indicates the person involved in an action.	

	singular	plural
1st pers.	je / *I*	nous / *we*
2nd pers.	tu / *you*	vous / *you*
3rd pers.	il, elle, on / *he, she, one, it*	ils, elles / *they*

PRÉPOSITION (*f.*) (*PREPOSITION*) A word or phrase that specifies the relationship of a word (usually a noun or a pronoun) to another. The relationship is usually spatial or temporal.	**près de** l'aéroport, **avec** lui, **avant** 11 h *near the airport, with him, before 11:00*
PRONOM (*m.*) (*PRONOUN*) A word used in place of one or more nouns.	
Pronom accentué ou disjoint (*Stressed or disjunctive pronoun*) In French, a pronoun used for emphasis or as the object of a preposition.	**Toi**, tu es incroyable! *You are unbelievable!* Je travaille avec **lui**. *I work with him.*

Pronom complément (d'objet) (*Object pronoun*) A pronoun that replaces a direct object noun or an indirect object noun.	direct: Je vois Alain. Je **le** vois.
	             I see Alain. I see him.
	indirect: Je donne le livre à Daniel. Je **lui** donne le livre.
	             I give the book to Daniel. I give him the book.

Pronom démonstratif (*Demonstrative pronoun*) A pronoun that singles out a particular person or thing.	Voici deux livres: **celui-ci** est intéressant, mais **celui-là** est ennuyeux. *Here are two books: this one is interesting, but that one is boring.*
Pronom interrogatif (*Interrogative pronoun*) A pronoun used to ask a question.	**Qui** parle? **Qu'est-ce que** vous voulez? ***Who** is speaking? **What** do you want?*
Pronom réfléchi (*Reflexive pronoun*) A pronoun that represents the same person as the subject of the verb.	Je **me** regarde dans le miroir. *I am looking at **myself** in the mirror.*
Pronom relatif (*Relative pronoun*) A pronoun that introduces an independent clause and denotes a noun already mentioned.	On parle à la femme **qui** habite ici. *We're talking to the woman **who** lives here.* C'est le stylo **que** vous cherchez? *Is it the pen **(that)** you're looking for?*
Pronom sujet (*Subject pronoun*) A pronoun representing the person or thing performing the action of the verb.	**Ils** travaillent bien ensemble. ***They** work well together.*
PROPOSITION (*f.*) (*CLAUSE*) A construction that contains a subject and a verb.	
Proposition principale (*Main clause*) A clause that stands on its own and expresses a complete idea.	**Je cherche la femme** qui joue au tennis. ***I'm looking for the woman** who plays tennis.*

Proposition subordonnée (*Subordinate clause*) A clause that cannot stand on its own because it does not express a complete idea.	Je cherche la femme **qui joue au tennis**. *I'm looking for the woman **who plays tennis**.*
SUBJONCTIF (*m.*) (*SUBJUNCTIVE*)	See **Mode**.
SUJET (*m.*) (*SUBJECT*) The word(s) denoting the person, place, or thing performing an action or existing in a state.	**Mon ordinateur** est là-bas. ***My computer** is over there.* **Marc** arrive demain. ***Marc** arrives tomorrow.*
SUPERLATIF (*m.*) (*SUPERLATIVE*) The form of adjectives or adverbs used to compare three or more nouns or actions. In English, the superlative is expressed by using *most* or *-est*.	Elle a choisi la robe **la plus** chère. *She chose **the most** expensive dress.* Béatrice court **le plus** vite. *Béatrice runs the fast**est**.*
TEMPS (*m.*) (*TENSE*) The form of a verb indicating time: present, past, or future.	
VERBE (*m.*) (*VERB*) A word that reports an action or state.	Elle **est arrivée** hier. *She **arrived** yesterday.* Elle **était** fatiguée. *She **was** tired.*
Verbe auxiliaire (*Auxiliary verb*) A verb used in conjunction with an infinitive or a participle to convey distinctions of tense and mood. In French, the main auxiliaries are **avoir** and **être**.	J'**ai** fait mes devoirs. *I did my homework.* Nous **sommes** allés au cinéma. *We went to the movies.*
Verbe impersonnel (*Impersonal verb*) Always accompanied by the impersonal pronoun **il,** impersonal verbs are divided into two categories: verbs reporting natural phenomena and verbs with special meaning.	**Il fait** beau aujourd'hui. ***It is** nice today.* **Il faut** travailler fort. ***One has** to work hard.*
Verbe pronominal (*Pronominal verb*) In French, a verb with a reflexive pronoun as well as a subject pronoun in its conjugated form. Its infinitive is preceded by **se**.	**se souvenir, je me souviens** *to remember, I remember* **Il se coupe** quand **il se rase**. *He **cuts himself** when he shaves (**himself**).*

Appendix B

Verb Charts

VERBES RÉGULIERS

chercher / cherchant

INFINITIF ET PARTICIPE PRÉSENT	PRÉSENT	PASSÉ COMPOSÉ	IMPARFAIT	FUTUR	CONDITIONNEL	SUBJONCTIF	IMPÉRATIF
	je cherche	j' ai cherché	je cherchais	je chercherai	je chercherais	que je cherche	
	tu cherches	tu as cherché	tu cherchais	tu chercheras	tu chercherais	que tu cherches	cherche
	il/elle/on cherche	il/elle/on a cherché	il/elle/on cherchait	il/elle/on cherchera	il/elle/on chercherait	qu'il/elle/on cherche	
	nous cherchons	nous avons cherché	nous cherchions	nous chercherons	nous chercherions	que nous cherchions	cherchons
	vous cherchez	vous avez cherché	vous cherchiez	vous chercherez	vous chercheriez	que vous cherchiez	cherchez
	ils/elles cherchent	ils/elles ont cherché	ils/elles cherchaient	ils/elles chercheront	ils/elles chercheraient	qu'ils/elles cherchent	

répondre / répondant

INFINITIF ET PARTICIPE PRÉSENT	PRÉSENT	PASSÉ COMPOSÉ	IMPARFAIT	FUTUR	CONDITIONNEL	SUBJONCTIF	IMPÉRATIF
	je réponds	j' ai répondu	je répondais	je répondrai	je répondrais	que je réponde	
	tu réponds	tu as répondu	tu répondais	tu répondras	tu répondrais	que tu répondes	réponds
	il/elle/on répond	il/elle/on a répondu	il/elle/on répondait	il/elle/on répondra	il/elle/on répondrait	qu'il/elle/on réponde	
	nous répondons	nous avons répondu	nous répondions	nous répondrons	nous répondrions	que nous répondions	répondons
	vous répondez	vous avez répondu	vous répondiez	vous répondrez	vous répondriez	que vous répondiez	répondez
	ils/elles répondent	ils/elles ont répondu	ils/elles répondaient	ils/elles répondront	ils/elles répondraient	qu'ils/elles répondent	

finir / finissant

INFINITIF ET PARTICIPE PRÉSENT	PRÉSENT	PASSÉ COMPOSÉ	IMPARFAIT	FUTUR	CONDITIONNEL	SUBJONCTIF	IMPÉRATIF
	je finis	j' ai fini	je finissais	je finirai	je finirais	que je finisse	
	tu finis	tu as fini	tu finissais	tu finiras	tu finirais	que tu finisses	finis
	il/elle/on finit	il/elle/on a fini	il/elle/on finissait	il/elle/on finira	il/elle/on finirait	qu'il/elle/on finisse	
	nous finissons	nous avons fini	nous finissions	nous finirons	nous finirions	que nous finissions	finissons
	vous finissez	vous avez fini	vous finissiez	vous finirez	vous finiriez	que vous finissiez	finissez
	ils/elles finissent	ils/elles ont fini	ils/elles finissaient	ils/elles finiront	ils/elles finiraient	qu'ils/elles finissent	

dormir[1] / dormant

INFINITIF ET PARTICIPE PRÉSENT	PRÉSENT	PASSÉ COMPOSÉ	IMPARFAIT	FUTUR	CONDITIONNEL	SUBJONCTIF	IMPÉRATIF
	je dors	j' ai dormi	je dormais	je dormirai	je dormirais	que je dorme	
	tu dors	tu as dormi	tu dormais	tu dormiras	tu dormirais	que tu dormes	dors
	il/elle/on dort	il/elle/on a dormi	il/elle/on dormait	il/elle/on dormira	il/elle/on dormirait	qu'il/elle/on dorme	
	nous dormons	nous avons dormi	nous dormions	nous dormirons	nous dormirions	que nous dormions	dormons
	vous dormez	vous avez dormi	vous dormiez	vous dormirez	vous dormiriez	que vous dormiez	dormez
	ils/elles dorment	ils/elles ont dormi	ils/elles dormaient	ils/elles dormiront	ils/elles dormiraient	qu'ils/elles dorment	

se laver[2] / (se) lavant

INFINITIF ET PARTICIPE PRÉSENT	PRÉSENT	PASSÉ COMPOSÉ	IMPARFAIT	FUTUR	CONDITIONNEL	SUBJONCTIF	IMPÉRATIF
	je me lave	je me suis lavé(e)	je me lavais	je me laverai	je me laverais	que je me lave	
	tu te laves	tu t'es lavé(e)	tu te lavais	tu te laveras	tu te laverais	que tu te laves	lave-toi
	il/elle/on se lave	il/elle/on s'est lavé(e)	il/elle/on se lavait	il/elle/on se lavera	il/elle/on se laverait	qu'il/elle/on se lave	
	nous nous lavons	nous nous sommes lavé(e)s	nous nous lavions	nous nous laverons	nous nous laverions	que nous nous lavions	lavons-nous
	vous vous lavez	vous vous êtes lavé(e)(s)	vous vous laviez	vous vous laverez	vous vous laveriez	que vous vous laviez	lavez-vous
	ils/elles se lavent	ils/elles se sont lavé(e)s	ils/elles se lavaient	ils/elles se laveront	ils/elles se laveraient	qu'ils/elles se lavent	

[1]Traditionally, only verbs ending in -ir like **finir** are considered one of the three regular verb groups. However, verbs like **dormir** also end in -ir and are conjugated following their own "regular" pattern, though they are many fewer in number than -ir verbs like **finir**. Verbs from this group include: **s'endormir, mentir, partir, sentir, servir,** and **sortir**. Note that **s'endormir, partir,** and **sortir** are conjugated with **être** in the compound tenses.

[2]All pronominal verbs are conjugated with **être** in the compound tenses.

VERBES RÉGULIERS AVEC CHANGEMENTS ORTHOGRAPHIQUES

INFINITIF ET PARTICIPE PRÉSENT	PRÉSENT		PASSÉ COMPOSÉ	IMPARFAIT	FUTUR	CONDITIONNEL	SUBJONCTIF	IMPÉRATIF
commencer¹ commençant	je commence tu commences il/elle/on commence	nous commençons vous commencez ils/elles commencent	j'ai commencé	je commençais nous commencions	je commencerai	je commencerais	que je commence que nous commencions	commence commençons commencez
manger² mangeant	je mange tu manges il/elle/on mange	nous mangeons vous mangez ils/elles mangent	j'ai mangé	je mangeais nous mangions	je mangerai	je mangerais	que je mange que nous mangions	mange mangeons mangez
préférer³ préférant	je préfère tu préfères il/elle/on préfère	nous préférons vous préférez ils/elles préfèrent	j'ai préféré	je préférais	je préférerai	je préférerais	que je préfère que nous préférions	préfère préférons préférez
payer⁴ payant	je paie tu paies il/elle/on paie	nous payons vous payez ils/elles paient	j'ai payé	je payais	je paierai	je paierais	que je paie que nous payions	paie payons payez
appeler⁵ appelant	j'appelle tu appelles il/elle/on appelle	nous appelons vous appelez ils/elles appellent	j'ai appelé	j'appelais	j'appellerai	j'appellerais	que j'appelle que nous appelions	appelle appelons appelez
acheter⁶ achetant	j'achète tu achètes il/elle/on achète	nous achetons vous achetez ils/elles achètent	j'ai acheté	j'achetais	j'achèterai	j'achèterais	que j'achète que nous achetions	achète achetons achetez

¹Verbs like **commencer**: dénoncer, divorcer, se fiancer, lancer, menacer, placer, prononcer, remplacer, tracer
²Verbs like **manger**: bouger, changer, dégager, encourager, engager, juger, loger, mélanger, nager, obliger, partager, voyager
³Verbs like **préférer**: célébrer, considérer, espérer, (s')inquiéter, posséder, répéter, révéler, sécher, suggérer
⁴Verbs like **payer**: employer, (s')ennuyer, envoyer, essayer, nettoyer
⁵Verbs like **appeler**: épeler, jeter, projeter, (se) rappeler
⁶Verbs like **acheter**: achever, amener, emmener, (se) lever, (se) promener

INFINITIF ET PARTICIPE PRÉSENT	PRÉSENT			PASSÉ COMPOSÉ	IMPARFAIT	FUTUR	CONDITIONNEL	SUBJONCTIF	IMPÉRATIF
aller* allant	je tu il/elle/on	vais vas va	nous vous ils/elles	allons allez vont	je suis allé(e)	j'allais	j'irai	j'irais	que j'aille que nous allions	va allons allez
avoir ayant	j' tu il/elle/on	ai as a	nous vous ils/elles	avons avez ont	j'ai eu	j'avais	j'aurai	j'aurais	que j'aie que nous ayons	aie ayons ayez
battre battant	je tu il/elle/on	bats bats bat	nous vous ils/elles	battons battez battent	j'ai battu	je battais	je battrai	je battrais	que je batte que nous battions	bats battons battez
boire buvant	je tu il/elle/on	bois bois boit	nous vous ils/elles	buvons buvez boivent	j'ai bu	je buvais	je boirai	je boirais	que je boive que nous buvions	bois buvons buvez
conduire[1] conduisant	je tu il/elle/on	conduis conduis conduit	nous vous ils/elles	conduisons conduisez conduisent	j'ai conduit	je conduisais	je conduirai	je conduirais	que je conduise que nous conduisions	conduis conduisons conduisez
connaître[2] connaissant	je tu il/elle/on	connais connais connaît	nous vous ils/elles	connaissons connaissez connaissent	j'ai connu	je connaissais	je connaîtrai	je connaîtrais	que je connaisse que nous connaissions	connais connaissons connaissez
courir courant	je tu il/elle/on	cours cours court	nous vous ils/elles	courons courez courent	j'ai couru	je courais	je courrai	je courrais	que je coure que nous courions	cours courons courez
craindre craignant	je tu il/elle/on	crains crains craint	nous vous ils/elles	craignons craignez craignent	j'ai craint	je craignais	je craindrai	je craindrais	que je craigne que nous craignions	crains craignons craignez

*Verbs followed by an asterisk * are conjugated with **être** in the compound tenses.
[1]Verbs like **conduire**: **construire, détruire, produire, réduire, traduire**
[2]Verbs like **connaître**: **apparaître, disparaître, paraître, reconnaître**

VERBES IRRÉGULIERS (suite)

INFINITIF ET PARTICIPE PRÉSENT		PRÉSENT		PASSÉ COMPOSÉ	IMPARFAIT	FUTUR	CONDITIONNEL	SUBJONCTIF	IMPÉRATIF
croire croyant	je tu il/elle/on	crois crois croit	nous vous ils/elles	croyons croyez croient	j'ai cru	je croyais	je croirai	je croirais	que je croie que nous croyions	crois croyons croyez
devoir devant	je tu il/elle/on	dois dois doit	nous vous ils/elles	devons devez doivent	j'ai dû	je devais	je devrai	je devrais	que je doive que nous devions	dois devons devez
dire disant	je tu il/elle/on	dis dis dit	nous vous ils/elles	disons dites disent	j'ai dit	je disais	je dirai	je dirais	que je dise que nous disions	dis disons dites
écrire[3] écrivant	j' tu il/elle/on	écris écris écrit	nous vous ils/elles	écrivons écrivez écrivent	j'ai écrit	j'écrivais	j'écrirai	j'écrirais	que j'écrive que nous écrivions	écris écrivons écrivez
envoyer envoyant	j' tu il/elle/on	envoie envoies envoie	nous vous ils/elles	envoyons envoyez envoient	j'ai envoyé	j'envoyais	j'enverrai	j'enverrais	que j'envoie que nous envoyions	envoie envoyons envoyez
être étant	je tu il/elle/on	suis es est	nous vous ils/elles	sommes êtes sont	j'ai été	j'étais	je serai	je serais	que je sois que nous soyons	sois soyons soyez
faire faisant	je tu il/elle/on	fais fais fait	nous vous ils/elles	faisons faites font	j'ai fait	je faisais	je ferai	je ferais	que je fasse que nous fassions	fais faisons faites
falloir	il	faut			il a fallu	il fallait	il faudra	il faudrait	qu'il faille	—
lire[4] lisant	je tu il/elle/on	lis lis lit	nous vous ils/elles	lisons lisez lisent	j'ai lu	je lisais	je lirai	je lirais	que je lise que nous lisions	lis lisons lisez

[3]Verbs like **écrire**: **décrire, inscrire**
[4]Verbs like **lire**: **élire, relire**

INFINITIF ET PARTICIPE PRÉSENT	PRÉSENT		PASSÉ COMPOSÉ	IMPARFAIT	FUTUR	CONDITIONNEL	SUBJONCTIF	IMPÉRATIF
mettre[5] mettant	je mets / tu mets / il/elle/on met	nous mettons / vous mettez / ils/elles mettent	j'ai mis	je mettais	je mettrai	je mettrais	que je mette / que nous mettions	mets / mettons / mettez
mourir* mourant	je meurs / tu meurs / il/elle/on meurt	nous mourons / vous mourez / ils/elles meurent	je suis mort(e)	je mourais	je mourrai	je mourrais	que je meure / que nous mourions	meurs / mourons / mourez
naître* naissant	je nais / tu nais / il/elle/on naît	nous naissons / vous naissez / ils/elles naissent	je suis né(e)	je naissais	je naîtrai	je naîtrais	que je naisse / que nous naissions	nais / naissons / naissez
ouvrir[6] ouvrant	j'ouvre / tu ouvres / il/elle/on ouvre	nous ouvrons / vous ouvrez / ils/elles ouvrent	j'ai ouvert	j'ouvrais	j'ouvrirai	j'ouvrirais	que j'ouvre / que nous ouvrions	ouvre / ouvrons / ouvrez
plaire plaisant	je plais / tu plais / il/elle/on plaît	nous plaisons / vous plaisez / ils/elles plaisent	j'ai plu	je plaisais	je plairai	je plairais	que je plaise / que nous plaisions	plais / plaisons / plaisez
pleuvoir pleuvant	il pleut		il a plu	il pleuvait	il pleuvra	il pleuvrait	qu'il pleuve	—
pouvoir pouvant	je peux[7] / tu peux / il/elle/on peut	nous pouvons / vous pouvez / ils/elles peuvent	j'ai pu	je pouvais	je pourrai	je pourrais	que je puisse / que nous puissions	—
prendre[8] prenant	je prends / tu prends / il/elle/on prend	nous prenons / vous prenez / ils/elles prennent	j'ai pris	je prenais	je prendrai	je prendrais	que je prenne / que nous prenions	prends / prenons / prenez

*Verbs followed by an asterisk * are conjugated with **être** in the compound tenses.
[5] Verbs like **mettre: permettre, promettre, remettre**
[6] Verbs like **ouvrir: couvrir, découvrir, offrir, souffrir**
[7] If **je peux** is inverted to form a question, it becomes **puis-je...?**
[8] Verbs like **prendre: apprendre, comprendre, surprendre**

VERBES IRRÉGULIERS (suite)

INFINITIF ET PARTICIPE PRÉSENT	PRÉSENT		PASSÉ COMPOSÉ	IMPARFAIT	FUTUR	CONDITIONNEL	SUBJONCTIF	IMPÉRATIF
recevoir[9] recevant	je tu il/elle/on	reçois reçois reçoit	j'ai reçu	je recevais	je recevrai	je recevrais	que je reçoive	reçois
	nous vous ils/elles	recevons recevez reçoivent					que nous recevions	recevons recevez
rire[10] riant	je tu il/elle/on	ris ris rit	j'ai ri	je riais	je rirai	je rirais	que je rie	ris
	nous vous ils/elles	rions riez rient					que nous riions	rions riez
savoir sachant	je tu il/elle/on	sais sais sait	j'ai su	je savais	je saurai	je saurais	que je sache	sache
	nous vous ils/elles	savons savez savent					que nous sachions	sachons sachez
suivre[11] suivant	je tu il/elle/on	suis suis suit	j'ai suivi	je suivais	je suivrai	je suivrais	que je suive	suis
	nous vous ils/elles	suivons suivez suivent					que nous suivions	suivons suivez
valoir valant	je tu il/elle/on	vaux vaux vaut	j'ai valu	je valais	je vaudrai	je vaudrais	que je vaille	vaux
	nous vous ils/elles	valons valez valent					que nous valions	valons valez
venir*[12] venant	je tu il/elle/on	viens viens vient	je suis venu(e)	je venais	je viendrai	je viendrais	que je vienne	viens
	nous vous ils/elles	venons venez viennent					que nous venions	venons venez
vivre vivant	je tu il/elle/on	vis vis vit	j'ai vécu	je vivais	je vivrai	je vivrais	que je vive	vis
	nous vous ils/elles	vivons vivez vivent					que nous vivions	vivons vivez
voir[13] voyant	je tu il/elle/on	vois vois voit	j'ai vu	je voyais	je verrai	je verrais	que je voie	vois
	nous vous ils/elles	voyons voyez voient					que nous voyions	voyons voyez
vouloir voulant	je tu il/elle/on	veux veux veut	j'ai voulu	je voulais	je voudrai	je voudrais	que je veuille	veuille
	nous vous ils/elles	voulons voulez veulent					que nous voulions	veuillons veuillez

*Verbs followed by an asterisk * are conjugated with **être** in the compound tenses.

[9]Verbs like **recevoir: apercevoir, décevoir**

[10]Verbs like **rire: sourire**

[11]Verbs like **suivre: poursuivre**

[12]Verbs like **venir: appartenir, contenir, devenir,* obtenir, revenir,* soutenir, se souvenir de, tenir**

[13]Verbs like **voir: prévoir, revoir**

Perfect Tenses

In addition to the **passé composé,** French has several other perfect verb tenses
(conjugated forms of **avoir** or **être** + the past participle of a verb). Following are the
most common perfect tenses.

Le plus-que-parfait (*The Pluperfect*)

The pluperfect tense (also called the past perfect) is formed with the imperfect of the
auxiliary verb (**avoir** or **être**) + the past participle of the main verb.

parler		sortir		se réveiller	
j'	avais parlé	j'	étais sorti(e)	je	m'étais réveillé(e)
tu	avais parlé	tu	étais sorti(e)	tu	t'étais réveillé(e)
il/elle/on	avait parlé	il/elle/on	était sorti(e)	il/elle/on	s'était réveillé(e)
nous	avions parlé	nous	étions sorti(e)s	nous	nous étions réveillé(e)s
vous	aviez parlé	vous	étiez sorti(e)(s)	vous	vous étiez réveillé(e)(s)
ils/elles	avaient parlé	ils/elles	étaient sorti(e)s	ils/elles	s'étaient réveillé(e)s

The pluperfect is used to indicate an action or event that occurred before
another past action or event, either stated or implied: *I had already left for the*
country (when my friends arrived in Paris).

Quand j'ai téléphoné aux Dupont,
  ils **avaient** déjà **décidé** d'acheter
  la ferme.
Marie **s'était réveillée** avant moi.
  Elle **était** déjà **sortie** à sept
  heures.

When I phoned the Duponts,
  they had already decided to
  buy the farm.
Marie had awakened before me.
  She had already left by seven
  o'clock.

Le futur antérieur (*The Future Perfect*)

The future perfect is formed with the future of the auxiliary verb (**avoir** or **être**) + the
past participle of the main verb.

parler		sortir		se réveiller	
j'	aurai parlé	je	serai sorti(e)	je	me serai réveillé(e)
tu	auras parlé	tu	seras sorti(e)	tu	te seras réveillé(e)
il/elle/on	aura parlé	il/elle/on	sera sorti(e)	il/elle/on	se sera réveillé(e)
nous	aurons parlé	nous	serons sorti(e)s	nous	nous serons réveillé(e)s
vous	aurez parlé	vous	serez sorti(e)(s)	vous	vous serez réveillé(e)(s)
ils/elles	auront parlé	ils/elles	seront sorti(e)s	ils/elles	se seront réveillé(e)s

The future perfect is used to express a future action that will already have taken place when another future action occurs. The subsequent action is always expressed by the simple future.

Je publierai mes résultats quand j'**aurai terminé** cette expérience.	*I'll publish the results when I finish this experiment.*
Aussitôt que mes collègues **seront revenus,** ils liront mon rapport.	*As soon as my colleagues return, they'll read my report.*

Le conditionnel passé (*The Past Conditional*)

A. Formation of the Past Conditional

The past conditional (or conditional perfect) is formed with the conditional of the auxiliary verb (**avoir** or **être**) + the past participle of the main verb.

parler		sortir		se réveiller	
j'	aurais parlé	je	serais sorti(e)	je	me serais réveillé(e)
tu	aurais parlé	tu	serais sorti(e)	tu	te serais réveillé(e)
il/elle/on	aurait parlé	il/elle/on	serait sorti(e)	il/elle/on	se serait réveillé(e)
nous	aurions parlé	nous	serions sorti(e)s	nous	nous serions réveillé(e)s
vous	auriez parlé	vous	seriez sorti(e)(s)	vous	vous seriez réveillé(e)(s)
ils/elles	auraient parlé	ils/elles	seraient sorti(e)s	ils/elles	se seraient réveillé(e)s

The past conditional is used to express an action or event that would have occurred if some set of conditions (stated or implied) had been present: *We would have worried (if we had known).*

B. Uses of the Past Conditional

The past conditional is used in the main clause of an *if*-clause sentence when the verb of the *if*-clause is in the pluperfect.

Si j'**avais eu** le temps, j'**aurais visité** Casablanca.	*If I had had the time, I would have visited Casablanca.*
Si les Normands n'**avaient** pas **conquis** l'Angleterre en 1066, l'anglais **aurait été** une langue très différente.	*If the Normans had not conquered England in 1066, English would have been a very different language.*

The underlying set of conditions (the *if*-clause) is sometimes not stated.

À ta place, j'**aurais parlé** au guide.	*If I were you, I would have spoken to the guide.*
Nous **serions allés** au lac.	*We would have gone to the lake.*

C. The Past Conditional of *devoir*

The past conditional of **devoir** means *should have* or *ought to have*. It expresses regret about something that did not take place in the past.

J'**aurais dû prendre** l'autre chemin.	*I should have taken the other road.*
Nous **aurions dû acheter** un plan.	*We should have bought a map.*

Le subjonctif passé (*The Past Subjunctive*)

The past subjunctive is formed with the present subjunctive of the auxiliary verb (**avoir** or **être**) + the past participle of the main verb.

PAST SUBJUNCTIVE OF **parler**		PAST SUBJUNCTIVE OF **venir**	
que j'	aie parlé	que je	sois venu(e)
que tu	aies parlé	que tu	sois venu(e)
qu'il/elle/on	ait parlé	qu'il/elle/on	soit venu(e)
que nous	ayons parlé	que nous	soyons venu(e)s
que vous	ayez parlé	que vous	soyez venu(e)(s)
qu'ils/elles	aient parlé	qu'ils/elles	soient venu(e)s

Je suis content que tu **aies parlé** avec Léa.

I'm glad you spoke with Léa.

Il est dommage qu'elle ne **soit** pas encore **venue**.

It's too bad that she hasn't come yet.

The past subjunctive is used following the same expressions as the present subjunctive except that it indicates that the action or situation described in the dependent clause occurred *before* the action or situation described in the main clause. Compare these sentences:

Je suis content que tu **viennes**.
Je suis content que tu **sois venu(e)**.

I'm happy that you are coming.
I'm happy that you came.

Je doute qu'ils le **comprennent**.
Je doute qu'ils l'**aient compris**.

I doubt that they understand it.
I doubt that they have understood it.

Appendix D

Le passé simple

1. The **passé simple** is a past tense often used in literary texts and the voice-over narration of documentary films; it is not a conversational tense. Verbs that would be used in the **passé composé** in informal speech or writing are in the **passé simple** in formal writing. You may want to learn to recognize the forms of the **passé simple** for reading purposes. The **passé simple** of regular **-er** verbs is formed by adding the endings **-ai, -as, -a, -âmes, -âtes, -èrent** to the verb stem. The endings for **-ir** and **-re** verbs are: **-is, -is, -it, -îmes, -îtes, -irent**. The endings for **-oir** verbs are: **-us, -us, -ut, -ûmes, -ûtes, -urent**.

parler		finir		perdre		vouloir	
je	parlai	je	finis	je	perdis	je	voulus
tu	parlas	tu	finis	tu	perdis	tu	voulus
il/elle/on	parla	il/elle/on	finit	il/elle/on	perdit	il/elle/on	voulut
nous	parlâmes	nous	finîmes	nous	perdîmes	nous	voulûmes
vous	parlâtes	vous	finîtes	vous	perdîtes	vous	voulûtes
ils/elles	parlèrent	ils/elles	finirent	ils/elles	perdirent	ils/elles	voulurent

2. Here are the third-person forms (**il, elle, on; ils, elles**) of some verbs that are irregular in the **passé simple.**

INFINITIVE	PASSÉ SIMPLE
avoir	il eut, ils eurent
dire	il dit, ils dirent
être	il fut, ils furent
faire	il fit, ils firent

Les pronoms

Les pronoms démonstratifs (*Demonstrative Pronouns*)
Demonstrative pronouns such as *this one* and *that one* refer to a person, thing, or idea that has been mentioned previously. In French, they agree in gender and number with the nouns they replace.

		SINGULAR		PLURAL
Masculine	**celui**	*this one, that one, the one*	**ceux**	*these, those, the ones*
Feminine	**celle**	*this one, that one, the one*	**celles**	*these, those, the ones*

French demonstrative pronouns cannot stand alone. They must be:

1. used with the suffix **-ci** (to indicate someone or something located close to the speaker) or **-là** (for someone or something more distant from the speaker)

> Voici deux affiches. Préférez-vous **celle-ci** ou **celle-là**?

> *Here are two posters. Do you prefer this one or that one?*

2. followed by a prepositional phrase (often a construction with **de**)

> Quelle époque t'intéresse, **celle** du Moyen Âge ou **celle** de la Renaissance?

> *Which period interests you, that of the Middle Ages or that of the Renaissance?*

3. followed by a dependent clause introduced by a relative pronoun

> On trouve des villages anciens dans plusieurs parcs: **ceux** qui sont dans le Parc de la Brière sont en ruine; **ceux** qui sont dans les parcs de la Lorraine et du Morvan ont été restaurés.

> *One finds very old villages in several parks: Those that are in Brière Park are in ruins; those that are in the Lorraine and Morvan parks have been restored.*

Indefinite Demonstrative Pronouns
Ceci (*this*), **cela** (*that*), and **ça** (*that,* informal) are indefinite demonstrative pronouns; they refer to an idea or thing with no definite antecedent. They do not show gender or number.

> **Cela (Ça)** n'est pas important.
> Regarde **ceci** de près.
> Qu'est-ce que c'est que **ça**?

> *That's not important.*
> *Look at this closely.*
> *What's that?*

Les pronoms relatifs (*Relative Pronouns*)

A. *Ce qui* and *ce que*

Ce qui and **ce que** are indefinite relative pronouns similar in meaning to **la chose qui (que)** or **les choses qui (que)**; the first serves as the subject of a dependent clause, and the second as the object. They refer to an idea or a subject that is unspecified and has neither gender nor number, often expressed as *what*.

—Dites-moi **ce qui** est arrivé au touriste américain.	*Tell me what happened to the American tourist.*
—Je ne sais pas **ce qui** lui est arrivé.	*I don't know what happened to him.*
—Dites-moi **ce que** vous avez fait à Reims.	*Tell me what you did in Reims.*
—Je n'ai pas le temps de vous dire tout **ce qu'**on a fait.	*I don't have time to tell you everything we did.*

B. *Lequel*

Lequel (laquelle, lesquels, lesquelles) is the relative pronoun used as an object of a preposition to refer to things and people. **Lequel** and its forms contract with **à** and **de**.

Où est l'agence de voyages **devant laquelle** il attend?	*Where is the travel agency in front of which he's waiting?*
L'hôtel **auquel** j'écris est en Guadeloupe.	*The hotel to which I am writing is in Guadeloupe.*
Je connais bien l'homme **près duquel** elle est assise.	*I know well the man next to whom she is sitting.*

Les pronoms possessifs (*Possessive Pronouns*)

Possessive pronouns replace nouns that are modified by a possessive adjective or other possessive construction. In English, the possessive pronouns are *mine, yours, his, hers, its, ours,* and *theirs.* In French, the appropriate definite article is always used with the possessive pronoun.

	SINGULAR		PLURAL	
	MASCULINE	FEMININE	MASCULINE	FEMININE
mine	le mien	la mienne	les miens	les miennes
yours	le tien	la tienne	les tiens	les tiennes
his/hers/its	le sien	la sienne	les siens	les siennes
ours	le nôtre	la nôtre	les nôtres	les nôtres
yours	le vôtre	la vôtre	les vôtres	les vôtres
theirs	le leur	la leur	les leurs	les leurs

POSSESSIVE CONSTRUCTION + NOUN		POSSESSIVE PRONOUN
Où sont **leurs bagages**?	→	**Les leurs** sont ici.
C'est **mon frère** là-bas.	→	Ah oui? C'est **le mien** à côté de lui.
La **voiture de Frédérique** est plus rapide que **ma voiture**.	→	Ah oui? **La sienne** est aussi plus rapide que **la mienne**.

Lexique français-anglais

This end vocabulary provides contextual meanings of French words used in this text. It does not include proper nouns (unless presented as active vocabulary or unless the French equivalent is quite different in spelling from English), most abbreviations, exact cognates, most near cognates, past participles used as adjectives if the infinitive is listed, or regular adverbs formed from listed adjectives. Adjectives are listed in the masculine singular form; feminine endings or forms are included when irregular. An asterisk (*) indicates words beginning with an aspirate *h*. Active vocabulary is indicated by the number of the chapter in which it is activated.

abbreviations					
A.	archaic	*indic.*	indicative (mood)	*p.p.*	past participle
ab.	abbreviation	*inf.*	infinitive	*prep.*	preposition
adj.	adjective	*interj.*	interjection	*pron.*	pronoun
adv.	adverb	*interr.*	interrogative	*Q.*	Quebec usage
art.	article	*inv.*	invariable	*s.*	singular
colloq.	colloquial	*irreg.*	irregular	*s.o.*	someone
conj.	conjunction	*m.*	masculine noun	*s.th.*	something
fam.	familiar or colloquial	*n.*	noun	*subj.*	subjunctive
f.	feminine noun	*neu.*	neuter	*tr. fam.*	very colloquial, slang
Gram.	grammatical term	*pl.*	plural	*v.*	verb

à *prep.* to; at; in (2); by, on (*bicycle, horseback, foot*) (9); **à bientôt** see you soon (1); **à côté de** beside (4); **à destination de** to, for (9); **à droite (de)** on the right (of) (4); **à gauche (de)** on the left (of) (4); **à la une** on the front page; in the headlines (10); **à l'est/l'ouest** to the east/west (8); **à l'étranger** abroad, in a foreign country (8); **à l'heure** on time (8); **à pied** on foot (9); **à son compte** for oneself (14); **au nord/sud** to the north/south (8); **au printemps** in spring (5); **au revoir** good-bye (1); **à vélo** by bike (9)

abandonné *adj.* abandoned

abbaye *f.* abbey

abolir to do away with; to abolish

abominable *adj.* appalling

abonné(e) *m., f.* subscriber

abord: d'abord *adv.* first, first of all, at first (7)

aboyer (il aboie) to bark (*dog*)

abri *m.* shelter; **personne** (*f.*) **sans-abri** a person experiencing homelessness (16)

abriter to house

absolu *adj.* absolute

abus *m.* abuse, misuse

Académie française *f.* French Academy (*official body that rules on language questions*)

accéder (j'accède) to access; to log in

accent *m.* accent; **accent aigu (grave, circonflexe)** acute (grave, circumflex) accent

accentué: pronom accentué *Gram.* stressed or disjunctive pronoun

accepter de to agree to; to consent to (12)

accès *m.* access

accompagner to accompany, go along (with)

accomplir to perform, accomplish, carry out

accord *m.* agreement; **d'accord** all right, O.K., agreed (2); **être d'accord** to agree, be in agreement

accorder to grant, bestow, confer

accrocher to hang

accueil *m.* greeting, welcome; **écran** (*m.*) **d'accueil** home screen (10); **page** (*f.*) **d'accueil** homepage (10); **terre** (*f.*) **d'accueil** country of settlement (*immigration*)

accueillir (*p.p.* **accueilli**) *irreg.* to greet, welcome

s'accumuler to accumulate; to pile up

acéré *adj.* sharp

achat *m.* purchase; **faire des achats** to shop (10); **pouvoir** (*m.*) **d'achat** purchasing power (16)

acheter (j'achète) to buy (8)

acier *m.* steel

acteur/trice *m., f.* actor, actress (12)

actif/ive *adj.* active; working

action *f.* action; gesture

activité *f.* activity; **activités de plein air** outdoor activities (15)

actualité (*fam.* **actu**) *f.* piece of news; present-day event; current events (14)

actuel(le) *adj.* present, current

actuellement *adv.* currently, at the present time

adapter to adapt; **s'adapter à** to adapt oneself to

addition *f.* bill, check (*in a restaurant*) (7)

adepte *m., f.* enthusiast, follower

adieu *interj.* good-bye

adjectif *m., Gram.* adjective

admettre (*like* **mettre**) *irreg.* to admit, accept

administratif/ive *adj.* administrative; **assistant(e)** (*m., f.*) **administratif/ive** administrative assistant

administration *f.* administration; Civil Service

admirer to admire

adolescent(e) *m., f., adj.* adolescent, teenager

adopter to adopt

adoptif/ive *adj.* adopted, adoptive (5)

adorer to love, adore (2)

adresse *f.* address (10)

s'adresser (à) to be intended (for), aimed (at)

adulte *m., f., adj.* adult; **âge** (*m.*) **adulte** adulthood

adverbe *m., Gram.* adverb

aérobic *f.* aerobics; **faire de l'aérobic** to do aerobics (5)

aéroport *m.* airport (9)

affaire *f.* affair; business matter; *pl.* belongings; business; **classe** (*f.*) **affaires** business class (9); **homme (femme) d'affaires** *m., f.* businessman (-woman)

affiche *f.* poster; billboard (4)

afficher to post, put up; to display, show

affirmatif/ive *adj.* affirmative

affirmation *f.* declaration

affirmer to affirm, state

afin de *prep.* to, in order to

africain *adj.* African; **Africain(e)** *m., f.* African (*person*)

Afrique *f.* Africa; **Afrique de l'Ouest** West Africa; **Afrique du Nord** North Africa

âge *m.* age; epoch; **Moyen Âge** *m. s.* Middle Ages; **quel âge avez-vous?** how old are you?; **tranche d'âge** age group

âgé *adj.* old

agence *f.* agency; **agence de voyages** travel agency

agitation *f.* unrest

agir to act (4); **il s'agit de** it's about, it's a question of

agité *adj.* agitated, restless; rough

agneau *m.* lamb (7); **côte** (*f.*) **d'agneau** lamb chop

agréable *adj.* agreeable, pleasant, nice (3)

agricole *adj.* agricultural

agriculteur/trice *m., f.* farmer (14)

ah bon? *interj.* oh, really?

aide *f.* help, assistance; **à l'aide de** with the help of

aider to help (12)

aigu: accent (*m.*) **aigu** acute accent (**é**)

ail *m.* garlic (7)

ailleurs *adv.* elsewhere; **d'ailleurs** besides, moreover

aimable *adj.* likable, friendly

aimer to like; to love (2); **aimer bien** to like; **aimer mieux** to prefer (2); **j'aimerais** + *inf.* I would like (*to do s.th.*); **je n'aime... pas du tout** I don't like . . . at all

ainsi *conj.* thus, so; **ainsi que** as well as; **et ainsi de suite** and so on

air *m.* air; look; tune; **activités** (*f. pl.*) **de plein air** outdoor activities (15); **avoir l'air (de)** to seem, look (like) (3); **de plein air** outdoor; **en plein air** outdoors, in the open air; **hôtesse** (*f.*) **de l'air** flight attendant (9)

aise: à l'aise at ease

ajouter to add (10)

album *m.* (photo) album; picture book

alcoolisé *adj.* alcoholic

Alger Algiers

Algérie *f.* Algeria (2, 6)

algérien *adj.* Algerian; **Algérien(ne)** *m., f.* Algerian (*person*) (2)

aliment(s) *m.* food, nourishment (6)

alimentaire *adj.* alimentary, pertaining to food

alimentation *f.* food, feeding, nourishment; **magasin** (*m.*) **d'alimentation** food store

alizé: vent (*m.*) **alizé** trade wind

allée *f.* path, walk

Allemagne *f.* Germany (2)

allemand *adj.* German; *m.* German (*language*) (2); **Allemand(e)** *m., f.* German (*person*) (2)

aller *irreg.* to go (5); **aller** + *inf.* to be going (*to do s.th.*) (5); **aller à la pêche** to go fishing (8); **aller en boîte** to go clubbing; **aller mal** to feel bad (ill) (4); **aller-retour** *n. m.* round-trip ticket (9); **aller simple** *n. m.* one-way ticket (9); **allez-vous-en!** go away! (13); **allez-y!** go ahead! (1); **ça peut aller** all right, pretty well (1); **ça va?** how's it going? (1); **ça va** fine (things are going well) (1); **ça va bien (mal)** fine (bad[ly]) (things are going well [badly]) (1); **comment allez-vous? (comment vas-tu?)** how are you? (1); **s'en aller** to go away, go off (*to work*) (13); **va-t'en!** go away! (13)

allergique *adj.* allergic

allier to combine

allô *interj.* hello (*phone greeting*) (10)

allumer to light; to turn on

alors *adv.* so; then, in that case (4)

alpin *adj.* Alpine; **ski** (*m.*) **alpin** downhill skiing (8)

alpinisme *m.* mountaineering, mountain climbing; **faire de l'alpinisme** to go mountain climbing (8)

altérité *f.* otherness

amande *f.* almond

amateur (*m., f.*) **de** lover of, connoisseur

ambiance *f.* atmosphere, surroundings

ambitieux/euse *adj.* ambitious

âme *f.* soul; spirit

améliorer to improve, better

amener (j'amène) to bring (along)

américain *adj.* American; **à l'américaine** American-style; **Américain(e)** *m., f.* American (*person*) (2)

Amérique *f.* America

ami(e) *m., f.* friend (2); **petit(e) ami(e)** *m., f.* boyfriend, girlfriend

amical *adj.* (*m. pl.* **amicaux**) friendly

amitié *f.* friendship (13)

amour *m.* love (13); love affair

amoureux/euse *adj.* loving, in love (13); *m., f.* lover, sweetheart, person in love (13); **tomber amoureux/euse (de)** to fall in love (with) (13); **vie** (*f.*) **amoureuse** love life

amphithéâtre (*fam.* **amphi**) *m.* lecture hall, amphitheater (2)

ampoule *f.* light bulb

amusant *adj.* amusing, fun (3)

s'amuser (à) to have fun, have a good time (13)

an *m.* year; **avoir (vingt) ans** to be (twenty) years old (3); **l'an dernier (passé)** last year; **par an** per year, each year

analyser to analyze

ananas *m.* pineapple (6)

ancien(ne) *adj.* old, antique; former (4); ancient; **anciens** *n. m. pl.* elders

anglais *adj.* English; *m.* English (*language*) (2); **Anglais(e)** *m., f.* Englishman (-woman) (2)

Angleterre *f.* England (2)

animateur/trice *m., f.* host, hostess (*radio, TV*); motivator (*in marketing*)

animé *adj.* animated; **dessin** (*m.*) **animé** cartoon; animated series (10)

année *f.* year; **l'année prochaine (dernière [passée])** next (last) year; **les années (cinquante)** the decade (era) of the (fifties) (7)

anniversaire *m.* anniversary; birthday; **bon anniversaire** *interj.* happy birthday; **carte** (*f.*) **d'anniversaire** birthday card

annonce *f.* announcement, ad; **petites annonces** (classified) ads

annoncer (nous annonçons) to announce, declare; **s'annoncer** to look; to promise to be

annuel(le) *adj.* annual

annuler to cancel (11)

anorak *m.* (ski) jacket, parka (8)

antillais *adj.* West Indian; **Antillais(e)** *m., f.* West Indian (*person*)

Antilles *f. pl.* West Indies

antipathique *adj.* disagreeable, unpleasant (3)

août August (1)

apparaître (*like* **connaître**) *irreg.* to appear

appareil *m.* device; appliance; **appareil (photo) numérique** *m.* (*still*) digital camera (10);

apparence *f.* appearance

apparenté *adj.* related; **mot** (*m.*) **apparenté** cognate (*word*)

appartement (*fam.* **appart**) *m.* apartment (4)

appartenir (*like* **tenir**) **à** *irreg.* to belong to

appel *m.* call; **faire appel à** to appeal to; to require, call for

appeler (j'appelle) to call (10); to name; **comment s'appelle... ?** what's . . . name?; **comment vous appelez-vous? (comment t'appelles-tu?)** what's your name? (1); **je m'appelle...** my name is . . . (1); **s'appeler** to be named (13)

appétit *m.* appetite; **bon appétit** *interj.* enjoy your meal

application (appli) *f.* application (app) (10)

apporter to bring, carry; to furnish (6)

apprécier to appreciate, value

apprendre (*like* **prendre**) *irreg.* to learn; to teach (6); **apprendre à** to learn (how) to

approprié *adj.* appropriate

appuyer (sur) to press; to tap

après *prep.* after (2); afterward; **après avoir (être)...** after having . . . ; **d'après** *prep.* according to

après-midi *m. or f.* afternoon (5); **cet après-midi** this afternoon (5); **de l'après-midi** in the afternoon (6); **tous les après-midi** every afternoon (9)

arabe *m.* Arabic (*language*)

arachide *f.* peanut(s)

arbre *m.* tree (4)

archéologique *adj.* archeological

architecte *m., f.* architect (14)

arène(s) *f.* (*pl.*) arena, bullring (12)

argent *m.* money (7); silver; **argent liquide** cash (14)

arme *f.* weapon, arm

armée *f.* army

armoire *f.* wardrobe; closet (4)

aromaticien(ne) *m., f.* perfume maker

arrêt *m.* stop (9); **arrêt de bus** bus stop (9)

arrêter (de) to stop, cease (12); **s'arrêter** to stop (*oneself*) (13)

arrière *adv.* back; **arrière-grand-parent** *m.* great-grandparent (5)

arrivée *f.* arrival (9)

arriver to arrive, come (3); to happen

arrondissement *m.* district, section (*of Paris*) (11)

arroser to water (*plants*)

art *m.* art; **œuvre** (*f.*) **d'art** work of art (12)

artichaut *m.* artichoke

artifice: feux (*m. pl.*) **d'artifice** fireworks

artisan(e) *m., f.* artisan, craftsperson (14)

artisanat *m.* handicrafts, arts and crafts

artiste *m., f.* artist (12)

artistique *adj.* artistic

ascenseur *m.* elevator (4)

Asiatique *m., f.* person from Asia

Asie *f.* Asia

aspiré *adj.* aspirate

asseoir (*p.p.* **assis**) *irreg.* to seat; **s'asseoir** to sit down

assez *adv.* somewhat (3); rather, quite; **assez de** *adv.* enough (6)

assiette *f.* plate (6)

assimiler to assimilate, integrate

assistant(e) *m., f.* assistant; **assistant(e) administratif/ive** administrative assistant

assister à to attend, go to (*concert, etc.*) (15)

associer to associate

assurance *f.* assurance; insurance

assurer to insure; to assure; to ensure

atelier *m.* workshop; (*art*) studio

athlète *m., f.* athlete

atmosphère *f.* atmosphere

atout *m.* asset; advantage

attacher to attach

attendre to wait, wait for (5)

attention *f.* attention; **faire attention (à)** to pay attention (to); to be careful (of), watch out (for) (5)

attentivement *adv.* attentively

attirer to attract

attraper to catch

attribuer to attribute

auberge *f.* inn; **auberge de jeunesse** youth hostel (9)

aucun(e) (ne... aucun[e]) *adj., pron.* none; no one, not one, not any; anyone; any

audacieux/euse *adj.* daring

augmentation *f.* increase (14); **augmentation de salaire** salary raise (14)

augmenter to increase (16)

aujourd'hui *adv.* today (1); nowadays

auprès de *prep.* with, to

aussi *adv.* also (2); so; as; **aussi... que** as . . . as (14); **moi aussi** me too (3)

aussitôt *conj.* immediately, at once; **aussitôt que** as soon as (14)

Australie *f.* Australia

autant (de) *adv.* as much, so much, as many, so many; **autant (de)... que** as much (many) . . . as (15); **autant que** as much as

auteur(e) *m., f.* author; **auteur(e) dramatique** playwright (12)

authentique *adj.* authentic, genuine

autiste *adj.* autistic

autobus (*fam.* **bus**) *m.* (*city*) bus (5)

autocar (*fam.* **car**) *m.* (*interurban*) bus (9)

automatique *adj.* automatic; **distributeur** (*m.*) **automatique** automatic teller machine (ATM) (14)

automne *m.* autumn, fall; **en automne** in the autumn (5)

automobile (*fam.* **auto**) *f., adj.* automobile, car

autonome *adj.* autonomous, self-governing

autoportrait *m.* self-portrait

autorisé *adj.* permitted

autoritaire *adj.* authoritarian

autoroute *f.* highway, freeway (9)

autour de *prep.* around

autre *adj., pron.* other (4); another; *m., f.* the other; *pl.* the others, the rest; **autre chose** something else (7); **d'autres** others (15); **entre autres** among other things; **l'autre / les autres** the other(s) (15); **un(e) autre** another (15)

autrefois *adv.* formerly, in the past (11)

autrement *adv.* otherwise; **autrement dit** in other words

Autriche *f.* Austria

auxiliaire *m., Gram.* auxiliary (verb)

avance *f.* advance; **à l'avance** beforehand; **en avance** early (6)

avancé *adj.* advanced

avant *adj.* before (*in time*); *prep.* before, in advance of (4); *m.* front; **avant de** + *inf.* (*prep.*) before; **avant-hier** *adv.* the day before yesterday (7); **avant tout** *prep.* above all

avantage *m.* advantage, benefit; **tirer avantage de** to take advantage of

avec *prep.* with (2)

avenir *m.* future (14); **à l'avenir** from now on, in the future (14)

aventure *f.* adventure

aventurier/ière *m., f.* adventurer (adventuress)

averti *adj.* warned; informed

avion *m.* airplane (9); **en avion** by plane

avis *m.* opinion; **à votre (ton) avis** in your opinion (11); **changer d'avis** to change one's mind

avocat(e) *m., f.* lawyer (14)

avoir (*p.p.* **eu**) *irreg.* to have (3); **avoir (vingt) ans** to be (twenty) years old (3); **avoir besoin de** to need (3); **avoir chaud** to be warm (hot) (3); **avoir confiance en** to have confidence in; **avoir de la chance** to be lucky (3); **avoir droit à** to have a right to; **avoir du mal à** to have trouble (difficulty); **avoir envie de** to feel like; to want (3); **avoir faim** to be hungry (3); **avoir froid** to be (feel) cold (3); **avoir honte (de)** to be ashamed (of) (3); **avoir l'air (de)** to seem, look (like) (3); **avoir le temps (de)** to have the time (to); **avoir lieu** to take place; **avoir mal (à)** to have pain; to hurt (13); **avoir peur (de)** to be afraid (of) (3); **avoir raison** to be right (3); **avoir rendez-vous avec** to have a meeting (date) with (3); **avoir soif** to be thirsty (3); **avoir sommeil** to be sleepy (3); **avoir tort** to be wrong (3); **il n'y a pas de quoi** you're welcome (7); **il y a** there is, there are (1); ago (8)

avouer to confess, admit

avril April (1)

axé (sur) *adj.* based (on); built (around)

Azur: Côte (*f.*) **d'Azur** French Riviera

baccalauréat (*fam.* **bac**) *m.* baccalaureate (*French secondary school degree*)

bagages *m. pl.* luggage

baguette (de pain) *f.* French bread, baguette (6)

baie *f.* bay

se baigner to bathe (*oneself*) (13); to swim (13)

bain *m.* bath; swim; **maillot** (*m.*) **de bain** swimsuit (5); **salle** (*f.*) **de bains** bathroom (4)

baiser *m.* kiss

baisser to lower

bal *m.* dance, ball

balade *f., fam.* walk, drive, outing

se balader *fam.* to go for a walk (drive, outing)

balcon *m.* balcony (4)

balle *f.* (*small*) ball; tennis ball

banal *adj.* commonplace

banaliser to trivialize

banane *f.* banana (6)

banc *m.* bench

bancaire *adj.* banking, bank; **carte** (*f.*) **bancaire** bank (ATM/credit) card (14); **compte** (*m.*) **bancaire** bank account

bande *f.* band; group; stripe; **bande dessinée** comic book, graphic novel (10); *pl.* comics

banlieue *f.* suburbs (11); **en banlieue** in the suburbs

banque *f.* bank (11)

bar *m.* bar; snack bar; pub

bas(se) *adj.* low; **à bas...** down with . . . ; **là-bas** *adv.* over there (8); **Pays-Bas** *m. pl.* the Netherlands, Holland

base *f.* base; basis, foundation

base-ball *m.* baseball; **jouer au base-ball** to play baseball

baser to base; **se baser sur** to be based on

basket-ball (*fam.* **basket**) *m.* basketball; **jouer au basket** to play basketball

baskets *f. pl.* sneakers (3)

bassin *m.* ornamental pond

bateau *m.* boat (8); **bateau à voile** sailboat (8); **bateau-mouche** *m. tourist boat on the Seine;* **en bateau** by boat, in a boat; **faire du bateau** to go boating (8)

bâtiment *m.* building (11)

bâtir to build

bâton (*m.*) **de randonnée** hiking stick (8)

batterie *f.* battery (10)

battre (*p.p.* **battu**) *irreg.* to beat; to battle with; **se battre** to fight

bavard *adj.* talkative

bavarder to chat; to talk

beau (bel, belle [beaux, belles]) *adj.* handsome; beautiful (3); **à la belle étoile** under the stars; **beau-fils** *m.* son-in-law; stepson (5); **beau-frère** *m.* brother-in-law; stepbrother (5); **beau-père** *m.* father-in-law; stepfather (5); **belle-fille** *f.* daughter-in-law; stepdaughter (5); **belle-mère** *f.* mother-in-law; stepmother (5); **belle-sœur** *f.* sister-in-law; stepsister (5); **il fait beau** it's nice (weather) out (5)

beaucoup (de) *adv.* very much, a lot (1); much, many (6)

beauté *f.* beauty

bébé *m.* baby

belge *adj.* Belgian; **Belge** *m., f.* Belgian (*person*) (2)

Belgique *f.* Belgium (2, 10)

belle (see **beau**)

bénévole *m., f., adj.* volunteer

besoin *m.* need; **avoir besoin de** to need (3)

beurre *m.* butter (6)

bibliothèque (*fam.* **bibli**) *f.* library (2)

bicyclette *f.* bicycle (8); **faire de la bicyclette** to go bicycling (8)

bien *adv.* well (1); *fam.* good, quite; much; comfortable; **aimer bien** to like; **bien (m.) commun** common good; **bien sûr** *interj.* of course; **ça va bien** fine (things are going well) (1); **eh bien** *interj.* well (10); **je vais bien** I'm fine; **s'amuser bien** to have a good time; **s'entendre bien** to get along (well); **très bien** very well (good) (1); **vouloir bien** to be willing; to agree

bien-être *m.* well-being; welfare

bienfaisant *adj.* refreshing; beneficial

bientôt *adv.* soon (5); **à bientôt** *interj.* see you soon (1)

bienvenu(e) *adj., interj.* welcome

bière *f.* beer (6)

bifteck *m.* steak (6)

bijou *m.* jewel (14); piece of jewelry

bilingue *adj.* bilingual

billet *m.* bill (*currency*); ticket (9); **billet aller-retour** round-trip ticket; **billet d'avion (de train)** plane (train) ticket

bio *adj. inv., fam.* organic

biologie *f.* biology (2)

biologique *adj.* (*fam.* **bio**) biological; organic

bise *f., fam.* kiss, smack; **faire la bise** to kiss on both cheeks (*in greeting*); **(grosses) bises** love and kisses

bisou *m., fam.* kiss (*child's language*); **(gros) bisous** love and kisses

bistro *m.* bar, pub; neighborhood restaurant

bizarre *adj.* strange, odd; **il est bizarre que** + *subj.* it's strange (bizarre) that

blaff *m.* broth (*in Martinique*)

blague *f.* joke (15)

blanc(he) *adj.* white (3)

bleu *adj.* blue (3)

blog *m.* blog

blogueur/euse *m., f.* blogger

blond(e) *m., f., adj.* blond (3)

bloqué *adj.* stuck, held up (*in traffic*)

blouson *m.* windbreaker; jacket (5)

bœuf *m.* beef (6); **côte (f.) de bœuf** rib roast (7); **filet (m.) de bœuf** beef tenderloin (7); **rôti (m.) de bœuf** roast beef

bof *interj.* I dunno; not really; so-so

boire (*p.p.* **bu**) *irreg.* to drink (6); **boire un coup** to have a drink

boisson *f.* drink, beverage (6); **boisson gazeuse** soft drink

boîte *f.* box; can (7); nightclub (15); **boîte (de conserve)** can (*of food*) (7); **boîte aux lettres** mailbox (10); **boîte de nuit** nightclub (15)

bol *m.* wide cup; bowl (6)

bon(ne) *adj.* good (4); right, correct; *f.* maid, chambermaid; **ah bon?** oh, really?; **bon anniversaire** *interj.* happy birthday; **bon appétit** *interj.* enjoy your meal; **bon marché** *adj. inv.* inexpensive; **bon voyage** *interj.* have a good trip; **bonne chance** *interj.* good luck; **bonne route** *interj.* have a good trip; **de bonne heure** early (6); **il est bon que** + *subj.* it's good that (16)

bonbon *m.* (*piece of*) candy

bonheur *m.* happiness

bonjour *interj.* hello, good day (1)

bonnet *m.* hat, cap

bonsoir *interj.* good evening (1)

bord *m.* board; edge, bank, shore; **à bord** on board; **au bord de** on the banks (shore, edge) of

bordelais *adj.* Bordeaux-style

border to line, edge

bottes *f. pl.* boots (5)

bottines *f. pl.* ankle boots (3)

bouche *f.* mouth (13)

boucher/ère *m., f.* butcher (14)

boucherie *f.* butcher shop (7); **boucherie-charcuterie** *f.* combination butcher and deli

boue *f.* mud

bouffe *f., fam.* food, grub; **faire une petite bouffe** have a light meal

bouffer *fam.* to eat

bouger (nous bougeons) to move, budge

bouillir (*p.p.* **bouilli**) *irreg.* to boil; **faire bouillir** to bring to a boil

bouillon *m.* broth, stock

boulangerie *f.* bakery (7); **boulangerie-pâtisserie** *f.* bakery-pastry shop

boule *f.* ball

bouleverser to overwhelm

boulot *m., fam.* job; work (14)

bourgeois *adj.* bourgeois; middle-class

Bourgogne *f.* Burgundy

bourguignon(ne) *adj.* from Burgundy; **bœuf bourguignon** beef stew with red wine sauce

bourse (f.) d'études scholarship, study grant; **Bourse** *f.* stock exchange

bout *m.* end; **au bout de** to the end of

bouteille *f.* bottle (6)

boutique *f.* shop, store

bracelet *m.* bracelet; **bracelet connecté** activity tracker (10)

bras *m. s., pl.* arm (13)

brasserie *f.* bar, brasserie

bref/ève *adj.* short, brief; *adv.* in short, in brief

Brésil *m.* Brazil (8)

Bretagne *f.* Brittany

breton(ne) *adj.* Breton; **Breton(ne)** *m., f.* Breton (*person*); **Far (m.) breton** traditional cake from Brittany

bricolage *m.* do-it-yourself work, puttering around (15)

bricoler to putter around, do odd jobs (15)

brièvement *adv.* briefly

brillant *adj.* brilliant; shining

broderie *f.* embroidery

bronzer to get a suntan (8)

brosse *f.* brush (13); **brosse à cheveux** hairbrush (13); **brosse à dents** toothbrush (13)

brosser to brush; **se brosser les cheveux (les dents)** to brush one's hair (teeth) (13)

bruit *m.* noise

brûlé *adj.* burned, burnt; **crème (f.) brûlée** custard topped with caramelized sugar

brûler to burn

brumeux/euse *adj.* foggy, misty

brun *adj.* brown, dark brown (*hair*) (3); **la sauce brune** gravy

Bruxelles Brussels

bûche *f.* log; **bûche de Noël** Yule log (*pastry*)

budget *m.* budget (14)

buffet (m.) de la gare train station restaurant (9)

bureau *m.* desk (1); office (2), study (4); **bureau de change** money exchange (office); **bureau de poste** post office (10)

bus *m.* (*city*) bus (9)

but *m.* goal; objective

ça *pron.* this, that; it (7); **ça m'est égal** it's all the same to me; **ça peut aller** all right, pretty well (1); **ça va?** how's it going? (1); **ça va** fine (things are going well) (1); **ça va bien (mal)** things are going well (badly) (1); **comme ci, comme ça** so-so (1)

cabinet *m.* office; **cabinet medical** doctor's office

câble *m.* cable; cable TV (10); **télévision** (*f.*) **par câble** cable TV

cachemire *m.* cashmere

cacher to hide

cadeau *m.* present, gift (10)

cadien(ne) *adj.* Cajun

cadre *m.* frame; setting, framework; *m., f.* middle (upper) manager (14)

café *m.* café (2); (cup of) coffee (2); coffee-flavored; **café au lait** coffee with milk; **café-tabac** *m.* bar-tobacconist (*government-licensed*) (11)

cahier *m.* notebook (1); workbook

caisse *f.* cash register

calanque *f.* (Mediterranean) creek

calcul *m.* calculation; arithmetic; calculus; **faire des calculs** to do calculations

calculer to calculate, figure

caleçon: caleçon (*m.*) **long** thermal underwear, long johns

calendrier *m.* calendar (1)

Californie *f.* California

californien(ne) *adj.* Californian

calme *m., adj.* calm (3)

calmer to calm (down)

calorique *adj.* caloric; **très (peu) calorique** high (low) in calories

camarade *m., f.* friend, companion; **camarade de chambre** roommate (3); **camarade de classe** classmate, schoolmate

Cameroun *m.* Cameroon

camion *m.* truck (9)

camp (*m.*) **de travail forcé** forced laber camp

campagne *f.* country(side) (8); campaign; **à la campagne** in the country; **campagne électorale** election campaign; **pain** (*m.*) **de campagne** country-style bread, wheat bread (7); **pâté** (*m.*) **de campagne** terrine, (country-style) pâté (7)

camper to camp

campeur/euse *m., f.* camper

camping *m.* camping (8); **faire du camping** to go camping (8)

Canada *m.* Canada (2, 4)

canadien *adj.* Canadian; **Canadien(ne)** *m., f.* Canadian (*person*) (2)

canal (*pl.* **canaux**) *m.* channel; canal

canapé *m.* sofa, couch (4)

canard *m.* duck

candidat(e) *m., f.* candidate; applicant

candidature *f.* candidacy; **poser sa candidature** to apply (14); to run (*for office*) (16)

canicule *f.* heat wave

canne (*f.*) **à sucre** sugarcane

cannelle *f.* cinnamon

capitale *f.* capital (*city*)

capuche *f.* hood

car *conj.* for, because

caractère *m.* character (*personality*)

caractériser to characterize; **se caractériser par** to be characterized (distinguished) by

caractéristiques *f.* characteristics

carafe *f.* carafe; pitcher (6)

Caraïbes *f. pl.* Caribbean (*islands*)

caravane *f.* caravan; (camping) trailer

carburant *m.* fuel

cardinal: points (*m. pl.*) **cardinaux** compass points, directions (8)

Carême *m.* Lent

caricaturiste *m., f.* caricaturist, cartoonist

carnaval *m.* carnival

carotte *f.* carrot (6)

carré *adj.* square (*geometry*)

carreau *m.* tile, window pane; **à carreaux** checkered, checked

carrefour *m.* intersection; crossroads (11)

carrière *f.* career

carte *f.* card (3); menu (7); map (*of region, country*) (8); *pl.* (playing) cards; **carte bancaire** bank (ATM/credit) card (14); **carte d'anniversaire** birthday card; **carte de crédit** credit card (14); **carte de débit** debit card (14); **carte d'embarquement** boarding pass (9); **carte d'étudiant** student ID card; **carte d'identité** ID card; **carte postale** postcard (8); **carte routière** road map; **jouer aux cartes** to play cards (3)

cas *m.* case; **dans ce cas** in this case (situation); **en cas de** in case of; **en tout cas** in any case, at any rate; **selon le cas** as the case may be

casque *m.* helmet (8); headset

casquette *f.* cap; baseball cap (3)

casser to break

casserole *f.* saucepan

casse-tête *m.* puzzle, riddle game

catégorie *f.* category, class

cathédrale *f.* cathedral (12)

cause: à cause de because of

cave *f.* cellar

ce (c') (cet, cette, ces) *pron., adj.* this, that (7); **ce week-end** this weekend; **c'est-à-dire (que)** that is, I mean (10); **c'est un(e)...** it's a (an) . . . ; **cet après-midi (ce matin, ce soir)** this afternoon (morning, evening) (5); **qu'est-ce que c'est?** what is it? (1); **qui est-ce?** who is it? (1)

cédille *f.* cedilla (**ç**)

cela (ça) *pron.* this, that

célèbre *adj.* famous

célébrer (je célèbre) to celebrate (6)

célébrité *f.* celebrity

célibataire *adj.* single (*person*) (5); *n. m., f.* single person (13)

celui (ceux, celle, celles) *pron.* the one, the ones; this one, that one; these, those

cent *adj.* one hundred

centrale *f.* power station; **centrale nucléaire** nuclear power plant (16)

centre *m.* center; **centre-ville** *m.* downtown (11)

cependant *conj.* however, nevertheless

cercle *m.* circle

céréales *f. pl.* cereal; grains

cérémonie *f.* ceremony (13)

certain *adj.* sure; particular; certain (15); *pl., pron.* certain ones, some people; **il est certain que** + *indic.* it's certain that (16)

ces (see **ce**)

cesser to stop, cease

c'est-à-dire *conj.* that is to say, I mean

cet (see **ce**)

chacun(e) *m., f., pron.* each (one), every one (15)

chaîne *f.* television channel; network (10); chain

chaise *f.* chair (1)

chaleur *f.* heat; warmth

chambre *f.* room; bedroom (4); hotel room; **camarade** (*m., f.*) **de chambre** roommate (3); **chambre de bonne** (4) garret; maid's room

champ *m.* field

champagne *m.* champagne, sparkling wine (*from Champagne*)

champignon *m.* mushroom (6)

champion(ne) *m., f.* champion

chance *f.* luck; possibility; opportunity; **avoir de la chance** to be lucky (3); **bonne chance** *interj.* good luck; **pas de chance** no luck; **quelle chance** what luck

chandelle *f.* candle; **aux chandelles** *adv.* by candlelight

change *m.* currency exchange; **bureau** (*m.*) **de change** money exchange (office); **taux** (*m.*) **de change** exchange rate (14)

changement *m.* change; **changement climatique** climate change (16)

changer (nous changeons) to change; to exchange (*currency*) (14); **changer d'avis** to change one's mind; **changer de l'argent** to exchange currency

chanson *f.* song (15)

chant *m.* song

chanter to sing

chanteur/euse *m., f.* singer

chapeau *m.* hat (3)

chapitre *m.* chapter

chaque *adj.* each, every (4)

charcuterie *f.* deli; cold cuts; pork butcher's shop, delicatessen (7); **boucherie-charcuterie** *f.* combination butcher and deli

chargé (de) *adj.* in charge (of), responsible (for); heavy, loaded (with); busy

charger (nous chargeons) to load; **charger de** to ask (*s.o. to do s.th.*); **se charger de** to take responsibility for, take care of

chargeur *m.* charger (10)

charlotte *f.* charlotte (*cake with whipped cream and fruit*)

charmant *adj.* charming (3)

charmer to charm, enchant

charmeur/euse (*m., f.*) **de serpents** snake charmer

charte *f.* charter, title

chasse *f.* hunt, hunting

chasser to hunt; to chase away

chat(te) *m., f.* cat (4)

châtain *adj.* brown, chestnut-colored (*hair*) (3)

château *m.* castle, chateau (11)

chaud *adj.* warm; hot; **avoir chaud** to be warm (hot) (3); **il fait chaud** it's hot (5)

chauffeur/euse *m., f.* chauffeur; driver; **chauffeur/euse de taxi** taxi(cab) driver

chaussée *f.* pavement; **rez-de-chaussée** *m.* ground floor (4)

chaussettes *f. pl.* socks (3)

chaussures *f. pl.* shoes (3); **chaussures de ski (de montagne)** ski (hiking) boots (8)

chef *m., f.* leader; head; chef, head cook; **chef d'entreprise** company head, top manager, boss (14)

chef-d'œuvre *m.* (*pl.* **chefs-d'œuvre**) masterpiece (12)

chemin *m.* way (*road*) (11); path; **chemin de fer** railroad

chemise *f.* shirt (3)

chemisier *m.* (*woman's*) shirt, blouse (3)

chèque *m.* check (14); **déposer un chèque** to deposit a check

cher/ère *adj.* expensive; dear (3)

chercher to look for (2); to pick up (*a passenger*); **chercher à** to try to (12)

chéri(e) *m., f.* darling

cheval (*pl.* **chevaux**) *m.* horse (8); **à cheval** on horseback; **faire du cheval** to go horseback riding (8)

cheveux *m. pl.* hair (3); **brosse** (*f.*) **à cheveux** hairbrush (13); **se brosser les cheveux** to brush one's hair (13)

chez at the home (establishment) of (4); **chez moi** at my place

chic *adj., often inv.* chic, stylish (3)

chien(ne) *m., f.* dog (4)

chiffre *m.* number

chimie *f.* chemistry (2)

chimiste *m., f.* chemist

Chine *f.* China (2)

chinois *adj.* Chinese; *m.* Chinese (*language*) (2); **Chinois(e)** *m., f.* Chinese (*person*) (2)

choc *m.* clash; shock; jolt

chocolat *m.* chocolate; hot chocolate (6); **éclair** (*m.*) **au chocolat** chocolate eclair; **mousse** (*f.*) **au chocolat** chocolate mousse; **pain** (*m.*) **au chocolat** chocolate croissant

chocolaterie *f.* chocolate shop

chocolatier/ière *m., f.* chocolate maker

choisir (de) to choose (to) (4)

choix *m.* choice

chômage *m.* unemployment (14); **taux** (*m.*) **de chômage** unemployment rate (14)

chômeur/euse *m., f.* unemployed person (14)

chose *f.* thing; **autre chose** something else (7); **quelque chose** something (7); **quelque chose de** + *adj.* something + *adj.* (15)

chronologique *adj.* chronological

ci: comme ci, comme ça so-so (1); **ci-dessous** *adv.* below; **ci-dessus** *adv.* above, previously

cidre *m.* cider

ciel *m.* sky; **gratte-ciel** *m. inv.* skyscraper

cimetière *m.* cemetery

cinéaste *m., f.* filmmaker (12)

ciné-club *m.* film club

cinéma (*fam.* **ciné**) *m.* movies; movie theater (2)

cinq *adj.* five (1)

cinquante *adj.* fifty (1); **les années** (*f. pl.*) **cinquante** the decade (era) of the fifties

cinquième *adj.* fifth (11)

circonflexe *m.* circumflex (*accent*) (**ê**)

circonstance *f.* circumstance

circuit *m.* organized tour

circulation *f.* traffic; circulation

circuler to circulate; to travel

cire *f.* wax

cirque *m.* circus

citadin(e) *m., f.* city-dweller

citation *f.* quotation

cité *f.* area in a city; **cité universitaire** (*fam.* **cité-U**) university dormitory (2)

citer to cite, name; to quote

citoyen(ne) *m., f.* citizen (16)

citron *m.* lemon; **citron pressé** fresh lemon juice; **citron vert** lime (*fruit*)

cive *f.* scallion (green onion)

civil: état (*m.*) **civil** marital (civil) status

clair *adj.* light, bright; light-colored; clear; evident; **il est clair que** + *indic.* it's clear that (16)

clamer to shout

clandestin *adj.* clandestine, secret

clarinette *f.* clarinet

classe *f.* class; classroom; *adj., fam.* chic, stylish; **camarade** (*m., f.*) **de classe** classmate; **classe affaires (économique)** business (tourist) class (9); **première (deuxième [seconde]) classe** first (second) class (9); **salle** (*f.*) **de classe** classroom (1)

classement *m.* classification

classer to classify; to sort; to rate; **se classer** to come in; to rank

classique *adj.* classical; classic; **musique** (*f.*) **classique** classical music

clavier *m.* keyboard (1)

clé, clef *f.* key (4); **clé USB** flash drive (10); **mot clé** *m.* key word

clic *m.* click

client(e) *m., f.* customer, client

climat *m.* climate

cliquer (sur) to click (on) (10)

cloche *f.* bell

clou (*m.*) **de girofle** clove

club *m.* club (*social, athletic*); **ciné-club** *m.* film club

coca *m., fam.* cola drink

cocher to check off (*list*)

code *m.* code, law; **code de la route** rules of the road

cœur *m.* heart (13); **au cœur de** at the heart (source) of; **par cœur** by heart

se coiffer to do one's hair (13)

coiffeur/euse *m., f.* hairdresser; barber (14)

coiffure *f.* hair style; **salon** (*m.*) **de coiffure** beauty salon

coin *m.* corner (11); place, spot

colis *m.* package, parcel (10)

collant *m.* pantyhose; tights (3)

collectif/ive *adj.* collective

collectionner to collect

collège *m.* (*French*) *secondary school*

collègue *m., f.* colleague

colocataire (*fam.* **coloc**) *m., f.* housemate, roommate (4)

colocation *f.* house or apartment sharing

Colombie *f.* Colombia; **Colombie-Britannique** *f.* British Columbia

colonie *f.* colony

colonisateur/trice *m., f.* colonizer

colonne *f.* column

combattre (*like* **battre**) *irreg.* to fight

combien (de)? *adv.* how much? (1), how many? (4); **c'est combien?** how much is it? (1) **depuis combien de temps... ?** (for) how long . . . ? (9); **pendant combien de temps... ?** (for) how long . . . ? (9)

combinaison *f.* combination

combiner to combine

comédie *f.* comedy

comédien(ne) *m., f.* stage actor; comedian (12)

comique *m., f.* comedian, comic; *adj.* funny, comical, comic

commande *f.* order (*in business, restaurant*)

commandement *m.* command (*military leadership*)

commander to order (*in a restaurant*) (6)

comme *adv.* as, like, how; **comme ci, comme ça** so-so (1)

commencement *m.* beginning

commencer (nous commençons) (à) to begin (to) (2); **commencer par** to begin by (*doing s.th.*)

comment *adv.* how; **comment** what, how (1); **comment allez-vous? (comment vas-tu?)** how are you? (1); **comment ça va?** how are you?, how's it going? (1); **comment dit-on... en français?** how do you say . . . in French?; **comment est-il/elle?** what's he/she/it like?; **comment s'appelle-t-il/elle?** what's his/her name?; **comment vous appelez-vous? (comment t'appelles-tu?)** what's your name? (1)

commentaire *m.* remark, comment; commentary

commenter to comment on

commerçant(e) *m., f.* shopkeeper (14); *adj.* commercial, shopping

commerce *m.* business (2)

commercial *adj.* commercial, business; **directeur/trice** (*m., f.*) **commercial(e)** business manager (14)

commissariat *m.* police station (11)

commission *f.* commission; errand

commode *f.* chest of drawers (4); *adj.* convenient

commun *adj.* ordinary, common; shared; **bien** (*m.*) **commun** common good; **en commun** in common; **parties** (*f. pl.*) **communes** shared spaces; **transports** (*m. pl.*) **en commun** public transportation (9)

communauté *f.* community

commune *f.* district

communicatif/ive *adj.* communicative

communication *f.* communication; phone call

communiquer to communicate

compagnie *f.* company

compagnon/compagne *m., f.* partner, spouse (13)

comparaison *f.* comparison

comparer to compare

compartiment *m.* compartment (9)

complément *m.* complement; **pronom** (*m.*) **complément d'objet (in)direct** *Gram.* (in)direct object pronoun

complémentaire *adj.* complementary

complet/ète *adj.* complete; whole

compléter (je complète) to complete, finish

compliqué *adj.* complicated

comportement *m.* behavior

composé *adj.* composed; **passé** (*m.*) **composé** *Gram.* compound past tense

composer to compose; to make up

compositeur/trice *m., f.* composer (12)

compréhensif/ive *adj.* understanding

compréhension *f.* understanding

comprendre (*like* **prendre**) *irreg.* to understand; to comprise, include (6); **je ne comprends pas** I don't understand (1)

compris *adj.* included (7); **tout compris** all inclusive

comptable *m., f.* accountant (14); **expert(e)-comptable** *m., f.* certified public accountant

compte *m.* account; **à son compte** for oneself (14); **compte bancaire** bank account; **compte épargne** savings account (14); **compte en ligne** online account (10); **travailler pour (à) son compte** to be self-employed (14)

compter to plan (to do something); to intend; to count (14); to have; to include; **compter sur** to count on, rely on (*s.o. or s.th.*)

concentrer to concentrate

concerner to concern; **en ce qui concerne** concerning

concevoir (*like* **recevoir**) *irreg.* to conceive, design

concours *m. s.* competition; competitive exam

concurrent(e) *m., f.* competitor

condamner to condemn

condition *f.* condition; situation

conditionnel *m., Gram.* conditional

conducteur/trice *m., f.* driver (9); engineer (*train*)

conduire (*p.p.* **conduit**) *irreg.* to drive (9); to take; to lead; **permis** (*m.*) **de conduire** driver's license

conduite *f.* behavior, conduct

confiance *f.* confidence; **avoir confiance en** to have confidence in; to trust; **faire confiance à** to trust in

confié (à) *adj.* entrusted (to)

confirmer to confirm

confiture *f.* jam

conflit *m.* conflict (16)

confondre to mix up, confuse

confondu *adj.* mixed, confused

conformiste *m., f., adj.* conformist (3)

confort *m.* comfort; amenities

confortable *adj.* comfortable

Congo *m.* Congo; **République** (*f.*) **Démocratique du Congo** Democratic Republic of Congo

congolais *adj.* Congolese; **Congolais(e)** *m., f.* Congolese (*person*)

conjugaison *f., Gram.* (verb) conjugation

conjuguer to conjugate

connaissance *f.* knowledge; acquaintance; **faire connaissance** to get acquainted; **faire la connaissance de** to meet (*for the first time*), make the acquaintance of (5)

connaisseur/euse *m., f.* connoisseur

connaître (*p.p.* **connu**) *irreg.* to know, be familiar with (11); **se connaître** to know one another; to meet

connecté logged on, connected (*to the Internet*); **bracelet** (*m.*) **connecté** activity tracker; **montre** (*f.*) **connectée** smartwatch

connexion *f.* link, connection (10)

connu *adj.* known; famous

conquérir (*p.p.* **conquis**) *irreg.* to conquer

consacrer to devote

se consacrer à to devote oneself to

conscience *f.* conscience; **prendre conscience de** to become aware of

conseil *m.* (piece of) advice; council; **donner des conseils à** to give advice to

conseiller (à, de) to advise; to suggest (12)

conseiller/ère *m., f.* adviser; **conseiller/ère d'orientation** guidance counselor

conservation *f.* conserving; preservation (16)

conservatoire *m.* conservatory

conserve *f.* preserve(s), canned food; *pl.* canned goods (7); **boîte** (*f.*) **de conserve** can of food (7)

conserver to conserve, preserve (16)

considérable *adj.* considerable, important

considération: prendre en considération to take into consideration

considérer (**je considère**) to consider (6)

console *f.* console; **console de jeux** gaming console (10)

consommateur/trice *m., f.* consumer

consommation *f.* consumption; consumerism

consommer to consume (16)

constamment *adv.* constantly (12)

constituer to constitute

construire (*like* **conduire**) *irreg.* to construct, build (9)

contacter to contact

contempler to contemplate, meditate upon

contemporain *adj.* contemporary

contenir (*like* **tenir**) *irreg.* to contain

content *adj.* happy, pleased (3); **être content(e) de** (+ *inf.*) to be happy about (to); **être content(e) que** + *subj.* to be happy that

contenter to please

contenu *m.* content

contester to dispute; to answer

conteur/euse *m., f.* storyteller

continuer (à) to continue (to) (11)

contraire *m.* opposite

contrairement à contrary to, unlike

contrat *m.* contract

contre *prep.* against; **le pour et le contre** the pros and cons; **manifester contre** to demonstrate against (16)

contrôler to control, limit (16)

contrôleur/euse *m., f.* ticket collector; conductor

convaincant *adj.* convincing

convaincre (*p.p.* **convaincu**) *irreg.* to convince

convenable *adj.* proper; appropriate

convenir (*like* **venir**) *irreg.* to be suitable

converger (**nous convergeons**) (**vers**) to converge (on), lead (toward)

convoquer to summon, invite, convene

coordonner to coordinate

copain (copine) *m., f., fam.* friend, pal (7); boyfriend (girlfriend) (7)

copier to copy

copieux/euse *adj.* copious, abundant

corps *m. s.* body (13)

correctement *adv.* correctly

corriger (**nous corrigeons**) to correct

Corse *f.* Corsica (13)

cortisone *f.* cortisone

cosmopolite *adj.* cosmopolitan

costume *m.* (*man's*) suit; costume

côte *f.* coast; chop (7); **Côte d'Azur** French Riviera; **côte de bœuf** rib roast (7); **Côte d'Ivoire** *f.* Côte d'Ivoire (2, 7)

côté *m.* side; **(d')à côté** (from) next door; **à côté (de)** *prep.* by, near; beside, next to (4); at one's side; **mettre de côté** to set aside

côtelette *f.* chop (7); **côtelette d'agneau (de porc)** lamb (pork) chop

coton *m.* cotton

cou *m.* neck (13)

couchage: sac (*m.*) **de couchage** sleeping bag (8)

couche *f.* layer (*clothing*)

coucher to put to bed; **se coucher** to go to bed (13)

couchette *f.* berth (*train*) (9)

coucou *interj., fam.* hi

coulé *adj.* cast

couleur *f.* color (3); **de quelle couleur est… ?** what color is . . . ?; **en couleurs** in color

couloir *m.* hall(way) (4)

coup *m.* blow; **boire un coup** to have a drink; **coup de foudre** flash of lightning (13); love at first sight (13); **coup de téléphone** telephone call; **coup d'œil** glance, quick look; **tout à coup** *adv.* suddenly (11)

coupe *f.* trophy, cup; **Coupe du Monde** World Cup (*soccer*)

couper to cut (off, up)

couple *m.* (*engaged, married*) couple

cour *f.* court (*legal, royal*)

courage *m.* courage; spirit

courageux/euse *adj.* courageous (3)

couramment *adv.* fluently (12)

courant *adj.* general, everyday; **être au courant de** to be up (to date) with

courgette *f.* zucchini

courir (*p.p.* **couru**) *irreg.* to run (13)

couronne *f.* crown; royalty

couronné *adj.* crowned

courriel *m., fam.* e-mail message (10)

courrier *m.* mail (10); **courrier électronique** e-mail (*in general*)

cours *m. s.* course (2); class; exchange rate (14); price; **au cours de** during; **suivre un cours** to take a course

course *f.* race; errand; **faire des courses** to run errands (5); **faire les courses** to go grocery shopping (5)

court *adj.* short (3); *m.* (tennis) court; **à court terme** in the short term (run)

court-bouillon *m.* broth

couscous *m.* couscous (*North African cracked-wheat dish*)

couscoussier *m.* couscous pan (*with steamer*)

cousin(e) *m., f.* cousin (5)

coût *m.* cost; **coût de la vie** cost of living (14)

couteau *m.* knife (6)

coûter to cost

coutume *f.* custom, tradition

couturier/ière *m., f.* clothes designer; dressmaker

couvert (de) *adj.* covered (with); *m.* table setting; **mettre le couvert** to set the table (10)

couverture *f.* coverage; cover

couvrir (*like* **ouvrir**) *irreg.* to cover (14)

covoiturage *m.* carpooling (16)

crabe *m.* crab (*seafood*) (7)

craindre (*p.p.* **craint**) *irreg.* to fear

craquer to crack, snap

crayon *m.* pencil (1)

créateur/trice *m., f.* creator

créativité *f.* creativity

crédit *m.* credit; **carte** (*f.*) **de crédit** credit card (14)

créer to create

crème *f.* cream (6); *m.* coffee with cream; **crème brulée** *custard topped with caramelized sugar;* **crème glacée** *Q.* ice cream; **crème solaire** sunscreen (8)

crêpe *f.* crepe, French pancake

crevette *f.* shrimp

cri *m.* cry, shout

crier to cry out; to shout

crise *f.* crisis; **crise économique** recession; depression

critère *m.* criterion

critique *m., f.* critic

critiquer to criticize

croire (*p.p.* **cru**) (**à/en**) *irreg.* to believe (in) (10); **croire que** to believe that

croissant *m.* croissant (*roll*) (6); *adj.* growing

croix *f.* cross

croyance *f.* belief

croyant(e) *m., f.* believer

cru *adj.* raw; *m.* vintage; vineyard or wine-producing region

cuillère *f.* spoon (6); **cuillère à soupe** soup spoon, tablespoon (6); **petite cuillère** teaspoon

cuillerée *f.* spoonful (*measure*)

cuir *m.* leather; **en cuir** (*made of*) leather

cuire: faire cuire to cook (*food*)

cuisine *f.* cooking (6); food, cuisine; kitchen (4); **faire la cuisine** to cook (5)

cuisiner to cook

cuisinier/ière *m., f.* cook, chef

cuisse *f.* leg; thigh

cuit *adj.* cooked

culinaire *adj.* culinary, cooking

cultivé *adj.* educated; cultured

cultiver to cultivate; to grow (*crops*)

culture *f.* education; culture

culturel(le) *adj.* cultural

cure *f.* course of treatment

curieux/euse *adj.* curious (3)

curiosité *f.* curiosity

CV *m.* curriculum vitae, résumé (14)

cybercafé *m.* Web (Internet) café

cyclable: piste (*f.*) **cyclable** bike path (9)

cyclisme *m.* cycling (15)

cycliste *m., f.* cyclist, bicycle rider

cynique *adj.* cynical

cynisme *m.* cynicism

d'abord *adv.* first, first of all, at first (7)

d'accord *interj.* all right, O.K., agreed (2)

dame *f.* lady, woman

Danemark *m.* Denmark

dangereux/euse *adj.* dangerous

dans *prep.* within, in (2); **dans quatre jours** in four days (from now)

danse *f.* dance; dancing

danser to dance (2)

danseur/euse *m., f.* dancer

date *f.* date (*time*); **quelle est la date (d'aujourd'hui)?** what's today's date? (1)

datte *f.* date (*fruit*)

d'autres *pron.* others (15)

davantage *adv.* more

de (d') *prep.* of, from, about (2); **de nouveau** again (11); **de rien** not at all; don't mention it; you're welcome (1); **de temps en temps** from time to time (2)

débarquement *m.* disembarkation, landing

débat *m.* debate

débit: carte (*f.*) **de débit** debit card (14)

debout *adj. inv., adv.* standing up

débrouillard *adj.* resourceful

se débrouiller to manage (13)

début *m.* beginning; **au début (de)** in (at) the beginning (of)

décembre December (1)

déchets *m. pl.* waste (material) (16); **déchets industriels** industrial waste; debris; **déchets nucléaires** nuclear waste

décider (de) to decide (to) (12)

décision *f.* decision; **prendre une décision** to make a decision

déclin *m.* decline

décor *m.* setting
décoratif/ive *adj.* decorative
décorer (de) to decorate (with)
découper to cut up
décourageant *adj.* discouraging
découverte *f.* discovery
découvrir (*like* **ouvrir**) *irreg.* to discover (14)
décrire (*like* **écrire**) *irreg.* to describe (10)
dédié *adj.* consecrated, dedicated
défaite *f.* defeat
défaut *m.* defect, fault
défavoriser to penalize, put at a disadvantage
défendre to defend; to prohibit, disallow
défi *m.* challenge (16)
défilé *m.* fashion show; parade
défiler to file past; to unwind
défini: article (*m.*) **défini** *Gram.* definite article
définir to define
définitif/ive *adj.* definitive, permanent
défiscaliser to exempt from tax
déforestation (*f.*) **tropicale** tropical rainforest
  deforestation (16)
degré *m.* degree
dégustation *f.* tasting
dehors *adv.* outdoors; outside; **en dehors de** *prep.* outside
déjà *adv.* already; ever (9)
déjeuner to have lunch (6); *m.* lunch (6); **petit déjeuner**
  breakfast (6)
delà: au-delà de *prep.* beyond
délégué(e) *m., f.* delegate
délice *m.* delight
délicieux/euse *adj.* delicious
délinquance *f.* criminality
demain *adv.* tomorrow (5)
demande (*f.*) **d'emploi** job application (14)
demander (de) to ask (for, to), request (2); **se demander**
  to wonder (13)
déménagement *m.* move out (of a home)
déménager (nous déménageons) to move out
  (*change residence*) (4)
demeure *f.* residence
demi *adj.* half; **demi-frère** *m.* half brother; stepbrother (5);
  demi-sœur *f.* half sister; stepsister (5); **et demi(e)** half past
  (the hour) (6)
démocratie *f.* democracy
démodé *adj.* old-fashioned
démonstratif/ive *adj.* demonstrative
dénoncer (nous dénonçons) to denounce
dent *f.* tooth (13); **brosse** (*f.*) **à dents** toothbrush (13);
  se brosser les dents to brush one's teeth (13)
dentelle *f.* lace
dentifrice *m.* toothpaste (13)
dentiste *m., f.* dentist (14)
dépannage *m.* repair job
départ *m.* departure (9); **point** (*m.*) **de départ** starting point
se dépêcher to hurry (13); **dépêche-toi!** hurry up! (6)
dépendant *adj.* dependent
dépendre de to depend on
dépense *f.* expense; spending (14)
dépenser to spend (*money*) (14)
dépit: en dépit de *prep.* in spite of
se déplacer to travel; to get around

déposer to deposit (14); **déposer de l'argent (un chèque)**
  to deposit money (a check)
déprimé *adj.* depressed
depuis *prep.* since, for (9); **depuis combien de temps... ?**
  (for) how long . . . ? (9); **depuis longtemps** for a long time;
  depuis quand... ? since when . . . ? (9)
député *m., f.* delegate, deputy
déranger (nous dérangeons) to disturb, bother
dernier/ière *adj.* last (4); most recent; past; **la dernière fois**
  the last time; **l'an dernier (l'année dernière)** last year
dernièrement *adv.* recently
se dérouler to take place, happen
derrière *prep.* behind (4)
dès *prep.* from (*then on*) (14); **dès que** *conj.* as soon as (14)
désaccord *m.* disagreement
désagréable *adj.* disagreeable, unpleasant (3)
désavantage *m.* disadvantage
descendre to go down (*street, river*) (5); to get off (5); to take
  down; **descendre à (sur)** to go down (*south*) to; **descendre
  de** to get down (from), get off
désert *m.* desert; wilderness
désigner to designate
désir *m.* desire
désirer to desire, want (7)
désolé *adj.* sorry (16); **(je suis) désolé(e)** I'm sorry
désordonné *adj.* disorganized
désordre *m.* disorder, confusion; **en désordre** disorderly;
  disheveled (4)
désormais *adv.* henceforth
dessert *m.* dessert (6)
dessin *m.* drawing; pattern; **dessin animé** cartoon; animated
  series (10)
dessiné: bande (*f.*) **dessinée** comic book, graphic novel (10);
  pl. comics
dessiner to draw
dessous: au-dessous de *prep.* below; **ci-dessous** *adv.* below
dessus: au-dessus de *prep.* above; **ci-dessus** *adv.* above,
  previously
destin *m.* destiny
destination *f.* destination; **à destination de** to, for (9); in the
  direction of; heading for
destinée *f.* destiny, future
destituer to demote
détail *m.* detail; **en détail** in detail
détaillé *adj.* detailed
se détendre to relax (13)
déterminer to determine
détester to detest; to hate (2)
détour *m.* detour
détruire (*like* **conduire**) *irreg.* to destroy (9)
dette *f.* debt
deux *adj.* two (1); **tous (toutes) les deux** both (of them)
deuxième *adj.* second (11); **deuxième classe** *f.* second class;
  deuxième étage third floor (*in the U.S.*) (4)
devant *prep.* before, in front of (4)
développé *adj.* developed; industrialized
développement *m.* development (16); developing (*photo*);
  développement durable sustainable development;
  pays (*m.*) **en voie de développement** developing country
développer to develop (16); **se développer** to develop
devenir (*like* **venir**) *irreg.* to become (8)
deviner to guess (5)

devinette *f.* riddle, conundrum

dévoiler to reveal, disclose

devoir (*p.p.* **dû**) *irreg.* to owe; to have to, be obliged to (7); *m.* duty; *m. pl.* homework; **faire ses devoirs** to do one's homework (5); **je devrais** I should (15)

d'habitude *adv.* habitually, usually (2)

dicter to dictate

dictionnaire *m.* dictionary (2)

diététique *adj.* dietetic

Dieu *m.* God; **croire en Dieu** to believe in God

différemment *adv.* differently

différent *adj.* different (3)

difficile *adj.* difficult (3)

difficulté *f.* difficulty

diffuser to broadcast; to disseminate

diligemment *adv.* diligently

dimanche *m.* Sunday (1); **le dimanche** on Sundays (5)

diminuer to lessen, diminish, lower (16)

dinde *f.* turkey

dîner to dine, have dinner (6); *m.* dinner (6)

diplomate *m., f.* diplomat; *adj.* diplomatic, tactful

diplomatique *adj.* diplomatic (*of the diplomatic corps*)

diplôme *m.* diploma

diplômé(e) *m., f.* graduate; holder of a diploma

dire (*p.p.* **dit**) *irreg.* to say; to tell, relate (10); **c'est-à-dire que** that is to say, namely, I mean (10); **entendre dire que** to hear that; **que veut dire... ?** what does . . . mean?; **se dire** to say to one another; **vouloir dire** to mean

direct *adj.* direct; **en direct** live (*broadcasting*); **pronom** (*m.*) **(complément) d'objet direct** *Gram.* direct object pronoun

directeur/trice *m., f.* manager, head (14); **directeur/trice commercial(e)** business manager (14)

direction *f.* direction; steering (*auto*)

directives *f. pl.* rules of conduct, directives

diriger (**nous dirigeons**) to direct (14); to govern, control

discours *m. s.* discourse; speech

discret/ète *adj.* discreet

discuter (de) to discuss

disparaître (*like* **connaître**) *irreg.* to disappear

disparition *f.* disappearance; **en voie de disparition** endangered (*species*)

disponible *adj.* available

disposer to arrange

disputer to contest; to play; to fight (over); **se disputer** to argue (13)

disque *m.* record, recording

dissertation *f.* essay, term paper

distance *f.* distance; **mettre à distance** to separate

distinguer to differentiate; **se distinguer** to distinguish oneself

distraction *f.* recreation; entertainment; distraction

distribuer to distribute

distributeur *m.* distributor; **distributeur automatique** automatic teller machine (ATM) (14)

divers *adj.* varied, diverse (1)

divisé (par) *adj.* divided (by)

divorcé *adj.* divorced (5)

divorcer (**nous divorçons**) to get a divorce, divorce

dix *adj.* ten (1); **dix-sept (-huit, -neuf)** *adj.* seventeen (eighteen, nineteen) (1)

dixième *adj.* tenth

dizaine *f.* about ten

djellaba *f.* djellaba (*hooded Moroccan robe for men*)

docteur *m., f.* doctor

doctorat *m.* doctorate

documentaire *m.* documentary (film) (10)

doigt *m.* finger (13)

domaine *m.* domain; specialty

dominer to dominate

dommage! *interj.* too bad! (16); **il est dommage que** + *subj.* it's too bad that (16)

don *m.* gift

donc *conj.* then; therefore (4)

données: base (*f.*) **de données** database

donner to give (2); **donner des conseils** to give advice; **donner rendez-vous à** to make an appointment with; **donner sur** to overlook

dont whose, of whom, of which (14)

dormir *irreg.* to sleep (8)

dos *m. s., pl.* back (13); **sac** (*m.*) **à dos** backpack (3)

dossier *m.* document; file

douane *f.* customs (*at the border*)

douche *f.* shower (*bath*) (4); **prendre une douche** to take a shower

se doucher to take a shower (13)

doudoune *f.* down jacket, puffer coat

doué *adj.* gifted, talented

douleur *f.* pain, ache (13); grief

douleureux/euse *adj.* painful, unhappy

doute *m.* doubt; **sans doute** probably

douter to doubt (16); **douter de** to be suspicious of

doux (douce) *adj.* sweet; (*energy*) alternative; **à feu doux** over a low flame (*cooking*); **petits pois** (*m. pl.*) **doux** sweet peas

douzaine *f.* dozen; about twelve

douze *adj.* twelve (1)

douzième *adj.* twelfth

dramatique: art (*m.*) **dramatique** theater, theater arts

drame *m.* drama

drapeau *m.* flag

dresser to set up

drogue *f.* drug(s)

droit *m.* law (2); right (*legal*); **droits civils** civil rights (16); **droits des femmes** women's rights

droit *adj.* right; straight; **Rive** (*f.*) **droite** Right Bank (*in Paris*) (11); **tout droit** *adv.* straight ahead (11)

droite *f.* right, right-hand; **à droite (de)** *prep.* on (to) the right (of) (4)

drôle *adj.* funny, odd (3)

duc *m.* duke

dur *adj.* hard

durable lasting, enduring (16); **développement** (*m.*) **durable** sustainable development

durant *prep.* during

durée *f.* duration, length

durer to last, continue; to endure; to last a long time

duvet *m.* down (feathers)

DVD *m.* DVD

dynamique *adj.* dynamic (3)

eau *f.* water (6); **eau minérale** mineral water (6)

échange *m.* exchange

échanger (**nous échangeons**) to exchange

échapper (à) to get away (from); **s'echapper** to escape

écharpe *f.* scarf (5)

échelle *f.* scale; ladder

éclair *m.* éclair (*pastry*) (7)

éclaircie *f.* clearing (*in weather*)

éclairer to light, illuminate

éclater to break out (*war*); **s'éclater** *fam.* to have a great time, have fun

école *f.* school (10); **école primaire (secondaire)** primary (secondary) school

écolier/ière *m., f.* pupil, schoolchild

écologie *f.* ecology

écologique (*fam.* **écolo**) *adj.* ecological

écologiste *m., f.* ecologist, environmentalist (16); *adj.* ecological

économe *adj.* thrifty, economical

économie *f.* economics (2); economy; *pl.* savings; **faire des économies** to save (up) money (14)

économique *adj.* economic; financial; economical; **classe** (*f.*) **économique** tourist class (9); **sur le plan économique** economically speaking

économiser to save (*money*) (14)

Écosse *f.* Scotland; **Nouvelle-Écosse** *f.* Nova Scotia

écoute *f.* listening; **à l'écoute** tuning in

écouter to listen to (2)

écouteurs *m. pl.* headphones (10); **écouteurs sans fil** wireless headphones (10)

écran *m.* screen (1, 10); monitor (10); **écran d'accueil** home screen (10)

écraser to crush

écrire (*p.p.* **écrit**) (**à**) *irreg.* to write (to) (10)

écriture *f.* writing; handwriting

écrivain(e) *m., f.* writer (12)

écrouler to cave in, collapse

édifice *m.* (public) building

édifier to build

éditeur/trice *m., f.* editor; publisher

édition *f.* publishing; edition; **maison** (*f.*) **d'édition** publisher, publishing house

éducatif/ive *adj.* educational

éducation *f.* upbringing; breeding; education

éduqué *adj.* educated; brought up

effacer to erase, wipe out; **s'effacer (nous nous effaçons)** to fade; to stay in the background

effectif/ive *adj.* effective

effectuer to carry out, make

effet *m.* effect; **en effet** as a matter of fact, indeed

efficace *adj.* efficient

effort *m.* effort, attempt; **faire des efforts pour** to try (make an effort) to

égal *adj.* equal (16); **cela (ça) m'est égal** I don't care, it's all the same to me

également *adv.* equally; likewise, also

égaler to equal

égalité *f.* equality

égard: à cet égard in this respect

église *f.* church (11)

égoïste *adj.* selfish (3)

égorger (nous égorgeons) to slit the throat of

Égypte *f.* Egypt

eh bien *interj.* well, well then (10)

élaborer to refine; to develop

électeur/trice *m., f.* voter (16)

électoral *adj.* election, electoral

électricité *f.* electricity

électrique *adj.* electric

électronique: adresse (*f.*) **électronique** e-mail address; **courrier** (*m.*) **électronique** e-mail; **message** (*m.*) **électronique** e-mail message

élégant *adj.* elegant (3)

élève *m., f.* pupil, student

élevé *adj.* high; raised, built

éliminé *adj.* eliminated

élire (*like* **lire**) *irreg.* to elect (16)

elle *pron., f. s.* she; her; it; **elle-même** *pron., f. s.* herself (12); **elles** *pron., f. pl.* they; them

élu *adj.* elected

embarquement: carte (*f.*) **d'embarquement** boarding pass (9)

embarquer to embark, get on

embaucher to hire (14)

emblématique *adj.* iconic

embouteillage *m.* traffic jam

embrasser to kiss; to embrace; **je t'embrasse** love (*closing of letter*); **s'embrasser** to kiss; to embrace

émetteur/trice *m., f.* sender

émission *f.* program; broadcast (10)

emménager (nous emménageons) to move in (4)

emmener (j'emmène) to take (*s.o. somewhere*); to take along (12)

empêcher (de) to prevent (from) (12); to preclude

empereur *m.* emperor

emplacement *m.* location

emploi *m.* use; job, position (14); **demande** (*f.*) **d'emploi** job application (14); **marché** (*m.*) **de l'emploi** job market (14); **offre** (*f.*) **d'emploi** job offer

employé(e) *m., f.* employee (14); white-collar worker; (sales) clerk; **employé(e) de** s.o. employed by

employer (j'emploie) to use; to employ

employeur/euse *m., f.* employer

emporter to take (*s.th. somewhere*); to take out (*food*); to carry away

emprunt *m.* loan (14)

emprunter (à) to borrow (from) (11)

en *prep.* in (2); in, by (*train, plane, bus*) (9); to; like; in the form of; *pron.* of them; of it; some, any (11); **de temps en temps** from time to time (2); **en automne** in autumn (5); **en avance** early (6); **en dehors de** outside; **en effet** indeed; **en été** in summer (5); **en face de** across from (4); **en général** in general (2); **en hiver** in winter (5); **en profondeur** in depth; **en retard** late (6); **en train de** in the process of (15); **qu'en penses-tu?** what do you think of that? (11)

enceinte *f.* speaker (4); enclosure; **dans l'enceinte de** within (the boundary of)

enchanté *adj.* enchanted; pleased (to meet you)

enchanter to charm; to delight

encore *adv.* still (9); again; yet; even; more; **encore de** more; **encore un peu** a little more; **ne... pas encore** not yet (9); **ou encore** or else

encourager (nous encourageons) (à) to encourage (to)

encyclopédie *f.* encyclopedia

endormir (*like* **dormir**) *irreg.* to put to sleep; **s'endormir** to fall asleep (13)

endroit *m.* place, spot (8)

énergie *f.* energy; **énergies** (*f. pl.*) **fossiles** fossil fuels (16); **énergie nucléaire (solaire)** nuclear (solar) energy (16); **énergies** (*f. pl.*) **renouvelables** renewable energy (16)

énergique *adj.* energetic

énervant *adj.* aggravating, irritating

énervé *adj.* on edge, nervous

enfance *f.* childhood

enfant *m., f.* child (5); **petit-enfant** *m.* grandchild (5)

enfermer to lock up

enfin *adv.* finally, at last (11)

engagé *adj.* involved, politically active, politically committed

engagement *m.* (*political*) commitment

engager (nous engageons) to begin, start; **s'engager (dans)** to get involved (*in a public issue*) (16)

énigme *f.* riddle, enigma

enlever (j'enlève) to remove, take off

ennemi(e) *m., f.* enemy

ennui *m.* trouble; problem (9); worry; boredom

ennuyer (j'ennuie) to bother; to bore; **s'ennuyer** to be bored (13); **s'ennuyer à mourir** to be bored to death

ennuyeux/euse *adj.* boring; annoying

énorme *adj.* enormous, huge

énormément *adv.* enormously, tremendously

enquête *f.* survey, poll

enregistrer to record; to check in

enseignant(e) *m., f.* teacher, instructor

enseignement *m.* teaching; education

enseigner (à) to teach (to) (12)

ensemble *adv.* together (8); *m.* ensemble; whole

ensoleillé *adj.* sunny

ensuite *adv.* then, next (7)

entendre to hear (5); **entendre dire que** to hear that; **entendre parler de** to hear about; **s'entendre (avec)** to get along (with) (13)

entente *f.* (*mutual*) understanding

enterré *adj.* buried

enthousiasme *m.* enthusiasm

enthousiaste *adj.* enthusiastic (3)

entier/ière *adj.* entire, whole, complete; **en entier** in its entirety

entourer (de) to surround (with)

entraînement *m.* practice, training

entraîner to bring about, lead to; **s'entraîner** to train, work out

entraîneur/euse *m., f.* trainer

entre *prep.* between, among (4)

entrecôte *f.* rib steak

entrée *f.* entrance, entry; admission; first course (*meal*) (7)

entremêler to intermingle

entreprendre to undertake

entrepreneur/euse *m., f.* entrepreneur

entreprise *f.* business, company (14); **chef** (*m., f.*) **d'entreprise** company head, top manager, boss (14)

entrer (dans) to enter (8)

entretien *m.* maintenance; conversation; **entretien (d'embauche)** job interview (14)

énumérer (j'énumère) to spell out, recite; to list, enumerate

envahir to invade

envahisseur *m.* invader

enveloppe *f.* envelope (10)

envers *prep.* toward

envie *f.* desire; **avoir envie de** to want; to feel like (3)

environ *adv.* about, approximately

environnement *m.* environment (16)

envoi *m.* sending

envoyer (j'envoie) (a) to send (to) (10)

éolienne *f.* windmill; windpump

épais *adj.* thick

s'épanouir to bloom

épargne: compte (*m.*) **épargne** savings account (14)

épaule *f.* shoulder

épice *f.* spice

épicé *adj.* spicy

épicerie *f.* grocery store (7)

épicier/ière *m., f.* grocer

épinards *m. pl.* spinach (6)

époque *f.* period (*of history*) (12); **à l'époque (de)** at the time (of); **meubles** (*m. pl.*) **d'époque** antique furniture

épouser to marry

époux (épouse) *m., f.* spouse; **époux (épouses)** *m., f. pl.* married couple

épreuve *f.* test; event (*sports*)

éprouver to feel; to experience

épuiser to use up, exhaust (16)

équilibre *m.* equilibrium, balance

équipage *m.* crew

équipe *f.* team (15); **sports** (*m. pl.*) **d'équipe** team sports; **travail** (*m.*) **d'équipe** teamwork

équipé *adj.* equipped

équipement *m.* equipment; gear

s'équiper to equip oneself

équitation *f.* horseback riding (8); **faire de l'équitation** to go horseback riding

erreur *f.* error; mistake

erroné *adj.* wrong, erroneous

escalade *f.* (*mountain*) climbing

escale: faire escale à to stop over at

escalier *m.* stairs, stairway (4)

escalope *f.* (*veal*) scallop

escargot *m.* snail; escargot (7)

escarpement *m.* steep slope

esclavage *m.* slavery

esclave *m., f.* slave

espace *m.* space; **espaces verts** open spaces, greenbelts

espadrilles *f. pl.* fabric sandals, espadrilles

Espagne *f.* Spain (2)

espagnol *adj.* Spanish; *m.* Spanish (*language*) (2); **Espagnol(e)** *m., f.* Spaniard (*person*) (2)

espèces *f. pl.* species

espérer (j'espère) to hope (6)

espoir *m.* hope

esprit *m.* mind; spirit; wit

essai *m.* attempt, try; **mariage** (*m.*) **à l'essai** trial marriage

essayer (j'essaie) (de) to try (to) (12)

essence *f.* gasoline, gas (9); **faire le plein (d'essence)** to fill the tank (9)

essentiel(le) *adj.* essential (3); **il est essentiel que** + *subj.* it's essential that (16)

essentiellement *adv.* largely, mainly

essor: prendre (*irreg.*) **son essor** to take off

est *m.* east (8); **à l'est** to the east (8)

esthétique *adj.* aesthetic

estimer to consider; to believe; to estimate (16)

et *conj.* and (2); **et demi(e)** half past (the hour) (6); **et puis** and (then), next (7); **et quart** quarter past (the hour); **et vous? (et toi?)** and you?; how about you? (1)

établir to establish, set up (16)

établissement *m.* establishment

étage *m.* floor (*of building*); **premier (deuxième) étage** second (third) floor (*in the U.S.*) (4)

étagère *f.* shelf (4)

étape *f.* stage; stopping place

état *m.* state (8); condition; **état civil** marital (civil) status; **États-Unis** *m. pl.* United States (of America) (2); **homme (femme) d'État** statesman (-woman)

été *m.* summer; **en été** in summer (5); **job** (*m.*) **d'été** summer job

s'étendre to sprawl

étendue *f.* area, expanse

éternel(le) *adj.* eternal

éternité *f.* eternity

étincelle *f.* sparkle, sparkling

étiquette *f.* label

étoile *f.* star (8); **à la belle étoile** in the open air

étonné *adj.* surprised; astonished (16)

étouffer to suffocate

étrange *adj.* strange

étranger/ère *adj.* foreign; *m., f.* stranger; foreigner; **à l'étranger** abroad, in a foreign country (8); **langue** (*f.*) **étrangère** foreign language

être (*p.p.* **été**) *irreg.* to be (2); **c'est (ce n'est pas)** it's (it isn't) (1); **c'est combien?** how much is it? (1); **comment est-il/elle?** what's he/she like?; **être en train de** to be in the process of, be in the middle of (15); **il est... heure(s)** it is . . . o'clock (6); **n'est-ce pas?** isn't it (so)?, isn't that right? (3); **nous sommes lundi (mardi...)** it's Monday (Tuesday . . .) (1); **peut-être** *adv.* perhaps, maybe (4); **quel jour sommes-nous (on est)?** what day is it? (1); **quelle heure est-il?** what time is it? (6); **qui est-ce?** who is it? (1)

étroit *adj.* narrow

étude *f.* study; *pl.* studies; **bourse** (*f.*) **d'études** scholarship, study grant; **faire des études** to study

étudiant(e) *m., f., adj.* student (1); **carte** (*f.*) **d'étudiant** student ID card

étudier to study (2)

euh... *interj.* uhmm . . . (10)

euro *m.* euro (*European currency*)

Europe *f.* Europe; **coupe** (*f.*) **d'Europe** European Cup (*soccer*)

européen(ne) *adj.* European; **Européen(ne)** *m., f.* European (*person*); **Union** (*f.*) **européenne (UE)** European Union (EU)

eux *pron., m. pl.* them; **eux-mêmes** *pron., m. pl.* themselves (12)

s'évader to escape

évaluer to appraise, evaluate

s'éveiller to wake up

événement *m.* event (7)

évidemment *adv.* evidently, obviously (12)

évident *adj.* obvious, clear; **il est évident que** + *indic.* it is clear that (16)

évier *m.* kitchen sink (4)

éviter to avoid

évoluer to evolve, advance, develop

évoquer to evoke, call to mind

exact *adj.* precise, true; **oui, c'est exact** yes, that's correct

exactement *adv.* exactly

exagérer (j'exagère) to exaggerate

examen (*fam.* **exam**) *m.* test, exam (2); examination; **passer un examen** to take an exam (4); **réussir à un examen** to pass a test

examiner to inspect, examine

exaspérant *adj.* exasperating

exaspéré *adj.* exasperated

excéder (j'excède) to exceed

excellent *adj.* excellent (3)

excentricité *f.* eccentricity

excentrique *adj.* eccentric (3)

excepté *prep.* except

exceptionnel(le) *adj.* exceptional

excès *m.* excess

excitant *adj.* exciting

excité *adj.* excited

exclamer to exclaim

exclu(e) *m., f.* excluded (*people*)

exclure (*p.p.* **exclu**) *irreg.* to exclude, rule out

exclusivement *adv.* exclusively

exclusivité *f.* exclusive rights, coverage

excursion *f.* excursion, outing; **faire une excursion** to go on an outing

s'excuser to apologize (13); **excusez-moi (excuse-moi)** excuse me, pardon me (1)

exemplaire *adj.* exemplary; *m.* copy

exemple *m.* example; **par exemple** for example (16)

exercer (nous exerçons) to exercise, exert (*control, influence*)

exercice *m.* exercise

exigeant *adj.* demanding; difficult

exigence *f.* demand

exiger (nous exigeons) to require; to demand (16)

exil *m.* exile

exilé *adj.* exiled

exister to exist

expatrié *adj.* expatriated

s'expatrier to leave one's country

expédition *f.* trip

expérience *f.* experience; experiment

expert(e) *m., f.* expert; **expert(e)-comptable** *m., f.* certified public accountant

explication *f.* explanation

expliquer to explain

exploit *m.* exploit, feat

exploité *adj.* exploited

exploiter to make use of, make the most of

explorateur/trice *m., f.* explorer

explorer to explore

exportation *f.* export(s)

s'exporter to be exported

exposé *m.* presentation, exposé; *adj.* displayed

exposer to expose, show; to display

exposition *f.* exhibition; show (12)

expression *f.* expression; term (1); **liberté** (*f.*) **d'expression** freedom of expression

exprimer to express; **exprimer une opinion** to express an opinion (16); **s'exprimer** to express oneself

exquis *adj.* exquisite

extérieur *adj.* external, outside

extraire to extract

extrait *m.* excerpt; extract

extraordinaire *adj.* extraordinary (3)

extrasensoriel(le) *adj.* extra-sensory

extrêmement *adv.* extremely

extrémiste: idées (*f.*) **extrémistes** extremist ideas (16)

fabrication *f.* manufacture, making

fabriquer to manufacture, make

fabuleux/euse *adj.* fabulous

fac *f., fam.* (**faculté**) university department or school

façade *f.* façade, face (*of a building*)

face: en face (de) *prep.* opposite, facing, across from (4); **face à** facing; **face à face** face to face

fâché *adj.* angry (16)

fâcher to anger; **se fâcher** to get angry (13)

fâcheux/euse *adj.* unfortunate; troublesome

facile *adj.* easy (3)

facilité *f.* ease, easiness

faciliter to facilitate, make easier

façon *f.* way, manner, fashion; **de façon (logique)** in a (logical) way

façonner to shape

facteur/trice *m., f.* factor; letter carrier (14)

faculté *f.* ability; (*fam.* **fac**) division (*academic*) (2); **faculté des lettres** School of Arts and Letters; **faculté des sciences** School of Science

faible *adj.* weak; small

failli: j'ai failli... I nearly . . .

faim *f.* hunger; **avoir faim** to be hungry (3)

faire (*p.p.* **fait**) *irreg.* to do; to make (5); to form; to be; **faire appel à** to appeal to; to require, call for; **faire attention (à)** to pay attention (to) (5); to watch out (for); **faire baisser** to lower; **faire beau (il fait beau)** to be good weather (it's nice out) (5); **faire bouillir** to boil; **faire chaud (il fait chaud)** to be warm, be hot (out) (it's warm, it's hot) (5); **faire confiance à** to trust; **faire connaissance** to get acquainted; **faire cuire** to cook; **faire de la bicyclette** to cycle, go (bi)cycling (8); **faire de la peinture (de la musique, de la poterie)** to paint (play music, do ceramics); **faire de la planche à voile** to go windsurfing; **faire de la plongée sous-marine** to go scuba diving (8); **faire de la politique** to go in for politics; **faire de la voile** to go sailing (5); **faire de l'aérobic** to do aerobics (5); **faire de l'alpinisme** to go mountain climbing (8); **faire de l'équitation** to go horseback riding (8); **faire des achats** to shop (10); **faire des courses** to run errands (5); **faire des économies** to save (up) money (14); **faire des études** to study; **faire des projets** to make plans; **faire des recherches** to do research; **faire dorer** to brown (*in cooking*); **faire du bateau** to go boating (8); **faire du bruit** to make noise; **faire du camping** to camp, go camping; **faire du cheval** to go horseback riding (8); **faire du covoiturage** to carpool, rideshare; **faire du jogging** to run, jog (5); **faire du patin à glace** to go ice-skating; **faire du recyclage** to recycle; **faire du shopping** to go shopping; **faire du ski (alpin)** to ski (downhill) (5); **faire du ski de fond** to go cross-country skiing; **faire du ski nautique** to go waterskiing; **faire du snowboard** to go snowboarding; **faire du soleil (il fait du soleil)** to be sunny (it's sunny) (5); **faire du sport** to play, do sports (5); **faire du théâtre** to act; **faire du tourisme** to go sightseeing; **faire du vélo (de montagne)** to go cycling (mountain biking) (5); **faire du vent (il fait du vent)** to be windy (it's windy) (5); **faire escale à** to stop over at; **faire faire** to have done, make (*s.o.*) do (*s.th.*); **faire frais (il fait frais)** to be cool (out) (it's cool) (5); **faire froid (il fait froid)** to be cold (out) (it's cold) (5); **faire grève** to strike, go on strike (16); **faire la bise** to kiss on both cheeks (*in greeting*); **faire la connaissance de** to meet (*for the first time*) (5); **faire la cuisine** to cook (5); **faire la fête** to party; **faire la lessive** to do the laundry (5); **faire la queue** to stand in line (5); **faire la sieste** to take a nap; **faire la vaisselle** to wash (do) the dishes (5); **faire le lit** to make the bed; **faire le marché** to do the shopping, go to the market (5); **faire le ménage** to do the housework (5); **faire le plein** to fill it up (gas tank) (9); **faire le tour de** to go around; to tour; **faire les courses** to go grocery shopping (5); **faire les valises** to pack one's bags; **faire mauvais (il fait mauvais)** to be bad weather (out) (it's bad out) (5); **faire partie de** to belong to; **faire preuve de** to show; **faire ses devoirs** to do one's homework (5); **faire son possible** to do one's best; **faire un pique-nique** to go on a picnic; **faire un safari** to go on a safari; **faire un séjour** to stay, to spend time (8); **faire un tour (en voiture)** to take a walk (ride) (5); **faire un voyage** to take a trip (5); **faire une erreur** to make a mistake; **faire une excursion** to go on an outing; **faire une promenade** to take a walk (5); **faire une randonnée (pédestre)** to go hiking (8); **faire une réservation** to make a reservation; **faire une visite** to pay a visit; **quel temps fait-il?** how's the weather? (5)

fait *m.* fact; *adj.* made; **tout à fait** *adv.* completely, entirely

falaise *f.* cliff

falloir (*p.p.* **fallu**) *irreg.* to be necessary (8); to be lacking; **il faut** + *inf.* it is necessary to, one must; one needs (8)

fameux/euse *adj.* famous

familial *adj.* family

famille *f.* family (5); **en famille** with one's family

fanatique (*fam.* **fan**) *m., f.* fan; fanatic, zealot

fanatisme *m.* fanaticism

fantaisie: bijoux (*m. pl.*) **fantaisie** costume jewelry

fantaisiste *adj.* fanciful, whimsical

fantôme *m.* ghost

farine *f.* flour

fascinant *adj.* fascinating

fasciné *adj.* fascinated

fatal *adj.* fatal; unlucky; fateful

fatigant *adj.* tiring

fatigué *adj.* tired (3)

fauché *adj., fam.* broke, without money

fausseté *f.* hypocrisy

faut (il) it is necessary to, one must; one needs (8)

faute *f.* fault, mistake

fauteuil *m.* armchair

faux (fausse) *adj.* false (4)

faveur: en faveur de in favor of

favorable: être favorable à to be in favor of (favorably disposed to)

favori(te) *adj.* favorite

favoriser to further, favor

fax *m.* fax (10)

fée *f.* fairy; **conte** (*m.*) **de fée** fairy tale

félicitations *f. pl.* congratulations

féminin *adj.* feminine; female

femme *f.* woman (1); wife (5); **femme d'affaires** businesswoman; **femme d'État** stateswoman; **jeune femme** young woman (3)

fenêtre *f.* window (1)

fente *f.* slot

fer *m.* iron; **chemin** (*m.*) **de fer** railroad

ferme *f.* farm; **ferme éolienne** wind farm (16)

fermer to close

fermeture *f.* closing

fermier/ière *m., f.* farmer

ferraille *f.* scrap iron, metal

ferroviaire *adj.* rail, railroad

fête *f.* holiday; celebration, party (7); saint's day, name day; *pl.* Christmas season; **faire la fête** to party; **fête des patrons** saint's day; **fête des Rois** Feast of the Magi, Epiphany; **jour** (*m.*) **de fête** holiday

fêter to celebrate; to observe a holiday

feu (*pl.* **feux**) *m.* fire; traffic light; **à feu doux** on low heat (*cooking*); **feux d'artifice** fireworks

feuille *f.* leaf

feuilleté *adj.* flaky (*pastry*)

feuilleton *m.* soap opera (10)

fève *f.* bean

février February (1)

fez *m.* fez (*feltcap*)

fiable *adj.* reliable

fiançailles *f. pl.* engagement (13)

fiancés (fiancées) *m., f.* engaged couple (13)

se fiancer (nous nous fiançons) to get engaged (13)

fibre *f.* fiber, filament

fiche *f.* index card; form (to fill out); deposit slip

fichier *m.* file (10)

fictif/ive *adj.* fictitious; imaginary

fier/ière *adj.* proud (3)

fièvre *f.* fever

figure *f.* figure, important person

figurer to appear

fil *m.* wire

filer to trail, follow

filet *m.* fillet (*fish, meat*) (7); **filet de porc (de bœuf)** pork (beef) fillet

filiale *f.* subsidiary; branch (*office*)

fille *f.* girl (3); daughter (5); **belle-fille** daughter-in-law; stepdaughter (5); **jeune fille** girl, young lady; **petite-fille** granddaughter (5)

film *m.* movie, film (2)

fils *m.* son (5); **beau-fils** son-in-law; stepson (5); **petit-fils** grandson (5)

filtrage *m.* filtration, filtering

fin *f.* end; **à la fin de** at the end of; **en fin d'après-midi** in the late afternoon; **fin 1996** at the end of 1996; *adj.* fine, delicate; **extra-fin** *adj.* superfine; **mi-fin** *adj.* medium-cut (*vegetables*)

finalement *adv.* finally

finaliser to complete

finance *f.* finance; *pl.* finances

financier/ière *adj.* financial, monetary

finir (de) to finish (4); **finir par** to end (finish) by (*doing s.th.*) (4)

Finlande *f.* Finland

firme *f.* firm, company

fiscalité *f.* tax system, taxes

fixer to fasten; to make firm

flacon *m.* small bottle (*with stopper*)

flâner to stroll

flash (d'informations) *m.* newsbrief

flasher sur *fam.* to fall in love with at first sight

flatté *adj.* flattered

flèche *f.* spire

fleur *f.* flower (4); **fleur de lys** fleur de lis, trefoil

fleurir to flower; to flourish

fleuve *m.* (*large*) river (8)

Floride *f.* Florida

flûte *f.* flute

foie *m.* liver; **pâté** (*m.*) **de foie gras** goose liver pâté

foire *f.* fair, exhibition; marketplace

fois *f.* time, occasion; times (*arithmetic*); **à la fois** at the same time; **la première (dernière) fois** the first (last) time; **une fois** once (11); **une fois par semaine** once a week (5)

folklorique *adj.* traditional; folk (*music, etc.*)

foncé *adj.* dark

fonction *f.* function, use

fonctionnaire *m., f.* civil servant (14)

fonctionner to function, work

fond *m.* bottom; background; back; **ski** (*m.*) **de fond** cross-country skiing (8)

fondamental *adj.* fundamental, basic

fondateur/trice *m., f.* founder

fondation *f.* founding, inception

fonds *m. pl.* fund

fondre to melt

fondue *f.* fondue (*Swiss melted cheese dish*)

fontaine *f.* fountain

football (*fam.* **foot**) *m.* soccer; **football américain** football; **match** (*m.*) **de foot** soccer game

footballeur/euse *m., f.* soccer player

footing *m.* jogging

force *f.* strength; **à force de** as a result of; **en force** in force; **force est de** + *inf.* one must

forcément *adv.* necessarily

forcer (nous forçons) to force, compel

forêt *f.* forest (8)

forgé: fer (*m.*) **forgé** wrought iron

formalité *f.* formality

formation *f.* education, training

forme *f.* form; shape; figure; **en (bonne, pleine) forme** physically fit; **en forme de** in the form of; **sous forme de** in the form of

formel(le) *adj.* formal

formellement *adv.* positively, categorically

former to form, shape; to train, educate

formidable terrific, great

formule *f.* formula; plan

formuler to formulate, make up

fort *adj.* strong; heavy; *adv.* strongly; loudly; very (14); **parler fort** to speak loudly

fortifier to fortify

fou (fol, folle) *adj.* crazy, mad; **fou (folle)** *m., f.* insane (crazy) person

foudre *f.* lightning; **coup** (*m.*) **de foudre** flash of lightning (13); love at first sight (13)

foulard *m.* scarf

foule *f.* crowd (15)

fourchette *f.* fork (6)

fournir to furnish, supply

foyer *m.* household

fracturation (*f.*) **hydraulique** fracking (16)

frais *m., pl.* expenses, costs (14); **frais de scolarité** school, university (tuition) fees

frais (fraîche) *adj.* cool; fresh (6); **crème fraîche** clotted cream, crème fraîche; **faire frais (il fait frais)** to be cool (out) (it's cool) (5); **produits** (*m.*) **frais** fresh products (6)

fraise *f.* strawberry (6)

framboise *f.* raspberry

franc(he) *adj.* frank; fruitful; honest

français *adj.* French; *m.* French (*language*); **Français(e)** *m., f.* Frenchman (-woman) (2)

France *f.* France (2, 11)

franchement *adv.* frankly (12)

francophile *m., f.* Francophile (*person who admires France or the French*)

francophone *adj.* French-speaking

francophonie *f.* French-speaking world

frangin(e) *m., f., fam.* brother (sister)

frapper to strike

fraternité *f.* brotherhood, fraternity

fréquemment *adv.* frequently, often

fréquent *adj.* frequent, common

fréquenter to go to often

frère *m.* brother (5); **beau-frère** brother-in-law (5); **demi-frère** half brother; stepbrother (5)

fric *m., fam.* money

frigidaire *m.* refrigerator, fridge

frigo *m., fam.* fridge, refrigerator

fringue *f., fam.* clothes

frisé *adj.* curly

frites *f. pl.* French fries (6); **moules** (*f.*)-**frites** mussels with French fries; **steak** (*m.*) **frites** steak with French fries

froid *adj.* cold; *m.* cold; **avoir froid** to be cold (3); **faire froid (il fait froid)** to be cold (out) (it's cold) (5)

froidure *f.* intense cold

fromage *m.* cheese (6)

front *m.* forehead

frontière *f.* border

frotter to rub

fruit *m.* fruit (6); **jus** (*m.*) **de fruit** fruit juice

fuir to run away, flee

fumé *adj.* smoked

fumée *f.* smoke

fumer to smoke

fumeur/euse *m., f.* smoker; **zone** (*f.*) **fumeurs (non-fumeurs)** smoking (nonsmoking) section

furax *adj., fam.* angry, furious

furieux/euse *adj.* furious (16)

fusée *f.* rocket

futur *m., Gram.* future (*tense*); *adj.* future

futuriste *adj.* futuristic

gagnant(e) *m., f.* winner

gagner to win; to earn (14); **gagner du temps** to save time

gai *adj.* cheerful

galère: C'était la galère! *fam.* It was hell!

galerie *f.* gallery; roof rack (*auto*)

galette *f.* pancake; tart, pie

gamos *m., fam.* large luxury car

gant *m.* glove (5)

garagiste *m., f.* mechanic, garage owner

garant(e) *m., f.* guarantor, security

garanti *adj.* guaranteed

garantie *f.* guarantee

garçon *m.* boy (3); café waiter

garde *f.* custody

garder to keep, retain; **garder la ligne** to keep one's figure

gardien(ne) *m., f.* guard

gare *f.* station; train station (9); **buffet** (*m.*) **de la gare** train station restaurant (9); **gare de chargement** loading dock

garer to park; **se garer** to be parked

gaspillage *m.* wasting, waste (16)

gaspiller to waste (16)

gastronome *m., f.* gourmet

gastronomie *f.* gastronomy, good food

gastronomique *adj.* gastronomic

gâteau *m.* cake (6)

gâter to spoil

gauche *adj.* left; *f.* left; **à gauche (de)** *prep.* on the (to the) left (of) (4); **Rive** (*f.*) **gauche** Left Bank (*in Paris*) (11); **se lever du pied gauche** to get up on the wrong side of the bed

gaz *m.* gas

gazeux/euse: boisson (*f.*) **gazeuse** soft drink (6)

géant(e) *m., f.* giant

gênant *adj.* bothersome, annoying

généalogique *adj.* genealogical; family

général *m., adj.* general; **en général** generally (2); **quartier** (*m.*) **général** headquarters

généraliste *m., f.* general practitioner (MD)

générer (je génère) to generate

généreux/euse *adj.* generous

génétique *adj.* genetic

Genève Geneva

génial *adj.* brilliant, inspired; *fam.* neat, delightful, cool

génie *m.* genius

genou (*pl.* **genoux**) *m.* knee (13)

genre *m.* type, style, kind

gens *m. pl.* people (5); **jeunes gens** young men; young people

gentil(le) *adj.* nice, pleasant; kind (3)

gentillesse *f.* kindness, niceness

gentiment *adv.* nicely

géographe *m., f.* geographer

géographie (*fam.* **géo**) *f.* geography (2)

géographique *adj.* geographical

géologie *f.* geology (2)

géométrie *f.* geometry

Géorgie *f.* Georgia (*country*)

gérer (je gère) to manage (14)

geste *m.* gesture

gestion *f.* management

gigantesque *adj.* gigantic

gilet *m.* vest

gingembre *m.* ginger

girofle *m.* cloves

glace *f.* ice cream (6); ice; mirror; **patin** (*m.*) **à glace** ice-skating

glacé: crème (*f.*) **glacée** *Q.* ice cream

gloire *f.* glory

glorieux/euse *adj.* glorious

glorifier to glorify

golfe *m.* gulf

gomme *f.* eraser

gommier *m.* gum tree

googler *fam.* to search online

googliser *fam.* to search online

gorge *f.* throat (13); gorge; **avoir mal à la gorge** to have a sore throat (13)

gosse *m., f., fam.* kid, child

gothique *adj.* Gothic (12)

gourmand(e) *adj.* gluttonous, greedy; *m., f.* glutton, gourmand

gousse: gousse *(f.)* **d'ail** clove of garlic

goût *m.* taste; **avant-goût** *m.* foretaste

goûter *m.* afternoon snack (6); *v.* to taste; to eat (7)

goutte *f.* drop (*liquid*)

gouvernement *m.* government (16)

gouverner to rule; to govern

gouverneur *m., f.* governor

grâce *f.* grace; pardon; **jour** *(m.)* **d'action de grâce** Thanksgiving Day; **grâce à** thanks to

gramme *m.* gram

grammaire *f.* grammar

grand *adj.* great; large, tall; big (3); **arrière-grand-parent** *m.* great-grandparent; **grand magasin** *m.* department store; **grand-maman** *f.* grandma, granny; **grand-mère** *f.* grandmother (5); **grand-parent** (*pl.* **grands-parents**) *m.* grandparent (5); **grand-père** *m.* grandfather (5); **grande surface** *f.* mall; superstore; **grandes écoles** *f. pl. French government graduate schools*; **grandes vacances** *f. pl.* summer vacation (from school); **train** *(m.)* **à grande vitesse (TGV)** high-speed rail service (9)

grandeur *f.* size

grandir to grow; to grow up

gras(se) *adj.* fat; oily; rich; **en caractères gras** in boldface print; **pâté** *(m.)* **de foie gras** goose liver pâté

gratin *m.* gratin, cheese-topped dish

gratte-ciel *m. inv.* skyscraper

gratuit *adj.* free (*of charge*) (11)

grave *adj.* grave, serious; **accent** *(m.)* **grave** grave accent **(è)**

gravure *f.* printing, engraving

Grèce *f.* Greece (8)

grec(que) *adj.* Greek

grève *f.* strike, walkout (16); **faire grève** to strike (16)

griffe *f.* claw

grille *f.* grid

grillé *adj.* toasted; grilled; broiled

griller: faire griller to broil; to toast

grippe *f.* flu, influenza

gris *adj.* gray (3)

gros(se) *adj.* large; fat; thick (4); **grosses bises (gros bisous)** *fam.* hugs and kisses (*closing of letter*)

grossir to gain weight

guéri *adj.* cured, healed

guérison *f.* recovery

guerre *f.* war (16); **Première (Deuxième [Seconde]) Guerre mondiale** First (Second) World War

guerrier/ière *m., f.* warrior

guichet *m.* (ticket) window (9); counter, booth

guide *m., f.* guide; *m.* guidebook; instructions

Guinée *f.* Guinea

guitare *f.* guitar (3); **jouer de la guitare** to play the guitar

Guyane *f.* French Guiana

gym (*ab.* **gymnastique**) *f.* fitness training

gymnase *m.* gymnasium (2)

habilement *adv.* skillfully

habileté *f.* skill

s'habiller to get dressed (13)

habit *m.* clothing, dress

habitant(e) *m., f.* inhabitant; resident

habitation *f.* lodging, housing

habiter to live (2)

habitude *f.* habit; **d'habitude** *adv.* usually, habitually (2)

habitué (à) *adj.* accustomed (to)

habituel(le) *adj.* usual

*****hacher** to chop (up)

haïr to hate

Haïti *m.* Haiti (2, 3)

Haïtien(ne) *m., f.* Haitian (2)

*****harceler** to harass, torment

*****hardi** *adj.* bold, daring

*****haricot** *m.* bean; **haricots verts** green beans (6)

*****harissa** *m., f.* hot chili sauce

*****hasard** *m.* chance, luck; **jeux** *(m. pl.)* **de hasard** games of chance (15); **par hasard** by accident, by chance

*****hasardeux/euse** *adj.* dangerous, hazardous

*****hâte** *f.* haste; **à la hâte** hastily

*****hausse** *f.* increase

*****haut** *adj.* high; higher; tall; upper; *m.* top; height; **à voix haute** *adv.* in a loud voice, aloud; **de haut** high (*in measuring*); **du haut de** from the top of; **haute couture** *f.* high fashion; **là-haut** *adv.* up there

*****hauteur** *f.* height

hebdomadaire *m.* weekly (*publication*) (10)

hébergement *m.* lodging, accommodations; shelter

héberger (nous hébergeons) to shelter

hectare *m.* hectare (*slightly less than 2.5 acres*)

hein? *interj.* eh?

hélas *interj.* alas

herbe *f.* herb

héritage *m.* legacy, inheritance

héritier *m.* heir

*****héros** *m.* (*f.* **héroïne**) hero, heroine

hésiter (à) to hesitate (to)

heure *f.* hour; time; **à l'heure** on time (8); per hour; **à n'importe quelle heure** at any time; **à quelle heure... ?** (at) what time . . . ? (6); **à tout à l'heure** see you soon; **dans une heure** in one hour; **de bonne heure** early (6); **de l'heure** an hour, per hour; **demi-heure** *f.* half hour; **il est... heure(s)** it is . . . o'clock (6); **il est l'heure de** + *inf.* it's time to . . . ; **quelle heure est-il?** what time is it? (6); **tout à l'heure** in a while (5)

heureusement *adv.* fortunately, luckily

heureux/euse *adj.* happy; fortunate (3)

Hexagone *m.* (metropolitan) France

hier *adv.* yesterday (7); **avant-hier** day before yesterday (7); **hier matin** yesterday morning; **hier soir** last night (7)

histoire *f.* history (2); story

historien(ne) *m., f.* historian

historique *adj.* historical (12)

hiver *m.* winter; **en hiver** in the winter (5)

hollandais *adj.* Dutch

*****homard** *m.* lobster

hommage *m.* homage, respects; **en hommage à** in recognition of

homme *m.* man (1); **homme d'affaires** businessman; **homme politique** politician; **jeune homme** young man (3)

honnête *adj.* honest

honorer to honor

*****honte** *f.* shame; **avoir honte (de)** to be ashamed (of) (3)

hop: et hop! *interj.* bingo!

hôpital *m.* hospital (11)

horaire *m.* schedule

horreur *f.* horror; **avoir horreur de** to hate, detest; **j'ai horreur de...** I can't stand . . .

***hors de** *prep.* outside, beyond

***hors-d'œuvre** *m. inv.* appetizer (7)

hospitalier/ière *adj.* hospitable

hôtel *m.* hotel (11); **hôtel particulier** mansion, townhouse; **hôtel de ville** town hall, city hall

hôtellerie *f.* hotel business or management

hôtesse *f.* hostess; **hôtesse de l'air** flight attendant (9)

huile *f.* oil; **huile de tournesol** sunflower seed oil; **huile d'olive** olive oil (7); **sardines** (*f. pl.*) **à l'huile** sardines in oil (7)

***huit** *adj.* eight (1)

***huitième** *m.* one-eighth; *adj.* eighth (11)

huître *f.* oyster (7)

humain *adj.* human; *m.* human being; **corps** (*m.*) **humain** human body; **sciences** (*f. pl.*) **humaines** social sciences

humanitaire *adj.* humanitarian

humeur *f.* mood; temperament

humidité *f.* humidity, dampness

humoriste *m., f.* comedian

humour *m.* humor

hybride *adj.* hybrid; **voiture** (*f.*) **hybride** hybrid car (16)

s'hydrater to become hydrated

hymne *m.* hymn

hypocrisie *f.* hypocrisy

hypocrite *adj.* hypocritical (3)

ici *adv.* here (2)

icône *f.* icon (10)

idéal *m.* ideal; *adj.* ideal (3)

idéaliste *m., f.* idealist; *adj.* idealistic (3)

idée *f.* idea; **idées extrémistes** extremist ideas (16)

identifiant *m.* username (10)

identifier to identify

identité *f.* identity; **carte** (*f.*) **d'identité** ID card

idiome *m.* language

ignorer to not know; to have no experience of

il *pron., m. s.* he; it; there; **il faut** + *inf.* it is necessary to; one needs (8); **il n'y a pas de quoi** *interj.* you're welcome (7); **il y a** there is/are (1); ago (8); **il y a... que** for (*period of time*); it's been . . . since; **y a-t-il... ?** is/are there . . . ? (1)

île *f.* island (11)

illimité *adj.* unlimited

illuminer to light up

illustrer to illustrate

ils *pron., m. pl.* they

image *f.* picture, image

imaginer to imagine

imiter to imitate

immédiatement *adv.* immediately

s'immerger to dive

immeuble *m.* apartment or office building (4)

immigré(e) *m., f.* immigrant

imparfait *m., Gram.* imperfect (*verb tense*)

impatience *f.* impatience; **avec impatience** impatiently

impératif *m., Gram.* imperative, command

impératrice *f.* empress

imperméable *m.* raincoat (5)

impersonnel(le) *adj.* impersonal

s'implanter to take hold

impliqué *adj.* implicated, involved

important *adj.* important (3); large, great; **il est important que** + *subj.* it's important that (16)

importer to import; to matter; **n'importe (où)** any(where)

imposer to impose

impossible *adj.* impossible; **il est impossible que** + *subj.* it's impossible that (16)

impôts *m. pl.* (*direct*) taxes (16)

impressionnant *adj.* impressive

impressionné *adj.* impressed

impressionnisme *m.* impressionism (*art*)

impressionniste *m., f., adj.* impressionist (*art*)

imprévisible *adj.* unpredictable

imprimante *f.* (*computer*) printer (10)

imprimer to print

improviste: à l'improviste unexpectedly, without warning

inacceptable *adj.* unacceptable

inaugurer to unveil

incarner to embody

incendie *m.* blaze, fire

incertitude *f.* uncertainty

inclure (*p.p.* **inclus**) *irreg.* to include

inconcevable *adj.* inconceivable, unthinkable

inconfortable *adj.* uncomfortable

inconnu *adj.* unknown

incontestablement *adv.* unquestionably

inconvénient *m.* disadvantage

incorporer to incorporate

incroyable *adj.* unbelievable, incredible

Inde *f.* India

indéfini *adj.* indefinite; **pronom** (*m.*) **indéfini** *Gram.* indefinite pronoun

indemnité *f.* allowance, compensation

indéniable *adj.* undeniable

indépendance *f.* independence; **fête** (*f.*) **de l'Indépendance** Independence Day

indépendant *adj.* independent; **travailleur/euse** (*m., f.*) **indépendant(e)** self-employed worker (14)

indicatif *m., Gram.* indicative

indication *f.* instruction(s)

indice *m.* indication, sign

indicible *adj.* inexpressible

indiquer to show, point out (11)

indirect *adj.* indirect; **pronom** (*m.*) **d'objet indirect** *Gram.* indirect object pronoun

indiscrèt *adj.* indiscreet

indispensable *adj.* indispensable; **il est indispensable que** + *subj.* it's indispensable that (16)

individu *m.* individual

individualisé *adj.* individualized

individualiste *adj.* individualistic, nonconformist (3)

industrialisé *adj.* industrialized

industrie *f.* industry

industriel(le) *adj.* industrial (16); *m.* manufacturer; **déchets** (*m. pl.*) **industriels** toxic waste (16)

inédit *adj.* original

inégalité *f.* inequality

inertie *f.* inertia

inexact *adj.* incorrect

inférer (**j'infère**) to infer

infernal *adj.* terrible

infini *adj.* infinite

infinitif *m., Gram.* infinitive

infirmier/ière *m., f.* (hospital) nurse

influencer (nous influençons) to influence

infographie *f.* computer graphics

informaticien(ne) *m., f.* computer scientist

information *f.* (*fam.* **info**) information; *pl.* (*fam.* **infos**) news (broadcast) (10); **flash** (*m.*) **d'informations** newsbrief

informatique *f., adj.* computer science (2)

informé *adj.* informed; **bien (mal) informé** well (badly) informed

informel(le) *adj.* informal

informer to inform

ingénierie *f.* engineering (2)

ingénieur(e) *m., f.* engineer (14)

ingrédient *m.* ingredient

inhabituel(le) *adj.* unusual

initiateur/trice *m., f.* innovator, pioneer

initiation *f.* initiation, introduction

initiative: syndicat (*m.*) **d'initiative** (local) chamber of commerce; tourist information bureau (11)

initier (à) to introduce (s.o.) (to) (*activity, sport, cuisine, etc.*)

injure *f.* insult

injuste *adj.* unjust, unfair; **il est injuste que** + *subj.* it's unfair that (16)

innovant *adj.* innovative

inondation *f.* flood

inoubliable *adj.* unforgettable

inquiéter (j'inquiète) to trouble, concern, worry; to threaten

inquiétude *f.* worry

inscription *f.* inscription; matriculation; registration

inscrire (*like* **écrire**) *irreg.* to inscribe; **s'inscrire (à)** to join; to enroll; to register

insister to insist; **insister sur** to stress; to emphasize

inspirer to inspire; **s'inspirer de** to be inspired by

installation *f.* moving in; installation

installer to install; to set up; **s'installer** to settle down, settle in (13); to settle in (*to a new house*)

instant *m.* moment

instantané *adj.* instant

instituer to institute, set up

instituteur/trice *m., f.* elementary (primary) school teacher

instructeur/trice *m., f.* instructor

instrument *m.* instrument; **jouer d'un instrument** to play a musical instrument (3)

insuffisant *adj.* insufficient

insupportable *adj.* unbearable, insufferable

intègre *adj.* honest, upright

s'intégrer (je m'intègre) (à) to integrate oneself, get assimilated (into)

intégrisme *m.* fundamentalism (16)

intellectuel(le) *adj.* intellectual (3); *m., f.* intellectual (*person*)

intelligemment *adv.* intelligently

intention *f.* intention; meaning; **avoir l'intention de** to intend to

interdiction *f.* prohibition

interdire (*like* **dire, vous interdisez**) *irreg.* to forbid; to prohibit

interdit *adj.* forbidden; prohibited

intéressant *adj.* interesting (3)

intéresser to interest (14); **s'intéresser à** to be interested in

intérêt *m.* interest, concern

intérieur *adj.* inner, inside

interlocuteur/trice *m., f.* speaker, interlocutor

internaute *m., f.* Internet user

Internet *m.* Internet (10); **sur Internet** on the Internet (10)

interphone *m.* intercom, security phone

interprète *m., f.* singer, performer

interrogatif/ive *adj., Gram.* interrogative

interroger (sur) (nous interrogeons) to question, ask (about)

intervenir (*like* **venir**) *irreg.* to intervene

intervention *f.* intervention; speech; operation

interview *f.* interview (*journalism*)

interviewé(e) *m., f.* interviewee

interviewer to interview

intime *adj.* intimate; private; **journal** (*m.*) **intime** private diary

intimité *f.* intimacy

intouchable *adj.* untouchable

introduire to introduce

intrus(e) *m., f.* intruder

inutile *adj.* useless; **il est inutile que** + *subj.* it's useless that (16)

inventaire *m.* inventory

inventer to invent

inverser to reverse

investir to invest; **s'investir** to invest oneself

invité(e) *m., f.* guest, invitee

inviter to invite

ironie *f.* irony

irréductible *adj.* indomitable

irrégulier/ière *adj.* irregular

irrésistible *adj.* compelling

irrité *adj.* irritated, sore

isolé *adj.* isolated, alone

isolement *m.* isolation, loneliness

issu *adj.* stemming from

Italie *f.* Italy (2)

italien *adj.* Italian; *m.* Italian (*language*) (2); **Italien(ne)** *m., f.* Italian (*person*) (2)

italique *m.* italic; **en italique** in italics

itinéraire *m.* itinerary; **tracer un itinéraire** to map out an itinerary

ivoire *m.* ivory; **Côte d'Ivoire** *f.* Côte d'Ivoire

ivoirien(ne) *adj.* Ivorian; **Ivoirien(ne)** *m., f.* native (inhabitant) of Côte d'Ivoire

jamais *adv.* ever; **ne... jamais** *adv.* never (9)

jambe *f.* leg (13)

jambon *m.* ham (6)

janvier January (1)

Japon *m.* Japan (2)

japonais *adj.* Japanese; *m.* Japanese (*language*) (2); **Japonais(e)** *m., f.* Japanese (*person*) (2)

jardin *m.* garden, yard (4)

jardinage *m.* gardening (15); **faire du jardinage** to garden

jaune *adj.* yellow (3)

je (j') *pron., s.* I

jean(s) *m.* (*blue*) jeans (3)

jeter (je jette) to throw, throw away; **ne jetez plus** don't throw away any more

jeu (*pl.* **jeux**) *m.* game; game show; **console** (*f.*) **de jeux** gaming console (10); **jeu de mots** pun, play on words; **jeu télévisé** game show (10); **jeux de hasard** games of chance (15); **jeux de société** board games, group games (15); **jeux vidéo** video games (15)

jeudi *m.* Thursday (1); **le jeudi** on Thursdays (5)

jeune *adj.* young (4); *m. pl.* young people, youth; **jeune femme** *f.* young woman (3); **jeune fille** *f.* girl, young lady; **jeune homme** *m.* young man (3); **jeunes gens** *m. pl.* young men; young people; **jeunes mariés (mariées)** *m., f. pl.* newlyweds, newly married couple

jeûne *m.* fast, fasting

jeunesse *f.* youth, young people; **auberge** (*f.*) **de jeunesse** youth hostel (9)

job *m.* job; odd job; **job d'été** summer job

Joconde: la Joconde *Mona Lisa*

jogging *m.* jogging; **faire du jogging** to run, jog (5)

joie *f.* joy

joindre (*p.p.* **joint**) *irreg.* to join; to reach; to attach; to add

joint *adj.* connected, reachable

joli *adj.* pretty (4)

jouer to play (3); **jouer à** to play (*a sport or game*) (3); to play at (*being*); **jouer de** to play (*a musical instrument*) (3); **jouer un rôle** to play a role

jouet *m.* toy

joueur/euse *m., f.* player

jour *m.* day (1); **au jour le jour** from day to day; **chaque jour** every day; **dans quatre jours** in four days (5); **de nos jours** these days, nowadays, currently; **du jour** today's (*menu, exchange rate*); **jour d'action de grâce** Thanksgiving Day; **par jour** per day, each day; **plat** (*m.*) **du jour** today's special (*restaurant*); **quel jour on est (aujourd'hui)?** what day is it today? (1); **quel jour sommes-nous?** what day is it? (1); **quinze jours** two weeks; **tous les jours** every day (5); **un jour** someday (14)

journal (*pl.* **journaux**) *m.* newspaper (2); **journal intime** private journal, diary; **journal télévisé** television news program (10)

journaliste *m., f.* reporter, journalist (2)

journée *f.* (*whole*) day (6)

joyau *m.* jewel

joyeux/euse *adj.* joyful, merry

jugement *m.* judgment

juger to judge

Juif/Juive *m., f.* Jewish person

juillet July (1)

juin June (1)

jupe *f.* skirt (3); **minijupe** *f.* miniskirt

jurer to swear

jus *m.* juice; *fam.* coffee; **jus de fruit** fruit juice; **jus d'orange** orange juice (6)

jusqu'à (jusqu'en) *prep.* up to, as far as (11); until

juste *adj.* just; right, exact; *adv.* just, precisely; accurately; **il est juste que** + *subj.* it's fair (equitable) that (16)

justifier to justify

kabyle *m.* Kabylian (*language*)

kaki *adj. inv.* khaki

kasbah *m.* casbah (*walled citadel of some Arab cities*)

kif-kif: c'est kif-kif *fam.* (it's) all the same

kiffant *adj., fam.* likeable, pleasing

kiffer *fam.* to like

kilo(gramme) (kg) *m.* kilogram (7)

kilomètre (km) *m.* kilometer

kiosque *m.* kiosk; newsstand (10)

klaxon *m.* (*car*) horn

KO *adj. inv.* exhausted

la (l') *art., f. s.* the; *pron., f. s.* it, her

là *adv.* there; **là-bas** *adv.* over there (8); **oh, là, là** *interj.* good heavens, my goodness

laboratoire (*fam.* **labo**) *m.* laboratory (lab) (2)

labyrinthe *m.* labyrinth, maze

lac *m.* lake (8); **au bord du lac** on the lakeshore

lâcher to let go

laisser to let; to leave (*behind*) (6); **laisser** + *inf.* to let, allow

laine *f.* wool

lait *m.* milk (6); **café** (*m.*) **au lait** coffee with hot milk

laitier/ière *adj.* dairy, milk

laitue *f.* lettuce (6)

lampe *f.* lamp (4); flashlight; **lampe torche** flashlight

lancer (nous lançons) to launch; to start up; **se lancer dans** to take on, embark on

langage *m.* language (system of symbols)

langoustine *f.* prawn

langue *f.* language; tongue; **apprentissage** (*m.*) **des langues** language learning; **langue étrangère** foreign language; **langue maternelle** native language; **langues vivantes** modern languages

lapin *m.* rabbit

large *adj.* wide; extensive; **au large de Dakar** off (of) Dakar

larme *f.* tear (drop)

las(se) weary (16)

latin: Quartier (*m.*) **latin** Latin Quarter (*in Paris*)

lauréat(e) *m., f.* (award) winner

laurier *m.* laurel, bay; **feuille** (*f.*) **de laurier** bay leaf

lavabo *m.* bathroom sink (4)

lavande *f.* lavender

lave-vaisselle *m.* (*automatic*) dishwasher

laver to wash; **se laver** to wash (*oneself*) (13); **se laver les mains** to wash one's hands

laveuse *f.* washing machine

le (l') *art., m. s.* the; *pron., m. s.* it, him

leçon *f.* lesson

lecteur/trice *m., f.* reader

lecture *f.* reading (15)

légalisation *f.* legalization (16)

légendaire *adj.* legendary

légende *f.* legend

léger/ère *adj.* light; lightweight; slight; mild

légume *m.* vegetable (6)

lendemain *m.* day after

lent *adj.* slow

lequel (laquelle, lesquels, lesquelles) *pron.* which one, who, whom, which (15)

les *art., pl., m., f.* the; *pron., pl., m., f.* them

lessive *f.* laundry; **faire la lessive** to do the laundry (5)

lettre *f.* letter (10); *pl.* literature; humanities; **arts** (*m.*) **et lettres** humanities; **boîte** (*f.*) **aux lettres** mailbox (10); **faculté** (*f.*) **des lettres** School of Arts and Letters; **mettre une lettre à la poste** to mail a letter (10); **poster une lettre** to mail a letter

leur *adj., m., f.* their; *pron., m., f.* to them; **le/la/les leur(s)** *pron.* theirs

lever (je lève) to raise, lift; **levez la main** raise your hand; **se lever** to get up; to get out of bed (13)

levier *m.* lever

lèvres *f. pl.* lips; **rouge** (*m.*) **à lèvres** lipstick

lexique *m.* lexicon, vocabulary

liaison *f.* liaison; love affair

Liban *m.* Lebanon (2)

libanais *adj.* Lebanese; **Libanais(e)** *m., f.* Lebanese (*person*) (2)

libéral *adj.* liberal; **professions** (*f. pl.*) **libérales** professions (*private practice*)

libérer (je libère) to free

liberté *f.* freedom; **liberté d'expression** freedom of expression

librairie *f.* bookstore (2)

libre *adj.* free; available; vacant; **plongée** (*f.*) **libre** snorkeling (8); **temps** (*m.*) **libre** leisure time (15); **union** (*f.*) **libre** cohabitation, common-law marriage

libre-service *m. inv.* self-service

Libye *f.* Libya

licence *f.* French university degree (*U.S. bachelor's degree*)

lien *m.* tie, bond; link (10)

lieu *m.* place (2); **au lieu de** *prep.* instead of, in the place of; **avoir lieu** to take place

ligne *f.* line; bus line (9); figure; **en ligne** online

lilas *m. inv.* lilac

limite *f.* limit, deadline; **limite de vitesse** speed limit

limiter to limit

limonade *f.* lemonade; soft drink

lin *m.* linen

linge *m.* laundry

linguiste *m., f.* linguist

linguistique *f.* linguistics (2)

liqueur *f.* liquor; liqueur

liquide *m., adj.* liquid; cash; **argent** (*m.*) **liquide** cash (14); **payer en liquide** to pay in cash (14)

lire (*p.p.* **lu**) *irreg.* to read (10)

liseuse *f.* e-reader (10)

lisible *adj.* legible

liste *f.* list

lit *m.* bed (4); **faire son lit** to make one's bed; **wagon-lit** *m.* sleeping car

litre *m.* liter

littéraire *adj.* literary

littérature *f.* literature (2)

livraison *f.* delivery

livre *m.* book (1); **livre numérique** e-book (10); **livre papier** print book

locataire *m., f.* renter

location *f.* rental; rent

logement *m.* lodging(s), place of residence (4)

loger to reside, live

logiciel *m.* software (program) (10)

logique *m.* logic; *adj.* logical

loi *f.* law

loin *adv.* far; **loin de** *prep.* far from (4)

loisir *m.* leisure; *pl.* leisure activities (15)

Londres London

long(ue) *adj.* long (3); **le long de** (all) along; **tout au long de** throughout

longtemps *adv.* (for) a long time; **il y a longtemps** a long time ago

lors de at the time of

lorsque *conj.* when

loterie *f.* lottery

loto *m.* lottery

louer to rent (4); to reserve; **à louer** for rent

Louisiane *f.* Louisiana

loup *m.* wolf

lourd *adj.* heavy

loyer *m.* rent (*payment*) (4)

ludique *adj.* playful

lui *pron., m., f.* he; it; to him; to her; to it; **lui-même** *pron., m. s.* himself (12)

lumière *f.* light; **Siècle** (*m.*) **des lumières** Age of Enlightenment

lumineux: voyant lumineux *m.* indicator light

lundi *m.* Monday (1); **le lundi** on Mondays (5)

lune *f.* moon

lunettes *f. pl.* (eye)glasses (8); **lunettes de ski** ski goggles (8); **lunettes de soleil** sunglasses (8)

lutter to fight

luxe *m.* luxury

luxueux/euse *adj.* luxurious

lycée *m.* lycée (*French secondary school*)

lycéen(ne) *m., f.* secondary school student

lyonnais *adj.* of (from) Lyon

lyrique *adj.* lyrical

lys: fleur (*f.*) **de lys** fleur de lis, trefoil

ma *adj., f. s.* my; **pour ma part** in my opinion, as for me (16)

machine *f.* machine; **machine à café** coffeemaker; **machine à calculer** calculator; **machine à coudre** sewing machine

Madagascar *m.* Madagascar (2, 16)

madame (Mme) (*pl.* **mesdames**) *f.* Madam, Mrs. (ma'am) (1)

mademoiselle (Mlle) (*pl.* **mesdemoiselles**) *f.* Miss (1)

magasin *m.* store, shop (7); **grand magasin** department store; **magasin d'alimentation** food store

magazine *m.* (*illustrated*) magazine (4)

Maghreb *m.* Maghreb, North Africa

maghrébin *adj.* from the Maghreb; North African

magie *f.* magic

magique *adj.* magic, magical

magnifique *adj.* magnificent (12)

mai May (1)

mail *m.* e-mail (10)

maillot *m.* jersey, T-shirt; **maillot de bain** swimsuit (5); **maillot jaune** yellow jersey (*worn by current leader in the Tour de France*)

main *f.* hand (13); **sac** (*m.*) **à main** handbag, purse (3); **se laver les mains** to wash one's hands; **se serrer la main** to shake hands

maintenant *adv.* now (2); **à partir de maintenant** from now on (14)

maintenir to maintain

maintien *m.* keeping, upholding

maire *m., f.* mayor

mairie *f.* town (city) hall (11)

mais *conj.* but (2); **mais non** (but) of course not; **mais si** of course (*affirmative answer to negative question*)

maison *f.* house, home (4); company, firm; **à la maison** at home; **fait maison** *adj. inv.* homemade; **Maison-Blanche** *f.* White House; **maison d'édition** publishing company

maître (maîtresse) *m., f.* master (mistress)

maîtriser to master, have a command of (14)

majestueux/euse *adj.* majestic, stately

majeur *adj.* major

majoritairement *adv.* mostly, in the majority

majorité *f.* majority

mal *adv.* badly (1); *m.* evil; pain (*pl.* **maux**); **aller mal** to feel bad (ill); **avoir du mal à** to have trouble (difficulty); **avoir mal (à)** to hurt, have a pain; **avoir mal à la tête (au ventre)** to have a headache (stomachache) (13); **ça va mal** bad(ly) (things are going badly) (1); **(le) plus mal** worse (worst); **pas mal** not bad(ly) (1); **pas mal de** a lot of

malade *m., f.* sick person; patient; *adj.* sick (13)

maladie *f.* illness, disease; **assurances** (*f. pl.*) **maladie** health insurance

malaise *m.* uneasiness

malchance *f.* bad luck, misfortune

mâle *adj.* male

malgache *adj.* Malagasy (2); **Malgache** *m., f.* native (inhabitant) of Madagascar (2)

malgré *prep.* in spite of

malheur *m.* unhappiness

malheureusement *adv.* unfortunately; sadly

malheureux/euse *adj.* unhappy; miserable

malin *adj.* cunning, shrewd

maltraité *adj.* mistreated

maman *f., fam.* mom, mommy

mamie *f., fam.* grandma

mandat *m.* mandate, term in office

manger (nous mangeons) to eat (2); *n. m.* food; **salle** (*f.*) **à manger** dining room (4)

mangeur/euse *m., f.* eater

mangue *f.* mango

maniable *adj.* easy to handle, manageable

manier to wield; to handle

manière *f.* manner, way; **bonnes manières** good manners

manifestation (*fam.* **manif**) *f.* (*political*) demonstration; **manifestation sportive** sporting event (15)

manifester (pour, contre) to demonstrate (for, against) (16)

mannequin *m.* fashion model

manque *m.* lack, shortage

manquer to lack; **manquer à** to be missed by

manteau *m.* coat, overcoat (5)

se maquiller to put on makeup (13)

marais *m.* marsh, swamp

marchand(e) *m., f.* merchant, shopkeeper; **marchand(e) de vin** wine merchant

marchander to bargain

marche *f.* walking (15); step (*stair*)

marché *m.* market; deal, transaction; **bon marché** *adj. inv.* cheap, inexpensive; **faire le marché** to do the shopping, go to the market (5); **marché aux puces** flea market; **marché de l'emploi** job market (14); **marché en plein air** outdoor market (11)

marcher to walk (15); to work (*machine, object*)

mardi *m.* Tuesday (1); **le mardi** on Tuesdays (5)

mari *m.* husband (5)

mariage *m.* marriage; wedding (13); **mariage à l'essai** trial marriage

marié *adj.* married (5); **jeunes mariés (mariées)** *m., f. pl.* newlyweds, newly married couple

se marier (avec) to get married (to) (13)

marin *adj.* maritime, of the sea; **plongée** (*f.*) **sous-marine** scuba diving (8); **sous-marin** *m.* submarine

Maroc *m.* Morocco (2)

marocain *adj.* Moroccan; **Marocain(e)** *m., f.* Moroccan (*person*) (2)

marque *f.* trade name, brand, make

marquer to mark; to indicate

marrant *adj., fam.* funny, hilarious

marre: avoir marre de *fam.* to be fed up with

se marrer to have a good time

marron *adj. inv.* brown (3); *m.* chestnut; **dinde** (*f.*) **aux marrons** turkey with chestnuts

mars March (1)

martiniquais *adj.* Martinican; **Martiniquais(e)** *m., f.* Martinican (*person*)

Martinique *f.* Martinique (15)

masculin *adj.* masculine

masque *m.* mask

masqué *adj.* masked

master *m.* masters degree (*in France*)

mât *m.* pole, climbing pole

match *m.* game (15); **match de foot(ball) (de rugby)** soccer game (rugby match)

matérialiste *adj.* materialistic

matériau (*pl.* **matériaux**) *m.* material; building material

matériel *m.* material(s); **matériel(le)** *adj.* material

maternel(le) *adj.* maternal; **(école)** (*f.*) **maternelle** nursery school, preschool; **langue** (*f.*) **maternelle** native language

maternité *f.* maternity, childbearing

mathématiques (*fam.* **maths**) *f. pl.* mathematics (2)

matière *f.* academic subject (2); material; **en matière de** in the matter of, as far as . . . is concerned

matin *m.* morning; **ce matin** this morning (5); **du matin** in the morning (6); **petit matin** early morning; **tous les matins** every morning (9)

matinal *adj.* morning

matinée *f.* morning (*duration*) (7)

mauresque *adj.* Moorish

mauvais *adj.* bad (4); **il fait mauvais** it's bad (weather) out (5); **le/la plus mauvais(e)** the worst; **plus mauvais(e)** worse

me (m') *pron., s.* me, to me, for me

mec *m., fam.* guy

mécanicien(ne) *m., f.* mechanic

mécanisme *m.* mechanism

médaille *f.* medal

médecin *m., f.* doctor, physician (14); **médecin généraliste** general practitioner

médias *m. pl.* (mass) media (10)

médicament *m.* medication; drug

médiéval *adj.* medieval (12)

médina *f.* medina (*old part of city in Morocco*)

méditer to meditate

meilleur *adj.* better (14); **le/la/les meilleur(e)(s)** the best

mél *m.* e-mail

mélange *m.* mixture

mélanger (nous mélangeons) to mix

mêlée *f.* scrum (*rugby*)

se mêler to mingle

membre *m.* member; **membres** (*pl.*) **de l'équipage** flight crew (9)

même *adj.* same (8); itself; very same; *adv.* even (8); **de même** *adv.* likewise; **en même temps** at the same time; **le/la/les même(s)** the same one(s) (15); **moi-même** *pron.* myself (12); **quand même** anyway, even so

mémoire *m.* memory; *pl.* memoirs

ménage *m.* housekeeping; household; **faire le ménage** to do the housework (5); **scène** (*f.*) **de ménage** domestic squabble

ménager/ère *adj.* household; **tâches** (*f. pl.*) **ménagères** household tasks

mener (je mène) (à) to lead (to)

mensuel(le) *adj.* monthly; **mensuel** *m.* monthly (*publication*) (10)

menthe *f.* mint (*leaves*)

mentionner to mention

menton *m.* chin

menu *m.* menu; fixed-price menu (7)

mer *f.* sea, ocean (8); **au bord de la mer** at the seashore

merci *interj.* thank you (1); **merci beaucoup** thank you very much (1)

mercredi *m.* Wednesday (1); **le mercredi** on Wednesdays (5)

mère *f.* mother (5); **belle-mère** mother-in-law; stepmother (5); **grand-mère** grandmother (5)

méridien *m.* meridian

mérite *m.* merit, worth

mériter to deserve, be worth

merveille *f.* marvel; **à merveille** *adv.* marvelously

merveilleux/euse *adj.* wonderful

mes *adj., m., f., pl.* my

mesdames *f., pl.* ladies

message (*m.*) **électronique** e-mail message

messager/ère *m., f.* messenger

messe *f.* (*Catholic*) Mass

messieurs dames ladies and gentlemen

mesure *f.* measure; **dans une moindre mesure** to a lesser extent; **prendre des mesures** to take measures; **sur mesure** custom-made

météo *f., fam.* weather forecast (5)

méthode *f.* method

métier *m.* trade, profession (14)

métissage *m.* mixing of races

mètre *m.* meter

métro *m.* subway (*train, system*) (9); **station** (*f.*) **de métro** metro station

métropole *f.* metropolis

métropolitain *adj.* metropolitan; from (of) mainland France

mets *m. s.* food, dish

metteur/euse (*m., f.*) **en scène** producer; film or theater director

mettre (*p.p.* **mis**) *irreg.* to place, put (10); to put on (10); to turn on; to take (*time*); to admit, grant; **mettre à mort** to put to death; **mettre en valeur** to emphasize; **mettre la table (le couvert)** to set the table (10); **mettre ses vêtements** to get dressed; **mettre une lettre à la poste** to mail a letter (10); **se mettre à** to begin to (*do s.th.*) (13)

meuble *m.* piece of furniture (5); **meubles d'époque** antique furniture

meublé *adj.* furnished

meuf *f., fam.* chick, woman, girl

meule *f., fam.* moped

meurs, meurt (see **mourir**)

mexicain *adj.* Mexican; **Mexicain(e)** *m., f.* Mexican (*person*) (2)

Mexico Mexico City

Mexique *m.* Mexico (2)

mi-: (à la) mi-juin (in) mid-June

micro-trottoir *m.* street interview

midi noon; **Midi** *m.* south-central region of France; **après-midi** *m. or f.* afternoon (5); **de l'après-midi** in the afternoon (6); **il est midi** it's noon (6)

miel *m.* honey

mien(ne)(s) (le/la/les) *pron., m., f.,* mine

mieux *adv.* better (15); **aimer mieux** to prefer (2); **il vaut mieux que** + *subj.* it's better that (16); **mieux (le mieux)** better (the best) (15); **tant mieux** so much the better (15)

mijoter to simmer

milieu *m.* environment; milieu, setting; middle; **au milieu de** in the middle of

militaire *adj.* military

militairement *adv.* militarily

militer pour (contre) to militate, argue for (against)

mille *adj.* thousand (7)

millénaire *m.* one thousand; millennium; *adj.* millennial; **traditions** (*f.*) **millénaires** time-honored traditions

milliard *m.* billion (7)

milliardaire *m., f.* billionaire

millier *m.* (around) a thousand

million *m.* million (7)

mince *adj.* thin; slender

minceur *f.* leanness, slenderness

mine *f.* appearance, demeanor; mine; **vous n'avez pas bonne mine** you don't look well

minéral: eau (*f.*) **minérale** mineral water (6)

minier/ière *adj.* mining

ministre *m., f.* minister; **premier/ière ministre** prime minister

minuit midnight; **il est minuit** it's midnight (6)

minute *f.* minute; **dans dix minutes** in ten minutes

miraculeux/euse *adj.* miraculous

miroir *m.* mirror (4)

mise *f.* placement; **mise à distance** separating; **mise en circulation** putting into circulation; **mise en place** placement

misère *f.* misery, poverty

missionnaire *m., f.* missionary

mitaine *f.* mitten

mixeur *m.* mixer

mixité *f.* diversity

mixte *adj.* mixed

mobile *m.* cell phone

mobiliser to mobilize

mobilité *f.* mobility

mobylette *f.* moped

mode *f.* fashion, style; *m.* form, mode; *adj.* fashionable; **à la mode** in style; **créateur/trice** (*m., f.*) **de mode** fashion designer

modèle *m.* model; pattern

moderniser to modernize, to bring up to date

modernité *f.* modernity

modeste *adj.* modest, humble (3)

modifié *adj.* modified

moi *pron. s.* I, me; **c'est moi** it's me; **chez moi** at my place; **excusez-moi** excuse me; **moi aussi** me too (3); **moi-même** *pron.* myself (12); **moi non plus** me neither (3); **selon moi** in my view

moindre *adj.* less, lesser; **dans une moindre mesure** to a lesser extent; **le/la/les moindre(s)** the least

moine *m.* monk

moins *adv.* less; minus; **au moins** at least; **le moins** the least; **moins de...** fewer than (*with numbers*); **moins le quart** quarter to (the hour) (6); **moins... que** less . . . than (14); **plus ou moins** more or less

mois *m.* month (1); **par mois** per month

moitié *f.* half

môme *m., f., fam.* kid

moment *m.* moment; **au dernier moment** at the last moment; **au moment de partir** upon leaving; **en ce moment** now, currently; **pour le moment** for the moment

momie *f.* mummy

mon *adj., m. s.* my

monde *m.* world (8); people; society; **Coupe (f.) du Monde** World Cup (*soccer*); **tiers-monde** *m.* Third World; **tour (m.) du monde** trip around the world; **tout le monde** everybody, everyone (7, 9)

mondial *adj.* world; worldwide; **Première (Deuxième [Seconde]) Guerre (f.) mondiale** First (Second) World War

mondialement *adv.* throughout the world

mondialisation *f.* globalization (16)

monétaire *adj.* monetary

moniteur *m.* monitor; screen

monnaie *f.* coins, change (14); currency (*units*) (14)

monopole *m.* monopoly

monsieur (M.) (*pl.* **messieurs**) *m.* Mister; gentleman; sir (1); **croque-monsieur** *m.* grilled ham and cheese sandwich

montagne *f.* mountain (8); **à la montagne** in the mountains; **chaussures (f.) de montagne** hiking boots (8); **faire du vélo de montagne** to go mountain biking

montant *m.* sum, amount (14); total

montée *f.* increase

monter (dans) to set up, organize; to put on; to carry up; to go up; to climb (into) (8); **en montant à bord** embarking, getting on board

montre *f.* watch; wristwatch

montre connectée smartwatch (10)

montrer to show (3)

monument *m.* monument

monumental *adj.* huge

moquer: se moquer de to make fun of

moral *m.* morale, spirits

morale *f.* moral philosophy

moralement *adv.* in one's morale; morally

moralité *f.* morals, morality

morceau *m.* piece (7); **morceau de gâteau** piece of cake

mordre to bite

mort *f.* death; *adj.* dead; **mettre à mort** to put to death; **mort de fatigue** dead-tired; **nature (f.) morte** still life

mosaïque *f.* mosaic

mosquée *f.* mosque

mot *m.* word (1); **jeu (m.) de mots** pun, play on words; **mot apparenté** related word, cognate; **mot clé** key word; **mot de passe** password (10)

moteur (m.) de recherche search engine (10)

motivation *f.* motive; **lettre (f.) de motivation** cover letter, letter in support of one's application

motivé *adj.* motivated

motocyclette (*fam.* **moto**) *f.* motorcycle (9)

mou (molle) *adj.* soft; dull

mouche *f.* fly, housefly; **bateau-mouche** (*pl.* **bateaux-mouches**) *m.* tourist boat on the Seine

moufle *f.* mitt, mitten

moule *f.* mussel (*seafood*)

mourant *adj.* dying

mourir (*p.p.* **mort**) *irreg.* to die (8); **s'ennuyer à mourir** to be bored to death

mousse *f.* foam; **mousse (f.) au chocolat** chocolate mousse

mousser to bubble; to sparkle

mouton *m.* sheep

mouvement *m.* movement

moyen *m.* mean(s); way; **moyen de transport** means of transportation (9); **un bon (meilleur) moyen** a good (better) way

moyen(ne) *adj.* average; all right (*in response to* **comment vas-tu?**); **cadre (m., f.) moyen** middle manager; **des classes (f.) moyennes** middle classes; **de taille moyenne** of medium height (3); **Moyen Âge** *m. s.* Middle Ages

moyennant *prep.* in return for (which)

moyenne *f.* average; **en moyenne** on (an) average

muet(te) *adj.* mute

multinationale *f.* multinational (corporation)

multiplier to multiply

mur *m.* wall (4)

muraille *f.* wall

musée *m.* museum (11)

musical (*pl.* **musicaux**) *adj.* musical

musicien(ne) *m., f.* musician (12)

musique (*fam.* **zik**) *f.* music (2); **musique classique** classical music

musulman(e) *m., f.* Muslim

mutation *f.* change, alteration

mystère *m.* mystery

mystérieux/euse *adj.* mysterious, strange

nager (**nous nageons**) to swim (8)

naïf/ive *adj.* naive (3); simple

naissance *f.* birth

naissant *adj.* emerging

naître (*p.p.* **né**) *irreg.* to be born (8)

nana *f., fam.* babe (pretty girl)

nappe *f.* tablecloth (6)

narrateur/trice *m., f.* narrator

natal *adj.* native

natation *f.* swimming

nation *f.* nation; **Organisation (f.) des Nations Unies (ONU)** United Nations (UN)

nationaliste *m., f.* nationalist; *adj.* nationalistic, nationalist

nationalité *f.* nationality (2)

nature *f.* nature (16); **nature morte** still life

naturel(le) *adj.* natural; **ressources (f. pl.) naturelles** natural resources (16); **sciences (f. pl.) naturelles** natural sciences (2)

nautique *adj.* nautical; **ski (m.) nautique** water-skiing (8)

navet *m., fam.* bad film, flop

navigateur *m.* browser (10)

n'dolé *m. hearty soup of Cameroon*

ne (n') *adv.* no; not; **ne... aucun(e)** none, not one; **ne... jamais** never, not ever (9); **ne... ni... ni** neither . . . nor; **ne... pas** no; not; **ne... pas du tout** not at all (9); **ne... pas encore** not yet (9); **ne... personne** no one, nobody (9); **ne... plus** no more, no longer (9); **ne... que** only (9); **ne... rien** nothing (9); **n'est-ce pas?** isn't it (so)?, isn't that right? (3)

néanmoins *adv.* nevertheless

nécessaire *adj.* necessary; **il est nécessaire que** + *subj.* it's necessary that (16)

nécessité *f.* need

nécessiter to require, necessitate

né(e) (see **naître**)

négatif/ive *adj.* negative

négativement *adv.* negatively

négociateur/trice *m., f.* negotiator

négocier to negotiate

négrier/ière: traite (*f.*) **négrière** slave trade

négritude *f.* Negritude (*1930s Black consciousness movement*)

neige *f.* snow; **surf** (*m.*) **des neiges** snowboarding

neiger (il neigeait) to snow; **il neige** it's snowing (5)

nénuphar *m.* water lily

nerveux/euse *adj.* nervous (3)

net(te) *adj.* clear; net (*price*)

nettoyer (je nettoie) to clean

neuf *adj.* nine (1)

neuf (neuve) *adj.* new, brand-new; **quoi de neuf?** what's new?; **remettre à neuf** to restore; **Terre-Neuve** *f.* Newfoundland

neutre *adj.* neutral

neuvième *adj.* ninth (11)

neveu *m.* nephew (5)

nez *m.* nose (13)

ni *conj.* neither; nor; **ne... ni... ni** neither . . . nor

niçois(e) *adj.* of/from Nice

nièce *f.* niece (5)

niveau *m.* level; **niveau de vie** standard of living

noces: repas (*m.*) **de noces** wedding meal/party; **voyage** (*m.*) **de noces** honeymoon trip

Noël *m.* Christmas; **bûche** (*f.*) **de Noël** Yule log (*pastry*); **père** (*m.*) **Noël** Santa Claus; **réveillon** (*m.*) **de Noël** midnight Christmas dinner

noir *adj.* black (3)

noisette *f.* hazel nut

noix *f.* nut; **noix de coco** coconut

nom *m.* noun; name; **au nom de** in the name of

nombre *m.* number (1); quantity; **nombres** (*pl.*) **ordinaux** ordinal numbers

nombreux/euse *adj.* numerous

nommer to name; to appoint

non *interj.* no; not (1); **moi non plus** me neither (3); **non plus** neither, not . . . either

nord *m.* north (8); **Amérique** (*f.*) **du Nord** North America; **au nord** to the north (8); **Nord-américain(e)** *m., f.* North American (*person*); **nord-est** *m.* northeast (8); **nord-ouest** *m.* northwest (8)

normal *adj.* normal; **il est normal que** + *subj.* it's normal that (16)

normalement *adv.* usually

normand *adj.* Norman; **à la normande** in the Norman style

Normandie *f.* Normandy

Norvège *f.* Norway

nos *adj., m., f., pl.* our

notamment *adv.* notably; especially

note *f.* note; grade (*academic*); **bonnes (mauvaises) notes** good (bad) grades; **prendre des notes** to take notes

noter to notice; to note, write down

notre *adj., m., f., s.* our

nôtre(s): le/la/les nôtre(s) *pron., m., f.* ours; our own

nourrir to nourish

nourrissant *adj.* nourishing

nourriture *f.* food (6)

nous *pron., pl.* we; us; **nous-mêmes** *pron., pl.* ourselves (12); **nous sommes lundi (mardi...)** it's Monday (Tuesday . . .) (1); **quel jour sommes-nous?** what day is it? (1)

nouveau (nouvel, nouvelle [nouveaux, nouvelles]) *adj.* new (3); **à nouveau** once more; **de nouveau** again (11); **la nouvelle cuisine** lighter, low-fat cooking style; **La Nouvelle-Orléans** New Orleans; **Nouveau-Brunswick** *m.* New Brunswick; **Nouveau-Mexique** *m.* New Mexico; **Nouvel An** *m.* New Year's; **Nouvelle-Écosse** *f.* Nova Scotia

nouveauté *f.* novelty

nouvelle *f.* piece of news; short story; *pl.* news, current events; **bonne (mauvaise) nouvelle** good (bad) news

novembre November (1)

noyer to drown

nu *adj.* naked

nuage *m.* cloud

nuageux/euse *adj.* cloudy; **le temps est nuageux** it's cloudy (5)

nucléaire *adj.* nuclear; **armes** (*f. pl.*) **nucléaires** nuclear weapons; **centrale** (*f.*) **nucléaire** nuclear power plant; **déchets** (*m. pl.*) **nucléaires** nuclear waste (16); **énergie** (*f.*) **nucléaire** nuclear power (16)

nuit *f.* night (7); **boîte** (*f.*) **de nuit** nightclub, club (15); **de nuit** at night

nul(le) *adj.,* null; worthless; *fam.* no good

numérique *adj.* digital; **appareil** (*m.*) **(photo) numérique** digital camera (10); **livre** (*m.*) **numérique** e-book (10)

numéro *m.* number (10); **numéro de téléphone** telephone number (10)

numéroter to number

nymphéa *m.* white water lily

obéir to obey

objectif *m.* goal, objective

objet *m.* object; objective; **pronom** (*m.*) **complément d'objet direct (indirect)** *Gram.* direct (indirect) object pronoun

obligatoire *adj.* obligatory; mandatory; **service** (*m.*) **(militaire) obligatoire** mandatory military service

obligatoirement *adv.* necessarily, obligatorily

obligé *adj.* obliged, required; **être obligé de** to be obliged to

observateur/trice *m., f.* observer

observer to observe

obsolète *adj.* obsolete, outdated

obtenir (*like* **tenir**) *irreg.* to obtain, get (8)

obtention *f.* obtaining; achieving

occasion *f.* opportunity; occasion; bargain

occident *m.* the west

occidental *adj.* (*pl.* **occidentaux**) western, occidental; **Afrique** (*f.*) **occidentale** western Africa; **Virginie-Occidentale** *f.* West Virginia

occupé *adj.* occupied; busy

occuper to occupy; **s'occuper de** to look after, take care of

océan *m.* ocean, sea; **océan Atlantique** Atlantic Ocean

Océanie *f.* Oceania, the South Sea Islands

ocre *adj.* ochre (yellow-earth color)

octobre October (1)

odeur *f.* odor, smell

odorat *m.* sense of smell

odorant *adj.* fragrant

œil (*pl.* **yeux**) *m.* eye (13); **coup** (*m.*) **d'œil** glance, quick look

œnologue *m., f.* oenologist, wine expert

œuf *m.* egg (6)

œuvre *f.* work; artistic work; **chef-d'œuvre** (*pl.* **chefs-d'œuvre**) *m.* masterpiece (12); *****hors-d'œuvre** *m. inv.* appetizer (7); **œuvre d'art** work of art (12)

officiel(le) *adj.* official

offre *f.* offer; **offre d'emploi** job offer

offrir (*like* **ouvrir**) *irreg.* to offer (14)

oignon *m.* onion (7); **soupe** (*f.*) **à l'oignon** (French) onion soup

oiseau *m.* bird

olive *f.* olive; **huile** (*f.*) **d'olive** olive oil (7)

olivier *m.* olive tree

ombre *f.* shadow; shade
ombrelle *f.* parasol
omelette *f.* omelet
on *pron. s.* one, they, we
oncle *m.* uncle (5)
onze *adj.* eleven (1)
onzième *adj.* eleventh (11)
opéra *m.* opera (15)
opinion *f.* opinion; **exprimer une opinion** to express an opinion (16); **opinion publique** public opinion (16)
opposé *m.* the opposite
optimiste *m., f.* optimist; *adj.* optimistic (3)
or *m.* gold
orage *m.* storm
orageux/euse *adj.* stormy; **le temps est orageux** it's stormy (5)
orange *adj. inv.* orange (3); *m.* orange (*color*); *f.* orange (*fruit*) (6); **jus** (*m.*) **d'orange** orange juice (6)
orchestre *m.* orchestra; band
ordinaire *adj.* ordinary, regular (3)
ordinal *adj.* ordinal; **nombres** (*m. pl.*) **ordinaux** ordinal numbers
ordinateur (*fam.* **ordi**) *m.* computer (1); **ordinateur portable** (*fam.* **portable** *m.*) laptop computer (1)
ordonner to order (*s.o. to do s.th.*)
ordre *m.* order; command; **dans le bon ordre** in the right order; **dans l'ordre chronologique** in chronological order; **en ordre** orderly, neat (4)
oreille *f.* ear (13)
organe *m.* organ
organique *adj.* organic
organiser to organize
organisme *m.* organization, institution; organism
oriental (*pl.* **orientaux**) *adj.* Oriental
orientation *f.* orientation; direction; **conseiller/ère** (*m., f.*) **d'orientation** guidance counselor
orienté *adj.* facing
s'orienter to orient oneself, get one's bearings
originaire (*adj.*) **de** native to
original (*pl.* **originaux**) *adj.* original; eccentric
originalité *f.* originality, imagination
origine *f.* origin; **d'origine algérienne** of Algerian origin (background); **pays** (*m.*) **d'origine** native country, nationality
orné *adj.* decorated
ornement *m.* ornament; embellishment, adornment
orteil *m.* toe
orthographe *f.* spelling
os *m.* bone
ou *conj.* or; either (2); **ou bien** or else
où *adv.* where (4); *pron.* where, in which, when (14); **où est... ?** where is . . . ?
ouah ouah! *interj.* bow-wow!, woof!
oublier (de) to forget (to) (8)
ouest *m.* west (8); **à l'ouest** to the west (8); **Afrique** (*f.*) **de l'ouest** West Africa; **nord-ouest** *m.* northwest (8); **ouest-africain** *adj.* West African; **sud-ouest** *m.* southwest (8)
ouf *interj.* phew, whew
oui *interj.* yes (1); **oui, mais...** yes, but . . . (10)
ouïe *f.* sense of hearing
ouragan *m.* hurricane
outil *m.* tool
outre-mer *adv.* overseas
ouvert *adj.* open; frank

ouverture *f.* opening
ouvrier/ière *m., f.* (*manual*) worker, laborer (14)
ouvrir (*p.p.* **ouvert**) *irreg.* to open (14)

pacifiste *adj.* pacifistic
pacsé *adj.* legally joined by a PACS
pacser: se pacser *v.* to enter into a civil union (13)
page (*f.*) **d'accueil** homepage (10)
pager *m.* pager
pain *m.* bread (6); **baguette** (*f.*) **de pain** (French) bread, baguette; **pain au chocolat** chocolate croissant; **pain de campagne** country-style bread, wheat bread (7)
pair: au pair au pair (*child care by foreign student*)
paix *f.* peace
palais *m.* palace (12)
palmarès *m.* record of achievement
palmeraie *f.* palm grove
palmier *m.* palm tree
pamplemousse *m.* grapefruit
Paname *m., fam.* Paris
pandémie *f.* pandemic
pané *adj.* fried in breadcrumbs
panier *m.* basket
panne *f.* (*mechanical*) breakdown; **en panne** broken down
panneau *m.* billboard, sign
panoramique *adj.* with a panoramic view
pantalon *m.* (pair of) pants (3)
papa *m., fam.* dad, daddy
papier *m.* paper; **livre** (*m.*) **papier** print book (10)
papillon *m.* butterfly
Pâques *f. pl.* Easter
paquet *m.* package
par *prep.* by, through, with (4, 12); **commencer (finir) par** to begin (end up) by; **par avion** air-mail; **par cœur** by heart; **par exemple** for example (16); **par *hasard** by chance; **par jour (semaine,** *etc.***)** per day (week, etc.); **par ordre chronologique** in chronological order; **par rapport à** in comparison with, in relation to; **par terre** on the ground (4); **une fois par semaine** once a week (5)
paradis *m.* paradise
paradoxalement *adv.* paradoxically
paradoxe *m.* paradox
paragraphe *m.* paragraph
paraître (*like* **connaître**) *irreg.* to appear
paralysé *adj.* paralyzed; strike-bound
parapluie *m.* umbrella (5)
parasol *m.* beach umbrella; parasol
parc *m.* park (11); **parc d'attraction** theme park
parce que *conj.* because (4)
parcourir (*like* **courir**) *irreg.* to cover, travel; to skim
parcours *m. s.* distance, journey, course
pardon *interj.* pardon (me) (1)
pareil(le) *adj.* the same, similar
parent(e) *m., f.* parent; relative (5); **arrière-grand-parent** *m.* great-grandparent (5); **grand-parent** grandparent (5); **parent(e) proche** close relative
parenthèse *f.* parenthesis; **entre parenthèses** in parentheses
paresseux/euse *adj.* lazy (3)
parfait *adj.* perfect
parfaitement *adv.* perfectly (14)
parfois *adv.* sometimes (9)
parfum *m.* perfume; flavor

parfumé *adj.* fragrant; flavorful

pari *m.* bet, wager; **pari perdu** lost bet

parisien(ne) *adj.* Parisian (3); **Parisien(ne)** *m., f.* Parisian (*person*)

parking *m.* parking lot

parlement *m.* parliament

parler (à, de) to speak (to, of) (2); to talk (2); *m.* speech

parmi *prep.* among

parole *f.* word; *pl.* lyrics

parquet *m.* wooden (parquet) floor

part *f.* share, portion; **à part** besides; separately; **c'est de la part de X** X is calling; **de ma part** for me, on my behalf; **pour ma part** in my opinion, as for me (16); **quelque part** somewhere

partager (nous partageons) to share (3)

partenaire *m., f.* partner

partenariat *m.* partnership

parti *m.* (*political*) party (16)

participant(e) *m., f.* participant

participe *m., Gram.* participle

participer à to participate in

particulier/ière *adj.* particular, special; **en particulier** in particular

partie *f.* part; **faire partie de** to be part of; **parties communes** shared spaces

partir (*like* **dormir**) **(à, pour, de)** *irreg.* to leave (for, from) (8); **à partir de** *prep.* starting from; **à partir de maintenant** from now on (14); **partir à l'aventure** to leave with no itinerary; **partir en vacances** to leave on vacation

partisan(e) *m., f.* supporter, advocate

partitif/ive *adj., Gram.* partitive

partout *adv.* everywhere (11)

parvenir (*like* **venir**) **à** *irreg.* to succeed in

pas (ne... pas) not; **ne... pas du tout** not at all (9); **ne... pas encore** not yet (9); **n'est-ce pas?** isn't it (so)?, isn't that right? (3); **pas à pas** step-by-step; **pas du tout** not at all; **pas mal** not bad(ly) (1)

passage *m.* passage; passing; **lieu** (*m.*) **de passage** crossing point, passageway

passager/ère *m., f.* passenger (9)

passant(e) *m., f.* passerby

passé *m.* past; *adj.* past, gone, last (7); **l'année** (*f.*) **passée** last year; **participe** (*m.*) **passé** *Gram.* past participle; **passé composé** *Gram.* compound past tense; **passé simple** *Gram.* past tense (*literary*)

passeport *m.* passport (8)

passer to pass, spend (*time*) (6); to put through to (*by phone*); to show, play (*a film, record*); **passer crème** *fam.* to go well; to have no worries; **passer (par)** to pass (by, through) (8); **passer sur** to go over; **passer les vacances** to spend one's vacation; **passer un examen** to take an exam (4); **qu'est-ce qui se passe?** what's happening?, what's going on? (15); **se passer** to happen, take place (15); to go

passe-temps *m. inv.* pastime, hobby (15)

passionné(e) *m., f.* enthusiast; *adj.* enthusiastic; passionate

se passionner pour to be excited about

pasteur *m.* (*Protestant*) minister

pastilla *f.* pastilla (*Moroccan pastry and meat dish*)

pâté *m.* liver paste, pâté; **pâté de campagne** (country-style) pâté (7); **pâté de foie gras** goose liver pâté

paternel(le) *adj.* paternal

pâtes *f. pl.* pasta, noodles (7)

patience *f.* patience; **avoir de la patience** to be patient; **perdre patience** to lose patience

patient(e) *m., f.* (*hospital*) patient; *adj.* patient (3)

patienter to wait (patiently)

patin *m.* skate, ice skate; **faire du patin à glace** to go ice-skating

patiner to skate

pâtisserie *f.* pastry; pastry shop (7); **boulangerie-pâtisserie** *f.* bakery-pastry shop

pâtissier/ière *m., f.* pastry shop owner; pastry chef

patrie *f.* native land

patrimoine *m.* legacy; heritage (12)

patron(ne) *m., f.* boss, employer; **fête** (*f.*) **des patrons** saint's day

pause *f.* pause, break

pauvre *adj.* poor; unfortunate (3)

pauvreté *f.* poverty

payé *adj.* paid, paying

payer (je paie) to pay, pay for; **payer en liquide** to pay in cash (14)

pays *m.* country, nation (2); **pays en voie de développement** developing nation; **Pays-Bas** *m. pl.* Netherlands, Holland; **pays d'origine** native country

paysage *m.* landscape; scenery

paysan(ne) *m., f.* peasant, farmworker

peau *f.* skin

pêche *f.* peach; fishing (8); **aller à la pêche** to go fishing (8); **avoir la pêche** *fam.* to feel great, like a million bucks

pêcheur/euse *m., f.* fisherman (-woman)

pédagogique *adj.* pedagogical, teaching

pédaler to pedal

pédestre *adj.* pedestrian; **randonnée** (*f.*) **pédestre** hike; hiking

peigne *m.* comb (13)

se peigner to comb one's hair (13)

peindre (*like* **craindre**) *irreg.* to paint (12)

peine *f.* sadness, heartache (13)

peintre *m., f.* painter (12)

peinture *f.* painting (12); paint(s); **faire de la peinture** to paint

peler to peel

peloton: en peloton *m.* in a pack (*of people*)

pendant *prep.* for, during (9); **pendant combien de temps... ?** (for) how long . . . ? (9); **pendant les vacances** during vacation; **pendant que** *conj.* while

péniche *f.* barge

Pennsylvanie *f.* Pennsylvania

pensée *f.* thought; idea

penser to think (10); to reflect; to expect, intend; **je ne pense pas** I don't think so; **penser** + *inf* to plan on (*doing s.th.*); **penser à** to think of, think about (11); **penser de** to think of, have an opinion about (11); **qu'en penses-tu?** what do you think about it? (11); **que pensez-vous de... ?** what do you think of . . . ? (11)

penseur/euse *m., f.* thinker

perception (*f.*) **extrasensorielle** extra-sensory perception (ESP)

perché *adj.* perched, sitting (on)

perdre to lose; to waste (5); **perdre patience** to lose patience; **se perdre** to get lost (13)

père *m.* father (5); **beau-père** father-in-law; stepfather (5); **grand-père** grandfather (5)

perfectionner to perfect

performant *adj.* competitive; highly capable

période *f.* period (*of time*)

perle *f.* pearl

permanence: en permanence *adv.* permanently

permettre (*like* **mettre**) **(de)** *irreg.* to permit, allow (to), let (12)

permis *m.* permit, license; **permis de conduire** driver's license; **permis de travail** work permit

persévérant *adj.* persevering, dogged (3)

persil *m.* parsley

personnage *m.* (*fictional*) character; personality, celebrity

personnalisé *adj.* personalized

personnalité *f.* personality

personne *f.* person (3); **ne... personne** nobody, no one (9); **personne** (*f.*) **sans-abri** a person experiencing homelessness (16)

personnel(le) *adj.* personal

personnellement *adv.* personally (16)

perspective *f.* view; perspective

persuader to persuade, convince

perte *f.* loss

peser to weigh

pessimiste *adj.* pessimistic (3)

pétanque *f.* bocce ball, lawn bowling (*southern France*) (15)

petit *adj.* little; short (3); very young; *m. pl.* young ones; little ones; **petit(e) ami(e)** *m., f.* boyfriend, girlfriend; **petit déjeuner** *m.* breakfast (6); **petit écran** *m.* television; **petit matin** *m.* early morning; **petit-enfant** *m.* grandchild (5); **petit-fils** *m.* grandson (5); **petite cuillère** *f.* teaspoon; **petite-fille** *f.* granddaughter (5); **petites annonces** *f. pl.* classified ads; **petits pois** *m. pl.* peas; **un petit peu** a little (bit)

pétrole *m.* oil, petroleum

peu *adv.* little; few; not very; hardly (3); **à peu près** *adv.* nearly; **encore un peu** a little more; **il est peu probable que** + *subj.* it's doubtful that (16); **peu à peu** little by little; **peu calorique** low in calories; **peu de** few (6); **un peu** a little (3); **un peu (de)** a little (of) (6)

peuple *m.* nation; people (*of a country*)

peuplé (de) *adj.* filled (with), full (of); populated

peur *f.* fear; **avoir peur (de)** to be afraid (of) (3)

peut-être *adv.* perhaps, maybe (4)

pharaon *m.* Pharaoh

phare *m.* beacon

pharmacie *f.* pharmacy, drugstore (11)

pharmacien(ne) *m., f.* pharmacist (14)

phénomène *m.* phenomenon

philanthrope *m., f.* philanthropist

philosophe *m., f.* philosopher

philosophie (*fam.* **philo**) *f.* philosophy (2)

philosophique *adj.* philosophical

photocopieur *m.* photocopy machine

photographe *m., f.* photographer

photo(graphie) *f.* picture, photograph; **appareil (photo) numérique** *m.* digital camera (10); **prendre des photos** to take photos

photographique *adj.* photographic

phrase *f.* sentence

physique *f.* physics (2); *adj.* physical

piano *m.* piano (3); **jouer du piano** to play the piano

pièce *f.* piece; room (*of a house*) (4); coin; **monter une pièce** to put on a play; **pièce de collection** collector's item; **pièce de monnaie** coin; **pièce de théâtre** (*theatrical*) play (12)

pied *m.* foot (13); **à pied** on foot (9); **se lever du pied gauche** to get up on the wrong side of the bed

piège *f.* trap, trick

pierre *f.* stone

pieu *m., fam.* bed

pile *f.* battery; stack; support

pilote *m., f.* pilot (9); driver

piment *m.* chili, pepper

pinard *m., fam.* wine

pincée *f.* pinch, dash (*cooking*)

pique-nique *m.* picnic (15); **faire un pique-nique** to go on a picnic

pique-niquer to have a picnic

piqûre *f.* injection, shot (13)

pire *adj.* worse (14); **le/la/les pire(s)** the worst

pis *adv.* worse; **le pis** the worst; **tant pis** too bad (15)

piscine *f.* swimming pool (11)

piste *f.* path, trail; course; slope; lead (14); **piste cyclable** bicycle path (9); **piste de danse** dance floor

pittoresque *adj.* picturesque

placard *m.* closet (4); cabinet

place *f.* place; position; (public) square (11); seat, spot (9); **à votre (ta) place** in your place, if I were you (15); **mise** (*f.*) **en place** placement

placer (**nous plaçons**) to place, put

plafond *m.* ceiling

plage *f.* beach (8); **serviette** (*f.*) **de plage** beach towel (8)

plaidoyer *m.* defense, plea

se plaindre (de) (*like* **craindre**) *irreg.* to complain (about)

plaine *f.* plain

plaire (*p.p.* **plu**) **à** *irreg.* to please; **en français, s'il vous plaît** in French, please; **s'il te (vous) plaît** *interj.* please (1)

plaisir *m.* pleasure

plan *m.* plan; diagram; map (*of a city*) (11); **sur le plan économique** economically speaking

planche *f.* board; **faire de la planche à voile** to windsurf; **planche à voile** windsurfer (8)

plancher *m.* floor

planète *f.* planet

planifier to plan

plante *f.* plant

planter to plant

plat *m.* dish (*type of food*); course (*meal*) (7); *adj.* flat; **plat de résistance** main course, dish; **plat du jour** today's special (*restaurant*); **plat principal** main course, main dish (7)

plein (de) *adj.* full (of); complete; **activités** (*f. pl.*) **de plein air** outdoor activities (15); **faire le plein** to fill it up (*gas tank*) (9); **marché** (*m.*) **en plein air** outdoor market; **plein de** a lot of

pleurer to cry, weep

pleuvoir (*p.p.* **plu**) *irreg.* to rain (7); **il pleut** it's raining (5)

plier to fold

plombier/ière *m., f.* plumber (14)

plongée *f.* diving; **faire de la plongée libre** to go snorkeling (8); **faire de la plongée sous-marine** to go scuba diving (8)

plonger (**nous plongeons**) to dive, plunge

pluie *f.* rain

plumard *m., fam.* bed

plupart: la plupart (de) most (of), the majority (of)

pluriel *m., Gram.* plural

plus (de) *adv.* more; plus; **de plus en plus** more and more; **en plus** in addition; **le plus** + *adv.* most; **le/la/les plus** + *adj.* most; **moi non plus** me neither; **ne... plus** no longer, no more (9); **plus... que** more . . . than (14); **plus tard** later

plusieurs (de) *adj., pron.* several (of) (6)

plussoyer *fam.* to add one's vote; to agree

plutôt *adv.* instead; rather

poche *f.* pocket

poème *m.* poem (12)

poésie *f.* poetry (12)

poète *m., f.* poet

poétique *adj.* poetic, poetry

poids *m.* weight

poignée (*f.*) **de main** handshake

poing *m.* fist

point *m.* point; spot; **être sur le point de** + *inf.* to be on the verge of; **point cardinal** compass point (8); **point de départ** starting point; **point de rencontre** meeting point; **point de vue** point of view; **point fort** strong point; *adv.* **ne... point** not at all

pointe *f.* point, tip; *pl.* headlands

pointu *adj.* pointed, sharp

pointure *f.* (shoe) size

poire *f.* pear (6)

pois *m. pl.* peas; dots; **à pois** polka-dotted; **petits pois** peas

poisson *m.* fish (6)

poissonnerie *f.* fish market (7)

poivre *m.* pepper (6); **steak** (*m.*) **au poivre** pepper steak

poivrer to pepper

poivron *m.* bell pepper

polaire *adj.* polar

poli *adj.* polite (12); polished

police *f.* police; **poste** (*m.*) **de police** police station (11)

policier/ière *adj.* pertaining to the police; *m., f.* police officer (14); **roman** (*m.*) **policier** detective novel

politicien(ne) *m., f.* politician (16)

politique *f.* politics; policy (16); *adj.* political; **faire de la politique** to go in for politics; **homme (femme) politique** *m., f.* politician

Polononais(e) *m., f.* Polish (*person*)

polonais *adj.* Polish

polluant *adj.* polluting

polluer to pollute (16)

Polynésie (*f.*) **française** French Polynesia (14)

pomme *f.* apple (6); **jus** (*m.*) **de pomme** apple juice; **pomme de terre** potato (6); **tarte** (*f.*) **aux pommes** apple tart

pompier/ière *m., f.* fire fighter

ponctuation *f.* punctuation

ponctuel(le) *adj.* punctual

pont *m.* bridge

populaire *adj.* popular; common; of the people

popularité *f.* popularity

porc *m.* pork (6); **côte** (*f.*) **de porc** pork chop

portable *m., fam.* laptop computer (1)

porte *f.* door (1); stop, exit (*metro*); gate

porter to wear; to carry (2)

porto *m.* port (*wine*)

portugais *adj.* Portuguese

Portugal *m.* Portugal (8)

poser to put (down); to state, pose; to ask; **poser sa candidature** to apply (14); to run (*for office*) (16); **poser une question** to ask a question (11)

positif/ive *adj.* positive

positionnement *m.* positioning

posséder (je possède) to possess

possessif/ive *adj.* possessive

possession *f.* possession; **prendre possession de** to take possession of

possibilité *f.* possibility

possible *adj.* possible; **aussi souvent que possible** as often as possible; **faire son possible** to do one's best; **il est possible que** + *subj.* it's possible that (16)

postal *adj.* postal, post; **carte** (*f.*) **postale** postcard (8); **code** (*m.*) **postal** postal code, zip code

poste *m.* position; employment; *f.* mail (10); **bureau** (*m.*) **de poste** post office (10); **poste** (*m.*) **de police** police station (11)

poster to mail (10)

postuler to apply (*for a job*)

pote *m., fam.* buddy

poterie *f.* pottery

poubelle *f.* garbage can

pouce *m.* thumb; inch; **coup** (*m.*) **de pouce** little push (in the right direction)

poudre: en poudre *f.* powdered

poule *f.* hen

poulet *m.* chicken (6)

poupée *f.* doll

pour *prep.* for, in order to (2); **le pour et le contre** the pros and cons; **manifester pour** to demonstrate for (16); **pour ma part** in my opinion, as for me (16); **pour que** + *subj.* in order to

pourboire *m.* tip, gratuity (7)

pourcentage *m.* percentage

pourquoi *adv., conj.* why (4)

pourri: faire un temps pourri *fam.* to be rotten weather

poursuivre (*like* **suivre**) *irreg.* to pursue (12)

pourtant *adv.* yet, nevertheless

pousser to push; to grow; to move (*s.o. to do s.th.*)

poutine *f.* poutine (*Quebec dish of French fries with cheese and gravy*)

pouvoir (*p.p.* **pu**) *irreg.* to be able to, can (7); *m.* power, strength; **ça peut aller** all right, pretty well (1); **il se peut que** + *subj.* it's possible that (16); **je pourrais** I could (7); **pouvoir** (*m.*) **d'achat** purchasing power (16)

pratique *adj.* practical; *f.* practice; use; **travaux** (*m. pl.*) **pratiques** hands-on learning

pratiquer to play, perform (*sport, activity*)

préalablement *adv.* beforehand

précaire *adj.* fragile, precarious

précédent *adj.* preceding

précéder (je précède) to precede

précieusement *adv.* preciously

précipiter to rush, hurry

précieux/euse *adj.* precious

précis *adj.* precise, accurate (3)

préciser to clarify, specify

précision *f.* precision; piece of information

prédiction *f.* prediction, forecast

prédire (*like* **dire, vous prédisez**) *irreg.* to predict, foretell

préférable *adj.* preferable, more advisable; **il est préférable que** + *subj.* it's preferable that (16)

préféré *adj.* favorite, preferred (5)

préférence *f.* preference; **de préférence** preferably

préférer (je préfère) to prefer, like better (6)

préjugé *m.* prejudice

prélèvement (*m.*) **automatique** automatic payment/withdrawal (14)

premier/ière *adj.* first (4); *f.* opening night, premiere; **le premier janvier** the first of January; **premier étage** *m.* second floor (*in the U.S.*) (4); **premier/ière ministre** *m., f.* prime minister; **première classe** *f.* first class (9)

prendre (*p.p.* **pris**) *irreg.* to take (6); to have (to eat, to drink) (6); to order (6); **prendre au sérieux** to take seriously; **prendre conscience de** to realize, become aware of; **prendre de l'ampleur** to grow; **prendre des notes** to take notes; **prendre des vacances** to take vacation; **prendre du temps** to take a long time (6); **prendre l'avion** to take a plane; **prendre possession de** to take possession of; **prendre rendez-vous** to make an appointment (date); **prendre son essor** to take off; **prendre son temps** to take one's time (6); **prendre un repas** to have a meal (6); **prendre un verre** *fam.* to have a drink (*with s.o.*) (6); **prendre une douche** to take a shower; **prendre une photo** to take a photo; **se prendre pour** to believe oneself to be

prénom *m.* first name, Christian name

préoccupé *adj.* worried, preoccupied (16)

préoccuper to concern; **se préoccuper de** to concern, preoccupy oneself with; to worry about

préparatifs *m. pl.* preparations

préparer to prepare (4); **préparer un examen** to study for an exam; **se préparer (à)** to prepare oneself, get ready (for) (13)

près (de) *adv.* near, close to (4); **à peu près** nearly; **tout près** very near

présence *f.* presence; attendance

présent *m.* present (*time*); *adj.* present; **à présent** now, at the present time

présentement *adv.* presently, currently

présenter to present; to introduce; to put on (*a performance*); **je vous (te) présente…** I want you to meet . . . ; **se présenter** to run for office; to introduce oneself

préserver to preserve

président(e) *m., f.* president

présidentiel(le) *adj.* presidential

présider to preside

presque *adv.* almost, nearly

presse *f.* press (*media*)

pressé *adj.* in a hurry, rushed; **citron** (*m.*) **pressé** fresh lemon juice

prestigieux/euse *adj.* prestigious

prêt *adj.* ready (3)

prétendre to claim (to be); **prétendre à** to lay claim to

prétentieux/euse *adj.* pretentious

prêter (à) to lend (to) (11)

prétexte *m.* pretext, excuse

prévision *f.* prediction

prévoir (*like* **voir**) *irreg.* to foresee, anticipate

prévu *adj.* expected, anticipated; **comme prévu** as planned

prier to pray; to beg, entreat; to ask (*s.o.*); **je vous (t')en prie** please; you're welcome (7)

primaire *adj.* primary; **école** (*f.*) **primaire** primary school

prime *f.* bonus

principal *adj.* principal, main, most important; **plat** (*m.*) **principal** main course (7)

principe *m.* principle

printemps *m.* spring; **au printemps** in the spring (5)

priorité *f.* priority

pris (see **prendre**)

prise *f.* taking

prisonnier/ière *m., f.* prisoner

privé *adj.* private

privilégié *adj.* privileged

privilégier to favor

prix *m.* price (7); prize

probabilité *f.* probability

probable *adj.* probable; **il est peu probable que** + *subj.* it's doubtful that (16); **il est probable que** + *indic.* it's probable that (16)

problématique *f.* problem, issue

problème *m.* problem (16)

procédé *m.* process, method

procéder (je procède) to proceed

processus *m.* process

prochain *adj.* next; coming; **à la prochaine** until next time; **la rentrée prochaine** beginning of next academic year; **la semaine prochaine** next week (5)

prochainement *adv.* soon, shortly

proche (de) *adj., adv.* near, close; *m. pl.* close relatives; **futur** (*m.*) **proche** *Gram.* immediate (near) future

producteur/trice *m., f.* producer

produire (*like* **conduire**) *irreg.* to produce (9)

produit *m.* product (6); **produit chimique** chemical; **produits frais** fresh products (6)

professeur(e) (*fam.* **prof**) *m., f.* professor, instructor (1); **professeur(e) des écoles** *m., f.* primary school teacher (14)

professionnel(le) *adj.* professional

profil *m.* profile; outline; cross section

profiter de to take advantage of, profit from; **profitez-en donc** take advantage of it

profond *adj.* deep

profondément *adv.* deeply, profoundly

profondeur: en profondeur in depth

programme *m.* program; agenda

programmer to program; to plan

progrès *m. s.* progress

progresser to advance, make progress

projection *f.* projection, showing

projet *m.* project; *pl.* plans (5); **projets d'avenir** future plans

prolifération *f.* proliferation

promenade *f.* walk; ride; **faire une promenade** to take a walk (5)

promener (je promène) to take out walking, take for a walk; **se promener** to go for a walk (drive, ride), take a walk (13)

promesse *f.* promise

promettre (*like* **mettre**) **(de)** *irreg.* to promise (to)

promotion *f.* promotion; sale, store special; **en promotion** on special

promouvoir (*p.p.* **promu**) *irreg.* to promote

pronom *m., Gram.* pronoun; **pronom accentué (indéfini, interrogatif, personnel, relatif)** *Gram.* disjunctive, stressed (indefinite, interrogative, personal, relative) pronoun; **pronom complément d'objet direct (indirect)** *Gram.* direct (indirect) object pronoun

pronominal *adj., Gram.* pronominal; **verbe** (*m.*) **pronominal** *Gram.* pronominal (reflexive) verb

prononcé *adj.* pronounced

prononcer to pronounce

prononciation *f.* pronunciation

propos *m.* talk; utterance; **à propos** by the way; **à propos de** about

proposer to propose; to offer

proposition *f.* proposal; offer

propre *adj.* own; clean; **propre à** characteristic of

propriétaire (*fam.* **proprio**) *m., f.* owner; landlord

propriété *f.* property; ownership

prospectus *m.* handbill, leaflet

protéger (je protège, nous protégeons) to protect (16)

prouver to prove

provenir (*like* **venir**) *irreg.* to come (descend) from

province *f.* province; **ville** (*f.*) **de province** country town

provincial *adj.* small-town; *n. m.* small-town person

provision *f.* supply; *pl.* groceries

provoquer to provoke

proximité *f.* proximity, closeness; **à proximité de** near

prudent *adj.* careful; cautious

prune *f.* plum

pseudonyme *m.* pseudonym, username

psychiatre *m., f.* psychiatrist

psychologie (*fam.* **psycho**) *f.* psychology (2)

psychologique *adj.* psychological

psychologue *m., f.* psychologist

public (publique) *adj.* public; *m.* public; audience; **opinion** (*f.*) **publique** public opinion (16); **télévision** (*f.*) **publique** government-owned television (10)

publicité (*fam.* **pub**) *f.* commercial, advertisement; advertising (10)

publier to publish

puce *f.* flea; **marché** (*m.*) **aux puces** flea market; **excité comme une puce** as excited as a flea (at a cat show)

puis *adv.* then, next (11); besides (7); **et puis** and then; and besides (7)

puissance *f.* power, strength

puissant *adj.* powerful

puit *m.* well

pull-over (*fam.* **pull**) *m.* sweater (3)

pulpeux/euse *adj.* fleshy

pur *adj.* pure

purée *f.* purée (*e.g., mashed potatoes*)

pureté *f.* purity

puzzle *m.* puzzle

pyjama *m. s.* pajamas

quai *m.* quay; platform (*train station*) (9)

qualificatif/ive *adj.* qualifying

qualité *f.* quality; characteristic

quand *adv., conj.* when (4); **depuis quand** since when (9); **quand même** even so; anyway

quant à *adv.* as for; regarding

quantité *f.* quantity

quarantaine *f.* quarantine

quarante *adj.* forty (1)

quart *m.* quarter; fourth; quarter of an hour; **et quart** quarter past (the hour) (6); **moins le quart** quarter to (the hour) (6); **un quart de vin** a quarter liter carafe of wine

quartier *m.* quarter, neighborhood (2); **quartier général** headquarters; **Quartier latin** Latin Quarter (district) (*in Paris*)

quatorze *adj.* fourteen (1)

quatorzième *adj.* fourteenth

quatre *adj.* four (1)

quatre-vingts *adj.* eighty

quatrième *adj.* fourth

que (qu') what (4); that, which; whom (14); **ne... que** *adv.* only (9); **parce que** because (4); **que pensez-vous de... ?** what do you think about . . . ? (11); **que veut dire... ?** what does . . . mean?; **qu'en penses-tu?** what do you think of that? (11); **qu'est-ce que** what (*object*) (4); **qu'est-ce que c'est?** what is it? (1); **qu'est-ce qui** what (*subject*) (15); **qu'est-ce qui se passe?** what's happening?, what's going on? (15)

Québec *m.* Quebec (*province*); (2, 4), **Québec** Quebec (*city*)

québécois *m.* Quebecois (*language*); *adj.* from (of) Quebec; **Québécois(e)** *m., f.* Quebecois (*person*) (2)

quel(le)(s) *interr. adj.* what, which (7); what a; **à quelle heure... ?** (at) what time . . . ? (6); **quel âge avez-vous?** how old are you?; **quel jour sommes-nous (on est)?** what day is it? (1); **quel temps fait-il?** how's the weather? (5); **quelle est la date?** what is the date? (1); **quelle heure est-il?** what time is it? (6)

quelque(s) *adj.* some, any; a few (8); **quelque chose** *pron.* something (7); **quelque chose de** + *adj.* something + *adj.* (15); **quelque part** *adv.* somewhere

quelquefois *adv.* sometimes (2)

quelques-uns/unes *pron., pl.* some, a few (15)

quelqu'un *pron., neu.* someone, somebody (9)

question *f.* question; **poser une question (à)** to ask a question (11)

quête *f.* quest, search

queue *f.* line (*of people*); **faire la queue** to stand in line (5); **queue de cheval** ponytail

qui *pron.* who, whom (4); who, that, which (14); **qu'est-ce qui** what (*subject*); **qui est-ce?** who is it? (1); **qui est-ce que** whom (*object*) (15); **qui est-ce qui** who (*subject*)

quinze *adj.* fifteen (1); **quinze jours** two weeks

quinzième *adj.* fifteenth

quitter to leave (*s.o. or someplace*) (8); **se quitter** to separate, leave one another

quoi (à quoi, de quoi) *pron.* which; what; **à quoi sert-il?** what is it for?; **il n'y a pas de quoi** you're welcome (7); **j'aurai droit à quoi** I'll be entitled to what; **n'importe quoi** anything; no matter what

quotidien(ne) *adj.* daily, everyday (13); *n. m.* daily life; **dépenses** (*f. pl.*) **du quotidien** everyday living expenses

racine *f.* root

racisme *m.* racism

raconter to tell, relate (a story); **qu'est-ce que tu racontes / vous racontez?** what are you talking about?

radis *m.* radish

rage: faire rage to rage; to be fierce

rageux/euse *m., f., fam.* someone on the Internet who critiques everything

ragoût *m.* meat stew, ragout

raï *m.* raï (*type of Algerian music*)

raid *m.* long-distance race

raide *adj.* stiff; straight (*hair*) (3)

raisin *m.* grape

raison *f.* reason; **avoir raison** to be right (3)

raisonnable *adj.* reasonable; rational (3)

raisonnement *m.* (logical) argument, reasoning

raisonneur/euse *adj.* argumentative; reasoning

râler *fam.* to complain

ralliement *m.* rallying

rallonger (nous rallongeons) to prolong, lengthen

rame *f.* oar; paddle

ramener (je ramène) to bring back
ramer to row
randonnée *f.* hike; **faire une randonnée (pédestre)** to go hiking (8)
rang *m.* rank, ranking; row
ranger to put away, tidy up
rapatriement *m.* repatriation
raper to grate
rapide *adj.* rapid, fast; **restauration** (*f.*) **rapide** fast food
rapidement *adv.* quickly
rappeler (je rappelle) to remind; **se rappeler** to recall, remember (13)
rapport *m.* relation; **rapports familiaux** family relationships; **par rapport à** in comparison with, in relation to
rapporter to bring back; to return; to report
rapprocher to relate; **se rapprocher (de)** to draw nearer (to)
rarement *adv.* rarely (2)
raser to raze, demolish; **se raser** to shave (oneself) (13)
rasoir *m.* razor
rassembler to put back together, reassemble; to gather together, assemble
rassurant *adj.* reassuring
rassurer to reassure
rater to miss, not find
rattraper to recapture
ravi *adj.* delighted
ravissant *adj.* charming, delightful; beautiful
réactionnaire *adj.* reactionary, very conservative
réagir to react
réaliser to carry out, fulfill; to create
réaliste *adj.* realistic (3)
réalité *f.* reality; **en réalité** actually
récemment *adv.* recently, lately (12)
récent *adj.* recent, new, late
réception *f.* hotel (lobby) desk; receiving, receipt
recette *f.* recipe
recevoir (*p.p.* **reçu**) *irreg.* to receive (10)
rechargement *m.* recharging; refilling
réchauffement (*m.*) **de la planète** global warming (16)
réchauffer to warm up
recherche *f.* (*piece of*) research; search; **à la recherche de** in search of; **faire des recherches** to do research; **moteur** (*m.*) **de recherche** search engine
rechercher to research; to seek out; to strive for; **recherché** *adj.* sought after
réciproque *adj.* mutual, reciprocal
réclamer to call for, demand
réclusion *f.* confinement
recommandation *f.* recommendation
recommander to recommend
recommencer (nous recommençons) to start again
récompenser to reward
réconcilier to reconcile; **se réconcilier** to make up (*with somebody*)
reconnaître (*like* **connaître**) *irreg.* to recognize
reconnu *adj.* known, recognized
reçu *m.* receipt (14); (*see* **recevoir**)
recueil *m.* collection (12)
reculer to move backward; to recoil; to delay
recyclage *m.* recycling (16)
recycler to recycle (16)
rédacteur/trice *m., f.* writer; editor (14)

rédaction *f.* writing, preparing (*documents*)
rédiger (nous rédigeons) to write, write up, compose
redoutable *adj.* formidable, fearsome
réduction *f.* reduction; discount
réduire (*like* **conduire**) *irreg.* to reduce (9)
réduit *adj.* reduced; discounted
rééducation *f.* rehabilitation
réel(le) *adj.* real, actual
référence *f.* reference
réfléchir (à) to reflect (upon); to think (about) (4)
reflet *m.* reflection
refléter (je reflète) to reflect, mirror
réflexe *m.* reaction, reflex
réflexion *f.* reflection, thought
réforme *f.* reform (16)
réformer to reform
reformuler to reformulate
refrain *m.* chorus, refrain
refus *m.* refusal
refuser (de) to refuse (to) (12)
se régaler to feast on, treat oneself
regard: porter un regard (sur) to have a viewpoint (about)
regarder to look at, watch (2); **se regarder** to look at oneself, look at each other (13)
régime *m.* diet; régime (7)
régional (*pl.* **régionaux**) *adj.* local, of the district
règle *f.* rule
règlement *m.* rules, regulations
régler (je règle) to regulate, adjust; to settle
règne *m.* reign
regretter to regret, be sorry (16)
regrouper to regroup
régulier/ière *adj.* regular
régulièrement *adv.* regularly
reine *f.* queen (7)
rejoindre (*like* **craindre**) *irreg.* to (re)join
relatif/ive *adj.* relative; **pronom** (*m.*) **relatif** *Gram.* relative pronoun
relation *f.* relation; relationship; **en relation avec** in contact with
relativement *adv.* relatively
se relaxer to relax
relier to tie, link
religieux/euse *adj.* religious
reliure *f.* bookbinding
remarquable *adj.* remarkable, outstanding
remarquer to notice
remède *m.* remedy; treatment
remercier (de) to thank (for); **(je ne sais pas) comment vous (te) remercier** I don't know how to thank you
remerciements *m. pl.* thanks
remettre (*like* **mettre**) *irreg.* to hand in; to replace; to deliver; **remettre à neuf** to restore; **remettre en question** to call into question
rempart *m.* wall (of a city)
remplacer (nous remplaçons) to replace
rempli *adj.* filled, full
remplir to fill (in, out, up)
remporter to win
rémunéré *adj.* compensated, paid
Renaissance *f.* Renaissance
rencontre *f.* meeting, encounter (13); **point** (*m.*) **de rencontre** meeting point

rencontrer to meet, encounter; **se rencontrer** to meet; to get together (13)

rendez-vous *m.* meeting, appointment; date (13); meeting place; **avoir rendez-vous avec** to have a meeting (date) with (3); **donner rendez-vous à** to make an appointment with

rendre to give (back), return; to hand in (5); to render, make; **rendre visite à** to visit (*s.o.*) (5); **se rendre à** to go to

rénommé *adj.* famous

renouveler (je renouvelle) to renew

rénover to renew

renseignement *m.* (*piece of*) information

se renseigner sur to make inquiries about

rentrée *f.* going back to school; **rentrée prochaine** beginning of next academic year

rentrer to return, go home (8)

réparation *f.* repair

réparer to repair

réparti *adj.* spread out

repartir (*like* **partir**) *irreg.* to leave (again)

répartition *f.* dividing up; distribution

repas *m.* meal (6); **repas fait maison** homemade meal

repeindre (*like* **craindre**) *irreg.* to repaint

repérer (je repère) to spot, locate, find

répertoire *m.* directory (*Internet*)

répéter (je répète) to repeat; **répétez (répète)** repeat (1)

réplique *f.* replica

répondre (à) to answer, respond (5)

réponse *f.* answer, response

reportage *m.* reporting; commentary

repos *m.* rest

reposant *adj.* restful

reposer to put down, set down; **se reposer** to rest (13)

reprendre (*like* **prendre**) *irreg.* to take (up) again; to have more (*food*)

représentant(e) *m., f.* representative

représentatif/ive *adj.* representative

représenter to represent

reprocher to reproach (*s.o. for s.th.*)

reproduire (*like* **conduire**) *irreg.* to reproduce, copy

république *f.* republic; **République Démocratique du Congo** Democratic Republic of Congo

répudié *adj.* repudiated, renounced

réputé *adj.* famous

réseau *m.* network; **réseau social** social network (10)

réservation *f.* reservation; **faire une réservation** to make a reservation

réservé (à) *adj.* reserved (for)

réserver to reserve; to keep in store

résidence *f.* residence; apartment building; **résidence universitaire** dormitory building

résider to reside

résistance: plat (*m.*) **de résistance** main dish, course

résister à to resist

résolument *adv.* resolutely, steadfastly

résonner to resonate, reverberate, resound

résoudre (*p.p.* **résolu**) *irreg.* to solve, resolve

respecter to respect, have regard for

respectueux/euse *adj.* respectful

respirer to breathe

responsabilité *f.* responsibility

responsable *m., f.* supervisor; staff member; *adj.* responsible

ressemblance *f.* resemblance

ressembler à to resemble; **se ressembler** to look alike, be similar

ressentir (*like* **dormir**) *irreg.* to feel

ressource *f.* resource; **ressources naturelles** natural resources (16)

restaurant (*fam.* **resto**) *m.* restaurant (2); **restaurant universitaire** (*fam.* **resto-U**) university cafeteria (2)

restaurateur/trice *m., f.* restaurant owner

restauration *f.* restoration; restaurant business; **restauration rapide** fast food

reste *m.* rest, remainder

rester to stay, remain (5); to be remaining; **il nous reste encore...** we still have . . .

restituer to return, restore

résultat *m.* result

résulter de to stem from, result from

résumé *m.* summary, résumé

rétablir to reestablish

retard *m.* delay; **en retard** late (6)

retirer to withdraw (14); to derive, gain

retour *m.* return; **aller-retour** *n. m.* round-trip ticket (9); **au retour** upon returning; **billet** (*m.*) **aller-retour** round-trip ticket

retourner to return; to go back (8)

retraite *f.* retirement; pension (16)

retraité(e) *m., f.* retiree, retired person

retransmission *f.* broadcast; rebroadcast (10); **retransmission sportive** sports broadcast (10)

retrouver to find (again); to regain; **se retrouver** to meet (again)

réunion *f.* meeting; reunion

réunir to collect, gather together; **se réunir** to get together; to hold a meeting

réussir (à) to succeed (at), be successful (in); to pass (*a test*) (4)

réussite *f.* success, accomplishment

revanche *f.* revenge

rêve *m.* dream; **un emploi** (*m.*) **de rêve** a "dream" job

réveil *m.* alarm clock (4)

réveiller to wake, awaken (*s.o.*); **se réveiller** to awaken, wake up (13)

Réveillon *m.* Christmas Eve (New Year's Eve) dinner

révéler to reveal

revendication *f.* demand; claim

revenir (*like* **venir**) *irreg.* to return; to come back (*someplace*) (8)

revenus *m. pl.* personal income

rêver (de, à) to dream; to dream (about, of) (2)

réviser to review, revise

révision *f.* review; revising

revivre (*like* **vivre**) *irreg.* to relive

revoir (*like* **voir**) *irreg.* to see again (10); **au revoir** good-bye (1)

révolte *f.* rebellion, revolt

révolutionnaire *adj.* revolutionary

révolutionner to revolutionize

revue *f.* magazine; review; journal (10)

rez-de-chaussée *m.* ground floor, first floor (4)

rhume *m.* (head) cold

riad (*see* **ryad**)

riche *adj.* rich (3)

richesse *f.* wealth; blessing

rideau (*pl.* **rideaux**) *m.* curtain (4)

ridicule *adj.* ridiculous

rien (ne... rien) *pron.* nothing (9); **de rien** *interj.* not at all, don't mention it; you're welcome (1)

rigoler *fam.* to amuse, entertain; to be kidding

rire (*p.p.* **ri**) *irreg.* to laugh (15); *m.* laughter

risque *m.* risk

risquer to risk

rivage *m.* shore, beach coast

rivaliser avec to rival, compete with

rive *f.* (river)bank; **Rive gauche (droite)** the Left (Right) Bank (*in Paris*) (11)

rivière *f.* river, tributary

riz *m.* rice

robe *f.* dress (3)

robinet *m.* faucet, tap

rocheux/euse *adj.* rocky

roi *m.* king (7); **fête** (*f.*) **des Rois** Feast of the Magi, Epiphany

rôle *m.* part, character, role; **à tour de rôle** in turn, by turns; **jouer le rôle de** to play the part of

romain *adj.* Roman (12)

roman *m.* novel (10); **roman de science-fiction** science fiction novel; **roman policier** detective novel

romancier/ière *m., f.* novelist

romantique *m., f., adj.* romantic

romantisme *m.* romanticism

rompre (avec) (*p.p.* **rompu**) *irreg.* to break (with)

rond *adj.* round; *m.* (smoke) ring

rondelle *f.* round slices

rose *adj.* pink (3); *f.* rose

rôti *m.* roast (7)

roue *f.* wheel

rouge *adj.* red (3); **rouge** (*m.*) **à lèvres** lipstick

roulé *adj.* rolled (up)

rouler to travel (*in a car, on a bike*) (9); to roll (along)

route *f.* road, highway (8); **en route** on the way, en route

routier/ière *adj.* (pertaining to the) road; **carte** (*f.*) **routière** road map; **sécurité** (*f.*) **routière** highway safety

routinier/ière *adj.* routine, following a routine

roux (rousse) *m., f.* redhead; *adj.* redheaded; red (*hair*) (3)

royaume *m.* kingdom

rubrique *f.* headline; section

rue *f.* street (4)

ruelle *f.* alley; narrow street; lane

ruine *f.* ruin; decay; collapse

ruiné *adj.* ruined

russe *adj.* Russian; *m.* Russian (*language*); **Russe** *m., f.* Russian (*person*) (2)

Russie *f.* Russia (2)

ryad *m.* Moroccan villa

rythme *m.* rhythm

sa *adj., f. s.* his; her; its; one's

sable *m.* sand

sac *m.* sack; bag; handbag; **sac à dos** backpack (3); **sac à main** handbag (3); **sac de couchage** sleeping bag (8)

sachet *m.* packet

sacré *adj.* sacred; *fam.* darn

sacrifier to sacrifice

safran *m.* saffron

saharien(ne) *adj.* Saharan

sage *m.* wise man; *adj.* good, well-behaved

saignant *adj.* rare (*meat*)

Saint-Sylvestre *f.* New Year's Eve

saison *f.* season

saisonnier/ière *adj.* seasonal

salade *f.* salad; lettuce (6)

salaire *m.* salary (14); **augmentation** (*f.*) **de salaire** salary raise (14)

salarié(e) *m., f.* salaried employee; **travailleur/euse** (*m., f.*) **salarié(e)** salaried worker (14)

saler to salt

salle *f.* room; auditorium; **salle à manger** dining room (4); **salle de bains** bathroom (4); **salle de classe** classroom (1, 5); **salle de sports** gymnasium

salon *m.* salon; living room; **salon de coiffure** hairdresser, beauty salon

saluer to greet; **se saluer** to greet each other

salut *m.* health; *interj.* hi; bye (1)

salutation *f.* greeting

samedi *m.* Saturday (1); **le samedi** on Saturdays (5)

sandales *f. pl.* sandals (3)

sang *m.* blood

sans *prep.* without; **personne** (*f.*) **sans-abri** a person experiencing homelessness (16); **sans doute** probably

santé *f.* health (13); **à votre (ta) santé** *interj.* cheers, to your health

sardines (*f. pl.*) **(à l'huile)** sardines (in oil) (7)

satellite: télévision (*f.*) **satellite** satellite television (10)

satisfaisant *adj.* satisfying

satisfait *adj.* satisfied; pleased

sauce *f.* sauce; gravy; salad dressing

saucisse *f.* sausage (7)

saucisson *m.* (hard) salami

sauf *prep.* except

saumon *m.* salmon (7)

sauté *adj.* pan-fried, sautéed

sauter to jump

sauver to save, rescue (16)

saveur *f.* flavor

savoir (*p.p.* **su**) *irreg.* to know (how, a fact) (11)

savon *m.* soap

scandaleux/euse *adj.* scandalous

scanner *m.* scanner

scénario *m.* screenplay, script

scène *f.* stage; scenery; scene; **scène de ménage** domestic squabble

science *f.* science; **faculté** (*f.*) **des sciences** School of Science; **science-fiction** science fiction; **sciences humaines** humanities; **sciences naturelles** natural sciences (2)

scientifique *m., f.* scientist; *adj.* scientific

scolaire *adj.* pertaining to schools, school, academic; **frais** (*m. pl.*) **scolaires** tuition, fees; **zone** (*f.*) **scolaire** school zone

scolarité: frais (*m. pl.*) **de scolarité** tuition, fees

scotché (à) *adj., fam.* glued (to)

sculpté *adj.* sculpted

sculpteur/trice *m., f.* sculptor (12)

se (s') *pron.* oneself; himself; herself; itself; themselves; to oneself, etc.; each other

sec (sèche) *adj.* dry; **biscuit** (*m.*) **sec** cookie, wafer

séché *adj.* dried

second *adj.* second; **seconde classe** second class; **Seconde Guerre** (*f.*) **mondiale** Second World War

secondaire *adj.* secondary; **école** (*f.*) **secondaire** secondary school

secours *m. s.* help, assistance, aid; *pl.* rescue services; **trousse** (*f.*) **de secours** first-aid kit

secrétaire *m., f.* secretary (14)

section *f.* section; division

sécurité *f.* safety; sense of security; **ceinture** (*f.*) **de sécurité** seat belt; **sécurité routière** highway safety; **sécurité sociale** Social Security

séducteur/trice *m., f.* charmer; seducer/seductress

séduire (*like* **conduire**) *irreg.* to charm, win over; to seduce

sein: au sein de within

seize *adj.* sixteen (1)

seizième *adj.* sixteenth

séjour *m.* living room (4); stay, sojourn; **faire** (*irreg.*) **un séjour** to stay, to spend time (8)

sel *m.* salt (6)

sélectionner to select

selon *prep.* according to (6); **selon moi** according to me, in my opinion

semaine *f.* week (1); **la semaine prochaine (passée)** next (last) week (5); **toutes les semaines** every week (9); **une fois par semaine** once a week (5)

semblable (à) *adj.* like, similar (to)

sembler to seem; to appear; **il semble que** + *subj.* it seems that (16)

semestre *m.* semester

semoule *f.* semolina

sénateur/trice *m., f.* senator

Sénégal *m.* Senegal (2, 5)

sénégalais *adj.* Senegalese; **Sénégalais(e)** *m., f.* Senegalese (*person*) (2)

senior *m., f.* senior citizen

sens *m.* meaning; sense; way, direction; **bon sens** common sense; **dans ce sens** to that end (effect)

sensibiliser (à) to make (*s.o.*) sensitive (to)

sensoriel(le) *adj.* sensory; **perception** (*f.*) **extrasensorielle** extra-sensory perception

sentiment *m.* feeling

sentir (*like* **dormir**) *irreg.* to feel, sense; to smell (8); **se sentir** to feel; **sentir bon (mauvais)** to smell good (bad)

séparé *adj.* separated

sept *adj.* seven (1)

septembre September (1)

septième *adj.* seventh

sera (see **être**)

serein *adj.* clear; serene

série *f.* series (10); **série télévisée** serial drama (10)

sérieusement *adv.* seriously

sérieux/euse *adj.* serious (3); **prendre au sérieux** to take seriously

serpent *m.* snake

serré *adj.* tight, snug

serrer to hug, embrace; **se serrer la main** to shake hands

serveur/euse *m., f.* bartender; waiter, waitress (7)

service *m.* favor; service; military service; serve (*tennis*); **station-service** *f.* gas station (9)

serviette *f.* napkin (6); towel; briefcase; **serviette de plage** beach towel (8)

servir (*like* **dormir**) *irreg.* to serve (8); **à quoi sert-il?** what is it for?; **servir à** to be of use in, be used for

ses *adj. m., f. pl.* his; her; its; one's

seuil *m.* threshold; doorstep

seul *adj.* alone; single (4)

seulement *adv.* only (9)

sexisme *m.* sexism (16)

short *m.* (pair of) shorts (3)

si *adv.* so (very); so much; yes (*response to negative question*) (9); **si (s')** *conj.* if; whether (4); **même si** even if; **s'il vous (te) plaît** please (1)

siècle *m.* century (12); **Siècle des lumières** Age of Enlightenment

siège *m.* seat (9); place; headquarters

sien: le/la/les sien(ne)(s) *pron., m., f.* his/hers

sieste *f.* nap; **faire la sieste** to take a nap

signe *m.* sign, gesture

signer to sign

signifier to mean

significatif/ive *adj.* significant

silencieux/euse *adj.* silent

simple: aller simple *n. m.* one-way ticket (9)

simplement *adv.* simply

simplicité *f.* simplicity

sincère *adj.* sincere (3)

sincérité *f.* sincerity

se singulariser to distinguish oneself

singularité *f.* peculiarity

singulier/ière *adj.* singular; *m., Gram.* singular (*form*)

sinon *prep.* if not; otherwise

site *m.* site (10)

situer to situate, find; **se situer** to be situated; to be located

six *adj.* six (1)

sixième *adj.* sixth

ski *m.* skiing; ski (8); **chaussures** (*f. pl.*) **de ski** ski boots (8); **faire du ski** to ski (5); **lunettes** (*f. pl.*) **de ski** ski goggles (8); **ski alpin** downhill skiing (8); **ski de fond** cross-country skiing (8); **ski nautique** water-skiing (8); **station** (*f.*) **de ski** ski resort

skier to ski (2)

skieur/euse *m., f.* skier

smartphone *m.* smartphone (1)

SMS *m.* text message (10)

SNCF (Société nationale des chemins de fer français) *f.* French national train system

snob *adj. inv.* snobbish

snowboard: faire du snowboard to go snowboarding

sociabilité *f.* sociability

sociable *adj.* sociable (3)

social *adj.* social; **logement** (*m.*) **social** housing project; **réseau** (*m.*) **social** social network (10); **sécurité** (*f.*) **sociale** Social Security; **siège** (*m.*) **social** head office, headquarters

société *f.* society; organization; company (14); **jeux** (*m. pl.*) **de société** board games, group games (15)

sociologie (*fam.* **socio**) *f.* sociology (2)

sœur *f.* sister (5); **belle-sœur** sister-in-law (5); **demi-sœur** half sister; stepsister (5)

soi (soi-même) *pron., neu.* oneself (12); **chez soi** at one's own place, home

soie *f.* silk

soif *f.* thirst; **avoir soif** to be thirsty (3)

soigner to take care of; to treat

soin *m.* care; **avec soin** carefully

soir *m.* evening (5); **ce soir** tonight, this evening (5); **ce soir-là** that evening; **demain soir** tomorrow evening; **du soir** in the evening, at night (6); **hier soir** last night; **le lundi (le vendredi) soir** on Monday (Friday) evenings (5); **tous les soirs** every evening (9)

soirée *f.* party (3); evening (7)

soit: quel(le)(s) que soit (soient)... whatever may be . . .

soixante *adj.* sixty (1)

sol: sous-sol *m.* basement, cellar (4)

solaire *adj.* solar; **crème** (*f.*) **solaire** sunscreen (8); **énergie** (*f.*) **solaire** solar energy (16)

soldat *m.* soldier

solde *f.* (*soldier's*) pay, wages; **en solde** *m.* on sale

sole *f.* sole (*fish*) (7)

soleil *m.* sun; **faire du soleil (il fait du soleil)** to be sunny (out) (it's sunny) (5); **le roi Soleil** the Sun King (Louis XIV); **lunettes** (*f. pl.*) **de soleil** sunglasses (8)

solidaire *adj.* showing solidarity, loyal

solidarité *f.* solidarity; interdependence

solide *adj.* solid, sturdy

solitaire *adj.* solitary; single; alone (3)

solitude *f.* loneliness; solitude

sombre *adj.* dark; gloomy

sommeil *m.* sleep; **avoir sommeil** to be sleepy (3); **le plein sommeil** deep in sleep

sommet *m.* summit, top

somnambule *m., f.* sleepwalker

somptueux/euse *adj.* sumptuous

son *adj., m. s.* his; her; its; one's; *n. m.* sound

sonate *f.* sonata

sondage *m.* opinion poll, survey (4)

sonner to ring (*telephone*)

sonnette *f.* bell; doorbell

sonore *adj.* sound

sophistiqué *adj.* sophisticated

sorte *f.* sort, kind; manner

sortie *f.* exit; going out; evening out

sortir (*like* **dormir**) *irreg.* to leave; to take out; to go out (8)

sot(te) *adj.* stupid, foolish

souci *m.* care, worry

se soucier de to worry about

soudain *adv.* suddenly (11)

souffle *m.* breath of air; puff of wind

souffler to blow

souffrance *f.* suffering

souffrir (*like* **ouvrir**) *irreg.* to suffer (14)

souhait *m.* wish, desire

souhaiter to wish, desire (16)

souk *m. North African market*

soulager (nous soulageons) to relieve

soulever (je soulève) to excite; to bring up

souligner to underline, emphasize

soumission *f.* subservience, submissiveness

soupe *f.* soup; **cuillère** (*f.*) **à soupe** tablespoon, soup spoon (6)

source *f.* spring

sourcil *m.* eyebrow

sourd *adj.* deaf

souriant *adj.* smiling

sourire (*like* **rire**) *irreg.* to smile; *m.* smile

souris *f.* mouse (1)

sous *prep.* under, beneath (4); in (*rain, sun*); **sous (la) forme de** in the form of

sous-marin *adj.* underwater; *m.* submarine; **plongée** (*f.*) **sous-marine** scuba diving (8)

sous-sol *m.* basement, cellar (4)

soutenir (*like* **tenir**) *irreg.* to support (16); to assert

soutien *m.* support

souvenir *m.* memory, recollection; souvenir

se souvenir (*like* **venir**) **de** *irreg.* to remember (13)

souvent *adv.* often (2)

spécial (*pl.* **spéciaux**) *adj.* special

spécialisé *adj.* specialized

spécialiste (en) *m., f.* specialist (in)

spécialité *f.* specialty (*in cooking*)

spectacle *m.* show; performance (15)

spectaculaire *adj.* spectacular

spectateur/trice *m., f.* viewer, spectator

speed *adj., fam.* stressed, excited

spirituel(le) *adj.* spiritual; witty

splendeur *f.* splendor

spontané *adj.* spontaneous

sport *m.* sport(s) (2); **faire du sport** to do (participate in) sports (5); **magasin** (*m.*) **de sports** sporting goods store; **salle** (*f.*) **de sport** gymnasium

sportif/ive *adj.* athletic; sports-minded (3); **manifestation** (*f.*) **sportive** sporting event (15); *m., f.* athlete; **retransmission** (*f.*) **sportive** sports broadcast (10)

stable *adj.* stable; **emploi** (*m.*) **stable** steady job

stade *m.* stadium

stage *m.* training course; practicum, internship (14)

station *f.* resort (*vacation*); station; **station de métro** subway station; **station de ski** ski resort; **station-service** *f.* gas station, garage (9)

stationnement *m.* parking

statut *m.* status

steak *m.* (beef) steak; **steak au poivre** pepper steak; **steak frites** steak with French fries

stéréotypé *adj.* stereotyped

steward *m.* flight attendant, steward (9)

stimuler to stimulate

stipuler to stipulate

stratégie *f.* strategy

streaming *m.* streaming; **streaming en direct** live streaming (10)

stricte *adj.* strict

studieux/euse *adj.* studious

studio *m.* studio (apartment) (4)

stupide *adj.* stupid; foolish; **il est stupide que** + *subj.* it's idiotic that (16)

style *m.* style; **style de vie** lifestyle

styliste *m., f.* fashion designer

stylo *m.* pen (1)

subir to undergo, be subjected to

subjonctif *m., Gram.* subjunctive (*mood*)

substantif *m., Gram.* noun, substantive

substituer to substitute

subtil *adj.* subtle

se succéder (ils se succèdent) to follow one another

succès *m.* success; **à succès** successful

successeur *m.* successor

succession *f.* series, succession

sucre *m.* sugar (6); **canne** (*f.*) **à sucre** sugarcane

sucré *adj.* sweetened

sud *m.* south (8); **Amérique** (*f.*) **du Sud** South America; **au sud** to the south (8); **sud-est (-ouest)** southeast (-west) (8)

Suède *f.* Sweden

suffire (*p.p.* **suffi**) to be enough

suggérer (je suggère) to suggest

se suicider to commit suicide

Suisse *f.* Switzerland (2, 9); **suisse** *adj.* Swiss; **Suisse** *m., f.* Swiss (*person*) (2)

suite: et ainsi de suite and so on; **tout de suite** immediately (5)

suivant *adj.* following

suivi (de) *adj.* followed (by)

suivre (*p.p.* **suivi**) *irreg.* to follow; to take (*a class, a course*) (12)

sujet *m.* subject; topic

super *adj. inv., fam.* super, fantastic

superbe *adj.* magnificent, superb

supérieur *adj.* superior; upper

supermarché *m.* supermarket

supplément *m.* supplement, addition; supplementary charge

supplémentaire *adj.* supplementary, additional

supportable *adj.* bearable, tolerable

supporter to bear, tolerate; **supporter** *m.* fan (sports)

supposer to suppose

supprimer to abolish, suppress

sur *prep.* on, on top (of) (4); over; out of; about; **donner sur** to overlook

sûr *adj.* sure, certain (16); safe; **bien sûr** of course; **il est sûr que** + *indic.* it is certain that (16)

surchargé *adj.* overloaded

surchauffé *adj.* overheated

surclasser to outclass

surdoué *adj.* gifted

sûrement *adv.* definitely, certainly

surf (*m.*) **des neiges** snowboarding

surface *f.* surface; **grande surface** shopping mall, superstore

surfer to surf; **surfer sur le Web** to surf the web (10)

surgelé *adj.* frozen

surkiffer *fam.* to really like; to be crazy about

surnom *m.* name, family name

surnommer to nickname

surpopulation *f.* overpopulation (16)

surprenant *adj.* surprising

surpris *adj.* surprised (16)

surtout *adv.* especially; above all (4)

survenir (*like* **venir**) *irreg.* to happen

survêtement *m.* track suit, sweat suit

survivre (*like* **vivre**) *irreg.* to survive

susceptible (de) *adj.* capable of, likely to

suspect(e) *m., f.* suspect

symbole *m.* symbol

symboliser to symbolize

symétrique *adj.* symmetrical

sympathique (*fam., inv.* **sympa**) *adj.* nice, friendly (3)

symphonie *f.* symphony

syndicat (*m.*) **d'initiative** (local) chamber of commerce, tourist information bureau (11)

synonyme *m.* synonym; *adj.* synonymous

système *m.* system

ta *adj., f. s., fam.* your

tabac *m.* tobacco; **café-tabac** *m.* bar-tobacconist (11)

table *f.* table (1); **à table** at (to) the table

tableau *m.* (chalk)board (1); painting (12); chart

tablée *f.* party, tableful

tablette *f.* bar (*of chocolate*); a tablet computer (1)

tâche *f.* task; **tâches ménagères** household tasks

taille *f.* waist; build; size; **de taille moyenne** of medium height (3)

tailleur *m.* (*woman's*) suit

tailleur/euse *m., f.* tailor (tailoress)

tajine *m.* tajine (*a North African stew*)

tandis que *conj.* while, whereas

tannage *m.* tanning (process)

tant *adj.* so much; so many; **tant de** so many, so much; **tant mieux** so much the better (15); **tant pis** too bad (15)

tante *f.* aunt (5)

tapageur/euse *adj.* boisterous

taper to type

tapis *m.* rug (4)

tapisserie *f.* tapestry

tard *adv.* late; **il est tard** it's late; **plus tard** later

tarif *m.* tariff; fare, price

tarte *f.* tart; pie (6); **tarte aux pommes** apple tart; **tarte tatin** upside-down apple tart

tartine *f.* bread and butter sandwich

tas: des tas de lots of, piles of

tasse *f.* cup (6)

tatouage *m.* tattoo

tatoueur/euse *m., f.* tatooer

taux *m.* rate; **taux de change** exchange rate (14); **taux de chômage** unemployment rate (14)

taxe *f.* indirect tax

taxi *m.* taxi; **chauffeur/euse** (*m., f.*) **de taxi** cab driver

tchao *interj.* good-bye

tchat *m.* chat; chat session (10)

tchater to chat, have a chat session

te (t') *pron., s., fam.* you; to you, for you; **s'il te plaît** *interj.* please (1)

technicien(ne) *m., f.* technician

technique *f.* technique; *adj.* technical

techno *adj.* synthesized (music)

technologie *f.* technology

tee-shirt (*pl.* **tee-shirts**) *m.* T-shirt (3)

teint *m.* complexion

tel(le) *adj.* such; **tel père, tel fils** like father, like son; **tel que** such as

télécharger (nous téléchargeons) to download (10)

télécommande *f.* remote control (10)

téléphone *m.* telephone; **numéro** (*m.*) **de téléphone** telephone number; **téléphone portable** cell phone

téléphoner (à) to phone, telephone (3); **se téléphoner** to call one another

télé-réalité *f.* reality television (10)

téléspectateur/trice *m., f.* television viewer

télévisé *adj.* televised; **jeu** (*m.*) **télévisé** game show (10); **journal** (*m.*) **télévisé** television news program (10)

téléviseur (*fam.* **télé**) *m.* television set (10)

télévision (*fam.* **télé**) *f.* television (1); **télévision haute définition** high-definition television (10); **télévision par câble (le câble)** cable television (10); **télévision publique** government-owned television; **télévision satellite** satellite television (10)

tellement *adv.* so; so much (11)

témoin *m.* witness; **être témoin de** to witness

tempérament *m.* temperament, personality

température *f.* temperature

tempête *f.* storm

temporaire *adj.* temporary

temporel(le) *adj.* temporal, pertaining to time

temps *m.* time; weather (5); *Gram.* tense; **avoir le temps de** to have time to; **de temps en temps** from time to time (2); **depuis combien de temps... ?** since when . . . ?, (for) how long . . . ? (9); **en même temps** at the same time; **en temps de pluie** in rainy weather; **faire un temps pourri** to be rotten weather; **gagner du temps** to save time; **il est temps de** it's time to; **le temps est nuageux** it's cloudy (5); **le temps est orageux** it's stormy (5); **passer du temps** to spend time; **pendant combien de temps... ?** (for) how long . . . ? (9); **perdre du temps** to waste time; **prendre le temps (de)** to take the time (to); **quel temps fait-il?** how's the weather? (5); **temps libre** leisure time (15); **tout le temps** always, the whole time

tendance *f.* tendency; trend; **avoir tendance à** to have a tendency to

tendinite *f.* tendonitis

tendre *adj.* tender, sensitive; soft

tenir (*p.p.* **tenu**) *irreg.* to hold; to keep; **tenir à** to be keen about; **tenir au courant** to keep up to date; **tenir compte** to take into account; **tenir un journal** to keep a diary

tennis *m.* tennis; *pl.* tennis shoes, sneakers (3); **court** (*m.*) **de tennis** tennis court; **jouer au tennis** to play tennis

tentant *adj.* tempting

tentation *f.* temptation

tente *f.* tent (8)

tenter (de) to try, attempt (to); to tempt

terme *m.* term; expression; **à court (long) terme** in the short (long) run

terminer (qqch) to finish (*s.th.*); to end (*s.th.*); **se terminer** to end

terrain *m.* field; ground; **terrain** (*m.*) **de camping** campground; **tout-terrain** *adj.* all-terrain (*vehicle*)

terrasse *f.* terrace, patio (4)

terre *f.* land; earth; **Terre** the planet Earth; **Terre Neuve** *f.* Newfoundland; **par terre** on the ground (4); **pomme** (*f.*) **de terre** potato (6)

terrine *f.* (*type of*) pâté, terrine

territoire *m.* territory

terrorisme *m.* terrorism (16)

tes *adj., m., f. pl., fam.* your

tête *f.* head (13); **avoir mal à la tête** to have a headache (13); **casse-tête** *m.* puzzle; **tête-à-tête** *m. inv.* tête-à-tête, intimate conversation

texte *m.* text; passage; **traitement** (*m.*) **de texte** word processing (10)

texto *m.* text message (10)

textoter to text

TGV (train à grande vitesse) *m.* high-speed rail service (9)

thé *m.* tea (6)

théâtre *m.* theater (12); **faire du théâtre** to act, do theater; **pièce** (*f.*) **de théâtre** (*theatrical*) play (12)

théière *f.* teapot

théorie *f.* theory

thermes *m. pl.* thermal baths

thermique *adj.* thermal

thon *m.* tuna

thym *m.* thyme

tiède *adj.* lukewarm, tepid

tiens *interj.* well, well (*expresses surprise*); you don't say; **ah, tiens...** oh, there's . . .

tiers *m.* one-third; *adj.* third; **tiers-monde** *m.* Third World

tigre *m.* tiger

timbre *m.* stamp; postage stamp (10)

timide *adj.* shy; timid

tiré (de) *adj.* drawn, adapted (from)

tirer to pull, draw (out); **tirer avantage de** to take advantage of

tissu *m.* cloth, fabric

titre *m.* title; degree; **titre de transport** ticket (9)

toi *pron., s., fam.* you; **et toi?** and you?, how about you? (1); **toi-même** *pron.* yourself (12)

toilettes *f. pl.* bathroom, toilet; **faire sa toilette** to wash up

toit *m.* roof (4)

toiture *f.* roofing

tolérance *f.* tolerance

tolérer to tolerate, stand for

tomate *f.* tomato (6)

tombe *f.* tomb, grave

tomber to fall (8); **tomber amoureux/euse (de)** to fall in love (with) (13)

ton *adj., m. s., fam.* your; **à ton avis** in your opinion (11)

tonton *m., fam.* uncle

tort *m.* wrong; **avoir tort** to be wrong (3)

tortueux/euse *adj.* twisting

tôt *adv.* early; **il est tôt** it's early

totalement *adv.* totally, completely

totalité *f.* totality, entire amount

touche *f.* key (*keyboard*); stroke

toucher (à) to touch (14); to concern; to receive, to get (*money*) (14)

toujours *adv.* always (2); still

tour *f.* tower (11); *m.* walk, ride; turn; tour; trick; **à tour de rôle** in turn, by turns; **faire le tour de** to go around, take a tour of; **faire un tour (en voiture)** to take a walk (ride) (5)

tourisme *m.* tourism; **faire du tourisme** to go sightseeing

touriste *m., f.* tourist

touristique *adj.* tourist

tourmenté *adj.* uneasy; tortured

tourné (*adj.*) **vers** facing

tourner (à) to turn (11); to film (a movie)

tousser to cough

tout(e) (*pl.* **tous, toutes**) *adj., pron.* all; every (9); everything (9); each; any; **tout** *adv.* wholly, entirely, quite, very, all; **à tout à l'heure** see you soon; **avant tout** *prep.* above all; **en tout** altogether, in all; **en tout cas** in any case, at any rate; **haricots** (*m. pl.*) **mange-tout** green beans; sugar peas; **je n'aime pas du tout...** I don't like . . . at all; **ne... pas du tout** not at all (9); **pas du tout** not at all; **tous ensemble** all together; **tous les après-midi** every afternoon (9); **tous (toutes) les deux** both (of them); **tous les jours** every day (5); **tous les matins** every morning (9); **tous les soirs** every evening (9); **tout à coup** suddenly (11); **tout à fait** completely, entirely; **tout à l'heure** in a while (5); **tout au long de** throughout; **tout de suite** immediately (5); **tout droit** *adv.* straight ahead (11); **tout le monde** everybody, everyone (7, 9); **tout le temps** always, the whole time; **tout va bien** everything is going well; **tout-terrain** *adj.* all-terrain (*vehicle*); **toute la matinée (la journée, la soirée, la nuit)** all morning (day, evening, night) (7); **toutes les deux heures** every two hours; **toutes les semaines** every week (9)

toutefois *adv.* however

tracer (nous traçons) to draw; to trace out; **tracer un itinéraire** to map out an itinerary

traditionnel(le) *adj.* traditional

traduction *f.* translation

traduire (*like* **conduire**) *irreg.* to translate (9)

trafic *m.* traffic

train *m.* train (9); **billet** (*m.*) **de train** train ticket; **en train** by train; **être en train de** to be in the process of (15); **prendre le train** to take the train; **train à grande vitesse (TGV)** high-speed rail service (9); **train-train** (*m.*) **quotidien** daily grind, routine

trait *m.* feature, trait

traite *f.* trade; **traite négrière** slave trade

traité *adj.* treated, dealt with

traitement *m.* treatment; **traitement de texte** word processing (10)

traiter to treat; **traiter de** to deal with

traiteur *m.* caterer, deli owner; delicatessen

trajet *m.* trip; distance

tranche *f.* slice (7); block, slab; **tranche d'âge** age group

trancher to slice, cut up

tranquille *adj.* quiet, calm

transformer to transform, change; **se transformer** to change

transmettre (*like* **mettre**) *irreg.* to transmit, convey (10)

transport(s) *m.* transportation; **moyen** (*m.*) **de transport** means of transportation (9); **titre** (*m.*) **de transport** ticket (9); **transports en commun** public transportation (9)

transporter to carry, transport

travail (*pl.* **travaux**) *m.* work (2); project; job; employment; **langue** (*f.*) **de travail** working language; **travail d'équipe** teamwork; **travaux** (*pl.*) **pratiques** hands-on (practical) work

travaillé *adj.* finely worked; intricate; polished

travailler to work (2); **travailler à (pour) son compte** to be self-employed (14)

travailleur/euse *m., f.* worker (14); *adj.* hardworking (3); **travailleur/euse indépendant(e)** self-employed worker (14); **travailleur/euse salarié(e)** salaried worker (14)

travers: à travers *prep.* through

traversée *f.* crossing

traverser to cross (9)

treize *adj.* thirteen (1)

treizième *adj.* thirteenth

tréma *m.* dieresis, umlaut (**ë**)

trentaine *f.* about thirty

trente *adj.* thirty (1)

très *adv.* very; most; very much; **très bien** *interj.* very well (good) (1); **très bien, merci** *interj.* very well, thank you; **très (peu) calorique** high (low) in calories

trésor *m.* treasure

trésorier/ière *m., f.* treasurer

tribu *f.* tribe

tricolore *m.* French flag (*blue, white, red*)

trimestre *m.* trimester; quarter (*academic*)

triomphe *m.* triumph, success

triompher to triumph

triste *adj.* sad (3)

trois *adj.* three (1)

troisième *adj.* third

troll *m., fam.* someone on the Internet who seeks to provoke

tromper to deceive; **se tromper (de)** to make a mistake; to be wrong (13)

trompette *f.* trumpet

trop (de) *adv.* too; too much (of); *fam.* very; too many (of) (6)

troquet *m., fam.* bar

trottoir *m.* sidewalk

troubler to trouble, disturb

trouver to find (2); to deem; to like; **se trouver** to be located (situated, found) (11)

truffe *f.* truffle

truite *f.* trout

tu *pron., s., fam.* you

tube *m., fam.* hit (song)

tuer to kill

Tunisie *f.* Tunisia (2, 8)

tunisien *adj.* Tunisian; **Tunisien(ne)** *m., f.* Tunisian (*person*) (2)

turc (turque) *adj.* Turkish

tweet *m.* tweet (10)

type *m.* type, kind; *fam.* guy, fellow

typique *adj.* typical

un(e) (*pl.* **des**) *art.,* a, an; *adj., pron.* one (1); **à la une** on the front page; in the headlines (10); **un(e) autre** another (15); **un jour** someday (14); **un peu** a little (3); **un peu (de)** a little (of) (6); **une fois** once (11); **une fois par semaine** once a week (5)

unanime *adj.* unanimous

uni *adj.* united; plain, solid (*color*); **États-Unis** *m. pl.* United States; **Organisation** (*f.*) **des Nations Unies (ONU)** United Nations (UN)

uniformiser to make uniform

union *f.* union; marriage; **Union européenne (UE)** European Union (EU); **union libre** living together, common-law marriage

unique *adj.* only, sole; single; singular

uniquement *adv.* only

s'unir to unite

unité *f.* unity; unit; department

univers *m. s.* universe

universel(le) *adj.* universal

universitaire *adj.* (of or belonging to the) university; **cité** (*f.*) **universitaire** (*fam.* **cité-U**) university dormitory; **résidence** (*f.*) **universitaire** dormitory; **restaurant** (*m.*) **universitaire** (*fam.* **resto-U**) university cafeteria (2)

université *f.* university (2)

urbain *adj.* urban, city

urgent *adj.* urgent

usage *m.* use; custom

utile *adj.* useful; **il est utile que** + *subj.* it's useful that (16)

utilisateur/trice *m., f.* user

utilisation *f.* use

utiliser to use, utilize (3)

utilité *f.* use; utility, usefulness

vacances *f. pl.* vacation (5); **grandes vacances** summer vacation; **partir (aller) en vacances** to leave on vacation; **passer les vacances** to spend one's vacation; **pendant les vacances** during vacation

vacancier/ière *m., f.* vacationer

vache *f.* cow

vague *f.* (*ocean*) wave; **nouvelle vague** new wave (*trend*)

vahiné *f.* Tahitian woman

vaincre (*p.p.* **vaincu**) *irreg.* to win; to triumph

vaisselle *f. s.* dishes; **faire la vaisselle** to wash (do) the dishes (5)

valable *adj.* valid

valeur *f.* value; worth

valise (*fam.* **valoche**) *f.* suitcase (8); **faire sa valise** to pack one's bag

vallée *f.* valley

valoir (*p.p.* **valu**) *irreg.* to be worth (16); **il vaut mieux que** + *subj.* it is better that (16)

vanille *f.* vanilla

vaniteux/euse *adj.* vain

varier to vary; to change

variété *f.* variety, type; **spectacle** (*m.*) **de variétés** variety show; floor show (in a restaurant) (15)

Varsovie Warsaw

vaste *adj.* vast; wide, broad

va-t'en! *interj., fam.* get going!, go away! (13)

vaut (see **valoir**)

veau *m.* veal (7); calf; **escalope** (*f.*) **de veau** veal scaloppini

vedette *f.* star, celebrity (*male or female*)

végétarien(ne) *m., f., adj.* vegetarian

véhicule *m.* vehicle

véhiculer to convey

veille *f.* the day (evening) before; eve

vélo *m., fam.* bike; **à/en vélo** by bike; **faire du vélo** to go cycling (5)

vendanges *m. pl.* grape harvest

vendeur/euse *m., f.* salesperson

vendre to sell (5); **à vendre** for sale

vendredi *m.* Friday (1); **le vendredi** on Fridays (5); **le vendredi soir** on Friday evenings (5)

se venger (nous nous vengeons) to avenge oneself; to take revenge

venir (*p.p.* **venu**) *irreg.* to come (8); **venir de** + *inf.* to have just (*done s.th.*) (8)

vent *m.* wind; **faire du vent (il fait du vent, il y a du vent)** to be windy (it's windy) (5); **vent alizé** trade wind

vente *f.* sale; sales; **vente aux enchères** auction

venter to be windy; **il vente** it's windy (5)

ventre *m.* abdomen, belly; stomach (13)

verbe *m.* verb; language

vérifier to check (10)

véritable *adj.* true; real

vérité *f.* truth

verlan *m.* French form of slang that reverses syllables (**l'envers→verlan**)

verre *m.* glass (6); **prendre un verre** *fam.* to have a drink (with *s.o.*) (6); **un verre de** a glass of

vers *prep.* around, about (*with time expressions*); toward, to; about; **tourné** (*adj.*) **vers** facing

verser to pour

version *f.* version; **en version originale** original version, not dubbed (*movie*)

vert *adj.* green (3); (*politically*) "green"; **citron** (*m.*) **vert** lime (*fruit*); **espace** (*m.*) **vert** open space, greenbelt; ***haricots** (*m. pl.*) **verts** green beans (6); **poivron** (*m.*) **vert** green (bell) pepper; **tourisme** (*m.*) **vert** ecotourism

vêtement *m.* garment; *pl.* clothes, clothing

viande *f.* meat (6)

victime *f.* victim (*male or female*)

victoire *f.* victory

vide *adj.* empty; **vide-grenier** *m.* garage sale

vidéo *f., fam.* video(cassette); *adj. inv.* video; **caméra** (*f.*) **vidéo** video camera; **cassette** (*f.*) **vidéo** videocassette; **jeux** (*m. pl.*) **vidéo** video games (15)

vidéothèque *f.* video store

vie *f.* life (2); **coût** (*m.*) **de la vie** cost of living (14); **niveau** (*m.*) **de vie** standard of living

Vietnam *m.* Vietnam (2)

vietnamien *adj.* Vietnamese; **Vietnamien(ne)** *m., f.* Vietnamese (*person*) (2)

vieux (vieil, vieille) *adj.* old (4); **mon vieux (ma vieille)** old friend, buddy

vif (vive) *adj.* lively; bright

vigne *f.* vine; vineyard

vignoble *m.* vineyard

villa *f.* bungalow; single-family house; villa

villageois *adj.* village style

ville *f.* city (1); **centre-ville** *m.* downtown (11); **en ville** in town, downtown

vin *m.* wine (6); **coq** (*m.*) **au vin** coq au vin (*chicken prepared with red wine*); **marchand(e)** (*m., f.*) **de vin** wine merchant

vingt *adj.* twenty (1); **vingt et un (vingt-deux...)** *adj.* twenty-one (twenty-two . . .) (1)

vingtaine *f.* about twenty

vingtième *adj.* twentieth

violet(te) *adj.* purple, violet (3); *m.* violet (*color*)

violon *m.* violin (3)

violoncelle *m.* cello

virelangue *m.* tongue twister

virement *m.* transfer (*money*) (14)

Virginie *f.* Virginia; **Virginie-Occidentale** West Virginia

visa *m.* visa (8); signature

visage *m.* face (13)

vis-à-vis (de) *adv.* opposite, facing; toward

viser à to aim to; to set out to

visionner to watch, view

visite *f.* visit (2); **faire une visite** to pay a visit; **rendre visite à** to visit (*s.o.*) (11)

visiter to visit (*a place*) (2); **je peux la visiter** I may visit it

visiteur/euse *m., f.* visitor

vite *adv.* quickly, fast, rapidly; **il faut faire vite** we have to move fast; **venez vite** come quickly

vitesse *f.* speed; **limite** (*f.*) **de vitesse** speed limit; **train** (*m.*) **à grande vitesse (TGV)** high-speed rail service (9)

vitrail (*pl.* **vitraux**) *m.* stained-glass window

vitres *f. pl.* windows

vitrine *f.* display window, store window

vivant *adj.* living; **langues** (*f. pl.*) **vivantes** modern languages

vive... *interj.* long live (hurrah for) . . .

vivre (*p.p.* **vécu**) *irreg.* to live (12); **facile (difficile) à vivre** easy (hard) to live with; **vive...** *interj.* long live (hurrah for) . . .

vocabulaire *m.* vocabulary

vocation *f.* mission

vœu (*pl.* **vœux**) *m.* wish

voici *prep.* here is/are (2)

voie *f.* way, road; course; lane; railroad track; **pays** (*m.*) **en voie de développement** developing nation

voilà *prep.* there is/are (2)

voile *m.* veil; *f.* sail; **bateau** (*m.*) **à voile** sailboat (8); **faire de la voile** to go sailing (5); **planche** (*f.*) **à voile** windsurfer

voir (*p.p.* **vu**) *irreg.* to see (10)

voisin(e) *m., f.* neighbor (4)

voiture *f.* car, automobile (4); train car; **faire un tour en voiture** to take a ride (5); **voiture électrique** electric car (16)

voix *f.* voice; **à voix haute** *adv.* in a loud voice; aloud

vol *m.* flight (9)

volaille *f.* poultry

volant: objet (*m.*) **volant non identifié (O.V.N.I.)** unidentified flying object (UFO); **soucoupe** (*f.*) **volante** flying saucer

volcan *m.* volcano

voler to fly; to steal; **qui vole un œuf vole un bœuf** once a thief always a thief

volley-ball (*fam.* **volley**) *m.* volleyball; **jouer au volley** to play volleyball

volontaire *m., f., adj.* volunteer

volontiers *adv.* gladly

vos *adj., m., f. pl.* your

voter to vote

votre *adj., m., f.* your; **à votre avis** in your opinion (11)

vôtre(s): le/la/les vôtre(s) *pron., m., f.* yours; *pl.* your close friends, relatives

vouloir (*p.p.* **voulu**) *irreg.* to wish, want (7); **je voudrais** I would like (6); **que veut dire... ?** what does . . . mean?; **vouloir bien** to be willing; to agree (7); **vouloir dire** to mean (7)

vous *pron.* you; yourself; to you; **chez vous** where you live, your place; **et vous?** and you?, how about you? (1); **s'il vous plaît** please (1); **vous-même** *pron.* yourself (12)

voyage *m.* trip; **agence** (*f.*) **de voyages** travel agency; **bon voyage** *interj.* have a good trip; **faire un voyage** to take a trip (5); **partir (s'en aller) en voyage** to leave on a trip; **projets** (*m. pl.*) **de voyage** travel plans

voyager (nous voyageons) to travel (8)

voyageur/euse *m., f.* traveler

voyant(e) *m., f.* fortune-teller, medium; **voyant** (*m.*) **lumineux** indicator light

voyelle *f.* vowel

voyons,... let's see, . . . (10)

vrai *adj.* true, real (4); **il est vrai que** + *indic.* it's true that (16)

VTT (*ab.* **vélo tout-terrain**) *m.* mountain bike

vue *f.* view; panorama; sight; **en vue de** with a view toward; **point** (*m.*) **de vue** point of view

wagon *m.* train car (9); **wagon-lit** *m.* sleeping car; **wagon-restaurant** *m.* dining car

Wallonie *f.* Wallonia (*French-speaking Belgium*)

Web *m.* (World Wide) Web (10)

week-end *m.* weekend; **ce week-end** this weekend (5); **le week-end** on weekends (5)

wesh *fam.* hi; what's up

wifi *m.* Wi-Fi (wireless) connection (10)

xénophobie *f.* xenophobia

y *pron.* there (11); **il n'y a pas de...** there isn't (aren't) . . . ; **il y a** there is (are) (1); ago (8); **qu'est-ce qu'il y a dans... ?** what's in . . . ?; **y a-t-il... ?** is (are) there . . . ?

yeux (*pl.* of **œil**) *m.* eyes (13)

yoga *m.* yoga

zèbre *m.* zebra

zéro *m.* zero (1)

zik *f., fam.* music

zone *f.* zone, area

zouk *m.* zouk music (*of Guadeloupe, Martinique, Haiti*)

Lexique anglais-français

This English-French end vocabulary contains the words in the active vocabulary lists of all chapters. See the introduction to the *Lexique français-anglais* for a list of abbreviations used.

abdomen ventre *m.* (13)
able: to be able pouvoir *irreg.* (7)
about (*with time expressions*) vers (6)
abroad à l'étranger (8)
accept accepter (de) (12)
accomplish réussir (4)
according to selon (6)
account compte *m.* (14); **online account** compte en ligne (10); **savings account** compte épargne (14)
accountant comptable *m., f.* (14)
acquaintance: to make the acquaintance (of) faire la connaissance (de) (5)
across from en face de (4)
act *v.* agir (4)
activities (leisure) loisirs *m. pl.* (15); **outdoor activities** activités (*f.*) de plein air (15)
activity tracker bracelet (*m.*) connecté (10)
actor acteur/trice *m., f.* (12)
add *v.* ajouter (10)
address adresse *f.* (10)
adopted *adj.* adoptif/ive (5)
adore adorer (2)
advertisement, advertising publicité *f.* (10)
advise conseiller (à, de) (15)
aerobics aérobic *f.* (5); **to do aerobics** faire de l'aérobic (5)
afraid: to be afraid of avoir peur de (3)
after après (2)
afternoon après-midi *m. or f.* (5); **afternoon snack** goûter *m.* (6); **this afternoon** cet après-midi (5)
again de nouveau (11)
ago il y a (8)
agree vouloir (*irreg.*) bien (7)
agreeable agréable (3)
agreed d'accord (2)
ahead: straight ahead tout droit (11)
airplane avion *m.* (9)
airport aéroport *m.* (9)
alarm clock réveil *m.* (4)
Algeria Algérie *f.* (2, 6)
Algerian (*person*) Algérien(ne) *m., f.* (2)
all tout, toute, tous, toutes *adj.* (9); tout(e) *pron.*; **all right** ça peut aller (1); moyen (1); **not at all** ne... pas du tout (9)
allow (to) permettre (de) (12)
almost presque (6)
alone *adj.* seul (4)
already déjà (9)
also aussi (2)
always toujours (2)
American (*person*) Américain(e) *m., f.* (2)
amount montant *m.* (14)
amusing amusant(e) (3)
and et (2); **and you?** et vous? (et toi?) (1)
angry fâché(e) (16); **to get angry** se fâcher (13)
animation: animated series dessin (*m.*) animé (10)
ankle: ankle boots bottines *f. pl.* (3)

another un(e) autre (15)
answer *v.* répondre à (5)
antique *adj.* ancien(ne) (4)
any en *pron.* (11)
apartment appartement *m.* (4); **apartment building** immeuble *m.* (4); **studio apartment** studio *m.* (4)
apologize s'excuser (13)
appear avoir l'air (3)
appetizer *hors-d'œuvre *m. inv.* (7)
apple pomme *f.* (6)
application (app) application (appli) *f.* (10); (*job*) demande (*f.*) d'emploi (14)
apply (*for a job*) poser sa candidature (14)
appointment: to have an appointment avoir (*irreg.*) rendez-vous (3)
April avril (1)
architect architecte *m., f.* (14)
arena arènes *f. pl.* (12)
argue se disputer (13)
arm bras *m. s., pl.* (13)
around (*with time expressions*) vers (6)
arrival arrivée *f.* (9)
arrive arriver (3)
art art *m.*; **work of art** œuvre (*f.*) d'art (12)
artisan artisan(e) *m., f.* (14)
artist artiste *m., f.* (12)
as . . . as aussi... que (14); **as far as** jusqu'à (11); **as for me** pour ma part (16); **as much (many) . . . as** autant (de)... que (15); **as soon as** dès que (14), aussitôt que (14)
ashamed: to be ashamed avoir (*irreg.*) honte (3)
ask (for) demander (2); **to ask a question** poser une question (12)
asleep: to fall asleep s'endormir *irreg.* (13)
at à (2)
athletic sportif/ive (3)
ATM distributeur (*m.*) automatique (14)
attend assister à (15)
attendant: flight attendant hôtesse (*f.*) de l'air (9), steward *m.* (9)
attention: to pay attention (to) faire (*irreg.*) attention (à) (5)
August août (1)
aunt tante *f.* (5)
automatic teller machine (ATM) distributeur (*m.*) automatique (14)
automobile voiture *f.* (4)
autumn automne *m.* (5); **in autumn** en automne (5)
awaken se réveiller (13)

back dos *m. s., pl.* (13)
backpack sac (*m.*) à dos (3)
bad mauvais(e) *adj.* (4); **bad(ly)** mal *adv.*; **it's bad (out)** il fait mauvais (5); **not bad(ly)** pas mal (1); **things are going badly** ça va mal (1); **to feel bad (ill)** aller (*irreg.*) mal (5); **too bad!** dommage! *interj.* (16)
badly *adv.* mal (1)

bag: sleeping bag sac (*m.*) de couchage (8)
baguette baguette (*f.*) (de pain) (6)
bakery boulangerie *f.* (7)
balcony balcon *m.* (4)
ball: bocce ball pétanque *f.* (15)
bank banque *f.* (11); **bank (ATM/credit) card** carte (*f.*) bancaire (14); **the Left Bank** (*in Paris*) Rive (*f.*) gauche (11); **the Right Bank** (*in Paris*) Rive (*f.*) droite (11)
bar-tobacconist café-tabac *m.* (11)
basement sous-sol *m.* (4)
bathe se baigner (13)
bathroom salle (*f.*) de bains (4); **bathroom sink** lavabo *m.* (4)
battery batterie *f.* (10)
be être *irreg.* (2); **here is/are** voici (2); **how are you?** comment allez-vous? (comment vas-tu?) (1); **it's a . . .** c'est un(e)... (1); **there is/are** il y a (1); voilà; **to be in the middle (the process) of** être en train de (15)
beach plage *f.* (8); **beach towel** serviette (*f.*) de plage (8)
beans: green beans *haricots (*m. pl.*) verts (6)
beautiful beau, bel, belle (beaux, belles) (3)
because parce que (4)
become devenir *irreg.* (8)
bed lit *m.* (4); **to go to bed** se coucher (13)
bedroom chambre *f.* (4)
beef bœuf *m.* (6)
beer bière *f.* (6)
before *prep.* avant (4)
begin commencer (2); **to begin to** (*do s.th.*) se mettre (*irreg.*) à (+ *inf.*) (13)
beginning in dès (14)
behind derrière (4)
Belgian (*person*) Belge *m., f.* (2)
Belgium Belgique *f.* (2, 10)
believe croire *irreg.* (10); estimer (16); **to believe in (that)** croire à/en (que)
berth couchette *f.* (9)
beside à côté de (4)
best le mieux *adv.* (15); le/la/les meilleur(e)(s) *adj.*
better meilleur(e) *adj.*; mieux *adv.* (15); **it is better that** il vaut mieux que + *subj.* (16); **so much the better** tant mieux (15)
between entre (4)
beverage boisson *f.* (6)
bicycle bicyclette *f.* (8), vélo *m., fam.*; **bicycle path** piste (*f.*) cyclable (9); **by bike** à vélo (9); **to go bicycling** faire (*irreg.*) de la bicyclette, du vélo (5)
big grand(e) (3)
bill (*in a restaurant*) addition *f.* (7); (*currency*) billet *m.*
biology biologie *f.* (2)
black noir(e) (3)
blackboard tableau (noir) *m.* (1)
blond(e) blond(e) (3)
blouse chemisier *m.* (3)
blue bleu(e) (3)
board games jeux (*m. pl.*) de société (15)
boarding pass carte (*f.*) d'embarquement (9)
boat bateau *m.* (8); **sailboat** bateau à voile (8)
boating: to go boating faire du bateau (8)
bocce ball pétanque *f.* (15)
body corps *m. s., pl.* (13)
book livre *m.* (1); **comic book** bande (*f.*) dessinée (10); **e-book** livre (*m.*) numérique (10)
bookstore librairie *f.* (2)

boots bottes *f. pl.* (5); **ankle boots** bottines *f. pl.* (3); **hiking boots** chaussures (*f. pl.*) de montagne (8); **ski boots** chaussures (*f. pl.*) de ski (8)
bore: to be bored s'ennuyer (13)
born: to be born naître *irreg.* (8)
borrow (from) emprunter (à) (11)
boss chef (*m., f.*) d'entreprise (14)
bottle bouteille *n. f.* (6)
boulevard boulevard *m.* (11)
bowling (lawn) pétanque *f.* (15)
boy garçon *m.* (3)
boyfriend copain *m.* (7)
brave courageux/euse (3)
bread pain *m.* (6); **country-style wheat bread** pain de campagne (7)
breakfast petit déjeuner *m.* (6)
bring apporter (6)
broadcast émission *n. f.* (10); **sports broadcast** retransmission (*f.*) sportive (10)
brother frère *m.* (5); **brother-in-law** beau-frère *m.* (5) **stepbrother** demi-frère *m.* (5)
brown (*dark brown hair*) brun (3); (*chestnut-colored hair*) châtain (3); marron *inv.* (3)
browser navigateur *m.* (10)
brush (one's hair, teeth) se brosser (les cheveux, les dents) (13); brosse *f.* (13); **hairbrush** brosse (*f.*) à cheveux (13); **toothbrush** brosse (*f.*) à dents (13)
budget budget *m.* (14)
building bâtiment *m.* (11); immeuble (*office, apartment*) *m.* (4)
bus (*city*) autobus *m.* (5); (*interurban*) autocar *m.* (9)
business commerce *m.* (2); **business class** classe (*f.*) affaires (9); **business manager** directeur/trice (*m., f.*) commercial(e) (14)
but mais (2)
butcher boucher/ère *m., f.* (14); **butcher shop** boucherie *f.* (7); **pork butcher's shop** charcuterie *f.* (7)
butter beurre *m.* (6)
buy *v.* acheter (8)
by à (2); en (2); par (12); **by (train, plane, bus)** en (9); **by bike** à vélo (9)

cable TV câble *m.* (10)
café café *m.* (2)
cafeteria (university) restaurant (*m.*) universitaire (resto-U *fam.*) (2)
cake gâteau *m.* (6)
calendar calendrier *m.* (1)
call *v.* appeler (10)
calm calme (3)
camera (digital) appareil (*m.*) (photo) numérique (10)
camping camping *m.* (8); **to go camping** faire (*irreg.*) du camping
can (*to be able*) pouvoir *irreg.* (7)
can (of food) boîte *f.* (de conserve) (7)
Canada Canada *m.* (2, 4)
Canadian (*person*) Canadien(ne) *m., f.* (2)
cancel annuler (11)
canned goods conserves *f. pl.* (7)
cap casquette *f.* (3)
car voiture *f.* (4); **electric car** voiture électrique (16); **train car** wagon *m.* (9)
carpooling covoiturage *m.* (16)

carafe carafe *f.* (6)

card carte *f.* (3); **bank (ATM/credit) card** carte bancaire (14); **credit card** carte de crédit (14); **debit card** carte de débit (14); **to play cards** jouer aux cartes (3)

careful: to be careful faire (*irreg.*) attention (à) (5)

carrier (letter) facteur/trice *m., f.* (14)

carrot carotte *f.* (6)

carry apporter (6); porter (3)

cartoon bande (*f.*) dessinée (10); dessin (*m.*) animé (10)

case: in that case alors (4)

cash argent (*m.*) liquide (14); **to pay in cash** payer en liquide (14)

castle château *m.* (11)

cathedral cathédrale *f.* (12)

celebrate fêter, célébrer (6)

celebration fête *f.* (7)

century siècle *m.* (12)

ceremony cérémonie *f.* (13)

certain certain(e) (16); sûr(e) (16)

chair chaise *f.* (1)

chalkboard tableau (noir) *m.* (1)

challenge défi *n. m.* (16)

chance: games of chance jeux (*m. pl.*) de *hasard (15)

change monnaie *n. f.* (14); *v.* changer (14); **climate change** changement (*m.*) climatique (16)

channel (*television*) chaîne *f.* (10)

charger chargeur *m.* (10)

chat tchat *m.* (10)

chateau château *m.* (11)

check *v.* vérifier (10); (*in a restaurant*) addition *f.* (7); (*bank*) chèque *m.* (14); **to deposit a check** déposer un chèque

cheese fromage *m.* (6)

chemistry chimie *f.* (2)

chest (of drawers) commode *f.* (4)

chestnut (*hair color*) châtain (3)

chicken poulet *m.* (6)

child enfant *m., f.* (5)

China Chine *f.* (2)

Chinese (*person*) Chinois(e) *m., f.* (2); (*language*) chinois *m.* (2)

chocolate chocolat *m.* (6)

choose choisir (4)

chop (*meat*) côte, côtelette *n. f.* (7)

church (*Catholic*) église *f.* (11)

citizen citoyen(ne) *m., f.* (16)

city ville *f.* (2)

civil civil(e); **civil rights** droits (*m. pl.*) civils (16); **civil servant** fonctionnaire *m., f.* (14); **to enter into a civil union** se pacser (13)

class (business) classe (*f.*) affaires (9); **first class** première classe (9); **second class** deuxième classe (9); **tourist class** classe économique (9)

classical classique (12)

classroom salle (*f.*) de classe (1)

clear *adj.* clair(e) (16)

clerk (sales) employé(e) (14)

click (on) cliquer (sur) (10)

climate change changement (*m.*) climatique (16)

climb *v.* monter (8)

clock (alarm) réveil *m.* (4)

close to près de (4)

closet armoire *f.* (4); placard *m.* (4)

cloudy: it's cloudy le temps est nuageux (5)

coat manteau *m.* (5)

coffee (cup of) un café *m.* (2)

cold froid *m.*; **it's cold** il fait froid (5); **to be cold** avoir (*irreg.*) froid (3)

collection collection *f.* (15); recueil *m.* (12)

comb peigne *n. m.* (13); **to comb one's hair** se peigner (13)

come venir *irreg.* (8); **to come back to** (*someplace*) revenir *irreg.* (8)

comics: comic book bande (*f.*) dessinée (10)

command: to have a command of maîtriser (14)

commercial publicité *n. f.* (10)

company entreprise *f.* (14); société *f.* (14); **company head** chef (*m., f.*) d'entreprise (14)

compartment (*train*) compartiment *m.* (9)

composer compositeur/trice *m., f.* (12)

computer ordinateur *m.* (1); **computer science** informatique *f.* (2); **laptop computer** ordinateur (*m.*) portable (portable *m., fam.*) (1)

concern *v.* toucher (14)

conflict conflit *n. m.* (16)

conformist conformiste (3)

connection connexion *f.* (10)

conservation conservation *f.* (16)

conserve conserver (16)

consider estimer (16)

constantly constamment (12)

construct construire *irreg.* (9)

consume consommer (16)

continue continuer (11)

control contrôler (16)

cooking cuisine *f.* (6); **to cook** faire (*irreg.*) la cuisine (5)

cool frais (fraîche) *adj.*; **it's cool** il fait frais (5)

corner coin *m.* (11)

Corsica Corse *f.* (13)

cost of living coût (*m.*) de la vie (14)

costs frais *m. pl.* (14)

Côte d'Ivoire Côte d'Ivoire *f.* (2, 7)

country (*nation*) pays *m.* (2); **country(side)** campagne *f.* (8)

couple (*engaged, married*) couple *m.* (13)

course (*academic*) cours *m.* (2); **course** (*meal*) plat *m.* (7); **first course** entrée *f.* (7); **main course** plat (*m.*) principal (7)

cousin cousin(e) *m., f.* (5)

cover *v.* couvrir *irreg.* (14)

craftsperson artisan(e) *m., f.* (14)

cream crème *f.* (6); **ice cream** glace *f.* (6)

credit card carte (*f.*) de crédit (14)

crew: flight crew membres (*m. pl.*) de l'équipage (9)

croissant croissant *m.* (6)

cross *v.* traverser (9); **cross-country skiing** ski (*m.*) de fond (8)

crowd foule *n. f.* (15)

cup tasse *f.* (6); **cup of coffee** un café *m.* (2); **wide cup** bol *m.* (6)

current events actualité *f.* (14)

curtain rideau *m.* (4)

cycling cyclisme *m.* (15); vélo *m., fam.*; **to go cycling** faire (*irreg.*) du vélo (5)

daily quotidien(ne) (13)

dance *v.* danser (2)

date rendez-vous *m.* (3); **to have a date** avoir (*irreg.*) rendez-vous (3); **what is the date?** quelle est la date? (1)

daughter fille *f.* (5); **daughter-in-law** belle-fille *f.* (5); **stepdaughter** belle-fille *f.* (5)

day jour *m.* (1); **all day** toute la journée (7); **every day** tous les jours (5); **the day before yesterday** avant-hier (7); **what day is it?** quel jour sommes-nous? (1); **whole day** journée *f.* (7)

dear cher/ère (3)

debit card carte de débit (14)

decade: the decade of (the fifties) les années (cinquante) *f. pl.* (7)

December décembre (1)

decide décider (de) (12)

delay retard *n. m.* (6)

delicatessen charcuterie *f.* (7)

demand *v.* exiger (16)

demonstrate (for/against) manifester (pour/contre) (16)

dentist dentiste *m., f.* (14)

departure départ *m.* (9)

deposit (change) *v.* déposer (14)

describe décrire *irreg.* (10)

desire *v.* désirer (7); souhaiter (16)

desk bureau *m.* (1)

dessert dessert *m.* (6)

destroy détruire *irreg.* (9)

detest détester (2)

develop développer (16)

development développement *m.* (16)

dice dés *m. pl.* (4)

dictionary dictionnaire *m.* (2)

die *v.* mourir *irreg.* (8)

diet régime *n. m.* (7)

different différent(e) (3)

difficult difficile (3)

digital camera appareil (*m.*) numérique (10)

dine dîner (6)

dining room salle (*f.*) à manger (4)

dinner dîner *m.* (6); **to have dinner** dîner (6)

direct *v.* diriger (14)

disagreeable désagréable (3)

discover découvrir *irreg.* (14)

dishes vaisselle *f. s.*; **to wash (do) the dishes** faire (*irreg.*) la vaisselle (5)

district quartier *m.* (2); arrondissement *m.* (11)

division (*academic*) faculté *f.* (2)

divorced divorcé(e) (5)

do faire *irreg.* (5); **do-it-yourself work** bricolage *m.* (15); **to do one's hair** se coiffer (13)

doctor médecin *m., f.* (14)

documentary documentaire *n. m.* (10)

dog chien(ne) *m., f.* (4)

door porte *f.* (1)

dormitory cité (*f.*) universitaire (cité-U *fam.*) (2)

doubt *v.* douter (16)

downhill skiing ski (*m.*) alpin (8)

download *v.* télécharger (10)

downtown centre-ville *m.* (11)

drawers (chest of) commode *f.* (4)

dream (of) *v.* rêver (de) (2)

dress robe *f.* (3); **to get dressed** s'habiller (13)

drink (soft) boisson *f.* (gazeuse) (6); **to drink** boire *irreg.* (6)

drive *v.* conduire *irreg.* (9)

driver conducteur/trice *m., f.* (9)

drugstore pharmacie *f.* (11)

during pendant (9)

dynamic dynamique (3)

each (one) chacun(e) *pron.* (15); chaque *adj.* (4)

ear oreille *f.* (13)

early de bonne heure (6); tôt (6); en avance (6)

earn gagner (14)

east est *m.* (8); **to the east** à l'est (8)

easy facile (3)

eat manger (2); **eat a meal** prendre un repas (6)

e-book livre (*m.*) numérique (10)

eccentric excentrique (3)

eclair éclair (*pastry*) *m.* (7)

economics économie *f.* (2)

editor rédacteur/trice *m., f.* (14)

egg œuf *m.* (6)

eight *huit (1)

eighteen dix-huit (1)

eighth le/la *huitième (11)

elect élire *irreg.* (16)

electric: electric car voiture (*f.*) électrique (16)

elevator ascenseur *m.* (4)

eleven onze (1)

eleventh le/la onzième (11)

else (s.th.) autre chose (7)

e-mail message mail *m.* (10); courriel *m.* (10)

employee employé(e) *m., f.* (14); **s.o. employed (by)** employé(e) (de) (14)

encounter rencontre *n. f.* (13); **to encounter** rencontrer (13)

end by (*doing s.th.*) finir par (12)

enduring *adj.* durable (16)

energy énergie *f.* (16); **nuclear/solar energy** énergie (*f.*) nucléaire/solaire (16); **renewable energy** énergies (*f. pl.*) renouvelables (16)

engage: to get engaged se fiancer (13); **engaged couple** fiancés, fiancées *m., f.* (13)

engagement fiançailles *f. pl.* (13)

engine: search engine moteur (*m.*) de recherche (10)

engineer ingénieur(e) *m., f.* (14)

engineering ingénierie *f.* (2)

England Angleterre *f.* (2)

English (*person*) Anglais(e) *m., f.* (2); (*language*) anglais *m.* (2)

enough (of) assez de (6)

enter entrer (8); **to enter into a civil union** se pacser (13)

enthusiastic enthousiaste (3)

envelope enveloppe *f.* (10)

environment environnement *m.* (16)

environmentalist écologiste *m., f.* (16)

equal égal(e) (16)

era: the era of (the fifties) les années (cinquante) *f. pl.* (7)

e-reader liseuse *f.* (10)

errands courses *f. pl.*; **to do errands** faire (*irreg.*) des courses (5)

especially surtout (4)

essential essentiel(le) (16)

establish établir (16)

establishment: at the establishment of chez (4)

estimate *v.* estimer (16)

evening soir *m.* (5); **all evening** toute la soirée (7); **entire evening** soirée *f.* (7); **good evening** bonsoir (1); **in the evening** du soir (6); **Monday/Friday evenings** le lundi/le vendredi soir (5); **this evening** ce soir (5)

event événement *m.* (7); **sporting event** manifestation (*f.*) sportive (15)

ever: have you ever . . . ? avez-vous (as-tu) déjà... ? (9)

every tout, toute, tous, toutes (9); **every day (afternoon, morning, evening)** tous les jours (après-midi, matins, soirs) (5); **every week** toutes les semaines (9)

everybody tout le monde (7)

everyday quotidien(ne) *adj.* (13)

everyone tout le monde (9)

everything tout (9)

everywhere partout (11)

evidently évidemment (12)

exam examen *m.* (2); **to take an exam** passer un examen (4); **to pass (an exam)** réussir à (4)

example: for example par exemple (16)

exchange rate taux (*m.*) de change (14)

excuse (oneself) s'excuser (13); **excuse me** excusez-moi (1)

exhaust *v.* épuiser (16)

exhibit exposition *n. f.* (12)

expense dépense *f.* (14); **expenses** frais *m. pl.* (14)

expensive cher/ère (3)

express an opinion exprimer une opinion (16)

extremist ideas idées (*f.*) extrémistes

eye œil *m.* (13) (*pl.* yeux) (3)

face visage *n. m.* (13)

fair *adj.* juste (16)

fall automne *n. m.* (5); **in fall** en automne (5)

fall *v.* tomber (8); **to fall in love (with)** tomber amoureux/euse (de) (13)

false faux (fausse) (4)

familiar: to be familiar with connaître *irreg.* (11)

family famille *f.* (5)

far from loin de (4)

farm: wind farm ferme (*f.*) éolienne (16)

farmer agriculteur/trice *m., f.* (14)

fat *adj.* gros(se) (4)

father père *m.* (5); **father-in-law** beau-père *m.* (5); **stepfather** beau-père *m.* (5)

favorite préféré(e) (5)

fax fax *m.* (10)

February février (1)

feel sentir *irreg.* (8); **to feel bad** aller (*irreg.*) mal (5); **to feel like** avoir (*irreg.*) envie de (3)

few: a few quelques *adj.*; quelques-uns/unes *pron.* (9)

fifteen quinze (1)

fifth le/la cinquième (11)

fifty cinquante (1)

file fichier *m.* (10)

fill it up faire (*irreg.*) le plein (9)

fillet (*beef, fish, etc.*) filet *m.* (7)

film film *m.* (2)

filmmaker cinéaste *m., f.* (12)

finally enfin (11)

find *v.* trouver (2)

fine bien (15); ça va bien (1)

finger doigt *m.* (13)

finish finir (de + *inf.*) (4); **to finish by** (*doing s.th.*) finir par (+ *inf.*) (4)

first d'abord *adv.* (7); premier/ière *adj.* (4); **first of all (at first)** d'abord (7)

fish poisson *m.* (6); **fish store** poissonnerie *f.* (7); **fishing** pêche *f.* (8); **to go fishing** aller (*irreg.*) à la pêche (8)

five cinq (1)

fixed-price menu menu *m.* (7)

flash: flash drive clé (*f.*) USB (10)

flash of lightning coup (*m.*) de foudre (13)

flight vol *m.* (9); **flight attendant** hôtesse (*f.*) de l'air (9); steward *m.* (9); **flight crew** membres (*m. pl.*) de l'équipage (9)

floor: ground floor rez-de-chaussée *m.* (4); **second floor** (*in the U.S.*) premier étage *m.* (4); **third floor** (*in the U.S.*) deuxième étage *m.* (4)

flower fleur *f.* (4)

fluently couramment (12)

follow suivre *irreg.* (12)

food nourriture *f.* (6)

foot pied *m.* (13); **on foot** à pied (9)

for pour (2); (*time*) depuis (9), pendant (9); (*flight*) à destination de (9); **for example** par exemple (16); **for oneself** à son compte (14)

foreign étranger/ère (2); **in a foreign country** à l'étranger (8); **foreign language** langue (*f.*) étrangère (2)

forest forêt *f.* (8)

forget (to) oublier (de) (8)

fork fourchette *f.* (6)

former ancien(ne) (4)

formerly autrefois (11)

fortunate heureux/euse (3)

forty quarante (1)

fossil fuels énergies (*f. pl.*) fossiles (16)

found: to be found se trouver (11)

four quatre (1)

fourteen quatorze (1)

fourth le/la quatrième (11); **one-fourth** quart *m.* (6)

fracking fracturation (*f.*) hydraulique (16)

France France *f.* (2, 11)

free gratuit(e) (11); **free time** temps (*m.*) libre (15)

French (*person*) Français(e) *m., f.* (2); (*language*) français *m.*; **French fries** frites *f. pl.* (6); **French Polynesia** Polynésie (*f.*) française (14)

fresh frais (fraîche) (5)

Friday vendredi *m.* (1)

friend ami(e) *m., f.* (2); copain/copine (7); **best friend** besta *f.*

friendship amitié *f.* (13)

fries frites *f. pl.* (6)

from de (2); **from time to time** de temps en temps (2); **from now on** à l'avenir (14), à partir de maintenant (14); **from (then on)** dès (14)

front: in front of devant (4); **on the front page** à la une (10)

fruit fruit *m.* (6); **fruit juice** jus (*m.*) de fruit (6)

fuel: fossil fuels énergies (*f. pl.*) fossiles (16)

fun amusant(e) *adj.* (3); **to have fun** s'amuser (à) (13)

fundamentalism intégrisme *m.* (16)

funny drôle (3)

furious furieux/euse (16)

furniture (piece of) meuble *m.* (5)

future avenir *m.* (14); **in the future** à l'avenir (14)

game (*sport*) match *m.* (15); **games of chance** jeux (*m. pl.*) de *hasard (15); **gaming console** console (*f.*) de jeux (10); **group, social games** jeux (*m. pl.*) de société (15); **video games** jeux (*m. pl.*) vidéo (15)

garden jardin *n. m.* (4)

gardening jardinage *m.* (15)

garlic ail *m.* (15)

garret chambre (*f.*) de bonne (4)

gas station station-service *f.* (9)

gasoline essence *f.* (9)

generally en général (2)

geography géographie *f.* (2)

geology géologie *f.* (2)

German (*person*) Allemand(e) *m., f.* (2); (*language*) allemand *m.* (2)

Germany Allemagne *f.* (2)

get obtenir *irreg.* (8); **to get (money)** toucher (14); **get going!** va-t'en! (13); **to get along (with)** s'entendre (avec) (13); **to get off, down from** descendre (de) (5); **to get up** se lever (13)

gift cadeau *m.* (10)

girl fille *f.* (3)

girlfriend copine *f.* (7)

give donner (2); **to give back** rendre (5)

glass verre *m.* (6); **(eye)glasses** lunettes *f. pl.* (8)

global warming réchauffement (*m.*) de la planète (16)

globalization mondialisation *f.* (16)

glove gant *m.* (5)

go: to go aller *irreg.* (5); **go ahead!** allez-y! (1); **go away!/get going!** allez-vous-en! (va-t'en!) (13); **how's it going?** ça va? (1); **things are going well** ça va (1); **to be going (*to do s.th.*)** aller + *inf.* (5); **to go back** retourner (8); **to go clubbing** aller en boîte; **to go down** (*a street, a river*) descendre (5); **to go fishing** aller à la pêche (8); **to go home** rentrer (8); **to go off, go away** (*to work*) s'en aller *irreg.* (13); **to go out** sortir *irreg.* (de) (8); **to go up** monter (8); **what's going on?** qu'est-ce qui se passe? (15)

goggles: ski goggles lunettes (*f. pl.*) de ski (8)

good bien *adv.* (15); bon(ne) *adj.* (4); **good-bye** au revoir (1); **good day** bonjour (1); **good evening** bonsoir (1); **that's good** tant mieux (15)

Gothic gothique (12)

government gouvernement *m.* (16)

grandchild petit-enfant *m.* (5)

granddaughter petite-fille *f.* (5)

grandfather grand-père *m.* (5)

grandmother grand-mère *f.* (5)

grandparent grand-parent *m.* (5)

grandson petit-fils *m.* (5)

graphic: graphic novel bande (*f.*) dessinée (10)

gray gris(e) (3)

great-grandparent arrière-grand-parent *m.* (5)

Greece Grèce *f.* (8)

green vert(e) (3); **green beans** *haricots (*m. pl.*) verts (6)

grocery store épicerie *f.* (7)

ground: on the ground par terre (4); **ground floor** rez-de-chaussée *m.* (4)

group games jeux (*m. pl.*) de société (15)

guess *v.* deviner (5)

guitar guitare *f.* (3)

gymnasium gymnase *m.* (2); salle (*f.*) de sport

habitually d'habitude (2)

hair cheveux *m. pl.* (3); **to do one's hair** se coiffer (13)

hairbrush brosse (*f.*) à cheveux (13)

hairdresser coiffeur/euse *m., f.* (14)

Haitian (*person*) Haïtien(ne) *m., f.* (2)

Haiti Haïti *m.* (2, 3)

half demi(e) (6); **half brother** demi-frère *m.* (5); **half past (the hour)** et demi(e) (6); **half sister** demi-sœur *f.* (5)

hall couloir *m.* (4); **lecture hall** amphithéâtre *m.* (2); **town hall** mairie *f.* (11)

ham jambon *m.* (6)

hand main *f.* (13); **to hand in** rendre (5)

handbag sac (*m.*) à main (3)

handsome beau, bel, belle (beaux, belles) (3)

happen se passer (15); **what's happening?** qu'est-ce qui se passe? (15)

happy heureux/euse (3)

hardly peu (3)

hardworking travailleur/euse (3)

hat chapeau *m.* (3)

have avoir *irreg.* (3); **to have** (*to eat; to order*) prendre *irreg.* (6); **to have a drink** (with *s.o.*) prendre un verre (6); **to have breakfast** prendre le petit déjeuner (6); **to have to** devoir *irreg.* (7)

head tête *f.* (13); directeur/trice *m., f.* (14); **company head** chef (*m., f.*) d'entreprise (14)

headline: in the headlines à la une (10)

headphones écouteurs *m. pl.* (10); **wireless headphones** écouteurs sans fil (10)

health santé *f.* (13)

hear entendre (5)

heart cœur *m.* (13)

heartache peine *f.* (13)

height: medium height de taille moyenne (3)

hello bonjour (1)

helmet casque *m.* (8)

help *v.* aider (14)

here ici (1); **here is/are** voici (2)

heritage patrimoine *m.* (12)

hi salut (1)

high-definition television télévision (*f.*) haute définition (10)

high-speed rail service TGV (train à grande vitesse) *m.* (9)

highway autoroute *f.* (9)

hike randonnée *n. f.* (8); **hiking boots** chaussures (*f. pl.*) de montagne (8); **hiking stick** bâton (*m.*) de randonnée (8); **to go hiking** faire (*irreg.*) une randonnée (pédestre) (8)

hire embaucher (14)

historical historique (13)

history histoire *f.* (2)

hobby passe-temps *m.* (15)

holiday fête *f.* (1)

home maison *f.* (4); **at the home of** chez (4); **to go home** rentrer (8); **home page** page (*m.*) d'accueil (10); **home screen** écran (*m.*) d'accueil (10)

homeless (*person*) personne (*f.*) sans-abri (16)

homework devoirs *m. pl.*; **to do homework** faire (*irreg.*) ses devoirs (5)

hope *v.* espérer (6)

horse cheval *m.* (8); **to go horseback riding** faire (*irreg.*) du cheval (8)

hospital hôpital *m.* (11)

hostel: youth hostel auberge (*f.*) de jeunesse (9)

hot chaud; **it's hot** il fait chaud (5); **to be hot** avoir (*irreg.*) chaud (3)

hotel hôtel *m.* (11)

hour heure *f.* (6); **quarter before the hour** moins le quart (6)

house maison *f.* (4)

housework: to do the housework faire (*irreg.*) le ménage (5)

how comment (1); **how are you?** comment allez-vous? (comment vas-tu?) (1); **how much is it?** c'est combien? (1); **how many?** combien (de)? (4); **how much?** combien (de)? (1); **how's it going?** ça va? (1)

hungry: to be hungry avoir (*irreg.*) faim (4)

hurry *v.* se dépêcher (13); **hurry up!** dépêche-toi! (6)

hurt *v.* avoir (*irreg.*) mal (à) (13)

husband mari *m.* (5)

hybrid voiture (*f.*) hybride (16)

ice cream glace *f.* (6)

icon icône *f.* (10)

idealistic idéaliste (3)

if si; **if I were you** à ta (votre) place (15)

immediately tout de suite (5)

impatient impatient(e) (3)

important important(e) (3)

impossible: it is impossible that il est impossible que + *subj.* (16)

in à (2); en (2); dans; **in four days (from now)** dans quatre jours (5); **in order to** pour (4); **in the afternoon** de l'après-midi (6)

include comprendre *irreg.* (6)

increase augmentation *n. f.* (14)

indispensable indispensable (16)

individualistic individualiste (3)

industrial industriel(le) (16)

inflation inflation *f.* (16)

information: tourist information bureau syndicat (*m.*) d'initiative (11)

injection piqûre *f.* (13)

instructor professeur(e) *m., f.* (1)

intellectual intellectuel(le) (3)

intelligent intelligent(e) (3)

interest *v.* intéresser (14)

interesting intéressant(e) (3)

Internet Internet (10); **on the Internet** sur Internet (10)

internship stage *m.* (14)

intersection carrefour *m.* (11)

interview (job) entretien *m.* (14)

involve: to get involved (in) (*a public issue, cause*) s'engager (dans) (16)

island île *f.* (11)

isn't it so? n'est-ce pas? (3)

it's a/an . . . c'est un(e)... (1)

Italian (*person*) Italien(ne) *m., f.* (2); (*language*) italien *m.* (2)

Italy Italie *f.* (2)

Ivorian (*person*) Ivoirien(ne) *m., f.* (2)

Ivory Coast See **Côte d'Ivoire**

jacket (ski) anorak *m.* (8)

January janvier (1)

Japan Japon *m.* (2)

Japanese (*person*) Japonais(e) *m., f.* (2); (*language*) japonais *m.* (2)

jeans jean *m.* (3)

jewel bijou *m.* (14)

job boulot *m., fam.* (14); **job market** marché (*m.*) de l'emploi (14)

jog faire (*irreg.*) du jogging (5)

joke blague *n. f.* (15)

juice (orange) jus *m.* (d'orange) (6)

July juillet (1)

June juin (1)

just: to have just done s.th. venir (*irreg.*) de + *inf.* (8)

key clé, clef *f.* (4)

keyboard clavier *m.* (1)

kilo kilo(gramme) *m.* (7)

king roi *m.* (7)

kiosk kiosque *m.* (10)

kitchen cuisine *f.* (4); **kitchen sink** évier *m.* (4)

knee genou *m.* (*pl.* genoux) (13)

knife couteau *m.* (6)

know connaître *irreg.* (11); **to know (how)** savoir *irreg.* (11)

laboratory (lab) laboratoire (labo *fam.*) *m.* (2)

lake lac *m.* (8)

lamb agneau *m.* (7)

lamp lampe *f.* (4)

language (foreign) langue *f.* (étrangère) (2)

laptop computer portable *m., fam.* (1)

large gros(se) (4)

last dernier/ière (4); passé(e) (7); **last night** hier soir (7)

lasting *adj.* durable (16)

late en retard (6)

laugh *v.* rire *irreg.* (15)

laundry: to do the laundry faire (*irreg.*) la lessive (5)

law droit *m.* (2)

lawn bowling pétanque *f.* (15)

lawyer avocat(e) *m., f.* (14)

lazy paresseux/euse (3)

lead (clue) piste *n. f.* (14)

learn apprendre *irreg.* (à) (6)

leave (for, from) partir *irreg.* (à, de) (8); **to leave** (*behind*) laisser (6); **to leave** (*go out*) sortir *irreg.* (8); **to leave** (*s.o. or someplace*) quitter (8)

Lebanon Liban *m.* (2)

Lebanese (*person*) Libanais(e) *m., f.* (2)

lecture: lecture hall amphithéâtre *m.* (2)

left: on the left à gauche (4); **the Left Bank** (*in Paris*) Rive (*f.*) gauche (11)

leg jambe *f.* (13)

legacy patrimoine *m.* (12)

legalization légalisation *f.* (16)

leisure activities loisirs *m. pl.* (15)

lend (to) prêter (à) (11)

less . . . than moins... que (14)

let's see, . . . voyons,... (10)

letter lettre *f.* (10); **letter carrier** facteur/trice *m., f.* (14)

lettuce laitue *f.* (6), salade *f.* (6)

library bibliothèque *f.* (2)

life vie *f.* (2)

lightning: flash of lightning coup (*m.*) de foudre (13)

like aimer (2); **I would like** (*to do s.th.*) je voudrais (+ *inf.*) (6); **to like better** aimer mieux (2)

likeable sympathique (sympa *inv.*) (13)

likely probable (16)

limit *v.* contrôler (16)

line ligne; **(bus) line** ligne (de bus) (9); **to stand in line** faire (*irreg.*) la queue (5)

linguistics linguistique *f.* (2)

link lien *m.* (10)

listen écouter (2)

literature littérature *f.* (2)

little: a little (of) un peu (de) (3)

live habiter (2); vivre *irreg.* (12); **live streaming** streaming en direct *m.* (10)

living: cost of living coût (*m.*) de la vie (14); **living room** séjour *m.* (4)

loaf (of bread) baguette *f.* (de pain) (6)

loan emprunt *m.* (14)

locate: to be located se trouver (11)

lodging logement *m.* (4)

long long(ue) (3)

longer: no longer ne... plus (9)

look (at) regarder (8); **to look (like)** avoir (*irreg.*) l'air (de) (3); **to look at oneself, look at each other** se regarder (13); **to look for** chercher (2)

lose perdre (5); **to get lost** se perdre (13)

lot: a lot (of) beaucoup (de) (1, 6)

love *v.* adorer (2); aimer (2); amour *n. m.* (13); **love at first sight** coup (*m.*) de foudre (13); **lover; loving** amoureux/euse (13); **to fall in love (with)** tomber amoureux/euse (de) (13)

lucky: to be lucky avoir (*irreg.*) de la chance (8)

lunch déjeuner *m.* (6); **to have lunch** déjeuner (6)

ma'am Madame (Mme) (1)

Madagascar Madagascar *m.* (2, 16)

magazine (*illustrated*) magazine *m.* (4); (*journal*) revue *f.* (10)

magnificent magnifique (12)

maid's room chambre (*f.*) de bonne (4)

mail *v.* poster (10); **mail (a letter)** *v.* mettre (une lettre) à la poste (10); courrier *n. m.*; poste *f.*

mailbox boîte (*f.*) aux lettres (10)

main dish plat (*m.*) principal (7)

make faire *irreg.* (5)

makeup: to put on makeup se maquiller (13)

Malagasy (*person*) Malgache *m., f.* (2)

man homme *m.* (1); **young man** jeune homme *m.* (13)

manage gérer (14)

manager directeur/trice *m., f.* (14); **middle/senior manager** cadre *m., f.* (14); **top manager** chef (*m., f.*) d'entreprise (14)

many: how many? combien (de)? (4)

map carte (*of a region, country*) *f.* (8); plan (*city*) *m.* (11)

March mars (1)

market marché *m.*; **to go to the market** faire (*irreg.*) le marché (5); **job market** marché (*m.*) de l'emploi (14); **outdoor market** marché (*m.*) en plein air (11)

marriage mariage *m.* (13)

married marié(e) (5); **married couple** époux (épouses) *m., f. pl.* (13); **newlyweds, newly married couple** jeunes mariés (mariées) *m., f. pl.* **to get married** se marier (avec) (13)

Martinique Martinique *f.* (14)

mass media médias *m. pl.* (10)

master *v.* maîtriser (14)

masterpiece chef-d'œuvre *m.* (*pl.* chefs-d'œuvre) (12)

mathematics (math) mathématiques (maths *fam.*) *f. pl.* (2)

May mai (1)

maybe peut-être (4)

me: as for me pour ma part (16); **me neither** moi non plus (3); **me too** moi aussi (3)

meal repas *m.* (6)

mean *v.* vouloir (*irreg.*) dire (7); **I mean . . .** c'est-à-dire... (10)

meat viande *f.* (6)

media médias *m. pl.* (10)

medieval médiéval(e) (12)

medium: of medium height de taille moyenne (3)

meet se rencontrer (13); **to meet (for the first time)** faire (*irreg.*) la connaissance (de) (5)

meeting rencontre *f.* (13); **to have a meeting** avoir (*irreg.*) rendez-vous (3)

mention: don't mention it de rien (1)

menu carte *f.* (7); **fixed-price menu** menu *m.* (7)

merchant marchand(e) (14)

messy en désordre (4)

Mexican (*person*) Mexicain(e) *m., f.* (2)

Mexico Mexique *m.* (2)

middle: to be in the middle of être (*irreg.*) en train de (15)

midnight: it is midnight il est minuit (6)

milk lait *m.* (6)

mirror miroir *m.* (4)

Miss Mademoiselle (Mlle) (1)

mixture mélange *m.* (7)

Monday lundi *m.* (1); **it's Monday** nous sommes lundi

money argent *m.* (7)

monitor (computer) écran *m.* (10)

month mois *m.* (1)

monthly (*publication*) mensuel *m.* (10)

monument monument *m.* (11)

more . . . than plus... que (14); **no more** ne... plus (9)

morning matin *m.* (5); **all morning** toute la matinée (7); **entire morning** matinée *f.* (7); **in the morning** du matin (6); **this morning** ce matin (5)

Moroccan (*person*) Marocain(e) *m., f.* (2)

Morocco Maroc *m.* (2)

mother mère *f.* (5)

mother-in-law belle-mère *f.* (5)

motorcycle motocyclette, moto *f.* (9)

mountain montagne *f.* (8); **to go mountain climbing** faire (*irreg.*) de l'alpinisme (8)

mouse souris *f.* (1, 10)

mouth bouche *f.* (13)

move in emménager (4)

move out déménager (4)

movie film *m.* (2); **movie theater; movies** cinéma *m.* (2)

Mr. Monsieur (M.) (1)

Mrs. Madame (Mme) (1)

much bien *adv.*; **as much/many . . . as** autant (de)... que (15); **how much?** combien (de)? (1); **so much the better** tant mieux (15); **too much** trop de (6); **very much** beaucoup (1)

museum musée *m.* (11)

mushroom champignon *m.* (6)

music musique *f.* (2)

musician musicien(ne) *m., f.* (12)

must: one must (not) il (ne) faut (pas) + *inf.* (8)

myself moi-même (12)

naive naïf/ive (3)

name(d): my name is . . . je m'appelle... (10); **to be named** s'appeler (13); **what's your name?** comment vous appelez-vous? (comment t'appelles-tu?) (10)

napkin serviette *f.* (6)

natural naturel(le); **natural resources** ressources (*f. pl.*) naturelles (16)

nature nature *f.* (16)

necessary: it is necessary that il est nécessaire que + *subj.* (16); **it is necessary to** il faut + *inf.* (8); **to be necessary** falloir *irreg.* (8)

neck cou *m.* (13)

need *v.* avoir (*irreg.*) besoin de (3); **one needs** il faut (8); il est nécessaire de (16)

neighbor voisin(e) *m., f.* (4)

neighborhood quartier *m.* (2)

nephew neveu *m.* (5)

nervous nerveux/euse (3)

network (*television*) chaîne *f.* (10); **social network** réseau (*m.*) social (10)

never ne... jamais (9)

new nouveau, nouvel, nouvelle (nouveaux, nouvelles) (3)

news (*TV program*) informations *f. pl.* (10)

newspaper (news [on television]) journal *m.* (*pl.* journaux) (2)

newsstand kiosque *m.* (10)

next ensuite (7), puis *adv.* (11); prochain(e) *adj.*; **next to** à côté de (4); **next week** la semaine prochaine (5)

nice beau (*weather*) (5); gentil(le) (3); agréable (3); sympathique (sympa *inv.*) (3); **it's nice (out)** il fait beau (5)

niece nièce *f.* (5)

night nuit *f.* (7); **all night** toute la nuit (7); **at night** du soir (6); **last night** hier soir (7); **nightclub** boîte (*f.*) de nuit (15)

nine neuf (1)

nineteen dix-neuf (1)

ninth le/la neuvième (11)

no non (1); **no longer, no more** ne... plus (9); **no one, nobody** ne... personne (9)

noon midi (6)

normal normal(e) (16)

north nord *m.* (8); **to the north** au nord (8)

nose nez *m.* (13)

not (at all) ne... pas (du tout) (9); **not bad(ly)** pas mal (1); **not very** peu (3); **not yet** ne... pas encore (9)

notebook cahier *m.* (1)

nothing ne... rien (9)

novel roman *m.* (10); **graphic novel** bande (*f.*) dessinée (10)

November novembre (1)

now maintenant (2); **from now on** à l'avenir (14), à partir de maintenant (14)

nuclear: nuclear energy énergie (*f.*) nucléaire (16); **nuclear power plant** centrale (*f.*) nucléaire (16)

number (telephone) numéro *m.* (de téléphone) (10)

obliged: to be obliged to devoir *irreg.* (7)

obtain obtenir *irreg.* (8)

ocean mer *f.* (8)

o'clock: it is . . . o'clock il est... heures (6)

October octobre (1)

odd drôle (3)

of de (2); **of which** dont (14)

offer *v.* offrir *irreg.* (14)

office bureau *m.* (2)

officer (police) policier/ère (14)

often souvent (2)

oil (olive) huile *f.* (d'olive) (7)

okay d'accord (2)

old ancien(ne) (4); vieux, vieil, vieille (4)

on (top of) sur (4); **on the ground** par terre (4); **on** (*bicycle, horseback, foot*) à (9)

once une fois (11); **all at once** tout d'un coup (11); **once a week** une fois par semaine (5)

one un(e) (1); **one-way ticket** aller (*m.*) simple (9)

onion oignon *m.* (7)

online: online account compte (*m.*) en ligne (10)

only ne... que (9); seulement (9)

open *v.* ouvrir *irreg.* (14)

opera opéra *m.* (15)

opinion: in my opinion pour ma part (16); à mon avis (11); **in your opinion** à votre (ton) avis (11); **public opinion** opinion (*f.*) publique (16); **to express an opinion** exprimer une opinion (16); **to have an opinion about** penser de (11)

optimistic optimiste (13)

or ou (2)

orange orange *inv.* (3); (*fruit*) orange *f.* (6); **orange juice** jus (*m.*) d'orange (6)

order: in order/orderly en ordre (4); **in order to** pour (2); **to order** commander (6), prendre *irreg.* (*in a restaurant*) (6)

other autre (4); **others** d'autres (15); **the other(s)** l'/les autre(s) (15)

outdoors de plein air; **outdoor activities** activités (*f.*) de plein air (15); **outdoor market** marché (*m.*) en plein air (11)

over there là-bas (8)

overpopulation surpopulation *f.* (16)

owe devoir *irreg.* (7)

oyster huître *f.* (7)

package colis *m.* (10)

page: home page page (*f.*) d'accueil (10); **on the front page** à la une (10)

pain douleur *f.* (13); **to have pain** avoir (*irreg.*) mal (à) (3)

paint *v.* peindre *irreg.* (12)

painter artiste *m., f.* (12); peintre *m., f.* (12)

painting peinture *f.* (12); tableau *m.* (12)

palace palais *m.* (12)

pants pantalon *m. s.* (3)

pardon (me) pardon (1)

Parisian *adj.* parisien(ne) (3)

park parc *n. m.* (11)

parka anorak *m.* (8)

partner (*spouse*) compagnon (compagne) *m., f.* (13)

party soirée *f.* (3); fête *f.* (7); **political party** parti *m.* (16)

pass (*time*) passer (6); **boarding pass** carte (*f.*) d'embarquement (9); **to pass** (*a test*) réussir à (4); **to pass by** passer par (8); **to pass on** *v.* transmettre (10)

passenger passager/ère *m., f.* (9)

passport passeport *m.* (8)

password mot (*m.*) de passe (10)

past passé *n. m.* (8)

pasta pâtes *f. pl.* (7)

pastry, pastry shop pâtisserie *f.* (7)

pâté (country-style) pâté *m.* (de campagne) (7)

path: bicycle path piste (*f.*) cyclable (9)

patient *adj.* patient(e) (3)

patrimony patrimoine *m.* (12)

pay: to pay attention (to) faire (*irreg.*) attention (à) (5); **to pay in cash** payer en liquide (14)

payment: automatic payment/withdrawal prélèvement automatique (14)

pear poire *f.* (6)

pen stylo *m.* (1)

pencil crayon *m.* (1)

pension retraite *f.* (16)
people gens *m. pl.* (5)
pepper poivre *m.* (6)
perfectly parfaitement (14)
performance spectacle *m.* (15)
period (*of history*) époque *f.* (12)
permit (to) *v.* permettre *irreg.* (de) (12)
person personne *f.* (3); **a person experiencing homelessness** personne (*f.*) sans-abri (16)
personally personnellement (16)
pessimistic pessimiste (3)
pharmacist pharmacien(ne) *m., f.* (14)
pharmacy pharmacie *f.* (11)
philosophy philosophie *f.* (2)
phone See **telephone**
physics physique *f.* (2)
piano piano *m.* (3)
picnic pique-nique *m.* (15)
pie tarte *f.* (6)
piece morceau *m.* (7); **piece of furniture** meuble *m.* (5)
pilot pilote *n. m., f.* (9)
pineapple ananas *m.* (6)
pink rose (3)
place endroit *n. m.* (8); lieu *n. m.* (2); **place of residence** logement *m.* (4); **to place (put)** mettre *irreg.* (10)
plans projets *m. pl.* (5)
plate assiette *f.* (6)
platform (*train station*) quai *m.* (9)
play (*theater*) pièce (*f.*) de théâtre (12); *v.* jouer (3); **to play** (*a musical instrument*) jouer de (3); **to play** (*a sport or game*) jouer à (3); faire de (5)
playwright auteur(e) dramatique *m., f.* (12)
pleasant gentil(le) (3); agréable (3)
please *interj.* s'il vous (te) plaît (1)
plumber plombier/ière *m., f.* (14)
poem poème *m.* (12)
poetry poésie *f.* (12)
point out indiquer (11)
police officer policier/ière *m., f.* (14); **police station** commissariat *m.* (11), poste (*m.*) de police (11)
policy politique *f.* (16)
polite poli(e) (12)
politely poliment (12)
political party parti *m.* (16)
politician politicien(ne) *m., f.* (16)
politics politique *f.* (16)
pollute polluer (16)
pollution pollution *f.* (16)
Polynesia: French Polynesia Polynésie (*f.*) française (14)
pool (swimming) piscine *f.* (11)
poor pauvre (3)
pork porc *m.* (6); **pork butcher's shop (delicatessen)** charcuterie *f.* (7)
Portugal Portugal *m.* (8)
possible possible; **it is possible that** il est possible que + *subj.* (16), il se peut que + *subj.* (16)
post office bureau (*m.*) de poste (10)
postcard carte (*f.*) postale (8)
poster affiche *f.* (4)
potato pomme (*f.*) de terre (6)
power: purchasing power pouvoir (*m.*) d'achat (16)
prefer aimer mieux (2); préférer (6)

preferable préférable (16)
preferred préféré(e) (5)
preoccupied préoccupé(e) (16)
prepare préparer (4)
pretty joli(e) (4)
prevent (from) empêcher (de) (12)
price prix *m.* (7); **fixed-price menu** menu *m.* (7)
primary school teacher professeur(e) (*m., f.*) des écoles (14)
printer (computer) imprimante *f.* (10)
problem ennui *m.* (9); problème *m.* (16)
process: to be in the process of être (*irreg.*) en train de (15)
produce *v.* produire *irreg.* (9)
product produit *m.* (6); **fresh products** les produits frais (6)
professor professeur(e) *m., f.* (1)
program (*TV, radio*) émission *f.* (10)
protect protéger (16)
protection protection *f.* (16)
proud fier/ière (3)
psychology psychologie *f.* (2)
public: public opinion opinion (*f.*) publique (16); **public transportation** transports (*m.*) en commun (9)
purchasing: purchasing power pouvoir (*m.*) d'achat (16)
pursue poursuivre *irreg.* (12)
put (on) mettre *irreg.* (8)
putter (around) bricoler (15); **puttering (around)** bricolage *m.* (15)

quarter (*one-fourth*) quart *m.* (6); **quarter** (*district*) quartier *m.* (2); **quarter past (the hour)** et quart (6); **quarter to (the hour)** moins le quart (6)
Quebec (*province*) Québec *m.* (2, 4); (*city*) Québec *m.*
queen reine *f.* (7)
question: to ask a question poser une question (à) (11)
quiet tranquille *adj.* (4)

radio radio *f.* (2)
rain *v.* pleuvoir *irreg.* (7); **it's raining** il pleut (5)
raincoat imperméable *m.* (5)
raise *v.* augmenter (16); augmentation (*n. f.*) de salaire (14)
rarely rarement (2)
rate (of exchange) taux (*m.*) de change (14); **(of unemployment)** taux de chômage (14)
read lire *irreg.* (10)
reading lecture *f.* (15)
ready prêt(e) (3); **to get ready** se préparer (13)
realistic réaliste (3)
reality television télé-réalité *f.* (10)
really vraiment (12)
reasonable raisonnable (3)
receipt reçu *m.* (14)
receive recevoir *irreg.* (10); **to receive (money)** toucher (14)
recycle recycler (16)
recycling recyclage *m.* (16)
red rouge (3); **red** (*hair*) roux (rousse) (3)
redheaded roux (rousse) (3)
reform réforme *f.* (16)
refuse (to) refuser (de) (12)
regret *v.* regretter (16)
relax se détendre (13)
relay *v.* transmettre (10)
relieved soulagé(e) (16)
remain rester (5)

remember se rappeler (13); se souvenir *irreg.* (de) (13)

remote control télécommande *f.* (10)

renewable energy énergies (*f. pl.*) renouvelables (16)

rent *v.* louer (4); loyer *m.* (4)

repeat répéter (1)

reporter journaliste *m., f.* (2)

require exiger (16)

rescue *v.* sauver (16)

residence: university residence complex cité (*f.*) universitaire (cité-U *fam.*) (2)

resource: natural resources ressources (*f. pl.*) naturelles (16)

rest *v.* se reposer (13)

restaurant restaurant *m.* (2)

résumé CV (14)

return (give back) rendre (5); (*go home*) rentrer (8); (*go back*) retourner (8); (*come back to someplace*) revenir *irreg.* (8)

review revue *n. f.* (10)

ride: to take a ride faire (*irreg.*) un tour (en voiture) (5)

right droit *n. m.* (16); **civil rights** droits civils (16); **on (to) the right** à droite (4); **the Right Bank** (*in Paris*) Rive (*f.*) droite (11); **to be right** avoir (*irreg.*) raison (3)

river fleuve *m.* (8)

road route *f.* (8)

roast rôti *m.* (7)

roll *v.* rouler (9)

Roman romain(e) (12)

roof toit *m.* (4)

room pièce *f.* (4); (*bedroom*) chambre *f.* (4)

roommate camarade (*m., f.*) de chambre (3); colocataire *m., f.* (4)

round: round-trip ticket aller-retour *n. m.* (9)

rug tapis *m.* (4)

run courir *irreg.* (13); faire (*irreg.*) du jogging (5); **to run for office** poser sa candidature (16)

Russia Russie *f.* (2)

Russian (*person*) Russe *m., f.* (2)

sad triste (3)

sadness peine *f.* (13)

sailboat bateau (*m.*) à voile (8)

sailing voile *f.*; **to go sailing** faire (*irreg.*) de la voile (5)

salad salade *f.* (6)

salami saucisson *m.* (7)

salaried worker travailleur/euse (*m., f.*) salarié(e) (14)

salary salaire *m.* (14)

salmon saumon *m.* (7)

salt sel *m.* (6)

same même; **the same one(s)** le/la/les même(s) (15)

sandals sandales *f. pl.* (3)

sardines (in oil) sardines *f. pl.* (à l'huile) (7)

satellite TV télévision (*f.*) satellite (10)

Saturday samedi *m.* (1)

sausage saucisse *f.* (7)

save (*rescue*) sauver (16); **savings account** compte (*m.*) épargne (14); **to save (up) money** faire (*irreg.*) des économies (14)

say dire *irreg.* (10)

scarf écharpe *f.* (5)

school école *f.* (10); **primary school teacher** professeur(e) des écoles *m., f.* (14)

screen écran *m.* (1, 10); **home screen** écran (*m.*) d'accueil (10)

scuba diving plongée (*f.*) sous-marine (8); **to go scuba diving** faire (*irreg.*) de la plongée sous-marine (8)

sculptor sculpteur/trice *m., f.* (12)

sculpture sculpture *f.* (14)

sea mer *f.* (8)

search engine moteur (*m.*) de recherche (10)

season saison *f.* (5)

seat siège *m.* (9); (*theater, transportation*) place *f.* (9)

second deuxième *m., f.* (11); **second class** (*in a train*) deuxième classe (9); **second floor** (*in the U.S.*) premier étage *m.* (4)

secretary secrétaire *m., f.* (14)

section (*of Paris*) arrondissement *m.* (11)

see voir *irreg.* (10); **let's see, . . .** voyons,... (10); **see you soon** à bientôt (5); **to see again** revoir *irreg.* (10)

seems: it seems that il semble que + *subj.* (16); **to seem** avoir (*irreg.*) l'air de (3)

self-employed: self-employed worker travailleur/euse (*m., f.*) indépendant(e) (14); **to be self-employed** travailler à son compte (14)

sell vendre (5)

send envoyer (10)

Senegal Sénégal *m.* (2, 5)

Senegalese (*person*) Sénégalais(e) *m., f.* (2)

sense *v.* sentir *irreg.* (8)

September septembre (1)

series série *f.* (10); **animated series** dessin (*m.*) animé (10); **drama series** (*on TV*) série télévisée (10)

serious sérieux/euse (3)

serve servir *irreg.* (8)

set the table mettre le couvert (10)

settle (down, in) s'installer (13)

seven sept (1)

seventeen dix-sept (1)

several plusieurs (6)

sexism sexisme *m.* (16)

share *v.* partager (3)

shave *v.* se raser (13)

shelf étagère *f.* (4)

shirt chemise *f.* (3)

shoes chaussures *f. pl.* (3); **tennis shoes** tennis *m. pl.* (3)

shop *v.* faire (*irreg.*) des achats (10); (*store*) magasin *m.* (7); **butcher shop** boucherie *f.* (7); **pastry shop** pâtisserie *f.* (7); **to go grocery shopping** faire (*irreg.*) les courses (5)

shopkeeper commerçant(e) *m., f.* (14)

shopping: to do the shopping faire (*irreg.*) le marché (5)

short court(e) (*hair*) (3); petit(e) (*person*) (3)

shorts short *m. s.* (3)

shot (injection) piqûre *f.* (13)

show spectacle *n. m.* (15); **TV show** émission *f.* (10); **game show** jeu (*m.*) télévisé (10); **variety/floor show** spectacle de variétés (15); **to show** indiquer (11); montrer (3)

shower douche *f.* (4); **to take a shower** prendre une douche, se doucher (13)

sick malade (13)

since depuis (9); **since when** depuis quand (9)

sincere sincère (3)

sing chanter

single seul(e) *adj.* (4); (*person*) célibataire *adj.* (5); célibataire *n. m., f.* (13)

sink: bathroom sink lavabo *m.* (4); **kitchen sink** évier *m.* (4)

sir Monsieur (M.) (1)

sister sœur *f.* (5); **sister-in-law** belle-sœur *f.* (5); **stepsister** demi-sœur *f.* (5)

site site *m.* (10)

situate: to be situated se trouver (11)

six six (1)

sixteen seize (1)

sixty soixante (1)

ski ski *n. m.* (8); **ski boots** chaussures (*f. pl.*) de ski (8); **ski goggles** lunettes (*f. pl.*) de ski (8); **ski jacket** anorak *m.* (8); **to ski** faire (*irreg.*) du ski (5), skier (2)

skiing ski *m.*; **cross-country skiing** ski de fond (8); **downhill skiing** ski alpin (8); **to go skiing** faire (*irreg.*) du ski (5); **waterskiing** ski nautique (8)

skirt jupe *f.* (3)

sleep *v.* dormir *irreg.* (8)

sleeping bag sac (*m.*) de couchage (8)

sleepy: to be sleepy avoir (*irreg.*) sommeil (3)

slice tranche *f.* (7)

small petit(e) (3)

smartphone smartphone *m.* (1)

smartwatch montre (*f.*) connectée (10)

smell *v.* sentir *irreg.* (8)

smoker fumeur/euse *m., f.*

snack: afternoon snack goûter *m.* (6)

sneakers baskets *f. pl.* (3); tennis *m. pl.* (3)

snorkeling plongée (*f.*) libre (8)

snow neige *n. f.*; **to snow** neiger; **it's snowing** il neige (5)

so alors (4); tellement *adv.* (11); **so much the better** tant mieux (15); **so-so** comme ci, comme ça (1)

soap opera feuilleton *m.* (10)

sociable sociable (3)

social network réseau (*m.*) social (10)

sociology sociologie *f.* (2)

socks chaussettes *f. pl.* (3)

sofa canapé *m.* (4)

software program logiciel *m.* (10)

solar energy énergie (*f.*) solaire (16)

sole (*fish*) sole *f.* (7)

some en *pron.* (11); quelques-uns/unes *pron.* (15); quelques *adj.* (8)

someday un jour (14)

someone quelqu'un (de) (9)

something quelque chose (de) (7); **something else** autre chose (7)

sometimes parfois (9); quelquefois (2)

somewhat assez (3)

son fils *m.* (5); **son-in-law** beau-fils *m.* (5); **stepson** beau-fils *m.* (5)

song chanson *f.* (15)

soon bientôt (5); **as soon as** aussitôt que (14); dès que (14); **see you soon** à bientôt (1)

sorry désolé(e) (16); **to be sorry** regretter (16)

south sud *m.* (8); **to the south** au sud (8)

Spain Espagne *f.* (2)

Spaniard (*person*) Espagnol(e) *m., f.* (2); (*language*) espagnol *m.* (2)

speak parler (2)

spend (*money*) dépenser (14); (*time*) passer (6); (*time, in a place*) faire (*irreg.*) un séjour (8)

spinach épinards *m. pl.* (6)

spoon (soup) cuillère *f.* (à soupe) (6)

sport(s) sport *m.* (2); **sporting event** manifestation (*f.*) sportive (15); **sports-minded** sportif/ive (3); **to do sports** faire (*irreg.*) du sport (5)

spot (*seat*) place *f.* (9)

spouse époux *m.*, épouse *f.* (13)

spring printemps *m.* (5); **in spring** au printemps (5)

square (*in city*) place *f.* (11)

stairway escalier *m.* (4)

stamp timbre *m.* (10)

stand: to stand in line faire (*irreg.*) la queue (5)

star étoile *f.* (8)

state état *m.* (8); **United States** États-Unis *m. pl.* (8)

station: police station commissariat *m.* (11); poste (*m.*) de police (11); **service station** station-service *f.* (9); **train station** gare *f.* (9)

stay *v.* rester (5); (*to spend time*) faire (*irreg.*) un séjour (8)

steak bifteck *m.* (6)

stepbrother demi-frère *m.* (5)

stepdaughter belle-fille *f.* (5)

stepfather beau-père *m.* (5)

stepmother belle-mère *f.* (5)

stepsister demi-sœur *f.* (5)

stepson beau-fils *m.* (5)

steward, stewardess steward *m.* (9), hôtesse (*f.*) de l'air (9)

still encore (9)

stomach ventre *m.* (13)

stop *v.* arrêter (de) (12); s'arrêter (13); **(bus) stop** arrêt *m.* (de bus) (9)

store magasin *m.* (7); **fish store** poissonnerie *f.* (7); **grocery store** épicerie *f.* (7)

stormy: it's stormy le temps est orageux (5)

straight (*hair*) raide (3); **straight ahead** tout droit (11)

strawberry fraise *f.* (6)

streaming: live streaming streaming en direct *m.* (10)

street rue *f.* (4)

strike grève *n. f.* (16); **to strike** faire (*irreg.*) grève (16)

student étudiant(e) *m., f.* (1)

studio (apartment) studio *m.* (4)

study bureau *n. m.* (*office*) (4); *v.* étudier (2)

stylish chic *inv.* (3)

suburbs banlieue *f.* (11)

subway métro *m.* (9)

succeed réussir (à) (4)

success réussite *f.*

suddenly soudain (11); tout à coup (11)

suffer souffrir *irreg.* (14)

sugar sucre *m.* (6)

suitcase valise *f.* (8)

sum montant *m.* (14)

summer été *m.* (5); **in summer** en été (5)

sun soleil *m.*; **it's sunny** il fait du soleil (5)

Sunday dimanche *m.* (1)

sunglasses lunettes (*f. pl.*) de soleil (8)

sunscreen crème (*f.*) solaire (8)

suntan: to get a suntan bronzer (8)

support *v.* soutenir *irreg.* (16)

sure sûr(e) (16)

surf the web surfer sur le Web (10)

surprised étonné(e) (16); surpris(e) (16)

survey sondage *n. m.* (4)

sweater pull *m.* (3)

sweetheart amoureux/euse *m., f.* (13)

swim *v.* nager (8); se baigner (13)
swimming pool piscine *f.* (11)
swimsuit maillot (*m.*) de bain (5)
Swiss (*person*) Suisse *m., f.* (2)
Switzerland Suisse *f.* (2, 9)

table table *f.* (1); **set the table** mettre le couvert (10)
tablet (computer) tablette *f.* (1)
take prendre *irreg.* (6); **to take** (*a course*) suivre *irreg.* (12); **to take** (*s.o. somewhere*) emmener (12); **to take a ride** faire (*irreg.*) un tour (5); **to take a shower** se doucher (13); **to take a trip** faire (*irreg.*) un voyage (5); **to take a walk** faire (*irreg.*) un tour (5) faire (*irreg.*) une promenade (5); se promener (13); **to take an exam** passer un examen (4); **to take place** se passer (15); **to take one's time** prendre son temps (6); **to take (a long) time** prendre du temps (6)
tall grand(e) (3)
talk: what are you talking about? qu'est-ce que tu racontes / vous racontez? (15)
tap *v.* appuyer (sur) (10)
taste *v.* goûter (7)
taxes impôts *m. pl.* (16)
tea thé *m.* (6)
teach enseigner (à) (12); apprendre (à) (6)
teacher professeur(e) *m., f.* (1); **primary school teacher** professeur(e) des écoles *m., f.* (14)
team équipe *f.* (15)
telephone téléphone *n. m.*; **telephone number** numéro (*m.*) de téléphone (10); **to telephone** téléphoner (à) (3)
television télévision *f.* (1); **cable television** câble *m.* (10); **television channel/network** chaîne *f.* (10); **high-definition television** télévision haute définition *f.* (10); **reality television** télé-réalité *f.* (10); **satellite television** télévision satellite (10); **television news program** journal (*m.*) télévisé (10) (See also **broadcast, program, series, show.**)
tell dire *irreg.* (10)
teller: automatic teller machine (ATM) distributeur (*m.*) automatique (14)
ten dix (1)
tennis shoes tennis *m. pl.* (3)
tent tente *f.* (8)
terrace terrasse *f.* (4)
terrorism terrorisme *m.* (16)
test examen *m.* (2); **to pass a test** réussir à un examen (4); **to take a test** passer un examen (4)
text message SMS *m.* (10); texto *m.* (10)
thank you (very much) merci (beaucoup) (1); **to thank** remercier
that cela (ça) *pron.*; que *conj.* (4, 14); qui *relative pron.* (4, 14); ce, cet, cette, ces *demonstrative adj.* (7); **that is** c'est-à-dire (10)
theater théâtre *m.* (12); (*movie*) cinéma *m.* (2)
then (and) (et) alors (4); ensuite (7); puis (11)
there là *adv.*; y *pron.* (11); **is/are there . . . ?** il y a… ? (1); **over there** là-bas (8); **there is/are** voilà (2); il y a (1)
therefore alors (4); donc (4)
thick gros(se) (4)
think (about) réfléchir (à) (4); **to think (of, about)** penser (à) (2); **to think (have an opinion) about** penser de (11); **what do you think about . . . ?** que pensez-vous (penses-tu) de… ? (11); **what do you think of that?** qu'en pensez-vous (penses-tu)? (11)

third floor (*in the U.S.*) deuxième étage *m.* (4)
thirsty: to be thirsty avoir (*irreg.*) soif (3)
thirteen treize (1)
thirty trente (1)
this cela (ça) *pron.*; ce, cet, cette, ces *adj.* (7)
three trois (1)
throat gorge *f.* (13)
through par (12)
Thursday jeudi *m.* (1)
ticket billet *m.* (6); titre (*m.*) de transport (9); **one-way ticket** aller (*m.*) simple (9); **round-trip ticket** aller-retour *m.* (9); **ticket window** guichet *m.* (9)
tidy en ordre (4)
tights collant *m.* (3)
time fois *f.* (5); heure *f.* (9); temps *m.* (5); **at what time . . . ?** à quelle heure… ? (6); **free time** temps libre (15); **from time to time** de temps en temps (2); **not on time** en retard (6); **on time** à l'heure (8); **the time is . . . o'clock** il est… heures (6); **to pass, spend time** passer du temps (6); **what time is it?** quelle heure est-il? (6)
tip pourboire *n. m.* (7)
tired fatigué(e) (3)
to à (3); (*flight*) à destination de (9)
tobacconist (bar) café-tabac *m.* (11)
today aujourd'hui (1)
together ensemble (8)
tomato tomate *f.* (6)
tomorrow demain (5)
too: me too moi aussi (3); **too bad!** dommage! *interj.* (16); **too much of, too many of** trop de (6)
tooth dent *f.* (13)
toothbrush brosse (*f.*) à dents (13)
top: on top of sur (4)
tourist class classe (*f.*) économique (9); **tourist information bureau** syndicat (*m.*) d'initiative (11)
towel: beach towel serviette (*f.*) de plage (8)
tower tour *f.* (11)
town hall mairie *f.* (11)
tracker: activity tracker bracelet (*m.*) connecté (10)
trade métier *n. m.* (14)
train train *m.* (9); **train car** wagon *m.* (9); **train station** gare *f.* (9)
transfer (money) virement *m.* (*14*)
translate traduire *irreg.* (9)
transmit *v.* transmettre (10)
transportation: means of transportation moyen (*m.*) de transport (9); **public transportation** transports (*m.*) en commun (9)
travel *v.* voyager (8); (*in a car, on a bike*) rouler (9)
tree arbre *m.* (4)
trip: to take a trip faire (*irreg.*) un voyage (5)
trouble ennui *m.* (9)
truck camion *m.* (9)
true vrai(e) (4); **it's true that . . .** il est vrai que… (16)
try (to) essayer (de) (14); chercher (à) (12)
T-shirt tee-shirt *m.* (3)
Tuesday mardi *m.* (1)
Tunisia Tunisie *f.* (2, 8)
Tunisian (*person*) Tunisien(ne) *m., f.* (2)
turn *v.* tourner (11)
TV télévision *f.* (5)
tweet tweet *m.* (10)

twelve douze (1)

twenty vingt (1): **twenty-one** vingt et un (1); **twenty-two** vingt-deux (1)

two deux (1)

ugly laid(e) (4)

uhmm . . . euh... *interj.* (10)

umbrella parapluie *m.* (5)

uncle oncle *m.* (5)

under sous (4)

understand comprendre *irreg.* (6); **I don't understand** je ne comprends pas (1)

unemployment chômage *m.* (14); **unemployed person** chômeur/euse *m., f.* (14); **unemployment rate** taux (*m.*) de chômage (14)

unfair: it is unfair that il est injuste que + *subj.* (16)

unfortunate pauvre (3)

United States États-Unis *m. pl.* (2, 8)

university université *f.* (2); **university cafeteria** restaurant (*m.*) universitaire (resto-U *fam.*) (2); **university dormitory** cité (*f.*) universitaire (cité-U *fam.*) (2)

unjust injuste (16)

unlikely peu probable (16)

until jusqu'à (11)

up to jusqu'à (11)

use *v.* utiliser (3)

useful utile (16)

username identifiant *m.* (10); pseudonyme *m.*

use up épuiser (16)

usually d'habitude (2)

vacation vacances *f. pl.* (5)

variety show spectacle (*m.*) de variétés (15)

veal veau *m.* (7)

vegetable légume *m.* (6)

very très (1); fort *adv.* (14); **not very** peu (3); **very much** beaucoup (1); **very well, good** très bien (1)

video: video games jeux (*m. pl.*) vidéo (15)

Vietnam Vietnam *m.* (2)

violet violet(te) (3)

violin violon *m.* (3)

visa visa *m.* (8)

visit visite *n. f.* (2); **to visit** (*a place*) visiter (2); **to visit** (*s.o.*) rendre visite à (11)

voter électeur/trice *m., f.* (16)

wait (for) attendre (5)

waiter, waitress serveur/euse *m., f.* (7)

wake up se réveiller (13)

walk *v.* marcher (15); **to take a walk** se promener (15); faire (*irreg.*) un tour (5); faire (*irreg.*) une promenade (5); **walking** marche *f.* (15)

wall mur *m.* (4)

want avoir (*irreg.*) envie de (3); désirer (7); vouloir *irreg.* (7)

war guerre *f.* (16)

wardrobe armoire *f.* (4)

warm: to be warm avoir (*irreg.*) chaud (3)

wash (*oneself*) se laver (13)

waste gaspillage *n. m.* (16); (*material*) déchet *n. m.* (16); **to waste** perdre (5); gaspiller (16)

watch *v.* regarder (2); **to watch out (for)** faire (*irreg.*) attention (à) (5)

water (mineral) eau (*f.*) (minérale) (6)

waterskiing ski (*m.*) nautique (8)

way (*road*) chemin *m.* (11)

wear porter (3)

weather temps *m.* (5); **how's the weather?** quel temps fait-il? (5); **it's bad (nice) weather** il fait mauvais (beau) (5); **weather forecast** météo *f.* (5)

Web Web *m.* (10)

Wednesday mercredi *m.* (1)

weary las(se) (16)

week semaine *f.* (1); **every week** toutes les semaines (9); **next week** la semaine prochaine (5); **once a week** une fois par semaine (5)

weekend: on weekends le week-end (6); **this weekend** ce week-end (5)

weekly (*publication*) hebdomadaire *m.* (10)

welcome: you're welcome de rien (1); il n'y a pas de quoi (7); je vous en prie (7)

well bien *adv.* (1); eh bien,... *interj.* (10); **pretty well** ça peut aller (1); **things are going well** ça va bien (1); **very well** très bien (1)

west ouest *m.* (8); **to the west** à l'ouest (8)

what que (4); qu'est-ce que (1); qu'est-ce qui (15); quel(le) (7); **what?** comment? (1); **what is it?** qu'est-ce que c'est? (4)

when quand (4); lorsque; où *relative pron.* (4); **since when** depuis quand (9)

where où (4)

which lequel, laquelle, lesquels, lesquelles (15); que, qui *relative pron.* (4); quel, quelle, quels, quelles *interr. adj.* (7); **of which** dont (14)

while: in a while tout à l'heure (5)

white blanc(he) (3); **white-collar worker** employé(e) *m., f.* (14)

who qui (4); qui est-ce qui (14); **who is it?** qui est-ce? (1)

whom qui (4); qui est-ce que; que (14); **of whom** dont (14)

whose dont (14)

why pourquoi (4)

wife femme *f.* (5)

Wi-Fi (wireless) connection wifi *m.* (10)

willing: to be willing vouloir (*irreg.*) bien (7)

win *v.* gagner (14)

wind vent *m.*; **it's windy** il fait du vent, il y a du vent (5); **wind farm** ferme (*f.*) éolienne (16)

windbreaker blouson *m.* (5)

window fenêtre *f.* (1); **(ticket) window** guichet *m.* (9)

windsurfing planche (*f.*) à voile (8); **to go windsurfing** faire (*irreg.*) de la planche à voile

wine vin *m.* (6)

winter hiver *m.* (5); **in winter** en hiver (5)

wireless: wireless headphones écouteurs (*m. pl.*) sans fil (10)

wish *v.* souhaiter (16)

with avec (2); par (12)

withdraw retirer (14)

withdrawal: automatic withdrawal/payment prélèvement automatique (14)

woman femme *f.* (1); **young woman** jeune femme *f.* (3)

wonder se demander (13)

wood(s) forêt *f.* (8)

word mot *m.* (1); **word processing** traitement (*m.*) de texte (10)

work travail *n. m.* (2); boulot *m., fam.* (14); **do-it-yourself work** bricolage *m.* (15); **work (of art)** œuvre *f.* (d'art) (12); **to work** travailler (2); (*machine or object*) marcher

worker travailleur/euse *m., f.* (14); (*manual*) ouvrier/ière *m., f.* (14); **salaried worker** travailleur/euse (*m., f.*) salarié(e) (14); **self-employed worker** travailleur/euse (*m., f.*) indépendant(e) (14); **white-collar worker** employé(e) *m., f.* (14)

world monde *m.* (8); **World Wide Web** Web *m.* (10)

worse pire (14)

worth: to be worth valoir *irreg.* (16)

write (to) écrire *irreg.* (à) (10)

writer écrivain(e) *m., f.* (12)

wrong: to be wrong avoir (*irreg.*) tort (3); se tromper (13)

yard jardin *n. m.* (4)

year an *m.* (1); **entire year** année *f.*; **to be (twenty) years old** avoir (*irreg.*) (vingt) ans (3)

yellow jaune (3)

yes oui (1); si (*response to negative question*) (9); **yes, but . . .** oui, mais... (10)

yesterday hier (8); **the day before yesterday** avant-hier (8)

yet: not yet ne... pas encore (9)

you: and you et vous (et toi) (1)

young jeune *adj.* (4); **young lady** jeune fille *f.* (3); **young man** jeune homme *m.* (3)

youth: youth hostel auberge (*f.*) de jeunesse (9)

zero zéro *m.* (1)

zucchini courgette *f.* (6)

Index

PRONUNCIATION

Cartes

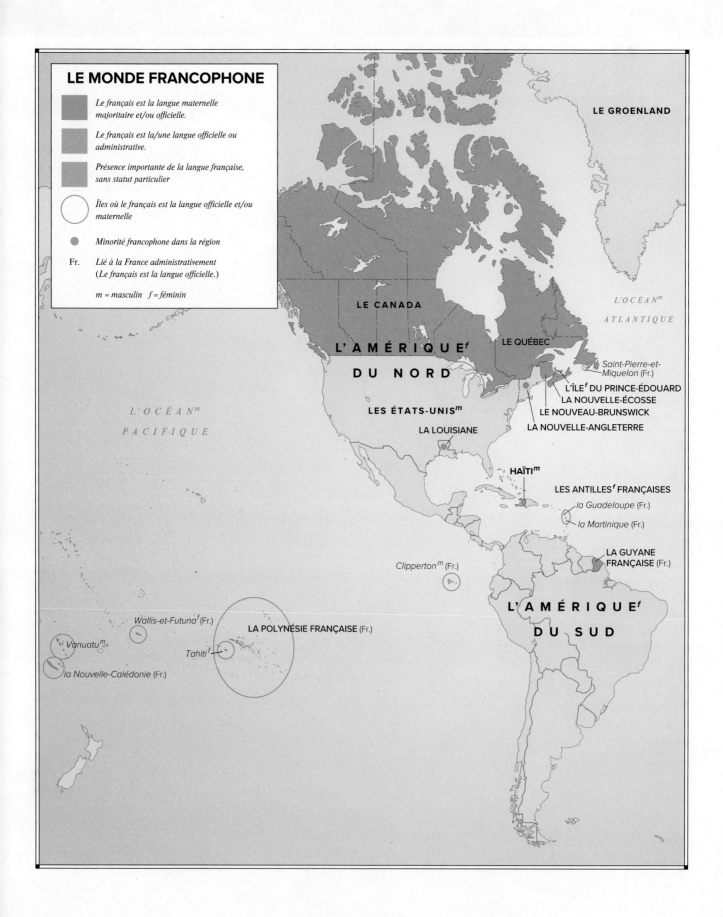

LE MONDE FRANCOPHONE

Le français est la langue maternelle majoritaire et/ou officielle.

Le français est la/une langue officielle ou administrative.

Présence importante de la langue française, sans statut particulier

Îles où le français est la langue officielle et/ou maternelle

Minorité francophone dans la région

Fr.   Lié à la France administrativement (*Le français est la langue officielle.*)

m = masculin   f = féminin

LE GROENLAND

L'OCÉAN^m
ATLANTIQUE

LE CANADA

L'AMÉRIQUE^f
DU NORD

LE QUÉBEC

Saint-Pierre-et-Miquelon (Fr.)

L'OCÉAN^m
PACIFIQUE

LES ÉTATS-UNIS^m

LA LOUISIANE

L'ÎLE^f DU PRINCE-ÉDOUARD
LA NOUVELLE-ÉCOSSE
LE NOUVEAU-BRUNSWICK
LA NOUVELLE-ANGLETERRE

HAÏTI^m

LES ANTILLES^f FRANÇAISES

la Guadeloupe (Fr.)

la Martinique (Fr.)

LA GUYANE
FRANÇAISE (Fr.)

Clipperton^m (Fr.)

L'AMÉRIQUE^f

DU SUD

Wallis-et-Futuna^f (Fr.)

LA POLYNÉSIE FRANÇAISE (Fr.)

Vanuatu^m

Tahiti^f

la Nouvelle-Calédonie (Fr.)

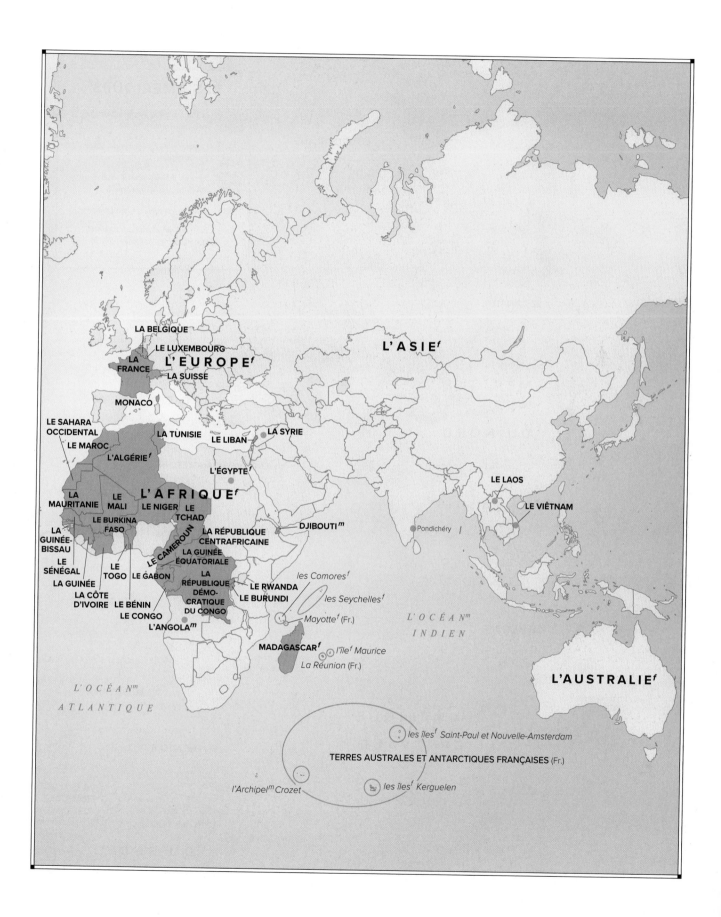

LA BELGIQUE

LE LUXEMBOURG

L'EUROPE^f

LA FRANCE

LA SUISSE

MONACO

L'ASIE^f

LE SAHARA OCCIDENTAL

LE MAROC

LA TUNISIE

LE LIBAN

LA SYRIE

L'ALGÉRIE^f

L'ÉGYPTE^f

L'AFRIQUE^f

LE LAOS

LA MAURITANIE

LE MALI

LE NIGER

LE TCHAD

LE VIÊTNAM

LE BURKINA FASO

LA RÉPUBLIQUE CENTRAFRICAINE

DJIBOUTI^m

Pondichéry

LA GUINÉE-BISSAU

LE CAMEROUN

LA GUINÉE ÉQUATORIALE

LE SÉNÉGAL

LE TOGO

LE GABON

LA GUINÉE

LA CÔTE D'IVOIRE

LE BÉNIN

LA RÉPUBLIQUE DÉMO-CRATIQUE DU CONGO

LE RWANDA

LE BURUNDI

les Comores^f

les Seychelles^f

LE CONGO

L'ANGOLA^m

Mayotte^f (Fr.)

L'OCÉAN^m INDIEN

L'AUSTRALIE^f

MADAGASCAR^f

l'île^f Maurice

La Réunion (Fr.)

L'OCÉAN^m ATLANTIQUE

les îles^f Saint-Paul et Nouvelle-Amsterdam

TERRES AUSTRALES ET ANTARCTIQUES FRANÇAISES (Fr.)

l'Archipel^m Crozet

les îles^f Kerguelen

C-3

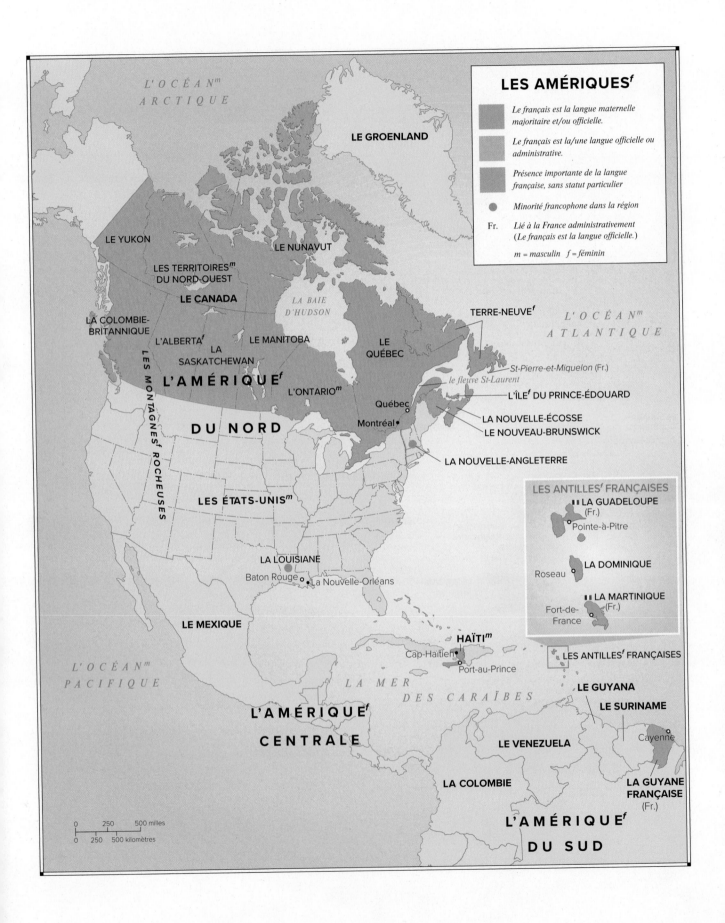

LES AMÉRIQUES[f]

Le français est la langue maternelle majoritaire et/ou officielle.

Le français est la/une langue officielle ou administrative.

Présence importante de la langue française, sans statut particulier

Minorité francophone dans la région

Fr. Lié à la France administrativement (Le français est la langue officielle.)

m = masculin f = féminin

L'OCÉAN[m] ARCTIQUE

LE GROENLAND

LE YUKON

LE NUNAVUT

LES TERRITOIRES[m] DU NORD-OUEST

LE CANADA

LA BAIE D'HUDSON

LA COLOMBIE-BRITANNIQUE

L'ALBERTA[f]

LE MANITOBA

LA SASKATCHEWAN

L'AMÉRIQUE[f]

L'ONTARIO[m]

LE QUÉBEC

TERRE-NEUVE[f]

L'OCÉAN[m] ATLANTIQUE

St-Pierre-et-Miquelon (Fr.)

le fleuve St-Laurent

Québec

Montréal

L'ÎLE[f] DU PRINCE-ÉDOUARD

LA NOUVELLE-ÉCOSSE

LE NOUVEAU-BRUNSWICK

LA NOUVELLE-ANGLETERRE

DU NORD

LES MONTAGNES[f] ROCHEUSES

LES ÉTATS-UNIS[m]

LA LOUISIANE

Baton Rouge

La Nouvelle-Orléans

LE MEXIQUE

LES ANTILLES[f] FRANÇAISES

LA GUADELOUPE (Fr.)

Pointe-à-Pitre

LA DOMINIQUE

Roseau

LA MARTINIQUE (Fr.)

Fort-de-France

HAÏTI[m]

Cap-Haïtien

Port-au-Prince

LES ANTILLES[f] FRANÇAISES

L'OCÉAN[m] PACIFIQUE

LA MER DES CARAÏBES

LE GUYANA

LE SURINAME

L'AMÉRIQUE[f]

CENTRALE

LE VENEZUELA

Cayenne

LA COLOMBIE

LA GUYANE FRANÇAISE (Fr.)

L'AMÉRIQUE[f]

DU SUD

0   250   500 milles

0   250   500 kilomètres

C-4

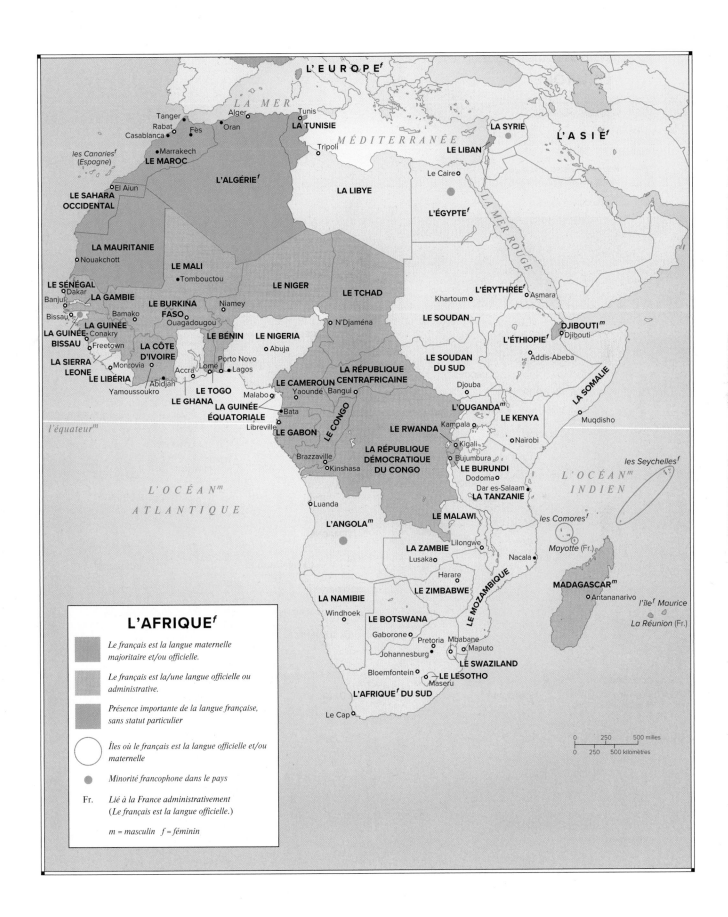

L'AFRIQUE^f

LA MER MÉDITERRANÉE

L'EUROPE^f

L'ASIE^f

LA MER ROUGE

L'OCÉAN^m INDIEN

L'OCÉAN^m ATLANTIQUE

l'équateur^m

LE MAROC
Tanger
Rabat
Casablanca • Fès
Oran
Alger
Tunis
LA TUNISIE
Tripoli
Marrakech
les Canaries^f (Espagne)
El Aiun
LE SAHARA OCCIDENTAL
L'ALGÉRIE^f
LA LIBYE
LA SYRIE
LE LIBAN
Le Caire
L'ÉGYPTE^f
LA MAURITANIE
Nouakchott
LE MALI
Tombouctou
LE NIGER
Niamey
LE TCHAD
Khartoum
L'ÉRYTHRÉE^f
Asmara
LE SÉNÉGAL
Dakar
Banjul
LA GAMBIE
Bissau
LA GUINÉE BISSAU
LA GUINÉE
Conakry
Bamako
LE BURKINA FASO
Ouagadougou
N'Djaména
LE SOUDAN
DJIBOUTI^m
Djibouti
L'ÉTHIOPIE^f
Addis-Abeba
LE SOUDAN DU SUD
Djouba
LA SOMALIE
Freetown
LA SIERRA LEONE
Monrovia
LE LIBÉRIA
Yamoussoukro
Abidjan
LA CÔTE D'IVOIRE
Accra
LE GHANA
Lomé
LE TOGO
LE BÉNIN
Porto Novo
Lagos
LE NIGERIA
Abuja
Malabo
LA GUINÉE ÉQUATORIALE
Bata
LE CAMEROUN
Yaoundé
Bangui
LA RÉPUBLIQUE CENTRAFRICAINE
Libreville
LE GABON
LE CONGO
Brazzaville
Kinshasa
LA RÉPUBLIQUE DÉMOCRATIQUE DU CONGO
LE RWANDA
Kampala
Kigali
L'OUGANDA^m
Nairobi
LE KENYA
Muqdisho
Bujumbura
LE BURUNDI
Dodoma
Dar es-Salaam
LA TANZANIE
les Seychelles^f
Luanda
L'ANGOLA^m
LE MALAWI
Lilongwe
les Comores^f
Mayotte (Fr.)
LA ZAMBIE
Lusaka
Nacala
MADAGASCAR^m
Antananarivo
l'île^f Maurice
La Réunion (Fr.)
Harare
LE ZIMBABWE
LE MOZAMBIQUE
LA NAMIBIE
Windhoek
LE BOTSWANA
Gaborone
Pretoria
Mbabane
Maputo
Johannesburg
LE SWAZILAND
Bloemfontein
LE LESOTHO
Maseru
L'AFRIQUE^f DU SUD
Le Cap

Le français est la langue maternelle majoritaire et/ou officielle.

Le français est la/une langue officielle ou administrative.

Présence importante de la langue française, sans statut particulier

Îles où le français est la langue officielle et/ou maternelle

Minorité francophone dans le pays

Fr. Lié à la France administrativement (Le français est la langue officielle.)

m = masculin   f = féminin

0   250   500 milles
0   250   500 kilomètres

L'EUROPEᶠ

Le français est la langue maternelle majoritaire et/ou officielle.

Le français est la/une langue officielle ou administrative.

Présence importante de la langue française, sans statut particulier

m = masculin   f = féminin

0   250   500 milles
0   250   500 kilomètres

LA SUÈDE

LA FINLANDE

LA NORVÈGE

Oslo

Helsinki

Saint-Pétersbourg

Stockholm

Tallinn

L'ESTONIEᶠ

Moscou

L'ÉCOSSEᶠ

LA MER DU NORD

LA MER BALTIQUE

L'IRLANDEᶠ DU NORD

LE ROYAUME-UNI

Riga

LA RUSSIE

LE DANEMARK

LA LETTONIE

L'IRLANDEᶠ

Dublin

Copenhague

LA LITUANIE

Vilnius

LA RUSSIE

LE PAYS DE GALLES

LES PAYS-BASᵐ

Kaliningrad

Minsk

L'ANGLETERREᶠ

Amsterdam

Berlin

LA BIÉLORUSSIE

Londres

LA POLOGNE

Varsovie

LA BELGIQUE

Bruxelles

L'ALLEMAGNEᶠ

Kiev

L'OCÉANᵐ ATLANTIQUE

Paris

Luxembourg

Prague

L'UKRAINEᶠ

LE LUXEMBOURG

LA RÉPUBLIQUE TCHÈQUE

LE LIECHTENSTEIN

Vienne

LA SLOVAQUIE

Berne

Bratislava

LA MOLDAVIE

LA FRANCE

Lausanne

LA SUISSE

L'AUTRICHEᶠ

Budapest

Chisinau

Genève

LA SLOVÉNIE

LA HONGRIE

le Val d'Aoste

Ljubljana

LA ROUMANIE

LA CROATIE

Zagreb

LE PORTUGAL

Andorre-la-Vieille

MONACOᵐ

LA BOSNIE-HERZÉGOVINE

Belgrade

Bucarest

Madrid

L'ANDORREᶠ

L'ITALIEᶠ

Sarajevo

LA SERBIE

LA MER NOIRE

Lisbonne

LE MONTÉNÉGRO

L'ESPAGNEᶠ

Ajaccio

Rome

Podgorica

Sofia

LA BULGARIE

Skopje

Istanbul

Tirana

LA MACÉDOINE DU NORD

L'ALBANIE

LA MER MÉDITERRANÉE

LA GRÈCE

LA TURQUIE

L'AFRIQUEᶠ

Athènes

la Crète

LE MAROC

L'ALGÉRIEᶠ

LA TUNISIE

LA MER ADRIATIQUE

LA MER ÉGÉE

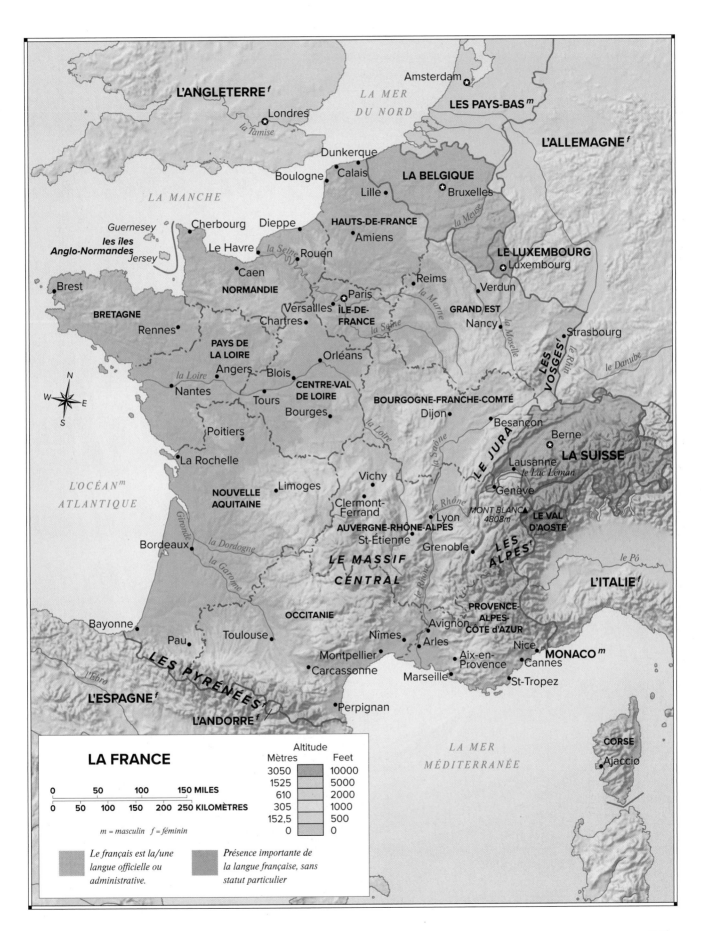

L'ANGLETERRE f

LA MER
DU NORD

Amsterdam

LES PAYS-BAS m

L'ALLEMAGNE f

Londres

la Tamise

Dunkerque

Boulogne   Calais

LA BELGIQUE

Lille   Bruxelles

la Meuse

LE LUXEMBOURG

LA MANCHE

Guernesey
les îles
Anglo-Normandes
Jersey

Cherbourg   Dieppe

HAUTS-DE-FRANCE

Amiens

Reims

Luxembourg

Verdun

Le Havre   Rouen

la Seine

Caen

NORMANDIE

Versailles   Paris   ÎLE-DE-
Chartres   FRANCE

la Marne

GRAND EST

Nancy

la Moselle

Strasbourg

Brest

BRETAGNE

Rennes

PAYS DE
LA LOIRE

Orléans

la Loire

Angers   Blois

CENTRE-VAL
DE LOIRE

Nantes

Tours

Bourges

BOURGOGNE-FRANCHE-COMTÉ

Dijon

la Loire

la Saône

le Rhin

LES
VOSGES f

le Danube

Besançon

Berne

LE JURA

LA SUISSE

Lausanne
le Lac Léman

Poitiers

La Rochelle

L'OCÉAN m
ATLANTIQUE

NOUVELLE
AQUITAINE

Limoges

Vichy

Genève

Clermont-
Ferrand

AUVERGNE-RHÔNE-ALPES

St-Étienne

le Rhône

Lyon

MONT BLANC
4808m

LE VAL
D'AOSTE

Gironde

Bordeaux

la Dordogne

la Garonne

LE MASSIF

CENTRAL

Grenoble

LES
ALPES f

le Pô

L'ITALIE f

Bayonne

Pau

Toulouse

OCCITANIE

Nîmes

PROVENCE-
ALPES-
CÔTE d'AZUR

Avignon

Arles

Nice

MONACO m

LES PYRÉNÉES f

l'Ebro

Montpellier

Carcassonne

Aix-en-
Provence

Cannes

St-Tropez

L'ESPAGNE f

Marseille

L'ANDORRE f

Perpignan

LA MER
MÉDITERRANÉE

CORSE

Ajaccio

LA FRANCE

				Altitude	
			Mètres		Feet
0	50	100	150 MILES	3050	10000
				1525	5000
0	50	100	150	200 250 KILOMÈTRES	610	2000
				305	1000
				152,5	500
				0	0

m = masculin   f = féminin

Le français est la/une
langue officielle ou
administrative.

Présence importante de
la langue française, sans
statut particulier

C-7

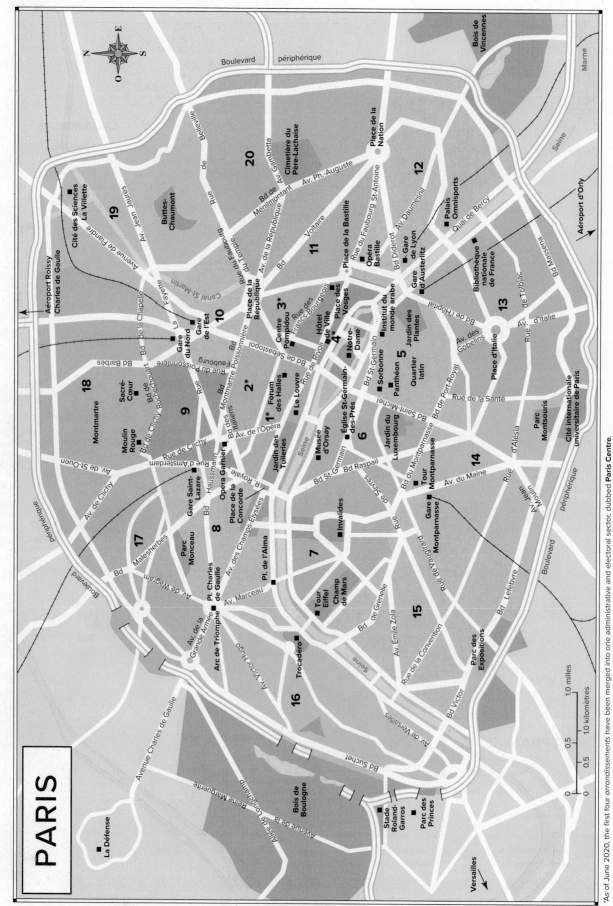

PARIS

N

Boulevard   périphérique

Bois de Vincennes

Seine

Marne

Aéroport d'Orly

Cité des Sciences
La Villette
19
Av. Jean Jaurès
Avenue de Flandre
Belleville
de
Rue
Buttes-Chaumont
20
Cimetière du Père-Lachaise
Av. Gambetta
Av. Ph.-Auguste
Place de la Nation
12
Palais Omnisports
Quai de Bercy

Aéroport Roissy
Charles de Gaulle
Canal St-Martin
Bd de la Chapelle
La Fayette
Rue du Faubourg du Temple
Bd de Ménilmontant
Av. de la République
Voltaire
11
Bd
Place de la Bastille
Rue du Faubourg St-Antoine
Opéra Bastille
Av. Daumesnil
Bd Diderot
Gare de Lyon
Gare d'Austerlitz
Bibliothèque nationale de France
Bd Masséna

Gare du Nord
Gare de l'Est
10
Place de la République
Centre Pompidou 3*
Rue des Francs-Bourgeois
Place des Vosges
Hôtel de Ville
Institut du monde arabe
Jardin des Plantes
Bd de Tolbiac
13
Place d'Italie
Av. d'Italie

Bd Barbès
Rue du Faubourg Poissonnière
Bd de Sébastopol
Rue de Rivoli
Notre-Dame 4*
Bd St-Germain
Sorbonne
Panthéon
Quartier latin 5
Av. des Gobelins
Rue de la Santé
Rue d'Italie

Sacré-Cœur
Bd de Clichy
Bd de Rochechouart
Rue Montmartre
Bd des Italiens
2*
1* Forum des Halles
Le Louvre
Seine
Musée d'Orsay
Église St-Germain-des-Prés
6
Bd St-Germain
Bd Raspail
Jardin du Luxembourg
Bd de Port-Royal
Parc Montsouris

18
Montmartre
Moulin Rouge
Bd de Clichy
9
Rue de Clichy
Rue d'Amsterdam
Av. de l'Opéra
Jardin des Tuileries
Bd St-Germain
Bd des Invalides
Bd du Montparnasse
Tour Montparnasse
Av. du Maine
14
Rue d'Alésia
Cité internationale universitaire de Paris

Av. de St-Ouen
Gare Saint-Lazare
Opéra Garnier
Hausmann
Bd
R. Royale
Place de la Concorde
8
Av. des Champs-Élysées
Invalides
Gare Montparnasse
périphérique
Boulevard

Av. de Clichy
Parc Monceau
17
Maleshherbes
Bd
Av. de Wagram
7
Champ de Mars
Tour Eiffel
Rue de Vaugirard
Av. Jean Moulin

Boulevard
Pl. Charles de Gaulle
Arc de Triomphe
Av. de la Grande Armée
Av. Marceau
Pl. de l'Alma
Bd de Grenelle
Bd
Av. Émile Zola
15
Rue de la Convention
Parc des Expositions
Bd Lefebvre

La Défense
Av. Victor Hugo
Trocadéro
Seine
Av. de Versailles
16
Bd Victor
Bd Suchet

Allée de Longchamp
Reine Marguerite
Bois de Boulogne
Stade Roland-Garros
Parc des Princes

Avenue Charles de Gaulle

Versailles

0   0.5   1.0 milles
0   0.5   1.0 kilomètres

*As of June 2020, the first four *arrondissements* have been merged into one administrative and electoral sector, dubbed **Paris Centre**.